別冊 金融・商事判例

M&A判例
の分析と展開Ⅱ

中東正文
大杉謙一
石綿　学
編集

経済法令研究会

は し が き

　本書は、2007年に刊行した『M＆A判例の分析と展開』の続編であり、その後に公表された裁判例を取り扱ったものである。

　前書は、M＆Aの分野で高い評価を得ている専門家に評釈をお願いし、各々の論稿の後に判決文（決定文）を登載するという新しい形式を導入したものであり、幸いにも好評を得ることができた。本書も、同様のコンセプトを踏襲している。

　今回所収した判例を一覧するとわかるように、敵対的買収に関して買収防衛策の是非が直接争われることは、少なくなっている。むしろ、敵対的買収の事例においては、委任状争奪戦を通した支配の争奪に関連する法律問題が大きな関心を集めるようになった。また、ＭＢＯが盛んに実施され、買付価格に不満を持つ株主が司法的救済を求めることも増えてきている。友好的買収における少数株主の保護のあり方が改めて問われる事例が増えたとの感がある。

　これらの問題は、M＆Aをめぐる経営陣と株主の間の利害対立にかかわるものである。これに対して、M＆Aの当事会社間の対立・紛争にかかわるものとして、表明保証契約や合弁契約の解釈が争われる裁判事例も増加している。

　このように、現在のM＆A法制のもとで問題になり得る争点の多くが実際に裁判所で議論されることになったが、各々の裁判所が示した判断を、どのように理解して、どのように実務で反映させていくべきかについては、必ずしも明らかでないものが少なくない。本書の評釈は、裁判例の分析に基づいて、今後の展望を示すものであり、実務での設計などにあたって参考とされることを期待したい。

　本書においては、前書と同じく、米国の最近の裁判例についても所収している。国際的なM＆Aが一段と盛んになりつつある今、米国判例の最近の動向を把握しておくことは、国際的な案件のみならず、国内での案件の扱いについても、大きな示唆を与えるものであろう。

　取り上げた個別の事件における争点は多岐にわたっている。裁判所の司法審査についての姿勢が各事件に示されており、法実現の今後の方向性を吟味する

上でも、実務における今後の対応を考察する上でも、各々の裁判例と論稿から、有益な示唆を得ることができよう。例えば、少数株主等から異議が申し立てられた取引が、独立当事者間取引である場合には、裁判所は事後的な司法審査を控える傾向がある。買収防衛策にしても、ＭＢＯにしても、構造的に利益相反の契機を有するから、どのようにして独立当事者間取引の実質を有する形で設計するかが課題となる。また、専門性を有すべき当事者が締結した契約等の解釈について、裁判所は、文言を重視する傾向にあるとも理解される。このような観点からも、今後は、法的に一段と洗練されたプランニングが実務においては求められることになろう。

　末尾ではあるが、このような本書の企画に対して、お忙しいなか、貴重な原稿をお寄せ下さった執筆者の方々に、心からお礼を申し上げたい。また、企画の立ち上げから編集に至るまで、「金融・商事判例」編集部の西田尚史氏にお世話になった。種々ご奮闘下さった西田氏にも、厚くお礼を申し上げる。

　2010年5月吉日

中　東　正　文
大　杉　謙　一
石　綿　　　学

別冊 金融・商事判例

M&A判例の分析と展開II

はしがき 2

I　国内判例編

1　ブルドックソース vs スティール・パートナーズ事件
　　──新株予約権の無償割当てと株主平等の原則・不公正発行──
　　（最二決平成19・8・7金融・商事判例1279号19頁）
　　　　　　　　　　　　　同志社大学大学院司法研究科教授　森本　滋・6

2　楽天 vs TBS事件【仮処分決定】
　　──株主による会計帳簿等の閲覧謄写を求める仮処分命令の申立てが認められなかった事例──
　　（東京高平成19・6・27金融・商事判例1270号52頁）
　　　　　　　　　　　　　アンダーソン・毛利・友常法律事務所／弁護士　小舘　浩樹
　　　　　　　　　　　　　　　　　　　　　　　　　　　　　　　　　　楽　　　楽・14

3　楽天 vs TBS事件【本案・第1審判決】
　　（東京地判平成19・9・20金融・商事判例1276号28頁）
　　　　　　　　　　　　　立教大学法学部教授　松井　秀征・32

4　旧ライブドアオート vs ライブドアHD事件
　　──M&A契約の交渉過程における信義則上の情報提供義務──
　　（東京地判平成19・9・27金融・商事判例1278号6頁）
　　　　　　　　　　　　　長島・大野・常松法律事務所／弁護士　浅妻　敬・44

5　オートバックスセブン事件
　　──転換社債型新株予約権付社債の有利発行および不公正発行該当性──
　　（東京地決平成19・11・12金融・商事判例1281号52頁）
　　　　　　　　　　　　　東京大学社会科学研究所准教授　田中　亘・60

6　スズケン vs 小林製薬事件
　　（名古屋地決平成19・11・12金融・商事判例1319号50頁）
　　　　　　　　　　　　　西村あさひ法律事務所／弁護士・ニューヨーク州弁護士　太田　洋・76

7　モリテックス事件
　　（東京地判平成19・12・6金融・商事判例1281号37頁）
　　　　　　　　　　　　　大阪大学大学院法学研究科准教授　久保田安彦・92

8　ピコイ事件
　　（東京高決平成20・5・12金融・商事判例1298号46頁）
　　　　　　　　　　　　　中央大学法科大学院教授　大杉　謙一・112

9 原弘産 vs 日本ハウズイング事件
　　——委任状勧誘に関連して競業会社である株主の株主名簿閲覧謄写請求が認められた事例——
　　（東京高決平成20・6・12金融・商事判例1295号12頁）
　　……………………………………………………… 成城大学法学部教授　山田　剛志・128

10 クオンツ事件
　　（東京地決平成20・6・23金融・商事判例1296号10頁）
　　……………………………………… 早稲田大学社会科学総合学術院教授　川島いづみ・142

11 日本IBM事件
　　（東京高判平成20・6・26）
　　……………………………………………………… 甲南大学法科大学院教授　山田　純子・156

12 カネボウ少数株主事件
　　（東京高判平成20・7・9金融・商事判例1297号20頁）
　　……………………………………………………… 同志社大学法学部教授　伊藤　靖史・174

13 レックスHD事件
　　（東京高決平成20・9・12金融・商事判例1301号28頁）
　　……………………………………………… 学習院大学法学部准教授　後藤　元・190

14 アパマンショップHD事件
　　（東京高判平成20・10・29金融・商事判例1304号28頁）
　　……………………………………………………… 中京大学法学部准教授　森　まどか・208

15 村上ファンド事件
　　（東京高判平成21・2・3）
　　……………………………………… 中村・角田・松本法律事務所／弁護士　松本　真輔・220

16 日興コーディアルグループ事件
　　（東京地決平成21・3・31金融・商事判例1315号26頁）
　　………………………………………… 名古屋大学大学院法学研究科教授　中東　正文・242

17 サイバードHD事件
　　（東京地決平成21・9・18金融・商事判例1329号45頁）
　　……………………………………… 森・濱田松本法律事務所／弁護士　石綿　学・262

Ⅱ　外国判例編

18 ネッツマート事件
　　(In re NETSMART TECHNOLOGIES, Inc. SHAREHOLDERS LITIGATION, Del.Ch., 924 A.2d 171 (2007))
　　……………………………………………………… 筑波大学法科大学院教授　德本　穰・286

19 ハンツマン事件
　　——M＆A取引の不実行にかかる買手の責任と「重大な悪影響」条項の解釈——
　　(Hexion Specialty Chemicals, Inc. v. Huntsman Corp., 2008 Del. Ch. LEXIS 134 (Del. Ch. 2008))
　　……………………………………… 森・濱田松本法律事務所／弁護士　内田　修平・290

1 ブルドックソース vs スティール・パートナーズ事件
——新株予約権の無償割当てと株主平等の原則・不公正発行——

I 国内判例編　　最二決平成19・8・7金融・商事判例1279号19頁

The Financial and Business Law Precedents

同志社大学大学院司法研究科教授　森本　滋

I　事案の概要

　Xは投資ファンドであり、関連法人と合わせてYの発行済株式総数の約10％を保有している。Yは、調味料の製造販売等を主たる目的とする株式会社である（東証二部市場に上場）。X（正確にはXの完全子会社）は平成19年5月18日（以下、月日のみを記載するときは全て、平成19年である）、Yの全株取得目的の公開買付けを実施することを公告した（当初の買付期間は6月28日まで、買付価格は1株1584円。Yの対応策公表後、買付期間は8月10日までに、買付価格も1700円に変更）。

　Xの対質問回答報告書には、Xは日本において会社を経営したことはなく、Yを自ら経営するつもりはないこと、Yの企業価値向上のための提案等を想定しておらずYの支配権取得後の事業計画等を有していないこと、Yの業務を運営する意図を有していないためYの製造販売事業に係る質問には答える必要はないこと等が記載され、投下資本回収方針について具体的記載はなかった。

　Yの取締役会は、この対質問回答報告書を受けて、本件公開買付けはYの企業価値をき損しYの利益ひいては株主共同の利益を害するものと判断して本件公開買付けに反対することを決議し、本件公開買付けに対する対応策として、①一定の新株予約権無償割当てを株主総会の特別決議事項とすること等を内容とする本件定款変更議案と、②その可決を条件として本件新株予約権無償割当てを行うことを内容とする本件議案を、6月24日開催予定の定時株主総会に付議することを決定した。なお本件両議案は、定時株主総会において、出席株主の議決権総数の約89％、議決権総数の約83％の賛成により可決された。

　本件新株予約権無償割当ては、すべての株主に対して1株について3個の割合で新株予約権の無償割当てを行うものである（その譲渡には取締役会の承認を要する）。本件新株予約権1個を権利行使価格1円で行使することにより1株の普通株が交付されるが、Xおよびその関係者は本件新株予約権を行使することができない旨の差別的行使条件が付されており、さらに、原則として会社が権利行使期間前に本件新株予約権を取得し、その対価として新株予約権1個について普通株式1株を交付するが、これらの者の有する新株予約権については（Xの当初の公開買付価格の4分の1の価格に相当する）396円の取得価額で取得する旨の差別的取得条項が付されていた。

　Xは6月13日、本件新株予約権無償割当ての差止めを求める仮処分命令の申立てをした。第1審（東京地決平成19・6・28金判1270号12頁）は、株主に対して新株予約権の無償割当てをする場合においても株主平等の原則の趣旨が及ぶとした上、本件新株予約権無償割当ては、株主平等原則の趣旨に反して法令定款に違反するものではなく、著しく不公正な方法によるものともいえないとして、本件仮処分命令の申立てを却下した。原審（東京高決平成19・7・9金判1271号17頁）は、本件新株予約権無償割当てはYの企業価値のき損を防止するために必要かつ相当で合理的なものであり、また、X関係者に過度ないし不合理な財産的損害を与えない配慮もされていることから株主平等原則に反しないとし、さらに、Xがいわゆる濫用的買収者であることを考慮すると、著しく不公正な方法によるものともいえないとして、抗告を棄却した。

Ⅱ 決定要旨

1 株主平等の原則に反するとの主張について

「新株予約権無償割当てが新株予約権者の差別的取扱いを内容とするものであっても、これは株式の内容等に直接関係するものではないから、直ちに株主平等の原則に反するということはできない。」「しかし、株主は株主としての資格に基づいて新株予約権の割当てを受けるところ」、会社法(以下、「法」という)278条2項は、「株主に割り当てる新株予約権の内容が同一であることを前提としているものと解されるのであって、法109条1項に定める株主平等の原則の趣旨は、新株予約権無償割当ての場合についても及ぶというべきである。」

「特定の株主による経営支配権の取得に伴い、会社の存立、発展が阻害されるおそれが生ずるなど、会社の企業価値がき損され、会社の利益、ひいては株主の共同の利益が害されることになるような場合には、その防止のために当該株主を差別的に取り扱ったとしても、当該取扱いが衡平の理念に反し、相当性を欠くものでない限り、これを直ちに同原則の趣旨に反するものということはできない。」

そして、その場合か否かについては(必要性の要件)、「最終的には、会社の利益の帰属主体である株主自身により判断されるべきものであるところ、株主総会の手続が適正を欠くものであったとか、判断の前提とされた事実が実際には存在しなかったり、虚偽であったなど、判断の正当性を失わせるような重大な瑕疵が存在しない限り、当該判断が尊重されるべきである。」

相当性の要件については、「本件新株予約権無償割当ては、X関係者も意見を述べる機会のあった本件総会における議論を経て、X関係者以外のほとんどの既存株主が、Xによる経営支配権の取得に伴うYの企業価値のき損を防ぐために必要な措置として是認したものである。さらに、X関係者は、本件取得条項に基づきX関係者の有する本件新株予約権の取得が実行されることにより、その対価として金員の交付を受けることができ、」「上記対価は、X関係者自ら決定した本件公開買付けの買付価格に基づき算定されたもので、本件新株予約権の価値に見合うものということができる」として、本件新株予約権の無償割当てが衡平の理念に反し、相当性を欠くものとは認められないと判断した。

2 著しく不公正な方法によるものとの主張について

「本件新株予約権無償割当てが、株主平等の原則から見て著しく不公正な方法によるものといえないことは、これまで説示したことから明らかである。」「本件新株予約権無償割当ては、突然本件公開買付けが実行され、XによるYの経営支配権の取得の可能性が現に生じたため、株主総会においてYの企業価値のき損を防ぎ、Yの利益ひいては株主の共同の利益の侵害を防ぐためには多額の支出をしてもこれを採用する必要があると判断されて行われたものであり、緊急の事態に対処するための措置であること、前記のとおり、X関係者に割り当てられた本件新株予約権に対してはその価値に見合う対価が支払われることを考慮すれば、対応策が事前に定められ、それが示されていなかったからといって、本件新株予約権無償割当てを著しく不公正な方法によるものということはできない。」

「株主に割り当てられる新株予約権の内容に差別のある新株予約権無償割当てが、会社の企業価値ひいては株主の共同の利益を維持するためではなく、専ら経営を担当している取締役等又はこれを支持する特定の株主の経営支配権を維持するためのものである場合には、その新株予約権無償割当ては原則として著しく不公正な方法によるものと解するべきであるが、本件新株予約権無償割当てが、そのような場合に該当しないことも、これまで説示したところから明らかである。」

Ⅲ 分析と展開

1 序

本件は、全株取得目的の公開買付けに対して、事前の買収防衛策が導入されていない株式会社における有事の買収防衛策として採用された対応策、つまり、定款変更により、買収防衛策としての差別的行使条件・取得条項付新株予約権の無償割当ての決定権限を株主総会に付与し、圧倒的多数の株主の賛成する株主総会の特別決議に基づいてなされた本件新株予約権無償割当てが、株主平等原則の趣旨に反せず、また不公正発行でもない

とされた事案である。

本件の前提問題として、新株予約権無償割当てに対して募集新株予約権発行差止めに係る法247条の規定が類推適用されるかどうかが争われた。本稿においてはこの解説を省略するが、第1審決定は新株予約権無償割当てが株主の地位に実質的変動を及ぼすときには当該規定が類推適用されるとし、原審決定および本決定もこれを支持している。

2 新株予約権無償割当てと株主平等原則
(1) 株主平等原則の趣旨とその妥当範囲

本決定は、法278条2項が株主に割り当てる新株予約権の内容が同一であることを前提としているから、「法109条1項に定める株主平等の原則の趣旨は、新株予約権無償割当ての場合についても及ぶ」という。しかし、新株予約権の無償割当てにおいて、株主は株主としての資格に基づいて割当てを受けるのであるから、株主平等原則の適用を受け、法278条2項はこれを具体化する規定であると解するのが素直であろう。本決定は、法109条1項が会社は株主を「その有する株式の内容および数に応じて」平等に取り扱わなければならないと規定していることを重視するようであるが、その文言に拘泥することは妥当ではないように思われる（注1）。

本決定は、株主平等の原則を個々の株主の利益を保護するための原則として、「個々の株主の利益は、一般的には、会社の存立、発展なしには考えられ」ず、特定の株主による経営支配権の取得に伴い、会社の企業価値がき損されることとなるような場合（会社の利益・株主共同の利益の侵害）、その防止のため当該株主を差別的に取り扱ったとしても、当該取扱いが衡平の理念に反し、相当性を欠くものでない限り、株主平等の原則の趣旨に反するものではないとする。会社の利益・株主共同の利益の侵害の防止という必要性の要件と衡平の理念に反し相当性を欠くものでないという相当性の要件を充足する場合、当該差別的取扱いが許されるというのである。

(2) 必要性の要件

本決定は、必要性について、「最終的には、会社の利益の帰属主体である株主自身により判断されるべきものである」とする。株主総会の特別決議による承認を尊重すべきであるとしつつ、圧倒的多数の株主の支持（実質的に、X関係者以外のすべての株主の同意）のあったことから、その判断に問題はないとするのであろう（注2）。

(3) 相当性の判断

相当性の判断に際しては、本件の買収防衛策の経済的実質がX関係者の持株の4分の3を強制的に買い取るもの（強制退社）であることに留意する必要がある。強制退社には相当の補償をする必要があり、「本件新株予約権に対してはその価値に見合う対価が支払われること」が重視されたのである。また、Yが多額の金員をX関係者に交付することが、その企業価値をき損することにならないかが問題となる。本決定は、「X関係者以外のほとんどの既存株主は、Xによる経営支配権の取得に伴うYの企業価値のき損を防ぐためには、上記金員の交付もやむを得ないと判断した」と認定している。本件における相当性の判断に際して、圧倒的多数の株主の支持が決定的なものとされているのであろうか。

(4) 本決定の射程範囲

本決定は、特殊の事案に係る事例判断である。支配株主の誠実義務等の明確な責任ないし義務はなお基礎付けられていない。他方、支配株主は会社経営、ひいては株主共同の利益に大きな影響を与える。このため、既存株主に、合理的な理由がある場合に、新株予約権という柔軟な制度を利用して特定の株主による経営支配権の取得を拒否する対応策を採用することを認めたのであろう。しかし本件は、典型的な支配権争奪（経営者交代・経営方針変更）事例ではない。Xは、本件公開買付けの目的を証券売買による利益獲得としており、現経営者を支持し経営方針の変更等を要求するものではないことを明らかにしていた。また、Xに対抗すべき支配株主ないし大株主がいるわけでもない。本件無償割当てが株主の圧倒的支持の下になされたことのほか、この事案はいろいろな意味で特殊なもので、本決定の射程範囲については検討を要する。

3 不公正発行

本決定は、Yが事前の買収防衛策を導入していないことや当該対応策を採用した目的の点から見ても、これを著しく不公正な方法によるものということはできないとする。これと株主平等原則の関係は明らかでないが（注3）、本決定は、事前に買収防衛策を講じておくことが予測可能性の観点から望ましいことを明らかにするのであろう。

なお、「専ら経営を担当している取締役等又はこれを支持する特定の株主の経営支配権を維持するためのものである場合には、」原則として不公正発行となるとしている。本件において、Xと現経営者ないし現支配株主の間の支配権を巡る争いが存在していた場合、異なった判断がなされた可能性もあろう。

4　新株予約権無償割当てによる買収防衛策の今後

会社法は、新株予約権の権利行使条件や取得条項の定めにより、実務の多様な需要に応じようとしている。このような立法趣旨に配慮しつつ、特定の株主の被る不利益の程度と会社ないし株主共同の利益保護の要請（回避されるべき危険の程度）を総合的に考慮して、買収防衛策としての差別的条件ないし取得条項について法的判断をする必要がある。これは株主平等原則と関連するが、伝統的な意味における株主平等原則を超える、支配権争奪局面における会社・株主共同の利益と当該株主の利益の調整問題（不公正発行問題）として、検討されるべきではなかろうか（注4）。

本件が全株取得目的の公開買付けに対する対抗策であったため、買収の成否は株主総会の判断ではなく、公開買付けに応募するかどうかという個々の株主の投資判断（賛否）に委ねるべきであったとする批判が有力である。特に、株主総会の特別決議に対しては、取引先等の議決権行使の合理性、その他の株主の合理的無関心が問題とされ（株主総会の判断の合理性）、株式持合い復活の危険性も指摘されている（注5）。また、株式取引の自由は最大限尊重されるべきであり、それが市場の経営コントロール機能による経営の効率化に資すると主張される（注6）。

この問題の背景には、投資対象としての株式取引の自由をできるだけ尊重しようという考えと、社会的実在物としての会社、とりわけ上場会社の健全な発展という観点から買収防衛問題をとらえようとする立場との理念的争いがある。株式を投資商品に純化するときは、高値を提示した者に株が集まることは当然である。しかし、会社が目指すべきは、単純な現株主にとっての「利益最大化」ではなく、「株式価値の最大化」（企業価値の向上）である。従業員の雇用や企業文化等を守ることにより企業価値は向上し、それが長期的な「株主共同の利益」に資することにもなる。他方、企業買収の局面では取締役に利益相反性が認められるため、株主が、取締役の提案に基づき、株主総会における審議を通じて会社の最善の利益となる決定をすることにも合理性があろう（注7）。会社の将来にとって決定的な影響を与える支配権争奪局面において、市場の判断（個々の株主の投資判断―退出）と社団法人としての会社利益を団体法的に考慮するスキームという複線的なシステムのあることも一つの健全な枠組みではなかろうか。

(注1)　森本滋「会社法の下における株主平等原則」商事1825号7頁以下（2008年）参照。

(注2)　買収防衛策の適法性にとり、必要性と相当性の要件の充足という実質判断が決定的であり、株主総会の特別決議は不可欠でないというべきであろう。もっとも、株主総会と取締役会の裁量範囲は異なり、経営者には利益相反関係が認められる。

(注3)　第1審決定は、差別的行使条件・取得条項のために特定の株主が持株比率の低下という不利益を受けるとしても、株主総会の特別決議に基づく場合であって、株主としての経済的平等が確保されているときは、株主平等原則に反するものではないとして、対抗措置の必要性と相当性については不公正発行の問題としている。原審決定は、株主平等原則との関連においても必要性・相当性について言及するが、その実質的検討は不公正発行との関連において行っている。

(注4)　株主平等原則は定款ないし株主総会の特別決議によっても変更できないと解されてきたが、この場合は、株主総会の承認決議に意味が認められる。必要性と相当性の判断は実質的衡平さを確定する作業であり、形式的画一的な運用を本来的メリットとする株主平等原則の適用事例とすることが妥当かどうか検討されるべきである（近藤光男「ブルドックソース最高裁判決に見る企業防衛のあり方」金法1833号17頁以下（2008年）参照）。これは法109条1項の規定の趣旨の理解と関わる（(注1)の文献参照）。

(注5)　田中亘「ブルドックソース事件の法的検討〔下〕」1810号17頁以下、(2007年) 中東正文「ブルドックソース事件と株主総会の判断の尊重」ジュリ1346号22頁以下（2007年）参照。なお、「基準日のずれ」も問題とされるが、買収防衛策導入を目的とする臨時株主総会開催のため議題を

特定して基準日を設定するとき、問題はなかろう。

（注6）　本件において、圧倒的多数の株主が買収防衛策を支持し、ほとんどの株主が公開買付けに応じなかったため、買収防衛策を講ずる必要性がなかった（過剰防衛である）と指摘される。しかし、経営者の強い意思がその結果を導いたということもでき、また、圧倒的多数の株主の支持が買収者の強制退社というきわめて強烈・異例の買収防衛策の正当化に寄与したのである。

（注7）　株主総会において、株主は、取締役（経営者）と買収者の意見を直接聞くことができ、株主は買収者に直接質問することも不可能ではない。株主は、このような討論を通じて取締役の提案の是非を判断することはできる。また、株主総会の審議の過程やその判断の不当性については、裁判所の事後的チェックがなされるのである。

＜参考文献＞

注に掲げたほか、以下のものがある。
・田中亘「ブルドックソース事件の法的検討〔上〕」商事1809号4頁（2007年）
・中東正文「ブルドックソース事件を巡る法的戦略と司法審査」企業会計59巻11号70頁（2007年）
・野村修也「会社法における『株主排除』の法理とその限界」月刊資本市場267号74頁（2007年）
・大杉謙一「買収防衛策の現在・過去・未来」法時80巻3号41頁（2008年）
・森本滋「株主平等原則と買収防衛策」曹時60巻1号1頁（2008年）
・森本滋「株主平等原則の理念的意義と現実的機能」民商141巻3号291頁（2009年）

Shigeru MORIMOTO

平成19・8・7最高裁第二小法廷決定、平成19年（許）第30号株主総会決議禁止等仮処分命令申立て却下決定に対する抗告棄却決定に対する許可抗告事件、**抗告棄却**
　原　審＝平成19・7・9東京高裁決定、平成19年（ラ）第917号、金判1271号17頁
　原々審＝平成19・6・28東京地裁決定、平成19年（ヨ）第20081号、金判1270号12頁

決　定

＜当事者＞（編集注・一部仮名）
　当事者の表示　別紙当事者目録記載のとおり
【主　文】
　本件抗告を棄却する。
　抗告費用は抗告人の負担とする。
【理　由】
　抗告代理人赤上博人ほかの抗告理由について
1　本件は、相手方の株主である抗告人が、相手方に対し、相手方のする株主に対する新株予約権の無償割当ては、株主平等の原則に反し、著しく不公正な方法によるものであるから、会社法（以下「法」という。）247条1号及び2号に該当すると主張して、これを仮に差し止めることを求める事案である。
2　記録によれば、本件の経緯は次のとおりである。
　（1）　相手方は、ソースその他調味料の製造及び販売等を主たる事業とする株式会社であり、その発行する株式を株式会社東京証券取引所市場第二部に上場している。平成19年6月8日（以下、月日のみ記載するときは、すべて平成19年である。）時点における相手方の発行可能株式総数は7813万1000株、発行済株式総数は1901万8565株である。
　（2）　抗告人は、日本企業への投資を目的とする投資ファンドであり、5月18日時点において、関連法人と併せ、相手方の発行済株式総数の約10.25％を保有している。また、スティール・パートナーズ・ジャパン・ストラテジック・ファンド－エス・ピー・ヴィーⅡ・エル・エル・シー（以下「ＳＰＶⅡ」という。）は、アメリカ合衆国デラウェア州法に基づき、抗告人のために株式等の買付けを行うことを目的として設立された有限責任会社であり、抗告人がそのすべての持分を有している。
　（3）　ＳＰＶⅡは、5月18日、相手方の発行済株式のすべてを取得することを目的として、相手方の株式の公開買付け（以下「本件公開買付け」という。）を行う旨の公告をし、公開買付開始届出書を関東財務局長に提出した。当初、本件公開買付けの買付期間は同日から6月28日まで、買付価格は1株1584円とされていたが、6月15日、買付期間は8月10日までに変更され、買付価格も1株1700円に引き上げられた。なお、上記の当初の買付価格は、相手方株式の本件公開買付け開始前の複数の期間における各平均市場価格に抗告人において適切と考える約12.82％から約18.56％までのプレミアムを加算したものとなっている。

(4) 相手方は、5月25日、ＳＰＶⅡに対する質問事項を記載した意見表明報告書を関東財務局長に提出し、これを受けて、ＳＰＶⅡは、6月1日、対質問回答報告書（以下「本件回答報告書」という。）を同財務局長に提出した。

(5) 本件回答報告書には、①抗告人は日本において会社を経営したことはなく、現在その予定もないこと、②抗告人が現在のところ相手方を自ら経営するつもりはないこと、③相手方の企業価値を向上させることができる提案等を、どのようにして経営陣に提供できるかということについて想定しているものはないこと、④抗告人は相手方の支配権を取得した場合における事業計画や経営計画を現在のところ有していないこと、⑤相手方の日常的な業務を自ら運営する意図を有していないため、相手方の行う製造販売事業に係る質問について回答する必要はないことなどが記載され、投下資本の回収方針については具体的な記載がなかった。

このため、相手方取締役会は、6月7日、本件公開買付けは、相手方の企業価値をき損し、相手方の利益ひいては株主の共同の利益を害するものと判断し、本件公開買付けに反対することを決議した。また、相手方取締役会は、同日、本件公開買付けに対する対応策として、①一定の新株予約権無償割当てに関する事項を株主総会の特別決議事項とすること等を内容とする定款変更議案（以下「本件定款変更議案」という。）及び②これが可決されることを条件として、新株予約権無償割当てを行うことを内容とする議案（以下「本件議案」という。）を、6月24日に開催予定の定時株主総会（以下「本件総会」という。）に付議することを決定した。本件定款変更議案のうち、新株予約権無償割当てに関する部分の概要は、「相手方は、その企業価値及び株主の共同の利益の確保・向上のためにされる、新株予約権者のうち一定の者はその行使又は取得に当たり他の新株予約権者とは異なる取扱いを受ける旨の条件を付した新株予約権無償割当てに関する事項については、取締役会の決議によるほか、株主総会の決議又は株主総会の決議による委任に基づく取締役会の決議により決定する。この株主総会の決議は特別決議をもって行う。」というものである。

(6) 本件総会において、抗告人は、本件公開買付けに対する対応策の内容、その実施に要する費用の総額、当該対応策が実施された場合における課税上の負担の有無、本件公開買付けが撤回された後に新たな株式の公開買付けが行われる場合の相手方の対応等について質問するにとどまった。そして、本件定款変更議案及び本件議案は、いずれも出席した株主の議決権の約88.7％、議決権総数の約83.4％の賛成により可決された。なお、本件総会において可決された新株予約権の無償割当て（以下、当該新株予約権を「本件新株予約権」といい、その無償割当てを「本件新株予約権無償割当て」という。）の概要は、次のとおりである。

ア 新株予約権無償割当ての方法により、基準日である7月10日の最終の株主名簿及び実質株主名簿に記載又は記録された株主に対し、その有する相手方株式1株につき3個の割合で本件新株予約権を割り当てる。

イ 本件新株予約権無償割当てが効力を生ずる日は、7月11日とする。

ウ 本件新株予約権1個の行使により相手方が交付する普通株式の数（割当株式数）は、1株とする。

エ 本件新株予約権の行使により相手方が普通株式を交付する場合における払込金額は、株式1株当たり1円とする。

オ 本件新株予約権の行使可能期間は、9月1日から同月30日までとする。

カ 抗告人及びＳＰＶⅡを含む抗告人の関係者（以下、併せて「抗告人関係者」という。）は、非適格者として本件新株予約権を行使することができない（以下「本件行使条件」という。）。

キ 相手方は、その取締役会が定める日（行使可能期間の初日より前の日）をもって、抗告人関係者の有するものを除く本件新株予約権を取得し、その対価として、本件新株予約権1個につき当該取得日時点における割当株式数の普通株式を交付することができる。相手方は、その取締役会が定める日（行使可能期間の初日より前の日）をもって、抗告人関係者の有する本件新株予約権を取得し、その対価として、本件新株予約権1個につき396円を交付することができる（以下、これらの条項を「本件取得条項」という。）。なお、上記金額は、本件公開買付けにおける当初の買付価格の4分の1に相当するものである。

ク 譲渡による本件新株予約権の取得については、相手方取締役会の承認を要する。

(7) 相手方取締役会は、6月24日、本件議案の可決を受けて、本件新株予約権無償割当ての要項を決議するとともに、税務当局に対する確認の結果、株主に対する課税上の問題から、非適格者である抗告人関係者から本件取得条項に基づき本件新株予約権の取得を行うことができないと判断される場合であっても、抗告人関係者の有する本件新株予約権の全部を、相手方として抗告人関係者に何らの負担・義務を課すことなく1個につき396円の支払と引換えに譲り受ける旨決議した（以下、この決議を「本件支払決議」という。）。

3(1) 抗告人は、本件総会に先立つ6月13日、本件新株予約権無償割当てには、法247条の規定が適用又は類推適用されるところ、これは株主平等の原則に反し法令及び定款（以下「法令等」という。）に違反し、かつ、著しく不公正な方法によるものであるなどと主張して、原々審に対し、本件新株予約権無償割当ての差止めを求める仮処分命令の申立て（以下「本件仮処分命令の申立て」という。）をした。

(2) 原々審は、6月28日、株主に対して新株予約権の無償割当てをする場合においても、当該無償割当てが株主の地位に実質的変動を及ぼすときには、法247条の規定が類推適用され、株主平等の原則の趣旨が及ぶとした上で、本件新株予約権無償割当ては、株主平等の原則の趣旨に反して法令等に違反するものではなく、著しく不公正な方法によるものともいえないとして、本件仮処分命令の申立てを却下する旨の決定をした。

(3) 抗告人は、原審に抗告したが、原審は、7月9日、本件新株予約権無償割当てが相手方の企業価値のき損を防止するために必要かつ相当で合理的なものであり、また、抗告人関係者がいわゆる濫用的買収者であることを考慮すると、これは株主平等の原則に反して法令等に違反するものではなく、著しく不公正な方法によるものともいえないとして、抗告を棄却した。

4 本件抗告の理由は、原決定が、本件新株予約権無償割当ては株主平等の原則に反して法令等に違反するものではないとし、著しく不公正な方法によるものともいえないとしたことを論難するものである。

(1) 株主平等の原則に反するとの主張について

ア 法109条1項は、株式会社（以下「会社」という。）は株主をその有する株式の内容及び数に応じて平等に取り扱わなければならないとして、株主平等の原則を定めている。

新株予約権無償割当てが新株予約権者の差別的な取扱いを内容とするものであっても、これは株式の内容等に直接関係するものではないから、直ちに株主平等の原則に反するということはできない。しかし、株主は、株主としての資格に基づいて新株予約権の割当てを受けるところ、法278条2項は、株主に割り当てる新株予約権の内容及び数又はその算定方法についての定めは、株主の有する株式の数に応じて新株予約権を割り当てることを内容とするものでなければならないと規定するなど、株主に割り当てる新株予約権の内容が同一であることを前提としているものと解されるのであって、<u>法109条1項に定める株主平等の原則の趣旨は、新株予約権無償割当ての場合についても及ぶというべきである。</u>

そして、本件新株予約権無償割当ては、割り当てられる新株予約権の内容につき、抗告人関係者とそれ以外の株主との間で前記のような差別的な行使条件及び取得条項が定められているため、抗告人関係者以外の株主が新株予約権を全部行使した場合、又は、相手方が本件取得条項に基づき抗告人関係者以外の株主の新株予約権を全部取得し、その対価として株式が交付された場合には、抗告人関係者は、その持株比率が大幅に低下するという不利益を受けることとなる。

イ 株主平等の原則は、個々の株主の利益を保護するため、会社に対し、株主をその有する株式の内容及び数に応じて平等に取り扱うことを義務付けるものであるが、個々の株主の利益は、一般的には、会社の存立、発展なしには考えられないものであるから、<u>特定の株主による経営支配権の取得に伴い、会社の存立、発展が阻害されるおそれが生ずるなど、会社の企業価値がき損され、会社の利益ひいては株主の共同の利益が害されることになるような場合には、その防止のために当該株主を差別的に取り扱ったとしても、当該取扱いが衡平の理念に反し、相当性を欠くものでない限り、これを直ちに同原則の趣旨に反するものということはできない。そして、特定の株主による経営支配権の取得に伴い、会社の企業価値がき損され、会社の利益ひいては株主の共同の利益が害されることにな</u>

<u>るか否かについては、最終的には、会社の利益の帰属主体である株主自身により判断されるべきものであるところ、株主総会の手続が適正を欠くものであったとか、判断の前提とされた事実が実際には存在しなかったり、虚偽であったなど、判断の正当性を失わせるような重大な瑕疵が存在しない限り、当該判断が尊重されるべきである。</u>

ウ 本件総会において、本件議案は、議決権総数の約83.4％の賛成を得て可決されたのであるから、抗告人関係者以外のほとんどの既存株主が、抗告人による経営支配権の取得が相手方の企業価値をき損し、相手方の利益ひいては株主の共同の利益を害することになると判断したものということができる。そして、本件総会の手続に適正を欠く点があったとはいえず、また、上記判断は、抗告人関係者において、発行済株式のすべてを取得することを目的としているにもかかわらず、相手方の経営を行う予定はないとして経営支配権取得後の経営方針を明示せず、投下資本の回収方針についても明らかにしなかったことなどによるものであることがうかがわれるのであるから、当該判断に、その正当性を失わせるような重大な瑕疵は認められない。

エ そこで、抗告人による経営支配権の取得が相手方の企業価値をき損し、相手方の利益ひいては株主の共同の利益を害することになるという本件総会における株主の判断を前提にして、本件新株予約権無償割当てが衡平の理念に反し、相当性を欠くものであるか否かを検討する。

抗告人関係者は、本件新株予約権に本件行使条件及び本件取得条項が付されていることにより、当該予約権を行使することも、取得の対価として株式の交付を受けることもできず、その持株比率が大幅に低下することにはなる。しかし、本件新株予約権無償割当ては、抗告人関係者も意見を述べる機会のあった本件総会における議論を経て、抗告人関係者以外のほとんどの既存株主が、抗告人による経営支配権の取得に伴う相手方の企業価値のき損を防ぐために必要な措置として是認したものである。さらに、抗告人関係者は、本件取得条項に基づき抗告人関係者の有する本件新株予約権の取得が実行されることにより、その対価として金員の交付を受けることができ、また、これが実行されない場合においても、相手方取締役会の本件支払決議によれば、抗告人関係者は、その有する本件新株予約権の譲渡を相手方に申し入れることにより、対価として金員の支払を受けられることになるところ、上記対価は、抗告人関係者が自ら決定した本件公開買付けの買付価格に基づき算定されたもので、本件新株予約権の価値に見合うものということができる。これらの事実にかんがみると、抗告人関係者が受ける上記の影響を考慮しても、本件新株予約権無償割当てが、衡平の理念に反し、相当性を欠くものとは認められない。なお、相手方が本件取得条項に基づき抗告人関係者の有する本件新株予約権を取得する場合に、相手方は抗告人関係者に対して多額の金員を交付することになり、それ自体、相手方の企業価値をき損し、株主の共

同の利益を害するおそれのあるものということもできないわけではないが、上記のとおり、抗告人関係者以外のほとんどの既存株主は、抗告人による経営支配権の取得に伴う相手方の企業価値のき損を防ぐためには、上記金員の交付もやむを得ないと判断したものといえ、この判断も尊重されるべきである。

オ したがって、抗告人関係者が原審のいう濫用的買収者に当たるといえるか否かにかかわらず、これまで説示した理由により、本件新株予約権無償割当ては、株主平等の原則の趣旨に反するものではなく、法令等に違反しないというべきである。

(2) 著しく不公正な方法によるものとの主張について
本件新株予約権無償割当てが、株主平等の原則から見て著しく不公正な方法によるものといえないことは、これまで説示したことから明らかである。また、相手方が、経営支配権を取得しようとする行為に対し、本件のような対応策を採用することをあらかじめ定めていなかった点や当該対応策を採用した目的の点から見ても、これを著しく不公正な方法によるものということはできない。その理由は、次のとおりである。

すなわち、本件新株予約権無償割当ては、本件公開買付けに対応するために、相手方の定款を変更して急きょ行われたもので、経営支配権を取得しようとする行為に対する対応策の内容等が事前に定められ、それが示されていたわけではない。確かに、会社の経営支配権の取得を目的とする買収が行われる場合に備えて、対応策を講ずるか否か、講ずるとしてどのような対応策を採用するかについては、そのような事態が生ずるより前の段階で、あらかじめ定めておくことが、株主、投資家、買収をしようとする者等の関係者の予見可能性を高めることになり、現にそのような定めをする事例が増加していることがうかがわれる。しかし、事前の定めがされていないからといって、そのことだけで、経営支配権の取得を目的とする買収が開始された時点において対応策を講ずることが許容されないものではない。本件新株予約権無償割当ては、突然本件公開買付けが実行され、抗告人による相手方の経営支配権の取得の可能性が現に生じたため、株主総会において相手方の企業価値のき損を防ぎ、相手方の利益ひいては株主の共同の利益の侵害を防ぐためには多額の支出をしてもこれを採用する必要があると判断されて行われたものであり、緊急の事態に対処するための措置であること、前記のとおり、抗告人関係者に割り当てられた本件新株予約権に対してはその価値に見合う対価が支払われることも考慮すれば、対応策が事前に定められ、それが示されていなかったからといって、本件新株予約権無償割当てを著しく不公正な方法によるものということはできない。

また、株主に割り当てられる新株予約権の内容に差別のある新株予約権無償割当てが、会社の企業価値ひいては株主の共同の利益を維持するためではなく、専ら経営を担当している取締役等又はこれを支持する特定の株主の経営支配権を維持するためのものである場合には、その新株予約権無償割当ては原則として著しく不公正な方法によるものと解すべきであるが、本件新株予約権無償割当てが、そのような場合に該当しないことも、これまで説示したところにより明らかである。

(3) したがって、本件新株予約権無償割当てを、株主平等の原則の趣旨に反して法令等に違反するものということはできず、また、著しく不公正な方法によるものということもできない。

5 以上のとおりであるから、論旨は理由がなく、本件仮処分命令の申立てを却下すべきものとした原審の判断は、結論において是認することができる。

よって、裁判官全員一致の意見で、主文のとおり決定する。

最高裁判所第二小法廷
　裁判長裁判官　今井　功
　裁判官　津野　修　中川了滋
　　　　　古田佑紀

(別紙) 当事者目録
抗告人（債権者・抗告人）
　スティール・パートナーズ・ジャパン・ストラテジック・ファンド（オフショア）エル・ピー
同代表者　　　　　　　クレア・A・ワルトン
同代理人弁護士　　　　赤上博人
　　　　　　　　　　　宮野　勉
　　　　　　　　　　　若林弘樹
　　　　　　　　　　　古田啓昌
　　　　　　　　　　　左髙健一
　　　　　　　　　　　小舘浩樹
　　　　　　　　　　　額田雄一郎
　　　　　　　　　　　元芳哲郎
　　　　　　　　　　　萩原隆志
　　　　　　　　　　　塚本英巨
　　　　　　　　　　　渡邊優子
　　　　　　　　　　　久保田淳哉
　　　　　　　　　　　副田達也

相手方（債務者・相手方）
　　　　　　　　　　　ブルドックソース株式会社
同代表者代表取締役　　池田章子
同代理人弁護士　　　　新保克芳
　　　　　　　　　　　髙﨑　仁
　　　　　　　　　　　岩倉正和
　　　　　　　　　　　櫻庭信之
　　　　　　　　　　　太田　洋
　　　　　　　　　　　錦織康高
　　　　　　　　　　　大井悠紀
　　　　　　　　　　　波里好彦
　　　　　　　　　　　舞田靖子
　　　　　　　　　　　佐々木秀
　　　　　　　　　　　木村剛史
　　　　　　　　　　　仁瓶善太郎
　　　　　　　　　　　渡邊典和
　　　　　　　　　　　小西　透
　　　　　　　　　　　大川剛平

抗告代理人赤上博人ほかの抗告理由＜略＞

2 楽天 vs TBS事件【仮処分決定】

I 国内判例編　東京高決平成19・6・27金融・商事判例1270号52頁

——株主による会計帳簿等の閲覧謄写を求める仮処分命令の申立てが認められなかった事例——

The Financial and Business Law Precedents

アンダーソン・毛利・友常法律事務所／弁護士　小舘浩樹・楽　楽

I 事案の概要

1 背景事情

楽天株式会社（以下、「楽天」という）は平成17年8月より、その完全子会社である楽天メディア・インベストメント株式会社（以下、「楽天MI」という）等の子会社を通じて、株式会社東京放送（以下、「TBS」という）の株式を大量に取得し、同年10月13日、TBSに対して共同持株会社の設立による経営統合を提案した。その後、両者の間で資本・業務提携に関する協議が約1年半継続したが、結局合意に至らなかった。

2 楽天MIのTBSに対する会計帳簿等の閲覧謄写請求

TBSの株主である楽天MI（出資比率15.71％）は、平成19年6月のTBSの定時株主総会前である同年5月22日、TBSに対して、会社法433条1項に基づき、TBSの有価証券台帳等のうち平成15年3月期ないし平成19年3月期の5事業年度（注1）に関するもの（以下、「請求書類」という）の閲覧および謄写を請求した。

その請求の理由は、TBSにおいて安定株主工作としてどのような行為が行われ、どの程度の会社財産が流出したかという事実を知ることが、①来るTBSの定時株主総会において議決権を行使する上で、また、②株式取得に関するTBS取締役の損害賠償責任の有無を検討し、責任が存在する場合における株主としての権利行使の準備をする上で必要である、というものであった。

係る会計帳簿等の閲覧謄写請求に対し、TBSは、①楽天MIはTBSが定時株主総会に提出する議案についてすでに明確に反対の意思を表明しており、そして、②TBSの有価証券取得に関する情報の主要部分はすでにその有価証券報告書により開示されており、さらに、③楽天MIの完全親会社である楽天とTBSとはビジネス上の競争関係にあること、を理由に請求書類の閲覧謄写を拒絶した。

その後、楽天MIは再度請求書類の閲覧謄写請求を行ったが、これも拒絶されたため、平成19年6月6日に、TBSを相手方として、東京地裁に会計帳簿等の閲覧謄写の仮処分命令の申立てを行った（上記2回の楽天MIによる請求書類の閲覧謄写請求を以下、「本件閲覧謄写請求」と総称する）。

3 原決定（東京地決平成19・6・15金判1270号40頁）

原審の東京地裁では、本件閲覧謄写請求の理由の記載は、具体性に欠けるところはなく、そして、請求書類のうち平成18年3月期および平成19年3月期の2事業年度にかかるものについては、楽天MIがTBSの株式を取得した後のものであるから、閲覧謄写の必要が認められるとした。

また、楽天MIによる本件閲覧謄写請求には、会社法433条2項1号から3号までに定める閲覧等拒絶事由に該当するような事情はないと判断した。

しかし、保全の必要性に関しては先例を踏襲し、いわゆる満足的仮処分は、債権者と相手方の双方が被るおそれのある損害を比較衡量し、相手方が被るおそれのある損害を考慮しても、なお債権者の損害を避けるため緊急の必要がある場合に限って認められるものと解するのが相当であるとした上で、本件はこれに当たらないとして、保全の必要性を否定した。

以上の結果、楽天MIの仮処分命令の申立ては決定により却下された。当該却下決定を受けて、楽天MIは東京高裁に即時抗告を行った。

II 決定要旨

抗告棄却。

1 本決定の争点

本決定において判断された争点は、大きく分けて以下の3つであった。

(1) 閲覧謄写請求の理由の有無

本件閲覧謄写請求の理由の記載が具体性を欠くか否か。すなわち、本件閲覧謄写請求が「請求の理由を明らかにし」てなされたもの（会社法433条1項）といえるかどうか。

(2) 閲覧謄写請求の拒絶事由の有無

本件閲覧謄写請求について、会社法433条2項に定める拒絶事由があるか否か。具体的には、以下の2つの拒絶事由について判断がなされた。

ア 「当該請求を行う株主がその権利の確保又は行使に関する調査以外の目的で請求を行ったとき」（同項1号）に該当するか否か。

イ 「請求者が請求の相手方会社の業務と実質的に競争関係にある事業を営み、又はこれに従事するものであるとき」（同項3号）に該当するか否か。

(3) 保全の必要性の有無

2 裁判所の判断

裁判所の各争点に対する判断は以下のとおりである。

(1) 閲覧謄写請求の理由の有無

本決定は、原決定を引用して、本件閲覧謄写請求の理由の記載は具体性に欠けるところがないと判断した。

また、本件閲覧謄写請求の理由との関連では、閲覧謄写が必要な請求書類の範囲は平成18年3月期および平成19年3月期のもの（以下、「必要書類」という）のみであると判断した。その理由も原決定と同じであり、必要書類以外の請求書類は、「楽天による業務提携提案後における債務者の安定株主工作としてどのような行為が行われ、どの程度の会社財産が流出したかという事実を知る上で、その閲覧及び謄写が必要であると一応認めることはできない」というものであった。

(2) 閲覧謄写請求の拒絶事由の有無

ア まず会社法433条2項1号の該当性については、原決定を引用して、「株主の権利」とは、株主が株主たる地位において有する権利のことをいい、楽天MIによる本件閲覧謄写請求は、議決権の行使、株主提案権の行使、取締役の違法行為差止請求権および責任追及の訴えの提起請求等の検討のために行われているので、これらの権利はいずれも株主たる地位において有する権利であるということができる、と判断した。その結果、本件閲覧謄写請求が、「株主の権利の確保又は行使に関する調査以外の目的で請求を行ったときに該当すると認めることはできない」とされた。

TBSは、楽天MIがTBSの取得した有価証券の銘柄、取得時期および取得金額といった情報を得ても、安定株主工作に関連した有価証券の取得目的や、取得行為とTBSの事業との関連性が判明することはない等の主張をしたが、必要書類の記載が、当該取得目的や取得行為とTBSの事業との関連性を明らかにする上で具体的に役立つか否かについては債権者が必要書類の閲覧または謄写をし、他の資料とも突き合わせながらその内容を検討して初めて判明する事柄であるなどと指摘して、必要書類の閲覧および謄写が債権者の権利行使に必要がないということはできないとした。

イ 次に会社法433条2項3号の該当性については、①「『請求者が当該株式会社の業務と実質的に競争関係にある事業を営み、又はこれに従事する』場合とは、単に請求者の事業と相手方会社の業務とが競争関係にある場合に限るものではなく、請求者（完全子会社）がその親会社と一体的に事業を営んでいると評価できるような場合において、当該事業が相手方会社の業務と競争関係にあるときも含むものと解するのが相当である」、また②「『競争関係』とは、現に競争関係にある場合のほか近い将来において競争関係に立つ蓋然性が高い場合をも含むと解するのが相当である」、さらに③会社法433条2項3号は「請求者の主観的要件を何ら問題とせずに、もっぱら請求者が相手方会社の業務と実質的に競争関係にある事業を営み又はこれに従事するものであるという客観的事実の存否によって決せられるものである」と判示した。

そして、上記規範を本件に関して当てはめると、(i)楽天MIと楽天は一体的に事業を営んでいると評価することができるため、楽天とTBSとの間の競争関係を検討する必要があり、(ii)楽天およびその子会社において、インターネットでの通

信に関するサービス事業のほか、既に放送事業をも行っており、他方、ＴＢＳにおいても、放送業務のほか、既にインターネットでの動画配信業務を行っており、今後もインターネットと融合する事業展開を企画しているので、楽天ＭＩは「相手方の業務と実質的に競争関係にある事業を営み、又は近い将来において相手方と競争関係に立つ蓋然性が高い者に当たることが一応認められ」ると判示した。

　(3)　保全の必要性の有無

　本決定は、(2)で述べたところから、ＴＢＳに楽天ＭＩの本件閲覧謄写請求を拒絶することができる事由を一応認めることができるから、その余について判断するまでもなく、楽天ＭＩの本件申立ては理由がないとしながらも、「審理の経過にかんがみ」保全の必要性についても判断を示している。すなわち、「相手方の上記の損害（筆者ら注：「万一、会計帳簿の閲覧等を命ずる仮処分がいったん執行され、閲覧等がなされた後になって、会計帳簿の閲覧等請求権がないことが本案訴訟で確定したときは、相手方会社としては競争関係にある無権利の請求者に企業秘密を開示したことにより」被る不測の損害）のおそれと抗告人が本件書類の閲覧等を即時に満たされないために生ずる損害を避けるための緊急の必要性とを彼此考慮し、抗告人の必要性が相手方の損害のおそれを凌駕する場合に本件仮処分の保全の必要性を肯認することができる」と述べた上で、本件では、すでに各年の有価証券報告書によってＴＢＳが保有する株式について銘柄ごとの一定の情報が開示されていること、楽天ＭＩは平成19年3月期の株主名簿謄本の交付をＴＢＳから受けていることなどから、そのような必要性がないと判示した。

Ⅲ　分析と展開

　本件で最も問題となった争点は「実質的に競争関係にある」（会社法433条2項3号）ことの意味である。以下、網羅的に他の論点について触れつつ、「実質的に競争関係にある」ことの意味を中心に検討する。

1　閲覧謄写請求の理由の有無

　(1)　閲覧謄写請求の理由の記載の具体性の程度

　会計帳簿等の閲覧謄写請求の理由は、判例上も学説上（注2）も、具体的に記載されなければならないとされている。しかし、どの程度の記載が具体的な記載であるかについて個別具体的な規範を立てることは困難（注3）であり、結局は事案ごとに、会社が閲覧等に応ずる義務の存否および閲覧等をさせるべき会計帳簿等の範囲を判断できるようにする一方で、株主による探索的・証拠漁り的な閲覧等を防止するという2つの観点から個別的に判断せざるを得ないと思われる。

　本件では、請求の理由として、「債務者において安定株主工作としてどのような行為が行われ、どの程度の会社財産が流出したかという事実を知ることが、本定時株主総会において議決権を行使する上で、また、株式取得に関する債務者取締役の損害賠償責任の有無を検討し、責任が存在する場合における株主としての権利行使の準備をする上で必要である」と記載されている。本件閲覧謄写請求の理由の記載は、上記2つの観点から判断しても、十分具体的な記述であり、本決定が、原審の判断を支持して、具体性に欠けるところがないとしたことは妥当であると考える。

　(2)　閲覧謄写請求の理由と閲覧謄写対象物との間の関連性の要否および特定の程度

　閲覧謄写請求について理由を要求する以上、閲覧謄写の対象たる会計帳簿等の範囲も自ずと、当該理由によって限定され、当該理由との関係で関連性のないものについては閲覧謄写が否定されると考えるべきである（注4）。本決定においても、楽天による業務提携提案（平成17年10月）が行われる前にＴＢＳが取得した株式の情報に関しては閲覧謄写の必要がないと判示されている（注5）。

2　閲覧謄写請求の拒絶事由の有無

　(1)　株主がその権利の確保または行使に関する調査以外の目的で請求を行ったか否かの判断基準

　株主の権利とは、株主が株主たる資格において有する権利であり、株主が会社に対して有する権利であっても、株主たる資格を離れて有する権利（例えば、会社との売買契約上、または労働契約上の権利）はこれに含まれないと解されている（注6）。本決定および原決定も上記枠組みを踏まえているように思われる。

　本件では、問題となった株主の権利が議決権、株主提案権、取締役の違法行為請求権等であったため、これらの権利が株主の権利に含まれることについて特段異論はないと思われる（注7）。

もっとも、閲覧謄写の対象を閲覧謄写することが当該権利の行使に必要かどうかは別途問題となり得るところ、本件ではこの点が争点となり、本決定においては、上記Ⅱ2(2)アに記載のとおり、権利の行使に必要がないということはできないとされた。

(2) 実質的競争関係の有無の判断基準
ア　比較の主体

本決定は、会社法433条2項3号の前身である平成17年改正前商法293条ノ7第2号の趣旨・解釈を踏まえて、会社法433条2項3号にいう「『請求者が当該株式会社の業務と実質的に競争関係にある事業を営み、又はこれに従事する』場合とは、単に請求者の事業と相手方会社の業務とが競争関係にある場合に限るものではなく、請求者（完全子会社）がその親会社と一体的に事業を営んでいると評価できるような場合において、当該事業が相手方会社の業務と競争関係にあるときも含むものであると解するのが相当である」と判示した。

そして、具体的な当てはめにおいては、①楽天ＭＩは楽天の完全子会社であること、および②楽天と楽天ＭＩとはＴＢＳ株主に対する委任状勧誘など株主としての権利行使を共同して行っていることを理由に、楽天ＭＩと楽天とが「一体的に事業を営んでいると評価することができる」として、楽天ＭＩの事業内容のみならず、楽天の事業内容をも含めて、ＴＢＳの業務内容との競争関係の有無について検討している。

本決定が述べる平成17年改正前商法293条ノ7第2号の趣旨・解釈については、これまでの裁判例を踏襲するものであり（注8）、学説上においても、特段異論はないものと思われる（注9）。本決定が示す会社法433条2項3号の上記解釈についても、相手方会社の業務と競争関係にある事業を営む会社が完全子会社を設立し、当該子会社に相手方会社の株式を保有させ、会計帳簿等の閲覧謄写請求をさせることで、同号の規定が骨抜きにされることは相当ではないように思われることから、妥当であると考える。

イ　比較の客体

本決定では、楽天およびその子会社がインターネットでの通信に関するサービス事業のほか、すでに放送事業をも営んでおり、他方、ＴＢＳが、放送業務のほか、すでにインターネットでの動画配信業務をも行っていることを認定し、楽天とＴＢＳとの間の実質的な競争関係を肯定した。他方、原決定では、楽天はインターネット・サービス事業を主として営む会社であるのに対し、ＴＢＳは放送事業を主として営む会社であると認定して、両者間の実質的な競争関係を否定した。

本決定も、楽天の主たる事業はインターネット・サービス事業であり、ＴＢＳの主たる業務が放送業務であることを否定しているとは思われず、これを認めた上で、それぞれの従たる事業・業務に着目して（さらにいうと、主従を問題にせずに、それぞれが営んでいる事業・業務に競争関係があるか否かを形式的に判断して）、両者間の実質的な競争関係を認めたものと読むことができる。

この点については、本決定が指摘するように、実質的な競争関係にある株主からの閲覧謄写が制限される趣旨は、「『業者者等が会計帳簿、書類の閲覧等により企業の秘密を探り、これを自己の競業に利用し、又は他の競業者に知らせることにより会社に甚大な被害を生じさせるおそれを未然に防止することにある』。とすれば、結局のところ、閲覧等を請求する者に当該閲覧等を認めることにより、会社が甚大な被害を受ける蓋然性がどの程度あるかを基準として、具体的事案に即して、（それぞれの）従たる事業・業務における競争関係のインパクトを勘案する必要があり、少しでも従たる事業・業務において競争関係があれば、実質的な競争関係が認められるということにはならないように思われる（注10）。

ウ　将来の競争関係

本決定は、近い将来において競争関係に立つ蓋然性が高い者からの請求を認めた場合には、会社に甚大な被害を生じさせるおそれがあることから、「『競争関係』とは、現に競争関係にある場合のほか近い将来において競争関係に立つ蓋然性が高い場合をも含むと解するのが相当である」とした。

旧商法下の裁判例でも同様に判示したものがあるものの（注11）、会社法433条2項3号の文言からは、現在競争関係にある者の請求のみ拒絶できるように読むのが自然である（注12）。しかし、近い将来において、確実に会社と競争関係に立つ者に対しても、現在競争行為を行っていないという理由だけで会計帳簿等の閲覧謄写を認めてしまうのも、同号の上記趣旨からすればやや行き過ぎの感がある。結局のところ、上記において、従たる事業・業務をも比較対象とするかどうかにおい

て述べたところと同様に、会社が甚大な被害を受ける蓋然性がどの程度あるかを基準として、具体的事案に即して将来の競争関係のインパクトを勘案する必要があり、少しでも将来の競争関係があれば、実質的競争関係が認められるということにはならないように思われる。

エ 請求者の主観

会社法433条2項3号の適用に関し、請求者が会社の営業上の秘密を自己が利用するまたは他の競業者に利用させる具体的な意図（主観的要件）が必要か否かについて、学説は分かれている。

判例は、本決定と同じ主観的要件不要説である（注13）が、他にも、主観的要件必要説（主観的要件は必要であり、その立証責任は会社が負う）や主観的要件推定説（主観的要件は必要であり、その立証責任は請求者が負う）も主張されている。

主観的要件の立証の困難性（特に、会社側にとっての立証の困難性）および会社法433条2項3号の文理との整合性により、主観的要件不要説が妥当であると考える。

3 保全の必要性の有無

いわゆる満足的仮処分は、いったん執行されてしまうと原状回復が不可能であることから、通常の仮処分よりも請求者側の保全の必要性を慎重に判断すべきであるということは、一般論として異論がないと思われる（注14）。そして、会計帳簿等の閲覧謄写請求に関するこれまでの裁判例では、仮処分が認められることにより請求者に得られる利益と、会社に失われる利益とを比較衡量すべきとされてきた（注15）。本決定もこれまでの枠組みを踏襲したものであるといえる。

本決定では、被保全権利たる会計帳簿等の閲覧謄写請求は、拒絶事由が認められることから、認められない旨をすでに判示したことから、保全の必要性について判断を示す必要はなかったものの、原決定においては、保全の必要性の判断が結論を分けたことから、この点についての判断も示している。そして、主に、①ＴＢＳが保有する株式について銘柄ごとの一定の情報が既に各年の有価証券報告書にて開示されていること、②ＴＢＳが既に楽天ＭＩに対して平成19年3月期の株主名簿を交付していることを理由に、楽天ＭＩが株主権を行使するのに際して、これ以上の情報が必要不可欠とまでは認められないと判示した。他方、閲覧等を認めると、投資先等との円滑な関係の維持が困難となるなどＴＢＳに不測の損害を生じさせるおそれがあることは否定できないとし、楽天ＭＩの閲覧等を求める緊急の必要性がＴＢＳの損害のおそれを凌駕するとはいえないとした。本決定は、株主の権利行使の緊急の必要性がそれほどないことから、会社の損害のおそれについてそれ程厳格に求めることはしなかったとの評価も可能であるように思われる。

4 結語

競争関係の有無が争点となる場面において、会計帳簿等の閲覧謄写請求を認めるか否かという問題は、突き詰めれば、会社の情報を知る手段が限られている中で閲覧等を認めることによりもたらされる株主側の利益と、閲覧等により会社の機密事項が競業者であるか問題となる者にわたることによる会社側の損害のおそれとの比較衡量である。

本決定では、会社法433条2項3号の実質的な競争関係が認められる範囲の点でも、また保全の必要性の点でも、結論として後者に軍配を上げた。今後、さらなる事例の集積が待たれるところである。

（注1） 平成15年3月期ないし平成19年3月期のＴＢＳの投資有価証券取得のための支出は以下のとおりである（金判1270号43頁）。
平成15年3月期～平成17年3月期　179億6500万円
平成18年3月期　　　　　　　　　601億1300万円
平成19年3月期　　　　　　　　　324億7300万円
（注2） 最一判平成2・11・8金判863号20頁、江頭憲治郎『株式会社法〔第3版〕』643頁（有斐閣・2009年）、前田庸『会社法入門〔第12版〕』574頁（有斐閣・2009年）等。
（注3） 具体性を事案に即して肯定した判例としては、最一判平成16・7・1民集58巻5号1214頁、金判1204号11頁。
（注4） 上柳克郎ほか編『新版注釈会社法(9)』211頁〔和座一清〕（有斐閣・1988年）、大隅健一郎＝今井宏『会社法論（中）〔第3版〕』504頁（有斐閣・1992年）。
（注5） 請求の理由との関連で、閲覧謄写の対象を株主と会社のどちらが特定する必要があるのかについて議論がある。株主が特定すべきとする見解として、仙台高判昭和49・2・18判時740号97

頁、高松高判昭和61・9・29金判863号24頁、田中誠二『会社法詳論(下)〔三全訂版〕』915頁（勁草書房・1994年）、中祖博司「M＆Aをめぐる仮処分」中野貞一郎ほか編『民事保全講座第3巻（仮処分の諸類型）』391頁以下（法律文化社・1996年）等。会社が特定すべきとする見解として、前田雅弘「高松高判昭和61・9・29判批」商事1207号27頁（1990年）等

(注6)　上柳ほか編・前掲（注4）219頁〔和座〕、大隅＝今井・前掲（注4）508頁）。

(注7)　自益権とされる株式買取請求権について、株主の権利といえるかどうかについて学説上争いはあるが、本稿では特に立ち入らない。なお、前掲最一判平成16・7・1参照。

(注8)　東京地決平成6・3・4金判942号17頁。

(注9)　上柳ほか編・前掲（注4）222頁〔和座〕。

(注10)　この点については、原決定は、ＴＢＳの出資に係る会社がライセンス商品開発事業およびショッピング事業を営んでいることについて、ＴＢＳと当該会社との関係、あるいはＴＢＳの営業規模の中に占める当該事業の割合が明らかでなく、当該会社が当該事業を営んでいることをもって、実質的な競争関係を認めることはできない旨判示しており、判断枠組みとしては妥当であるように思われる。

(注11)　前掲東京地決平成6・3・4。

(注12)　近藤光男「東京地決平成6・3・4判批」商事1356号6頁（1994年）参照。

(注13)　最一決平成21・1・15民集63巻1号1頁、本誌1314号40頁、名古屋高決平成8・2・7判タ938号221頁、上柳ほか編・前掲（注4）223頁〔和座〕。

(注14)　東京高平成13・9・3金判1136号22頁、鈴木正裕「仮の地位を定める仮処分と保全の必要性」中田淳一編『保全処分の体系(上)』211頁（法律文化社・1965年）。

(注15)　前掲東京高決平成13・9・3、東京高決平成13・12・26金判1140号43頁。

(※)　なお、本件に関しては、本訴が提起される。本訴については、〔本書❸事件〕を参照されたい。

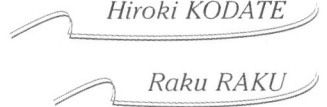

Hiroki KODATE

Raku RAKU

平成19・6・27東京高裁第24民事部決定、平成19年（ラ）第873号会計帳簿等閲覧謄写仮処分命令申立却下決定に対する抗告事件、**抗告棄却**
　原審＝平成19・6・15東京地裁決定、平成19年（ヨ）第20080号

決　定

＜当事者＞（編集注・一部仮名）
　当事者の表示　別紙当事者目録記載のとおり
【主　文】
1　本件抗告を棄却する。
2　抗告費用は抗告人の負担とする。
【理　由】
第1　抗告の趣旨
1　原決定を取り消す。
2　相手方は、抗告人又はその代理人に対し、相手方の本店内において、相手方の営業時間内に原決定別紙書類目録記載の書類を閲覧及び謄写（写真撮影、電磁的記録によって保存する方法を含む。）をさせなければならない。
3　申立費用は、第1、2審とも相手方の負担とする。
第2　事案の概要
　以下、原決定の略称を用いることとする。
　本件は、相手方の株主である抗告人が相手方の株主総会で権利行使するためには会社法433条1項の請求権に基づいて、本件書類の閲覧、謄写（以下「閲覧等」という。）をすることが不可欠のところ、相手方がこれを認めないなどとして、相手方に対し閲覧等の仮処分命令を求める事案である。原審は、抗告人の申立てを却下した。
1　前提となる事実
　前提となる事実は、原決定の「理由」の「第2　事案の概要」欄の「1　前提となる事実」に記載のとおりであるから、これを引用する。
2　争点
　(1)　閲覧等請求の理由の有無
　閲覧等請求の理由の記載が具体性を欠く（会社法433条1項）か否か。
　(2)　閲覧等請求の拒絶事由の有無
　ア　当該請求を行う株主がその権利の確保又は行使に関する調査以外の目的で請求を行ったとき（同条2項1号）に該当するか否か。
　イ　請求者が請求の相手方会社の業務と実質的に競争関係にある事業を営み、又はこれに従事するものであるとき（同項3号）に該当するか否か。
　ウ　請求者が相手方会社の業務の遂行を妨げ、株主の共同の利益を害する目的で請求を行ったとき（同項2号）に該当するか否か。
　(3)　保全の必要性の有無
3　当事者の主張
　当事者の主張は、原決定別紙記載の「債権者の主張」及び「債務者の主張」のとおりであるほか、抗告

人については「保全命令申立て却下に対する即時抗告申立書」並びに主張書面（平成19年6月21日付け）及び主張書面(2)（同月22日付け）を、相手方については答弁書及び第1準備書面（同日付け）を引用する。

第3　当裁判所の判断

1　争点(1)について

当裁判所は、本件閲覧等請求の理由の記載について、具体性に欠けるところがないと判断する。その理由は、原決定6頁6行目から22行目までに記載のとおりであるから、これを引用する。

なお、当裁判所も抗告人の権利行使のために閲覧等が必要な本件書類の範囲は、平成18年3月期及び平成19年3月期の2事業年度に関するものであると判断する。その理由は、原決定6頁23行目から7頁5行目までに記載のとおりであるから、これを引用する。

2　閲覧等請求の拒絶事由の有無について

そこで、次に、本件書類のうち平成18年3月期及び平成19年3月期の2事業年度に関するものについて、相手方が主張する閲覧等請求の拒絶事由の有無を判断する。

(1) 争点(2)アについて

当裁判所も抗告人が会社法433条2項1号に該当するとは認められないと判断する。その理由は、原決定7頁9行目から9頁26行目までに記載のとおりであるから、これを引用する。

(2) 争点(2)イについて

ア　会社法433条2項3号は、請求者が相手方会社の業務と実質的に競争関係にある事業を営み、又はこれに従事するものであるときに該当すると認められる場合には、相手方会社は閲覧等の請求を拒絶することができる旨規定している。

イ　相手方は抗告人が保有する相手方株式に関して実質的に株主としての権利行使の判断をし、株主としての利益を享受するのが抗告人の完全親会社である楽天であるので、相手方との実質的競争関係の有無を楽天との間で判断すべきであると主張するのに対し、抗告人は同号が「請求者」との間の競争関係のみを問題にしているから、抗告人の親会社ではあるが法人格を別にし代表者も異なる楽天との間における競争関係を問題にすることは、文言に違背する旨主張する。

そこで、検討するに、平成17年法律第87号による改正前の商法293条ノ7第2号は、「株主ガ会社ト競業ヲ為ス者ナルトキ、会社ト競業ヲ為ス会社ノ社員、株主、取締役若ハ執行役ナルトキ又ハ会社ト競業ヲ為ス者ノ為其ノ会社ノ株式ヲ有スル者ナルトキ」を閲覧等請求の拒絶事由と定めたが、その趣旨は競業者等が会計帳簿、書類の閲覧等により企業の秘密を探り、これを自己の競業に利用し、又は他の競業者に知らせることにより会社に甚大な被害を生じさせるおそれを未然に防止することにあると解されるところ、そのようなおそれは、単に請求者の事業と相手方会社の業務とが競争関係にある場合にとどまらず、請求者の親会社の事業が相手方会社の業務と競争関係にある場合にも生じ得るものであるから、ここにいう「会社ト競業ヲ為ス者ノ為其ノ会社ノ株式ヲ有スル者」とは、競業者の計算において株式を有する者をいい、親会社が競業者である場合の完全子会社を含むと解するのが相当である。この沿革にかんがみると、会社法433条2項3号は、「請求者が当該株式会社の業務と実質的に競争関係にある事業を営み、又はこれに従事するものであるとき」を閲覧等請求の拒絶事由の一と定め、請求者が「営み、又はこれに従事する」事業と相手方会社の業務との間に「実質的に」競争関係があるか否かによって拒絶事由を判定することとしたと解すべきであって、請求者（完全子会社）の親会社が競業する会社である場合を排除するという内容に閲覧等の拒絶事由を変更したものであるとは解し難い。すなわち、同号にいう「請求者が当該株式会社の業務と実質的に競争関係にある事業を営み、又はこれに従事する」場合とは、単に請求者の事業と相手方会社の業務とが競争関係にある場合に限るものではなく、請求者（完全子会社）がその親会社と一体的に事業を営んでいると評価できるような場合において、当該事業が相手方会社の業務と競争関係にあるときも含むものであると解するのが相当である。

ウ　抗告人は、同号の「競争関係」について、相手方会社への甚大な被害を防止するという規定の趣旨からすれば、現に相手方会社の直接の競争者であって、相手方会社と請求者が同種製品を同様の供給者から購入しあるいは同種製品を同様の顧客に販売しているような隣接市場で事業活動を行っている者に限定すべきであると主張する。しかしながら、同号の「競争関係」とは、現に競争関係にある場合のほか近い将来において競争関係に立つ蓋然性が高い場合をも含むと解するのが相当である。なぜならば、近い将来において競争関係に立つ蓋然性が高い者からの請求も相手方会社に甚大な被害を生じさせるおそれがある点では現に競争関係にある者からの請求と何ら変わりがないからである。

エ　抗告人は、同号の文言や趣旨からすれば、会計帳簿の謄写等によって入手した情報を濫用するおそれがなければ、同号に該当しないと主張する。しかしながら、濫用するおそれを要件とすることは、請求者の主観的な意図を要件とすることに帰着するが、それでは、同号が1号及び2号とは別に「目的」を詮索しない規定振りとなっていることに反するのである。換言すれば、3号の規定は、請求者の主観的要件を何ら問題とせずに、もっぱら請求者が相手方会社の業務と実質的に競争関係にある事業を営み又はこれに従事するものであるという客観的事実の存否によって決せられるものである。このことに加えて、請求者の意図や立場がどうであれ、いったん競争者に渡った企業秘密は、悪用される危険が常に存在することにかんがみれば、同号該当性の判断においては濫用するおそれの有無を要件とすることはできない。

オ　本件についてみるに、抗告人は、有価証券の保有及び運用等を目的とする株式会社であるが、楽天がその発行済株式の全てを保有している楽天の完全子

会社であり、また、楽天と抗告人は、相手方株主に対する委任状勧誘など株主としての権利行使を共同して行っていることが一応認められるから（乙第2号証の1ないし5、第22号証、審尋の全趣旨）、抗告人と楽天は一体的に事業を営んでいると評価することができる。それに加えて、次のとおり一応認められるところ（審尋の全趣旨及び各認定事実の末尾に掲載した証拠）、これらによれば、楽天は、インターネットでの通信に関するサービス事業のほか、既に放送事業を営んでおり、相手方は、放送業務のほか、既にインターネットでの動画配信業務を行っていることが一応認められる。

(ｱ) 楽天は、通信販売業務や各種情報提供・情報収集・情報処理・情報通信に関するサービス業のほか、その事業目的に「放送法による各種放送事業及び放送関連技術の開発、製作、指導及び販売」を掲げている。
（乙第20号証）

(ｲ) 楽天の完全子会社であり、楽天の代表取締役会長兼社長の三木谷浩史が取締役を務めている楽天ティービー株式会社（以下「楽天TV」という。）は、「放送法によるテレビジョンその他一般放送事業」、「放送法による委託放送事業」及び「放送番組、録音、録画物および映画の製作ならびに販売」を事業目的としているところ、楽天は、楽天TVを通じて、CS放送において、「ベターライフチャンネル」(SKYPerfecTV! CH216) 及び「楽天ショッピングチャンネル」(SKYPerfecTV! CH217)の2チャンネルを運営・提供している。
（乙第21号証の1・2、第22号証）

(ｳ) 楽天は、自らインターネット上で有料動画配信チャンネルである「楽天イーグルスTV」を運営している。

(ｴ) 相手方は、放送業務のほか、その事業目的に「コンピュータによる情報処理並びに情報提供に関する業務」を掲げており、平成11年2月から、自社ホームページにてニュース動画配信サイト「News—i」をスタートさせるなどインターネットでの動画配信業務に取り組んでいる。
（甲第1号証、乙第25号証）

(ｵ) 相手方は、平成17年11月から、自社が有するコンテンツをオン・デマンド方式にて有料配信するサービスとして「TBS BooBo BOX（ブーブ・ボックス）」を開始し、ドラマ・映画・音楽・ドキュメンタリーといった有力コンテンツの有料動画配信業務を行い、平成19年3月から、動画配信サイト「ハマスタWAVE」を開設し、横浜スタジアムで開催される横浜ベイスターズ主催全試合65試合の中継映像をパソコン向けに配信する業務を行っている。
（乙第25号証、第28号証）

(ｶ) 相手方は、従来の地上波を中心とする放送広告市場の拡大鈍化という経営環境の中で、平成18年に放送外事業収益の飛躍的な増大を柱とする5か年経営計画「V!up2010」を発表して、インターネットと融合する事業展開を企画している。
（甲第11号証、第12号証）

ｶ そうすると、抗告人は、相手方の業務と実質的に競争関係にある事業を営み、又は近い将来において相手方と競争関係に立つ蓋然性が高い者に当たることが一応認められ、抗告人提出の甲第33号証ないし第35号証は上記認定判断を左右するものではない。したがって、本件においては、相手方に抗告人の閲覧等請求を拒絶することができる事由を一応認めることができるから、その余について判断するまでもなく、抗告人の本件申立ては理由がない。

3 ところで、民事保全手続においては、被保全権利及び保全の必要性を即時取り調べることのできる証拠（疎明資料）のみによって判断することとされている上（民事保全法13条2項、民訴法188条参照）、本件のように株主総会の開催日が切迫するのでこれに間に合わせるべく判断をする必要に迫られている場合には一層のこと、民事保全手続における判断と判決手続（本案訴訟）における判断との間に齟齬が生ずる可能性をはらむのはやむを得ないことである。しかるに、会計帳簿の閲覧等請求権に係る仮処分命令申立ては、会計帳簿の閲覧等請求訴訟という本案訴訟での確定前に会計帳簿の閲覧等請求権の実現と同一の法律状態が形成されることを目的とすることから、いわゆる満足的仮処分であるが、万一、会計帳簿の閲覧等を命ずる仮処分がいったん執行され、閲覧等がなされた後になって、会計帳簿の閲覧等請求権がないことが本案訴訟で確定したときは、相手方会社としては競争関係にある無権利の請求者に企業秘密を開示したことにより不測の損害を被るおそれがあるし、その原状回復は不可能である。

その上、民事保全法23条2項は、本件のようないわゆる満足的仮処分については、「債権者に生ずる著しい損害又は急迫の危険を避けるためにこれを必要とするときに」発することができると定めていることに照らせば、競争関係の有無を争点に含むような本件においては、相手方の上記の損害のおそれと抗告人が本件書類の閲覧等を即時に満たされないために生ずる損害を避けるための緊急の必要性とを彼此考慮し、抗告人の必要性が相手方の損害のおそれを凌駕する場合に本件仮処分の保全の必要性を肯認することができると解すべきである。

4 争点(3)について
審理の経過にかんがみ、以上のような観点から争点(3)についても判断する。

(1) 抗告人は、まず、本定時株主総会の第2、第4号議案についての議決権行使及び第2号議案についての監督是正権行使のため、会計帳簿の閲覧等によって違法・不当な安定株主工作が行われていたかを確認し、買収防衛策の合理性の有無・当否を判断することが不可欠であると主張する。

しかしながら、当裁判所は、本件書類のうち平成18年3月期及び平成19年3月期の2事業年度に関するものの閲覧等を通じて抗告人が疑念を抱いている点について解明することが本定時株主総会における抗告人の

質問権の行使あるいは意見陳述権の行使にとって有益であるとうかがうことができるが、更に進んでそれが抗告人の株主としての権利行使に必要不可欠であるとの心証を惹くことができない。すなわち、① 抗告人は、既に各年の有価証券報告書によって相手方が保有する全株式のうち貸借対照表計上額の、平成18年3月期については96.2パーセント、平成19年3月期については96.6パーセントに該当する株式の銘柄ごとの個別株数及び計上額を把握していること、② 抗告人は、既に相手方の平成19年3月期の株主名簿謄本の交付を相手方から受けていること、③ 一方、本定時株主総会の相手方提案の第2号議案は、取締役候補者の適性が問題とされる議案であるから、同議案について株主の権利行使のため相手方の投資有価証券の詳細についての情報が前記①、②以上に必要であるとは考え難いところであるし、少なくともその開示がない限り本定時株主総会において抗告人の株主としての権利行使に著しい支障があるとすることはできない。④ また、本定時株主総会の相手方提案の第4号議案についても、前記①、②の経過に照らせば、有価証券報告書の記載以上の情報が抗告人の本定時株主総会における株主の権利行使に必要不可欠であると認めることはできないし、少なくとも本件書類のうち平成18年3月期及び平成19年3月期の2事業年度に関するものの閲覧等がない限り抗告人が株主としての権利行使をすることに著しい支障があるものとすることはできない。

(2) 抗告人は、本件書類の閲覧等によって会社法360条、847条の訴えを提起するために本件仮処分命令が必要不可欠であるとも主張するが、現時点における閲覧等を認めるべき緊急の必要性をうかがい知る資料はない。

(3) その他、抗告人が本件書類の閲覧等を求める緊急の必要性を一応認めるに足る資料はない。

(4) そして、相手方の損害について前記3で述べたところに加えて、本件書類の中には円満な関係維持の観点から相手方として情報管理を必要とする投資先ないし業務提携先の名前が含まれると一応認められ（乙第3号証）、抗告人の閲覧等が認められると、これらの名前が開示されることになり、投資先との円滑な関係の維持が困難となるなど相手方に不測の損害を生じさせるおそれがあることは否定できないことを併せ考慮すると、本件書類の閲覧等を求める抗告人の緊急の必要性が相手方の損害のおそれを凌駕するとはいえないことが明らかである。

したがって、本件仮処分の保全の必要性を肯認することはできない。

5 結論
以上によれば、抗告人の本件申立ては理由がないのでこれを却下すべきであり、原決定の結論は相当であるから、本件抗告は理由がない。

裁判長裁判官　都築　弘
裁判官　園部秀穂　小海隆則

（別紙）**当事者目録**

抗告人（債権者）
　　　　楽天メディア・インベストメント株式会社
上記代表者代表取締役　　　　　髙山　健
上記代理人弁護士　　　　　　　国谷史朗
同　　　　　　　　　　　　　　池田裕彦
同　　　　　　　　　　　　　　茂木龍平
同　　　　　　　　　　　　　　高安秀明
同　　　　　　　　　　　　　　竹平征吾
同　　　　　　　　　　　　　　細野真史
同　　　　　　　　　　　　　　山浦美卯
同　　　　　　　　　　　　　　髙子　賢
同　　　　　　　　　　　　　　宇留賀俊介
同　　　　　　　　　　　　　　山口拓郎
同　　　　　　　　　　　　　　吉田　勉
同　　　　　　　　　　　　　　神谷光弘
同　　　　　　　　　　　　　　金川　創
同　　　　　　　　　　　　　　伊藤徳高
相手方（債務者）　　　株式会社東京放送
上記代表者代表取締役　　　　　井上　弘
上記代理人弁護士　　　　　　　新保克芳
同　　　　　　　　　　　　　　髙﨑　仁
同　　　　　　　　　　　　　　大久保暁彦
同　　　　　　　　　　　　　　洞　　敬
同　　　　　　　　　　　　　　井上　彰
同　　　　　　　　　　　　　　上野　保
同　　　　　　　　　　　　　　鳥養雅夫
同　　　　　　　　　　　　　　上村真一郎

原決定

【主　文】
1　債権者の申立てを却下する。
2　申立費用は債権者の負担とする。
【理　由】
第1　申立ての趣旨
債務者は、債権者に対して、債務者の営業時間内のいつにても、別紙書類目録記載の書類（以下「本件書類」という。）を閲覧及び謄写（写真撮影及び電磁的記録によって保存する方法を含む。）させなければならない。
第2　事案の概要
本件は、債務者の株主である債権者が、会社法433条1項の規定する会計帳簿の閲覧等の請求権に基づいて、債務者が保有する投資有価証券の明細を記載した帳簿（有価証券台帳等）の閲覧及び謄写を求めたのに対し、債務者が、債権者の当該請求は同条2項1号ないし3号に該当するとしてこれを拒否したことに基づき、当該帳簿の閲覧及び謄写の仮処分命令を求めている事案である。
1　前提となる事実
後掲の各疎明資料及び審尋の全趣旨によれば、次の事実が一応認められる。

(1) 当事者
ア　債務者
債務者は、昭和26年5月17日に設立された、放送法による一般放送及びその他放送事業等を目的とする株式会社である。
平成19年6月4日現在、債務者の資本金は548億6515万4896円、発行可能株式総数は4億株、発行済株式の総数は1億9031万3968株であり、債務者は、その発行する株式を株式会社東京証券取引所の開設する市場第1部に上場している。なお、債務者においては単元株制度が採用されており、一単元の株式数は100株である。
（甲1、審尋の全趣旨）
イ　債権者
債権者は、平成17年10月7日に有価証券の保有及び運用等を目的として設立され、楽天株式会社（以下「楽天」という。）がその発行済み株式の全てを保有する株式会社である。
債権者は、債務者が平成19年6月28日に開催する予定の第80期定時株主総会（以下「本定時株主総会」という。）において、債務者の総株主の議決権の100分の3以上にあたる29万9012個の議決権を有する債務者の株主であり、その出資比率は15.71％である。
（甲2から4まで、審尋の全趣旨）
ウ　楽天の業務提携提案
楽天は、平成17年8月から子会社を通じて債務者株式を取得し始め、同年10月13日に債務者に対して業務提携の提案を行った。
（甲9、10）
(2) 債務者の有価証券報告書等
債務者の平成18年3月期（自平成17年4月1日至平成18年3月31日）有価証券報告書及び平成19年3月期（自平成18年4月1日至平成19年3月31日）決算短信には、債務者は平成18年3月期及び平成19年3月期の2事業年度において、投資有価証券の取得のため、合計925億8600万円（平成18年3月期のみで601億1300万円）を支出したことが記載されている。
債務者は、上記投資有価証券の取得目的について、「ビジネス上の関係先等との間で事業上の連携強化を目的としたものである。」と説明している。
なお、債務者の平成15年3月期ないし平成17年3月期の3事業年度における投資有価証券の取得による支出の合計額は179億6500万円であった。
（甲11から15まで）
(3) 本件書類の閲覧及び謄写請求
債権者は、平成19年5月22日付法定書類閲覧・謄写等請求書により、債務者において安定株主工作としてどのような行為が行われ、どの程度の会社財産が流出したかという事実を知ることが、本定時株主総会において議決権を行使する上で、また、株式取得に関する債務者取締役の損害賠償責任の有無を検討し、責任が存在する場合における株主としての権利行使の準備をする上で必要であるとして、債務者に対し、本件書類のうち平成15年3月期ないし平成19年3月期の5事業年度に関するもの（以下「請求書類」という。）の閲覧及び謄写を請求した。
これに対して、債務者は、同月28日付「法定書類閲覧・謄写等請求について」と題する書面により、①債権者は債務者提案に係る本定時株主総会の第2号議案及び第4号議案に対する反対を明確に表明しているから、請求書類の閲覧及び謄写の必要性はないこと、②債務者の有価証券の取得・保有状況の主要部分は、債務者の有価証券報告書により開示されており、債権者が議決権を行使する上で請求書類の閲覧及び謄写は必要ではないこと、③債権者の完全親会社である楽天の営む事業が、債務者が株式の相互保有の状態にある提携先を中心とするビジネス上の関係企業と共同で展開するビジネスと競争関係にあることを理由として、請求書類の閲覧及び謄写を拒絶する旨の回答を行った。
債務者は、債務者がいう拒絶事由はいずれも適法な拒絶事由に該当しないと主張して、同月30日付け請求書により、再度、請求書類の閲覧及び謄写を請求したが、債務者は、これに対しても、閲覧及び謄写を拒絶した。
（甲5から8まで）
(4) 債務者の第80期定時株主総会
債務者は、平成19年6月28日午前10時に東京都千代田区紀尾井町1－2グランドプリンスホテル赤坂クリスタルパレスにおいて、本定時株主総会を開催することとし、株主に対してその召集通知を発している。
本定時株主総会においては、債務者提案の議案として、第2号議案「取締役15名選任の件」及び第4号議案「『当社株式にかかる買収提案への対応方針』の改定の件」を含む4つの議案が上程されている。
また、債権者は、本定時株主総会において株主提案権を行使し、第5号議案「取締役2名選任の件」及び第6号議案「定款一部変更の件」の提案を行っている。
（甲4）
(5) 仮処分申立て
債権者は、平成19年6月6日、本件仮処分命令の申立てをした。
（審尋の全趣旨）
2　争点
(1) 閲覧又は謄写請求の拒絶事由の有無
ア　当該請求を行う株主（以下「請求者」という。）がその権利の確保又は行使に関する調査以外の目的で請求を行ったとき（会社法433条2項1号）に該当するか否か
イ　請求者が請求の相手方である株式会社（以下「相手方会社」という。）の業務と実質的に競争関係にある事業を営み、又はこれに従事するものであるとき（会社法433条2項3号）に該当するか否か
ウ　請求者が相手方会社の業務の遂行を妨げ、株主の共同の利益を害する目的で請求を行ったとき（会社法433条2項2号）に該当するか否か
(2) 保全の必要性の有無
3　争点に対する当事者の主張

当事者双方の主張の要旨は、別紙記載のとおりである。
第3　当裁判所の判断
1　閲覧又は謄写請求の拒絶事由の有無について
(1)　本件書類のうち権利行使のために閲覧及び謄写が必要な範囲について
会社法433条1項は、総株主の議決権の100分の3以上の議決権を有する株主又は発行済株式の100分の3以上の数の株式を有する株主は、株式会社の営業時間内は、いつでも、請求の理由を明らかにして、会計帳簿又はこれに関する資料（書面をもって作成されているときは当該書面、電磁的記録をもって作成されているときは当該電磁的記録に記録された事項を表示したもの）の閲覧又は謄写の請求をすることができる旨規定し、同条2項は、同条1項の請求があったときは、株式会社は、同条2項1号から5号までのいずれかに該当すると認められる場合を除き、これを拒むことができない旨規定している。
上記の請求の理由は、具体的に記載されなければならないが、債権者は、前記第2の1(3)に認定のとおり、債務者において安定株主工作としてどのような行為が行われ、どの程度の会社財産が流出したかという事実を知ることが株主総会において議決権を行使する上で、また、債務者取締役の損害賠償責任の有無を検討し、責任が存在する場合における株主の権利行使の準備をする上で必要であると閲覧及び謄写請求の理由を記載しており、この記載は、請求書類の閲覧及び謄写を請求する理由の記載として、その具体性に欠けるところはないというべきである。
そして、本件書類のうち平成18年3月期及び平成19年3月期の2事業年度に関するもの（以下「必要書類」という。）については、楽天による業務提携提案が行われた後に債務者が取得した株式の銘柄、取得時期、株式数、単価が記載されており、楽天による業務提携提案が行われた後に債務者が取得した株式の内容を知るために閲覧及び謄写が必要であると一応認められる。これに対し、本件書類のうちその余の事業年度に関するものについては、楽天による業務提携提案後における債務者の安定株主工作としてどのような行為が行われ、どの程度の会社財産が流出したかという事実を知る上で、その閲覧及び謄写が必要であると一応認めることはできない。
そこで、債権者による必要書類の閲覧及び謄写の請求について、債務者が主張する拒絶事由が認められるか否かについて検討する。
(2)　権利の行使の確保又は行使に関する調査以外の目的の有無について
ア　会社法433条2項1号は、請求者がその権利の確保又は行使に関する調査以外の目的で請求を行ったときに該当すると認められる場合には、相手方会社は閲覧又は謄写の請求を拒絶することができる旨規定している。
ここにいう請求を行う株主の権利とは、株主が株主たる地位において有する権利のことをいうところ、債権者は、議決権（質問権、意見陳述権）の行使、株主提案権の行使、取締役の違法行為差止請求権及び責任追及の訴えの提起請求等の検討のため、本件書類の閲覧及び謄写が必要であると主張しており、これらの権利はいずれも株主たる地位において有する権利であるということができる。
イ　これに対し、債務者は、①債権者が債務者の取得した有価証券の銘柄、取得時期及び取得金額といった情報を得ても、安定株主工作に関連した有価証券の取得目的や、取得行為と債務者の事業との関連性が判明することはない、②債務者が保有する有価証券の細目については株主総会における取締役の説明義務の範囲外であるから、本件書類の閲覧及び謄写と株主総会における質問権及び意見陳述権の行使とは関連しない、③債権者の提案に係る取締役選任議案及び定款の一部変更議案と本件書類の閲覧及び謄写とは関連しない、④株式会社が有価証券に投資する行為は何ら違法なものではなく、有価証券を取得することで債務者の財産を減少させたことはないから、取締役の違法行為差止請求権や責任追及の訴え請求と本件帳簿の閲覧及び謄写とは関連しないと主張する。
しかしながら、必要書類の記載が、債務者による有価証券の取得目的や取得行為と債務者の事業との関連性を明らかにする上で具体的に役立つか否か、あるいは、債権者による株主総会における意見陳述等に役立つか否かについては、債権者が当該書類の閲覧又は謄写をし、他の資料とも突き合わせながらその内容を検討して初めて判明する事柄であるから、債務者の投資先との関係がさまざまであるとしても、そのことから直ちに必要書類の閲覧及び謄写が債権者の権利行使に必要がないということはできない。
ウ　債務者は、債務者の行った有価証券の取得が安定株主工作のために行われたものか否かの調査は、有価証券報告書の記載及び株主名簿により達成できるから、本件書類の閲覧及び謄写は必要ないと主張する。
なるほど、債務者が開示している有価証券報告書（平成19年3月期については、関東財務局への提出及び開示前であるが、そのうち有価証券明細表の予定稿については本件仮処分申立事件の疎明資料として提出された。）には、債務者が保有する全株式のうち、貸借対照表の投資有価証券計上額の平成18年3月期については96.2パーセント、平成19年3月期については96.6パーセントに該当する株式の銘柄ごとの個別株数及び計上額が記載されており、また、債務者は、債権者に対して平成19年3月期の株主名簿の謄本を交付済みであるから、必要書類の閲覧及び謄写がなければ把握できない投資先は、貸借対照表の投資有価証券計上額の3.4パーセントから3.8パーセントにすぎないことが一応認められる（甲11、乙14）。
しかしながら、有価証券報告書において銘柄が開示されていない株式は、平成18年3月期で68銘柄（貸借対照表計上額75億700万円）、平成19年3月期で72銘柄（貸借対照表計上額74億6500万円。前記予定稿で関東

財務局への提出まで非開示とされたものを含めると、76銘柄、貸借対照表計上額279億6900万円。）にも上っており、銘柄が開示されている株式についても、その取得時期及び取得金額は明らかではないのであるから、有価証券報告書に相当割合の株式の銘柄ごとの個別株数及び貸借対照表計上額が開示されているとしても、必要書類の閲覧及び謄写が債権者の権利行使に必要がないということはできない。

エ　債務者は、債権者が債務者取締役に対する責任追及を意図するのであれば、より早期に帳簿等閲覧請求訴訟等の法的措置を講ずることができたのに、債務者定時株主総会の直前になって本件仮処分申立てを行ったのは、社会一般にあたかも債務者取締役が違法又は不正な行為をしているかのような印象を与え、自らに有利な議案の議決を実現し、債務者株式の大量取得を果たそうとするものであり、株主としての権利の行使とは関係がないと主張する。

しかしながら、債務者の平成15年3月期ないし平成17年3月期の3事業年度における投資有価証券の取得による支出の合計額は179億6500万円であったのに対し、平成18年3月期及び平成19年3月期の2事業年度における投資有価証券の取得による支出の合計額は925億8600万円にのぼることは前記第2の1(2)に認定のとおりであり、債務者の15.71%の株式を所有する債権者がその内容に関心を寄せることは無理からぬことと考えられ、債務者定時株主総会の直前に債権者が請求書類の閲覧及び謄写の請求をしたことから、ただちに、当該請求が債権者の株主としての権利の行使とは関係がない目的でなされたものであると認めることはできない。

オ　したがって、債権者による必要書類の閲覧及び謄写の請求が、株主の権利の確保又は行使に関する調査以外の目的で請求を行ったときに該当すると認めることはできない。

(3)　債権者が債務者の業務と実質的に競争関係にある事業を営むか否かについて

ア　会社法433条2項3号は、請求者が相手方会社の業務と実質的に競争関係にある事業を営み、又はこれに従事するものであるときに該当すると認められる場合には、相手方会社は閲覧又は謄写の請求を拒絶することができる旨規定している。

イ　債務者は、債権者が保有する債務者株式に関して実質的に株主としての権利行使の判断をし、株主としての利益を享受するのは債権者の完全親会社である楽天であるので、債務者との実質的競争関係の有無については、楽天との間で判断すべきであると主張する。

これに対し、債権者は、会社法433条2項3号は「請求者」との間の競争関係のみを問題にしており、債権者の親会社ではあるものの、法人格を別個にし代表者も異なる楽天との間における競争関係を問題にすることは、会社法の文言に明らかに違背する旨主張する。

そこで検討すると、会社法433条2項3号の趣旨は、競業者等が会計帳簿及び書類の閲覧等により会社の秘密を探り、これを自己の競業に利用し、又は他の競業者に知らせることを許すと、会社に甚大な被害を生じさせるおそれがあるので、このような危険を未然に防止することにあると解されるところ、そのようなおそれは、単に請求者の事業と相手方会社の業務とが競争関係にある場合にとどまらず、請求者の子会社や親会社の事業が相手方会社の業務と競争関係にある場合にも生じ得るものである。

また、旧商法293条ノ7第2号は「株主ガ会社ト競業ヲ為ス者ナルトキ、会社ト競業ヲ為ス会社ノ社員、株主若ハ取締役ナルトキ又ハ会社ト競業ヲ為ス者ノ為其ノ会社ノ株式ヲ有スル者ナルトキ」と規定していたところ、これによれば、請求者が相手方会社と競業する会社の株式を1株でも保有していれば形式的には同号に該当することとなる一方、請求者の親会社が競業する会社である場合は同号に該当しないこととなり、均衡を欠く結果となっていたことから、会社法は、請求者の事業と相手方会社の業務との実質的な競争関係の有無によって拒絶事由を判定することとしたものであって、あえて請求者の子会社が競業する会社である場合を排除するなど、閲覧等の拒絶事由の実質を変更したものであるとは解し難い。

そうであれば、会社法433条2項3号にいう「請求者が当該株式会社の業務と実質的に競争関係にある事業」を営む場合とは、単に請求者の事業と株式会社の業務とが競争関係にある場合に限るものではなく、請求者がその子会社又は親会社と一体的に事業を営んでいると評価できるような場合において、当該事業が相手方会社の業務と実質的に競争関係にあるときも含むものと解するのが相当である。

ウ　この観点からみると、債権者は、有価証券の保有及び運用等を目的とする株式会社であるが、楽天がその発行済株式の全てを保有している楽天の完全子会社であり、また、楽天と債権者は、債務者株主に対する委任状勧誘など株主としての権利行使を共同して行っていることが一応認められるから、楽天と債権者は一体的に事業を営んでいると評価することができる。

もっとも、債権者は有価証券の保有及び運用等を、楽天はインターネット・サービス事業を主として営む会社であるのに対し、債務者は放送事業を主として営む会社であると一応認められるから、基本的に、債権者及び楽天が債務者の事業と実質的に競争関係にある事業を営んでいるということはできない。

これに対し、債務者は、債務者の出資に係る会社はライセンス商品開発事業及びショッピング事業を営んでおり、楽天の電子商取引事業と競争関係にあると主張するが、債務者と当該会社との関係、あるいは債務者の営業規模の中に占める当該事業の割合は明らかではなく、当該会社がショッピング事業等を営んでいることをもって債務者と楽天との間に実質的な競争関係があるとは認められない。また、債務者は、楽天と直接的な競争関係がある多数のIT企業とも提携関係を有するとも主張するが、債務者と当該IT企業との関

係は明らかではなく、債務者とIT企業との間に何らかの提携関係があることをもって債務者と楽天との間に実質的な競争関係があるとは認められない。

エ　したがって、債権者が債務者の業務と実質的に競争関係にある事業を営み、又はこれに従事するものであると認めることはできない。

(4)　株主の共同の利益を害する目的の有無について

ア　会社法433条2項2号は、請求者が相手方会社の業務の遂行を妨げ、株主の共同の利益を害する目的で請求を行ったと認められる場合には、相手方会社は閲覧又は謄写の請求を拒絶することができる旨規定している。

イ　債務者は、債務者の投資先の中には、共同事業に向けて債務者が先行投資をし、現在共同事業の内容について交渉中のものがあり、このような事実を競争関係にある債権者に知られることは、交渉中の共同事業を頓挫させ、あるいは債務者の立場を不利にさせるおそれがあり、本件請求が認められると債務者ひいては株主共同の利益を害することになると主張する。

ウ　しかしながら、必要書類を債権者に閲覧及び謄写させたときには、投資先との円満な関係維持の観点から債務者において株式保有を秘密にしておきたい投資先についてもその名前が債権者に知られることになるものの、必要書類に記載されているのは債務者が保有する株式の銘柄、取得時期及び取得金額等に限られ、投資先との取引関係が直ちに明らかになるものではないし、前記のとおり、債務者と債権者及び楽天との間に実質的な競争関係を認めることはできないのであって、債務者の株式の15.71％の株式を保有する債権者が株主の共同の利益を害する目的で請求資料の閲覧及び謄写の請求を行ったことを窺わせる資料は何ら存在しない。

エ　したがって、債権者が、債務者の業務の遂行を妨げ、株主の共同の利益を害する目的で請求を行ったと認めることはできない。

(5)　小括

以上によれば、本件においては、債務者が、債権者の閲覧及び謄写の請求を拒絶することができる事由を認めることはできず、債権者が、債務者に対し、必要書類の閲覧及び謄写を請求することができると一応認められる。

2　保全の必要性の有無について

(1)　本件仮処分命令の申立ては、会計帳簿等の閲覧謄写請求権にかかる権利関係が確定しない段階で閲覧及び謄写を命ずる、いわゆる満足的仮処分を求めるものであり、かかる仮処分は、「争いがある権利関係について債権者に生ずる著しい損害又は急迫の危険を避けるためこれを必要とするとき」に限り、発令することができるとされている（民事保全法23条2項）。

ところで、会計帳簿等は会社の貸借対照表、損益計算書などの計算書類等の記載事項の基礎となる資料であって、計算書類等と一体となって、会社の経営、経理の実態を示すものであり、その中には会社の企業秘密も含まれているから、上記仮処分により会計帳簿等の閲覧及び謄写が認められた後に、本案訴訟において債権者にその閲覧等の請求権がないことが確定したときには、相手方は無権利者に企業秘密等を開示した結果となる上、これらの書類がいったん閲覧及び謄写されると、情報という性質上、これを閲覧及び謄写がなかった状態に戻すことはできず、ひいては相手方に不測の損害を被らせるおそれがあると考えられる。

したがって、上記のような満足的仮処分は、会計帳簿等の閲覧謄写請求権に係る権利関係が確定しないために生ずる債権者の損害と上記仮処分により相手方が被るおそれのある損害とを比較衡量し、相手方の被るおそれのある損害を考慮しても、なお債権者の損害を避けるため緊急の必要がある場合に限って認められるものと解するのが相当である（東京高等裁判所平成13年(ラ)第616号同13年12月26日決定・金融商事判例1140号43頁参照）。

(2)ア　これを本件についてみると、債権者は、①本定時株主総会における質問権、意見陳述権、議決権、株主提案権を行使するためには、少なくとも、本定時株主総会前に本件書類を閲覧及び謄写する必要があること、②仮に、本件書類の閲覧及び謄写の結果、債務者財産が違法に流出していれば、取締役の違法行為差止請求権及び責任追及の訴えの提起請求等の監督是正権を行使し、債務者財産の流出を早急に食い止める必要があること、③保有株式の貸借対照表計上額の約96％にあたる銘柄の個別株数及び計上額は開示されており、また、本件書類の閲覧及び謄写によって開示される情報に鑑みても、残りの情報を開示することによって債務者に損害が発生することはないと主張する。

イ　しかしながら、債権者が、債務者の株式保有に関して、本定時株主総会において質問権、意見陳述権、議決権、株主提案権等の権利行使を行うとしても、債務者は、既に、各年の有価証券報告書において、債務者が保有する全株式のうち貸借対照表計上額の、平成17年3月期については96.7パーセント、平成18年3月期については96.2パーセント、平成19年3月期については96.6パーセント（前記予定稿で非開示とされたものを除いても87.2パーセント）に該当する株式の銘柄ごとの個別株数及び計上額を開示しており、また、平成19年3月期の株主名簿の謄本を債権者に交付済みであるから、本定時株主総会前に必要書類の閲覧及び謄写をしなければ、その権利行使自体が不可能であるとか、権利行使に著しい妨げが生ずるなど、債権者に著しい損害が生じると認めることはできない。

ウ　また、債権者が、必要書類の閲覧及び謄写をした上で、取締役の違法行為差止請求又は責任追及の訴えの提起等を検討するとしても、そもそも、債務者が行った株式の取得が債務者財産の散逸に該当することについて何らの疎明もない上、また、仮に債務者が何らかの損害を被ったことがあるとしても、事後的に責任追及の訴えにより損害の回復を図ることは可能であるし、さらに、債務者に生じた損害が直ちに債権者の損害を構成するものでもないから、本定時株主総会前に必要書類の閲覧及び謄写をしなければ債権者に著

しい損害が生ずると認めることはできない。
　エ　他方、必要書類の中には、投資先との円満な関係維持の観点から債権者として情報管理を必要とする投資先ないし業務提携先の名前が含まれると一応認められるところ、債権者の必要書類に対する閲覧及び謄写が認められると、これらの名前が債権者に対して開示されることになり、投資先との円滑な関係の維持が困難となるなど、債務者に不測の損害を生じさせるおそれがあることは否定できない。
　(3)　そうであれば、債務者の被るおそれのある損害を考慮しても、なお債権者の損害を避けるため、本案訴訟の結果を待たずに、仮処分により必要書類の閲覧及び謄写をさせるべき緊急の必要性があると認めることはできない。
　3　結論
　以上によれば、債権者の申立ては、必要書類の閲覧及び謄写を請求できることについては疎明があるものの、閲覧及び謄写を仮処分によって求める保全の必要性があることの疎明がないといわざるを得ない。
　よって、債権者の申立ては理由がないから、これを却下することとし、主文のとおり決定する。
　　　裁判長裁判官　鹿子木康
　　　　　裁判官　矢尾和子　西村英樹

（別紙）**債権者の主張**
第1　被保全権利
1　債権者の権利行使の内容
　債権者は、債務者が平成19年6月28日開催予定の第80期定時株主総会（以下「本定時株主総会」という。）において、債務者の総株主の議決権の100分の3以上にあたる29万9012個の議決権を有している。債務者は、本定時株主総会において、債務者提案の議案として第2号議案「取締役15名選任の件」（以下「第2号議案」という。）及び第4号議案「『当社株式にかかる買収提案への対応方針』の改定の件」（以下「第4号議案」という。）を上程する予定であり、債権者は本定時株主総会に関して株主提案権を行使し、第5号議案「取締役2名選任の件」（以下「第5号議案」という。）及び第6号議案「定款一部変更の件」（以下「第6号議案」という。）の提案を行っている。
　債権者は、以下の株主としての権利行使及びその検討にあたり、当該権利行使の基礎となる事実の調査を行うために、本件書類の閲覧及び謄写を必要としている。
　①　第2号議案に関する議決権（質問権及び意見陳述権を含む）の行使
　②　第4号議案に関する議決権（質問権及び意見陳述権を含む）の行使
　③　取締役の違法行為差止請求権、責任追及の訴えの提起請求等の監督是正権の行使
　株主はこのような質問権・意見陳述権の行使を通じ、審議の過程において必要な具体的情報を株主総会の場に提供し、他の株主の意見形成にも影響を与えることによって自ら及び株主全体の利益のために行動す

ることができるのであるから、債権者が第2号議案及び第4号議案に反対することが明白であるという主張は（仮にそれが事実であるとしても）拒絶事由に該当しない。
　2　会計帳簿閲覧謄写請求
　債権者は、平成19年5月22日に、本定時株主総会において議決権を行使する上で必要であること等を理由として、債務者に対し、債務者が保有する有価証券台帳等の閲覧・謄写を請求した。これに対して、債務者は、①債権者が第2号議案及び第4号議案に反対することが明白であるからその閲覧・謄写の必要性・必然性は存在しない、②債権者の議決権行使のためには、債務者の有価証券報告書その他の開示情報により十分明らかとなっている、及び③債権者の親会社である申立外楽天が営む事業が、債務者が株式の相互保有の状態にある提携先を中心とするビジネス上の関係企業と共同で展開するビジネスと競争関係にあることなどを理由としてこれを拒絶した。しかしながら、かかる拒絶理由は、後述のとおり、いずれも適法な拒絶理由に該当しないため、債権者は同月30日付の請求書により、再度、これらの書類の閲覧・謄写を請求したが、債務者は繰り返しその閲覧・謄写を拒絶している。
　3　債務者による安定株主工作
　債権者は平成17年8月から債務者株式を取得し始め、申立外楽天は、同年10月13日に債務者に対し業務提携の提案を行った。これに対し、債務者の平成18年3月期有価証券報告書及び平成19年3月期決算短信によれば、債務者は平成18年3月期及び平成19年3月期の2事業年度において、投資有価証券の取得のため、合計925億8600万円（平成18年3月期のみで601億1300万円）もの支出を行っている。かかる金額は、平成15年3月期ないし平成17年3月期の3事業年度における投資有価証券の取得による支出の合計額179億6500万円と比較しても、著しく巨額の金額であることは明らかである。
　申立外楽天による業務提携提案と時期を同じくして行われ始めたと考えられる巨額の投資有価証券の取得は、申立外楽天及び債権者に対する一種の防衛策として、また、第4号議案を承認させ、さらには、第4号議案承認後、第4号議案記載の買収防衛策（以下第4号議案記載の買収防衛策を「本買収防衛策」という。）における対抗措置の発動を容易にする等のために、安定株主工作目的で行われたものであることが強く推認される。このことは、新聞報道等において、債務者幹部の話として、債務者の安定株主工作により、債務者の安定株主数は6割に達する旨の報道がなされていることからも容易に推測できる。
　4　本件会計帳簿閲覧謄写請求の必要性
　債務者による安定株主工作の有無及びその規模を調査するためには、安定株主工作は、株式の相互保有を通じて行われることが多いことから、債務者が保有する全ての有価証券の銘柄及びその取得時期、取得金額を具体的に把握する必要がある。また、債務者による有価証券の取得の違法性又は不当性を判断するために

は、これらの情報から、当該有価証券の取得目的、当該有価証券取得と会社事業との関連性及び持合状況等を、申立外楽天による平成17年の業務提携提案前後における投資態様（金額及び投資先の増減等を含む）の分析を通じ、調査することが必要不可欠である。そして、有価証券台帳には、通常、有価証券の銘柄、取得時期、取得金額が記載されていることから、本件書類を閲覧謄写すれば、債務者が取得した有価証券の銘柄、取得時期及び取得金額が確認でき、上記調査のために必要な情報を取得することができる。

加えて、債務者の従前の有価証券報告書の提出日からすると、債権者が本定時株主総会においてその権利を行使するために十分な余裕をもった日時までに、平成19年3月期の有価証券報告書が開示されるとは思われない。さらに、本定時株主総会との関係では、本定時株主総会の基準日である平成19年3月31日までに、債務者が、どの銘柄の株式をいついかなる対価で取得したかが最も重要な情報であるところ、平成19年3月期有価証券報告書においてはかかる肝心な情報である株式取得の日や取得金額等は開示されない。

従って、本定時株主総会における債権者の権利行使のためには、本件書類の閲覧・謄写が絶対に必要である。

5　各論1—第2号議案に関する議決権行使（質問権及び意見陳述権を含む）

取締役の再任議案において、当該取締役候補者のこれまでの職務執行につき違法又は不当な行為があったか否かは、株主が議案に対する賛否の合理的判断を行うために決定的に重要な情報である。特別背任罪における図利目的の対象となる利益には社会的な地位、信用なども含まれ、代表取締役の地位を維持する目的の下に会社財産を用いる場合は特別背任罪に該当する虞が高い。また、取締役がこのような個人的利益を追求する目的のために行動することは、忠実義務又は善管注意義務に違反することとなる。

債権者は、違法又は不当な安定株主工作が行われたのかを確認し、仮にそのような安定株主工作が行われていたのであれば、第2号議案に関して質問権・意見表明権を行使し、場合によっては反対する議決権を行使することを検討していることから、債権者がかかる行為を行うにあたっては、本定時株主総会前に取締役の違法又は不当な行為の有無について事実の調査を行う必要がある。なお、第2号議案は会社提案の取締役らの適正を問うものであり、経営の透明性確保という観点から、債務者における経営の透明性を確保するためには更なる社外取締役が選任されるべきであるとする債権者株主提案にかかる第5号議案とも表裏一体の関係にある。

6　各論2—第4号議案に関する議決権行使（質問権・意見陳述権を含む）

本買収防衛策は、いわゆる株主総会発動型である点に最大の特色があるといえるが、債務者は「第80期定時株主総会招集ご通知」添付の第4号議案に係る株主総会参考書類において、殊更に本買収防衛策が「株主の意思」を反映していることを強調し、本買収防衛策の外見的な「正当性」を作出し、また、株主総会の承認を得ることを最大限に強調して買収防衛策の合理性を訴えている。

しかしながら、もし債務者が株式の持合いを通じて安定株主工作を行い、常に株主総会において経営陣を支持する安定株主が多数派を占める株主構造を意図的に作出したのであれば、債務者のいう「株主意思」とは畢竟債務者経営陣のいわば「傀儡の意思」であって、債務者が強調する買収防衛策の合理性は根底から覆ることになる。また、安定株主工作をしていながらもなお買収防衛策を導入・改定する必要があるのかという、必要性・相当性の観点からも、第4号議案と安定株主工作は強い関連性を有することとなる。

そして、第4号議案の買収防衛策について、その合理性、必要性・相当性の判断のためには、債務者が安定株主工作を行ったか否かの情報は決定的に重要であるから、債権者としては、安定株主工作を基礎づける具体的情報（債務者が保有する全ての投資有価証券の銘柄、その取得時期・取得金額）を得たうえで、適切に質問権、意見陳述権を行使する必要がある。なお、債権者が安定株主工作と買収防衛策との関係について適切に質問権・意見陳述権を行使することは、本件の買収防衛策に反対の委任状勧誘、少なくとも買収防衛策の導入については株主総会の特別決議によって導入すべきであるとの定款変更案（第6号議案）である株主提案とも表裏一体であり、その意味でも、安定株主工作の実態調査は株主としての権利行使に必要不可欠である。

7　各論3—取締役の違法行為差止請求権（会社法360条）、責任追及の訴えの提起請求（同法847条）等

債務者取締役らは違法な又は善管注意義務若しくは忠実義務に違反するような安定株主工作を行っていることが強く推認されるところ、もしかかる行為が実際に行われているのであれば、債権者としては、直ちに取締役の違法行為差止請求権、責任追及の訴えの提起請求等の監督是正権を行使する必要がある。上記事実を調査するためには、債務者の全ての保有銘柄について、取得時期及び取得金額が記載された本件書類の閲覧及び謄写が必要不可欠である。

8　会社法433条2項1号事由の不存在

会計帳簿閲覧謄写請求権の要件としては持株比率要件と請求理由の開示が要求されているにすぎず、会社が列挙された拒絶事由に該当することを立証した場合にのみ請求を拒むことができるところ、本件ではこのような立証は何らなされていない。本件では、債権者は議決権（質問権・意見陳述権）の行使、株主提案権の行使、取締役の違法行為差止請求権及び責任追及の訴えの提起請求等の検討のために、本件書類の閲覧及び謄写を求めているのであるから、かかる権利が株主の株主たる資格において有する権利であることは明らかである。また、本件は、従前と比較して異常に多額の投資有価証券支出の事実が判明した場合に、その購入の時期、内容（銘柄、取得金額等）を調査するため

に行う権利行使であり、1号記載の拒絶事由は存在しない（最高裁平成16年7月1日判決・民集58巻5号1214頁）。
9　会社法433条2項3号事由の不存在
　債務者は、債権者の親会社である申立外楽天との間における競争関係を問題にしているが、会社法433条2項3号は「請求者」との間の競争関係のみを問題にしており、債務者の主張する解釈は現行会社法の文言に明らかに違背するものと言わざるを得ない。
　仮に、競争関係の存否を債務者と申立外楽天との間において判断するとしても、債務者は放送事業を行うものであり、申立外楽天はインターネット・サービス事業を行うものであるから、両者の間に競争関係がないことは明らかである。申立外楽天は、両者が競争関係ではなく、補完関係にあるからこそ、債務者に対して事業提携提案を行っているのである。
　また、債務者は「申立外楽天と競争関係にある他のIT企業とも多数の共同事業をしており」などともいうが、会社法433条2項3号は「当該株式会社の業務と実質的に競争関係にある事業」と規定しており、共同事業を行っている他社との競争関係を持ち出すのは明らかに同号の文言に反するものである。
　そもそも本号の適用があるかについては、具体的に閲覧謄写が求められている会計帳簿との関係で具体的に企業秘密の漏洩による損害があるかどうかという観点から検討されるべきところ、帳簿閲覧謄写によって債務者が保有する有価証券の銘柄が明らかになっても、「共同事業」の内容やその他の企業秘密等が判明するわけではないのであるから、本件の請求はおよそ債務者の競争関係とは無関係である。
第2　保全の必要性
1　必要性・緊急性が存在すること
　債権者が上記第1の1①及び②の権利を行使するため、また、かかる権利と表裏一体の関係にある株主提案権の適正行使の実現のためには、少なくとも、本定時株主総会前に本件書類を閲覧及び謄写する必要性・緊急性がある。更に、本件の閲覧謄写請求によって判明した事実に基づき、更なる閲覧謄写請求が必要となる可能性もあり、そのような再度の閲覧謄写請求の可能性も考慮すれば、本件請求の緊急性は極めて高い。また、仮に、本件書類の閲覧及び謄写の結果、債務者財産が違法に流出していれば、上記③の権利を行使し、債務者財産の流出を早急に食い止める必要性・緊急性が存在する。
2　債務者の被る損害がないこと
　債務者は保有株式の貸借対照表計上額の96.2％にあたる銘柄の個別株数及び計上額を開示しており、また、本件書類の閲覧謄写によって開示される有価証券の銘柄、取得、取得時期・取得金額という情報に鑑みても、残りの情報を開示することによって債務者に不利益が発生することは考えられない。また、債務者は、「債務者がどのような企業との間で資本関係に裏打ちされた強固な事業上の提携関係を構築しているかということ自体も債務者の企業秘密に属するもの」と

主張するが、債務者は上場企業としてその開示規則に基づいて業務提携などの重要事実を開示する義務を有している。また、それが例え開示に至らない資本提携であったとしても、債権者及び申立外楽天は債務者と競争関係にないばかりか、申立外楽天は債務者の発行済み株式の20パーセント弱を保有しており、その限りでは債務者と利害を共通しているのであるから、当該提携関係に対して妨害行動を採る利益は全く存在せず、債務者の主張には合理的根拠がないことは明らかである。

（別紙）債務者の主張
第1　被保全権利の不存在
1　「理由」の不存在
　会社法433条1項は、会計帳簿の閲覧謄写請求には理由を明らかにすることを要件としており、株主は請求の対象と理由との関連性を主張立証する責任を負っている。また、会計帳簿閲覧謄写請求に係る仮処分命令は、もしこれが認容され、債権者が閲覧謄写を行った場合には、それで債権者の必要性が満足され本案訴訟が不要となる「満足的仮処分」であるから、株主たる債権者側が、拒絶事由の不存在も含む被保全権利の存在についての主張立証責任を負う。しかるに、債権者が主張する請求の対象と理由との関連性や拒絶事由の不存在について、債権者からの疎明はないに等しい。
　債権者は、本件書類の閲覧謄写請求（以下本件閲覧請求という）の理由として、債務者取締役による違法又は不当な安定株主工作の有無の調査、債務者の定時株主総会における買収防衛策導入議案、取締役選任議案、株主提案についての質問権及び意見表明権の行使と、違法な安定株主工作についての違法行為差止請求又は責任追及訴訟の提起請求の要否の検討に本件書類の閲覧謄写が必要であると主張している。しかし、その請求書類と債権者が請求する理由との関係も明確でない上、債権者が行おうとする権利行使は、有価証券報告書の開示内容及びすでに債務者が債権者に謄写を認めた株主名簿等によって十分可能であり、それら開示書類を超えて本来債務者の秘密である有価証券台帳の閲覧謄写が必要な「理由」は認められない。
2　本件閲覧請求の目的が株主の権利の確保又は行使に関する調査以外の目的に該当すること（会社法433条2項1号）
　以下述べるとおり、債権者は、閲覧請求の真の理由を秘匿して株主の権利行使に藉口して、本件閲覧請求をしているものであり、株主の権利の確保又は行使に関する調査以外の目的に該当する。
（1）本件閲覧請求の対象である会計帳簿に関連性がないこと
　ア　債権者が、各投資有価証券の銘柄、取得時期及び取得金額といった情報を得たとしても、債権者が調査しようとする安定株主工作に関連した当該投資有価証券の取得目的や、取得行為と債務者の事業との関連性が判明することはない。そもそも債務者が従来から行っている有力な広告発注元の株式の取得をはじ

め、投資先との関係はさまざまである。また、業務提携及びその可能性は、債務者が公表したものに限らないうえ、当該取得時点においては、交渉の前提として株式を取得しただけのものや最終的合意が未了のものも存在するなど、業務提携時期と株式取得時期は必ずしも一致するものではない。したがって、本件閲覧請求と安定株主工作の調査とは関連性がなく、目的達成のための手段としての相当性も認められない。

イ　債務者が保有する投資有価証券の銘柄、取得時期、取得金額を含む明細という細目にわたる事項については、そもそも株主総会における取締役の説明義務の範囲外であるから、株主総会における質問権及び意見陳述権の行使のために本件閲覧請求は出来ない。当初の請求の対象に、かかる細目の事項は含まれていなかったことからも、閲覧請求の理由と請求の対象との間に関連性がないことが認められる。

ウ　しかも、債権者の株主提案について言えば、取締役選任議案は、候補者の取締役としての適否が問題とされるにすぎないし、定款の一部変更議案についても、その提案の理由の中では、債務者取締役による違法又は不当な安定株主工作のおそれという主張は全くなされていないから、本件閲覧請求と株主提案議案との間にも関連性は認められない。

エ　債権者は、取締役の違法行為差止請求権や責任追及の訴え提起請求との関連性を主張するが、株式会社が有価証券を取得する行為はなんら違法なものではなく、有価証券を取得することで債務者の財産を減少させたということはない。また、取締役の業務執行の当否に関する調査は、検査役制度により図られるべきものであるから、会計帳簿の閲覧により取締役の業務執行の当否の調査をすることは相当でない。

オ　債権者が引用する平成16年7月1日最高裁判決は、「多額の無担保融資」や「多額の美術品の購入」という行為自体が取締役の善管注意義務違反を推認させる行為に関する事案であったのに対して、本件は投資有価証券の購入というそれ自体何ら善管注意義務違反を推認させる行為ではないので、事案が異なる。

(2)　債権者が主張する株主の権利の確保又は行使のために、債権者が請求する会計帳簿は必要でないこと

債務者の有価証券の取得が債務者の定時株主総会に向けた安定株主工作のために行われたものかどうかを調査するという目的であれば、有価証券報告書の記載及び株主名簿により達成できる。債務者の有価証券報告書に開示されない投資先に対する債務者の投資金額は、貸借対照表上の投資有価証券のうち、平成17年3月期は3.3%、平成18年3月期は3.8%であり、現時点で未公開の平成19年3月期についても3.4%にすぎない。また、かかる非開示の投資先が有する債務者株式の発行済み株式総数に対する比率も、平成17年3月期で3.55%、平成18年3月期で2.75%、平成19年3月期で3.29%にすぎない。他方で、債権者は債務者の株主名簿の閲覧を行っているから、債権者が主張する株式の相互保有の実態に関しては、大部分の情報を既に実質的に入手可能な状態にある。現に、楽天株式会社（以下「楽天」という。）は、債務者についての連結キャッシュフロー表及び保有株式推移表が添付したリリースを報道機関向けに行っており、債権者が主張している事実を主張するために必要なデータが、公開資料から得られることは明らかである。

(3)　本件閲覧請求の目的が株主の権利行使のためではないこと

債権者が、真に債務者取締役に対する責任追及を意図していたのてあるならば、より早期に違法行為差止請求、株主代表訴訟又は帳簿等閲覧請求訴訟等の法的措置を講じることが十分に可能であったはずである。それにもかかわらず、債務者定時株主総会を直前に控えた現時点になって、債権者が、単なる「手段」でしかないはずの会計帳簿閲覧謄写請求の仮処分申立てを行った真の目的は、債権者の完全親会社である楽天が、仮処分申立ての骨子を添付して債務者取締役についての特別背任罪の成立の可能性にまで言及した極めて異例のリリースを行っていることや、債務者の連結キャッシュフロー表及び保有株式推移表の情報を具体的に集計して報道機関向けリリースの中で公表していることに鑑みると、真実株主の権利の確保又は行使に関する調査のために債務者の会計帳簿の閲覧謄写を必要としているというのではなく、本件仮処分の申立てに仮託して、楽天の主張を広く報道させ、社会一般にあたかも債務者取締役が違法又は不正な行為をしているかのような印象を与え、債務者定時株主総会における自らの提案議案の可決及び自らが反対する議案等の否決を実現させ、更に最終的には債務者株式の大量取得を果たそうとすることにあることが明らかであり、かかる目的は株主の資格に基づき有する権利の確保又は行使とは関係がない。

3　実質的に競争関係にあること（会社法第433条2項3号）

債権者は、会社法433条2項3号の競争関係は請求者である債権者と債務者の間に存在しなければならないと主張するが、債権者が保有する債務者株式に関して実質的に株主としての権利行使の判断をし、株主としての利益を享受するのは債権者の完全親会社である楽天であるので、楽天の間に実質的な競争関係があれば、同号の適用はあるというべきである。

債権者は、債務者と楽天との間には競争関係はないと主張しているが、楽天グループのEコマース事業と債務者グループのライセンス商品開発事業及びショッピング事業は、直接に実質的な競争関係にある。例えば、人気ドラマの中で主人公が恋人から貰ったペンダントは、テレビショッピングで大きな売上を上げ、債務者と商社が出資した子会社グランマルシェの利益、ひいては債務者の連結利益に貢献している。楽天のEコマース事業でも、かかる放送連動商品あるいはそれに類する商品も扱っており、楽天と債務者の間で平成18年10月まで継続された業務提携協議の中で、楽天側から債務者の商品を楽天市場でも扱いたいとの要望が出ていたのである。また、現在の楽天のEコマース事業は、債務者以外の他の放送局や、出版会社等の商品

を扱っており、そのマーケットは、債務者のライセンス商品開発やショッピング事業のマーケットと重なっている。そのうえ、債務者は、すでに多数のIT企業との提携関係を持ち、これら企業と楽天も直接的な競争関係にある。

よって、債務者と債権者（その完全親会社）は、実質的な競争関係にある。

4 株主共同の利益を害すること（会社法433条2項2号）

債務者の現在の投資先については、共同事業に向けて債務者が先行投資をし、現在共同事業の内容について交渉中のものがあり、このような事実は企業秘密にあたる。このような事実を競争関係にある債権者に知られることは、交渉中の共同事業を頓挫させ、あるいは、債務者の立場を不利にさせるおそれがあり、それを当面秘密に守ること自体が株主共同の利益に合致する。また、業務上の関係が深いものの、債務者が株式を取得・保有している事実、あるいはその数量の非開示を要請されている投資先があり、これらの投資先の具体名等も企業秘密にあたる。万一本件閲覧請求が認められると、株主共同の利益が害されることになる。

5 結論

以上のとおり、本件閲覧請求については、請求の対象と請求の理由との関連性が認められず、また、債務者の重要な企業秘密が含まれており、その閲覧謄写を競争関係にもある債権者に認めることは株主共同の利益に反するから、いかなる点からも被保全権利は認められない。

第2 保全の必要性の不存在

会計帳簿の閲覧謄写請求の仮処分は満足的仮処分であるので、債権者の損害と仮処分により相手方である債務者が被るおそれのある損害とを比較衡量し、債務者の被るおそれのある損害を考慮しても、なお債権者の損害を避けるため緊急の必要がある場合に限って認められるというべきである。ところが、以下のように、仮処分が認められない場合における債権者の損害はほとんど存在しないのに対して、本件仮処分が認められた場合に債務者の被る損害は甚大であるから、本件仮処分については保全の必要性は認められない。

1 取締役に対する監督是正権の行使のための保全の必要性について

債権者が、債務者の取締役に対する違法行為差止請求や責任追及の訴えの提起請求の行使をすることを目的に会計帳簿の閲覧請求をするのであれば、債務者の有価証券報告書が提出された時点で、帳簿等閲覧謄写請求の訴訟を提起すればよいのであって、仮処分手続によらなければならないという緊急の必要性は認められない。

債権者は、債務者取締役の行為による会社財産流出のおそれを主張するが、債務者が取得した有価証券は現存しており財産の流出という事態は全く生じておらず、債権者による疎明もされていない。また、会計帳簿が廃棄、改ざん、隠匿などにより閲覧不可能になるなどの事情のない限り、債権者による権利行使が困難になるおそれは全く存しないが、かかる事情についての債権者の疎明もない。また、債務者の取締役の任期は1年であるので、毎年の定時総会における取締役選任議案への賛否により、取締役の善管注意義務違反への監督をなし得るから、取締役に対する監督是正のための保全の必要性は存在しない。

2 定時株主総会前の決定の必要性について

債権者が、本定時株主総会に向けて表明しあるいは株主総会の場で質問せんとする内容は、債務者の有価証券報告書の記載内容及び株主名簿から明らかにすることができ、楽天は、それに基づいて報道機関に集計結果を配布している。それ以上に会計帳簿の閲覧謄写をしなければ、かかる株主権の行使ができないというものではない。債権者は、取締役の任期が1年であることや債務者が買収防衛策を導入した後は質問が困難になること等を主張しているが、取締役の任期が1年であることが株主の権利行使を困難にする理由が不明であり、債務者に買収防衛策が導入された場合であっても、毎年の株主総会での取締役選任を通じて新たな株主の意思を反映した取締役会が買収防衛策を廃止する議案を提出できるのであるから、債務者の買収防衛策について何ら株主の質問権の行使が困難になることはない。

また、責任追及などの目的のためであれば、本訴で請求すれば足りることであり、本株主総会前に緊急に閲覧謄写を認める必要は全くない。従って、本件閲覧請求権が認められなくても、債権者の利益は何ら害されない。

3 債務者が受ける損害について

債務者は、自らの企業価値を向上させるための業務提携等を成功に導くため他社株式に対する投資を行うことを、投資に関する基本方針としており、有価証券報告書で開示される以外の投資先に関する情報は債務者にとって企業秘密にあたる。そのため、仮に本件書類の閲覧謄写が行われた場合に、業務提携の相手先（特に、将来業務提携を企図する相手先）や非開示投資先が明らかにされた場合に生じる損害は極めて大きい。また、投資先の開示・非開示に関係なく、銘柄、取得時期、取得価額の明細が開示されることは、債務者の株主共同の利益を害するばかりでなく、株式取得及び業務提携の相手先企業に対しても不利益を与えかねず、結果として、債務者の企業価値に著しい悪影響を与え、債務者に多大な損害が生じることとなる。

4 結論

よって、本件仮処分については保全の必要性は認められない。

（別紙）書類目録

債務者が保有する投資有価証券の明細（有価証券の銘柄、取得時期、取得金額を含む。）を記載し又は記録した有価証券台帳又は有価証券元帳若しくはこれらに相当する帳簿（これらに関する資料が電磁的記録をもって作成されているときは会社法施行規則第226条で定める方法により表示したもの）

3 楽天 vs TBS事件【本案・第1審判決】

I 国内判例編　東京地判平成19・9・20金融・商事判例1276号28頁

The Financial and Business Law Precedents

立教大学法学部教授　松井秀征

I　事案の概要

　X社（原告）は有価証券の保有および運用等を目的とする株式会社であり、その発行済株式のすべてを訴外A株式会社が保有している。A社の事業目的には、通信販売業務、各種情報提供・情報収集・情報処理・情報通信に関するサービス業のほか、「放送法による各種放送事業及び放送関連技術の開発、制作、指導及び販売」が掲げられている。そしてA社は、自らインターネット上で無料動画配信チャンネルである「AファイナンスTV」、「AランキングTV」および「AイーグルスTV」を運営している。

　Y社（被告）は放送法による一般放送事業およびその他放送事業等を目的とする株式会社であり、その事業目的には「コンピュータによる情報処理並びに情報提供に関する業務」が掲げられている。そしてY社は、平成11年2月からインターネットでの動画配信事業に取り組んでいるほか、平成17年11月からは自社が有する有力コンテンツの有料動画配信事業等を行っている。さらに平成18年の5ヵ年経営計画では、インターネットとの融合を企図した事業展開を遂行している。

　Y社は、その発行する株券を東京証券取引所第1部に上場し、100株を1単元とする単元株制度を採用している。A社は、平成17年8月から子会社を通じてY社株式を取得し始め、同年10月13日、Y社に対して業務提携の提案を行った。X社は、平成19年3月31日の段階でY社の総株主の議決権の100分の3以上に当たる29万9012個の議決権を有していたほか、同年4月19日にY社株式を150万株取得し、31万4012個の議決権（株式数3140万1200株）を有するに至った。

　X社は平成19年5月22日、Y社に対し、平成15年3月期から平成19年3月期までの5事業年度における有価証券台帳または有価証券元帳、もしくはこれらに相当する帳簿（以下、「請求書類」という）の閲覧および謄写（以下、「閲覧等」という）を請求した。当該請求の理由については、同年6月28日開催のY社第80期定時株主総会において議決権を行使する上で請求書類の閲覧等が必要であることが示された。これに対してY社は、同年5月28日付けの書面により、当該請求を拒絶する旨の回答を行った。その理由として、X社の親会社であるA社の営む事業が、Y社において株式相互保有状態にある提携先と共同展開するビジネスとの間で競争関係にあること等が挙げられている。その後X社は、同年5月30日付けの請求書により、再度請求書類の閲覧等を請求したが、Y社は、同年6月4日付書面にてこれを拒絶した。

　X社は平成19年6月6日、Y社を債務者として、東京地方裁判所に対し、請求書類の閲覧等の仮処分を求める申立てを行った。東京地裁が当該申立てを却下したため（東京地決平成19・6・15金判1270号40頁）、X社が即時抗告。東京高裁は、X社の親会社であるA社がY社の業務と実質的に競争関係にある事業を営み、または近い将来において競争関係に立つ蓋然性が高い者に当たることが一応認められる等の理由から、当該抗告を棄却した（東京高決平成19・6・27金判1270号52頁〔**本書❷事件**〕）。

　そこでX社は、Y社に対し、会社法433条1項に基づき、平成17年4月1日から現在までにおけるY社が保有する投資有価証券の明細を記載または記録した帳簿（以下、「本件書類」という）の閲覧等を求めた。当該請求においては、第一に、Y社取締役の違法行為差止請求権等の監督是正権行

32

使等またはその検討のため、第二に、今後のY社株主総会で株主としての権利を行使するため等の理由が示されている。これに対してY社は、当該請求は同条2項1号ないし3号所定の拒絶事由に該当する等主張して争った。

II 判決要旨

請求棄却。

まず裁判所は、Y社の総株主の議決権のうち、X社が100分の3以上の議決権を保有していること、そしてその閲覧等請求の理由の記載において具体性に欠けることがないことを判示した。その上で、会社法433条2項3号の拒絶事由が成立するか否かにつき、次のとおり判断した。

1(1)「〔会社法433条2項〕3号は、『請求者が当該株式会社の業務と実質的に競争関係にある事業を営み、又はこれに従事するものであるとき』と規定している。同項3号の趣旨は、競業者等が会計帳簿及び書類の閲覧等により会社の秘密を探り、これを自己の競業に利用し、又は他の競業者に知らせることを許すと、会社に甚大な被害を生じさせるおそれがあるので、このような危険を未然に防止することにあると解されるところ、そのようなおそれは、単に請求者の事業と相手方会社の業務とが競争関係にある場合にとどまらず、請求者の親会社の事業が相手方会社の業務と競争関係にある場合にも生じ得るものである。…

したがって、会社法433条2項3号所定の『請求者が当該株式会社の業務と実質的に競争関係にある事業』を営む場合とは、単に請求者の事業と相手方会社の業務とが競争関係にある場合に限るものではなく、請求者（完全子会社）がその親会社と一体的に事業を営んでいると評価することができるような場合には、当該事業が相手方会社の業務と競争関係にあるときも含むものと解するのが相当である。」

(2)「会社法433条2項3号の趣旨が上記のとおりであることからすれば、近い将来において競争関係に立つ蓋然性が高い者からの請求も相手方会社に甚大な被害を生じさせるおそれがある点では、現に競争関係にある者からの請求と実質的に変わるところはない。そうだとすると、会社法433条2項3号所定の『競争関係』とは、現に競争関係にある場合のほか、近い将来において競争関係に立つ蓋然性が高い場合をも含むものと解するのが相当である。」

(3)「会社法433条2項3号は、閲覧等の対象とされた書類の内容を問わず、請求者と相手方会社間に実質的な競争関係が存在するものと認められれば、相手方会社は、自己が甚大な被害を被る危険を未然に防止するため一律に閲覧等請求を拒むことができる旨規定している」。

2「X社は、有価証券の保有及び運用等を目的とする株式会社であるが、A社がその発行済株式のすべてを保有し、A社の完全な支配に服し、また、A社とX社は、Y社の株主に対する委任状勧誘など株主としての権利行使を共同して行っている…。そうだとすると、X社とA社は一体的に事業を営んでいると評価することができ、会社法433条2項3号の実質的な競争関係の有無を判断するに当たっては、A社の事業内容をも併せて考慮すべきである。

そして、本件において、A社は、インターネットでの通信に関するサービス事業のほか、既に放送事業を営んでおり…、他方で、Y社は放送事業のほか、既にインターネットでの動画配信業務を行い、平成18年以降インターネットとの融合を企図した事業展開を遂行している…。そうだとすると、Y社の営む事業と原告らの営む事業は、基本事業であるインターネットと放送の点において、現に競争関係にあり、かつ、両社とも『インターネットと放送の融合』を指向しているのであるから、近い将来においてその競争関係はますます厳しくなる蓋然性が高いものと認めるのが相当であり、当該判断を覆すに足りる証拠は存在しない。

以上によれば、A社を親会社とするX社とY社は、『実質的に競争関係にある』ということができ、Y社は、会社法433条2項3号所定の拒絶事由により、本件書類の閲覧等請求を拒絶することができると解するのが相当である。」

III 分析と展開

本件においては、会社法433条2項に列挙された会計帳簿閲覧等請求に対する拒絶事由のうち、請求者が当該株式会社の業務と「実質的」に競争関係にある事業を営んでいるかどうか、という同項3号の事由が特に争点となった。この点に関する本判決の一般論は、大別して2つの内容を含ん

でいる。第一に、請求者たる株主とその完全親会社が一体的に事業を営んでいると評価でき、当該事業が請求相手方会社の業務と競争関係にあれば、当該請求者と当該請求相手方会社とは「実質的」に競争関係にあると解する。第二に、以上の競争関係にあるか否かは、現に競争関係がある場合のみならず、近い将来において競争関係に立つ蓋然性が高い場合をも含む、ということである。以下、順次見ることとしよう。

1 (1) 会社法433条2項3号は、請求者が請求相手方会社の業務と実質的に競争関係にある事業を営み、もしくはこれに従事している場合、当該会社において会計帳簿閲覧等請求を拒絶することを認める。その理由は、会計帳簿の閲覧により営業秘密を含む会社の重要な内部情報等が競争関係にある請求者に利用され、会社事業の円滑な遂行が妨げられるリスクを防止するためである（注1）。なお、ここで「実質的」な競争関係が問題とされているのは、かつての商法旧規定における拒絶事由が、「会社ト競業ヲ為ス者ノ為其ノ会社ノ株式ヲ有スル者ナルトキ」（旧商法293条ノ7第2号）としていた趣旨を引き継いだものと考えられる（注2）。

判決要旨に引用しなかったが、本判決も、会社法の規定が当該商法旧規定を引き継いだという認識を前提とする。そして、請求者たる株主とその完全親会社が一体的に事業を営み、当該事業が請求相手方会社の業務と競争関係にあれば、「実質的」に競争関係にあるものとする。この点は、本事案と同一事案の仮処分事件における前掲東京高決平成19・6・27の判断と同様である。ただし、この他の別事案における裁判所の判断はないことから、当該東京高裁決定および本判決がこの点の解釈に関する初めての判断になる。

(2) 本件における請求者X社は、有価証券の保有・運用等を目的とする会社であって、放送事業を営む請求相手方Y社とは直接的に競争関係に立つものではない。つまり、Y社と競争関係にあるのは、X社の完全親会社A社である。本件では、この事実関係をもって、請求者と請求相手方会社との間で「実質的」に競争関係にあると評価できるかどうかが問われたわけである。

確かに、請求者自身が競争者ではないとしても、当該請求者に会計帳簿の閲覧等を認めた結果、当該請求者から競争者に内部情報が流れることはあり得る。そしてこれにより、請求相手方会社の業務について、当該請求者自身が競争者となった場合と同様に内部情報が漏えいする蓋然性が高い、ということも当然あり得る。この場合、先の会社法433条2項3号の趣旨からすれば、そもそも閲覧等を認めることは請求相手方会社にとって好ましくない。したがって、請求者以外の者が請求相手方会社と競争関係にあるところ、この競争者を請求者と同視できる事情があるならば、会社法433条2項3号により閲覧等を拒絶できるという価値判断はあってしかるべきである。このような解釈の方向性は、「実質的」に競争関係にあるかどうかという文言が、請求者以外の主体に適用範囲を拡張する機能を有すること、そしてその拡張の限界は内部情報漏えいの蓋然性という観点から判断すべきことを意味している。

そこで検討するに、本判決は請求者X社とその完全親会社A社との間における事業の一体性を問題としている。この点から、本判決も適用範囲の拡張を目指すことがわかる。では本件において、仮にX社自身の事業が請求相手方Y社の業務と競争関係にあった場合と同様、内部情報漏えいの蓋然性が認められるか。本判決は、事業の一体性を判断するに際し、第一に、A社がX社の完全親会社であること、そして第二に、委任状勧誘等の権利行使を当該完全親会社と共同して行っている、という事情を挙げる。このうち第一の点は、A社がX社に影響力を行使して内部情報を獲得するための裏付けとなる法的な支配関係の問題である。第二の点は、具体的にA社がX社に影響力を行使していることに関する徴表の問題である。

ここで以上の本判決の判断を分析するために、次のような例を考えてみよう。親会社P社の下には、子会社Q社およびR社がある（Q社とR社とは兄弟会社である）。そして、Q社が請求者となって請求相手方会社S社に会計帳簿閲覧等請求をしているが、実際にS社の業務と競争関係にある事業を営んでいるのはR社である。この場合、Q社とR社との間で事業の一体性はなくとも、なお請求者Q社自身がS社と競争関係にある場合と同様、内部情報漏えいの蓋然性は高い。なぜなら、P社のQ社およびR社に対する法的な支配関係に基づき、子会社を指揮して内部情報を獲得することが可能だからである。つまり、本事案の完全親子会社関係といった例もそうだが、内部情報獲得を可能とする法的な支配関係が明確に介在する場

合、具体的な影響力行使の徴表の有無に関わらず、内部情報漏えいの蓋然性は高い。他方、具体的に影響力が及んでいる徴表があっても、事実問題として共同行動をしているに過ぎず、内部情報を獲得するための法的な裏付けが弱いならば、その漏えいの蓋然性は相対的に低いといえるだろう。

以上のように考えると、本判決は事業の一体性という観点から「実質的」な競争関係の有無を判断しているけれども、それは内部情報漏えいの蓋然性が高い一例を示しているに過ぎないと理解すべきである（注3）。また本判決は、具体的にその事業の一体性を判断するについて、法的な支配関係と現実の影響力行使の徴表をそれぞれ勘案したが、より重要な要素は、内部情報漏えいの蓋然性からすると、前者にある。したがって、仮に法的な支配関係が弱い場合、内部情報漏えいの蓋然性については、現実に行使されている影響力が内部情報の獲得と関連しているか否かを慎重に判断すべきである。

(3) ちなみに、本件で「実質的」に競争関係にあるとされたA社は、請求相手方であるY社に対して業務提携の提案を行っている。この場合、業務提携を望む相手の企業価値を損なうのは企業として合理的ではないから、会計帳簿閲覧等請求によって得られた内部情報を自己の競争上有利に利用し、Y社の業務遂行を阻害するとは考えにくい。そこで、本件のX社による会計帳簿閲覧等請求について、なおこれを拒絶することは認めない、という考え方はできないだろうか（注4）。

例えば、会計帳簿閲覧等請求に対する抗弁として、請求相手方会社が競争関係の存在を主張立証したとする。この場合、その再抗弁として、請求者側が請求相手方会社の内部情報を利用してその業務遂行を妨げる可能性のないことを主張立証した場合、なお当該請求を拒絶することは認めない、という考え方はできないか（注5）。つまり会社法433条2項2号について、これを3号のただし書のように扱い、請求者側に主張立証責任を課すわけである。だが現在の会社法は、会社法433条2項1号・2号において株主の主観的意図の問題を処理することを想定しており、同項3号を競争者に内部情報が流出する客観的蓋然性の問題として位置付けている。また、このような会社法の立場自体は、請求相手方会社に生ずべき抽象的なリスクを回避するという観点からは理解でき

るものである（なお、この点については、本判決後の最高裁判例も主観的意図を必要としない旨の判断を示している（注6））。

では、形式的には請求相手方会社と競争関係にある請求者について、具体的な事情から会社業務の遂行を阻害する形で内部情報を利用する意図がないと判断できるならば、「実質的」に競争関係にはない、と考えられないか。一部の理解によれば、会計帳簿閲覧等請求に対する競争関係の存在に基づく拒絶について、会社法においては商法旧規定と異なり、競争関係の有無についても以上のような「実質的」な判断を求めているのだという（注7）。しかし、これは商法旧規定から会社法の規定に変化した経緯について、先の(1)に述べた説明とは異なっており、その前提となる認識自体に議論の余地がある。のみならず、会社法433条2項3号が内部情報流出に関する客観的蓋然性を問題としている、という理解からも支持できない解釈の方向性である。

以上に対して本判決は、判決要旨1(3)からもわかるとおり、これらいずれの解釈も採用していない。会計帳簿を閲覧させることそれ自体が、会社にとっては重大な内部情報の流出につながりうることから、立法論としてはともかく、解釈論としては本判決の方向性は妥当である。

2 本判決は、会社法433条2項3号にいう競争関係とは、現に競争関係がある場合のみならず、近い将来において競争関係に立つ蓋然性が高い場合をも含むという。この点については、かつて東京地決平成6・3・4判時1495号139頁が同様の判断を下しており、本判決はこれを踏襲している。

もっとも当該東京地裁決定は、会社の経営に関わる者の間で対立が生じた後、その一部が旧会社から去って競業を目的とする新会社を設立したが、その事業開始前に旧会社に対して帳簿閲覧請求を行ったという事案である。つまり当該事案では、競争者がなお事業開始前の状態にあったため、近い将来において競争関係に立つ蓋然性が高い場合について、これが拒絶事由に該当するかどうかを検討する必然性があったわけである。これに対して本事案においては、判決要旨2に示したように、競争者が現に競争関係にあったことが前提となっている。その意味において、将来の競争関係に関する一般論は本件において結論を左右し

ない。したがって、本判決のこの点に関する判示は、事案の解決にあたってあえて触れる必要もなかったものである。むろん、「実質的」に競争関係にあるか否かは内部情報漏えいの蓋然性の問題であるから、将来において競争関係に立つ蓋然性が高い場合もここに含むという一般論自体は支持できるものである。

(注1) 江頭憲治郎『株式会社法〔第2版〕』637頁（有斐閣・2008年）、神作裕之「東京地決平成6・3・4判批」平成6年度重判解（ジュリ1068号）104～105頁。
(注2) 相澤哲＝岩崎友彦「株式会社の計算等」商事1746号27頁（2005年）によれば、会社法の規定が商法旧規定の実質をほぼ維持しているとする。
(注3) この点と関連して、上田純子「本件判批」静岡大学法政研究12巻2号162頁（2008年）、弥永真生「本件判批」ジュリ1357号166～167頁（2008年）参照。
(注4) この点の問題意識に関しては、中東正文「会計帳簿閲覧等の拒絶事由は、拒絶の自由を認めるものか？」金判1276号1頁（2007年）参照。
(注5) この点の考え方については、名古屋高決平成8・2・7判タ938号221頁〔ただし傍論〕のほか、上柳克郎＝鴻常夫＝竹内昭夫編代『新版注釈会社法(9)』223頁〔和座一清〕（有斐閣・1988年）に示された学説を参照。
(注6) 商法旧規定に関する判断として、最一決平成21・1・15民集63巻1号1頁、金判1314号40頁参照。
(注7) 鳥山恭一「本件判批」法セ637号116頁（2008年）。

＜参考文献＞
注に掲げたほか、本判決の評釈・解説類として以下のものがある。
・上田純子・平成19年度重判解（ジュリ1354号）113頁
・弥永真生・判評591号43頁〔判時1996号205頁〕（2008年）
・長畑周史・法研81巻8号125頁（2008年）
・秋元大樹・判タ1279号74頁（2008年）
・山田純子・リマークス37号100頁（2008年）

Hideyuki MATSUI

平成19・9・20東京地裁民事第8部判決、平成19年(ワ)第17249号会計帳簿等の閲覧・謄写請求事件、請求棄却

判　決

＜当事者＞（編集注・一部仮名）
原　告　　　楽天メディア・インベストメント株式会社
同代表者代表取締役　　　　　　　　　髙山　健
同訴訟代理人弁護士　　　　　　　　　国谷史朗
同　　　　　　　　　　　　　　　　　池田裕彦
同　　　　　　　　　　　　　　　　　高安秀明
同　　　　　　　　　　　　　　　　　竹平征吾
同　　　　　　　　　　　　　　　　　細野真史
同　　　　　　　　　　　　　　　　　山浦美卯
同　　　　　　　　　　　　　　　　　茂木龍平
同　　　　　　　　　　　　　　　　　高子　賢
同　　　　　　　　　　　　　　　　　宇留賀俊介
同　　　　　　　　　　　　　　　　　山口拓郎
同　　　　　　　　　　　　　　　　　吉田　勉
同　　　　　　　　　　　　　　　　　神谷光弘
同　　　　　　　　　　　　　　　　　金川　創
同　　　　　　　　　　　　　　　　　伊藤徳高
被　告　　　株式会社東京放送
同代表者代表取締役　　　　　　　　　井上　弘
同訴訟代理人弁護士　　　　　　　　　新保克芳
同　　　　　　　　　　　　　　　　　髙﨑　仁
同　　　　　　　　　　　　　　　　　大久保暁彦
同　　　　　　　　　　　　　　　　　洞　　敬
同　　　　　　　　　　　　　　　　　井上　彰
同　　　　　　　　　　　　　　　　　鳥養雅夫
同　　　　　　　　　　　　　　　　　上村真一郎
同　　　　　　　　　　　　　　　　　上野　保

【主　文】
1　原告の請求を棄却する。
2　訴訟費用は原告の負担とする。

【事実及び理由】
第1　請求
　被告は、原告に対し、別紙書類目録記載の書類（以下「本件書類」という。）を、東京都港区赤坂五丁目3番6号所在の被告の本店において、営業時間内に限って、原告又はその代理人に対し閲覧及び謄写（写真撮影及び電磁的記録によって保存する方法を含む。）させよ。

第2　事案の概要
　本件は、被告の株主である原告が、被告に対し、①被告取締役の違法行為差止請求権、責任追及の訴えの提起請求等の監督是正権の行使等又はその検討のため、②今後の被告株主総会で株主としての権利を行使

するために、会社法433条1項の請求権に基づき、平成17年4月1日から現在までにおける被告が保有する投資有価証券の明細を記載又は記録した帳簿（本件書類）の閲覧、謄写（以下「閲覧等」という。）を求めたのに対し、被告が、原告の当該請求は同条2項1号ないし3号所定の拒絶事由に該当するなどとして、これを争っている事案である。

1　前提事実（証拠を掲記した事実以外は、弁論の全趣旨から認定した。）
　(1)　当事者
　　ア　被告
　被告は、昭和26年5月17日に設立され、放送法による一般放送事業及びその他放送事業等を目的とする株式会社である。平成19年7月3日現在、被告の資本金は548億7476万8896円、発行可能株式総数は4億株、発行済株式総数は1億9032万3968株であり、被告は、その発行する株券を株式会社東京証券取引所の開設する市場第1部に上場している。なお、被告においては単元株制度が採用されており、一単元の株式数は100株である。（甲1、弁論の全趣旨）
　　イ　原告
　原告は、平成17年10月7日に有価証券の保有及び運用等を目的として設立され、楽天株式会社（以下「楽天」という。）がその発行済株式のすべてを保有する株式会社である（甲2、弁論の全趣旨）。
　原告は、平成19年6月28日開催の被告第80期定時株主総会（以下「本定時株主総会」という。）の基準日であった同年3月31日現在、被告の総株主の議決権の100分の3以上に当たる29万9012個の議決権を有する株主である（甲3、5）。
　なお、原告は、平成19年4月19日、被告株式を150万株取得したため、現在の保有被告株式数は3140万1200株（議決権個数は31万4012個）である（甲4、弁論の全趣旨）。
　　ウ　楽天の業務提携提案
　楽天は、平成17年8月から子会社を通じて被告株式を取得し始め、同年10月13日に被告に対して業務提携の提案を行った（甲11、13、弁論の全趣旨）。
　(2)　被告の有価証券報告書等
　被告の平成18年3月期（自同17年4月1日至同18年3月31日）及び同19年3月期（自同18年4月1日至同19年3月31日）の各有価証券報告書には、被告は同18年3月期及び同19年3月期の2事業年度において、投資有価証券の取得のため、合計925億8600万円（同18年3月期のみで601億1300万円）を支出したことが記載されている。なお、被告の平成15年3月期ないし同17年3月期の3事業年度における投資有価証券の取得による支出の合計額は179億6500万円であった。（甲16ないし20の各1、2）
　(3)　本件書類の閲覧等請求

　原告は、平成19年5月22日、本定時株主総会において議決権を行使する上で、同15年3月期ないし同19年3月期の5事業年度における有価証券台帳又は有価証券元帳若しくはこれらに相当する帳簿（以下「請求書類」という。）の閲覧等が必要であることなどを理由として、被告に対し、請求書類の閲覧等を請求した（甲6）。
　なお、請求書類には、被告が取得した株式の銘柄、取得時期、株式数、単価が記載されている（甲14、弁論の全趣旨）。
　これに対して、被告は、平成19年5月28日付け「法定書類閲覧・謄写等請求について」と題する書面により、①原告は被告提案に係る本定時株主総会の第2号議案（取締役15名選任の件。以下「第2号議案」という。）及び第4号議案（被告株式にかかる買収提案への対応方針の改定の件。以下「第4号議案」という。）に反対することが明白であるから請求書類の閲覧等の必要性・必然性は存在しないこと、②原告の議決権行使のために必要な情報は、被告の有価証券報告書その他の開示情報により十分明らかとなっていること、③原告の親会社である楽天の営む事業が、被告が株式の相互保有の状態にある提携先を中心とするビジネス上の関係企業と共同で展開するビジネスと競争関係にあることを理由として、請求書類の閲覧等を拒絶する旨の回答を行った（甲7）。
　原告は、被告がいう拒絶事由はいずれも適法な拒絶事由に該当しないと主張して、同月30日付け請求書により、再度、請求書類の閲覧等を請求したが、被告は、同年6月4日付け書面で、これも拒絶した（甲8、9）。
　(4)　本件書類の閲覧・謄写仮処分命令の申立て
　原告は、平成19年6月6日、当庁に対し、請求書類の閲覧等の仮処分命令を求める申立てを行った（当庁平成19年(ヨ)第20080号）。当庁は、同月15日、①請求書類のうち同18年3月期及び同19年3月期の2事業年度に関するもの（以下「必要書類」という。）については閲覧等が必要であり、被告においてこれを拒絶することができる事由を認めることはできず、必要書類の閲覧等を請求することができると一応認められるとしたものの、②必要書類の閲覧等を仮処分によって求める保全の必要性があることの疎明がないとして、申立てを却下した。（甲10の1、同11）
　これに対し、原告は、平成19年6月18日、東京高等裁判所に対し、保全命令申立却下に対する即時抗告申立てを行った（東京高等裁判所平成19年(ラ)第873号）。抗告裁判所は、同月27日、①必要書類の閲覧等が必要であることは一応認めたが、②原告は、被告の業務と実質的に競争関係にある事業を営み、又は近い将来において被告と競争関係に立つ蓋然性が高い者に当たることが一応認められ、また、必要書類の閲覧等を仮処

分によって求める必要性があることの疎明がないとして、抗告を棄却した。(甲12の1、同13)
　(5)　本定時株主総会
　被告は、平成19年6月28日、本定時株主総会を開催し、同総会において、第2号議案、第4号議案が可決された。第4号議案は被告買収防衛策についての改定であるところ、改定された同防衛策によれば、6名から成る企業価値評価特別委員会の全員の一致によって対応措置の不発動の勧告がなされない限り、対応措置の発動のための被告株主総会が開催される仕組みとなっている。ところで、被告においては、本件口頭弁論終結時において、原告に対し、被告買収防衛策に定める対応措置を発動するか否かの手続が進められており、対応措置発動のための株主総会が開催される可能性は否定しきれない状況にある。(甲5、25の1及び2、弁論の全趣旨)
2　争点
　(1)　閲覧等請求の理由の有無
　(2)　閲覧等請求の拒絶事由の有無
　　ア　当該請求を行う株主(以下「請求者」という。)がその権利の確保又は行使に関する調査以外の目的で請求を行ったとき(会社法433条2項1号)に該当するか否か
　　イ　請求者が請求の相手方である株式会社(以下「相手方会社」という。)の業務の遂行を妨げ、株主の共同の利益を害する目的で請求を行ったとき(会社法433条2項2号)に該当するか否か
　　ウ　請求者が相手方会社の業務と実質的に競争関係にある事業を営み、又はこれに従事するものであるとき(会社法433条2項3号)に該当するか否か
3　争点に関する当事者の主張
　(1)　争点(1)(閲覧等請求の理由の有無)について
【原告】
　　ア　原告の権利行使の内容
　　　(ｱ)　取締役の違法行為差止請求権(会社法360条)、責任追及の訴えの提起請求(同法847条)等の監督是正権の行使及びその検討等
　　被告の有価証券取得のための支出金額が、楽天による業務提携及び経営統合の提案が行われた平成18年3月期以降著しく巨額となっている。当該事実は、被告取締役会が、被告株主総会において被告提案の取締役選任議案が否決され又は被告取締役の解任議案が可決されることをおそれ、本定時株主総会において第4号議案について過半数の賛成を得た上で、被告買収防衛策に定める対応措置の発動を容易にする目的であることを強く推認させる。当該事実は、被告取締役ら自身の保身目的による安定株主工作として、巨額の被告財産を用いて有価証券の取得を進めた結果にほかならない。このように、被告取締役らは、自己保身目的で、被告財産の流出という違法又は善管注意義務若しくは忠実義務に違反する有価証券の取得行為を行っていることが強く推認される。もし、当該有価証券取得行為が実際に行われているのであれば、原告としては、当該被告取締役の違法行為差止請求権、責任追及の訴えの提起請求等の監督是正権を行使する必要がある。

　　　(ｲ)　被告取締役選任議案に関する議決権行使
　　被告取締役が、自己保身目的のために著しく巨額の会社財産を費消した場合は、違法又は少なくとも著しく不当な行為として取締役としての適性を欠いているというべきである。このような場合、被告の株主である原告としては、会計帳簿閲覧等請求権を行使してかかる事実を調査し、もって議決権(質問権・意見表明権を含む。)の行使をするのは当然の権利である。

　　　(ｳ)　被告買収防衛策における対応措置発動のための株主総会
　　被告は、本定時株主総会で被告買収防衛策を導入したが、現在、原告について、同防衛策に定める対応措置を発動するか否かの手続が進められている。そして、被告においては、平成19年9月12日以降に、原告を対象として、被告買収防衛策に定める対応措置の発動を判断するための株主総会が開催される可能性がある。原告は、当該株主総会において、原告に対して当該対応措置が発動され、持株比率が希釈化されることを避けるため、安定株主工作の事実があれば、当該安定株主工作下における被告買収防衛策及び当該対応措置の発動の必要性と合理性について原告の意見を積極的に表明する必要が生じる。

　　イ　本件書類の閲覧等の必要性
　　安定株主工作は、株式の相互保有を通じて行われることが多いことから、安定株主工作の有無を調査するためには、被告が保有するすべての有価証券の銘柄及びその取得時期、取得金額を具体的に把握する必要がある。また、被告による有価証券取得の違法性又は不当性を判断するためには、上記情報から、当該有価証券の取得目的、当該有価証券取得と会社事業との関連性及び持合状況等を調査することが必要不可欠である。そして、有価証券台帳には、通常、有価証券の銘柄、取得時期、取得金額が記載されていることから、本件書類を閲覧等すれば、被告が取得した有価証券の銘柄、取得時期及び取得金額が確認でき、上記調査のために必要な情報を取得することができる。
　　したがって、安定株主工作の有無及び被告による有価証券取得行為の違法性又は不当性の有無を調査するためには、少なくとも本件書類の閲覧等が必要である。

　　ウ　以上によれば、原告は、被告の株主として、被告取締役の違法行為差止請求権(会社法360条)、責任追及の訴えの提起請求(同法847条)等の監督是正権の行使等又はその検討のために、少なくとも本件書類の閲覧等が必要である。さらには、原告は、今後の

被告定時株主総会における取締役選任議案に関する議決権（質問権及び意見陳述権を含む。）の行使並びに原告及び楽天を含む楽天グループについて被告買収防衛策に定める対応措置を発動するか否かを決定するための被告株主総会における議決権（質問権及び意見陳述権を含む。）の行使（以下、これらを併せて「本件権利行使」という。）のために、本件書類の閲覧等が必要である。

【被告】
　【原告】の主張はいずれも争う。
　(2)　争点(2)ア（会社法433条2項1号に該当するか否か）について

【被告】
　会社法433条2項1号は、株主の「権利の確保又は行使に関する調査以外の目的で請求を行ったとき」に会社が株主からの会計帳簿等の閲覧等の請求を拒否できる旨を規定しており、裏を返せば、株主の「権利の確保又は行使に関する調査」をするためにのみ当該請求は認められるものである。本号は、会計帳簿等の閲覧等の本来的要件を定めたものであり、会計帳簿等の閲覧等によって得られる会社情報が直接的に会社の利益や秘密に関係するが故に、個人的利益のための請求や探索的・証拠漁り的な閲覧等請求については、株主権の確保又は行使以外の目的を有する、いわゆる濫用的な行使であるとして、会社がこれを拒むことができるという一般的な原則を明確に定めたものである。
　そもそも会計帳簿等の閲覧等を認めると営業秘密の漏洩の危険など会社の利益を害する事態も生じ得るから、その許容性の判断に当たっては、その行使によって株主が得る利益と会社が失う利益との比較衡量の観点、より具体的には、目的と手段との関連性、相当性の観点が不可欠であると考えられ、拒否事由の総則的規定である会社法433条2項1号の解釈もかかる観点を踏まえて行われなければならない。
　この点、上場企業である被告は、有価証券報告書の提出等による会社の財務内容等の継続開示が義務づけられており、原告の権利行使においては既に開示された情報から、その目的を達成することが可能であって、さらに本件書類の閲覧等を求めることは、目的達成のための手段としての必要性・相当性を欠き、「権利の確保又は行使に関する調査以外の目的で請求を行ったとき」に該当する。
　また、そもそも会計帳簿閲覧等請求権は、会社の会計処理・経理状況の調査を目的とするものであって、取締役の業務執行の当否について会計帳簿閲覧等請求権は及ばない。したがって、被告取締役の業務執行として行われ、それ自体何ら違法でない有価証券の取得行為について、被告取締役の責任追及を理由に会計帳簿の閲覧等を求める本件請求は、目的達成のための手段としての相当性を欠くものであり、「権利の確保又は

行使に関する調査以外の目的で請求を行ったとき」に該当する。
　原告は、本件書類の閲覧等の目的が有価証券の取得に関わった取締役の選任議案や買収防衛策に定める対応措置発動議案における議決権行使のためである旨主張する。しかし、株主総会での取締役の説明義務（会社法314条）を超えるような詳細な事実については、会計帳簿の閲覧等請求権は及ばない。また、被告買収防衛策に定める対応措置発動議案とは、買収行為に対して、被告株主が対応措置を採るべきか否かを判断するものであるから、同防衛策発動によって被告の企業価値を維持すべきか否かが審議の対象となるのであって、その審議に際して、本件書類の情報を必要とする理由は認められない。このように、本件書類の閲覧等請求は、株主総会の権利行使に必要ではない詳細な事項について開示を求めるものであって、目的達成のための手段としての必要性を欠き、「権利の確保又は行使に関する調査以外の目的で請求を行ったとき」に該当する。

【原告】
　株主の権利とは、株主が株主である資格において有する権利をいい、会社法433条2項1号に該当する場合とは、株主が株主である資格を離れ、これと無関係な純個人的利益のために閲覧等の請求をした場合をいう。
　本件では、原告は本件権利行使のために本件書類の閲覧等を求めており、このような権利が株主の株主である資格において有する権利であることは明らかであり、被告の主張は理由がない。
　(3)　争点(2)イ（会社法433条2項2号に該当するか否か）について

【被告】
　本件書類には、被告の企業秘密が含まれており、これを開示することは被告の重要な企業秘密を開示することになる。したがって、本件請求は、会社法433条2項2号所定の「株主の共同の利益を害する目的で請求を行ったとき」に該当する。

【原告】
　会社法433条2項2号所定の「業務の遂行を妨げ」とは、いやがらせのためにことさらに不必要な会計帳簿の閲覧等を求め、また不必要に多数の株主が同時に閲覧等を求めるような場合をいう。原告が本件権利行使のために、真に本件書類の閲覧等を必要としていることは上記(1)【原告】の主張のとおりであり、「業務の遂行を妨げ」る場合に該当しない。
　また、同号所定の「株主の共同の利益を害する目的」とは、ことさらに会社に不利益な情報を流布して会社の信用を失墜させ、また株価を低落させるために閲覧等を求める場合等をいう。原告を含めた楽天グループは被告株式の19.85％を保有しているが、被告の損

害は被告株式の時価を通じて原告及び楽天グループの損害となるのであるから、被告に損害を被らせる目的のために会計帳簿の閲覧等の請求を行うことはあり得ない。

（4）争点(2)ウ（会社法433条2項3号に該当するか否か）について
【被告】
ア　会社法433条2項3号の「実質的に競争関係にある」とは、平成17年法律第87号による改正前の商法（以下「旧商法」という。）293条ノ7第2号の「競業ヲ為ス」（会社法356条1項1号参照）と同義であるところ、「競業ヲ為ス」の意義については、競業避止義務における競業と同義と解されていた。ところで、取締役の競業避止義務における競業概念については、開業準備に着手している事業はもちろん、新規に進出することが合理的に予測される事業における取引も競業取引に含まれると解されている。そうだとすると、現に競争関係にある事業を営んでいなくとも、近い将来競業をなす蓋然性が高ければ、会社法433条2項3号所定の実質的な競争関係が存在すると解すべきである。

この点、原告と原告の発行済株式のすべてを保有している楽天（以下、両社を併せて「原告ら」という。）を一体として評価すれば、以下で述べるとおり、原告らは、被告の業務と実質的に競争関係にある事業を営み、又は近い将来において被告と競争関係に立つ蓋然性が高いから、原告らと被告は実質的競争関係にあり、会社法433条2項3号の拒絶事由が存在する。

イ　放送とインターネットは、伝達媒体に関する技術的手段の違いがあるだけでコンテンツ及び情報の提供というビジネスとしては、まさに競争関係にある。特に、被告は、従来の地上波を中心とする放送広告市場の拡大鈍化という経営環境の中で、平成18年には、放送外事業収益の飛躍的な増大を柱とする5か年経営計画「V！up2010」を対外発表して、インターネットとの融合を企図した事業展開を遂行している。「放送とインターネットの融合」は、放送事業を行っている被告にとっても、インターネット事業者である原告らにとっても共通の課題であり、原告らと被告は、その主要な担い手の地位をめぐって競争関係にある。

また、原告らは、インターネット・サービス事業以外に既に放送事業にも進出し、一方、被告も、放送事業以外に既にインターネット・サービス事業にも進出し、原告らと被告は、コンテンツの提供をめぐって競争関係にある。

さらに、原告らと被告は、コンテンツ提供以外の分野でも競争関係にある。被告は、地上波を中心とする放送広告市場の成長鈍化という経営環境の中で、民放各局の中でも早い段階から放送外事業収入の拡大戦略を進めており、前記中期経営計画「V！up2010」に基づき、平成19年3月期531億円の売上げを同23年3月期には1350億円にまで増加させる計画である。このコンテンツ提供以外の分野については、被告が連結子会社等関連会社に行わせている事業もあるが、当該会社の業績は被告の連結決算に影響する。したがって、原告らと被告が「実質的に競争関係にある」か否かについては、被告の連結子会社等関連会社も含めて判断すべきである。具体的には、原告らと被告は、インターネット通販事業、番組連動販売事業、インターネット広告事業、電子書籍事業、音楽配信事業、携帯電話連動型事業及びプロ野球興行事業等コンテンツ提供以外の事業分野において、現に競争関係にある。

以上によれば、原告らと被告との間では、基本事業であるインターネットと放送の両面で完全な競争関係にあるだけでなく、被告が行っている放送外事業の面でも完全な競争関係にあるから、会社法433条2項3号所定の拒絶事由が存在する。

【原告】
ア　原告は、有価証券の保有及び運用等を目的とする株式会社であり、その完全親会社である楽天はインターネット・サービス事業を主たる事業としている。他方、被告は、テレビ・ラジオの放送事業を主たる事業としている。このように、原告らが営む事業は、被告の営む事業とは全く異なる事業であり、両者の間に競争関係はない。

イ　会社法433条2項3号は、会社側において請求者の主観的態様を立証することが困難なことを考慮し、「実質的に競争関係にある」という抽象的な危険をもって会計帳簿の閲覧等を拒否できることにしたものである。以上のとおり、同項3号は、株主の権利保護と会社の利益の調整の観点から、株主の権利保護を一定程度犠牲にして、会社の利益を守っている。そうだとすると、同項3号の「実質的に競争関係にある」か否かの判断は相当厳格にされなければならない。

また、会社法433条2項3号に定める拒絶事由の判断において、仮に、請求者による主観的態様についての反証を許さず、また、閲覧等が請求されている当該書類の性質を考慮しないとするのであれば、なおさら、「実質的に競争関係にある」か否かの判断は厳格にされなければならない。

以上に照らすと、「実質的に競争関係にある」というためには、会社は、当該事業が全事業に占める割合、当該事業の収益構造・ビジネスモデル、当該事業を営んでいる期間、当該事業の成熟性その他の要素から、請求者及び会社の双方にとって、当該事業が種々の営業秘密を蓄積するだけの期間営まれ続けている主たる事業であることを具体的に立証しなければならない。また、会社は、「実質的に競争関係にある」とい

うためには、当該事業について、いかなる取引先との間でいかなる取引を巡って競争関係が存在するかを具体的に立証しなければならない。

本件において、原告らの事業及び被告の事業をみてみると、具体的なサービスの内容、ビジネスモデル、取引先等が全く異なっている。しかるに、被告は、いかなる取引先との間でいかなる取引を巡って競争関係が生じるか、それぞれの事業が楽天及び被告の全事業においてどれだけの割合を占めるかなど、具体的な立証を一切していない。したがって、原告らの事業と被告の事業との間には競争関係は存在せず、会社法433条2項3号に定める拒絶事由は存在しない。

ウ　また、会計帳簿の閲覧等請求によって閲覧等に供される書類が、請求者によって競争関係に利用される可能性が全く存在しない性質の書類であれば、たとえ双方が現実に同じ事業を営み、又は近い将来同じ事業を営む蓋然性が高い場合であっても、当該請求又は当該請求を行う株主との関係においては、「実質的に競争関係にある」ということはできない。

本件書類の閲覧等によって判明する事実は、被告が保有する有価証券の銘柄、保有株式数、取得時期及び取得金額である。したがって、原告が上記情報を確認したとしても、被告が営む放送事業及びインターネット上での動画配信業務における秘密情報を入手できるはずがない。よって、原告らと被告は「実質的に競争関係にある」とはいえない。

第3　当裁判所の判断

1　争点(1)（閲覧等請求の理由の有無）について

(1)　会社法433条1項は、総株主の議決権の100分の3以上の議決権を有する株主又は発行済株式の100分の3以上の数の株式を有する株主は、株式会社の営業時間内は、いつでも、請求の理由を明らかにして、会計帳簿又はこれに関する資料（書面をもって作成されているときは当該書面、電磁的記録をもって作成されているときは当該電磁的記録に記録された事項を表示したもの）の閲覧等の請求をすることができる旨規定し、同条2項は、同条1項の請求があったときは、株式会社は、同条2項1号から5号までのいずれかに該当すると認められる場合を除き、これを拒むことができない旨規定している。

上記の請求理由は、具体的に記載されなければならないところ、前記前提事実(1)イのとおり被告の総株主の議決権の100分の3以上の議決権を有している原告は、本訴請求において、前記第2の3(1)【原告】の主張アのとおり、本件書類の閲覧等をすることで、被告の安定株主工作の有無及び被告による有価証券取得行為の違法性又は不当性の有無を調査することができるから、本件書類の閲覧等は本件権利行使をする上で必要であるとして、その閲覧等請求の理由を記載している。そして、当該記載は、本件書類の閲覧等を請求す

る理由の記載としては、その具体性に欠けるところはないというべきである。

(2)　ところで、原告は、原告の親会社である楽天が被告に対し、業務提携提案をした後に、被告において安定株主工作をしたか否か、違法ないし不当な有価証券取得行為をしたか否かを調査するために、平成17年4月1日から現在までにおける被告が保有する投資有価証券の明細が記載又は記録された本件書類の閲覧等が必要であると主張する。

前記前提事実(1)ウ、(3)によれば、楽天が被告に対し業務提携提案をしたのは平成17年10月13日であること、同日以降に被告が取得した株式の銘柄、取得時期、株式数、単価は、本件書類に記載されていることが認められる。また、前記前提事実(5)によれば、本定時株主総会において第4号議案が可決され、被告においては、本件口頭弁論終結時において、原告に対し、被告買収防衛策に定める対応措置を発動するか否かの手続が進められており、対応措置発動のための株主総会が開催される可能性は否定しきれない状況にあることが認められる。そうだとすると、原告が本件権利行使をするためには、本件書類を閲覧等する必要があると認めるのが相当である。

そこで、以下、原告による本件書類の閲覧等の請求について、被告が主張する拒絶事由が認められるか否かについて検討することにする。

2　争点(2)ウ（会社法433条2項3号に該当するか否か）について

被告は、会社法433条2項1号ないし3号所定の拒絶事由の存在を主張するので、まず最初に、本件の最大の争点である同項3号の成否について判断する。

(1)　判断の枠組み

ア　会社法433条2項は、相手方会社が株主からの会計帳簿の閲覧等の請求を拒むことができる事由を掲げ、同項3号は、「請求者が当該株式会社の業務と実質的に競争関係にある事業を営み、又はこれに従事するものであるとき」と規定している。同項3号の趣旨は、競業者等が会計帳簿及び書類の閲覧等により会社の秘密を探り、これを自己の競業に利用し、又は他の競業者に知らせることを許すと、会社に甚大な被害を生じさせるおそれがあるので、このような危険を未然に防止することにあると解されるところ、そのようなおそれは、単に請求者の事業と相手方会社の業務とが競争関係にある場合にとどまらず、請求者の親会社の事業が相手方会社の業務と競争関係にある場合にも生じ得るものである。また、旧商法においても、上記の点を考慮して、会計帳簿等の閲覧等の拒絶事由として、閲覧等の請求者が会社と競業をする者であるときだけでなく、請求者が会社と「競業ヲ為ス者」のために当該会社の株式を有する者であるときをも規定しており（293条ノ7第2号）、親会社が競業社である場合

の完全子会社もこれに当たると解されていた。そして、会社法は、旧商法が定めていた会計帳簿の閲覧等の拒絶事由の実質をほぼ維持して、改めて会計帳簿の閲覧等の拒絶事由を定めたものである。そうだとすると、請求者が相手方会社と競争関係にある会社の完全子会社であるような場合に、請求者自体が競争関係にある事業を営んでいないとして、会社法433条2項3号所定の拒絶事由に該当しないと解するのは、上記会社法の制定経緯に沿うものということはできない。

したがって、会社法433条2項3号所定の「請求者が当該株式会社の業務と実質的に競争関係にある事業」を営む場合とは、単に請求者の事業と相手方会社の業務とが競争関係にある場合に限るものではなく、請求者（完全子会社）がその親会社と一体的に事業を営んでいると評価することができるような場合には、当該事業が相手方会社の業務と競争関係にあるときも含むものと解するのが相当である。

また、会社法433条2項3号の趣旨が上記のとおりであることからすれば、近い将来において競争関係に立つ蓋然性が高い者からの請求も相手方会社に甚大な被害を生じさせるおそれがある点では、現に競争関係にある者からの請求と実質的に変わるところはない。そうだとすると、会社法433条2項3号所定の「競争関係」とは、現に競争関係にある場合のほか、近い将来において競争関係に立つ蓋然性が高い場合をも含むものと解するのが相当である。

　イ　これに対し、原告は、会計帳簿の閲覧等請求によって閲覧等に供される書類が、請求者によって競争関係に利用される可能性が全く存在しない性質の書類であれば、たとえ現実に同じ事業を営み、又は近い将来同じ事業を営む蓋然性が高い場合であっても、当該請求又は当該請求を行う株主との関係においては、「実質的に競争関係にある」ということはできないと主張する。

しかし、会社法433条2項3号は、閲覧等の対象とされた書類の内容を問わず、請求者と相手方会社間で実質的な競争関係が存在するものと認められれば、相手方会社は、自己が甚大な被害を被る危険を未然に防止するため一律に閲覧等請求を拒むことができる旨規定しているのであるから、この点に関する原告の主張は、独自の考え方であり採用することはできない。

　ウ　そこで、以下においては、原告及びその親会社である楽天の事業並びに被告の事業を認定し、原告らと被告とが「実質的に競争関係にある」といえるか否かについて判断することにする。

(2) 認定事実
前記前提事実、証拠（後掲の各証拠）及び弁論の全趣旨によれば、以下の事実が認められる。

　ア　原告及びその親会社である楽天の事業
　　(ｱ)　原告は、楽天の完全子会社であり、有価証券の保有及び運用等を目的とする株式会社である（前提事実(1)イ）。

　　(ｲ)　楽天の事業目的には、通信販売業務、各種情報提供・情報収集・情報処理・情報通信に関するサービス業のほか、「放送法による各種放送事業及び放送関連技術の開発、制作、指導及び販売」が掲げられている（乙10）。

　　(ｳ)　楽天の完全子会社であり、楽天の代表取締役会長兼社長三木谷浩史が取締役を務めている楽天ティービー株式会社（以下「楽天ＴＶ」という。）の事業目的には、「放送法によるテレビジョンその他一般放送事業」、「放送法による委託放送事業」、「放送番組、録音、録画物および映画の製作ならびに販売」及び「放送関連技術の開発、指導および販売」が掲げられ、楽天は、楽天ＴＶを通じて、ＣＳ放送において、「ベターライフチャンネル」（SKYPerfecTV！CH216）及び「楽天ショッピングチャンネル」（SKYPerfecTV！CH217）の2チャンネルを運営・提供している（乙11の1及び2）。

　　(ｴ)　楽天は、自らインターネット上で無料動画配信チャンネルである「楽天ファイナンスＴＶ」、「楽天ランキングＴＶ」及び「楽天イーグルスＴＶ」を運営している（弁論の全趣旨）。

　イ　被告の事業
　　(ｱ)　被告の事業目的には、放送法による一般放送事業及びその他放送事業のほか、「コンピュータによる情報処理並びに情報提供に関する業務」が掲げられ、被告は、平成11年2月から、自社のホームページにおいて国内初のニュース動画配信サイト「News-i」をスタートさせるなどインターネットでの動画配信事業に取り組んでいる（甲1、弁論の全趣旨）。

　　(ｲ)　被告は、平成17年11月から、自社が有するコンテンツをオン・デマンド方式にて有料配信するサービスとして「TBS BooBo BOX（ブーブ・ボックス）」を開始し、ドラマ・映画・音楽・ドキュメンタリーといった有力コンテンツの有料動画配信事業を行い、同19年3月から、動画配信サイト「ハマスタWAVE」を開設し、横浜スタジアムで開催される横浜ベイスターズ主催全試合65試合の中継映像をパソコン向けに配信する事業を行っている（乙16、19）。

　　(ｳ)　被告は、従来の地上波を中心とする放送広告市場の拡大鈍化という経営環境の中で、平成18年に放送外事業収益の飛躍的な増大を柱とする5か年経営計画「Ｖ！up2010」を発表して、インターネットとの融合を企図した事業展開を遂行している（甲5、弁論の全趣旨）。

(3) 当裁判所の判断
前記(1)の判断の枠組み、(2)の認定事実に照らし、原告らと被告は、「実質的に競争関係にある」といえるか否かについてみてみることにする。

ア　原告は、有価証券の保有及び運用等を目的とする株式会社であるが、楽天がその発行済株式のすべてを保有し、楽天の完全な支配に服し、また、楽天と原告は、被告の株主に対する委任状勧誘など株主としての権利行使を共同して行っている（前記(2)ア(ア)、弁論の全趣旨）。そうだとすると、原告と楽天は一体的に事業を営んでいると評価することができ、会社法433条2項3号の実質的な競争関係の有無を判断するに当たっては、楽天の事業内容をも併せて考慮すべきである。

そして、本件において、楽天は、インターネットでの通信に関するサービス事業のほか、既に放送事業を営んでおり（前記(2)ア(イ)ないし(エ)）、他方で、被告は放送事業のほか、既にインターネットでの動画配信業務を行い、平成18年以降インターネットとの融合を企図した事業展開を遂行している（前記(2)イ(ア)ないし(ウ)）。そうだとすると、被告の営む事業と原告らの営む事業は、基本事業であるインターネットと放送の点において、現に競争関係にあり、かつ、両者とも「インターネットと放送の融合」を指向しているのであるから近い将来においてその競争関係はますます厳しくなる蓋然性が高いものと認めるのが相当であり、当該判断を覆すに足りる証拠は存在しない。

以上によれば、楽天を完全親会社とする原告と被告は、「実質的に競争関係にある」ということができ、被告は、会社法433条2項3号所定の拒絶事由により、本件書類の閲覧等請求を拒絶することができると解するのが相当である。

イ　これに対し、原告は、「実質的に競争関係にある」というためには、会社において、当該事業が全事業に占める割合、当該事業の収益構造・ビジネスモデル、当該事業を営んでいる期間、当該事業の成熟性その他の要素から、請求者及び会社の双方にとって、当該事業が種々の営業秘密を蓄積するだけの期間営まれ続けている主たる事業であることを具体的に立証しなければならない。また、会社は、「実質的に競争関係にある」というためには、いかなる取引先との間でいかなる取引を巡って競争関係が存在するかも具体的に立証しなければならない。ところが、本件では被告は具体的な立証を全く行っていないと主張する。

しかし、前記(1)アで述べたとおり、会社法433条2項3号の趣旨は、競業者等が会計帳簿及び書類の閲覧等により会社の秘密を探り、これを自己の競業に利用し、又は他の競業者に知らせることを許すと、会社に甚大な被害を生じさせるおそれがあるので、このような危険を未然に防止することにあると解されること、また、前記のとおり、同号所定の「競争関係」とは、現に競争関係にある場合のほか、近い将来において競争関係に立つ蓋然性が高い場合をも含むものと解される。以上の点に照らすと、「競争関係」にあるというためには、当該事業が全事業に占める割合、当該事業の収益構造・ビジネスモデル、当該事業を営んでいる期間、当該事業の成熟性を厳格に検討した上で、当該事業が種々の営業秘密を蓄積するだけの期間営まれ続けている主たる事業であることを具体的に立証しなければならないと解することは困難であるというべきである。

したがって、この点に関する原告の主張は独自の考え方であり、採用することはできない。

(4)　小括

以上のとおり、被告は、会社法433条2項3号所定の拒絶事由により、本件書類の閲覧等請求を拒絶することができるから、その余の点を判断するまでもなく、原告の本訴請求は理由がないということになる。

第4　結論

以上によれば、原告の本訴請求は理由がないからこれを棄却することとし、主文のとおり判決する。

　　裁判長裁判官　難波孝一
　　　　裁判官　西村英樹　川原田貴弘

4 旧ライブドアオート vs ライブドアHD事件
――M＆A契約の交渉過程における信義則上の情報提供義務――

東京地判平成19・9・27金融・商事判例1278号6頁

長島・大野・常松法律事務所／弁護士　浅妻　敬

I　事案の概要

1　事実関係

（1）　X株式会社（東証第2部上場）とY₁株式会社（平成18年4月14日まで東証マザーズ上場）は、平成17年8月25日に資本提携に関する基本合意（以下、「本件資本提携契約」という）を、同年9月1日に業務提携に関する基本合意（本件資本提携契約と併せて以下、「本件各提携契約」という）をそれぞれ締結し、その後Y₁社は、本件資本提携契約に基づいてX社から新株発行を受けるなどして、同年9月15日にはX社の発行済株式総数の51％を保有するに至った。

（2）　X社は、平成17年11月15日開催の臨時株主総会において、Y₁社の推薦に係る同社の取締役であったY₂・Y₃・Y₄（以下、「Y₂ら3名」という）を含む6名をX社の取締役に選任し（X社の他の取締役は5名）、商号を「ジャック・ホールディングス株式会社」から「株式会社ライブドアオート」に変更する決議を行い、平成18年1月1日から当該商号変更を実施した。

（3）　Y₂ら3名は平成18年1月23日、偽計取引および風説の流布ならびに有価証券虚偽記載（以下、「本件粉飾決算等」という）の容疑により逮捕され、その後Y₁社およびY₂ら3名（以下、「Yら」という）は、本件粉飾決算等の罪で起訴された（なお、その後Yらは平成19年3月に有罪判決を受け、Y₁社とY₄はこれを受け入れ有罪が確定した）。

（4）　東証は平成18年4月14日、Y₁社株式の上場を廃止した。

（5）　X社は平成18年8月1日、「株式会社ライブドアオート」から「株式会社カーチス」に商号を変更した。

2　X社のYらに対する損害賠償請求

以上の事実関係の下において、X社は、Yらに対して、商号変更に伴う費用等の損害合計16億円強の損害賠償を求めた。X社の主たる主張は以下のとおりである。

（1）　Y₁社は、信義則上、本件各提携契約を締結する前に、X社に対し、本件粉飾決算等の事実を告知すべき義務を負っていたのにこれに違反し、その結果X社に損害を与えた。よってY₁社は、民法415条・709条に基づき、X社が被った損害を賠償する義務を負う。Y₂ら3名は、Y₁社の取締役として上記義務を具体的に履行すべき義務を負っていたのにこれを怠り、その結果、X社に損害を与えた。よってY₂ら3名は、旧商法266条ノ3第1項に基づき、X社が被った損害を賠償する義務を負う。

（2）　Y₂ら3名は、X社の取締役として負うべき善管注意義務または忠実義務として、X社に損害を与えないために、本件各提携契約を解消する義務、「株式会社ライブドアオート」への商号変更を阻止する義務を負っていたのにこれに違反し、その結果X社に損害を与えた。よってY₂ら3名は、旧商法266条1項5号、民法709条に基づき、X社が被った損害を賠償する義務を負う。

II　判決要旨

請求棄却。

1　Yらの情報提供義務（前記I 2(1)の主張）について

（1）　「企業間の買収については、私人間の取引であることから私的自治の原則が適用となり、同原則からは、買収に関する契約を締結するに当たっての情報収集や分析は、契約当事者の責任に

おいて各自が行うべきものである。そうだとすると、情報収集や分析が不十分であったなどのために契約当事者の一方が不利益を被ったとしても、当該不利益は当該当事者が自ら負担するのが原則であると解するのが相当である。したがって、企業買収において資本・業務提携契約が締結される場合、企業は相互に対等な当事者として契約を締結するのが通常であるから、上記の原則が適用され、特段の事情がない限り、上記の原則を修正して相手方当事者に情報提供義務や説明義務を負わせることはできないと解するのが相当である。」

(2)「……によれば、本件各提携契約は、X社からの申し出を端緒として、交渉の結果、X社とY₁社の間において締結されたものであること、X社及びY₁社ともに東証の上場会社であり、その交渉経過に照らしても、両者間に構造的な情報格差があるとは認められない。そうだとすると、本件各提携契約は、X社とY₁社との間で対等な当事者として締結されたものと解することができ、本件各提携契約を締結するに当たっての情報収集や分析は、原則として、X社及びY₁社のそれぞれの責任において行うべきものであったというべきである。」

(3)「そこで、問題は、本件において、Y₁社がX社に対して本件粉飾決算等の説明をしなければならない特段の事情があったかという点である。……によれば、本件資本提携契約の契約書7条は、X社の表明保証責任の内容が財務状況を含めた多数の項目にわたり定められているのに対し、Y₁社の表明保証責任の内容はわずか3項目にすぎず、かつ、財務状況における表明保証責任は定められていないことが認められる。以上の事実に照らすと、X社とY₁社とは、本件資本提携契約について、Y₁社の財務状況を買収対象会社であるX社に対し表明保証する必要がないと理解していたものと認定するのが相当である……。

確かに、X社は、本件各提携契約により、Y₁社の有する知名度、信用を利用しようとしていたことがうかがえる……。しかしながら、……によれば、本件各提携契約の契約書には、このようなX社主張の期待を保護する条項や、Y₁社が知名度、信用を維持することを義務付ける条項がないこと、交渉経過において、Y₁社の知名度、信用の維持を特に問題にしたなどの事情も認められないこと、YらにおいてY₁社の財務内容を殊更隠し、これに乗じて本件各提携契約を締結したような事情は認められない。そうだとすると、X社において Y₁社の有する知名度、信用を利用しようとする期待があったからといって、そのことを理由に、Yらに、本件各提携契約締結前に、Y₁社の決算内容等を明らかにしなければならないという法的義務までを導き出すことは困難である。

以上によれば、仮にY₁社に本件粉飾決算等の事実があったとしても、Yらは、本件各提携契約締結前に、X社に対し、当該事実を告知しなければならない義務があったとする特段の事情は認めることができ」ない。

2 Y₂ら3名のX社取締役としての義務（前記Ⅰ2(2)の主張）について

(1)「本件各提携契約の解消は、Y₂ら3名において左右することができない条件にかかる点があったというべきであり、Y₂ら3名が……本件各提携契約を解消することが可能であったと断定することはできない。

また、……Y₂ら3名は、X社の取締役であった期間、Y₁社の取締役も兼ねていたものであり、本件各提携契約を解消することは、X社にとって有利であっても、Y₁社にとっては不利になる蓋然性が高く、取締役として果たすべき忠実義務に沿う行為内容ということは困難であり、このようなことをX社及びY₁社の両社の取締役を兼ねているY₂ら3名に求めるのは、いささか酷というべきである。

以上によれば、Y₂ら3名に本件各提携契約を解消する義務があったということはでき」ない。

(2)「株主総会の特別決議を得ることができるかは、……Y₂ら3名において左右することができない条件にかかる点があったというべきであり、Y₂ら3名が……商号変更を阻止することが可能であったと解することは困難である。

また、……Y₂ら3名は、X社の取締役であった期間Y₁社の取締役も兼ねていたものであり、このような地位にある者に、Y₁社の名前の一部を使用するのを阻止させることは極めて不自然な行為であり、酷な要求を強いるものというべきである。

以上によれば、Y₂ら3名には、X社商号をライブドアオートに変更することを阻止する義務があったということはできない。」

III 分析と展開

1 はじめに

本件粉飾決算等に係るYらの刑事事件は、当時Y₂が時代の寵児のように注目されていたこともあって、「ライブドア事件」としてマスコミに大きく採り上げられた。本判決は、その「ライブドア事件」の発覚前にY₁社グループに買収され、「株式会社ライブドアオート」に商号を変更したX社が、Yらに対して商号変更に伴う費用等の損害の賠償を請求した事案に関するものである。

主たる争点は、信義則上、Y₁社がX社に対して本件粉飾決算等に関する事実を告知すべき義務を有していたか否かである。Y₂ら3名はX社の取締役を兼任していたことから、Y₂ら3名のX社取締役としての義務違反の有無も争われた。

本判決はそのいずれについてもX社の主張を認めなかったが、その理由付けは必ずしも説得的ではない。本判決は控訴されずに確定したようであるが、本判決の判示内容を見る限り、本判決と異なる結論が妥当した可能性も否定できないように思われる。

2 Y₁社の情報提供義務

(1) 自己責任の原則と信義則による修正

私的自治の原則からは、契約や取引に必要な情報収集や分析は原則として各当事者が自己の責任において行う必要があるものの、学説・判例上、信義則に基づいて一方当事者に情報提供義務を認めるべき場合があると考えられている（注1）。

この信義則に基づく情報提供義務の問題は、主として、類型的に情報収集・分析能力に格差が認められる事業者・消費者（顧客）間の契約について、弱者保護の観点から議論されてきた問題である（注2）。このような格差の認められない当事者同士の契約の場合は、基本的に私的自治の原則がそのまま妥当すると考えられ、原則として情報提供義務はないと解されている（注3）。もっとも、その場合であっても、相手方に故意に虚偽情報を提供したり、情報を故意に秘匿したときなど、信義則に反し違法と解すべきときがあることは一般に認められている（注4）。

本判決は、X社とY₁社の属性、すなわち両社とも上場会社であるという点を主な根拠として、本件各提携契約が「構造的な情報格差」の認められない「対等な当事者」により締結されたものであると認定した上で、「特段の事情」のない限りY₁社の情報提供義務を否定すべきであると判示している（前記Ⅱ1(2)）。確かに若干舌足らずの感は否めないが（注5）、本件が類型的に情報収集・分析能力に格差が認められる当事者の事案と違い、基本的には私的自治の原則を妥当させるべき事案であることをまずもって確認する趣旨の判示であろうと考えられ、その基本的な判断の枠組み自体に特段の異論はない。

(2) 情報提供義務を認めるべき「特段の事情」の有無

続いて本判決は、主として、(a)X社およびY₁社の表明保証等に関する契約書の文言や、それらに基づいて解釈されるX社およびY₁社の当時の理解と、(b)Yらが本件粉飾決算等の事実を積極的に秘匿していない事実から、Y₁に情報提供を認めるべき「特段の事情」の存在を否定した（前記Ⅱ1(3)）。

しかし、以下に述べるとおり、上記(a)および(b)に関して本判決が認定している事実は、Y₁社の情報提供義務を否定する上で必ずしも決定的ではなく、本件において問題となった本件粉飾決算等の事実という情報の特殊性に照らすと、より踏み込んだ事実認定がなされれば、Y₁社の情報提供義務を認めるべき事案であったのではないかと思われる。

① 表明保証条項との関係

表明保証条項が設けられている契約において、表明保証の対象として明示されていない事項について事後的に信義則上の情報提供義務を認めることは、表明保証のリスク分配機能を損ない、契約当事者の合理的意思に反する結果となるおそれがある（注6）。本判決が「特段の事情」の存在を否定する上で上記(a)を根拠として挙げているのは、この点を意識したものであると考えられる。

しかし、表明保証の対象として明示されていない事項について情報提供義務を認めることが、常に契約当事者の合理的意思に反するとは限らない。むしろ、このような事項について、私的自治の原則や（信義則を含む）民商法の規定に基づくリスク分配を妥当させる方が、当事者の合理的意思に合致する場合もあると考えられる（注7）。

確かに予防法務の観点からは、あらゆるリスクを想定した上でそれに対応する規定を契約書に設

けるべく交渉することが望ましい場合が多いといえよう。しかし、取引の種類・規模、交渉経緯、時間的な制約などによっては、全ての事項について詳細かつ網羅的な表明保証条項を設けるよりも、明示的に表明保証の対象とした事項以外の事項に係るリスク分配を私的自治の原則や民商法の規定に委ねる（注8）方が合理的であると考えられる場合も実務上少なくない。この点を考えれば、一方当事者による何らかの表明保証が規定されている契約において、当該表明保証の対象として明示されていないという消極的事実のみから直ちにリスクを相手方当事者に負担させることは、当事者の合理的意思解釈として必ずしも適切ではないというべきであろう。

本判決において、上記(a)に関する事実として、本件資本提携契約においてX社とY$_1$社の表明保証に関する条項が設けられていること、本件粉飾決算等の存否がY$_1$社による表明保証の対象として明示されていないことなどは認定されているが、他方で、明示的に表明保証の対象とした事項以外の事項については何ら表明保証をしない旨の条項のように、Y$_1$社の信義則上の情報提供義務を積極的に排除する趣旨の条項の存在は認められていない。

本判決はこの点に関し、表明保証に関する契約文言等から、Y$_1$社の財務状況をX社に表明保証する必要がないと両社が理解していたと認定し、これを情報提供義務を否定する根拠の1つに挙げている。しかし、本件においてX社が問題としていたのは、Y$_1$社に関する正しい財務状況がX社に開示されなかったということではなく、YらがY$_1$社の信用を著しく低下させる違法行為を行っていたにもかかわらずそのことを秘匿していたことである。また、当時のY$_1$社は上場会社として投資家の投資判断に重要な影響を及ぼす事項を適時に開示することが法令および取引所規則により義務付けられていたのであるから、仮にX社がY$_1$社に関する公開情報等から本件粉飾決算等のような事実がY$_1$社に存在しないと信頼していたとしても、必ずしも不合理ではなかろう（注9）。これらの点を考えれば、仮にY$_1$社の財務状況をX社に表明保証する必要がないと両社が明示的に考えていたとしても、それをもって、本件粉飾決算等のような（X社の主張によれば）Y$_1$社の信用を著しく低下させる違法行為（注10）に関するリスクまでX社において引き受ける趣旨であると解することはできないというべきであろう。

以上の諸点に鑑みれば、上記(a)に関して本判決が認定した事実は、Y$_1$社の情報提供義務を積極的に認めるための根拠が本件各提携契約の契約書の文言等に見当たらないことを示すのみにとどまり、本件においてY$_1$社の信義則上の情報提供義務を否定する上で必ずしも決定的な事実ではないと考えられる。

② 沈黙が信義則に反する可能性

次に、本判決は上記(b)の事実を認定している（注11）が、沈黙も詐欺になり得ると一般に解されていることを考えれば、この事実もまたY$_1$社の情報提供義務を否定する上で必ずしも決定的ではないというべきであろう。すなわち、沈黙が詐欺となるかどうかについては、原因事実に関係のない者が相手方の不知を利用しても一般に詐欺にならないが、自分で原因を作ったことについての黙秘は（相手方が積極損害を被る限り）原則として詐欺になると考えられている（注12）。これと同様に、本件においてもY$_1$社の沈黙が信義則に反し違法と評価される余地はあると考えられる。

この観点から参考となる裁判例として、東京地判平成19・9・26金判1278号32頁がある。当該判決は、売主が株式持合いの合意に基づいて対象会社株式を買主に売却したが、その際、対象会社に上場廃止原因があることを買主に説明しなかったため、その後に対象会社が上場廃止になったことにより買主が損害を被った事案において、売主について条理上の説明義務違反による不法行為責任を認めたものである。当該判決では、売主の説明義務違反を認める理由として明示されていないものの、対象会社の上場廃止原因の有無が買主の判断に重大な影響を与える事項であったことに加え、当該上場廃止原因の作出について売主の極めて積極的な関与が認められたことが、売主の説明義務違反を認める決め手になったのではないかと推察される。また、前掲東京地判平成15・1・17は、保険会社に対する基金拠出をめぐる企業間の交渉において、当該保険会社は、既に相手方に開示していた財務情報から大幅に悪化した財務状態に陥った場合には、その旨を相手方に告知すべき義務がある旨を判示したものであるが、前掲東京地判平成19・9・26と同様に、当該保険会社の財務状態が当該取引に関する判断に重大な影響を与

える事項であったことに加え、相手方の錯誤が当該保険会社により提供された従前の財務情報に起因するものであることが、当該保険会社の告知義務を認める上で重要な要素として考慮されている。

紙幅の都合上、詳細に立ち入ることはできないが、これらの学説・裁判例を分析すると、たとえ取引の一方当事者が特定の情報を黙秘しただけであるとしても、概ね以下のような事実が認められるときは、信義則上、情報提供義務を当該当事者に認めるべきように思われる。

(i) 具体的な交渉の経緯や契約書の文言等を踏まえた当事者の合理的意思解釈として、情報提供義務を排除する趣旨（注13）が認められないこと

(ii) 当該取引に関する判断に重大な影響を与える事項について相手方の錯誤が認められ、相手方が当該錯誤により積極損害を被る蓋然性が高いと認められること（錯誤の重大性）

(iii) 当該錯誤の原因（または錯誤の原因となった事実）について、当該当事者（または当該当事者と信義則上同視されるべき者）に重大な帰責事由が認められること（錯誤に関する帰責性）

(iv) 当該情報が相手方に提供されれば、当該錯誤が是正される蓋然性が高いと認められること（情報の重要性）

(v) 当該当事者が当該情報を相手方に提供することが法的に可能であること（情報の提供可能性）

(vi) 当該当事者が、上記(ii)、(iv)および(v)の事実を知っていたか、または容易に知り得たこと

本判決から推測できる事実関係には限界があるが、上記(i)から(vi)の項目を本件粉飾決算等の事実の黙秘が問題となった本件について見てみると、まず上記(i)については、前述((2)①)のとおり、本判決が認定した事実からは、Y₁社の情報提供義務を排除する趣旨は必ずしも認められないように思われる。

上記(ii)については、本判決から必ずしも明らかではないが、「X社においてY₁社の有する知名度、信用を利用しようとする期待があった」こと、現に本件粉飾決算等が発覚し、その後Y₁社の上場廃止が決定されるなどして、X社が商号を「株式会社ライブドアオート」から別の商号に変更せざるを得ない状況に至ったことなどを考える

と、本件粉飾決算等の存否に関するX社の錯誤は、X社の判断に重大な影響を与える事項についてのものであり、X社に積極損害をもたらす蓋然性の高いものであったと認められた可能性は低くないのではないかと思われる。

上記(iii)に関する事実についても、本判決から必ずしも明らかではない。しかし、Y₁社は、本件粉飾決算等という（X社の主張によれば）Y₁社の信用を著しく低下させる違法行為を自ら行い、かつ、当時は上場会社として投資家の投資判断に重要な影響を及ぼす事項を適時に開示することが法令および取引所規則により義務付けられていたにもかかわらず、本件粉飾決算等の事実に関する情報を一切開示していなかったものであり、これらY₁社自らの行為がX社の錯誤の原因となったことを考慮すると、上記(iii)に該当する事実が認定された可能性は高いのではないかと思われる。

上記(iv)および(v)の点はいずれも、本判決において認定された事実から比較的容易に認められたであろうと思われる。

上記(vi)の点については、本件粉飾決算等の事実が対外的に明らかにならなければX社が積極損害を被ることもなかったであろうと考えられる点を考慮すると、当時のY₁社は、X社の錯誤の重大性（上記(ii)）を認識しておらず、また、容易に認識し得なかったと考える余地もないではない。しかし、この点については、「対外的に明らかになることはないであろう、あるいは将来的に何とか解消できるであろうという期待……が法的に許容され得るものでないことは明らかである」（前掲東京地判平成19・9・26）というべきであろうから、上記(vi)が認定された可能性も低くないように思われる。

(3) 本判決への疑問

結局のところ、本判決は、X社・Y₁社間の取引が原則として私的自治の原則を妥当させてよい「対等な当事者」間の取引であることを重視して、本件において問題となった本件粉飾決算等の事実という情報の特殊性に特に注目することなく、Y₁社の信義則上の情報提供義務を否定したように思われる。しかし、対等な当事者間の取引についても、信義則に照らして例外的に私的自治の原則を修正すべき事情が認められる場合もあること（前記Ⅲ2(1)）を考えると、Y₁社の情報提供義務を否定する結論を採るにしても、本件におけ

るX社の錯誤の重大性や当該錯誤に関するY₁社の帰責性や認識などについて、もう少し踏み込んだ事実認定を行ってもよかったのではないかと思われる。

3　Y₂ら3名のX社取締役としての義務

本判決によれば、X社は、Y₂ら3名がX社取締役としての善管注意義務・忠実義務に基づいて負っていた義務として、本件各提携契約を解消する義務と、「株式会社ライブドアオート」への商号変更を阻止する義務の2つを主張したようである。かかる主張に対して本判決は、本件各提携契約の解消と商号変更の阻止のいずれについても、(ア)「Y₂ら3名において左右することができない条件にかかる点があった」こと、および(イ)X社の取締役を兼ねていたY₂ら3名に要求するのは「酷」であることの2点を理由として、Y₂ら3名の義務を否定した。

(1)　兼任取締役の善管注意義務・忠実義務

X社の主張する義務を否定した結論の妥当性はさておき、上記(イ)の理由付けはいささか説得力に欠けるように思われる。取締役を共通にする会社間で利益が相反する場合において、本判決のように「酷」であるからという理由でもって当該取締役がいずれか一方の会社に不利益を与えることが容易に許容されてしまうようでは、当該会社の利益は適切に保護されない。複数の会社の取締役を兼任する者は、もし一方の会社の取締役の地位を有しているために他方の会社に対する取締役としての任務を全うできない状況が生じた場合には、いずれか一方の会社の取締役を辞任することを検討すべきであって、もし辞任せずに双方の取締役を兼任し続け、いずれか一方の会社の取締役としての任務を全うできずに当該会社に損害を与えた場合には、原則として当該会社の取締役としての責任を負うことを覚悟すべきではないだろうか（注14）。

(2)　取締役会および監査役会に対する報告義務

なお、Y₂ら3名は、X社の取締役として、X社に著しい損害を及ぼすおそれのある事実があることを発見したときは直ちに当該事実をX社の取締役会と監査役会に報告する義務を負っていた（旧商法260条1項、274条の2、株式会社の監査等に関する商法の特例に関する法律19条1項）。もし「株式会社ライブドアオート」への商号変更が実際に行われる前に本件粉飾決算等の事実がX社の取締役会と監査役会に報告されていたならば、Y₂ら3名以外のX社の取締役や監査役が善管注意義務を尽くすことにより、X社は当該商号変更による損害の発生を回避できたかまたは損害を最小限に抑えることができたのではないだろうか。確かに、Y₂ら3名が本件粉飾決算等の事実をX社の取締役会や監査役会に報告することは、Y₁社の利益に反する側面を有する。しかし、この報告義務の履践により守られるX社の利益を考慮すれば、自己の法令違反行為を秘匿したいと考えるY₁社の利益は、法的な保護に値する利益ではないというべきであろう。

4　今後の実務への影響

本判決は、リスクに対する認識や備えが十分ではなかったX社に対して厳しい判断を示した。M＆Aにおいて、買主側のリスクはよく認識されているところであるが、売主側や発行会社側のリスクはこれまで特に注目を集めてこなかったように思われる。本件は、M＆Aに関与する売主や発行会社に対し、リスクの調査・分析、契約交渉や表明保証条項の重要性を改めて認識させる案件であるといえよう。

(注1)　中田裕康＝山本和彦＝塩谷國昭編『説明義務・情報提供義務をめぐる判例と理論』（判タ臨増1178号）（2005年）参照。

(注2)　横山美夏「契約締結過程における情報提供義務」ジュリ1094号128頁（1996年）、山田誠一「情報提供義務」ジュリ1126号181頁（1998年）。なお、潮見佳男「説明義務・情報提供義務と自己決定」中田＝山本＝塩谷編・前掲（注1）16頁は、情報提供義務の問題を情報力格差自体の問題ではなく自己決定権の侵害の問題と捉える。

(注3)　横山・前掲（注2）133頁、大阪地判平成4・9・17金判951号36頁。

(注4)　横山・前掲（注2）133頁、東京地判平成4・3・12判時1452号54頁、東京地判平成15・1・17金判1173号43頁。

(注5)　藤原俊雄「本件判批」金判1284号73頁以下（2008年）、小菅成一「M＆Aにおけるデュー・ディリジェンスの法的諸問題」民情260号77頁（2008年）、中東正文「本件判批」判評595号26頁〔判時2008号188頁〕以下（2008年）参照。

(注6)　金丸和弘「本件判批」NBL879号45頁（2008年）、中東・前掲（注5）26頁〔188頁〕参

(注7) 江平享「表明・保証の意義と瑕疵担保責任との関係」弥永真生＝山田剛志＝大杉謙一編『現代企業法・金融法の課題』88頁以下（弘文堂・2004年）参照。

(注8) この点を契約書上明確にするために、民商法の規定に基づく損害賠償請求等が別途可能である旨の規定が設けられることもある。江平・前掲（注7）89頁参照。

(注9) むしろ、X社が「Y₁社の有する知名度、信用を利用しようとしていた」（前記Ⅱ1(3)）ことやY₁社の表明保証の内容が極めて僅かな形式的項目にとどまることを踏まえると、本件粉飾決算等のような（X社の主張によれば）Y₁社の信用を著しく低下させる違法行為の存在はX社にとって完全に想定の範囲外であり、この点に関するリスク分配をY₁社と交渉・合意することなど全く思い至らなかったのが実情ではないかと推察される。

(注10) 本件粉飾決算等がY₁社の信用を著しく低下させる違法行為であるかどうかについて、本判決は事実認定を行っていない（本件粉飾決算等の存否についても事実認定を行っていない）が、本稿では、本判決と異なる結論が妥当した可能性を検証するため、X社が主張した事実のうち本判決が事実認定を行っていないものについては、X社が主張したとおりの事実が認められることを前提として議論する。

(注11) 本判決がY₁社の情報提供義務を否定する上で上記(b)の事実を認定したのは、学説・判例上、相手方に故意に虚偽情報を提供したり、情報を故意に秘匿することが、信義則に反し違法と解されていること（横山・前掲（注2）133頁、前掲東京地判平成4・3・12）を考慮したものであると考えられる。

(注12) 我妻榮『新訂民法総則』310頁（岩波書店・1965年）、川島武宜＝平井宜雄編『新版注釈民法(3)総則(3)』474頁以下（有斐閣・2003年）参照。

(注13) 例えば、明示的に表明保証の対象とした事項以外の事項について何ら表明保証のしない旨の条項が契約書に設けられている場合には、信義則に基づく情報提供義務を排除する趣旨が認められやすいであろうと考える。

(注14) 親会社の取締役が子会社の取締役を兼ねている場合において、子会社の取締役は、専ら子会社のために善管注意義務をもって忠実にその職務を遂行する必要があり、親会社の利益のために子会社を犠牲にすることは許されず、この義務に違反して子会社に損害を与えた場合は賠償責任を免れない旨を述べるものとして、例えば、大隅健一郎「親子会社と取締役の責任」商事1145号43頁（1988年）。また、江頭憲治郎『株式会社法〔第2版〕』409頁（有斐閣・2008年）参照。

なお、一般論としては、一方の会社（A社）の取締役が他方の会社（B社）の取締役を兼任する場合において、当該取締役が、A社の判断に重大な影響を及ぼす情報を知りながら、B社に対する守秘義務に基づき当該情報をA社に開示せず、その結果A社の判断を誤らせたときに、A社の取締役としての責任を負うと解釈すべきか否かについては、両社の資本関係・取引関係や当該情報の性質・内容を含む具体的な事実関係に照らして慎重に検討する必要があろう。もっとも、本件は、上場会社の取締役が法的に保護されるに値しない事実を秘匿した結果、当該上場会社に積極損害を被らせた事案であるので、価値判断としては、当該事実の開示により保護される当該上場会社の利益を重視すべきであった可能性が高いように思われる。

Kei ASATSUMA

平成19・9・27東京地裁民事第8部判決、平成18年(ワ)第9829号損害賠償請求事件、請求棄却【確定】

判　決

<当事者>（編集注・一部仮名）
原　告
　　　　株式会社ソリッドグループホールディングス
　　　（旧商号・株式会社カーチス、旧々商号・株式会社ライブドアオート、旧々々商号・ジャック・ホールディングス株式会社）
同代表者代表取締役　　　　　　菅野谷昌洋
同訴訟代理人弁護士　　　　　　湊　信明
同　　　　　　　　　　　　　　市川　太
同　　　　　　　　　　　　　　太田善大
被　告　　株式会社ライブドアホールディングス
　　　　　（旧商号・株式会社ライブドア）
同代表者代表取締役　　　　　　平松庚三
同訴訟代理人弁護士　　　　　　猪木俊宏
同　　　　　　　　　　　　　　熊谷真喜
同　　　　　　　　　　　　　　西岡祐介
被　告　　　　　　　　　　　　Y₂
同訴訟代理人弁護士　　　　　　澤野正明
同　　　　　　　　　　　　　　岡内真哉
同　　　　　　　　　　　　　　太田孝彦
同　　　　　　　　　　　　　　松田隆次
同　　　　　　　　　　　　　　寺前　隆
同　　　　　　　　　　　　　　岡崎教行
同　　　　　　　　　　　　　　髙井康行
同　　　　　　　　　　　　　　萩原唯考
同　　　　　　　　　　　　　　政木道夫
被　告　　　　　　　　　　　　Y₃
同訴訟代理人弁護士　　　　　　南　栄一
同　　　　　　　　　　　　　　新穂　均
同　　　　　　　　　　　　　　山中雅雄
被　告　　　　　　　　　　　　Y₄
同訴訟代理人弁護士　　　　　　南　栄一
同　　　　　　　　　　　　　　新穂　均
同　　　　　　　　　　　　　　山中雅雄
同　　　　　　　　　　　　　　岩崎哲也
同　　　　　　　　　　　　　　泰田啓太
同　　　　　　　　　　　　　　岩崎健一

【主　文】
1　原告の請求をいずれも棄却する。
2　訴訟費用は原告の負担とする。
【事実及び理由】
第1　請求
　被告らは、原告に対し、各自16億7395万6952円及びこれに対する平成18年5月19日から支払済みまで年5分の割合による金員を支払え。
第2　事案の概要
　本件は、原告が、被告株式会社ライブドアホールディングス（以下「被告ライブドア」という。）との間で資本提携契約及び業務提携契約を締結したこと並びに商号をジャック・ホールディングス株式会社から株式会社ライブドアオートに変更したこと等により16億7395万6952円の損害を被ったと主張して、①被告ライブドアに対し、上記各提携契約締結前においては被告ライブドアの違法行為を告知する義務があったのにこれを怠り、上記各提携契約締結後においては信義則上原告の損害が顕在化ないし拡大化しないようにすべき義務があるのにこれを怠ったと主張して、債務不履行及び不法行為に基づき、②被告Y₂（以下「被告Y₂」という。）、被告Y₃（以下「被告Y₃」という。）及び被告Y₄（以下「被告Y₄」といい、上記3名を併せて「被告Y₂ら3名」という。）に対し、被告ライブドアの取締役として上記各義務を履行しなかった任務懈怠があると主張して、平成17年法律第87号による改正前の商法（以下「旧商法」という。）266条ノ3に基づき、また、原告の取締役として上記各提携契約を解消するなどの義務があったのにこれを怠ったと主張して、善管注意義務又は忠実義務の債務不履行、旧商法266条1項5号及び不法行為に基づき、各自上記損害金及びこれに対する遅延損害金の支払を求めた事案である。
1　前提事実
　以下、末尾に証拠等を掲記した事実は当該証拠等により認定した事実であり、証拠等を掲記していない事実は当事者間に争いがない事実である。
　(1)　原告
　原告は、自動車売買の仲介斡旋等を目的とする株式会社であり、平成18年1月1日、「ジャック・ホールディングス株式会社」から「株式会社ライブドアオート」に商号を変更した（甲1）。
　原告は、その株式を東京証券取引所（以下「東証」という。）第2部に上場している（甲6）。
　(2)　被告ら
　ア　被告ライブドアは、コンピュータネットワークに関するコンサルティング等を業とする株式会社である。
　被告ライブドアは、その株式を平成18年4月14日まで東証マザーズに上場していた（甲11）。
　イ　被告Y₂及び同Y₄はいずれも平成17年11月15日から同18年1月25日までの間、同Y₃は同17年11月15日から同18年1月24日までの間、原告の取締役であった。
　(3)　原告と被告ライブドアとの資本提携及び業務提携契約

ア　原告と被告ライブドアとは、平成17年8月25日、資本提携に関する基本合意（以下「本件資本提携契約」という。）を締結し、同年9月1日、業務提携に関する基本合意（以下「本件業務提携契約」といい、本件資本提携契約と併せて「本件各提携契約」という。）を締結した（甲3、4）。

イ　被告ライブドアは、平成17年9月14日、伊藤忠エネクス株式会社から原告株式を取得し、さらに、同月15日、本件資本提携契約に基づいて、原告から第三者割当ての方法により新株の発行を受け（発行価額の総額135億3048万円）、原告の発行済株式総数の51％を保有するに至った（甲1、3、6）。

ウ　なお、被告Y₂ら3名は、本件各提携契約を締結した当時において、被告ライブドアの取締役であり、後記(6)のとおり、平成18年1月下旬ころまで同社の取締役の地位にあった。

(4) 平成17年11月15日開催の原告臨時株主総会

原告は、平成17年11月15日、臨時株主総会を開催し、取締役の定員を10名から11名に変更した上で、被告ライブドアの推薦する被告Y₂ら3名を含む6名を原告取締役に選任するとともに（原告の他の取締役は5名）、原告商号を「ジャック・ホールディングス株式会社」から「株式会社ライブドアオート」に変更する定款の一部変更を決議し、同18年1月1日から「株式会社ライブドアオート」に商号変更した（甲1、3、5、7）。

(5) 被告らに対する証券取引法違反の疑いによる捜査及び起訴

被告Y₂ら3名は、平成18年1月23日、証券取引法違反の疑いによって逮捕され、その後、被告らは、同年2月13日及び同年3月14日、大要、次の公訴事実によって、東京地方裁判所に起訴された（甲8ないし10、弁論の全趣旨）。

ア　被告ら及び被告ライブドアの子会社であった株式会社ライブドアマーケティング（以下「ライブドアマーケティング」という。）は、共謀の上、ライブドアマーケティング株式売買のため及び同株価の維持上昇を図る目的をもって、①真実は、ライブドアマーケティングと株式会社マネーライフ（以下「マネーライフ社」という。）との株式交換は、マネーライフ社の企業価値をあえて過大に評価して決めるなどしたものであったにもかかわらず、平成16年10月25日、ライブドアマーケティングが、取締役会において株式交換によりマネーライフ社を完全子会社とすることを決議した旨を発表するに際し、東証が提供する適時開示情報閲覧サービスであるTDnetを通じ、株式交換比率（1対1）について虚偽の内容を含む公表を行い、次いで、同年11月9日、TDnetを通じ、ライブドアマーケティング株式の100分割に伴い上記株式交換の交換比率を1対100に訂正する旨公表し、②真実は、ライブドアマーケティングは、平成16年第3四半期において、経常損失及び当期純損失が発生していたのに、架空の売上、経常利益及び当期純利益を計上して、同月12日、TDnetを通じ、「ライブドアマーケティングの第3四半期の売上高は約7億5900万円、経常利益は約7200万円、当期純利益は約5300万円である。当期第3四半期においては、前年同期比で増収増益を達成し、前年中間期以来の完全黒字化への転換を果たしている。」旨の虚偽の事実を公表し、有価証券の売買その他の取引のため及び有価証券の相場の変動を図る目的をもって、偽計を用いるとともに、風説の流布を行った。

イ　被告らは、共謀の上、被告ライブドアの業務に関し、同社の平成15年10月1日から同16年9月30日までの連結会計年度につき、同年12月27日、関東財務局長に対し、同年度に連結経常損失3億1278万円が発生していたにもかかわらず、売上計上の認められない被告ライブドア株式売却益37億6699万円を売上高に含め、株式会社ロイヤル信販及び株式会社キューズ・ネットに対する架空売上15億8000万円を計上するなどして、連結経常利益を50億3421万円とした内容虚偽の連結損益計算書を掲載した有価証券報告書を提出し、もって、重要な事項につき虚偽の記載のある有価証券報告書を提出した（以下上記アとイを併せて「本件粉飾決算等」という。）。

(6) 被告Y₂ら3名の辞任

被告Y₂及び同Y₄は平成18年1月25日、同Y₃は同月24日、原告及び被告ライブドアの取締役を辞任した（甲1、2）。

(7) 被告ライブドアの上場廃止

東証は、平成18年3月13日、被告ライブドア株式の上場廃止を決定し、同年4月14日、同株式の上場を廃止した（甲11）。

(8) 原告の再度の商号変更

原告は、平成18年8月1日、「株式会社ライブドアオート」から「株式会社カーチス」に商号を変更した（当裁判所に顕著な事実）。

(9) 被告らに対する有罪判決の言渡し

本件粉飾決算等につき、東京地方裁判所は、①平成19年3月16日、被告Y₂に対し懲役2年6月を、②同月22日、同Y₃に対し懲役1年8月を、同Y₄に対し懲役1年6月、執行猶予3年を、③同月23日、被告ライブドアに対し罰金2億8000万円をそれぞれ言い渡した。

上記判決に対し、被告Y₂及び同Y₃は東京高等裁判所に控訴したが、同Y₄及び被告ライブドアはこれを受け入れ有罪判決が確定した。（当裁判所に顕著な事実）

2　争点及び争点に関する当事者の主張の要旨

(1) 争点1

被告らは、本件各提携契約締結前に、原告に対し、本件粉飾決算等の事実を告知する義務を負っていたか。また、被告らは、本件各提携契約締結後に、原告に対し、信義則上、原告の損害が顕在化ないし拡大化しないようにすべき義務を負っていたか。

【原告】

ア　会社が、企業買収により他社を子会社化する場合、当該子会社の信用は、親会社となる買収者の信用に極めて大きく左右される。したがって、企業買収において、買収対象会社が買収者の有する知名度、信用を利用しようとしていた場合には、買収者は、その信用を著しく低下させるような重大な違法行為を行っていたときには、信義則上、買収対象会社に対して資本・業務提携契約を締結する以前に当該違法行為を告知する義務がある。買収者が買収対象会社との間で資本・業務提携契約を締結した場合は、契約書上、条項として明示されていなくとも、信義則上、買収者は、買収対象会社に対し、企業の信用に深く関わる違法行為を行っていないことについて表明保証責任を負担する。そして、買収会社の取締役は、上記義務を具体的に履行する者として買収会社と同様の義務を負っている。

これを本件についてみるに、被告らは、原告との間で本件各提携契約を締結する前に、原告に対し、本件粉飾決算等の事実を告知する義務を負っていたのにこれを怠り、当該事実を秘して本件各提携契約を締結したため、原告に損害を与えたという違法が存在する。

イ　被告らは、本件各提携契約の締結後においても、信義則上、原告の損害が顕在化ないし拡大化しないようにすべき義務、具体的には、①被告ライブドアが上記表明保証責任に反して本件粉飾決算等の重大な違法行為を行っている事実を原告に申告すべき義務、②原告と被告ライブドアとの間の協議において原告の商号を「株式会社ライブドアオート」へ変更することに反対する義務、③原告の臨時株主総会において原告の商号を「株式会社ライブドアオート」に変更する議案に賛成しない義務、④原告の臨時株主総会において被告ライブドアの本件粉飾決算等の違法行為を執行していた不適格取締役である被告Y₂ら3名を原告取締役に選任する議案に賛成しない義務を負っていた。

しかし、被告ライブドアは、原告に対し、本件粉飾決算等の違法行為を申告せず、平成17年9月14日の原告との協議において原告の商号を「株式会社ライブドアオート」に変更することを提案、了承し、同年11月15日の原告臨時株主総会において、原告の商号を「株式会社ライブドアオート」に変更することについての定款変更議案、被告Y₂ら3名を原告取締役に選任する議案にそれぞれ賛成することにより、上記義務に違反した。また、被告Y₂ら3名は、被告ライブドアの取締役として上記義務を具体的に履行すべき義務があ

るのにこれを怠り、その結果、原告に損害を与えたという違法が存在する。

ウ　上記ア、イの行為につき、被告ライブドアは民法415条、同709条に基づき、被告Y₂ら3名は旧商法266条ノ3第1項に基づき、原告に対し、原告が被った損害を各自賠償する義務を負っている。

【被告ライブドア】

ア　【原告】の主張アないしウはいずれも争う。

イ　企業間の買収については、私的自治の原則が適用となり、同原則からは、買収に関する契約を締結するか否かを決断するために必要な情報は、契約の当事者各人が自己の責任において収集し、分析することが求められる。仮に情報の収集や分析の失敗によって不利益が生じたとしても、その不利益は自らが負わなければならないのが原則である。そして、企業が対等な立場で取引をする場面においては、構造的な情報格差は存在しないから、上記に述べた私的自治の原則がそのまま適用となる。

被告ライブドア及び原告は、いずれもM&Aについて豊富な経験を有する公開企業であり、本件各提携契約は対等な立場にある企業間で締結された契約であるから、私的自治の原則がそのまま適用となり、一方当事者である被告ライブドアに信義則を理由とした情報提供義務を課す根拠はない。したがって、被告ライブドアが、原告に対し、本件各提携契約締結の前後において、情報提供義務を負っていることを前提とする原告の本件請求は、その前提を欠き理由がない。

ウ　原告は、被告ライブドアの「知名度、信用を利用しよう」として本件各提携契約を締結したものと主張する。しかし、本件各提携契約の契約書のどの条項をみても、被告ライブドアの知名度と信用を原告に利用させること（換言すれば、原告が利用できるような知名度と信用を被告ライブドアが維持すること）は、被告ライブドアの義務内容となっていない。つまり、被告ライブドア及び原告ともに、そのような原告の思惑が法的保護に値する利益であるとは考えていなかったのである。このように法的保護に値しない利益のために、買収者である被告ライブドアに一定の法的義務を課すべきではなく、原告の上記主張は理由がない。

【被告Y₂】

ア　【原告】の主張アないしウはいずれも争う。

イ　被告ライブドアは、原告に対し、本件各提携契約締結前に、本件粉飾決算等の事実を告知する義務や粉飾決算等の重大な違法行為を行っていないことについて表明保証責任を負担していない（本件各提携契約の契約書にも被告ライブドアが表明保証責任を負うとの定めはない。）。本件のような対等な企業間の取引においては、各当事者は、自己の責任において契約締結のための情報収集をすべきである。したがって、原

告の本件請求はその前提を欠き理由がない。

　ウ　本件各提携契約は、被告ライブドアが、原告から株式割当てを受け、原告に必要な資金援助を行うこと、また、原告の業務のために被告ライブドアが協力する義務を定めるなど、基本的に原告に利便を与えるものである。本件各提携契約は、「当時ガバナンスに関する内部的な問題を抱え、業績も芳しくなかったことから、急成長を遂げている被告ライブドアと資本業務提携をすることで経営刷新を図ろうと考え」て、もっぱら原告の方が意欲して、その強いイニシアティブのもとに締結したものである。以上の事実に、被告ライブドアが、本件各提携契約の締結に際して、原告に対し、本件粉飾決算等その他の違法行為がない旨を積極的に表明したことも、虚偽情報を提供したり、被告Y₂がこれに乗じたこともないことを併せ考慮すると、被告ライブドアには、原告に対し、粉飾決算についての情報（そもそも粉飾決算ではないが）を提供すべき義務はないというべきである。

　エ　本件各提携契約の締結以降も、上記イ、ウと同様であり、被告らにおいて、原告の主張する「原告の損害が顕在化ないし拡大化しないようにすべき義務」を観念する余地はなく、原告の主張は理由がない。

【被告Y₃及び同Y₄】
　ア　【原告】の主張アないしウはいずれも争う。
　イ　本件資本提携契約は、被告ライブドアが原告の第三者割当増資を引き受けるというものであり、原告は、被告ライブドアから直接得た資金によって、インターネット流通のためのシステム構築、全国の営業店舗網のリニューアル及びユーザー買取車両在庫用の資金手当てを行うことを目的として行われた。そして、原告は、第三者割当増資を実行することによって、被告ライブドアからの資金調達を現実に達成しており、それ以外の被告ライブドアの信用を利用した資金調達を考えていたような事情は一切認められない。また、本件業務提携契約の目的は、被告ライブドア及び同グループの持つインターネットサイトの構築並びにインターネット流通システムの構築等に係るノウハウ等を原告の事業に活用するということにあったのであり、被告ライブドアの信用とは関連性のない事項を目的とするものである。

　以上によれば、本件各提携契約において、原告が被告ライブドアの信用を利用しようとしていた事実はなく、仮に被告ライブドアの本件粉飾決算等の事実が存在するとしても、当該事実は、本件各提携契約の目的達成を不可能とするものと評価することはできない。したがって、本件において、被告ライブドアが、原告に対し、本件各提携契約を締結する前に、本件粉飾決算等の事実を告知しなければならない義務はない。

　ウ　被告ライブドアが表明保証責任に反して本件粉飾決算等の重大な違法行為を行っている事実を原告に対し申告すべき義務は、本件各提携契約の締結の前か後かが異なるのみで、上記イの義務内容と同一内容のものであり、契約締結の前後で何ら事情は異ならない。したがって、上記イと同様の理由により、本件各提携契約締結後も被告らに責任があるとの原告の主張は理由がない。

(2)　争点2
　被告Y₂ら3名には、原告取締役として、善管注意義務違反又は忠実義務違反が存在するか。また、被告Y₂の上記義務違反は、被告ライブドアの代表者としての職務を行うに際してなされたものといえるか。
【原告】
　ア　原告は、被告ライブドアが当時有していると考えられていた資金力はもとより、その好感度、知名度により原告の業績向上を目的として、被告ライブドアの子会社となった。このため、親会社である被告ライブドアが、粉飾決算を行い、その結果東証から株式上場廃止処分を受ければ、子会社となった原告の企業イメージが悪化し、集客力が低下して、業績悪化を招き、企業価値が低下して倒産寸前に近い状態に追い込まれることは必至であった。

　したがって、被告Y₂ら3名は、被告ライブドアの本件粉飾決算等その他の違法行為の事実を認識し又は認識し得た場合には、原告取締役の善管注意義務又は忠実義務として、原告に上記のような損害を与えないために、①本件各提携契約を解消する義務、②原告商号をライブドアオートに変更することを阻止する義務を負っていた。

　イ　また、被告Y₂ら3名は、本件各提携契約締結当時から被告ライブドアの取締役であり、本件粉飾決算等を認識し又は容易に認識し得たにもかかわらず、上記アの義務を怠り、その結果、原告に損害を与えたという違法が存在する。

　ウ　被告ライブドアの業務目的には、「情報通信ならびにインターネット関連事業への投資ならびにこれらの企業の合併、提携、営業権、有価証券の譲渡に関するコンサルティング、仲旋、斡旋に関する業務」「経営指導のための企業管理・経営受託」が規定されている。したがって、被告Y₂が原告取締役として行う職務は、被告ライブドアの職務の一環でもあるということができ、上記アの被告Y₂の行為は、被告ライブドアの職務を行うに際してなされたものと認められる。

　エ　上記アないしウの行為につき、被告Y₂ら3名は旧商法266条1項5号、民法709条に基づき、被告ライブドアは民法44条1項、719条1項に基づき、原告に対し、原告が被った損害を各自賠償する義務を負っている。

【被告Y₂】

ア　【原告】の主張アないしエは争う。
　　イ　被告らは本件粉飾決算等の違法行為を行っていない。したがって、被告Y₂の原告に対する善管注意義務違反又は忠実義務違反はないし、不法行為もない。
　　ウ　本件各提携契約は、被告ライブドアが原告から株式割当てを受け原告に対し必要な資金援助を行うこと、また、原告の業務のために被告ライブドアが協力する義務を定めるものであり、基本的に原告に利便を与えるものにすぎない。本件各提携契約は、被告ライブドア及びそのグループが保有しているインターネットサイトの構築等に関わるノウハウを有効に活用し、これを原告の事業展開に活用するという積極的な意義を持つものであった。したがって、原告において、本件各提携契約の継続を適切と考えるのも経営判断として相当であり、同契約を直ちに解消しなければならないという義務を観念する余地はない。
　　また、原告の商号を「株式会社ライブドアオート」に変更することにより、原告が被告ライブドアを中心とする企業グループに属することを明らかにし、又はこれを推認させることがあったとしても、そのことが直ちに原告に格別の負担を負わせ、あるいは損害を生じさせるものということはできない。原告の業績を左右するのはあくまでも原告自身の営業活動等であり、いずれの企業グループに属するかにより左右されるものではない。したがって、被告ライブドアに何らかの不祥事があったからといって、そのことから、直ちに、被告Y₂に、原告の商号を「株式会社ライブドアオート」に変更することを阻止する法律上の義務を負わせなければならない理由を見出すことはできない。
　　さらに、被告Y₂ら3名が被告ライブドアの取締役であった点を踏まえても、本件各提携契約の解消及び商号変更阻止を実現できない以上、原告主張の作為義務を法律上の義務と観念することはできない。
【被告Y₃及び同Y₄】
　　ア　【原告】の主張アないしエは争う。
　　イ　原告の主張する作為義務が認められるためには、当該作為義務の発生を基礎付ける具体的事実、すなわち、被告Y₃及び同Y₄らが当該作為義務を果たさなければ原告に大きな損失が生じるおそれのあることが合理的に認められる事実が存在しなければならないところ、以下に述べるように、かかる事実は存在しない。
　　(ア)　本件資本提携契約の主たる内容は、被告ライブドアが原告の第三者割当増資を引き受けること及び新株予約権発行の方法により原告が被告ライブドアの子会社となることである。そして、本件資本提携契約を締結した目的は、原告がプレスリリースに記載しているように、原告のビジネスモデルである買取直販（CtoBtoCモデル）の一層の強化をリアルとネットの融合として図るため、(i)インターネット流通のためのシステムの構築、(ii)全国の営業店舗網を来店型店舗としてリニューアル、(iii)従来からの取引先との取引拡大が想定される中ユーザー（個人顧客）買取車両在庫用の資金手当て、(iv)原告が新たに向かうべくマーケットにおいて認知度の高いポータルサイト業者との友好的な関係の構築、(v)同ポータルサイト業者による技術を含めたノウハウの提供等を、被告ライブドアから調達する約135億円の資金によって実現することにあったのであり、これらはすべて原告の一方的な利益となるものである。これに対し、本件資本提携契約に基づいて原告が負う義務は、被告ライブドアからの役員派遣を受け入れることなど、被告ライブドアの子会社となることに伴うものが中心であり、原告が義務違反をした場合を除き、経済的な負担を伴うものはない。
　　したがって、本件資本提携契約の効力が継続することにより、原告に損害が生じる状況は認められない。
　　(イ)　本件業務提携契約の目的は、原告が「被告ライブドア及び同グループの持つインターネットサイトの構築及びインターネット流通システムの構築等に係るノウハウ等をもって、インターネットを通じた中古車の個人間取引を確立、拡大し、業界再編と当該業界内での原告の優位性の確保を目指す」ことにあるとされている。そして、本件業務提携契約は、同契約書によれば、基本契約と位置付けられており、具体的な業務提携の内容については、当事者間で検討を行うものとするのみであり、本件業務提携契約により、原告が、直接、経済的な負担を負うことはない。
　　したがって、本件業務提携契約の効力が継続することにより、原告に損害が生じる状況は認められない。
　　(ウ)　原告の商号を「株式会社ライブドアオート」に変更することは、被告ライブドアとの資本提携の一環として行われたものであるところ、商号のいかんが原告に損害を生じさせるものでないことは明らかである。
【被告ライブドア】
　　ア　【原告】の主張アないしエは争う。
　　イ　被告Y₂が、本件各提携契約を解消せず、原告の商号を「株式会社ライブドアオート」に変更することを阻止しなかったことは、原告の取締役としての行為であって、被告ライブドアの職務を行うに際してなされたものではない。したがって、仮に、被告Y₂による当該行為について不法行為が成立するとしても、被告ライブドアには責任がない。
　(3)　争点3
　　原告が被った損害は幾らか。
【原告】
　　原告は、被告らの行為により、商号変更に伴う費用として10億3008万2952円、商号変更した結果フラン

チャイズ店より被った損害276万円、逸失利益6億4111万4000円等合計16億7395万6952円の損害を被った。
【被告ら】
争う。
第3　当裁判所の判断
1　争点1について
　(1)　本件各提携契約締結前における被告らの責任の有無について
　　ア　原告の主張の要旨
　会社が、企業買収により他社を子会社化する場合、当該子会社の信用は、親会社となる買収者の信用に極めて大きく左右される。したがって、企業買収において、買収対象会社が買収者の有する知名度、信用を利用しようとしていた場合には、買収者は、その信用を著しく低下させるような重大な違法行為を行っていたときには、買収者は買収対象会社に対して資本・業務提携契約を締結する前に当該違法行為を告知する義務があり、資本・業務提携契約の契約書上、条項として明示されていなくとも、信義則上、買収者は企業の信用に深く関わる違法行為を行っていないことについて表明保証責任を負っている。
　　イ　判断基準
　企業間の買収については、私人間の取引であることから私的自治の原則が適用となり、同原則からは、買収に関する契約を締結するに当たっての情報収集や分析は、契約当事者の責任において各自が行うべきものである。そうだとすると、情報収集や分析が不十分であったなどのために契約当事者の一方が不利益を被ったとしても、当該不利益は当該当事者が自ら負担するのが原則であると解するのが相当である。したがって、企業買収において資本・業務提携契約が締結される場合、企業は相互に対等な当事者として契約を締結するのが通常であるから、上記の原則が適用され、特段の事情がない限り、上記の原則を修正して相手方当事者に情報提供義務や説明義務を負わせることはできないと解するのが相当である。そこで、以下、上記の判断基準に照らし、被告らに、本件各提携契約締結前に、原告に対し、本件粉飾決算等の違法行為を告知する義務があったか否かについて検討することにする。
　　ウ　認定事実
　後掲の証拠等によれば、以下の各事実が認められる。
　　　(ア)　原告は、平成17年5月ころ、被告ライブドアに対し、同社の完全子会社で、企業買収等を行うことを業務とする株式会社ライブドアファイナンス（以下「ライブドアファイナンス」という。）のNを通じて、原告への出資を要請した。そこで、被告ライブドアは、同年6月8日から同月15日までの間、原告に対し、法務及び会計デューデリジェンスを行った。被告ライブドア（被告Y₃、ライブドアファイナンス社長M、N及び被告ライブドア顧問弁護士）と原告（取締役であったD、H及びG）は、上記デューデリジェンスの最終日である同月15日、提携後の経営方針等の協議を行った。その後、原告と被告ライブドアは、出資方法の協議等を経て、同年8月中旬から、本件各提携契約の契約書の作成作業を開始し、同月25日、両社の取締役会の承認を得て、本件資本提携契約を締結し、次いで、同年9月1日、本件業務提携契約を締結した。（甲4、5、9、19及び20の各1、2、乙2、弁論の全趣旨）。

　　　(イ)　本件資本提携契約の契約書によれば、7条1項において、原告の被告ライブドアに対する「表明及び保証」について規定している。同項によれば、①原告が、被告ライブドアに対し、同社が実施したデューデリジェンスにおいて開示された原告に関する情報につき、原告は、故意又は過失をもって、事実の誤った表示及び本件資本提携契約締結に関する判断に影響を及ぼし得る情報の秘匿をしたことなく、また、かかる情報につき、原本の改訂、修正又は改ざんが行われていないこと（同項(ホ)）、②被告ライブドアに開示された決算報告書等の諸資料に記載された原告の資産・負債の状況にはすべて真実かつ正確なものであること（同項(ヘ)）、③原告の貸借対照表及び損益計算書が公正な企業会計原則に従って作成されており、かつ、平成17年6月30日現在の原告の財産及び損益の状況は適正に管理されていること、また財務諸表に明示されていない知れたる債務、保証その他の負担は一切存しないこと（同項(ル)）など14項目にわたって表明保証をしている。他方、本件資本提携契約書7条2項は、被告ライブドアの原告に対する「表明及び保証」について規定しているが、①被告ライブドアが、原告に対し、本件資本提携契約の締結及び履行につき、法令上及び社内規則上必要とされる一切の手続を履践していること（同項(イ)）、②本件資本提携契約の締結及び履行につき、規制当局の許認可等が要求されることはなく、適用される法令・規則、社内規則、第三者との契約に違反するものではないこと（同項(ロ)）、③原告の従業員の処遇については、少なくとも同年11月15日を目処に開催される臨時株主総会後1年間は、原則これを変更しないこと（同項(ハ)）の3項目について規定するにとどまっている。そして、本件業務提携契約の契約書には、表明保証責任の規定は設けられていない。（甲3、4）。

　　　(ウ)　原告は、平成17年8月25日、被告ライブドアとの間で本件資本提携契約を締結したことを対外的に公表した。資本提携の理由は、①平成16年秋からエクイティ・ファイナンスを段階的に実施し財務体質の改善を図ってきたが、営業の安定的な黒字化の定着には、なお時間と費用を要する状況であること、②従来

の営業基盤の強化と、そこを通じた新たな事業展開を検討する必要があること、③今後、インターネットを通じた中古車の個人間売買市場の拡大は避けられないものと予想し、(i)インターネット流通のためのシステムの構築、(ii)全国の営業店舗網を来店型店舗としてリニューアル、(iii)従来からの取引先との取引拡大が想定される中ユーザー（個人顧客）買取車両在庫用の資金手当て、(iv)原告が新たに向かうべくマーケットにおいて認知度の高いポータルサイト業者との友好的な関係の構築、(v)同ポータルサイト業者による技術を含めたノウハウの提供等を目的としているというものであった。

原告は、同年9月1日、被告ライブドアとの間で本件業務提携契約を締結したことを対外的に公表した。原告は、業務提携の目的について、被告ライブドア及び同社グループの持つインターネットサイトの構築並びにインターネット流通システムの構築等に係る様々な技術及びノウハウによりインターネットを通じた中古車の個人間売買を確立し、被告ライブドアが展開するインターネット・オークション「livedoorオークション」をもって国内の中古車流通の核とし、ひいては中古車流通業界の再編と原告が同業界で重要な地位を占めることにある旨説明している。（丙1、2）

(エ) 本件全証拠を検討するも、本件各提携契約を締結するに当たり、被告らにおいて、原告に対し、本件粉飾決算等その他の違法行為がないことを積極的に表明したことや、虚偽情報を提供したり、被告らがこれに乗じて本件各提携契約を締結したという形跡はない。また、原告は、本件各提携契約を締結するに当たり、被告らに対し、被告ライブドアの財務内容等について質問等をした形跡は一切認められない。（弁論の全趣旨）

エ　当裁判所の判断

前記前提事実及び上記ウの認定事実等を前提に、被告らに責任があるか否かを検討する。

前記前提事実及び上記ウの認定事実並びに弁論の全趣旨によれば、本件各提携契約は、原告からの申し出を端緒として、交渉の結果、原告と被告ライブドアとの間において締結されたものであること、原告及び被告ライブドアともに東証の上場会社であり、その交渉経過に照らしても、両者間に構造的な情報格差があるとは認められない。そうだとすると、本件各提携契約は、原告と被告ライブドアとの間で、対等な当事者として締結されたものと解することができ、本件各提携契約を締結するに当たっての情報収集や分析は、原則として、原告及び被告ライブドアのそれぞれの責任において行うべきものであったというべきである。

そこで、問題は、本件において、被告ライブドアが原告に対して本件粉飾決算等の説明をしなければならない特段の事情があったかという点である。上記認定事実ウ(イ)によれば、本件資本提携契約の契約書7条は、原告の表明保証責任の内容が財務状況を含めた多数の項目にわたり定められているのに対し、被告ライブドアの表明保証責任の内容はわずか3項目にすぎず、かつ、財務状況における表明保証責任は定められていないことが認められる。以上の事実に照らすと、原告と被告ライブドアとは、本件資本提携契約について、被告ライブドアの財務状況を買収対象会社である原告に対し表明保証する必要がないと理解していたものと認定するのが相当である。このことは、本件資本提携契約を承認した原告取締役会の審議においても、被告ライブドアの財務状況を問題とした質疑等は見当たらないことからも裏付けることができる（上記認定事実ウ(エ)、甲19の1）。

確かに、原告は、本件各提携契約により、被告ライブドアの有する知名度、信用を利用しようとしていたことがうかがえる（弁論の全趣旨）。しかしながら、上記ウで認定した事実によれば、本件各提携契約の契約書には、このような原告主張の期待を保護する条項や、被告ライブドアが知名度、信用を維持することを義務付ける条項がないこと、交渉経過において、被告ライブドアの知名度、信用の維持を特に問題にしたなどの事情も認められないこと、被告らにおいて、被告ライブドアの財務内容を殊更隠し、これに乗じて本件各提携契約を締結したような事情は認められない。そうだとすると、原告において被告ライブドアの有する知名度、信用を利用しようとする期待があったからといって、そのことを理由に、被告らに、本件各提携契約締結前に、被告ライブドアの決算内容等を明らかにしなければならないという法的義務までを導き出すことは困難である。

以上によれば、仮に被告ライブドアに本件粉飾決算等の事実があったとしても、被告らは、本件各提携契約締結前に、原告に対し、当該事実を告知しなければならない義務があったとする特段の事情は認めることができず、当該判断を覆すに足りる証拠は存在しない。そうだとすると、被告らに原告の主張する告知義務が認められない本件にあっては、原告の被告らに対する本件各提携契約締結前の責任の存在を前提とする損害賠償請求は、いずれも前提を欠き理由がないことになる。

(2) 本件各提携契約締結後における被告らの責任の有無について

ア　原告は、被告らに、本件各提携契約の締結後においても、信義則上、原告の損害が顕在化ないし拡大化しないようにすべき義務があったとして、被告ライブドアが表明保証責任に反して本件粉飾決算等の重大な違法行為を行っている事実を原告に申告すべき義務等があったと主張する。

イ　しかしながら、前記(1)ウ(イ)で認定したとお

り、原告の主張する申告義務は、本件各提携契約において、被告ライブドアの財務状況における表明保証責任の定めがないことに照らすと、同契約の契約内容になっていると認めることができない。また、原告の主張する申告義務は、前記(1)エで判断した告知義務と同一内容の義務と解されるところ、本件各提携契約前において告知義務が認められないのに、契約締結後になって、同一内容の義務が発生すると認めることは困難というべきである。

　ウ　以上によれば、被告らは、本件各提携契約締結後に、原告に対し、本件粉飾決算等の事実を申告しなければならない法的義務があるとまでは認められない。そうだとすると、その余の点について判断するまでもなく、原告の被告らに対する本件各提携契約締結後の責任の存在を前提とする損害賠償請求は、いずれもその前提を欠き理由がないことになる。

　(3)　被告ライブドアの不法行為責任の有無について
　原告は、被告ライブドアが、本件粉飾決算等の事実を秘して、本件各提携契約を締結したなどとして、同社には不法行為責任があると主張する。

　しかし、原告の主張は、前記(1)(2)で既に判断した告知義務と同一内容の義務を不法行為における被告ライブドアの注意義務ととらえているものと解される。そうだとすると、前記(1)(2)で判断したことから明らかなとおり、告知義務と同様に、被告ライブドアにそのような注意義務を認める根拠はないので、原告の被告ライブドアに対する不法行為に基づく損害賠償請求は、その余の点について判断するまでもなく理由がない。

２　争点２について
　(1)　被告Y₂ら３名の原告取締役としての責任の有無について
　ア　原告は、被告Y₂ら３名には、被告ライブドアの本件粉飾決算等その他の違法行為の事実を認識し又は認識し得た場合には、原告取締役の善管注意義務又は忠実義務として、原告に損害を与えないようにするために、①本件各提携契約を解消する義務、②原告商号をライブドアオートに変更することを阻止する義務があったのに、これを怠った責任があると主張する。

　イ　そこで、まず、被告Y₂ら３名が原告の取締役として、本件各提携契約を解消する義務があったか否かについて検討する。

　本件各提携契約は、原告と被告ライブドアとの間の契約であるから、解除原因のない限り、契約解消に当たっては、原告と被告ライブドアとの合意が必要であり、既に存在する資本関係の解消には、被告ライブドアの保有する原告株式の譲渡について、被告ライブドアが譲渡の条件を含めて同意することが必要であることは法律上明らかである。しかるに、前記前提事実(3)イによれば、被告ライブドアは原告に対して新株発行の払込金として約135億円を払い込んでおり、本件全証拠を検討するも、原告内部における意思形成はもとより、被告ライブドア内部における意思形成が可能であったことについては、これを認めるに足りる証拠は存在しない。そして、この点に関し、証拠（乙３、丙５、６）によれば、原告は、平成18年２月９日、被告ライブドアに対し、本件各提携契約の解除を申し入れ、原告と被告ライブドアは、同年６月19日、本件各提携契約の解消に向けて基本合意をしたものの、被告ライブドアが保有する原告株式の譲渡先の選定に時間を要し、同19年１月15日に至ってようやく被告ライブドアが上記株式を他に譲渡し、本件各提携契約が解消されたことが認められる。このような状況をも踏まえると、本件各提携契約の解消は、被告Y₂ら３名において左右することができない条件にかかる点があったというべきであり、被告Y₂ら３名が原告の取締役であったからといって、本件各提携契約を解消することが可能であったと断定することはできない。

　また、前記前提事実(2)(3)によれば、被告Y₂ら３名は、原告の取締役であった期間、被告ライブドアの取締役を兼ねていたものであり、本件各提携契約を解消することは、原告にとって有利であっても、被告ライブドアにとっては不利になる蓋然性が高く、取締役として果たすべき忠実義務に沿う行為内容ということは困難であり、このようなことを原告及び被告ライブドアの両社の取締役を兼ねている被告Y₂ら３名に求めるのは、いささか酷というべきである。

　以上によれば、被告Y₂ら３名に本件各提携契約を解消する義務があったということはできず、この点に関する原告の主張は理由がなく、採用することができない。

　ウ　次に、被告Y₂ら３名が原告の取締役として、原告商号をライブドアオートに変更することを阻止する義務があった否かについて判断する。

　被告Y₂ら３名が、原告の取締役として商号変更を阻止するためには、前記前提事実(4)のとおり、既に商号変更に関する定款の一部変更を株主総会において決議していたのであるから、原告の取締役会における株主総会の招集決議を経た上、株主総会における商号変更に関する定款の一部変更をする特別決議を得なければならなかった。このように、株主総会の特別決議を得ることができるかは、株主の意思決定にかかる事柄であり、被告Y₂ら３名において左右することができない条件にかかる点があったというべきであり、被告Y₂ら３名が原告の取締役であったからといって商号変更を阻止することが可能であったと解することは困難である。

　また、被告Y₂ら３名が被告ライブドアの取締役であったことから、被告ライブドアの原告株主としての議決権行使に影響を及ぼし得る立場にあったとはいえ

るが、前記前提事実(3)イのとおり、被告ライブドアの議決権は51％にとどまっており、原告の株主総会の特別決議を左右できるわけではない。さらに、上記イでみてきたとおり、被告Y₂ら3名は、原告の取締役であった期間中被告ライブドアの取締役を兼ねていたものであり、このような地位にある者に、被告ライブドアの名前の一部を使用するのを阻止させることは極めて不自然な行為であり、酷な要求を強いるものというべきである。

以上によれば、被告Y₂ら3名には、原告商号をライブドアオートに変更することを阻止する義務があったということはできない。

エ　以上の検討結果から明らかなとおり、被告Y₂ら3名の原告取締役としての善管注意義務違反及び忠実義務違反の存在を理由とする原告の請求は、その余の点について判断するまでもなく理由がない。

(2)　被告ライブドアの民法44条1項、719条に基づく責任の有無について

原告の被告ライブドアに対する請求は、被告Y₂に不法行為が存在することを前提とするところ、上記(1)で判断したとおり、被告Y₂には不法行為は認められず、同請求は、その余の点について判断するまでもなく理由がない。

第4　結論

以上によれば、原告の請求は、いずれも理由がないからこれらを棄却することとし、主文のとおり判決する。

　裁判長裁判官　難波孝一
　　　裁判官　小川雅敏　川原田貴弘

5 オートバックスセブン事件
――転換社債型新株予約権付社債の有利発行および不公正発行該当性――

東京地決平成19・11・12金融・商事判例1281号52頁

東京大学社会科学研究所准教授　田中　亘

I　事案の概要

　Y株式会社（債務者）は、車両・運搬具の販売等を目的とする東京証券取引所および大阪証券取引所第一部上場会社である。英国の有限責任会社であるX（債権者）は、米国デラウェア州法に基づいて設立されたトラストである甲を運営しており、甲はY社の発行済株式の2.4％を保有している。

　Y社の取締役会は、平成19年10月26日、A社とB社（Y社プレスリリースによれば、英領バージン諸島の法令に基づいて設立された投資会社。以下、「A社ら」という）に対し、平成24年11月12日を満期として、各社債の額面金額1億円、総額650億円の新株予約権付社債（以下、「本件新株予約権付社債」という）を発行することについて決議した。本件新株予約権付社債には各社債に10個の新株予約権（以下、「本件新株予約権」という）が付され、その行使に際して出資される財産（会社法236条1項3号参照）は、本件新株予約権に係る各社債とされている（すなわち、本件新株予約権付社債は、いわゆる転換社債型である）。そして、本件新株予約権と引き換えにする金銭の払込みは要しないとされている（会社法238条1項2号参照）。

　Xは、本件新株予約権付社債の発行について、①特に有利な条件による発行であるのに株主総会の特別決議がないこと、および②著しく不公正な方法による発行であることを理由として、固有の機関を持たない甲からその追行権限を与えられた上で、会社法247条に基づき差止めの仮処分を申し立てた。

II　決定要旨

申立て却下。

1　有利発行について

　「新株予約権付社債を発行する場合において、当該新株予約権付社債に付された募集新株予約権（以下「当該新株予約権」という。）と引換えに金銭の払込みを要しないこととする場合には、当該新株予約権の実質的な対価は、特段の事情のない限り、当該新株予約権付社債について定められた利率とその会社が普通社債を発行する場合に必要とされる利率との差に相当する経済的価値であるということができる。また、当該新株予約権の公正な価値は、現在の株価、権利行使価額、行使期間、金利、株価変動率等の要素をもとにオプション評価理論に基づき算出された新株予約権の発行時点における価額であると解される。

　その上で、こうして算出された当該新株予約権の実質的な対価と当該新株予約権の公正な価値とを比較し、当該新株予約権の実質的な対価が公正な価値を大きく下回るときは、当該新株予約権付社債の発行は、会社法238条3項1号にいう「特に有利な条件」による発行（有利発行）に該当すると解すべきである。」

　Y社の依頼を受けたCコンサルティング会社は、Y社が本件新株予約権付社債と同じ総額650億円の5年満期の普通社債を発行する場合に想定される利率を1.787％と算定しており、その算定に不合理な点はない。そして、本件新株予約権付社債の実際の利率は1％であることから、「額面金額1億円の本件社債に付される本件新株予約権についての実質的な対価は、393万5000円であり（(1.787％－1％)×1億円×5年間）、これを1.787％

の割引率で発行時点での現在価値に割り戻すと373万円となることが一応認められる。」

また、C社はY社の依頼を受け、モンテカルロ・シミュレーションを用いてY社の将来株価のシミュレーションを行い、ある一定の前提を置いた発行者（Y社）、投資家の行動の結果、発生した将来の投資家の利益を現在価値に割り引く手法により、額面1億円の本件社債に付された新株予約権の公正な価額を198万円と評価した。これと異なるXの主張に係る評価は採用することができず、他に評価の合理性を左右するに足りる資料はない。

「以上によれば、……本件新株予約権の実質的な対価〔373万円〕がその公正な価値〔198万円〕を大きく下回るものとはいえないから、本件新株予約権付社債の発行が有利発行に該当するということはできない。」

2　不公正発行について

「本件新株予約権付社債の発行によって、A社らは、最大でY社の発行済株式総数の約36％の持株比率を有することになる可能性があり、その場合には、A社ら以外の従前の株主の持株比率は相当程度低下するものの、Y社の経営支配権を巡る株主間の争いや、Y社の現経営陣とA社らとの間の特別に密接な関係の存在は、一件記録上窺うことはできないこと、〔Y社は本件新株予約権付社債の発行目的について、将来のM＆Aによる資金需要に備えるためである旨主張しているところ、〕Y社にはこれまでも国内外で企業買収の実績があること、Y社は、本件新株予約権付社債の発行を決定する前から、今後のM＆A戦略に備えるとして、A社らとのクレジット・ファシリティ契約やフィナンシャル・アドバイザリー契約を締結するなど、M＆Aのための資金調達手段の確保を図ってきており、現にM＆Aの検討を社内で行っていることといった諸事情に照らすと、本件新株予約権付社債の発行が、特定の株主の持株比率を低下させ現経営者の支配権を維持することを主要な目的としてされたものであると一応認めることはできない。」

III　分析と展開

1　はじめに

本件は、新株予約権付社債の発行について、それが有利発行であることおよび不公正な発行であることを理由とする差止めの仮処分が申し立てられた事例である。以下では、これらの論点を順に解説する（2、3）。また、本決定後の事件の経緯や関連するルール（取引所の上場規程）の改正についても、参考までに簡単に説明する（4）。

2　有利発行性について

(1)　本決定の意義

公開会社においては取締役会の決議によって募集新株予約権を発行することができるのが原則であるが、①募集新株予約権と引換えに金銭の払込みを要しないこととする場合に、そのことが引受人に特に有利な条件であるとき、または②募集新株予約権と引換えに金銭の払込みを要する場合に、その払込金額が引受人に特に有利な金額であるときは、株主総会の特別決議を必要とする（会社法240条1項、238条3項、309条2項6号。以下、①と②を併せて「有利発行」という）。募集新株予約権が単体で（社債とともにではなく）発行される場合（ストック・オプションとして付与される場合は除く）には、新株予約権の公正な価値をオプション評価理論に基づいて算出し、これと払込金額とを比較することによって有利発行性を判断するという解釈が、今日では定着しているといってよい（注1）。これに対し、本件は新株予約権付社債に付された新株予約権の有利発行性が争われたもので、この争点については会社法下で初の公刊裁判例と見られる（注2）。

(2)　有利発行性の判断基準――分離評価と一体評価について

本件新株予約権付社債の発行においては、新株予約権と引換えに金銭の払込みをすることは要しないとされているが（これは、わが国の転換社債型新株予約権付社債の発行において一般的な取扱いである。(注3)）、そのことをもって直ちに有利発行とされるわけではなく、社債の発行条件（利率が低く抑えられていること）をも勘案して有利発行性を判断する必要がある。そこで本決定は、新株予約権付社債の利率と、発行会社が普通社債を発行する場合に必要とされる利率との差額の現在価値を、

「新株予約権の実質的な対価」と捉え、これとオプション評価理論に基づき算定される「新株予約権の公正な価値」とを比較して、前者が後者を著しく下回るときには「特に有利な条件」（会社法238条3項1号）に当たるという基準を採用した。

この判断基準は、新株予約権付社債の価値は、新株予約権の価値と社債の価値とに分離して評価されること（分離評価）を前提にしている。ただ、これに対しては、本件のような転換社債型の新株予約権付社債（以下では単に、「転換社債」という）の場合、新株予約権が行使されると社債は消滅するというように、新株予約権と社債とは分かちがたく結びついているため、新株予約権の部分だけを分離して評価することができるのか、という疑問が生じる（注4）（注5）。また、転換権を行使すれば社債は消滅し、発行会社は以後、利息を支払う義務を負わなくなることを考えると、本決定が行ったように、償還期までに支払うべき普通社債の利息と転換社債の利息との差額によって「新株予約権の実質的な対価」を算定すること（この処理は、発行会社が償還期まで利息を支払い続けることを前提にしているように思われる）についても、はたして合理性があるのかという疑問が残る。この点に関し、本件のX（債権者）代理人は、転換社債はむしろこれを一体として評価すること（一体評価）が、評価実務においては一般的であると指摘し、本決定の採用した分離評価に疑問を呈している（注6）（注7）。

筆者は、本件で採用された（Cが用い、裁判所が是認した）分離評価の方法の合理性について立ち入った検討を行う専門知識を持たない。ただ、一般論としていえば、もしも転換社債を一体評価することが、評価実務において合理的な方法と認められているとすれば、裁判においても、一体評価に基づいて有利発行性を判断することは会社法の解釈として妨げられないというべきである。確かに従来の学説は、新株予約権の価値を評価する必要性を強調してきたが（注8）、これは、本来価値のある新株予約権の価値を無視することによって株主の利益が害されてはならないという考慮に出たものであって、一体評価することが合理的な場合にまで、新株予約権の分離評価を強制する理由はないと思われる。なお、一体評価においては、転換社債全体の公正な価値を算定し、これと転換社債全体の払込金額（新株予約権の払込金額と社債の払込金額との合計額。現在の実務では、前者はゼロ円である）とを比較して、有利発行性を判断することになるものと解される。このような処理は、転換社債全体ではなく新株予約権の有利発行性を問題にしている会社法の規定と整合的かどうかが一応問題となり得る。しかし、もともと転換社債に付された新株予約権は、社債の発行条件と総合勘案しなければ有利発行性を判断することはできないのであるから、上記の判断基準は、転換社債という金融商品の実質に適合的な処理であって、差し支えないものと解される。

(3) 有利発行性の評価に関するその他の問題

本件で採用された評価方法は、モンテカルロ・シミュレーション（注9）を用いて新株予約権の価値を算定しているが、その際、日本証券業協会の自主ルールによる売却制限や市場に与えるインパクト（市場の流動性と比較して過剰な数の株式を売却すると株価の下落を招く）を考慮して、A社らが1日に転換・売却できる株式の数は制限されるという前提条件を置いている。Xはこの前提に対し、最大で発行済株式数の3分の1超の株式を取得することになるA社らが、そのすべての株式を何年もかけて市場で売却するという前提は経済実態とかけはなれており、むしろM＆A取引や市場外立会外取引（TOSTNET取引）で売却すると想定すべきであり、そしてそのように想定するならば、むしろ売却によりA社らがコントロールプレミアムを得られる可能性があることを考慮すべきだと主張した。しかし本決定は、本件で採用された評価方法は、適時における市場での売却を前提としたものである以上、市場の売却制限の存在を前提にすることは不合理とはいえず、また、M＆A等による売却もその実現可能性を合理的に予想できないため、そのような可能性を考慮しないことを不合理ということもできないとして、Xの主張を否定した（本決定原文を参照）。

一般論としては、新株予約権の価値を算定するうえでは、それによって投資家が得る利益の実現可能性を前提にすべきであることは当然といえる。しかし、Xの代理人弁護士も指摘するように、本決定の考え方によれば、新株予約権の発行が大量であればあるほど、「それにより引受先が受ける支配権の取得などの恩恵はまったく考慮されない一方で、オプション価額の評価は下がる方向にのみ働くことになり、」有利発行規制による

既存株主の救済が有効に機能しなくなるおそれがある（注10）。こうした問題は、少なくとも本件のような、既存株主の利益に重大な影響を与えうる（3参照）大量の新株予約権の発行については、オプション評価理論にのみ依存するのではなく、当該発行条件が決められたプロセス等にも立ち入って有利発行性を審査する必要があることを示唆しているかもしれない。本件でいえば、Y社は発行条件の決定の際に、A社ら（実際には、その背後にいる投資ファンド。（注11））以外の者からも資金調達を試みたり、あるいはその可能性について検討していたのか（言い換えると、発行条件はどの程度「競争的」なプロセスによって決められていたのか）、もしもA社らとのみ交渉していたのだとすればそのことに合理的な理由があったのか、といった点について審査することも考えられたであろう（もとより、比較的少規模の発行の場合まで、ここまで立ち入った審査を要求する趣旨ではない。その場合は、一定の専門性と独立性を備えた評価機関の評価を得ている限り、裁判所はその判断を尊重することが許されよう）。

3　不公正発行について

周知のように、株式や新株予約権（以下、「株式等」という）の発行が著しく不公正な方法（会社法210条2号、247条2号）によるものであるかどうかを判断するために裁判例で採られてきた基準は、それが現経営陣の支配権維持・確保を主要な目的にするものかどうかという「主要目的ルール」である（注12）。近時は主要目的ルールを厳格に適用する（支配権維持・確保目的を積極的に認める）裁判例も現れてはいるが、それはあくまで、会社の経営支配権に現に争いが生じている事例である（注13）。本件のように経営支配権の争いが認定できない場合、たとえ特定人に会社の支配権を取得させうるほどの株式等の発行であるとしても、主要目的ルールの下で不公正発行性を認めることは難しい（注14）。

こうした裁判例の立場は、公開会社では授権株式数の範囲内で株式等の発行の決定を取締役会に委ねている現行会社法（201条1項・240条1項）の解釈としては素直かもしれない。けれどもその半面、そうした立場は、支配権争い（敵対的買収の試み等）が起こるおそれを察知した取締役が、それが実現する前に大量の株式等の発行をすることにより、株主や裁判所による規律を逃れようとす

る誘因を与える。その点は別にしても、特定人が会社の支配権を取得することは、株主にとってはコントロールプレミアムを得るチャンスであると同時に、将来少数派株主として搾取される危険をももたらすという点で、極めて重大な事態であるにもかかわらず、その決定に株主を基本的に関与させないという法政策が本当に妥当かという点は、議論の余地のあるところであろう（大量の株式等の発行に関する最近の取引所ルールの改正に関し、4参照）。

4　本決定後の事件の経緯と取引所の自主規制

本決定により差止めの仮処分は却下されたものの、A社らが払込期日までに払込みをしなかったため、本件新株予約権付社債の発行は結局中止された。ところがY社は、払込金の着金確認のないままいったんは払込完了とする情報開示を行っていたため、市場に混乱を招いたとして、東京・大阪両証券取引所から改善報告書の提出を求められるという異例の事態となった（注15）。

本件後の平成21年、東京証券取引所は上場規程を改正し（同年8月24日施行）、上場会社の行う第三者割当てによる株式等の発行について、それが議決権の25%以上となる場合や支配株主が異動する見込みがある場合には、「経営者から一定程度独立した者による当該割当ての必要性及び相当性に関する意見の入手」か、または「株主総会決議などによる株主の意思確認」を求めることにした（注16）。また、第三者割当て一般につき、割当てを受ける者の払込みに要する財産の存在について確認した内容や、払込金額の算定根拠およびその具体的内容、有利発行ではないとして株主総会の承認を受けない場合にはそのことの適法性に関する監査役または監査委員会の意見等を含む、重要な事項の開示を求めることにした（注17）。

(注1)　江頭憲治郎『株式会社法〔第2版〕』705頁（有斐閣・2008年）、東京地決平成18・6・30金判1247号6頁〔前書⓬事件〕、札幌地決平成18・12・13金判1259号14頁〔前書⓭事件〕、札幌地決平成20・11・11金判1307号44頁〔第2次オープンループ事件〕。

(注2)　本件以後の同種事例として、名古屋地決平成20・11・19金判1309号20頁〔丸八証券事件〕（結論は有利発行性を否定）。

(注3)　江頭・前掲（注1）711頁註8、江頭憲治

郎編『新株予約権（会社法コンメンタール(6)）』49頁〔吉本健一〕（商事法務・2009年）。

(注4) 証券取引法研究会編『転換社債型新株予約権付社債の理論と実務（別冊商事266号）』42頁〔河本一郎〕（商事法務・2003年）。

(注5) 仮に転換社債の転換が、社債の償還期にのみ行われるものとすれば、当該転換社債の価値は、①社債の価値と②社債の償還期を行使時点、償還額を行使価額とするヨーロピアン・オプションとに分解でき、②の価値はブラック・ショールズモデルを用いて評価することが可能である（McDonald, Derivatives Markets, 2d ed., 2006, Pearson/Addison-Wesley 513〜515頁参照）。しかしこの方法は、発行会社による早期償還条項の発動等により、償還期前の転換が想定される場合にはうまく適用できない（証券取引法研究会編・前掲（注4）24頁〔小倉正美〕、42頁〔川濱昇〕）。なお、弥永真生「本件判批」ジュリ1369号87頁（2008年）は、売建オプションを用いれば、新株予約権のみを売却し社債部分を保持したのと同じ経済的効果を享受できるため、分離評価に合理性はあると説く。しかし、この主張は、一般論としての当否は別としても、本件の評価方法において実際に採用された前提条件（引受人は償還期前から少しずつ株式に転換して売却していく）とは整合しないのではないかという疑問がある。

(注6) 穂高弥生子「オートバックスＣＢ発行差止仮処分事件の主要論点（上）」Ｉ＆Ｍニューズレター2008年2月（http://www.mofo.jp/topics/legal-updates/legal-updates/54.html）3頁。転換社債は全体として一つの金融商品であるから一体評価するほうが素直であるとする見解として、武井一浩＝中山龍太郎＝今泉勇「第三者割当の有利発行適法性意見制度と実務対応［Ⅴ］」商事1880号44頁、47頁と51頁注84（2009）も参照。

(注7) 一体評価においては、株価変動や社債のデフォルト率、および発行会社と転換社債の投資家の行動パターンについて一定の前提を置いた上で、投資家が得るキャッシュフローを計算することにより、転換社債の現在価値を算定することになる。Hull, Options, Futures, and other Derivatives, 7th ed., 2009, Pearson/Prentice Hall 599〜602頁、証券取引研究会編・前掲（注4）24〜25頁、穂高・前掲（注6）3頁。

(注8) たとえば、江頭憲治郎『株式会社・有限会社法〔第4版〕』665頁（有斐閣・2005年）。

(注9) 株価変動の仕方と発行会社・投資家の行動について一定の前提を置いたうえで、株価変動のシミュレーションを多数回行い、各回で実現した投資家の利得の現在価値を平均することによって、オプション等の価値を評価する方法。Hull・前掲（注7）426〜432頁参照。

(注10) 穂高・前掲（注6）4頁。早期転換の可能性を考慮せずに有利発行性を評価すべきだとする見解として、久保田安彦「転換社債型新株予約権付社債と有利発行規制」企業と法創造5号77頁（2005年）。

(注11) 本件では、法形式上の引受人であるＡ社らの背後に、実質的な資金提供主体であるファンドが存在していたことにつき、株式会社オートバックスセブン「改善報告書」（平成19年12月12日）（http://www.autobacs.co.jp/images/news/20071212.pdf）参照。

(注12) 東京高決平成17・3・23金判1214号6頁〔ニッポン放送事件〕等。

(注13) 東京地決平成20・6・23金判1296号10頁〔**本書❿事件**〕。

(注14) 本決定の他、大阪地決平成16・9・27金判1204号6頁〔前書❼事件〕参照。

(注15) オートバックスセブン・前掲（注11）。

(注16) 東京証券取引所・有価証券上場規程（以下、「規程」という）432条、同施行規則（以下、「規則」という）435条の2。

(注17) 規程402条・規則402条の2。改正の経緯と内容に関し、伊藤昌夫「有価証券上場規程等の一部改正の概要」商事1878号21頁（2009年）参照。

Wataru TANAKA

平成19・11・12東京地裁民事第8部決定、平成19年（ヨ）第20137号新株予約権付社債発行差止仮処分命令申立事件、申立て却下【確定】

決　定

＜当事者＞（編集注・一部仮名）
債権者（受託者）
　　　　シルチェスター・インターナショナル
　　　　　　・インベスターズ・リミテッド
同代表者代表取締役　　　スティーブン・バット
同代理人弁護士　　　　　　　　　中村さおり
　　　　　　　　　　　　　　　　穂高弥生子
　　　　　　　　　　　　　　　　川中浩平
　　　　　　　　　　　　　　　　高　賢一
　　　　　　　　　　　　　　　　山田雅子
　　　　　　　　　　　　　　　　岩崎周作
委託者
　　　シルチェスター・インターナショナル・インベスターズ・インターナショナル・バリュー・エクイティー・トラスト
債務者　　　株式会社オートバックスセブン
同代表者代表取締役　　　　　　　住野公一
同代理人弁護士　　　　　　　　　高橋　謙
　　　　　　　　　　　　　　　　武藤佳昭
　　　　　　　　　　　　　　　　原田優美
　　　　　　　　　　　　　　　　酒井剛毅
　　　　　　　　　　　　　　　　岩橋照美
　　　　　　　　　　　　　　　　鈴木道夫

【主　文】
1　債権者の申立てを却下する。
2　申立費用は債権者の負担とする。

【理　由】
第1　申立ての趣旨
1　債務者が平成19年10月26日の取締役会決議に基づいて現に手続中の2012年満期第1回無担保転換社債型新株予約権付社債全ての発行を仮に差し止める。
2　債務者が平成19年10月26日の取締役会決議に基づいて現に手続中の2012年満期第2回無担保転換社債型新株予約権付社債全ての発行を仮に差し止める。
3　申立費用は債務者の負担とする。

第2　事案の概要
1　本件は、債務者の株主であるトラストを運営する債権者が、申立ての趣旨第1項及び第2項に係る各新株予約権付社債（以下、前者を「第1回新株予約権付社債」、後者を「第2回新株予約権付社債」といい、一括して「本件新株予約権付社債」という。）の発行について、①特に有利な条件による発行（以下「有利発行」という。）であるのに株主総会の特別決議がないため、法令の規定（会社法240条1項、238条2項及び3項1号並びに309条2項6号）に違反していること、②著しく不公正な方法による発行（以下「不公正発行」という。）であることを理由として、会社法247条に基づき、これを仮に差し止めることを求めた事案である。

2　前提事実
後掲の疎明資料等によれば、以下の事実が一応認められる。
(1)　債務者
債務者は、昭和23年に設立された、車両・運搬具の販売及びそれらのタイヤ・チューブ・ホイールの販売等を目的とする株式会社である。平成19年3月31日現在、子会社63社及び関連会社7社でグループを構成し、同月期の年間連結売上高は約2425億円（単体約2033億円）、連結経常利益は約163億円（単体約172億円）である。
平成19年11月5日現在、債務者の資本金の額は339億9877万9608円、発行可能株式総数は1億0940万2300株、発行済株式総数は3925万5175株であり、債務者は、その発行する普通株式を、株式会社東京証券取引所及び株式会社大阪証券取引所の各市場第一部に上場している。債務者においては単元株制度が採用されており、単元株式数は100株である。　　　　（甲1、2）
(2)　債権者等
債権者は、投資マネージメントサービスの提供等を目的として設立された英国の有限責任会社であり、アメリカ合衆国デラウェア州法に基づき設立されたトラストである委託者を運営している。委託者は、その保有する債務者株式の一部（43万1900株）を自己名義で保有するほか、他の一部（52万5900株）を、ノーザン・トラスト・カンパニー（エイブイエフシー）サブ・アカウント・アメリカン・クライアント名義で保有しており、両社を併せた株式数は、発行済株式の2.4％に相当する。債権者は、固有の機関を持たない委託者から、本件仮処分申立てについてその追行権限を委託されている。　（甲3、4、審尋の全趣旨）
(3)　本件新株予約権付社債発行についての取締役会決議
債務者の取締役会は、平成19年10月26日、第三者割当てによる本件新株予約権付社債の発行について決議をし、債務者は、同日、その旨について、金融商品取引法24条の5第4項の臨時報告書を提出し、プレスリリースを行って公表した。　　　　（甲6ないし8）
(4)　本件新株予約権付社債の発行に係る主な事項
本件新株予約権付社債の発行に係る主な事項は、次のとおりである（以下、本件新株予約権付社債のうち、新株予約権のみを「本件新株予約権」と、社債のみを「本件社債」という。）。
ア　募集社債総額

　　　　　第1回新株予約権付社債　150億円
　　　　　第2回新株予約権付社債　500億円
　　イ　各募集社債の額面金額
　　　　　1億円の1種
　　ウ　払込期日
　　　　　平成19年11月12日（ロンドン時間）
　　エ　募集の方法
　第三者割当の方法により、第1回新株予約権付社債全額をSK Advisory Limited（以下「SK社」という。）に、第2回新株予約権付社債全額をARCM. Ltd.（以下「ARCM社」といい、SK社と一括して「SK社ら」という。）に割り当てる。
　　オ　本件新株予約権の発行の内容
　　　㋐　社債に付する新株予約権の数及び発行する新株予約権の総数
　各社債に付された新株予約権の数は10個とし、第1回新株予約権付社債は合計1500個の、第2回新株予約権付社債は5000個の新株予約権を発行する。
　　　㋑　新株予約権と引換えにする金銭の払込みの要否
　　　　　払込みを要しない。
　　　㋒　新株予約権を割り当てる日
　　　　　平成19年11月12日（ロンドン時間）
　　　㋓　新株予約権の目的である株式の種類及び数
　新株予約権の目的である株式の種類は普通株式とし、新株予約権を行使することにより債務者がその普通株式を交付する数は、各社債の払込金額を各社債に付する新株予約権の数で除した数に、行使請求された新株予約権の数を乗じて得られた総額を行使価額で除して得られる最大整数とする。
　　　㋔　新株予約権の行使を請求することができる期間（以下「行使期間」という。）
　　　　　平成19年11月15日から平成24年11月5日まで
　　　㋕　新株予約権の行使に際して出資される財産及びその価額
　　　　①　新株予約権の行使に際して出資される財産は、当該新株予約権に係る各社債とし、各新株予約権の行使に際して出資される当該社債の価額は、各社債の払込金額を各社債に付する新株予約権の数で除した額とする。
　　　　②　新株予約権の行使により債務者がその普通株式を交付する場合における株式1株あたりの出資される財産の価額（以下「行使価額」という。）は、当初2890円とする。
　　カ　本件社債に関する事項
　　　㋐　社債の利率
　社債の残存金額の総額に対して各利息計算期間につき、当該利息計算期間内の開始日前2営業日の午前11時（日本時間）において、Bloomberg Professional Serviceに表示される6か月ユーロ円TIBORに0.1％を加えた利率の利息を付す。
　　　㋑　払込金額
　　　　　社債の額面金額の100％
　　　㋒　満期償還
　平成24年11月12日に社債の残存金額の総額の100％に未払経過利息を付して償還する。
　　　㋓　繰上償還
　　　　a　コールオプション条項による繰上償還
　債務者は、（第1回新株予約権付社債については、平成23年11月12日以降）、新株予約権付社債権者に対して60取引日以上の事前の通知を行うことにより、残存社債の全部（一部は不可）を社債の残存金額の総額の106％の価額にて未払経過利息を付して償還することができる。
　　　　b　新株予約権付社債権者による繰上償還（第1回新株予約権付社債のみ）
　新株予約権付社債権者は、7日前までに償還請求書を預託することにより、各社債を各社債の残存金額の100％の価額に未払経過利息を付して償還することを債務者に請求することができる。（甲7、8）
　(5)　本件新株予約権付社債の発行の影響
　　ア　平成19年3月31日現在、債務者の上位10名の大株主の発行済株式総数（3925万5175株）に対する所有株式の割合（以下「持株比率」という。）は、合計42.41％であった。そのうち、筆頭大株主は有限会社スミノホールディングス（持株比率13.14％）であり、2位から10位までの株主の持株比率は、それぞれ、6.67％ないし1.29％である。（甲2）
　　イ　本件新株予約権付社債が全て普通株式に転換された場合、SK社らは、債務者の株式合計2249万1349株（SK社が519万0311株、ARCM社が1730万1038株）を取得し、債務者の発行済株式総数6174万6524株の約36.43％（それぞれ約8.41％及び約28.02％）の持株比率を有することになる。（甲8）
　　ウ　債務者が、平成19年10月26日にしたプレスリリースによれば、SK社らは、いずれも、英領バージン諸島の法令に基づき設立された法人で投資会社であるとされていた。（甲8）
3　当事者の主張
　当事者の主張は別紙のとおりである。
4　争点
(1)　本件新株予約権付社債の発行が有効発行といえるか。
(2)　本件新株予約権付社債の発行が不公正発行といえるか。
(3)　本件新株予約権付社債の発行により既存株主である債権者が不利益を受けるおそれがあるか。
(4)　本件申立てに保全の必要性があるか。
第3　当裁判所の判断

1 本件新株予約権付社債の発行が有利発行といえるかについて
(1) 有利発行の判断基準について
<u>新株予約権付社債を発行する場合において、当該新株予約権付社債に付された募集新株予約権（以下「当該新株予約権」という。）と引換えに金銭の払込みを要しないこととする場合には、当該新株予約権の実質的な対価は、特段の事情のない限り、当該新株予約権付社債について定められた利率とその会社が普通社債を発行する場合に必要とされる利率との差に相当する経済的価値であるということができる。また、当該新株予約権の公正な価値は、現在の株価、権利行使価額、行使期間、金利、株価変動率等の要素をもとにオプション評価理論に基づき算出された新株予約権の発行時点における価額であると解される。</u>

<u>その上で、こうして算出された当該新株予約権の実質的な対価と当該新株予約権の公正な価値とを比較し、当該新株予約権の実質的な対価が公正な価値を大きく下回るときは、当該新株予約権付社債の発行は、会社法238条3項1号にいう「特に有利な条件」による発行（有利発行）に該当すると解すべきである。</u>

(2) 本件新株予約権の実質的な対価（本件新株予約権付社債の利率と債務者が普通社債を発行する場合の利率との差に相当する経済的価値）について
ア 本件新株予約権付社債の利率
本件新株予約権付社債の利率は、各利息計算期間内の開始日前2営業日に表示される6か月ユーロ円TIBORに0.1％を加えた利率とされている。そして、平成19年10月25日時点の6か月ユーロ円TIBORは0.9％であるから、その時点での利率で計算すると、本件新株予約権付社債の利率は1％となる（甲8、審尋の全趣旨）。

なお、本件新株予約権付社債の利率を、便宜、1％と仮定して、債務者が普通社債を発行する場合の利率との差に相当する経済的価値を算定することについては、当事者間に争いがない。

イ 債務者が普通社債を発行する場合の利率
(ア) 債務者が算定した普通社債の利率
後掲の疎明資料等によれば、債務者の依頼を受けた株式会社プルータス・コンサルティング（以下「プルータス社」という。）は、次のとおりの方法で、債務者が本件新株予約権付社債と同じ総額650億円の5年満期の普通社債を発行する場合に想定される利率を1.787％と算定したことが一応認められる。

a 企業が発行する社債の調達利率は非リスク金利（通常は社債の期間に対応する国債利回り）に当該企業のスプレッド（リスクプレミアム）を加えることで算出される。

スプレッドの算出については、当該企業が実際に市場調達した際の直近の調達金利を参照するアプローチが最も客観性・信頼性が高いが、債務者には直近に普通社債の調達実績がないため、これによることはできない。そこで、比較的客観性のある方法である、市場での信頼性の高いマーケット・メーカーが発表するインデックス（指標）を利用するアプローチにより、債務者が本件新株予約権付社債と同じ5年満期の普通社債を発行する場合のスプレッドを算出することとした。 （乙11）

b 債務者は、社債発行体として、株式会社格付投資情報センター（R&I）からA＋格の、スタンダード・アンド・プアーズ（S&P）から平成19年8月時点ではBBB格の各格付けを受けていた。野村證券金融経済研究所が公表する代表的な債券の市場インデックスである「ボンド・パフォーマンス・インデックス（平成19年11月）」（乙7）によれば、同年10月末において、R&Iの格付けがA格の社債のスプレッドは中期債（3年から7年）の残存期間4.52年のもので0.38％、S&Pの格付けがBBB格の社債のスプレッドは中期債の残存期間4.66年のもので0.48％、S&Pと同程度の格付けとされるMoody'sの格付けがBBB格の社債のスプレッドは中期債の残存期間4.34年のもので0.59％とされており、これらのスプレッドの平均は約0.49％である。

そこで、非リスク金利としての平成19年10月25日の5年国債の金利1.097％に上記のスプレッド平均0.49％を加算した1.587％が、債務者と同レベルの格付けの会社が5年満期の普通社債を発行する場合に想定される利率となる。加えて、650億円という多額の資金調達であることから、上記の利率にさらに0.2％程度のプレミアムを上積みして、債務者が5年満期の普通社債総額650億円を発行する場合に想定される利率を1.787％と算定した。 （甲9、乙7、11、12）

(イ) 債務者が算定した普通社債の利率の適否
a 債権者は、債務者が5年満期の普通社債を発行する場合に想定される利率を、非リスク金利としての平成19年10月末日の5年国債の金利1.097％に株式会社クレジット・プライシング・コーポレーション（以下「CPC社」という。）が算出したスプレッド0.2386％を加算した1.3356％（甲34）とするのが相当であり、また、プルータス社が利率の算定に当たり、発行額が多額であることを理由としてプレミアム0.2％を上積みしたことは不合理であると主張する。

b しかし、平成19年6月以降において、債務者と同じくR&Iの格付けがA格である株式会社が5年満期の普通社債を発行した複数の実績例において、非リスク金利を5年満期の国債利率（1.05％又は1.08％）とした場合に加算されたスプレッドは0.32％ないし0.85％となっているところ（乙11）、債権者の主張するスプレッド（0.2386％）はこれらと比較してやや低いのに対し、プルータス社の算定したスプレッ

ド（0.49％）はこれらにより近似するといえる。
　また、S&Pによる債務者の格付けは現在では失効しているものの、その時期は今年9月であるから、プルータス社がS&P及びこれに格付評価が近いとされるMoody'sの格付けに基づくスプレッドを参考としたことは、幅広い資料に基づき利率を算定する方法として不合理とはいえない。
　さらに、本件新株予約権付社債の社債総額は650億円であり、平成19年10月25日時点の債務者の発行済株式の時価総額約1134億円と比較しても、また、発行額の絶対額からみても相当多額なものであって、スプレッドに0.2％のプレミアムを上乗せすることが不合理というべき根拠は見当たらない。
　　　c　したがって、債務者が5年満期の普通社債（総額650億円）を発行する場合に想定される利率を1.787％としたプルータス社の算定に不合理な点はない。
　　ウ　小括
　本件新株予約権付社債の利率は1％であるところ、債務者がこれと同じ5年満期で総額650億円の普通社債を発行する場合に想定される利率は1.787％とすると、額面金額1億円の本件社債に付される本件新株予約権についての実質的な対価は、393万5000円であり（(1.787％－1％)×1億円×5年間）、これを1.787％の割引率で発行時点での現在価値に割り戻すと373万円となることが一応認められる。
　(3)　本件新株予約権の公正な価値について
　　ア　債務者による本件新株予約権の評価
　後掲の疎明資料等によれば、債務者の依頼により、プルータス社は、次のとおりの方法で、額面金額1億円の本件社債に付された本件新株予約権の発行時点における価額を198万円と算定したことが一応認められる。
　　　(ア)　評価方法
　モンテカルロ・シミュレーションを用いて債務者の将来株価のシミュレーションを行い、ある一定の前提を置いた発行者（債務者）、投資家の行動の結果、発生した将来の投資家の利益を現在価値に割り戻した。
　　　　　　　　　　（乙3の1及び2、11）
　　　(イ)　評価手順
　5年間の社債の残存期間を250の区間に細分し、各期間に算出されたボラティリティを用いて株価をシミュレーションした。各期間において、発行者及び投資家が、以下の前提条件に基づき合理的な判断を行うと仮定してシミュレーションを行った。
　　　　a　各期間において、株価が権利行使期間を上回っていた場合、投資家は新株予約権の一部を権利行使する。ここで権利行使し普通株式に転換される株式は、一日の平均売買出来高の10％を超えないこととする。
　　　　b　aで権利行使して交付された株式を売却し、そのキャッシュフロー（株価－権利行使価額）を求める。
　　　　c　各期間において、次の(a)、(b)の値を算出する。（ただし、第1回新株予約権付社債については、平成23年11月12日以降この処理を行う。）
　　　　　a　社債の残存価値の6％＋未払経過利息
　　　　　b　残存する社債を株式に転換し、市場で売却したときのキャッシュフロー（株価－権利行使価格）
　（ただし、転換した株式の市場での売却は、一日の平均売買出来高の10％までとする。また、転換した株式を全て市場で売り切るまでの間その後毎日売り続ける。）
　その上で、
　　　　　①　(a)＜(b)であれば、発行者は早期償還条項を発動するため、(b)のキャッシュフローを求めて、シミュレーションを終了する。
　　　　　②　(a)≧(b)であれば、そのままシミュレーションを継続する。
　　　　d　cの判定にかかわらず、各期間において株価が発行時の200％以上になれば、企業は早期償還条項を発動する。その場合は、上記cの①の処理を行う。（ただし、第1回新株予約権付社債については、平成23年11月12日以降この処理を行う。）
　　　　e　上記b、c、dで発生したキャッシュフローの現在価値を全て加算したものを新株予約権の発行時点における価額とする。
　　　　　　　　　　　　　　　　　　（乙18）
　　　(ウ)　評価の基礎数値
　前提株価2890円（平成19年10月25日終値）、ボラティリティ28.9％、配当58円／株、リスクフリーレート1.097％（同日5年長期国債）、1日平均売買出来高8万株等とした。（乙3の1及び2、審尋の全趣旨）
　　　(エ)　上記(ア)ないし(ウ)により算定された本件新株予約権の公正な価値は、その行使で交付される株式1株あたり57.35円となった。額面金額1億円の本件社債に付された本件新株予約権の行使により発行される株式数は3万4602株（1億円÷2890円（権利行使価額））であるから、額面金額1億円の本件社債に付された本件新株予約権の発行時点における価額は198万円（57.35円×3万4602株＝198万4424円。1万円未満は切捨て。）となった。　　　　　（乙11）
　　イ　債務者による本件新株予約権の評価の適否
　　　(ア)a　債権者は、モンテカルロ・シミュレーションを用いること自体には異議はないものの、その評価手順において、普通株式に転換、売却される株式数は1日の平均売買出来高（8万株）の10％（8000株）を超えないことを前提条件としていることは、M&Aによる売却や市場内立会外取引による売却を考慮していない点で不適切であると主張する。

b　しかしながら、債務者の依頼でプルータス社が行った評価方法は、モンテカルロ・シミュレーションを用いて債務者の将来株価（市場株価）のシミュレーションを行い、ある一定の前提を置いた発行者（債務者）、投資家の行動の結果、発生した将来の投資家の利益を現在価値に割り戻すというものであって、適時における市場での売却を前提とするものである以上、市場の売却制限の存在を前提条件にすることが不合理であるとはいえない。

　　また、日本証券業協会は、自主ルールに基づき、ムービングストライク型の新株予約権や転換社債型新株予約権付社債については、一日の平均売買数量の25％を超える市場売却を禁じていることが一応認められるところ（乙11、審尋の全趣旨）、プルータス社は、日本証券業協会の自主ルールに加え、平均して1日平均売買出来高の8％の株式の市場売却が6日間行われた場合において株価が約30％値下がりした過去の事例等を考慮すると、連日10％を超える売却を続けることを想定することは困難であると判断したことから、1日平均売買出来高の10％という売却の制限を置いたことが一応認められ、これらの事情に照らせば、1日平均売買出来高の「10％」という売却制限を前提条件としたことが不合理ということもできない。

　　c　なるほど、本件新株予約権が全て行使された場合には、SK社らは合計2249万1349株（発行済株式総数の36.43％）を取得することになるから、SK社らが、これを1日8000株を限度として毎日市場で売却を継続するということは、現実には想定し難いということができる。

　　また、M&Aによる売却という方法によれば、債務者の発行済株式総数の約36％、総額650億円相当という大量、多額の株式であっても、コントロールプレミアムを付けた価値で一括売却できる可能性があるし、市場内立会外取引の方法により分割売却することもあり得ることは否定できない。

　　しかしながら、M&Aによる売却は、当該業界の成長性、競争者や新規参入者の存在の有無、国際的な資金調達環境の状況など、株価や株式数以外の多様な条件によって左右されるから、売り手が希望するタイミングで容易に成立させることができるものではないことは公知の事実である。仮に、市場内立会外取引により分割売却するにしても、一定のディスカウントを余儀なくされることは債権者も自認するところであり、どの程度の分割によりどの程度の価格で売却し得るかを合理的に予想することは困難である。

　　そうであれば、新株予約権の公正な価値の評価にあたり、売却の実現性や売却価額を合理的に予想できないM&A市場内立会外取引による売却可能性を前提条件として考慮しないことをもって、不合理ということはできない。

　(イ)a　債権者は、債務者株式の1日平均売買出来高は、最近1年間では8万株を超えているから、売却制限の対象とする数値（8000株）の設定は不適切である旨主張する。

　　b　なるほど、疎明資料（甲35の1ないし3）によれば、1日平均売買出来高は、最近（平成19年11月9日まで。以下この段落において同じ。）1年間では8万株を超え、最近1年平均で約12万7000株、最近6か月平均で約14万4000株、最近3か月平均で約17万3000株であると一応認められる。

　　しかしながら、プルータス社は、本件新株予約権の行使期間が5年間であることから、5年間（平成14年10月21日から平成19年10月22日まで）の1日平均取引高8万0595株を参照して、1日平均売買出来高を8万株としたというのであって（審尋の全趣旨）、1日平均売買出来高を8万株と設定したこと自体を不合理ということはできない（なお、債権者の提出に係る疎明資料（甲38）においては、最近（平成19年11月9日まで）5年平均の1日平均売買出来高は9万3385株、最近（同）10年平均の1日平均売買出来高は約7万6000株とされており、プルータス社の前提とした数値と齟齬が生じているが、1日平均売買出来高を8万株とする設定の合理性を左右する範囲のものではない。）。

　(ウ)a　債務者は、(a)（社債の残存6％＋未払経過利息）＜(b)（残存する社債を株式に転換して市場で売却したときのキャッシュフロー（株価－権利行使価格））であれば発行者が早期償還条項を発動することを前提条件としていることは、本件新株予約権付社債の発行がM&Aに備えた資金調達目的であるという債務者の主張と整合しないと主張する。

　　b　しかし、債権者は、早期償還条項の目的として、株価の変動等により、他に有利な資金調達が可能となった場合に備えたものである旨説明しているところ（審尋の全趣旨）、この説明は不合理ということはできない。また、M&Aに備えた資金調達目的であるからといって資金調達完了後直ちにM&Aが実現して調達された資金全てが使用されるという筋合ではなく（債務者も現時点で既に確定しているM&A案件が存在することを前提に資金調達の必要を主張しているわけではない。）、また、第1回本件新株予約権付社債（総額150億円）については、平成23年11月12日以降でなければ、発行者である債務者は、この早期償還を求めることができないこととされており（上記前提事実(4)カ(エ)a参照）、調達した650億円全てが直ちに償還されることはない。

　　そうすると、上記の前提条件が明らかに不合理なものということもできない。

　ウ　債権者による本件新株予約権の評価

　(ア)　債権者は、債務者の普通社債発行利率が1.787％であることを前提としても、CPC社が2項モ

デルを用いて行った評価（甲34）に基づけば、

　　　a　第1回新株予約権付社債（額面1億円）の価値は1億2230万円であるところ、これから普通社債部分の価値9627万円を控除した2603万円が本件新株予約権の発行時点における価額であり、

　　　b　第2回新株予約権付社債（額面1億円）の価値は1億0679万円であるところ、これから普通社債部分の価値9627万円を控除した1052万円が本件新株予約権の発行時点における価額である、と主張する。

　　(ｲ)a　これに対し、債務者は、債権者が引用する評価モデル（甲34）の前提条件において、①投資家による新株予約権の行使（転換）、売却について、発行者が早期償還条項を行使することのみを契機としている点（すなわち、基本的に投資家は株価が上昇してもオプションを行使せずに保有し続けることを前提としていること）が実態に沿わないこと、②転換後の株式の市場での売却数量の制限の存在や市場の流動性の不足を考慮していないことを問題点として指摘する。

　　　b　疎明資料等（甲34、審尋の全趣旨）によれば、債務者の提出に係る評価モデル（甲34）は、上記①及び②を前提条件としていることが一応認められる。そして、上記①の前提条件については、その理論的な合理性はさておくとしても、当該銘柄の発行済株式総数の約36％にも及ぶ株式を市場で一度に売却することができることを前提に、投資家が満期までオプションを行使することなく保有し続けるという前提が実態に沿うとは考え難い。また、上記②の前提条件が、日本証券業協会の自主ルールによる市場売却の制限のみならず、現実の市場の流動性の不足（売却による株価の下落）への考慮を欠いているといわざるを得ないことは、既に説示したところから明らかである。

　　　c　そうすると、債権者の主張に係る本件新株予約権の評価については採用することができず、他に債務者の主張に係る本件新株予約権の評価の合理性を左右するに足りる資料はない。

　　(4)　総括
　<u>以上によれば、額面金額1億円の本件社債に付された本件新株予約権の実質的な対価は373万円となることが一応認められるところ（上記(2)参照）、当該本件新株予約権の公正な価値が債務者の主張する価額（198万円）を上回ることについての疎明はなく（上記(3)）、本件新株予約権の実質的な対価がその公正な価値を大きく下回るものとはいえないから、本件新株予約権付社債の発行が有利発行に該当するということはできない。</u>

　2　本件新株予約権付社債の発行が不公正発行といえるかについて

　　(1)　会社法247条2号所定の「著しく不公正な方法」による新株予約権の発行とは、不当な目的を達成する手段として新株予約権の発行が利用される場合をいうと解されるところ、株式会社においてその支配権につき争いがあり、従来の株主の持株比率に重大な影響を及ぼすような数の新株予約権が発行され、それが第三者に割り当てられる場合に、その新株予約権の発行が特定の株主の持株比率を低下させ現経営者の支配権を維持することを主要な目的としてされたものであるときは、不当な目的を達成する手段として新株発行が利用される場合にあたるというべきである。

　　(2)　これを本件についてみるに、なるほど、前記認定のとおり、SK社らが本件新株予約権を全て行使したときには、SK社らは、債務者の株式合計2249万1349株（SK社が519万0311株、ARCM社が1730万1038株）を取得し、債務者の発行済株式総数6174万6524株の約36.43％（それぞれ約8.41％及び約28.02％）の持株比率を有することになり、SK社ら以外の従前の株主の持株比率は相当程度低下する。そして、債務者の創業者で代表取締役である住野公一（39万5000株）、その親族で監査役のS（19万6000株）、同人が代表取締役を務める有限会社スミノホールディングス（515万7000株）及びスミショウホールディングス（80万株）の持株数とSK社らの持株数を併せると、2903万9349株となり、持株比率は50％近くまで達すると一応認められる（甲2、8、13、審尋の全趣旨）。

　　(3)　しかしながら、本件新株予約権付社債の募集事項を取締役会が決議した平成19年10月26日の時点において、債務者の株主の間で、債務者の経営支配権について争いが生じていた事情は本件記録上窺うことができない。

　また、疎明資料（甲8、11、乙6）によれば、SK社らは、いずれも、英領ヴァージン諸島の法令に基づき設立された実体のある投資会社であって、債務者は、平成19年5月にSK社と上限1000億円とするクレジット・ファシリティ契約を、同年8月にARCM社とフィナンシャル・アドバイザリー契約をそれぞれ締結していることが一応認められるが、それ以外に、債務者とSK社らとの間には資本関係や人的関係はなく、SK社が債務者の現経営陣と格別密接な関係にあると一応認めるに足る証拠もない。

　　(4)　加えて、債務者は、本件新株予約権付社債の発行は、M&Aによる、既存事業の再編、設備更新と新規事業進出のための機動的かつ巨額の資金需要に備えるためである旨主張しているところ、後掲の疎明資料によれば、次の事実が認められる。

　　ア　債務者は、平成19年10月26日に公表した「第三者割当により発行される無担保転換社債型新株予約権付社債の募集に関するお知らせ」において、「今回の資金調達は、負債比率を40％以内に維持するという当社財務方針を踏まえ、…買収直後には当初の収益目標を達成できないリスクがあるM&A投資については、長期的かつ安定的な資金を確保できる資本性のあ

る資金調達がより適切であると判断し」た、「本転換社債型新株予約権付社債は、2007年5月30日付にて設定いたしましたクレジットファシリティーの一部に代えて発行するもの」、「2009年3月期のチェーン総売上額は3600億円、連結経常利益額は180億円の達成を目指しております。今回、調達する資金は、これらを実現するためのM&Aの資金として使用いたします。なお、調達した資金を万一活用しなかった場合は、償還もしくは自社株買いを実施することで株主への還元を図ってまいります。」などと記載している。（甲8）

　イ　債務者は、平成19年5月30日、SK社との間で上限を1000億円とするクレジット・ファシリティ契約を締結し、そのプレスリリースの際、今後のM&A戦略に備え多様な調達手段による機動的かつ迅速な資金確保のために設定した旨及びM&A案件に関する投資判断の精度をより向上させるため社外の有識者を含めた投資委員会を設置する旨を説明しており（甲11）、同年8月1日にはARCM社との間でM&A案件の一部についてフィナンシャル・アドバイザリー契約を締結している。　　　　　　　（甲8、11）

　ウ　債務者は、これまでにも、平成9年11月に人材派遣会社の株式を90％取得し、平成10年9月にカー用品小売り業のオートハローズと業務資本提携を行ったことなどをはじめ、同業他社や自動車教習所運営会社等の買収（株式取得、営業譲受）を行ってきており、国外においても、平成17年以降、合計3件（金額計182億円）の営業譲受や株式取得を行ってきている。また、現時点で確定公表しているM&A案件はないものの、債務者は、少なくとも内部においては、国内外の買収候補対象会社のリストアップや、特定の会社を買収した場合の損益や株価に与える影響を検討する等の作業を行っている。（乙1、14ないし16、20）

　(5)ア　以上のとおり、本件新株予約権付社債の発行によって、SK社らは、最大で債務者の発行済株式総数の約36％の持株比率を有することになる可能性があり、その場合には、SK社ら以外の従前の株主の持株比率は相当程度低下するものの、債務者の経営支配権を巡る株主間の争いや、債務者の現経営陣とSK社らとの間の特別に密接な関係の存在は、一件記録上窺うことはできないこと、債務者にはこれまでも国内外で企業買収の実績があること、債務者は、本件新株予約権付社債の発行を決定する前から、今後のM&A戦略に備えるとして、SK社らとのクレジット・ファシリティ契約やフィナンシャル・アドバイザリー契約を締結するなど、M&Aのための資金調達手段の確保を図ってきており、現にM&Aの検討を社内で行っていることといった諸事情に照らすと、本件新株予約権付社債の発行が、特定の株主の持株比率を低下させ現経営者の支配権を維持することを主要な目的としてされたものであると一応認めることはできない。

　イ　債権者は、現時点において、債務者のM&Aの具体的な計画が開示されていないと指摘するが、機動的なM&Aを実行するためには、具体的な案件や相手方の確定に至る前に、必要かつ十分な資金を確保しておく必要性がないとはいえないし、候補企業との交渉の早期段階においては機密性確保の観点からこれを開示できないことは当然の事柄であるから、情報の開示がないことから、債務者に資金調達の必要性がないとはいえない。

　また、債務者が、本件新株予約権付社債の募集条項を決定した日に、上限263万株、取得価額総額上限100億円、取得期間を平成19年11月16日から平成20年3月31日までとする、自己株式の取得を取締役会で決議した事実が認められるところ（甲12）、資金調達という点から見ると、自己株式の取得と本件新株予約権付社債の発行とが相反する面があることは否定できない。しかし、自己株式の取得を行う理由として、債務者は、取得した自己株式を新株予約権付社債の行使があった場合に交付することができ、新株券の調整費用を削減できるし、自己株式取得により株価をある程度維持し、新株予約権付社債発行による株価の下落の影響を緩和することもできると主張するところ、かかる主張に合理性がないとはいえない。また、取得可能な自己株式の取得は100億円を上限とするものであり、本件新株予約権付社債の発行による資金調達額との比較において、相対的に少額に止まり、資金調達の効果を無にする規模のものでもないから、債務者が自己株式の取得を決定したことをもって、本件新株予約権付社債の発行が資金調達の目的ではないと推認することもできない。

　ウ　なお、債権者は、本件新株予約権付社債の発行が、買収防衛策としてされたものであってその合理性がない旨主張するが、当該発行が買収防衛策として行われたことを認めるに足りる疎明はなく、当該主張はその前提を欠き、採用できない。

　(6)　以上によれば、本件新株予約権付社債の発行は、不当な目的を達成する手段として新株予約権の発行が利用されたものと一応認めることはできないから、著しく不公正な方法によるものということはできない。

3　結論
　以上のとおりであって、債権者の本件申立ては、被保全権利の存在についての疎明がないので、保全の必要性について判断するまでもなく、理由がないから、申立費用につき民事保全法7条、民事訴訟法61条を適用して、主文のとおり決定する。
　　裁判長裁判官　鹿子木康
　　　　裁判官　渡部勇次　德岡治

（別紙）**債権者の主張**

第1 本件新株予約権付社債の発行が法令に違反していることについて

1 本件新株予約権付社債の発行は有利発行に該当する。

本件新株予約権付社債は、第1回、第2回いずれについても著しく有利な条件で投資家に発行されようとしていることが極めて明らかであり、直ちに差し止められるべきである。

2 有利発行の判定手順

(1) 新株予約権部分の取引価格について

ア 普通社債の調達金利について

(ア) 債権者が適正と考える普通社債の利率は、転換社債時価評価書（甲34）に記載のとおり、1.3356％である。この数値は、リスクフリーのベースレートを債務者が採用しているのと同じ5年国債の利率（平成19年10月末日現在：1.097％）とし、これにスプレッドとして、株式会社クレジット・プライシング・コーポレーションのクレジットサーファーモデルの算出値（0.2386％）を加えて得られるものである。

(イ) 債務者は、S&PのBBB格のスプレッドを採用しているが、債務者のS&Pにおける格付けは、2007年9月26日において「無格付け」の状態となっており、評価時点において存在しているのはR&Iの格付けのみである。評価時点に存在しない格付けを参照する合理性が存在しない。

(ウ) 追加スプレッドについては、数値に客観的な裏づけ資料がなく、そもそもこれを加えることに合理的理由がないので採用するべきでない。

本件新株予約権付社債で調達した資金の使途が、真実債務者の主張するようなM&A資金であるならば、普通株式への転換が当初から想定されているはずであり、転換が行われれば、負債ではなく自己資本比率が増加することになる。したがって、本件新株予約権付社債の発行によりクレジット・スプレッドが下がる方向に働くとしても逆はありえない。

イ 新株予約権部分の取引価格の算定

上記アにより算出された普通社債調達コスト（1.3356％）と本件新株予約権付社債に付されているクーポン（6か月円TIBOR＋0.1％、但し、本試算においては、債務者による評価と同様にこれを1.0％と仮定する。）との差額により、本件新株予約権付社債の新株予約権部分の取引価格（金利差の現在価値）を算定すると161万円となる。

(2) 新株予約権部分の価値の算定

債務者は、新株予約権部分の価値（以下「オプション価値」という。）をモンテカルロ・シミュレーションを用いて算出しているところ、債権者は、この方式を採用すること自体に異を唱えるわけではないが、債務者の行った同方式によるオプション価値の算定結果は誤りである。

債権者は、オプション価値を評価モデルから算出するということは行わず、簡便的な手法として、新株予約権付社債の価値と普通社債の価値の差が、オプション価値であるとして算出すると、第1回新株予約権付社債については、新株予約権付社債の価値は1億2337万円、普通社債の価値（額面金額1億円から新株予約権部分の取引価格を控除したもの）は9839万円であるから、新株予約権の価値（オプション価値）は2498万円となり、第2回新株予約権付社債については、新株予約権付社債の価値は1億0715万円、普通社債の価値は9839万円であるから、新株予約権の価値（オプション価値）は876万円となる。

(3) 有利発行性の検証

上記(1)において算出した本件新株予約権の取引価格と上記(2)において算出した本件新株予約権の公正な価値を比較すると、第1回新株予約権付社債については、新株予約権の公正な価値は2498万円であるのにその取引価格は161万円、第2回新株予約権付社債については、新株予約権の公正な価値は876万円であるのにその取引価格は161万円という、特に有利な条件で発行されているものである。

3 債務者による本件新株予約権付社債の評価の不当性

(1) 平均取引高（平均売買出来高）について

債務者は、算定の前提とする債務者株式の平均取引高が1日当たり約8万株であるとしているが、債務者株式の平均取引高は、ブルームバーグ作成にかかるレポート（甲35、38）によれば、直近3か月平均で1日あたり17万3000株、直近6か月平均で1日あたり14万4000株、直近12か月平均で1日あたり12万7000株である。債務者が前提として置いている数値は、客観的に明らかであるはずの実際の取引高の半分程度に過ぎない。仮に直近過去10年間平均での1日あたりの数値（甲38によると約8万株）を持ち出して約8万株と主張しているのであれば、極めて恣意的と言わざるを得ない。

(2) 転換された債務者株式を市場で売却することを前提としている点について

債務者は、上記(1)で述べた誤った平均売買高と日本証券業協会の自主ルールに基づく25％というセーフハーバーの存在を理由に、債務者の株式は1日につき2万株が売買限度であるとしている。

しかし、本件新株予約権をすべて行使した場合に合計約2249万株の株式を保有する株主が、その株式を処分しようとするときに現実的にとりうる方法は、(1)M&A取引において、相対取引ないしはTOBの方法を用いて売却する、あるいは、(2)市場内立会外取引（TOSTNET取引）を用いて売却するのいずれかであって、1日あたりの限度数2万株分を何年もかけて市場で売却しようとすることはおよそ考えがたく、か

かる前提条件は経済的実態とかけ離れているものというほかない。

会社の意思決定に重大な影響を及ぼす株式の市場流動性は、市場における出来高とは無関係であり、評価においては、逆にプレミアムとして加算されるべきものである。さらに、市場で売却することを前提とする場合であっても、かかる大規模の株式を売却する場合に立会内取引で処分することを前提とするのは非常識であり、市場流動性を1日出来高のXパーセントとして一意に決定する方法を採用することには合理性がない。

(3) コール・オプションが常時行使可能であるとの前提について

債務者は、オプション権の算定にあたり、A（社債の残存価値の6％＋未払い経過利息）＜B（株価－権利行使価格）である場合、債務者がコールオプションを発動することを前提としている。しかし、このような前提条件は、債務者の主張する本件新株予約権による資金調達の目的と相矛盾する。

4 まとめ

したがって、かかる新株予約権付社債の発行には、株主総会の決議が必要されるところ本件ではこれが無視されているのてあるから、本件新株予約権付社債の発行は法令に違反するものであり、直ちに差し止められなければならない。

第2 本件新株予約権付社債の発行が不公正発行であることについて

1 本件新株予約権付社債の発行が不公正発行であること

会社法247条2号にいう「著しく不公正な方法」とは、「不当な目的を達成する手段として新株予約権発行が利用される場合」をいうと解されているところ、本件新株予約権付社債の発行は、資金調達目的その他事業経営上の正当な目的がないにもかかわらず、現経営陣の支配権の取得または維持という不当な目的を達成する手段として行われるものであるから、「著しく不公正な方法」による発行にあたる。また、仮に、本件新株予約権付社債の発行が買収防衛策として行われている場合には、買収防衛策としての合理性を欠くものであるから、「著しく不公正な方法」による発行にあたる。

2 資金調達目的その他事業経営上の正当な目的がないこと

(1) 債務者は複数のM&A案件を実施することを具体的に計画しており、これらの計画の実現に手持ちの流動性資産やクレジット・ファシリティ契約に基づく調達資金では賄いきれない程度の資金調達の必要性があったと主張し、疎明資料を提出するが、これらは単に債務者が買収対象企業として社内的に検討している事実を示すに過ぎず、資金調達の必要性があったことを示すものではない。

また、債務者は平成19年6月30日現在、流動資産1226億1200万円（連結）を有する一方、流動負債は551億0800万円（連結）にすぎない。さらに、債務者は、同日から5年間を期間とする上限1000億円ものクレジット・ファシリティの設定も受けているので、資金調達を図る必要性はない。

債務者は、本件新株予約権付社債の発行決議と同日の取締役会決議において、平成19年11月16日から平成20年3月31日にかけて、最大263万株の自己株式を取得する決議を行っている。しかし、新株予約権付社債の発行は新株発行を伴う資金調達である一方、自己株式の取得は流通株式数を削減する行為であるから、両者は資本政策として矛盾する。

(2) 現経営陣に支配権取得目的があること

本件新株予約権付社債の発行は、代表取締役である住野公一氏をはじめとする創業者一族である現経営陣が、債務者の支配権を取得するという不当な目的で行われるものである。

現経営陣及びそれと密接な関係を有すると考えられる者の平成19年3月31日現在の所有株式数は、有限会社スミノホールディングス（515万7000株）、株式会社スミショウホールディングス（80万株）、住野公一（39万5000株）、S（19万6000株）の計654万8000株であり、本件新株予約権付社債者が新株予約権を行使した場合には、約2249万株の株式を取得することとなるから、これらを併せて、議決権割合は約50パーセントにまで達するのであり、本件新株予約権付社債の発行が現経営陣が債務者の支配権を取得する目的でなされたことは明らかである。

(3) 買収防衛策としての合理性を欠くこと

現経営陣に現時点で直ちに支配権を取得する目的がないとすれば、本件新株予約権付社債の発行は、将来的に債務者会社においてその支配権を取得しようとする者が現れた場合にこれを阻止し、敵対的買収者の持株比率を低下させ、現経営陣の支配権を維持・確保する目的を達成する手段として行われるもの（買収防衛策）で、その合理性を欠くものでもあるから、著しく不公正な方法による発行にあたる。

(別紙) 債務者の主張

第1 本件新株予約権付社債の発行は有利発行に該当しないことについて

1 総論

本件新株予約権付社債については、本件新株予約権の部分について金銭の払込みを要しないとしたことには十分な経済的合理性があり、また、本件社債の部分に付された金利の利率が通常の社債よりも相当程度低く設定されており、その利率の差が実質的に本件新株予約権の価値であると言い得るので、何ら有利発行に

該当するものではない。

2 本件新株予約権付社債の社債部分の利率が普通社債よりも相当程度低く設定されていることについて

(1) 本件新株予約権付社債の社債部分の利率は、6か月ユーロ円TIBORに0.10％を加えた利率であるが、発行決議日前日（平成19年10月25日）の6ヶ月ユーロ円TIBORは0.9％であり、6ヶ月ユーロ円TIBORに0.10％を加えた利率は1％となる。

(2) これに対し、野村證券株式会社が発行している「ボンド・パフォーマンス・インデックス」（2007年11月）によれば、債務者と同ランクの格付け会社の社債のリスクスプレッド（非リスク金利に加えるスプレッド）は、異なる3つの格付け機関の数値を参照した結果として、残存期間が4.5年程度で38ポイントから59ポイント（つまり0.38％から0.59％）とされている。ここで非リスク金利として、平成19年10月25日5年物国債の金利である1.097％を参照すると、債務者と同ランクの格付け会社の社債の金利は、1.097％に0.38％乃至0.59％を加えて、1.377％から1.687％となり、6か月ユーロ円TIBORに0.10％を加えた利率である1％より明らかに高い。しかも、多額の社債を発行する場合の社債スプレッドは通常のスプレッドより拡大することは市場の常識であるが、本件新株予約権付社債は650億円の資金調達を行うものであり、上記金利にさらにリスクスプレッドを上積みするべきことは当然である。

この点、債務者は、本件新株予約権付社債の発行に際し、債券価格鑑定評価の専門機関である株式会社プルータス・コンサルティング（プルータス社）に本件新株予約権付社債の公正価格の評価を依頼しているが、同評価報告書においては債務者が社債市場で転換社債型新株予約権の附帯ないしストレートの5年満期の社債を発行する場合の金利を1.787％と算出しており、この算出された利率によることが相当である。

その場合、本件社債に付された本件新株予約権の価値は、

$(1.787％ - 1.0％) × 5年間 × 1億円 = 393万5000円$

と見積もることができる。

3 本件新株予約権の公正な価値について

(1) 本件新株予約権の公正な価値

債務者が、プルータス社に依頼して、モンテカルロ・シミュレーションを用いて債務者の将来株価のシミュレーションを行い、ある一定の前提を置いた発行者（債務者）、投資家の行動の結果、発生した将来の投資家の利益を現在価値に割り戻すという方法で、算定した本件新株予約権単体の価値は、額面金額1億円の社債当たり198万円となる。

(2) モンテカルロ・シミュレーションの前提条件について

ア 本件新株予約権の評価手順において、普通株式に転換、売却される株式数は1日の平均取引高（平均売買出来高）（8万株）の10％（8000株）を超えないことを前提条件としているのは、日本証券業協会が、自主ルールに基づき、一日の平均売買数量の25％を超える市場売却を禁じていることに加え、平均取引高の10％を超えるような大量の株の売却は、投資家自身が所持する潜在的株式の価値を下げるものにほかならず、投資のプロフェッショナルとして合理的な行為として考えがたいからである。投資家の合理的行動としては、市場に影響を与えない程度の売却をすると予測されるのであり、これを前提条件に加えることは何ら不合理ではない。

イ 債権者は、M&Aによる大量売却等が可能であるとして、1日の平均取引高の10％を売却限度とした前提条件が実態とかけ離れていると主張する。

しかし、M&Aによる大量売却等は、売却相手が常に存在する訳ではなく、また、いくらで売却できるかも定かでない極めて不確実な取引であって、ほぼ確実に売買が成立し得る市場での取引とは全く性質が異なる。

そして、このような売却制限を前提条件としないでシミュレーションを行えば、結果として、「期間中、いつでも大量に、取引コストをかけずに、売りも買いも双方とも自由にできる」ことを前提とした計算が行われてしまい、過大な評価が出てしまうことは、債権者が提出した評価報告書（甲34）の計算結果からみても明らかである。

M&Aによる大量売却等は、極めて稀なものであり、これがいつでも実現できることを前提としてシミュレーションを行うことの方が、はるかに実態からかけ離れている。

ウ 債権者は、上記前提条件中の「1日の平均取引高」を8万株としたことが恣意的であると主張する。

しかし、8万株という平均取引高は、平成14年10月21日の週から平成19年10月22日の週までの約5年間の1日の平均取引高（8万0595株）から算出したものである。そして、参照する期間を5年間としたのは、本件新株予約権の行使期間が5年間だからであり、合理的な計算方法である。

取引高は変動が大きいため、短期的な数字は正確性を欠く危険性が高いから、行使期間に合わせた期間の平均取引高を参照することが常識であり、行使期間を無視して根拠のない短期間の平均取引高を参照することの方が恣意的である。

エ なお、仮に、権利行使により普通株式に転換、売却される株式数は1日の平均取引高（8万株）の10％を超えないことという前提条件を「25％を超えないこと」に修正した場合、モンテカルロ・シミュレーションにより算出した新株予約権の価値は、その

行使で交付される1株あたり104.86円となる。額面金額1億円の本件社債に付された本件新株予約権の行使により発行される株式数は3万4602株であるから、額面金額1億円の本件社債に付された本件新株予約権の発行時点における価額は362万8400円となる。

　　オ　債権者は、債務者が、(a)（社債の残存6％＋未払経過利息）＜(b)（残存する社債を株式に転換して市場で売却したときのキャッシュフロー（株価－権利行使価格））であれば発行者が早期償還条項（コール条項）を発動することを前提条件としていることは、資金調達の目的と矛盾すると主張する。しかし、コール発動後も60日間は投資家による株式への転換は可能であり、むしろコールは投資家への株式への転換を促進させる機能を有する。仮に転換しないとしても、発行者である債務者がコールを実行するのは、他に有利な条件で資金調達が可能と判断されるからであるから、資金調達目的と矛盾しない。

　　なお、債権者が提出した評価報告書（甲34）も、発行者がコール・オプションを発動することを前提に評価が行われており、債権者の主張は自らの評価方法とも矛盾する。

4　本件新株予約権の取引価値（実質的対価）が本件新株予約権の公正な価値を下回らないことについて

　したがって、割当先は、約198万円の価値のある新株予約権を約393万5000円（正確には現在価値に引き直した額）で買ったことになるから、有利発行にはならない。

第2　本件新株予約権付社債の発行は不公正発行に該当しないことについて

1　総論

　債務者は、今後の事業の拡大及び成長のためには、国内外における企業買収・事業買収（M&A）が不可欠であると考え今後積極的に取り組んでいく方針を固めている。こうしたM&Aについては、巨額の資金が必要となるところ、既に債務者において複数の具体的なM&A案件を計画中であり、一部では対象企業等の関係者との接触も開始されており、これらの案件の実施のための債務者の資金需要は切実なものである。したがって、本件新株予約権付社債の発行について、具体的な資金需要がないという債権者の主張は全くの誤りである（なお、かかる資金需要の裏付けとなる複数のM&A案件については、未だ相手方との基本合意に至っておらず公表しうる段階にないため、いわゆるインサイダー情報にあたり一部投資家のみに開示することが法的に許されないため、これまで債権者に情報開示されなかったものである。）。

2　資金調達の必要性について

　債務者は一定の流動資産を保有しているが、流動資産についてはその全てが資金需要に応じて即時に現金化できるとは限らないことは当然であり、現に債務者においても手元の現預金だけでは必要資金に満たないおそれがあるからこそ、本件新株予約権付社債を発行して資金調達することとしたのである。

　クレジット・ファシリティについては、債務者がM&A案件等の進捗による緊急の資金需要に備えて設定したものであるが、クレジット・ファシリティは融資枠であって、かかる融資枠の設定を受けたからといって、それだけで直ちに、資金需要時には速やかに希望調達コストによる貸付を確実に受けられることが保証されるものではなく、これを設定していたからといって、本件新株予約権付社債を発行して資金調達を図る必要性がなくなるものではない。

　加えて、自己株式の取得と本件新株予約権付社債の発行とは、何ら矛盾しない。新株予約権付社債発行においては、発行日時点において社債の発行価額の総額が払い込まれて資金調達の目的を達し得るが、新株予約権が結局行使されずに社債が償還となる可能性もあり、必ずしも発行体が新株を発行する目的で行うものではない。一方、自己株式の取得は、取得した自己株式を新株予約権付社債の行使があった場合に交付することができ、新株券の調製費用を削減できるし、自己株式取得により株価をある程度維持することができると見込まれることから、新株予約権付社債発行による株価の下落の影響を緩和することもできると考えられ、むしろ、新株予約権付社債発行に際して行うことに実益がある。確かに、自己株式を取得すれば会社の内部資金が自己株式取得のために流出するが、会社はマーケットの状況を見ながら上限に至るまではその裁量において取得株数を調整できるのであり、取得の義務を負うものではない。したがって、新株予約権付社債の発行と自己株式の取得は何ら矛盾しない。

3　現経営陣の支配権維持目的や買収防衛策の目的はないこと

　本件新株予約権付社債が現経営陣の支配権維持目的のために発行されるという事実はない。また、本件新株予約権の割当先と債務者の現経営陣との間には、債権者の言うところの「密接な関係」すなわち現経営陣の支配権の維持に協力するような関係は存在しない。

　また、本件新株予約権付社債は、買収防衛策として発行されたものではない。債務者に対して敵対的買収をかけている者あるいはその兆候を示している者は一切なく、また、債務者には安定的株主が存在し、その有力株主の間における争いも存在しないため、現時点において買収防衛策を導入する必要性がない。本件新株予約権付社債の発行につき、買収防衛策としての合理性を議論するのは、本質的に失当である。

6 スズケン vs 小林製薬事件

Ⅰ 国内判例編　名古屋地決平成19・11・12金融・商事判例1319号50頁

西村あさひ法律事務所／弁護士・ニューヨーク州弁護士　太田　洋

Ⅰ 事案の概要

本件は、X株式会社・Y株式会社および（Y社の子会社であった）A株式会社の三社間で締結されていた業務資本提携に関する合意書（以下、「本件合意書」という）の17条1項において、X社およびY社がそれぞれの所有に係るA社株式を第三者に譲渡することが禁止されていたところ、X社が、同条項所定の「株式の譲渡」の解釈、同条項の趣旨、および本件合意書が締結された経緯・目的等に照らすと、同条項で禁止されている「株式の譲渡」には株式交換による移転が含まれ、したがってY社は、同条項に基づき、A社の株主総会において、同社と申立外B社との間で締結された株式交換契約（以下、「本件株式交換契約」という）を承認する旨の議案に賛成してはならない旨の不作為義務を負うとして、Y社による議決権行使禁止の仮処分を求めた事案である。

Ⅱ 決定要旨

1 論点

本件では、被保全権利である本件の議決権行使の差止請求権に関して、①本件合意書17条1項で禁止される「株式の譲渡」には株式交換による移転が含まれるか、②仮に①が肯定されたとして、Y社は、同条項に基づいて本件株式交換契約を承認する旨の議案に賛成する旨の議決権行使をしてはならないという不作為義務を負うか（議決権拘束契約の成否）、③仮に①および②が肯定されたとして、X社は、本件の議決権行使の差止請求をなし得るか（議決権拘束契約に基づく議決権行使の差止めの可否）という3点がそれぞれ問題となった。

2 決定要旨

本決定は、まず①の点について、一般的な国語の用語法によれば、「株式の譲渡」には、株式交換を含むおよそ株式が移転される場合すべてが含まれるとする解釈も不可能ではないとしたが、結論的には、以下の理由から、上記①（本件合意書17条1項の「株式の譲渡」に株式交換による移転が含まれるか）について消極に解した。

すなわち本決定は、会社組織法上の行為である株式交換と取引法上の行為である株式譲渡とは、当事者や株式の移転が生じる根拠の点で法律上異なるものであることが平成17年改正前商法（以下、「旧商法」という）下での一般的な理解であったところ、本件合意書は、いずれも東京証券取引所（以下、「東証」という）一部上場企業で、過去にM&Aの経験を有する大企業同士を当事者とするものであって、その内容もまさに旧商法ないし会社法上の法律関係についてのものであること等からすると、本件合意書17条1項所定の「株式の譲渡」の解釈としては、旧商法ないし会社法上、株式交換とは区別される（狭義の）株式譲渡を意味すると解するのが相当ではないかとの疑問を払拭できず、また、上記事情に加えて、本件合意書の性質上、その内容は高度の明確性が要請されることや、本件合意書の合意内容の解釈に当たっては、本件合意書の明文の規定により確定することが予定されていると考えられるにもかかわらず、本件合意書には株式交換を含むA社の組織再編行為を禁止する明文の規定がないこと、さらに、同条項の「株式の譲渡」に株式交換による移転が含まれると解したとしても、合併等、株式の移転を伴わない方法でX社にとって不都合な第三者がA社の経営に参画することを防ぐことはできないこと等に照らせば、上記の文理解釈のほか、同条項

の趣旨や本件合意書締結の経緯・目的等を考慮しても、同条項の「株式の譲渡」に株式交換による移転が含まれると解するには疑問があるといわざるを得ない、とした。

そして、上記①の点が否定される以上、Y社が本件合意書17条1項に基づいて本件株式交換契約を承認する旨の議案に賛成する旨の議決権行使をしてはならないという不作為義務を負うとはいえないから上記②（議決権拘束契約の成否）も否定されるとし、ひいては上記③（議決権拘束契約に基づく議決権行使の差止めの可否）も否定されることになるとして、本件申立を却下した。

III 分析と展開

1 ロックアップ条項および先買権条項

(1) ロックアップ条項および先買権条項の意義と種類

ロックアップ（株式処分禁止）条項とは、株式保有者に対して一定期間その保有株式について譲渡その他の処分をすることを禁じる旨の条項で、合弁会社の株主間契約や資本・業務提携契約、（対象会社の株主間合意としての趣旨を含む）株式譲渡契約等において、我が国でも広く用いられている。これらの契約においては、契約の目的を達成するために当事者が対象会社の株式を継続的に保有し続けることが必要とされる場合があり、それを法的に担保するためにこのような条項が用いられる。特に対象となる株式が譲渡制限株式でない場合には、当事者が対象株式を継続的に保有し続けることを確保するためには、このような条項による義務付けが必須であるし、対象となる株式が譲渡制限株式である場合にも、取締役会の構成等にかかわらず常に当該株式について譲渡その他の処分がなされないようにするためにはこのような条項を定めておくことが有益である。なお、この条項には、処分先を問わず一律に譲渡その他の処分を禁じるものの他、特定の者への処分だけを禁じるものや、契約の相手方が処分先についての拒否権を保持するものなど、いくつかのバリエーションが存在する。

先買権条項とは、ロックアップ条項と組み合わせて用いられる条項で、対象となる株式の保有者が当該株式につきロックアップ条項によって譲渡その他の処分を行うことを一般的に禁止されていることを前提として、特定の者（以下、「先買権者」という）またはその指名する一定の者が優先的な買受けの権利または機会を付与される場合に限って、所定の手続の下で当該株式の全部または一部の譲渡が認められる旨を定める条項であって、上述したロックアップ条項が用いられるケースと同様の場合において、我が国でも広く用いられている。この条項は、株式保有者が対象株式を継続的に保有し続けることが原則であることを前提に、一定の場合（一定の期間が経過した場合や合弁会社の運営がデッドロックに陥った場合など所定の事由が生じた場合）に当該保有者に投資回収を図る機会を付与する一方で、先買権者にも、自らにとって不都合な者が対象会社の株主となることで、合弁会社の円滑な運営が阻害されたり資本・業務提携の趣旨が没却される等の事態を回避する途を与えようとするものである。

もっとも、先買権条項といっても、その内容には様々なものがある。代表的なものとしては、①譲渡希望者がその保有株式の譲渡を希望する場合には、先買権者はその譲渡希望先への譲渡予定価格と同額以下の価格で当該譲渡希望株式を買い受けることができる権利（オプション権。一般に「First Refusal Right（FRR）」と呼ばれる）を持つというもの（FRR型。先買権者がかかる権利を行使しなかった場合には、譲渡希望者は譲渡希望先に譲渡予定価格で譲渡できるとされるのが通常である）、②譲渡希望者がその保有株式の譲渡を希望する場合には、まず先買権者に通知した上で、一定の期間、先買権者との間でのみ排他的に譲渡交渉をしなければならない（先買権者はそのような交渉機会を付与される権利、すなわち優先交渉権を持つことになる。係る権利は一般に「First Negotiation Right（FNR）」と呼ばれる（注1））とするもの（FNR型。交渉期間終了後は譲渡希望者は自由に譲渡予定株式を譲渡できるとされるのが通常であるが、先買権者に提示した譲渡予定価格以下の価格で譲渡しなければならないとの制限を課される場合もある）、および③譲渡希望者がその保有株式の譲渡を希望する場合には、先買権者にその旨を通知しさえすれば、後は自由に譲渡予定株式を譲渡できるとするもの（通知型）の3種が挙げられる。

(2) 本件におけるロックアップ条項および先買権条項の内容とその適用範囲

本件合意書には、ロックアップ条項（期間は無

制限。ただし、Ａ社の発行済株式の3分の1以上が第三者によって所有される等の一定の事由の発生によって自動的に終了）と、5年間の期間経過後から利用可能となる上記のＦＮＲ型の先買権条項（ただし、交渉期間終了後は、譲渡希望者は、先買権者に提示した譲渡予定価格以下の価格で譲渡しなければならないとされ、かつ、譲渡希望者の譲渡希望先が先買権者によって信頼関係を構築できない特段の事由のある先である場合には、先買権者は第三者機関による適正な評価価格で買い受けることのできるコール・オプション権を有するとされている点で特殊であり、正確には、上記のＦＲＲ型とＦＮＲ型両方の特質を有する先買権条項といえる）とがそれぞれ盛り込まれているところ、本件ではこのうち、ロックアップ条項の適用範囲が最大の問題となった。具体的には、本件合意書17条1項で禁止の対象とされている「株式の譲渡」に本件の株式交換による株式の移転まで含まれるかということが問題とされた。

本決定は、上記のとおり、①会社組織法上の行為である株式交換と取引法上の行為である株式譲渡とでは、当事者や株式の移転が生じる根拠の点で法律上異なるものであることが旧商法下での一般的な理解であって、本件合意書がＭ＆Ａの経験を有する東証一部上場企業同士の契約であることにも鑑みると、17条1項所定の「株式の譲渡」には株式交換による移転は含まれないと解する余地があること、および②少なくとも上場会社間の株主間契約においては、少数派株主が対象会社の株式交換を含む組織再編などの重要な決定事項について多数派株主による意思決定に制限を課したいと欲する場合には、ロックアップ条項とは別個に、株式交換を含む会社の組織再編その他の重要な決定事項について明文で事前同意条項（いわゆる拒否権条項）を盛り込むのが通常であるにもかかわらず、本件合意書では、17条1項とは別にその14条2項において、Ｘ社が1名、Ｙ社が4名の取締役の選任権を有する旨が規定されてはいるものの、そのような拒否権条項は規定されておらず、そのことも踏まえて本件合意書全体の趣旨を考えれば、Ｙ社が株式交換によってその保有株式を移転することは禁じられていないと解するのが合理的と解されること、という2点を主たる理由として、結論的に、本件のロックアップ条項の適用範囲には株式交換による株式の移転は含まれないと判示した。近時のＭ＆Ａの実務に照らして妥当な判示であろう。

なお、本決定は、Ｘ社が縷々主張した本件合意書の合意に至る経緯よりも、上述のような本件合意書の規定内容を重視して上記結論に到っているが、その理由として、「本件合意書上も、権利義務等の変更は当事者の記名押印のある書面によってのみなされるものとされ（27条）、本件合意書はその目的に関する当事者間の合意のすべてを構成する唯一のものであり、従来又は現時点の交渉、申し合わせの一切に優先するとされている（29条）〔筆者注：このような条項は「完全合意条項」と呼ばれる〕ことに照らすと、本件合意書の合意内容の解釈に当たっては、本件合意書の明文の規定により確定することが予定されている」ことを挙げている。このように、本決定が完全合意条項等の存在を重視している点は、今後のＭ＆Ａの契約実務においても参考となろう。

2　議決権拘束契約（条項）に基づく議決権行使の差止めの可否

(1)　株主の議決権行使に関する仮処分について

株主の議決権行使に関する仮処分の性質は、争いがある権利関係について債権者に生ずる著しい損害または急迫の危険を避けるために発せられる仮の地位を定める仮処分（民事保全法23条2項）である。

大決昭和12・6・25民集16巻15号1009頁が、会社に対し名義書換請求訴訟を提起し、これを本案として検査役選任目的の少数株主権を行使するために、仮に株主たる地位を定める仮処分を認めたのが先例とされ、以来判例は、この種の仮処分を一般論としては適法としており（本案として認められる訴訟類型も漸次拡張されてきた）、学説上も、肯定説が通説ないし多数説である（注2）。

(2)　議決権拘束契約（条項）に基づく議決権行使の差止めの可否について

本決定は上記のとおり、本件合意書17条1項で禁止される「株式の譲渡」に株式交換による移転が含まれると解することには疑問があるとして本件申立てを却下したが、議決権拘束契約（条項）に基づく議決権行使の差止めの可否についても、傍論ながら、仮にＹ社が同条項に基づいて議決権を行使してはならない不作為義務を負うとしても、本件においては議決権行使の差止請求権は認められない旨判示している。このように本決定は、傍論ではあるものの、これまで先例がないと

思われる議決権拘束契約（条項）に基づく議決権行使の差止めの可否についても言及しており、この点で先例として実務上重要である。

議決権拘束契約（条項）とは、株主が他の株主または第三者との間で自己の有する株式に関する議決権を一定の方向に行使すべきことを約する契約（条項）をいう。議決権拘束契約（条項）は、合弁会社に関する株主間契約において合弁会社の意思決定を円滑にする目的や、株式譲渡契約や資本・業務提携契約においてそれら契約の趣旨を達成する目的等のために、我が国でも実務上広く用いられている。なお、議決権拘束契約（条項）には、一定の議案について反対投票または棄権を義務付ける類型（消極的義務付け型）と賛成投票を義務付ける類型（積極的義務付け型）とが存在する（実務上はこれらが混在していることが多い）。

議決権拘束契約（条項）の有効性については、契約自由の原則を根拠として、契約の目的・内容等が法の規定の趣旨または公序良俗に反しない限り原則として有効と解することで今日の判例および学説はほぼ一致している。しかしながら、議決権拘束契約（条項）が有効であるとはいっても、それは契約当事者間に債権的な拘束関係を生じさせるだけであるから、契約に反する議決権行使も有効であって、契約違反者に対しては債務不履行に基づく損害賠償義務が発生するのみであって、契約に従った議決権行使を強制的に履行させる効力はない（したがって、当然にそのための仮処分も認められない）と解する（なお、違約金の定めを別途置いた場合には当該定めは有効とする）のが従来の通説的見解であった（注3）。もっとも近時では、学説上、一定の場合には契約に従った議決権行使の強制執行も認められるとする見解が増加し（注4）、さらに進んで、そのための仮処分も認められるとする見解（注5）も登場するに到っている。

判例に関しては、我が国ではそもそも議決権拘束契約（条項）に関する裁判例自体の数が非常に少なく（注6）、議決権拘束契約（条項）に基づく議決権行使の強制執行の可否やそのための仮処分の可否について判断した裁判例は従来見当たらなかったが、本決定は、それらについて傍論ながら初めて言及し、一定の例外的な場合に限ってではあるが、契約に従って一定の議案に関する賛成の議決権行使を禁止することや、そのための議決権行使禁止の仮処分も認められると明確に判示しており、画期的な決定といえる。

なお、本件で問題とされたのは上記の消極的義務付け型の議決権拘束契約（条項）であり、したがって議決権行使「禁止」の仮処分が問題とされた（注7）が、積極的義務付け型の議決権拘束契約（条項）が結ばれている場合に、（民事執行法174条に準じて）議案への賛成の意思表示を擬制する仮処分（注8）といったものが認められるかは問題である。紙幅の関係上、詳細については論じる余裕がないが、議案への賛成が得られなくとも、通常は本案判決が得られてから株主総会を再度開催して議案を可決すれば足りるので、かかる仮処分を認めるべき緊急性は類型的に低いと考えられるし、このような類型の仮処分を認めると不服申立手続による事後的な手続保障の余地がなくなるので、結論的には、係る仮処分は民事保全法上認められず、議案への賛成投票を命じる仮処分を間接強制によって執行することができるのみであると解すべきであろう（注9）。

(3) 議決権行使の差止めが認められるための要件

本決定は、傍論ではあるものの、議決権拘束契約（条項）が有効と認められる場合でも、「原則として、本件議決権行使の差止請求は認められない」としつつ、例外的に、「①株主全員が当事者である議決権拘束契約であること、②契約内容が明確に本件議決権を行使しないことを求めるものといえることの二つの要件を充たす場合には例外的に差止請求が認められる余地があるというべき」と明示的に述べている。これは、議決権拘束契約に基づく仮処分一般の可否につき、「その議決権拘束契約が全株主が当事者となったものであり、かつ、特定の意思表示を求めるものである場合には、認められると解してよい」とする近時の有力な学説（注10）を受けた解釈であると考えられるが、結論的に妥当であろう。もっとも、上記学説は、議決権拘束契約に基づく強制執行および仮処分が認められるための要件として当該契約が全株主を当事者とするものであることを要求する根拠として、一部の株主のみが当事者となった議決権拘束契約につき強制可能性を認めると相互に矛盾する複数の議決権拘束契約が締結されている場合の処理に困難を生ずることを挙げる（注11）が、本件のように、それぞれの議決権割合を合計

すると総株主の議決権の3分の2以上を占める株主の間で議決権拘束契約が締結されており（本件のA社におけるY社の議決権割合は74.22％、X社のそれは20.00％であった）、他にそれと矛盾する議決権拘束契約が存在しない場合には、あえて議決権拘束契約に基づく強制執行および仮処分の可能性を封じる理由もないように思われる。この点、今後の学説および裁判例の蓄積が期待される。

※本稿の執筆に際しては、事務所の同僚である伊東有理子弁護士に、資料収集等の面で協力を得た。ここに特に記して謝意を表したい。

（注1） first lookの権利と呼ばれることもある。
（注2） 中野貞一郎＝原井龍一郎＝鈴木正裕編『民事保全講座(3) 仮処分の諸類型』283頁以下（法律文化社・1996年）ほか参照。
（注3） 青竹正一「株主の契約」菅原菊志先生古稀記念『現代企業法の理論』22頁（信山社・1998年）ほか参照。
（注4） 野村秀敏「議決権拘束契約の履行強制」一橋論叢117巻1号25頁（1997年）、白石裕子「契約による議決権行使の制約」判タ1048号70頁（2001年）など。なお、議決権拘束契約が全株主が当事者となったものであり、かつ契約内容が明確である場合には、契約に従った議決権行使の強制執行も認められるとする見解として、森田果「株主間契約(6)」法協121巻1号14～19頁（2004年）、江頭憲治郎『株式会社法〔第2版〕』312頁註2（有斐閣・2008年）など。
（注5） 野村・前掲（注4）25頁、森田・前掲（注4）20～23頁など。
（注6） 本件以外の裁判例として、例えば、東京高判平成12・5・30判時1750号169頁、東京地判昭和56・6・12判時1023号116頁、東京地判昭和25・10・25下民1巻10号1697頁等が存する。
（注7） この場合、執行方法は民事執行法172条所定の間接強制の方法に依ることになる（森田・前掲（注4）23頁参照）。
（注8） 議決権行使認容の仮処分とは異なる。
（注9） 森田・前掲（注4）22頁はこのような解釈を提示しているものと解される。なお、意思表示を命じる仮処分に関しては、瀬木比呂志監修『エッセンシャル・コンメンタール民事保全法』207～210頁〔柴田義明〕（判例タイムズ社・2008年)参照。
（注10） 森田・前掲（注4）22頁。
（注11） 森田・前掲（注4）16頁参照。

Yo OTA

平成19・11・12名古屋地裁民事第2部決定、平成19年（ヨ）第498号株式交換承認の議決権行使禁止仮処分申立事件、申立て却下【確定】

決　定

＜当事者＞（編集注・一部仮名）
債権者	株式会社スズケン
同代表者代表取締役	太田裕史
同代理人弁護士	楠田堯爾
同	中根浩二
債務者	小林製薬株式会社
同代表者代表取締役	甲野太郎
同代理人弁護士	松井秀樹
同	浜口厚子
同	山内洋嗣

【主　文】
1　債権者の本件申立てを却下する。
2　訴訟費用は債権者の負担とする。

【理　由】
第1　申立ての趣旨
　債務者は、平成19年11月下旬を会日とする株式会社コバショウ（本店所在地；東京都中央区日本橋本石町＜略＞）の臨時株主総会において、同社と株式会社メディセオ・パルタックホールディングス（本店所在地；東京都中央区八重洲＜略＞）との株式交換契約の承認を目的とする議案に賛成してはならない。

第2　事案の概要
1　本件は、債権者が、債務者は、債権者との間の平成16年9月22日付け基本合意書（以下「本件合意書」という。）17条1項に基づいて、債権者に対し、平成19年11月下旬を会日とする株式会社コバショウ（以下「コバショウ」という。）の臨時株主総会において、同社と株式会社メディセオ・パルタックホールディングス（以下「メディパル」という。）との株式交換契約の承認を目的とする議案（以下「本件議案」という。）に賛成してはならない不作為義務を負うと主張して、同条項に基づく差止請求権を被保全権利として、本件議案に賛成する議決権（以下「本件議決権」という。）行使禁止の仮処分を求めた事案である。

2　前提事実（疎明資料及び審尋の全趣旨により、容易に一応認められる事実）
　(1) 当事者等
　ア　債権者は、医薬品の卸売等を業とする株式会社である。医薬品は、医師の処方箋に基づき処方される医療用医薬品と、一般の薬局で医師の処方箋なしで購入できる一般用医薬品に大別されるところ、債権者においては、医薬品卸売部門のほとんどが医療用医薬品の卸売事業であったが、一般用医薬品及び化粧品の卸売（以下「薬粧卸売」ともいう。）事業も行っていた。
　イ　債務者は、一般用医薬品の製造等を業とする株式会社であるが、平成12年10月、一般用医薬品卸売事業を分社化するため、コバショウを設立し、その株式の99.5パーセントを保有して、コバショウを債務者のほぼ100パーセントの子会社とした。
　ウ　平成十五、六年当時、薬粧卸売業界では、競争激化に基づく利益率の低下等を契機として再編が進められていたところ、債権者と債務者は、債権者の薬粧卸売事業と債務者の一般用医薬品卸売事業子会社であるコバショウの統合について交渉した結果、平成16年9月22日、債権者、債務者及びコバショウの三者間において、本件合意書が締結された。
　(2) 本件合意書（甲1）の条項
　本件合意書の条項は、別紙のとおり（ただし、17条、24ないし26条のほか、本件合意書が条項中に引く別紙及び別表は省略した。）であるが、17条は下記のとおりである。

記

17条（株式の譲渡）
　1　債権者及び債務者は、本条第2項及び第3項の場合を除く他、本基本合意に基づき取得し、保有するコバショウの株式（新株予約権を含む。本条において以下同じ。）の全部又は一部を他に譲渡してはならない。但し、相手方の書面による事前の承認を得た場合は、この限りではない。
　2　本基本合意締結後5年間経過した後、
　① 債権者又は債務者が、その所有するコバショウの株式の全部又は一部を、他に譲渡しようとする場合は、先ず、相手方に対し書面にて株式譲渡の申込みを行う。相手方は申込みを受けた株式を自己にて買い取るか、又は自己の指名する第三者に買い取らせることができる。相手方が、自己若しくはその指名する第三者による株式買取りを拒否した場合、又は申込み受領後3ヶ月以内に買取り受諾を書面にて回答しない場合には、債権者又は債務者は、その3ヶ月以内に限り、相手方に提示した条件と同条件又は譲受人にとって、より有利とはならない条件で、当該株式を譲渡することができる。
　② 債権者又は債務者が、前項に定める株式譲渡の申込みを行った結果、相手方又は相手方の指名する第三者以外の者にその所有するコバショウの株式を譲渡する場合、債権者又は債務者は、譲受人となるべき第三者を特定した上で相手方に対し予め書面にて通知しなくてはならない。この場合、当該第三者と相手方が信頼関係を構築できない特段の事由が存すると相手方が判断したときは、相手方は債権者又は債務者が譲渡を希望する株式を、相手方と債権者又は債務者が別途合意する第三者機関の適正な評価に基づく価額によ

り買い取ることができるものとする。
　3　前2項の規定により債権者の所有株式の一部が譲渡され、かつ、譲渡後の債権者の議決権比率が10パーセント以上に維持される限り、債権者は取締役の1名を就任させることができる。
　4　本条第1項及び第2項の規定により、債権者若しくは債務者の全所有株式が譲渡された場合、又はコバショウ発行済株式の3分の1以上が第三者によって所有されるに至った場合には、本基本合意の各規定は同時点をもって終了する。尚、本項にいう「第三者」には、コバショウ、債権者又は債務者がその総株主の議決権の20パーセント以上を有する会社は含まれないものとする。
　(3)　債権者、債務者及びコバショウは、本件合意書に基づいて、いずれも平成17年4月1日までに、債権者において、その薬粧卸売事業のうち、北海道及び東海地区の事業を分割し、これを承継させる新会社（以下「新設会社」という。）を新設した上で、コバショウと債務者は、同日ころまでに、債権者が保有する新設会社の株式とコバショウ株式について株式交換を行うとともに、コバショウは、債権者の薬粧卸売事業のうち、H＆BC東日本支店及びH＆BC近畿支店が従事する事業を吸収分割した。その際、コバショウが上記吸収分割及び株式交換（以下「債権者及びコバショウ間の本件吸収分割及び株式交換」という。）により取得する債権者の薬粧卸売事業の純資産額の合計は26.5億円とされ、債権者は、上記の対価としてコバショウの発行株式の20パーセントに相当する2694株をコバショウ株式を取得した。
　その結果、コバショウの株主構成は、債務者、債権者、コバショウ従業員持株会のほか、コバショウ代表取締役社長乙山春夫ら個人株主8名となり、その持株比率は、債務者が74.22パーセント、債権者が20.00パーセント、コバショウ従業員持株会が5.60パーセント、個人株主8名が併せて0.18パーセントとなっている。
　(4)　メディパル、同社の連結対象完全子会社である株式会社パルタック（以下「パルタック」という。）、コバショウ及び債務者の4社は、平成18年12月20日、債権者に対し、パルタックとコバショウ両社の経営統合に関する協議を開始することに合意した旨通知した。
　上記4社は、協議の結果、まず、コバショウをメディパルの100パーセント子会社とするため、両社で株式交換を行った（その結果、コバショウの株主である債務者、債権者らはメディパルの株主となる。）上で、パルタックが、コバショウを吸収合併し、パルタックが存続会社となる方針（以下「本件方針」という。）を決定した。
　(5)　コバショウは、前記(4)の方針に基づいて、平成19年9月6日開催の取締役会において、コバショウをメディパルの100パーセント子会社とする株式交換手続（以下「本件株式交換」という。）を進めることを決議しており、本件株式交換契約の承認を会議の目的たる事項（本件議案）とする臨時株主総会（以下「本件総会」という。）を平成19年11月下旬に開催する予定である（ただし、本件総会を招集する旨の決議は未だなされていない。）。
　3　争点及びこれに関する当事者の主張
　(1)　被保全権利の有無（債権者は、本件合意書17条1項に基づいて、債務者が、本件総会において、本件議案に賛成する本件議決権を行使することを差し止めることができるか否か。）
（債権者の主張の要旨）
　ア　以下のとおり、本件合意書17条の解釈や、本件合意書が締結された趣旨・目的に照らすと、本件合意書17条1項で禁止されている「株式の譲渡」には株式交換が含まれるから、債務者が、同条項に基づいて、本件総会において本件株式交換契約を承認する旨の本件議案に賛成してはならない不作為義務を負うことは明らかであり、債権者は、債務者に対し、本件議案に賛成する本件議決権行使の差止請求権を有する。
　(ｱ)　契約上の条項に基づく差止請求権の成否の判断に当たっては、当該規定の文言のみならず、当該契約の締結に至る経緯や目的といった成立過程や背景事情、同締結後の債務者の言動等をも加味した合理的意思解釈によって判断すべきである。
　(ｲ)　本件合意書17条の解釈
　同条1項は、債権者及び債務者の双方に、本件合意書に基づき取得し、保有するコバショウの株式の全部又は一部を、相手方の事前の承認を得ることなく、譲渡することを禁止するものであるところ、「譲渡」とは権利等を他人に譲り渡すことを意味し、他方、株式交換とは自己が有する株式を、別の株式という対価を得て他人に譲り渡すものであるから、これが同条の禁止する「株式の譲渡」に該当することは明らかである。そして、株式交換は、株式交換の当事会社間で株式交換契約を締結し、両社の株主総会の承認手続を経てなされるものであるところ、本件株式交換契約は、コバショウとメディパル間で締結されるのであり、債務者が本件株式交換行為のためになす行為は、本件総会で本件議案に賛成する本件議決権を行使することのみであるから、本件合意書17条に基づいて債務者に禁止される行為は、本件株式交換手続においては、本件議決権を行使することにほかならない。また、本件合意書17条が、債権者及び債務者の双方について、互いに、締結後5年間は、その保有するコバショウ株式の無断譲渡を禁止する（同条1項）ともに、締結後5年経過後も、自己の保有する株式を相手方又はその指名する以外の第三者に譲渡する場合で、相手方が譲渡先

である第三者と信頼関係を構築できない特段の事由があると判断したときは、相手方は、その株式を買い取ることができるとした（同条2項）趣旨は、債権者及び債務者の何れかにとって不都合な第三者がコバショウの経営に参画することを防ぐことにあるところ、同条のこのような趣旨は株式譲渡であっても株式交換であっても同様である。

そうすると、本件合意書17条1項の「譲渡」には株式交換が含まれるといえるし、債務者は、同項の合意に基づいて、本件議案に賛成する本件議決権を行使してはならない不作為義務を負う。

　　　　（ウ）本件合意書締結に至る経緯・目的及び同締結後の事情等
　　　　　a　本件合意書締結に至る経緯・目的
　債権者が、本件合意書を締結することによりコバショウに資本参加をした目的は、債権者の薬粧卸売事業の最適化、すなわち、①債権者の薬粧卸売事業をコバショウに移管・統合することにより、その価値を有効に生かすとともに、②薬価改定等を契機として、業界再編が進んだ医薬品卸売業界にあって（債権者は、医薬品卸売業界において、以前はシェア1位であったが、業界再編の結果、平成16年当時の医薬品卸売業界のシェア1位は旧株式会社三星堂と旧クラヤ薬品株式会社が核となり、武田薬品系の卸を中心に集約した株式会社メディセオホールディングス（メディパルの前身）グループ［以下「メディパルグループ」という。］、同2位は株式会社アズウェルと福神株式会社が核となるアルフレッサホールディングス株式会社グループであり、債権者グループが同3位となっていた。）、今後、債権者が上記3位グループ以外の医薬品卸と事業統合する際、コバショウをそれらの薬粧卸売事業部門を受け入れる受け皿とし、メディパルグループに対抗する卸の連合を作るための有効な手段とし、さらに、③将来的にドラッグストアでの調剤薬局併設が拡大した場合にコバショウのドラッグ向け販路により、債権者が医療用医薬品をドラッグストアに販売できるための備えとし、ひいては、メディパルに対抗しうる卸の一大グループを作るためであって、決して、債権者の不採算部門である薬粧卸売部門を切り離し、医療用医薬品卸売事業に特化するためではない。このことは、本件合意書の前文、1条、14条ないし16条等の規定によれば、本件合意書による統合後のコバショウがあくまで債権者と債務者の相互補完的協力を基本とし、債権者がコバショウの経営に参画することが予定されていることのほか、債権者が、コバショウへの事業移管の際、本件合意書に基づいて、債権者及びコバショウ間の本件吸収分割及び株式交換をなして資本参加しており、薬粧卸売部門を切り離したわけではないことからも明らかである。

このような目的からすれば、債権者にとって、競合他社であり、シェア争いをしているメディパルグループが、コバショウの経営に参画し、業界4位以下の同業者を統合する際の有力な受け皿とすることが可能となるような事態は到底容認できるものではなく、本件合意書においても、債権者、債務者にとり、不都合な第三者がコバショウに資本参加できないことは、重要な前提とされていたのであり、この点を集約し明記したのが本件合意書17条の規定である。

そして、債務者としても、本件合意書によりパートナーとして、債権者と組んだ以上、コバショウに、債権者とシェア争いをしているメディパルを資本参加させることが、本件合意書上許されないことは当然、認識していた。

　　　　　b　本件合意書締結後の債務者の言動等
　コバショウは、本件合意書締結後、業界4位グループや三菱商事等の参加を模索し、平成17年12月1日開催の取締役会において、株式会社菱食（以下「菱食」という。）に対し、コバショウに出資比率51パーセントで資本参加することを要請することが議決された。しかし、その後、債務者代表取締役会長の甲野夏彦（以下「甲野会長」という。）の意向により、菱食の資本参加の方針が否定されるに至り、同月19日開催のコバショウ取締役において、メディパルとの提携に関する議題が審議されたが、その際、債務者代表者取締役社長兼コバショウ取締役の甲野太郎（以下「甲野社長」という。）は、賛成票を投じつつ、「債権者というパートナーを失う結果を織り込んで、本件は債務者としても時間をかけて吟味検討した結果で苦渋の決断」「今回の結論は誠に忸怩たるものがある」などと述べ、また、当時、コバショウ代表者取締役会長であった丙川秋男会長（以下「丙川会長」という。）は、「パートナーとして我々を信頼し委ねて戴いた債権者の関係者、私を信じて誠実に前向きに応じて戴いたこれら多くの方々との経緯に鑑み結果的に与えてしまう不義理・不誠実を思うと、決して安易に賛成票を投じることはできないが、・・誠に不本意ながら苦渋の結論として断腸の思いで賛成する。」と表明した上、後に会長職を退任するなど、両人において、メディパルとの統合が本件合意書に反することを認識していたことを前提とする言動をしている。そのほか、甲野会長や甲野社長のほかメディパルの首脳が、度々債権者を訪ね、メディパルとの統合の了承を求めたことは、その証左といえる。

　　　　　c　以上のa及びbの事情からしても、本件合意書17条1項の「株式の譲渡」には、「株式交換」により、債務者がコバショウ株を他に移転することも含まれることが明らかである。

　　　　イ　債務者の主張について
　債務者は、本件仮処分申立てが認められた場合には、債務者は、本件合意書17条という債務者と債権者

間の議決権拘束契約により、本件議案に賛成する本件議決権の行使を差し止められることになるから、本件被保全権利の成否については、会社法の理論を加味すべきであると主張するが、その成否は、同条の合理的解釈の問題であるというべきであり、債務者の主張は失当である。

なお、債務者自身、議決権拘束契約がある場合も、①株主全員が当事者である議決権拘束契約であること、②契約内容が明確であることの２つの要件を充たせば、議決権行使の差止めを認める見解があることを自認しているところ、本件において、②の要件を満たすことは前記アのとおりである。また、①についても、その趣旨は、矛盾する複数の議決権拘束契約が存在する場合に収拾がつかなくなることを防ぐことにあるところ、コバショウの株主構成によれば、債権者及び債務者以外の株主は、5.8パーセントにすぎない上、コバショウ従業員持株会が5.6パーセントを占め、残りの株主も債務者の役員、コバショウの役員及び従業員であることからすれば収拾がつかなくなる危険はおよそ考えられず、株主全員の同意があった場合と同視しうるから、この要件を充たすというべきである。

（債務者の主張の要旨）

ア 以下のとおり、本件合意書17条が、コバショウの「株式の譲渡」を制限する条項にすぎず、本件合意書上、コバショウによる株式交換契約の締結・実行やコバショウの株主総会において、同社を当事者とする株式交換契約を承認する旨の議案に賛成する議決権を行使することを禁じる明文上の規定が存在しない以上、本件合意書に基づいて、債務者が、本件総会において本件株式交換契約を承認する旨の本件議案に賛成してはならない不作為義務を負うことはない。

(ｱ) 本件合意書は、いずれも一部上場企業であり、社内に複数の法務スタッフを擁する大企業であって、かつ、過去にＭ＆Ａの豊富な経験を有している債権者と債務者間の合意書である上、その内容も、債権者の一般用医薬品卸売事業のコバショウへの事業移管に伴って、債権者と債務者の共同出資会社となるコバショウの経営・運営方針について定めた株主間契約であって、合意内容は文言により一義的に明らかになることが要請されるものである。しかも、本件合意書29条には、本件合意書の合意内容については、締結に至るまでの交渉、申し合わせ等の本件合意書上に現れない事情を考慮せず、本件合意書の条項のみにより明らかにすべきである旨の完全合意条項があることなどからすれば、本件合意書17条の解釈は、同条や本件合意書の他の規定の文言のみによるべきであり、本件合意書締結に至る経緯や目的等をも加味した合理的意思解釈をすることは許されない。

(ｲ) これを本件についてみると、まず、株式譲渡と組織法上の行為である株式交換とは法律上異なる概念であるにもかかわらず、本件合意書には17条を含め株式交換を禁止する規定は一切存しない。また、通常、企業間の株主間契約において、各株主による株式譲渡の禁止・制限のほか、対象会社の株式交換を含む組織再編などの重要な決定事項について制限をしたいと考える場合には、株式譲渡の譲渡・制限条項とは別個に、株式交換を含む組織再編その他の重要な決定事項についての明文の事前同意条項（いわゆる拒否権条項）をもうけるのが実務上の確立した取扱いであるにもかかわらず、本件合意書には拒否権条項はもうけられていない。これらによれば、本件合意書17条の「株式の譲渡」には「株式交換」は含まれないというべきである。

(ｳ) さらに、以下のとおり、債権者の主張する本件合意書締結の経緯・目的等は認められないから、この意味でも債権者の主張は失当である。

まず、債権者は、本件合意書を締結した目的として、今後、債権者が上記３位グループ以外の医薬品卸売と事業統合する際、コバショウをそれらの薬粧卸売事業部門を受け入れる受け皿とし、メディパルグループに対抗する卸の連合を作るための有効な手段としたり、将来的にはドラッグストアでの調剤薬局併設が拡大した場合にコバショウのドラッグ向け販路により、債権者が医療用医薬品をドラッグストアに販売できるための備えとしたりして、ひいてはメディパルグループにも対抗しうる卸の一大グループを作る計画であったと主張するが、そのような事実はない。債務者及びコバショウが、本件合意書締結当時、債権者からそのような説明を受けたことはないし、当時、債権者に上記のような目的がなかったことは、債権者自身、本件合意書締結後の記者会見等で、債権者の一般用医薬品卸売業の規模では、今後、サービスの水準の向上が困難で、コバショウへの事業移管により医療用医薬品卸売業に特化していきたい旨、あるいは、事業の選択と集中によりコア事業である医療用医薬品卸売業に経営資源の集中を行う旨述べていたことなどから明らかである。

次に、債権者は、コバショウにメディパルが資本参加できないことは本件合意書の当然の前提であり、債務者はこれを認識していたと主張するが、そのような事実はない。このことは、本件合意書により保有することになった債権者のコバショウにおける持株比率は20パーセントにとどまり、取締役も５名中１名を指名できるのみとなっており、債権者の上記前提を阻止することを確保できない状況にもかかわらず、本件合意書にはコバショウの組織再編を含む重要な業務の決定について債権者の拒否権条項がもうけられていないことからも明らかである。

さらに、債権者は、本件合意書締結の目的や認識の形成について、債権者側と丙川会長とのやり取りを主

張するが、そのようなやりとりが仮に存在していたとしても、本件合意書29条によって当事者間の合意を形成しないことが確認されている「従来の交渉、申し合わせ」に過ぎず、本件合意書の解釈に影響を与えるものではない。

イ　仮に、債務者が、本件合意書17条1項に基づいて、本件議決権を行使してはならない不作為義務を負うことになれば、コバショウの株主である債権者及び債務者間における議決権拘束契約である同項に基づいて、債務者の議決権行使が制限されることになるが、議決権が株主権の中でも最大限尊重される権利であること等からすれば、これを制限できるためには、議決権行使の制限を受け入れる旨の明確な意思を読みとれることが必要であるところ、同条項は、株式の譲渡を制限するにとどまり、議決権については一切言及していないから、債務者が、同項に基づいて、本件議決権を行使してはならない不作為義務を負うことはない。

また、仮に、同条項に何らかの意味で議決権拘束の趣旨を読みとることができるとしても、株主の自由な意思に基づく議決権行使を尊重する趣旨やこれが株主間の債権的契約にすぎないことなどからすれば、これに違反した場合の損害賠償請求は認められるとしても、これを越えて、議決権行使の差止請求は認められないというべきである。

なお、近時の学説中には、①株主全員が当事者である議決権拘束契約であること、②契約内容が明確に特定の議決権行使を求めるものであることの2つ要件を充たせば議決権拘束契約に基づく差止請求権を認める見解も見られる。しかし、①コバショウの株主には債権者と債務者以外の株主が存在していることや、②本件合意第17条の規定が、本件株式交換契約を承認する旨の本件議案に賛成する本件議決権行使を禁止していることは明確ではないことからすれば、上記①②の要件をいずれも欠くことになるから、仮に、本件合意書17条1項が、株式交換によるコバショウ株式の移転を禁止しているものとしても、これに基づく本件議決権行使の差止請求権は認められない。

(2)　保全の必要性の有無
(債権者の主張の要旨)
ア　債権者の著しい損害
本件仮処分申立てが認められない場合、債権者は、以下のような著しい損害を被るのに対し、債務者はメディパル以外との経営統合等を含めた経営上の選択肢があるため損害はなく、また、本件株式交換を中止すれば、かえって契約違反、コンプライアンス違反との社会からの非難を回避できる。

(ｱ)　企業秘密等の流出に伴う損害
債権者は、本件合意書に基づき、債権者及びコバショウ間の本件吸収分割及び株式交換をなした結果、北海道地区、東海地区等につきコバショウに対して人材を含めた事業移管を行っており、その際、債権者のノウハウ等の企業秘密等がコバショウに渡っている。そして、本件仮処分申立てが認められなければ、コバショウがメディパルの完全子会社となることは必定であり、これが、最大の競争相手であるメディパルに流出することによる債権者の損害は計り知れない。

(ｲ)　損失等の発生
債権者は、本件合意書に基づいて、コバショウに資本出資するに当たり、共同事業の収益の期待を含めて本来のコバショウの企業価値よりも相当高額な出資をしている。本件仮処分申立てが認められない場合には、債権者は、株式買取請求権の行使（会社法785条、797条）、本件合意書19条1号、7号による契約解除を経た上で、20条1項による取得価格での買取請求権の行使、あるいは株式交換により取得したメディパル株式の市場での売却等により、被った損害を補填することとなるが、これらの手段により補填できる額は現時点では未定だが、いずれにせよ債権者におけるコバショウ株式の簿価との乖離は著しく、債権者において数億円の損失が発生するおそれがある。これに加えて、契約を解除しても東日本営業部、西日本営業部、東海営業部、北海道営業部について既に移管した事業を完全に元に戻すことは不可能であり、この点に関する金銭に見積り難い損害は質的に重大である。さらに、本件仮処分申立てが認められず、仮に、コバショウがメディパルに統合されれば、債権者は、業界4位以下の同業を統合するための有力な受け皿を失うことになる一方で、メディパルは、有力な受け皿を手に入れることとなる。今回の債務者の契約違反により、債権者はメディパルに追いつくどころかさらに差を広げられてしまう蓋然性が高い。また、ドラッグストアでの調剤薬局併設が拡大した場合、医療用医薬品卸である債権者としても、ドラッグストアへ通じる薬粧卸の販路を持っていなければ不利となる。その損害は金銭等で償うことができず、しかも甚大なものとなること明白である。

(ｳ)　信用の毀損
債権者の取引先も、債権者の競争会社であるメディパル側に帳合が移ってしまうことなど想定していなかったはずであり、本件仮処分申立てが認められなければ債権者の信用が著しく毀損される。また、本件株式交換は債務者の契約違反、コンプライアンス違反であり、本件仮処分申立てが認められなければ、かような株式交換を阻止できないこととなり、債権者に対する社会的評価も損なわれる結果となる。

(ｴ)　債権者従業員のインセンティブの低下
本件合意書に基づき、債権者及びコバショウ間の本件吸収分割及び株式交換をなした際、債権者からコバショウに承継された従業員は、本件仮処分申立てが認

められなければ、結局競争会社であるメディパル側に承継される結果となり、しかもメディパル側へ承継された後の給与等の水準はコバショウでのそれよりも格段に低い。このような事態を放置すれば現在債権者に在籍する多数の従業員の債権者に対する信頼、インセンティブも著しく損なわれる。債権者において生じるこのような損害も、質的に重大である。
　　イ　債権者の急迫の危険
　本件仮処分申立てが認められず、本件株式交換が実行されれば、本件合意書により、債権者と債務者間で合意された「債権者・債務者の相互補完的協力によるコバショウの発展」、「債権者のコバショウへの参画維持」といった最重要基本スキームが崩壊し、債権者に受忍限度を超えた現在の不利益なり危険を負わせることと明白である。
　　ウ　以上のとおり、債権者に生ずる「著しい損害」又は「急迫の危険」を避ける必要性があるから、本件仮処分の必要性がある。
（債務者の主張の要旨）
　否認ないし争う。
第３　当裁判所の判断
１　被保全権利の有無について
　債権者は、本件合意書17条１項の「株式の譲渡」に株式交換が含まれることを前提に、債務者は、同項に基づいて、本件株式交換契約を承認する旨の本件議決権を行使してはならない不作為義務を負うから、債務者に対し本件議決権行使の差止請求権を有すると主張するところ、債権者の上記主張が認められるためには、①本件合意書17条１項の「株式の譲渡」に株式交換が含まれるといえること、②債務者が、同項に基づいて、本件議決権を行使してはならない不作為義務を負うといえること、③債権者が、同項に基づいて、本件議決権行使の差止請求をできるといえることが必要である。
　以下、順次検討する。
　(1)　前記①（本件合意書17条１項の「株式の譲渡」に株式交換が含まれるか否か）について
　この点、債権者は、本件合意書17条の「株式の譲渡」の文理解釈に加え、同条の趣旨や、本件合意書が締結された経緯・目的、本件合意書締結後の債務者側の言動等を勘案すれば、本件合意書17条１項の「株式の譲渡」に株式交換が含まれることは明らかであると主張する。
　　ア　本件合意書17条の「株式の譲渡」の文理解釈について
　　　(ｱ)　債権者は、一般的に「譲渡」とは権利等を他人に譲り渡すことを意味するところ、株式交換は、自己が有する株式を別の株式という対価を得て他人に譲り渡すものであるから、文理解釈上、同条の「株式の譲渡」に株式交換が含まれると主張する。

　しかし、株式交換は、平成11年８月13日法律第125号による改正により、ある会社を他の会社の完全子会社とするため、会社組織法上の行為として新設された制度であり（その際、株式交換を、完全親会社となる会社にとって、完全子会社となる会社の株主の有するその会社の株式の現物出資に対する株式その他の財産の交付とする構成も考慮されたが、合併に類似する組織法的行為として立法された。）、完全子会社の株式は、株式交換の当事会社間で締結された株式交換契約が両社の株主総会の特別決議で承認されることにより、株式交換に反対する株主の意思にかかわらず法律上当然に移転する（本件合意書締結当時、効力のあった平成17年７月26日法律第87号による改正前の商法［以下「旧商法」という。］352条以下。なお、会社法上767条以下参照）ところ、本件株式交換において、株式交換契約の当事者はメディパルとコバショウであって、債務者は当事者ではないし、債務者の保有するコバショウ株式のメディパルへの移転も、法的には債務者の意思に基づくものとはいえない。債権者の上記主張は、本件株式交換が、旧商法ないし会社法上の株式交換であることを理解せず、債務者とメディパル間のコバショウ株式の民法上の交換契約であるかのような誤った理解に基づくものであるといわざるを得ず、採用できない。
　なお、債権者の主張中には、上記説示の点を踏まえて、債務者がコバショウの発行済株式総数の74パーセントを保有し、本件株式交換を承認するのに必要な特別決議を決することができる立場にあることからすれば、本件株式交換契約及び本件総会における本件議決権の行使には、債務者の意思が表象されているといえるから、本件株式交換は、実質的には、債務者がメディパルに対し、債務者が保有するコバショウ株式を譲渡することと同視できるとする部分がある。
　しかし、上記主張は、旧商法ないし会社法上、株式交換と株式譲渡が別個のものとされていることを看過するものといわざるを得ないし、債務者がコバショウの株主総会の特別決議を決することができる立場にあるとしても、本件合意書17条１項の「株式の譲渡」に本件株式交換が含まれるとするには疑問があることは後記イ(ｱ)で指摘するとおりであるから、採用の限りではない。
　　　(ｲ)　もっとも、「譲渡」の一般的な国語の用語法によれば、同条の「株式の譲渡」には、株式交換を含むおよそ株式が移転される場合すべてが含まれるとする文理解釈も不可能ではなく、債権者の主張も上記のような趣旨であるとも解される。他方、本件合意書締結当時、前記のとおり、株式交換がある会社を他の会社の完全子会社とするための会社組織法上の行為であって、取引法上の行為である株式譲渡とは、当事者（株式交換の場合には、株式交換契約の当事会社であ

るのに対し、株式譲渡の場合には、譲渡契約の当事者である。）や、株式の移転が生じる根拠（株式交換の場合には、上記のとおり、法律上当然に移転するのに対し、株式譲渡の場合には、譲渡契約の効果による。）の点で、法律上異なるものであることが、旧商法上の一般的な理解であったことが一応認められる（乙24ないし26）。

そうすると、本件合意書17条の「株式の譲渡」の文理解釈としては、二通りの解釈が一応可能ということになるが、契約条項の文理解釈に当たっては、当該契約の当事者やその契約内容等を考慮して、合理的に解釈するのが相当である。

そこで、検討するに、甲1及び審尋の全趣旨によれば、本件合意書は、いずれも一部上場企業で、過去にM&Aの経験を有する大企業同士の債権者及び債務者を当事者とし、その内容も、債権者の薬粧卸売事業を、債権者及びコバショウ間の本件吸収分割及び株式交換の方法によりコバショウに移管することや、それに伴って債権者と債務者の共同出資会社となるコバショウの経営・運営方法を定めたものであること、本件合意書上、4条には、債権者がその薬粧卸売事業をコバショウに移管する方法として株式交換が規定され、9条には、債権者の不作為義務として、債権者の薬粧卸売事業について、債権者及びコバショウ間の本件吸収分割及び株式交換がなされるまでの間、第三者との合併、営業譲渡、会社分割等の組織再編行為を禁止する旨規定されていることが一応認められる。これらによれば、本件合意書は、まさに旧商法ないし会社法上の法律関係にかかわるものといえる。そして、このような当事者が、上記内容の本件合意書を作成するに当たり、旧商法ないし会社法上の用語法ではなく、あえて一般的な国語の用語法に従って同条の規定を作成したとは考え難いことに照らすと、本件合意書17条1項の「株式の譲渡」とは、旧商法ないし会社法上、株式交換とは区別される同法上の株式譲渡を意味するものと解するのが相当ではないかとの疑問を払拭できない。

そうすると、本件合意書17条の「株式の譲渡」の文理解釈として、債権者が主張する用語法に従ったとの疎明があったとするに足りないといわざるを得ない。

（ウ）よって、債権者の上記主張は採用できない。

イ　本件合意書17条の趣旨、本件合意書締結に至る経緯・目的について

（ア）同条の趣旨について

まず、債権者は、本件合意書17条が、債権者及び債務者の双方について、互いに、締結後5年間は、その保有するコバショウ株式の無断譲渡を禁止する（同条1項）とともに、締結後5年経過後も、自己の保有する株式を相手方又はその指名する以外の第三者に譲渡する場合で、相手方が譲渡先である第三者と信頼関係を構築できない特段の事由があると判断したときは、相手方は、その株式を買い取ることができるとした（同条2項）趣旨は、債権者及び債務者の何れかにとって不都合な第三者がコバショウの経営に参画することを防ぐことにあることを前提に、このような趣旨は、株式譲渡であっても株式交換であっても同様であるから、同条の「株式の譲渡」には株式交換が含まれるなどと主張し、疎明資料（甲11、24）中にはこれに沿う部分がある。

たしかに、債権者及び債務者は、同条の規定により、互いに、「株式の譲渡」によって自己に不都合な第三者がコバショウの経営に参画することを防ぐことができる。

しかし、仮に、一般的な国語の用語法に従い、同条の「株式の譲渡」に、株式の移転全般が含まれるとしても、これを制限する同条の規定では、債権者及び債務者が保有する株式の移転を伴わないコバショウの合併等の手続により、自己に不都合な第三者がコバショウに参画することを防ぐことはできないといわざるを得ない。そうである以上、同条の存在をもって、その趣旨が、債権者及び債務者の何れかにとって不都合な第三者がコバショウの経営に参画することをおよそ防ぐことにあるとまでいうことはできない。しかも、本件合意書が、過去にM&Aの経験を有する大企業同士の債権者及び債務者を当事者とし、債権者の薬粧卸売事業をコバショウに移管するに伴って、債権者と債務者の共同出資会社となるコバショウの経営・運営方法を定めたものであり、まさに、旧商法ないし会社上の法律関係を規律するものであるから、同条の「株式の譲渡」が、一般的な国語の用語法に従い規定されたとは考え難い（債権者が、本件合意書を締結するに当たり、旧商法ないし会社法上、株式交換と株式の譲渡とが別個のものであることを認識しないまま、同条の規定をもうけたとは考え難い。）ことは、前記のとおりである。

また、本件合意書は、その当事者や合意内容に照らし、その性質上、合意内容については、高度の明確性が要請されるものといえる上、本件合意書上も、権利義務等の変更は当事者の記名押印のある書面によってのみなされるものとされ（27条）、本件合意書はその目的に関する当事者間の合意のすべてを構成する唯一のものであり、従来又は現時点の交渉、申し合わせの一切に優先するとされている（29条）ことに照らすと、本件合意書の合意内容の解釈に当たっては、本件合意書の明文の規定により確定することが予定されているものと考えられる。そうであれば、債権者、債務者及びコバショウ間で定められた本件合意書上、コバショウの組織再編行為を禁止する明文の規定が存せず、しかも、本件合意書17条をもってしては、合併

等、株式の移転を伴わない方法で、自己に不都合な第三者がコバショウに参画することを防ぐことができないことに照らすと、債権者の主観的意図がどうであったとしても、同条を根拠として、自己に不都合な第三者がコバショウの経営に参画することをおよそ禁止する合意があるとするには疑問があるといわざるを得ない。そして、現に、本件合意書中には、債権者に対し、債権者及びコバショウ間の本件吸収分割及び株式交換が行われるまでの間、コバショウに移管する債権者の薬粧卸売事業について、第三者との合併、営業譲渡、会社分割等の組織再編行為を禁止する明文の規定（9条）が存在することや、債権者が、本件合意書を締結するに当たり、旧商法ないし会社法上、株式交換と株式の譲渡が別個のものであることを認識しないまま、17条の規定をもうけたとは考え難いことを考慮すると、本件合意書の当事者が、コバショウに自己に不都合な第三者が参画することをおよそ防止しようとすれば、本件合意書中に、本件合意書締結後のコバショウの合併や株式交換等の組織再編行為を制限する旨の規定をもうけたはずである。しかも、債権者が本件合意書によりコバショウに資本参加しても、債務者がコバショウの発行済株式総数の74パーセントの株式を保有して、同社の株主総会の特別決議を決することができる支配的な立場にあることからすれば、債権者が、コバショウに自己に不都合な第三者が参画することをおよそ防止しようとすれば、なおさらそうであったといえる。にもかかわらず、本件合意書には、コバショウの組織再編行為を禁止する明文の規定は存しないことに照らせば、合理的意思解釈によるとしても、本件合意書17条を根拠として、債権者と債務者との間に、自己に不都合な第三者がコバショウに参画することをおよそ禁止する合意があったとするには疑問があるといわざるを得ない。

　そうすると、上記疎明資料はそのまま信用できず、債権者の上記主張は採用できない。

　　　(イ)　本件合意書締結の目的等について

　次に、債権者は、自己が本件合意書を締結することによりコバショウに資本参加をした目的（本件合意書前文にある「薬粧卸売事業の最適化」）には、①債権者の薬粧卸売事業をコバショウに移管・統合することにより、その価値を有効に生かすことのほか、②今後、債権者が上記3位グループ以外の医薬品卸と事業統合する際、コバショウをそれらの薬粧卸売事業部門を受け入れたり、将来的にドラッグストアでの調剤薬局併設が拡大した場合に債権者が医療用医薬品をドラッグストアに販売したりするための受け皿とし、ひいては、メディパルに対抗しうる卸の一大グループを作るためであることを前提に、そのような債権者にとって、競合他社であり、シェア争いをしているメディパルグループが、コバショウの経営に参画し、業界4位以下の同業者を統合する際の有力な受け皿とすることが可能となるような事態は到底容認できるものではなく、本件合意書においても、債権者が、不都合な第三者の典型ともいえるメディパルがコバショウに資本参加できないことは、重要な前提とされていたから、本件合意書17条1項の「株式の譲渡」には、本件株式交換が含まれるなどと主張し、疎明資料（甲11、21の2、24、26）中にはこれに沿う部分がある。

　しかし、コバショウに移管した債権者の薬粧卸売事業は、本件合意書締結前の平成16年3月期の実績によれば、連結売上高に占める割合にして2.8パーセント程度であり（乙21）、債権者自身も、本件合意書締結後の記者会見等で、債権者の一般用医薬品卸売事業の規模では、今後、サービスの水準の向上が困難で、コバショウへの事業移管により医療用医薬品卸売事業に特化していきたい旨や、事業の選択と集中によりコア事業である医療用医薬品卸売事業に経営資源の集中を行う旨述べていたこと（乙32、37）、債権者は、本件合意書により、コバショウの発行済株式総数の20％を保有することになったが、コバショウについては、当期純損益（持分に見合う額）及び利益剰余金（持分に見合う額）等からみて、持分法の対象から除いても連結財務諸表に及ぼす影響が軽微であり、かつ、全体としても重要性がないとして、コバショウを持分法非適用会社としている上（乙4）、実際にも、平成19年3月期の財務状況をみると、債権者の同期の連結売上高が1兆4548億円、連結経常利益が321億円、連結当期純利益が177億円、連結総資産が8575億円であるのに対し、コバショウの債権者持分に見合った売上高は331億円、経常利益は1億7000万円、当期純損失は5260万円、総資産は129億円にとどまること（乙4、7）、債権者自身も、債権者の主たる事業が医療用医薬品事業であることは否定していないこと（審尋の全趣旨）が一応認められる。

　これら事実に照らすと、債権者が、本件合意書締結により、コバショウに資本参加した目的である「薬粧卸売事業の最適化」として、上記①の目的が含まれるといえるとしても、上記②③の目的やメディパルに対抗しうる卸の一大グループを作ることが含まれるとするには疑問があるといわざるを得ない。

　しかも、債権者が主張する目的や前提が、債務者との間でも共通の認識となっており、まして、それが、債権者にとって経営戦略を左右するような重大なものであれば、本件合意書上、その旨、明記されてしかるべきであったにもかかわらず、上記の目的やこれを担保するためのコバショウの組織再編行為を制限する明示の規定は存在せず、そのような目的や前提について、債権者と債務者との間に共通の認識（合意）があったとするには疑問があるといわざるを得ない。

　そうすると、債権者の上記主張は、その前提を欠き

採用できない。

ウ　本件合意書締結後の債務者側の言動について
疎明資料（甲20、21の1ないし2、22、24）によれば、コバショウは、本件合意書締結後、平成17年12月1日開催の取締役会において、菱食に対し、出資比率51パーセントでコバショウに資本参加することを要請することを議決したが、同月7日開催の債務者取締役会において、コバショウと菱食の資本業務提携に関する件が否決された上、メディパルグループと連携すべきことが指示されたこと、これを受けて、同月19日開催のコバショウ取締役において、メディパルの資本参加を認める本件方針を進める議案が議決されたが、その際、甲野社長は、「債権者というパートナーを失う結果も織り込んで、本件は債務者としても時間をかけて吟味検討した結果で苦渋の選択であったことを理解してもらいたい。今回の結論は誠に忸怩たるものがある。」と述べたこと、また、同取締役会において、丙川会長は「ここに至るまで折衝し交渉してきた菱食・三菱商事関係者、並びに菱食とのアライアンスを前提に説明し交渉してきたM＆A候補先各社の関係者、及びパートナーとして我々を信頼し委ねて戴いた債権者の関係者、私を信じて誠実に前向きに応じて戴いたこれら多くの方々との経緯を鑑み結果的に与えてしまう不義理・不誠実を思うと、決して安易に賛成票を投じることはできないが、・・誠に不本意ながら苦渋の結論として断腸の思いで賛成する。」と表明した上、後に会長職を退任したこと、その後も、甲野会長や甲野社長のほか、メディパルの首脳が、債権者を訪問し、本件方針の了承を求めたことが認められる。

債権者は、上記事実は、債務者が、メディパルとの統合を進める本件方針が本件合意書に反することを強く認識していたことを前提とするものであると主張する。

しかしながら、コバショウ取締役会における甲野社長及び丙川会長の上記発言は、メディパルとの統合を進める本件方針が本件合意書に法的に違反することを自認したものとまではいえず（両者の発言中に、本件方針が本件合意書に反すると述べた部分はない上、甲8中には、債権者取締役兼コバショウ取締役である丁田冬郎ですら、「メディパルとのアライアンスは会社法上はやれるのかも知れないが」などと発言している部分があることに照らすと、甲野社長及び丙川会長の上記発言は、コバショウに資本参加をしてパートナー関係となった債権者や、アライアンスを前提に説明し交渉してきた菱食その他M＆A候補先各社に対し、菱食との統合の方針を変更して、本件方針をとることになったことについて、道義的責任を吐露したものと解する余地がある。）、これをもって、本件合意書17条の「株式の譲渡」に本件株式交換が含まれるとの疎明があったとするに十分なものとはいえない。

エ　以上のとおり、本件合意書17条1項の「株式の譲渡」の文理解釈のほか、同条の趣旨や本件合意書締結の経緯・目的等を考慮しても、同条項の「株式の交換」に株式交換が含まれるには疑問があるといわざるを得ず、その疎明があったとするに足りない。

(2) 前記②（債務者が、本件合意書17条1項に基づいて、本件議決権を行使してはならない不作為義務を負うか否か）、前記③（債権者が、同項に基づいて、本件議決権行使の差止請求をできるか否か）について

ア　前記②について

この点、前記①について、本件合意書17条1項の「株式の譲渡」に株式交換が含まれるといえる場合には、同項により、株式交換である本件株式交換も禁止されるといえることや、本件株式交換契約の当事者は、コバショウとメディパルであり、コバショウの株主にすぎない債務者が本件株式交換手続のためになす行為は、本件総会で本件議案に賛成する本件議決権を行使することのみであるから、本件合意書に基づいて、債務者が禁止される本件株式交換に関する行為とは、本件議決権を行使することにほかならないと解されることに照らすと、債務者は、同項に基づいて、本件議決権を行使してはならない不作為義務を負う（前記②）と解される。

しかしながら、前記①について、本件合意書17条1項の「株式の譲渡」に株式交換が含まれるとの疎明があったとするに足りないことは前記のとおりであるから、債務者が、同項に基づいて、本件議決権を行使してはならない不作為義務を負うとはいえない。

イ　前記③について

前記②が否定される以上、債権者が、本件合意書17条1項に基づいて、債務者に対し、本件議決権行使の差止を請求できるとはいえない（前記③）。

なお、仮に、前記①が認められ、前記②について、債務者が、同項に基づいて、本件議決権を行使してはならない不作為義務を負うといえるとしても、同項に基づいて、ただちに、債務者に対し、その差止めを請求できるかは別の考慮を要する問題というべきである。

なぜなら、仮に、債務者が、同項に基づいて、本件議決権を行使してはならない不作為義務を負うといえる場合には、その債権的効力（同義務違反に基づく債務不履行責任）を否定する理由はないが、これを越えて、債務者の議決権行使を差し止めることになれば、その影響は、本件合意書の当事者である債権者及び債務者にとどまらず、コバショウの他の株主にも及ぶことになる。しかも、これが認められることになれば、債権者と債務者間の議決権拘束契約に基づいて、債務者の議決権行使が差し止められることになるところ、本件合意書締結当時、議決権拘束契約に基づく議決権行使の差止めの可否について判断した判例は見あたら

ず、学説上はこれを否定する学説が優勢であったこと（乙24、25、27）からすれば、本件議決権行使の差止めを認めることになれば、法的安定性を害するおそれがあるからである。

これらを考慮すれば、仮に、前記①が認められ、前記②について、債務者が、同項に基づいて、本件議決権を行使してはならない不作為義務を負うといえる場合でも、原則として、本件議決権行使の差止請求は認められないが、①株主全員が当事者である議決権拘束契約であること、②契約内容が明確に本件議決権を行使しないことを求めるものといえることの二つの要件を充たす場合には例外的に差止請求が認められる余地があるというべきである。

これを本件についてみるに、まず、前記前提事実のとおり、本件議案について議決権を行使しうるコバショウの株主は、債権者及び債務者に限られないから、上記①の要件を充たすとはいえない（これに対し、債権者は、この要件の趣旨は、矛盾する複数の議決権拘束契約が存在する場合に収拾がつかなくなることを防ぐことにあるところ、コバショウの株主構成は、債権者及び債務者以外の株主は、5.8パーセントにすぎない上、このうち、コバショウ従業員持株会が5.6パーセントを占め、残りの株主も債務者の役員、コバショウの役員及び従業員であることからすれば収拾がつかなくなるおそれはなく、株主全員の同意があった場合と同視しうるから、この要件を充たすというべきであると主張するが、株主全員の間に本件議決権の行使をしない旨の合意があると一応認めるに足る疎明資料はない［個人株主のうち、甲野会長、甲野社長及びコバショウの役員については同意があると推認することも不可能ではないが、コバショウ従業員持株会やその他の個人株主については、本件議決権の行使をしない旨の合意があるとの疎明があるとはいえない。］から、上記主張は採用できない。）。

また、②の要件について、仮に、本件合意書17条1項の「株式の譲渡」に株式交換が含まれるとしても、同項の規定上、コバショウといかなる当事会社間の株式交換が対象になるかは不明であり、②の要件を欠くといわざるを得ない（この点については、前記②について、債務者が、同項に基づいて、本件議決権を行使してはならない不作為義務を負うといえる場合には、②の要件を充たすというべきではないかとの反論が考えられるが、債権者と債務者間の債権的効力を越えて、本件議決権行使の差止請求が認められるためには、いかなる株式交換に関する議決権行使が禁止されるかについて、議決権拘束契約（条項）である同項の規定上、明確であることを要すると解するのが相当であるから、上記反論は採用しない。）。

そうすると、仮に、前記①が認められ、前記②について、債務者が、同項に基づいて、本件議決権を行使

してはならない不作為義務を負うといえるとしても、債権者の債務者に対する本件議決権行使の差止請求権は認められないといわざるを得ない。

　(3) 以上によれば、債権者が主張する被保全権利があるとの疎明があったとはいえない。

2　保全の必要性について

本件仮処分は、仮の地位を定める仮処分（民事保全法23条2項）に当たるから、保全の必要性が認められるためには、争いのある権利関係について債権者に生じる著しい損害又は急迫の危険を避けるために本件仮処分を発令する必要があるといえることを要すると解される。

　(1) これを本件についてみるに、債権者が主張する著しい損害ないし急迫の危険は、債権者が主張する被保全権利、すなわち、債権者の債務者に対する、本件合意書17条1項に基づく本件議決権行使の差止請求権が認められることを前提にするものであるところ、その疎明があったとするに足りないことは前記のとおりであるから、債権者の主張はその前提を欠くものといわざるを得ない。

　(2) 次に、この点はしばらく措き、債権者が主張する損害ないし急迫の危険（以下「損害等」という。）の存否について検討する。

まず、債権者は、債権者が本件合意書を締結した目的が、今後、債権者が上記3位グループ以外の医薬品卸と事業統合をする際、コバショウをそれらの薬粧卸売事業部門を受け入れたり、将来的にドラッグストアでの調剤薬局併設が拡大した場合に債権者が医療用医薬品をドラッグストアに販売したりするための受け皿とし、ひいては、メディパルに対抗しうる卸の一大グループを作ることにもあることを前提に、本件仮処分申立てが認められない場合には、債権者とシェア争いをしているメディパルがコバショウを傘下に置くことになり、債権者グループとメディパルグループの差がさらに広がるところ、これは債権者にとって致命傷的であるなどと主張する。しかし、債権者にそのような目的があったとするには疑問があることは前記第3の1⑴イ(イ)で指摘したとおりであり、債権者が主張する上記の損害等があるといえるか疑問があるといわざるを得ない。

また、債権者は、本件仮処分申立てが認められなければ、企業秘密等の流出に伴う損害、コバショウに対する出資を回収できないことによる損失、信用の毀損、債権者従業員のインセンティブの低下等の損害等を被ると主張する。しかし、いかなる価値のある企業秘密等が流出したか明らかでないなど、その主張する損害等の内容自体明確ではないものがある上、その損害額がいくらになるかも不明確であることに照らすと、債権者の主張する上記損害等が、事後の損害賠償によって償えない程のものであるといえるかについて

も疑問があるといわざるを得ない（債権者が、本件合意書締結当時、コバショウへの事業移管により医療用医薬品卸売事業に特化していきたい旨述べていたことや、コバショウを持分法非適用会社としていることは前記第3の1⑴イ(イ)で指摘したとおりであり、これら債権者におけるコバショウの位置付けからすると、その損害額が事後の損害賠償によって償えない程のものといえるか疑問があるといわざるを得ない。）。

　これらによれば、債権者の著しい損害又は急迫の危険を避けるために本件仮処分を発令する必要があるといえるとする疎明があったとするには疑問があるといわざるを得ない。

3　以上のとおり、本件仮処分の申立ては理由がないから、これを却下することとして、主文のとおり決定する。

　　　　　　　　　　　裁判官　西田政博

（別紙）**本件合意書**
＜金判1319号61頁以下参照＞

7 モリテックス事件

I 国内判例編　東京地判平成19・12・6金融・商事判例1281号37頁

大阪大学大学院法学研究科准教授　久保田安彦

I　事案の概要

　東証一部上場企業であるY株式会社（被告）の第1順位株主であるX株式会社（原告）と第2順位株主である訴外A（以下、両者を併せて「Xら」という）は平成19年4月19日、共同で株主提案権を行使し、「取締役8名選任の件」（候補者はAを含む8名）および「監査役3名選任の件」（候補者は3名。以下、両提案を総称して「本件株主提案」という）をYの同年6月27日開催の株主総会（以下、「本件株主総会」という）の目的とするよう請求した。この取締役8名・監査役3名というのは、Yの定款における員数規定との関係上、本件株主総会で選任できる取締役・監査役の員数の上限であった。

　その後Xらは、同年6月6日からYの議決権を有する全株主に対して委任状（以下、「本件委任状」という）および参考書類等を順次送付し、議決権の代理行使の勧誘を開始した。本件委任状には、委任事項として「1．平成19年6月に開催予定のY第35期定時株主総会および継続会または延会に出席し、下記のXおよびAによる株主提案の議案（以下、原案という。）につき私の指示（○印で表示）に従って議決権を行使すること。ただし、賛否の指示をしていない場合、原案に対し修正案が提出された場合（Yから原案と同一の議題について議案が提出された場合等を含む。）…はいずれも白紙委任とします。…」と記載され、記として、本件株主提案について、「取締役8名選任の件」と「監査役3名選任の件」の別に、被勧誘者の賛否を記載する欄が設けられていた。また参考書類には、本件株主提案に係る取締役候補者8名および監査役候補者3名について、その氏名、生年月日、略歴、地位、担当、他の法人等の代表状況および所有する被告の株式数等のみが記載されていた。

　他方、Yは同年6月11日、議決権を有する全株主に対し、会社提案に係る議案として「取締役8名選任の件」（候補者は8名）および「監査役3名選任の件」（候補者は3名。両提案を総称して「本件会社提案」という）、ならびに本件株主提案が記載された本件株主総会に係る招集通知、議決権行使書面および『『議決権行使』のお願い」と題する書面（以下、「本件書面」という）等を発送した。Yが送付した本件書面には、有効に議決権行使をした株主1名につきQuoカード1枚（500円分）を贈呈する旨が記載されるとともに、「※各議案に賛成された方も反対された方も、また委任状により議決権を行使された株主様にも同様に贈呈いたします。なお、議決権行使書に賛否のご記入が無い場合は、議決権行使書の注意書きにございますように、会社提案に賛成の表示があったものとして取扱います。」との記載がなされていた。

　さらに、Yは同年6月14日にも、議決権を有する全株主に対し、「『議決権行使書』ご返送のお願い」と題するはがき（以下、「本件はがき」という）を送付した。本件はがきには「今次株主総会は、<u>当社の将来に係わる重要な総会</u>でございますので、当日ご出席願えない方で、まだ議決権行使書をご返送頂いていない場合には、誠にお手数ですが<u>招集ご通知同封の議決権行使書に賛否をご表示頂き、お早めにご返送頂きたく重ねてお願い申し上げます。議決権を行使（委任状による行使を含む）して頂いた株主様には、Quoカードを進呈致します。</u>」との記載がされるとともに、その下部に、「【重要】」とした上で、「<u>本年6月開催の株主総会は、当社の将来に係わる重要な株主総会とな</u>

ります。是非とも、会社提案にご賛同のうえ、議決権を行使して頂きたくお願い申し上げます。」との記載がされていた。

同年6月27日に開催された本件株主総会では、取締役選任と監査役選任のそれぞれについて本件会社提案と本件株主提案が一括して審議され、採択された。ここでYは、役員選任議案の決議要件である「出席議決権数の過半数」を算出するにあたり、本件委任状に係る議決権数を、本件会社提案については「出席議決権数」に含めず、本件株主提案についてのみ「出席議決権数」に含めて算出した。その結果、本件株主提案に係る候補者は全員が出席議決権の過半数の賛成を得られず不選任となる一方、本件会社提案に係る候補者は全員が選任された。しかし、もし本件会社提案についても本件委任状に係る議決権数が出席議決権数に含めて集計されていたとすれば、本件会社提案に係る取締役候補者のうちB・Cの2名については出席議決権の過半数の賛成は得られていなかった。

そこでXは、以上のような本件各決議に関するYの集計方法は違法であり、また、Yが議決権を行使した株主にQuoカードを送付したことは違法な利益供与（会社法120条1項）に当たるとして、会社法831条1項に基づき、本件会社提案を可決した各決議の取消しを求めた。

II 判決要旨

請求認容。

1 本件各決議に関する本件集計方法の違法性について

「本件株主提案と本件会社提案とはそれぞれ別個の議題を構成するものではなく、『取締役8名選任の件』及び『監査役3名選任の件』というそれぞれ一つの議題について、双方から提案された候補者の数だけ議案が存在すると解するのが相当である。」

「本件においては、XらとY経営陣との間で経営権の獲得を巡って紛争が生じていることから、Xらがその提案に係る取締役及び監査役候補者の選任に関する議案を提出し、株主に対して議決権の代理行使の勧誘を行ってきた場合に、Yからもいずれその提案に係る候補者の選任に関する議案が提出されるであろうことは、株主にとって顕著であったものと認められる……。また、Yの定款に定められた員数の関係から、本件株主総会において選任できる取締役の員数は最大で8名、監査役の員数は最大で3名であって、本件株主提案に賛成し、Xに議決権行使の代理権を授与した株主は、本件会社提案に係る候補者については賛成の議決権行使をする余地がない。このような状況下においては、本件株主提案に賛成して本件委任状をXに提出した株主は、委任事項における『白紙委任』との記載にかかわらず、本件委任状によって、本件会社提案については賛成しない趣旨で、Xに対して議決権行使の代理権の授与を行ったと解するのが相当である。」「なお、本件委任状には、委任事項として、『賛否の指示をしていない場合……はいずれも白紙委任とします。』と記載されているところ、賛否の欄を白紙にして本件委任状を提出した株主についても、上記の状況下では、本件株主提案に賛成するとともに、本件会社提案については賛成しない趣旨で、Xに対して議決権行使の代理権の授与を行ったと解して妨げないというべきである。」

「……上記の各事情を考慮すると、本件においては、本件委任状の交付をもって、本件会社提案についての株主からXに対する議決権行使の代理権の授与を認めたとしても、議決権代理行使勧誘規制の趣旨に必ずしも反するものではないということができ、本件委任状が本件会社提案について賛否を記載する欄を欠くことは、本件会社提案に係る候補者についてのXに対する議決権行使の代理権授与の有効性を左右しないと解するのが相当である。」

「本件会社提案に係る議案の採決に際しては、本件委任状に係る議決権数は、出席議決権に算入し、かつ本件会社提案に対し反対の議決権行使があったものと取り扱うべきであった。……本件各決議は、その方法が法令に違反したものとして決議取消事由を有するといわざるを得ない。」「そして、本件委任状に係る議決権数を出席議決権に算入するという取扱いによった場合、Bは出席議決権数の44.93％、Cは出席議決権数の46.74％の賛成しか得ていないことになり……、いずれも過半数に達していないから、両名の選任議案は否決されたというべきであり、両名を取締役に選任する旨の決議は取消しを免れない。」

2 議決権行使株主に対するQuoカード送付の

違法性について

「会社法120条1項……の趣旨は、取締役は、会社の所有者たる株主の信任に基づいてその運営にあたる執行機関であるところ、その取締役が、会社の負担において、株主の権利の行使に影響を及ぼす趣旨で利益供与を行うことを許容することは、会社法の基本的な仕組に反し、会社財産の浪費をもたらすおそれがあるため、これを防止することにある。」「そうであれば、株主の権利の行使に関して行われる財産上の利益の供与は、原則としてすべて禁止されるのであるが、上記の趣旨に照らし、当該利益が、株主の権利行使に影響を及ぼすおそれのない正当な目的に基づき供与される場合であって、かつ、個々の株主に供与される額が社会通念上許容される範囲のものであり、株主全体に供与される総額も会社の財産的基礎に影響を及ぼすものでないときには、例外的に違法性を有しないものとして許容される場合があると解すべきである。」

「本件において株主に対して供与された利益の額について検討すると、個々の株主に対して供与されたQuoカードの金額は500円であり、一応、社会通念上許容される範囲のものとみることができる。また、株主全体に供与されたQuoカードの総額は452万1990円であるところ……、平成19年3月期(第35期)における経常利益が3億5848万8000円、総資産が150億7396万5000円、純資産が76億8043万6000円であること……、第35期の中間配当及び期末配当の総額はそれぞれ6912万3500円……であることと比較すれば、上記の総額は会社の財産的基礎に影響を及ぼすとまではいえない。」

「Yが議決権を有する全株主に送付した本件はがきには、『議決権を行使(委任状による行使を含む)』した株主には、Quoカードを贈呈する旨を記載しつつも、『【重要】』とした上で、『是非とも、会社提案にご賛同のうえ、議決権を行使して頂きたくお願い申し上げます。』と記載し、Quoカードの贈呈の記載と重要事項の記載に、それぞれ下線と傍点を施して、相互の関連を印象付ける記載がされていることが認められる。」「Yは、昨年の定時株主総会まではQuoカードの提供等、議決権の行使を条件とした利益の提供は行っておらず、Xとの間で株主の賛成票の獲得を巡って対立関係が生じた本件株主総会において初めて行ったものであることが認められる。」「株主による議決権行使の状況をみると、本件株主総会における議決権行使比率は81.62％で例年に比較して約30パーセントの増加となっていること……、白紙で返送された議決権行使書は本件会社提案に賛成したものとして取り扱われるところ、白紙でYに議決権行使書を返送した株主数は1349名(議決権数1万4545個)に及ぶこと……、Yに返送された議決権行使書の中にはQuoカードを要求する旨の記載のあるものが存在すること……の各事実が認められ、Quoカードの提供が株主による議決権行使に少なからぬ影響を及ぼしたことが窺われる。」「そうであれば、Quoカードの提供を伴う議決権行使の勧誘が、一面において、株主による議決権行使を促すことを目的とするものであったことは否定されないとしても、本件は、Xら及びYの双方から取締役及び監査役の選任に関する議案が提出され、双方が株主の賛成票の獲得を巡って対立関係にある事案であること及び上記の各事実を考慮すると、本件贈呈は、本件会社提案へ賛成する議決権行使の獲得をも目的としたものであると推認することができ、この推認を覆すに足りる証拠はない。」

「本件贈呈は、その額においては、社会通念上相当な範囲に止まり、また、会社の財産的基礎に影響を及ぼすとまではいえないと一応いうことができるものの、本件会社提案に賛成する議決権行使の獲得をも目的としたものであって、株主の権利行使に影響を及ぼすおそれのない正当な目的によるものということはできないから、例外的に違法性を有しないものとして許容される場合に該当するとは解し得ず、結論として、本件贈呈は、会社法120条1項の禁止する利益供与に該当するというべきである。」「そうであれば、本件株主総会における本件各決議は、会社法120条1項の禁止する利益供与を受けた議決権行使により可決されたものであって、その方法が法令に違反したものといわざるを得ず、取消しを免れない。」

III 分析と展開

1 本ケースの主たる争点

近時、上場会社で委任状勧誘合戦が行われるケースが増加するなかで、関連する制度の不備が露わになるとともに、従来の解釈を見直す動きも拡がりつつある。役員選任決議を巡って委任状勧

誘合戦が行われた本件にも、随所にそうした状況が反映されている。

本件の主たる争点は、①本件決議に関するYの集計方法が違法であるか、および②議決権行使を条件としたQuoカードの送付が会社法120条の禁止する利益供与に該当するかどうかである。本判決はいずれも肯定して、本件決議には決議方法の法令違反という取消原因があるとしながら、最終的にB・C 2名の選任決議だけを取り消した。候補者の数だけ議案があり、したがって会社提案候補者の数だけ選任決議が存在する解釈を前提に、B・C以外の会社提案候補者の決議については裁量棄却を認めたものである。なお、本件は控訴されたが、その後控訴審で和解が成立している（注1）。

2　Yの集計方法の違法性

(1)　本件では、株主総会の招集通知が発送される前の段階で、役員選任に関する株主提案をしたXが当該株主提案に係る役員候補者のみを示して委任状勧誘を行った。総会日の2週間前に会社提案を知ってからでは、事実上、印刷・発送・返送などの手続が困難で委任状勧誘が間に合わないからである。このXの勧誘に応じて、多くの株主が本件株主提案に賛成して本件委任状をXに提出したが、Yは本件株主総会で、役員選任議案の決議要件である「出席議決権数の過半数」を算出するにあたり、本件委任状に係る議決権数を、本件会社提案については「出席議決権数」に含めず、本件株主提案についてのみ「出席議決権数」に含めて算出した。Yは、本件委任状に係る議決権数について、本件会社提案に反対ではなく棄権したものとして取り扱ったことになる。Yがそのような集計方法を採用した一つの根拠は、本件株主提案と本件会社提案とは候補者の記載が異なるから議題としては別であり、したがって、本件委任状は本件会社提案についてはXに授権するものではなく、本件会社提案に対する議決権行使も無効であるとする考え方であった。

本判決はこれに対し、本件株主提案と本件会社提案とが同一の議題を構成するという解釈を前提に、本件株主提案に賛成して本件委任状をXに提出した株主について、その意思を推認することによってYの集計処理の違法性を基礎付けた。すなわち、それらの株主は本件会社提案には反対する趣旨で代理権の授与を行ったものであるから、本件委任状に係る議決権数については、本件会社提案についても「出席議決権数」に含めて算出すべきであったとして、本件総会決議には決議方法の法令違反が認められると判示したのである。

本判決がそのように株主の合理的意思を推認したのは、主に①XらとY経営陣との間に経営権獲得紛争があり、しかも②Xの候補者数と選任可能役員数とが一致していたという事情に基づくものである。①の事情からすれば、株主は、Yが全く別の候補者を立てるであろうことを容易に推測できたはずである。また②の事情からは、株主がXの候補者提案に賛成すれば、論理的にもはや別の候補者提案に賛成できないことになるのであって、株主もそのことを認識できたと考えられるからである。ここで暗黙裏に、②の事情に基づく推認の前提とされているのは、定款の員数規定によって、株主総会が8名を超えて取締役を選任することができない場合は、株主もまた8名を超える候補者に賛成票を投じることはできないという解釈である。

さらに本判決は、補強的な理由として、株主には代理権授与の撤回の機会が与えられていたことも挙げている。機会が与えられていたにもかかわらず撤回をしなかったということは、本件委任状を提出した当初から本件会社提案には反対する意思であったという推認を裏付けるというわけである。

(2)　以上の立論は無理のないものであって、支持されてよいと思われるが、ただ、以下の2点は問題になり得る。その第一は、既述のように、本判決が、定款の員数規定によって株主総会が8名を超えて取締役を選任することができない場合は、株主もまた8名を超える候補者に賛成票を投じることはできないとする解釈を前提としている点である。こうした解釈は、会社法のいずれかの条文から直接的に導かれるものではない。おそらくその合理性は、仮に株主が9名以上の候補者に賛成してよいとすると、株主総会で9名以上の候補者が出席株主の議決権の過半数の賛成を得て選任される事態が生じやすいという点に求められるところ、理論上、係る事態は株主が8名以下の候補者にしか賛成できないとする場合にも同様に生じ得る（注2）からである。

ただし、本判決が常に上記のような採決方法によらなければならないと考えているかどうかは明

らかでない。本件で、実際にそのような方法が採用されたことを前提に——当日出席株主についても、同じく賛成票を投じることのできる候補者は最大8名とされていたようである——採決方法については議長の裁量とするものであると理解することもできるからである。採決方法としては様々なものが考えられるが、いずれかの方法が特に優れているとはいえない（注3）以上、むしろ議長の合理的な裁量に服するものと解すべきであり、本判決の判示もそのような趣旨によるものと捉えるかぎりで妥当性を有するように思われる。

第二に問題となり得る点として、本判決は、本件株主提案に「賛」の表示をした株主だけでなく、白紙として何も表示しなかった株主も含めて、本件会社提案に反対の意思であったと推認している。ただ、本件委任状には、「賛否の指示をしていない場合、原案に対し修正案が提出された場合（Yから原案と同一の議題について議案が提出された場合等を含む。）……はいずれも白紙委任とします。」と記載されており、こうした委任状の記載からすれば、——本件会社提案と本件株主提案が同一議題のものとされるかぎり——Xは、賛否の欄を記入せず本件委任状を提出した株主の分も含めて、本件委任状によって白紙委任を受けていたとみることもできる。そしてその場合には、本件委任状を持参したXは当然に本件会社提案についても出席扱いとすべきであり、本件集計方法も違法とされることになるが、本判決はそのような理論構成は採用しなかったのである。

これは、すでに指摘されているように、白紙委任が委任状勧誘府令違反に該当し得ること、そして勧誘府令違反が代理権授与あるいは議決権行使の効力に影響し得ること、を考慮したものであるといえる。従来、勧誘府令がいわゆる取締規定であることを理由に、この問題を消極的に解する見解（注4）が多かったが、近時、そうした解釈を見直すべきとする主張が増えてきている（注5）。そのような状況のもと、本判決の判示は、勧誘府令違反の場合に、代理権授与や議決権行使が無効になる可能性があることを前提とするものであり、むしろその方向性を示唆しているとみることもできる（注6）。このような見方は、委任状用紙には会社提案についての賛否記入欄が設けられていなかったこと、および会社提案にかかる候補者に関する参考書類の提供等がないことを理由に、本件委任状勧誘が勧誘府令違反であるとするYの主張に対して、本判決が、本件の事情の下では勧誘府令の趣旨に反することはなく、議決権行使の代理権授与の有効性を左右するものではないと判示していることからも裏付けられる。そもそも勧誘規制違反が委任契約やそれに基づく議決権行使の効力に影響を及ぼさないのであれば、やはり本件で勧誘府令違反の有無を判断する必要はなかったといえるからである（注7）。

(3) 既述のように、本判決は、Xの勧誘に応じて本件委任状をXに提出した株主につき、本件会社提案に反対する意思であったと推認することによって、Yの集計方法の違法性を基礎付けた。ただし、そうした推認は、①XらとY経営陣との間に経営権獲得紛争があり、しかも、②Xの候補者数と選任可能役員数とが一致していた事情に依拠するものである。したがって、多くの評者が揃って主張するとおり、本判決の判示は、そうしたいわば例外的なケースとして、株主提案と会社提案とが完全に両立しない関係にある場合に妥当するにとどまるといえる（注8）。

本判決は、本件株主提案と本件会社提案とが同一の議題を構成すると判示しているが、この部分もまた本ケースの事実関係に限った判示であるとみるべきであろう（注9）。すなわち、一般論として、例えば2つの議案があるときに、その議題が別個であるとされると、片方の議案の審議・採決と、他方の議案の審議・採決とが分離され、株主が両議案について全く別個の議決権行使をすることも——一方にだけ賛成または反対することのほか、両方の議案に賛成または反対することも——許されることになる。ただ、そうした形での議決権行使を許すべきかどうかは議案の内容次第であって、一義的には決められない。実務上は、総会の目的事項を決定する権限が取締役会にある以上、取締役会の裁量であると解されていたといわれるが、そうした解釈が妥当であるかどうかを含めて、この問題についてはこれまで必ずしも十分な議論がなされてきたわけではない。しかし、少なくとも本件のように、株主提案と会社提案とが完全に両立しないケースに関する限り、株主が両提案について全く別個の議決権行使をすることを認める意義は乏しいといえる。

3 利益供与の違法性

(1) 本ケースにおける第二の争点は、議決権行

使を条件に、1名の株主あたり500円、総額で452万円相当のQuoカードを交付したことが、会社法120条1項が禁止する利益供与に該当するかどうかである。この種の行為は現在、多くの上場会社で行われているものであり、その主たる目的は定足数の確保ないしは議決権行使の促進にあるといわれる。従来、そうした実務を適法とする考え方（注10）が有力であったように、上場会社の株主の実態を考えると、係る目的には一定の合理性が認められるであろう。株主の合理的無関心のゆえに、決議が成立したほうが明らかに会社の利益になるような場合でも、定足数を満たさずに決議が成立しない危険があるからである（注11）。

他方で、形式的にみると、本件のような議決権の行使を条件とした利益供与が会社法120条1項に違反するのは疑いない。本判決はこの点、一般論として、株主の権利行使に関して行われる財産上の利益の供与は原則としてすべて禁止されるとしながら、例外的に、①株主の権利行使に影響を及ぼすおそれのない正当な目的によるものであり、かつ②供与額が社会通念上許容される範囲のものである場合には違法性が否定されるとした。

上記①の「正当な目的」要件は、取締役の主観的な目的の正当性を問題とするものであり（注12）、従来の裁判例（注13）に沿うものであるといえる。その上で本判決は、本ケースでQuoカードが送付されたことの目的の一つが議決権行使の促進にあるとしつつ、そうした目的は不当ではないとする。反面、本件会社提案に賛成する議決権の獲得という目的の存在を認定した上でこの目的が不当であるとするが、そうした認定には、本件株主提案と本件会社提案とが競合関係にあったという事情が決定的な影響を及ぼしている（注14）。

（2）こうした本判決の立場に対しては、Yの内心の意図ないし動機はどうであれ、本件で議決権を行使した株主には、いずれの議案に賛成したのかを問わずQuoカードが贈呈されているという点で、株主平等原則に反する取扱いがなされていないうえに、株主の議決権行使を促すことは積極的に評価されるべきことである以上、不当な目的でなされたものとはいえないとする批判（注15）もある。

しかし、本件のように、本件株主提案と本件会社提案とが競合するなかでのQuoカードの送付は、構造的に——会社提案と株主提案の内容の優劣にかかわらず——、会社提案の可決に有利に、株主提案の可決に不利に作用しうるとともに、そのことを取締役も十分に認識して行為に及んでいると考えられるのであって、不当な目的によるものと評価されるべきであるように思われる。すなわち、本ケースでは、株主による議決権行使の状況をみると、本件株主総会における議決権行使比率は81.62％で、例年に比較して約30パーセントの増加となっている。また、白紙で返送された議決権行使書は本件会社提案に賛成したものとして取り扱われるところ、白紙でYに議決権行使書を返送した株主数は1349名、その議決権数は1万4545個（議決権総数の約10.5％）にも及ぶ。これらのことからしても、Xが主張するように、本件のQuoカード送付の申出により、これまで会社経営に無関心であるために議決権を行使してこなかった株主が議決権を行使する可能性が大きく高まるところ、そうした株主が最もとりそうな行動は、当日会場に列席したり、見慣れない本件委任状をXに返送することではなく、会社が送付した議決権行使書面をそのまま白紙で送り返すことである、と推測することには十分な合理性が認められる（注16）。

（3）本判決は、「本件会社提案に賛成する議決権行使の獲得をも目的としたものであって、株主の権利行使に影響を及ぼすおそれのない正当な目的によるものということはできない」（傍点筆者）という判示にみられるように、複数の目的の存在が認められる場合、そこに一つでも不当な目的が含まれていれば、目的の正当性要件は満たされないとする立場（注17）に立つ。もっとも、既述のように、本件で目的の1つが不当であるとされたのは、会社提案と株主提案とが競合関係にあるという事情が決定的に影響したからである。それは、会社提案と株主提案とが競合しているときに議決権行使を増やすための試みがなされれば、一方的に会社提案への賛成を増やす方向に作用し得ることを踏まえたものであったのは既述のとおりである。したがって、本判決の論理からすると、株主提案が出されている場合にはQuoカードなどの金品の贈呈が認められる余地はほとんどない反面、そうした特別の事情がなければ、金品の進呈も、その額が相当なものであるかぎり、問題とされることはないといえる（注18）。

（注1）株式会社モリテックス「ＩＤＥＣ株式会社との訴訟の和解による終了に関するお知らせ」（平成20年4月25日）（http://www.moriteX.co.jp/pdf/2008/080425_2.pdf）参照。なお、本件の評釈等として、鳥山恭一・法セ639号114頁（2008年）、新山雄三・金判1285号2頁（2008年）、奈良輝久・金判1288号2頁（2008年）、中村直人・商事1823号21頁（2008年）、小出篤「平成一九年度会社法関係重要判例の分析〔下〕」商事1840号47頁（2008年）、弥永真生・ジュリ1362号102頁（2008年）、松下憲・会計・監査ジャーナル633号97頁（2008年）、川島いづみ「利益供与と株主総会決議の瑕疵」法時80巻11号32頁（2008年）、田中亘・ジュリ1365号134頁（2008年）、原弘明・九大法学97号235頁（2008年）、牧真理子・法学72巻5号863頁（2008年）、日下部真治「委任状勧誘規制とモリテックス事件判決」判タ1279号49頁（2008年）、後藤元・平成20年度重判解（ジュリ1376号）114頁がある。

（注2）中村・前掲（注1）27頁、田中・前掲（注1）137頁。

（注3）中村・前掲（注1）26～27頁参照。

（注4）たとえば、大隅健一郎＝今井宏『会社法論（中）〔第3版〕』66頁（有斐閣・1992年）参照。

（注5）近時の議論状況については、酒井太郎「東京地判平成17・7・17判批」判時1934号207頁（2006年）、太田洋「株主提案と委任状勧誘に関する実務上の諸問題」商事1801号36頁（2007年）参照。

（注6）田中・前掲（注1）136頁。なお、本件では、「出席議決権数」をどのように算出すべきかという争点との関係で、本件委任状に基づく本件会社提案に関する議決権行使の効力が問題とされている。勧誘規制違反が総会決議の取消事由に該当するかどうかが問題とされているわけではないから、東京地判平成17・7・7判時1915号150頁（勧誘規制違反は決議取消事由に該当しない旨が判示された）とも直接的には抵触しないといえる（原・前掲（注1）252頁参照）。

（注7）中村・前掲（注1）25頁、原・前掲（注1）251頁。

（注8）鳥山・前掲（注1）114頁、小出・前掲（注1）48頁、奈良・前掲（注1）9頁、牧・前掲（注1）868頁、田中・前掲（注1）136頁。

（注9）中村・前掲（注1）24頁。

（注10）河本一郎＝今井宏『鑑定意見 会社法・証券取引法』66頁以下（商事法務・2005年）。反対、稲葉威雄他編『実務相談株式会社法2〔新訂版〕』1122頁〔須藤純正〕（商事法務研究会・1992年）。

（注11）田中・前掲（注1）137頁。

（注12）中村・前掲（注1）28頁、原・前掲（注1）256頁。

（注13）最一判平成18・4・10民集60巻4号1273頁、金判1249号27頁〔前書⓫事件〕、高松高判平成2・4・11金判859号3頁、東京地判平成7・12・27金判992号43頁など。

（注14）奈良・前掲（注1）10頁はこれに対し、そうした事情が決定的な要因とされるのは妥当でないという考え方のもと、むしろ本件Quoカードの送付と会社提案への賛成の議決権行使を関連付けるはがきの送付など、Y社の積極的な働きかけがなされていたことが重視されたものと捉えるべきであるとする。

（注15）新山・前掲（注1）8～9頁。

（注16）田中・前掲（注1）137頁。

（注17）この立場は、目的の正当性ないし不当性の程度を考慮しない、すなわち、一つの目的の正当性が他の目的の不当性を超える程度のものであった場合にも目的の正当性要件は満たされない、とする見解のようにみえる（原・前掲（注1）257頁、なお牧・前掲（注1）871頁も参照）。ただ、議決権行使の獲得という目的の不当性は、議決権行使の促進という目的の正当性を常に超える――前者の目的の不当性が常に優越する――とみる見解であると捉える余地もないではない。

（注18）中村・前掲（注1）29頁、原・前掲（注1）257頁、後藤・前掲（注1）116頁。

Yasuhiko KUBOTA

平成19・12・6東京地裁民事第8部判決、平成19年（ワ）第16363号株主総会決議取消請求事件、請求認容【控訴後、和解】

判　決

<当事者>（編集注・一部仮名）
原告	IDEC株式会社
同代表者代表取締役	F
同訴訟代理人弁護士	久保利英明
同	松山　遙
同	西本　強
同	水野信次
同	金井美智子
同	山浦美卯
被告	株式会社モリテックス
同代表者代表取締役	A
同訴訟代理人弁護士	大江　忠
同	田中　豊
同	松尾　眞
同	内藤順也
同	泰田啓太
同	筈井卓矢
同	山田洋平
同	金森　仁
同	中村大輔
同	井上明子
同訴訟復代理人弁護士	松尾剛行

【主　文】
1　被告の平成19年6月27日開催の定時株主総会における別紙決議目録記載1及び2の各決議をいずれも取り消す。
2　訴訟費用は被告の負担とする。
【事実及び理由】
第1　請求
　主文と同旨
第2　事案の概要
　本件は、被告の株主である原告が、被告の平成19年6月27日開催の第35回定時株主総会（以下「本件株主総会」という。）における第2号議案（取締役8名選任の件）及び第3号議案（監査役3名選任の件）について、主位的に、①原告に提出された委任状に係る議決権の個数を出席議決権数に含めなかったこと、②違法な利益供与の申出を手段として議決権行使の勧誘を行ったことはいずれも違法であり、株主総会の決議の方法が法令に違反し、又は著しく不公正なときに当たると主張し、予備的に、③被告の役員株主及び包括委任株主の受任者等が議決権を行使していないにもかかわらず、これを行使したものとして取り扱ったこと、

④議長が必要的動機を議場に諮ることなく却下したこと、⑤被告が不適切かつ誤った情報を株主に提供して、有効な委任状を無効な委任状として取り扱ったこと、⑥株主の復代理人である弁護士の入場を拒絶したことはいずれも違法であり、株主総会の決議の方法が法令に違反し、又は著しく不公正なときに当たると主張して、被告に対し、会社法831条1項1号に基づき、別紙決議目録記載1及び2の各決議（以下「本件各決議」という。）の取消しを求めている事案である。
1　前提事実（証拠等で認定した事実については、各項の末尾に証拠等を摘示した。）
（1）当事者
　ア　被告は、MML（マシンマイクロレンズ）及びCCDカメラなどを製造及び販売する光応用機器事業、高純度石英及び各種精密球等を製造及び販売する機能性材料事業、並びに液相合成装置及び化合物精製装置等を製造及び販売するバイオ関連事業等を業とする株式会社であり、平成19年3月31日現在の発行済株式の総数は1382万4928株、資本金の額は33億2017万0229円、議決権を有する株主数は9586名（議決権総数13万8227個）である。同社は、その発行する株式を株式会社東京証券取引所市場第1部に上場している。
（甲2、弁論の全趣旨）
　イ　原告は、制御機器製品、制御装置、FAシステム製品、制御用周辺機器製品及び防爆・防災関連機器製品その他の電気機械器具の製造及び販売等を業とする株式会社であり、平成19年3月31日現在、被告の株式156万4900株（持株比率11.31％）を保有している被告の第1順位株主である。（甲1、弁論の全趣旨）
　ウ　M（以下「M」という。）は、平成19年3月31日現在、被告の株式114万7300株（持株比率8.29％）を保有している被告の第2順位株主である。
（甲1）
（2）役員の員数及び任期
　被告においては、その定款により、取締役の員数は8名以内（19条）、その任期は、選任後2年以内に終了する事業年度のうち最終のものに関する定時株主総会の終結の時まで（21条1項）とされ、監査役の員数は4名以内（30条）、その任期は、選任後4年以内に終了する事業年度のうち最終のものに関する定時株主総会の終結の時まで（32条1項）とされている。
（甲2）
（3）役員の改選
　被告においては、本件株主総会終結時をもって取締役8名全員及び監査役3名が任期満了によって退任し（そのほかに任期中の監査役1名が存在する。）、本件株主総会において、取締役について最大8名、監査役について最大3名の後任者を選任することが予定されていた。
（甲2、弁論の全趣旨）
（4）株主による役員選任に関する提案及び委任状勧

誘

　　ア　原告及びM（以下、両者を総称して「原告ら」という。）は、平成19年4月19日、共同で株主提案権を行使し、「取締役8名選任の件」（候補者は、M、U、N、K、F、T、J及びH。）及び「監査役3名選任の件」（候補者は、Z、D及びR。以下、両提案を総称して「本件株主提案」という。）を本件株主総会の目的とすることを請求した。

　　イ　原告は、平成19年6月6日から、被告の議決権を有する全株主に対して委任状（甲2の添付資料5－3－1。以下「本件委任状」という。）及び参考書類等（甲2の添付資料5－3－2）を順次送付し、議決権の代理行使の勧誘を開始した。

　　本件委任状には、委任事項として「1．平成19年6月に開催予定の株式会社モリテックス第35期定期株主総会および継続会または延会に出席し、下記のIDEC株式会社およびMによる株主提案の議案（以下、原案という。）につき私の指示（○印で表示）に従って議決権を行使すること。ただし、賛否の指示をしていない場合、原案に対し修正案が提出された場合（株式会社モリテックスから原案と同一の議題について議案が提出された場合等を含む。）および原案の取り扱いその他の株主総会の運営（株式会社モリテックスから原案と同一の議題について議案が提出された場合等に関する原案の議決の謀り方等を含む。）に関する動機はいずれも白紙委任とします。2．復代理人を選任すること。」と記載され、記として、本件株主提案について、「取締役8名選任の件」と「監査役3名選任の件」の別に、被勧誘者の賛否を記載する欄が設けられている。

　　参考書類には、本件株主提案に係る取締役候補者8名及び監査役候補者3名について、その氏名、生年月日、略歴、地位、担当、他の法人等の代表状況及び所有する被告の株式数等が記載されている。

　　　　　　　　　　　　　（甲2、弁論の全趣旨）
　(5)　被告による役員選任に関する提案及び議決権行使書面返送の勧誘

　　ア　被告は、平成19年6月11日、被告の議決権を有する全株主に対し、会社提案に係る第2号議案として「取締役8名選任の件」（候補者は、A、B、C、E、O、P、Q及びS。以下「第2号議案」という。）及び第3号議案として「監査役3名選任の件」（候補者は、Z、V及びW。以下「第3号議案」といい、第2号議案と第3号議案を総称して「本件会社提案」という。）、株主提案に係る第4号議案として「取締役8名選任の件」（候補者は、M、U、N、K、F、T、J及びH。以下「第4号議案」という。）及び第5号議案として「監査役3名選任の件」（候補者は、Z、D及びR。以下「第5号議案」という。）が記載された本件株主総会に係る招集通知（甲2の添付資料11－1）、議決権行使書面（甲2の添付資料12）及び「『議決権行使』のお願い」と題する書面（甲2の添付資料13－1。以下「本件書面」という。）等を発送した。

　　被告が送付した議決権行使書面には、第1号議案から第5号議案まで議案ごとに株主の賛否を記載する欄及び第2号議案から第5号議案までの議案について「下の候補者を除く」との記載の下に氏名又は番号を記載する欄が設けられるとともに、「各議案につき賛否の表示をされない場合は、会社提案については賛、株主提案については否の表示があったものとしてお取り扱いいたします。」と記載されている。また、本件書面には、有効に議決権行使をした株主1名につきQuoカード1枚（500円分）を贈呈する旨が記載されるとともに、「※各議案に賛成された方も反対された方も、また委任状により議決権を行使された株主様にも同様に贈呈いたします。なお、議決権行使書に賛否のご記入が無い場合は、議決権行使書の注意書きにございますように、会社提案に賛成の表示があったものとして取扱います。」との記載がなされている。

　　イ　被告は、平成19年6月14日、被告の議決権を有する全株主に対し、「『議決権行使書』ご返送のお願い」と題するはがき（甲2の添付資料9－15。以下「本件はがき」という。）を送付した。本件はがきには、「今次株主総会は、<u>当社の将来に係わる重要な総会</u>でございますので、当日ご出席願えない方で、まだ議決権行使書をご返送頂いていない場合には、誠にお手数ですが<u>招集ご通知同封の議決権行使書に賛否をご表示頂き、お早めにご返送頂きたく</u>重ねてお願い申し上げます。<u>議決権を行使（委任状による行使を含む）して頂いた株主様には、Quoカードを進呈致します。</u>」との記載がされるとともに、その下部に、「【重要】」とした上で、「<u>本年6月開催の株主総会は、当社の将来に係わる重要な株主総会となります。是非とも、会社提案にご賛同のうえ、議決権を行使して頂きたくお願い申し上げます。</u>」との記載がされている。（甲2）

　(6)　株主総会における採決方法等に関する原告らと被告との合意

　　原告らと被告は、平成19年6月18日、本件会社提案及び本件株主提案の議場における採決方法は投票方式で行うこととし、投票は所定の様式の投票用紙を用いて、集計は中央三井信託銀行株式会社（以下「中央三井」という。）のシステムを用いて行い、集計に際しては、本件会社提案と本件株主提案とはそれぞれ相反議案の関係にあるものとして取り扱うことを合意した。
　　　　　　　　　　　　　　　　　　（甲2）
　(7)　被告による本件委任状撤回の手続

　　被告は、全株主に対して電話を行い、議決権行使書面の送付を依頼するとともに、原告に提出した本件委任状による代理権授与の撤回の意思を確認することが

できた株主に対しては、「委任状撤回通知書」と題する書面（甲2添付資料9-18）を送付して、原告に対する議決権行使の代理権授与の撤回の手続を行った。
　　　　　　　　　　　　（甲2、乙19、弁論の全趣旨）
　⑻　本件株主総会
　　ア　被告の定款15条1項に基づき議長となった代表取締役であるA（以下「A」という。）は、本件株主総会の開会を宣言し、決議事項の審議方法につき、第1号議案（剰余金処分の件）の審議及び採決の後、第2号議案及び第4号議案を一括して審議し、一括して投票による採決をすること、続いて第3号議案及び第5号議案を一括して審議し、一括して投票による採決をすること、取締役候補者及び監査役候補者はそれぞれ出席議決権数の過半数を獲得した取締役上位8名、監査役上位3名を選出することなどを説明し、監査報告及び報告事項の報告を行った後、報告事項に関する審議に入った。同審議中、被告の株主からAに対する議長不信任の動議が提出されたため、Aは、B（以下「B」という。）に議長を交替した。
　　　　　　　　　　　　　　　　　　（甲2、3）
　　イ　Bは、第1号議案（剰余金処分の件）について審議及び採決を行った後、第2号議案及び第4号議案を一括して上程し、審議及び採決し、さらに、第3号議案及び第5号議案を一括して上程し、審議及び採決した。　　　　　　　　　　（甲2、3）
　　ウ　Bは、第2号議案及び第4号議案につき、以下のとおり集計結果を発表し、第2号議案が可決承認された旨を宣言した。
　　　㋐　第2号議案

候補者名	出席議決権数	賛成議決権数	得票率
①A	8万0128個	5万0715個	63.29%
②B	8万0128個	5万6611個	70.65%
③C	8万0128個	5万6563個	70.59%
④E	8万0128個	5万6563個	70.59%
⑤O	8万0128個	5万8483個	72.98%
⑥P	8万0128個	5万8483個	72.98%
⑦Q	8万0128個	5万8438個	72.93%
⑧S	8万0128個	5万2758個	65.84%

　　　㋑　第4号議案

候補者名	出席議決権数	賛成議決権数	得票率
①M	11万2879個	5万2499個	46.51%
②U	11万2879個	5万2808個	46.78%
③N	11万2879個	5万2860個	46.83%
④K	11万2879個	5万2826個	46.80%
⑤F	11万2879個	5万2838個	46.81%
⑥T	11万2879個	5万2708個	46.69%
⑦J	11万2879個	5万2680個	46.67%
⑧H	11万2879個	5万2532個	46.54%

　　　　　　　　　　　　　　　　　　（甲2、3）
　　エ　続いて、Bは、第3号議案及び第5号議案につき、以下のとおり集計結果を発表し、第3号議案が可決承認された旨を宣言し、閉会宣言を行った。
　　　㋐　第3号議案

候補者名	出席議決権数	賛成議決権数	得票率
①Z	8万0085個	5万9289個	74.03%
②V	8万0085個	5万9240個	73.97%
③W	8万0085個	5万9340個	74.09%

　　　㋑　第5号議案

候補者名	出席議決権数	賛成議決権数	得票率
①Z	11万2831個	5万2767個	46.77%
②D	11万2831個	5万2823個	46.82%
③R	11万2831個	5万3060個	47.03%

　　　　　　　　　　　　　　　　　　（甲2、3）
　　オ　上記ウ、エにおいて、本件会社提案と本件株主提案との間で出席議決権数に差異が生じたのは、被告が、役員選任議案の決議要件たる「出席議決権数の過半数」を算出するに際し、本件委任状に係る議決権数（3万2750個）を、本件会社提案については「出席議決権数」に含めず、本件株主提案についてのみ「出席議決権数」に含めて算出したことによる（以下、この集計方法を「本件集計方法」という。）。
　　　　　　　　　　　　（甲2、弁論の全趣旨）
　⑼　中央三井のシステムによる集計結果
　　本件会社提案についても、本件委任状に係る議決権数を出席議決権数に含める集計方法によった場合の第2号議案ないし第5号議案に関する中央三井のシステムによる集計結果は以下のとおりである。
　　　ア　第2号議案

候補者名	出席議決権数	賛成議決権数	得票率
①A	11万2878個	5万0715個	44.93%
②B	11万2878個	5万6611個	50.15%
③C	11万2878個	5万6563個	50.11%
④E	11万2878個	5万6563個	50.11%
⑤O	11万2878個	5万8483個	51.81%
⑥P	11万2878個	5万8483個	51.81%
⑦Q	11万2878個	5万8438個	51.77%
⑧S	11万2878個	5万2758個	46.74%

　　　イ　第4号議案
　　　上記⑺ウ㋑と同じ。
　　　ウ　第3号議案

候補者名	出席議決権数	賛成議決権数	得票率
①Z	11万2835個	5万9289個	52.54%
②V	11万2835個	5万9240個	52.50%
③W	11万2835個	5万9340個	52.59%

　　　エ　第5号議案
　　　上記⑺エ㋑と同じ。　　　　　　（甲2）
　⑽　Quoカードの送付
　　被告は、本件株主総会に関して、株主7323名に対して、1人当たり500円分のQuoカードを送付した。その合計金額は、452万1990円である。

(乙23、24、弁論の全趣旨)

2 争点

(1) 本件各決議において本件集計方法を採用したことが、株主の意思に反し、若しくは株主平等原則に反するものであり、又は著しく不公正なものか（主位的主張、争点1）

(2) 株主に対するQuoカードの送付が株主の権利の行使に関する利益供与に該当するか（主位的主張、争点2）

(3) 本件株主総会において投票行為をしなかった役員株主等の議決権の個数を本件会社提案の議案に対する賛成票に算入したことは違法か（予備的主張、争点3）

(4) 議長の議事進行が裁量を逸脱した著しく不公正なものか（予備的主張、争点4）

(5) 被告は株主に対して不適切かつ誤った情報を提供して議決権行使の代理権授与の撤回を勧誘し、本件委任状を無効として扱ったか（予備的主張、争点5）

(6) 株主の復代理人である弁護士の入場を拒絶したことは違法か（予備的主張、争点6）

3 争点に関する当事者の主張

(1) 争点1（本件各決議に関する本件集計方法の違法性）について

（原告の主張）

ア 株主がいかなる議決権行使をしたかは、その合理的意思解釈によって決しなければならない。本件会社提案と本件株主提案とは両立しない関係にあり、かつ、本件委任状記載の趣旨からすると、被告からも「取締役8名選任の件」及び「監査役3名選任の件」の提案がされることは容易に予見できるから、株主が本件株主提案に賛成している場合、これと両立しない本件会社提案については、本件委任状に直接記載がなくとも反対の授権を行ったと解すべてある。加えて、被告の定款上、本件株主総会において選任可能な取締役の員数の上限は8名、監査役の員数の上限は3名とされ、株主が本件委任状により本件株主提案に係る候補者に対して自己が有する賛成の議決権をすべて行使すれば、それ以上賛成の議決権を行使することはできないから、当然に本件会社提案に係る候補者については反対の授権を行ったと解すべきである。

被告はあえて本件集計方法を用いることで、本件委任状を提出した株主の議決権について、本件株主提案については賛成、本件会社提案については議決権を行使しないものとして取り扱ったが、これは実際の株主の意思と相反する違法なものである。

イ 被告は、各株主が被告の定款で定められた取締役又は監査役の各員数の上限を超えて賛成の議決権を行使することができないという取扱いの下、出席株主が投票箱に投じなかった候補者については当然に反対の議決権行使をしたものとして取り扱った。そうで

あれば、本件委任状を提出して本件株主提案に賛成の議決権行使を授権した株主についても、本件会社提案に反対の議決権行使を授権したものとして取り扱わなければならない。

このように、議場で投票した株主と本件委任状により議決権行使をした株主との間で、著しい差別的扱いをする本件集計方法は、株主平等原則のみならず、信義則ないし禁反言の原則に違反する違法なものである。

ウ 本件集計方法は、本件委任状により本件株主提案に賛成した議決権を本件会社提案に反対と扱うのではなく、出席議決権数に含めないものとして扱い、専ら本件会社提案を成立しやすくする方向へと作用するものであるから、決議の方法が著しく不公正であると評価せざるを得ない。

エ 上場株式の議決権の代理行使の勧誘に関する内閣府令（以下「勧誘内閣府令」という。）43条は、委任状の用紙には、議案ごとに被勧誘者が賛否を記載する欄を設けなければならない旨規定しているが、勧誘内閣府令の趣旨は、①委任状の勧誘に際し適切かつ正確な情報が株主に提供されるようにすること、②議決権行使の方向を指示する機会が株主に与えられるようにすることにあり、勧誘内閣府令43条は上記②をその趣旨としている。ところで、本件のように相反議案の関係にある二つの議案が提案されている場合、本件株主提案に賛成する株主は、本件会社提案に反対する意思であることは明らかであるから、本件株主提案について賛否の記載欄を設けていれば、本件会社提案について賛否の記載欄を設けなくとも、株主には両議案について議決権行使の方向を指示する機会が与えられていることになり、勧誘内閣府令43条の趣旨は満たされ、同条に違反することはない。このような解釈の下でも、本件会社提案に関しては、本件株主総会招集通知により十分な情報が株主に提供されるから、勧誘内閣府令の上記①の趣旨が実質的に害されることはなく、また、株主は、被告から提供された情報を基に本件会社提案を支持するのであれば、本件委任状による代理権授与を撤回すればよく、勧誘内閣府令の上記②の趣旨が実質的に害されることもない。

また、勧誘内閣府令43条を根拠として、会社提案について賛否の記載欄を設けなければ、勧誘者は会社提案について議決権行使の授権を受けることができないという解釈を徹底すると、株主総会の決議が実際の株主の意思とかけ離れたものになり、また、会社以外の者は、会社側提案を知ってから委任状を送付して委任状勧誘を行うことになり、委任状勧誘を行うことが事実上不可能になるという著しい不都合が生じる。

したがって、被告は、勧誘内閣府令43条を根拠に、本件委任状に本件会社提案について賛否の記載欄が設けられていないことをもって、原告が本件会社提案に

ついて被勧誘者から何らの授権も受けていないと取り扱うことはできない。

オ　違法な本件集計方法を採用せずに、中央三井のシステムによる集計方法を採用すれば、Aは出席議決権数の44.93％、Sは出席議決権数の46.74％の賛成しか得ていないことになる。

したがって、本件集計方法を採用し、A及びSが出席議決権数の過半数の賛成を得たものとしてされた決議は、全体としてその決議方法が法令に違反し、又は著しく不公正といえるから、本件各決議はすべて取り消されるべきである。万が一、本件集計方法の瑕疵により、本件各決議すべてが取り消されない場合でも、少なくともA及びSを取締役に選任する旨の決議は取り消されるべきである。

(被告の主張)

ア　被告は、株式会社東京証券取引所市場第1部に上場している株式会社であるから、議決権の代理行使を勧誘するに際し、勧誘内閣府令に違反することは許されない(証券取引法194条、同法施行令36条の2第1項)。勧誘内閣府令は、委任状用紙には、議案ごとに賛否を記載する欄を設け(勧誘内閣府令43条)、株主に参考書類を提供し、それには議案を記載し、役員選任議案については候補者に関する情報を記載しなければならないとしているところ(勧誘内閣府令1条1項2号イ、21条1項、2項、23条1項、2項)、本件委任状は、本件会社提案について上記の要件を欠いている。議決権の代理行使の勧誘に関する証券取引法、同法施行令及び勧誘内閣府令の規制(以下「議決権代理行使勧誘規制」という。)は、議案の内容を知らされない委任状やはっきりと賛否を表明できない委任状による委任状勧誘が行われることによって勧誘者の専横から株主を保護し、株主総会における議決権行使を適正ならしめるため、①委任状の勧誘に際し適切かつ正確な情報が提供されること及び②議決権行使の方向を指示する機会が株主に与えられることを要請している。このように議決権代理行使勧誘規制は、株主総会における株主の議決権行使の適正化を目的とするものであり、勧誘のみを対象とする取締規定ではなく、会社法規範を形成するから、議決権代理行使勧誘規制に違反した勧誘がされた場合、証券取引法の規制の観点から違法となるのみならず、会社法規範にも違反し、当該勧誘に基づく委任契約も会社法上当然に無効となる。

したがって、本件委任状は、本件会社提案との関係では議決権代理行使勧誘規制に違反し、本件委任状による本件会社提案に対する授権は無効となる。

イ　本件株主提案と本件会社提案とは候補者の記載が異なるから議題としては別であり、本件会社提案の提出は、本件委任状にいう「(株式会社モリテックスから原案と同一の議題について議案が提出された場合)」には該当しない。また、修正案とは、原案と同一性を有する案を意味するところ、本件株主提案と本件会社提案とでは、監査役候補者であるZを除いて候補者全員が異なっており、両案の間に同一性は認められないから、本件委任状にいう「修正案」には本件会社提案は含まれない。

したがって、本件委任状による授権の範囲に本件会社提案は含まれない。

ウ　本件委任状に記載された「白紙委任とします。」との表現は、いかなる事項を白紙委任とするのかが一見して明らかではないから、議決権代理行使勧誘規制の趣旨にかんがみ、本件委任状を送付した株主の意思としては、本件委任状の記載から一見して明らかな本件株主提案の議決権行使を委任するにとどまり、本件会社提案の議決権行使は授権していないと解するのが相当である。

ある意思表示がいかなる内容のものであったのかを解釈する場合、その意思表示がされたその時点における事情を基礎に決しなければならないところ、大多数の株主は、本件委任状を作成した時点において、本件会社提案の内容を認識していなかったから、本件会社提案の存在を基礎に本件委任状作成当時の意思を解釈することはできない。また、株主は、本件会社提案の内容を知って初めて本件会社提案に対して賛成か反対かを決めるのであり、本件会社提案が分からないまま原告に本件会社提案の議決権行使を委任することはあり得ない。したがって、株主は、本件委任状によって本件会社提案の議決権行使の授権まではしていない。

被告は、原告代理人である久保利英明弁護士から、本件委任状は本件株主提案についてのものであり、本件会社提案については勧誘の意思はない旨を伝えられていたため、これを前提に本件会社提案につき議決権不行使と扱った。それにもかかわらず、原告が、本訴において本件会社提案についても白紙委任を受けたと主張することは、禁反言ないしクリーンハンズの原則に反する。

エ　以上のとおり、原告は本件会社提案の議決権行使について有効な委任を受けておらず、本件会社提案に対する議決権行使は無効であるから、本件集計方法に、何らの違法又は不公正な点は存在しない。

(2)　争点2(議決権行使株主に対するQuoカード送付の適法性)について

(原告の主張)

被告は、本件書面及び本件はがきにおいて、株主が本件株主総会において議決権行使をした場合、当該株主に対して一人当たりQuoカード1枚(500円分)を贈呈(以下「本件贈呈」という。)する旨を表明して議決権行使を促したが、本件贈呈が、議決権という株主の権利の行使に関し行われたことは明らかであり、また、本件贈呈が、被告の計算において行われ、Quo

カードが財産上の利益に該当することも明らかであるから、本件贈呈は、利益供与の禁止（会社法120条1項）の構成要件に該当する。

　そして、被告が本件贈呈を行った目的は、本件書面及び本件はがきの記載内容及び体裁等から、本件会社提案の可決を図るために本件会社提案に賛成する議決権行使を促すことにあることは明らかである。また、本件贈呈の申出により、従来は会社経営に無関心であるために議決権を行使してこなかった株主が議決権を行使する可能性が飛躍的に高まり、かつ、このような株主が最も取り得る行動は、本件株主総会に出席したり、本件委任状を原告に返送することではなく、被告が送付した議決権行使書面をそのまま送り返すことであるから、本件贈呈は株主の議決権行使の判断に対して中立ではなく、本件会社提案の可決に極めて有利に作用する。さらに、本件株主総会において可決された剰余金配当額が1単元当たり500円であることからすると、本件贈呈に係る財産上の利益の程度が小さいとはいえない。

　以上のとおり、本件贈呈は違法な利益供与に該当し、法令に違反するから、違法な利益供与の申出の下にされた本件各決議は、その方法が違法又は少なくとも著しく不公正なものとして取り消されるべきである。

（被告の主張）

　本件贈呈は、株主に対する議決権行使の勧誘の一環として行われたものであり、本件贈呈の申出は、議決権行使の前段階の事実行為であって、株主総会の決議の方法ということはできない。

　本件贈呈は、被告役員のほぼ全員を入れ替えるか否かという被告の将来の事業方針に大きく影響し、ひいては被告の企業価値にも影響を及ぼすべき議題が審議される本件株主総会に、できるだけ広く株主の意思を反映させるために行われたもので、違法な利益供与には該当しない。

　本件株主総会において被告が贈呈しようとしたのは、株主一人当たり500円分のQuoカード1枚であり、一人の株主が受ける本件贈呈の価値は極めてわずかであるから、これにより株主の意思が不当に歪められるおそれは乏しく、社会通念上相当な範囲のものである。

　したがって、被告による株主に対する本件贈呈は、株主の権利の行使に関する利益供与に該当しない。

(3)　争点3（投票行為をしなかった役員株主等の議決権の個数を被告提案の議案に対する賛成票に算入したことの違法性）について

（原告の主張）

　ア　被告の取締役であるA、B、C及びE、被告の監査役であるZ、被告の執行役員であるQ、O、P及びG並びに被告役員持株会（以下、これらを総称して「本件役員株主等」という。）は、議決権行使書面又は委任状の提出若しくは電磁的方法による議決権行使を行っておらず、かつ、本件株主総会の審議の過程を通じて、第2号ないし第5号議案について投票行為を行っていない。それにもかかわらず、本件役員株主等が行使し得た議決権合計816個は、第2号議案及び第3号議案について賛成票に算入されて投票結果が宣言された。

　このような決議方法は違法であるから、本件各決議は取り消されるべきである。万が一、本件各決議が取り消されない場合でも、上記議決権合計816個を本件会社提案に対する賛成票から除いた結果、少なくとも過半数の賛同を得ていないことになるA、B、C、E及びSを取締役に選任する旨の決議は取り消されるべきである。

　イ　被告の株主たる株式会社みずほコーポレート銀行（保有議決権1800個）及び株式会社三井住友銀行（保有議決権281個）（以下、両者を総称して「本件包括委任株主」という。）は、Aを受任者として包括委任状を提出したが、Aは、本件株主総会の審議の過程を通じて、第2号ないし第5号議案について投票行為を行っていない。それにもかかわらず、本件包括委任株主の行使し得た議決権合計2081個は、第2号議案及び第3号議案について賛成票に算入されて投票結果が宣言された。

　このような決議方法は違法であるから、本件各決議は取り消されるべきである。

　ウ　被告は、本件役員株主等及び本件包括委任株主の受任者であるAが議決権行使書面により議決権を行使したと主張するが、議決権行使書面による議決権行使は、株主が株主総会に出席しない場合に初めてその効力を生じるものであり、本人が株主総会に出席した場合には事前に提出された議決権行使書面は無効となる。本件役員株主等は、本件株主総会に出席したから、事前に提出した議決権行使書面は無効又は撤回になるのであって、これを有効な議決権行使として扱うことはできない。

（被告の主張）

　本件役員株主等が、投票行為及び電磁的方法による議決権行使を行っておらず、本件包括委任株主から包括委任状を提出されたAが、本件株主総会において投票行為を行っていないことは認める。

　しかしながら、本件役員株主等は、本件株主総会の開催に先立ち、被告の総会事務局に対し、本件株主総会の各議案に対する賛否の意思を明らかにした議決権行使書面を交付するとともに、本件株主総会に出席することを伝えている。これは、本件役員株主等が各議案の採決時に事前に交付した議決権行使書面の記載と異なる内容の議決権を行使する意思を持つに至らなかったときは、本件株主総会の議場で特段の投票行為

は行わない旨の意思を表明したものである。
　同じく、本件包括委任株主は、Aを受任者として包括委任状を提出するとともに、議決権行使書面を送付しており、被告はこれについても上記と同様に扱った。
　以上のとおり、本件役員株主等及び本件包括委任株主は、本件株主総会当日に被告に提出した議決権行使書面の記載に従って有効に議決権行使をしているから、被告がこれらを本件会社提案の賛成票に加えたことは当然の扱いであり、これが本件各決議の取消事由に該当するということはない。
　(4) 争点4（議長による議事進行の不公正性）について
　（原告の主張）
　ア　原告は、第2号議案ないし第5号議案の審議及び採決の前に、審議継続及び継続会開催の動議（以下「継続会の動議」という。）を提出した。原告は、議長であるBの求めに応じて、継続会の動議の理由を説明したが、Bは、延期ないし継続の理由はないとして、継続会の動議を議場に諮ることなく却下した。原告は、第2号議案及び第4号議案の審議中、議長が適法な継続会の動議を取り上げなかったことを理由に議長不信任の動議を提出したが、Bは、継続会の動議の合理的理由が見当たらないなどと述べ、さらに、原告は、議長不信任動議を取り上げないことは違法であるとして、再度、議長不信任の動議を提出したが、Bは、先ほどの繰り返しであるとして却下した。その後、第2号及び第4号議案の採決が迫ったころ、再度、株主から議長不信任の動議が提出されたが、Bは、繰り返しになるとして却下した。
　イ　継続会の動議及び議長不信任の動議は、必要的動議として議長が必ずその採否を議場に諮らなければならないところ、議長であるBは、原告が提出した継続会の動議並びに原告及び株主が提出した議長不信任の動議を議場に諮ることなく却下して、強引な議事進行を行った。
　このような議事進行は、議長の裁量を逸脱した著しく不公正なものであり、かかる議事進行の下でされた本件各決議は著しく不公正な方法によるものとして取り消されるべきである。
　（被告の主張）
　原告及び株主が提出した動議は、いずれも合理的な理由がなく、しかも、他の多数の株主の権利行使を妨害するものであるから、却下されるべき動議である。したがって、これを却下したBの議事進行には、何らの違法又は不公正な点は存在しない。
　万が一、原告及び株主が提出した動機の中に却下されるべきではないものが含まれていたとしても、本件株主総会当日の状況にかんがみれば、これを却下したこと自体は重大な違法ではなく、かつ決議に影響を及ぼさないことは明らかであるから、裁量棄却されるべきである。
　(5) 争点5（被告による代理権授与の撤回の勧誘及び本件委任状を無効とする取扱いの違法性）について
　（原告の主張）
　ア　被告は、委任状撤回通知書及び「IDEC社の委任状勧誘行為について」と題する文書（以下「本件撤回勧誘文書」という。）を株主に送付し、本件委任状の撤回の勧誘を行ったが、本件撤回勧誘文書には、本件委任状が不適切なものである旨が記載されている。しかし、本件委任状には不適切な記載は存在しないから、被告が、本件撤回勧誘文書により事実に反する不適切な情報を株主に提供して本件委任状の撤回を勧誘し、本件委任状を無効として扱った行為は、著しく不公正である。このような手段を用いてされた本件各決議は、違法又は少なくとも著しく不公正な方法によるものとして取り消されるべきである。
　イ　被告は、株主に対し、被告従業員のほとんどが本件株主提案に反対であることを公表し、本件会社提案につき賛成の議決権行使の勧誘を行ったが、株主に対して公表された被告従業員の意向表明は、自発的に行われたものではなく、強制的に行われたもので、多くの従業員の真意に反するものであった。このように被告によって人為的に作り上げられ、操作された情報を株主に提供した行為は違法である。このような違法かつ著しく不公正な情報操作の下でされた本件各決議は、違法又は少なくとも著しく不公正な方法によるものとして取り消されるべきである。
　ウ　委任状撤回通知書を提出した株主は、被告からの不適切で誤った内容の情報に基づき本件委任状の撤回をしたものであるから、委任状撤回通知書は要素の錯誤により無効となり、本件委任状は依然として有効である。また、委任状撤回通知書のうち原告に対して送付されず、被告に対してのみ送付されたものは、株式数にして2万7300株、議決権数にして273個存在するが、かかる委任状撤回通知書によっては、原告と株主の間の委任契約の解除の効力は生じないから、本件委任状は有効である。さらに、本件委任状を提出した株主以外の第三者によって当該委任状が有効に撤回されることはないところ、外形上無効又は有効性に多大な疑義のある委任状撤回通知書は、株式数にして3万5200株、議決権数にして352個存在するが、かかる委任状撤回通知書によっては、原告と株主の間の委任契約の解除の効力は生じないから、本件委任状は依然として有効である。それにもかかわらず、被告は、上記各委任状撤回通知書を有効なものとして扱い、有効な本件委任状を議決権の集計から除外した。このような有効な委任状に基づく議決権の代理行使を故意に認めずに行われた本件各決議は、違法な決議の方法によるものとして取り消されるべきである。

（被告の主張）

　ア　本件委任状の記載が不適切なものであることは、上記(1)のとおりであるから、本件撤回勧誘文書の記載内容は事実を指摘した正当なものであり、委任状撤回通知書を提出した株主には何らの誤信もない。

　イ　被告が本件撤回勧誘文書を発送した相手は、既に原告に返送した本件委任状を撤回する意思を有していた株主のみであり、被告の発送した書類の内容によって株主が本件委任状を撤回する意思を生じたわけではない。

　ウ　本件委任状を提出した株主が当該代理権授与を撤回する意思を有していることが被告にとって明白である場合、株主の意思を本件株主総会に適切に反映させるため、被告が当該委任状を撤回されたものとして扱うことは当然に許容される。

　エ　原告の主張に係る外形上無効又は有効性に多大の疑義のある委任状撤回通知書とは、本件委任状の署名の筆跡と委任状撤回通知書の署名の筆跡とが一致しない場合をいうところ、原告代理人と被告代理人との協議では、委任状の取扱いにつき、株主の氏名が署名され、姓か名と同一の印影を持つ印鑑が押印してあれば有効なものと認めるとの合意をしているから、委任状撤回通知書についても同様の取扱いとするのが合理的であり、上記理由により委任状撤回通知書の効力を否定する理由はない。

(6)　争点6（株主の復代理人である弁護士に対する入場拒絶の違法性）について
（原告の主張）

　被告の定款18条1項は、議決権行使の代理人資格を株主に限定しているところ、弁護士が本人たる株主の意図に反する行動を取ることは通常考えられないから、弁護士が代理人として出席することを拒絶するためには、本件株主総会がこの者の出席によって攪乱されるおそれがあるなどの特段の事由が必要である。本件では、原告は、被告に対して本件株主総会の2日前に復代理人の氏名及び職業を被告に告知し、提出予定の復委任状のドラフトまで提示していたのであるから、被告には、本件株主総会の開催に当たり、原告による弁護士を代理人（株主Lの復代理人）とする株主の権限行使を拒絶するに足りる特段の事由はなかった。

　したがって、被告が、原告による弁護士を復代理人とする議決権の代理行使の申出を拒絶したことは、被告の定款の解釈運用を誤ったものであり、会社法310条1項前段に違反し、このような状況で行われた本件各決議は、違法な決議の方法によるものとして取り消されるべきである。

（被告の主張）

　被告の定款18条1項の解釈に当たって、弁護士たる代理人による議決権行使を認めなくとも、議決権行使の機会の確保に問題が生じない場合には、これを制限的に解釈する必要はない。Lは原告に対して議決権の代理行使を委任しているところ、本件株主総会には原告代表取締役社長が出席しているから、原告がLの議決権を行使することができ、弁護士たる復代理人による議決権行使を認めなくとも支障は生じない。

　したがって、被告が、原告による弁護士を復代理人とする議決権の代理行使の申出を拒絶したことは、会社法310条1項前段に違反しない。

第3　当裁判所の判断

1　争点1（本件各決議に関する本件集計方法の違法性）について

(1)　本件株主提案と本件会社提案との関係

　ア　本件において、原告ら及び被告の双方から、「取締役8名選任の件」及び「監査役3名選任の件」という議題によって各候補者の提案がされたこと、被告の定款上、本件株主総会において選任できる取締役の員数は最大で8名、監査役の員数は最大で3名となることは、前記第2の1(2)から(5)までに認定のとおりである。

　そうであれば、本件株主提案と本件会社提案とはそれぞれ別個の議題を構成するものではなく、「取締役8名選任の件」及び「監査役3名選任の件」というそれぞれ一つの議題について、双方から提案された候補者の数だけ議案が存在すると解するのが相当である。

　イ　これに対して、被告は、本件株主提案と本件会社提案とは、候補者が異なるから議題としては別であり、本件委任状による授権は本件会社提案には及ばないと主張する。

　しかしながら、いずれの提案も、本件株主総会終結時をもって平成19年6月現在の取締役全員及び監査役3名が任期満了によって退任することを前提に、その後任者の選任を目的とするものであって（前記第2の1(3)）、被告自身、本件株主提案と本件会社提案とをそれぞれ相反議案の関係にあるものとして、一括して審議し、一括して採決することとしているところであるから（前記第2の1(6)及び(8)ア、イ）、本件株主提案と本件会社提案とは議題としては共通と解するのが相当であり、被告の主張は採用することができない。

(2)　本件委任状の趣旨

　ア　原告が被告の株主から得た本件委任状には、委任事項として、「原案に対し修正案が提出された場合（株式会社モリテックスから原案と同一の議題について議案が提出された場合等を含む。）…（中略）…はいずれも白紙委任とします。」と記載されていることは、前記第2の1(4)イ認定のとおりである。

　そこで、本件委任状による株主から原告に対する議決権行使の代理権授与の趣旨を検討する。

　本件においては、原告らと被告経営陣との間で経営権の獲得を巡って紛争が生じていることから、原告ら

がその提案に係る取締役及び監査役候補者の選任に関する議案を提出し、株主に対して議決権の代理行使の勧誘を行ってきた場合に、被告からもいずれその提案に係る候補者の選任に関する議案が提出されるであろうことは、株主にとって顕著であったものと認められる（乙1、弁論の全趣旨）。また、被告の定款に定められた員数の関係から、本件株主総会において選任できる取締役の員数は最大で8名、監査役の員数は最大で3名であって、本件株主提案に賛成し、原告に議決権行使の代理権を授与した株主は、本件会社提案に係る候補者については賛成の議決権行使をする余地がない。

<u>このような状況下においては、本件株主提案に賛成して本件委任状を原告に提出した株主は、委任事項における「白紙委任」との記載にかかわらず、本件委任状によって、本件会社提案については賛成しない趣旨で、原告に対して議決権行使の代理権の授与を行ったと解するのが相当である。</u>

なお、本件委任状には、委任事項として、「賛否の指示をしていない場合…（中略）…はいずれも白紙委任とします。」と記載されているところ、賛否の欄を白紙にして本件委任状を提出した株主についても、上記の状況下では、本件株主提案に賛成するとともに、本件会社提案については賛成しない趣旨で、原告に対して議決権行使の代理権の授与を行ったと解して妨げないというべきである。

イ これに対し、被告は、本件委任状を原告に提出した大多数の株主は、本件委任状作成時に本件会社提案の内容を認識していないから、本件会社提案についての議決権行使の代理権までは授与していないと主張する。

なるほど、証拠（乙3）によれば、本件委任状1893枚のうち、平成19年6月13日以前の期日が記載された委任状は1258枚であって、原告に対して本件委任状を提出した株主の中には、本件株主総会招集通知によって本件会社提案に係る候補者を認識する前に本件委任状を提出した者が少なくないことが認められる。

しかしながら、原告に対して本件委任状を提出した株主が、仮に本件委任状提出後に本件会社提案の内容を認識し、その提案に係る候補者の一部に賛成することとするのであれば、原告に対する代理権授与の撤回をすることによって、自らその真意に沿った議決権行使を行うことは何ら妨げられない。また、被告が、全株主に対して電話を行い、議決権行使書面の送付を依頼するとともに、原告に対する代理権授与の撤回の意思を確認することができた株主に対しては、「委任状撤回通知書」と題する書面を送付して、原告に対する代理権授与の撤回の手続を行ったことは、前記第2の1(7)に認定のとおりである。

そうであれば、本件株主提案に賛成して本件委任状を原告に提出した株主が、その後、被告からの本件株主総会招集通知によって本件会社提案に係る候補者の情報を得るとともに、被告からの電話により原告に対する代理権授与の撤回の機会を持ったにもかかわらず、代理権授与の撤回をしていない以上は、本件委任状提出の当初から、本件会社提案には賛成しない意思であったと解して妨げないというべきである。

ウ なお、被告は、原告代理人である久保利英明弁護士から、本件委任状は本件株主提案についてのものであり、本件会社提案については議決権代理行使の勧誘の意思はない旨を伝えられていたため、これを前提に本件会社提案につき議決権不行使と扱った旨主張する。

しかしながら、事前打ち合わせの際の原告代理人の上記発言内容を的確に認めるに足りる証拠はないし、また、本件株主提案に賛成して本件委任状を提出した株主から原告に対する議決権行使の代理権授与の趣旨は、上記アのとおり、本件会社提案については賛成しないという範囲では明確ということができるから、原告代理人の発言に関する被告の主張は採用することができない。

(3) 議決権代理行使勧誘規制との関係

被告は、本件委任状には本件会社提案について賛否を記載する欄が設けられていないこと及び本件会社提案に係る候補者に関する参考書類の提供等がないことから、本件委任状は証券取引法194条、同法施行令36条の2第1項、勧誘内閣府令43条等に違反し無効であって、本件委任状による本件会社提案についての議決権行使の代理権授与も無効となると主張する。

ア 議決権代理行使勧誘規制の趣旨

証券取引法（平成18年法律第65号による改正前のもの）194条は、「何人も、政令で定めるところに違反して、証券取引所に上場されている株式の発行会社の株式につき、自己又は第三者に議決権の行使を代理させることを勧誘してはならない。」と規定し、これを受けて同法施行令36条の2第1項は、「議決権の代理行使の勧誘（法194条に規定する証券取引所に上場されている株式の発行会社の株式につき、自己又は第三者にその議決権の行使を代理させることの勧誘をいう。…（中略）…）を行おうとする者（以下…（中略）…「勧誘者」という。）は、当該勧誘に際し、その相手方（以下…（中略）…「被勧誘者」という。）に対し、委任状の用紙及び代理権の授与に関し参考となるべき事項として内閣府令で定めるものを記載した書類（以下…（中略）…「参考書類」という。）を交付しなければならない。」と規定し、同条5項は、「第1項の委任状の用紙の様式は、内閣府令で定める。」と規定している。

これを受けて勧誘内閣府令1条1項は、参考書類の記載事項について、「証券取引法施行令（以下「令」

という。）第36条の2第1項に規定する参考書類（以下「参考書類」という。）には、次の各号に掲げる区分に応じ、それぞれ当該各号に定める事項を記載しなければならない。」とし、1号において「勧誘者が当該株式の発行会社又はその役員である場合」には「イ　勧誘者が当該株式の発行会社又はその役員である旨、ロ　議案、ハ　議案につき会社法（…（中略）…）第384条又は第389条第3項の規定により株主総会に報告すべき調査の結果があるときは、その結果の概要」を、2号において「勧誘者が当該株式の発行会社又はその役員以外の者である場合」には「イ　議案、ロ　勧誘者の氏名又は名称及び住所」を定めている。また、勧誘内閣府令21条1項は、「株式の発行会社の取締役が取締役の選任に関する議案を提出する場合において、当該会社により又は当該会社のために当該株式について議決権の代理行使の勧誘が行われる場合以外の場合に当該株式について議決権の代理行使の勧誘が行われるときは、参考書類には、候補者の氏名、生年月日及び略歴を記載しなければならない。」と規定し、同条2項は、「前項に規定する場合において、株式の発行会社が公開会社であるときは、参考書類には、次に掲げる事項を記載しなければならない。1　候補者が他の法人等を代表する者であるときは、その事実（重要でないものを除く。）、2　候補者と当該会社との間に特別の利害関係があるときは、その事実の概要、3　候補者が現に当該会社の取締役であるときは、当該会社における地位及び担当」と規定し、勧誘内閣府令23条は、監査役について概ね同旨を規定しており、これらの規定は、株式の発行会社の株主が議案を提出する場合において、当該会社により又は当該会社のために当該株式について議決権の代理行使の勧誘が行われる場合以外の場合に当該株式について議決権の代理行使の勧誘が行われるときにも、適用される（勧誘内閣府令40条）。さらに、勧誘内閣府令43条は、「令36条の2第5項に規定する委任状の用紙には、議案ごとに被勧誘者が賛否を記載する欄を設けなければならない。ただし、別に棄権の欄をもうけることを妨げない。」と規定している。

これらの議決権代理行使勧誘規制の趣旨は、被勧誘者である上場会社の一般株主にとって、勧誘者から株主総会の議案を知らされるだけでは、議案の可否を判断するための情報としては十分ではないため、勧誘者は所定の事項を記載した参考書類を交付すべきこととするとともに、被勧誘者が株主総会における議決権の代理行使について勧誘者に白紙委任することにより、自分にとって不利な議決権の行使がなされ不測の損害を受けることがないように、委任状には議案ごとに賛否を記載する欄を設けるべきこととしたものである。

　イ　原告による議決権の代理行使の勧誘についての検討

これを本件についてみるに、本件委任状には本件会社提案について賛否を記載する欄が設けられていないこと及び原告による議決権の代理行使の勧誘に際して本件会社提案に係る候補者に関する参考書類の交付がされていないことは、第2の1(4)イに認定のとおりである。

他方、本件における原告による議決権の代理行使の勧誘については、以下の事情を認めることができる。

(ｱ)　本件においては、原告らと被告経営陣との間で経営権の獲得を巡って紛争が生じており、被告からもいずれその提案に係る候補者の選任に関する議案が提出されるであろうことが、株主にとって顕著であったこと、また、被告の定款に定められた取締役及び監査役の員数の関係から、本件株主提案に賛成し、原告に議決権行使の代理権を授与した株主は、本件会社提案に係る候補者については賛成の議決権行使をする余地がないこと、こうした状況から、本件株主提案に賛成する議決権行使の代理権を授与した株主は、被告から提案が予想される議案に反対する趣旨で代理権授与を行ったと解されることは、前記(2)アに判示のとおりである。

そうであれば、本件株主提案に賛成する議決権行使の代理権を授与した株主にとっては、原告が本件会社提案に反対の議決権の代理行使をすることは代理権授与の趣旨に沿ったものであり、これにより不測の損害を受けるおそれはないということができる。

(ｲ)　株主提案に賛成する議決権行使の代理権を授与した株主が、その後に、株主総会招集通知に添付された参考書類により会社提案に係る候補者の情報を得た時点で株主提案への賛成を翻意した場合には、株主に対する代理権授与の撤回をすることによって、その意図に沿った議決権行使を行うことが可能である。本件における手続の経過をみても、被告が、全株主に対する電話連絡の際に、原告に対する議決権行使の代理権授与の撤回の意思を確認することができた株主については、その手続を行ったことは、前記第2の1(7)に認定のとおりである。

そうであれば、本件において、被告による本件株主総会招集通知及び本件会社提案に関する参考書類の送付に先立ち、原告が、本件株主提案に係る候補者に関する情報のみの提供により、本件株主提案に賛成するとともにその後に予想される会社提案に反対することを内容とする議決権の代理行使を勧誘することを許容したとしても、情報不足のため株主が不利益を受けるというおそれはないといえる。

(ｳ)　取締役会設置会社において、株主は、株主提案権に基づき、一定の事項を株主総会の目的とすることを請求する場合には、株主総会の日の8週間前までにその請求をしなければならないのに対し（会社法303条2項）、会社は、株主総会を招集するには、2週

間前までに株主に株主総会の目的である事項を通知すれば足りることとされている（同法299条1項）。

そうすると、会社が2週間前に株主に対して株主総会の招集を通知した場合、会社は、通知を行うのと同時に、株主提案についても賛否を記載する欄を設けた議決権行使書面を送付することにより、2週間の期間を利用して、会社提案に賛成するとともに株主提案に反対することを内容とする議決権行使の勧誘をすることができる。これに対し、株主が株主提案に賛成するとともに会社提案に反対することを内容とする議決権代理行使の勧誘をする場合に、常に会社提案についても賛否を記載する欄を設けた委任状の用紙を作成しなければならないとすると、株主は、株主総会招集通知の受領後に、会社提案について賛否を記載する欄を設けた委任状及び会社提案についての参考書類の作成、株主に対する送付等を行った上で、2週間から上記の作業期間を控除した残りの期間に議決権代理行使の勧誘を行わなければならず、会社と比較して著しく不利な地位に置かれることとなる。本件における手続の経過をみても、被告は平成19年6月11日に本件株主総会招集通知を発送し、原告はこれを同月13日に受領したものと認められるところ（前記第2の1(5)ア、弁論の全趣旨）、原告が同日から本件株主総会開催日である同月27日までの間に本件会社提案についても賛否を記載する欄を設けた委任状の作成、送付等をした上、本件会社提案に反対の議決権代理行使の勧誘をすることは、議決権を有する株主数が9586名に及ぶことや委任状の送付及び返送のために一定の郵送期間が必要となることにかんがみると、極めて困難であることが窺える。

このように、株主が、自らの提案に賛成するとともに会社提案に反対することを内容とする議決権代理行使の勧誘をするためには、常に会社提案についても賛否を記載する欄を設けた委任状を作成しなければならないと解することは、株主に対する議決権代理行使の勧誘について会社と株主の公平を著しく害する結果となるといわざるを得ない。

ウ　上記の各事情を考慮すると、本件においては、本件委任状の交付をもって、本件会社提案についての株主から原告に対する議決権行使の代理権の授与を認めたとしても、議決権代理行使勧誘規制の趣旨に必ずしも反するものではないということができ、本件委任状が本件会社提案について賛否を記載する欄を欠くことは、本件会社提案に係る候補者についての原告に対する議決権行使の代理権授与の有効性を左右しないと解するのが相当である。

(4)　小括

以上によれば、本件会社提案に係る議案の採決に際しては、本件委任状に係る議決権数は、出席議決権に算入し、かつ本件会社提案に対し反対の議決権行使があったものと取り扱うべきであった。それにもかかわらず、本件株主総会の議長であるBは、前記第2の1(8)ウからオまでのとおり、本件集計方法により本件会社提案が出席議決権数の過半数の賛成を得たものとして可決承認された旨宣言したのであるから、本件各決議は、その方法が法令に違反したものとして決議取消事由を有するといわざるを得ない。

そして、本件委任状に係る議決権数を出席議決権に算入するという取扱いによった場合、Aは出席議決権数の44.93％、Sは出席議決権数の46.74％の賛成しか得ていないことになり（前記第2の1(9)ア）、いずれも過半数に達していないから、両名の選任議案は否決されたというべきであり、両名を取締役に選任する旨の決議は取消しを免れない。これに対し、その余の6名の取締役及び3名の監査役の選任議案については、かかる取扱いによった場合でも、出席議決権数の過半数の賛成を得たという結果には変更がないことが認められ、本件集計方法によったことは、議決権行使の集計における評価の方法を誤ったのみであって違反する事実が重大とまではいえないし、決議に影響を及ぼさないものであると認められるから、会社法831条2項により、B、C、E、O、P及びQを取締役に選任する旨の決議並びにZ、V及びWを監査役に選任する旨の決議の取消しの請求は、棄却することとする。

なお、原告は、このような場合には全体としてその決議の方法が法令に違反し、又は著しく不公正といえるから、本件各決議はすべて取り消されるべきであると主張するが、上記(1)アに判示のとおり、本件においては、各議題につき候補者の数だけ議案が存在するのであるから、決議としては候補者ごとに別個のものと解さざるを得ず、原告の主張は採用することができない。

2　争点2（議決権行使株主に対するQuoカード送付の違法性）について

(1)　株主の権利行使に関する利益供与の要件

会社法120条1項は、「株式会社は、何人に対しても、株主の権利の行使に関し、財産上の利益の供与（当該株式会社又はその子会社の計算においてするものに限る。…）をしてはならない。」と規定している。同項の趣旨は、取締役は、会社の所有者たる株主の信任に基づいてその運営にあたる執行機関であるところ、その取締役が、会社の負担において、株主の権利の行使に影響を及ぼす趣旨で利益供与を行うことを許容することは、会社法の基本的な仕組に反し、会社財産の浪費をもたらすおそれがあるため、これを防止することにある。

そうであれば、株主の権利の行使に関して行われる財産上の利益の供与は、原則としてすべて禁止されるのであるが、上記の趣旨に照らし、当該利益が、株主の権利行使に影響を及ぼすおそれのない正当な目的に

基づき供与される場合であって、かつ、個々の株主に供与される額が社会通念上許容される範囲のものであり、株主全体に供与される総額も会社の財産的基礎に影響を及ぼすものでないときには、例外的に違法性を有しないものとして許容される場合があると解すべきである。

(2) 本件贈呈の利益供与該当性

本件についてこれをみると、被告が有効な議決権行使を条件として株主1名につきQuoカード1枚（500円分）を交付したことは、前記第2の1(5)及び(10)に認定のとおりであり、これは議決権という株主の権利の行使に関し、被告の計算において財産上の利益を供与するものとして、株主の権利の行使に関する利益供与の禁止の規定に該当するものである。

そこで、本件贈呈が例外的に違法性を有しないものとして許容される場合に該当するか否かについて検討する。

ア 本件において株主に対して供与された利益の額について検討すると、個々の株主に対して供与されたQuoカードの金額は500円であり、一応、社会通念上許容される範囲のものとみることができる。また、株主全体に供与されたQuoカードの総額は452万1990円であるところ（前記第2の1(10)）、平成19年3月期（第35期）における経常利益が3億5848万8000円、総資産が150億7296万5000円、純資産が76億8043万6000円であること（乙25）、第35期の中間配当及び期末配当の総額はそれぞれ6912万3500円（甲2の添付資料11－1）であることと比較すれば、上記の総額は会社の財産的基礎に影響を及ぼすとまではいえない。

イ そして、被告は、本件贈呈は、被告役員のほぼ全員を入れ替えるか否かという被告の将来の事業方針に大きく影響を及ぼす議題が審議される本件株主総会に、できるだけ広く株主の意思を反映させるために行ったものであると主張する。

なるほど、前記第2の1(5)によれば、本件において、株主は、本件会社提案又は本件株主提案のいずれに賛成しても、また、議決権の代理行使、議決権行使書面及び株主総会の出席のいずれの形で議決権を行使しても、Quoカード1枚（500円分）の交付を受ける仕組となっていることが認められる。

ウ しかしながら、前記第2の1(5)イによれば、被告が議決権を有する全株主に送付した本件はがきには、「議決権を行使（委任状による行使を含む）」した株主には、Quoカードを贈呈する旨を記載しつつも、「【重要】」とした上で、「是非とも、会社提案にご賛同のうえ、議決権を行使して頂きたくお願い申し上げます。」と記載し、Quoカードの贈呈の記載と重要事項の記載に、それぞれ下線と傍点を施して、相互の関連を印象付ける記載がされていることが認められる。

また、弁論の全趣旨によれば、被告は、昨年の定時株主総会まではQuoカードの提供等、議決権の行使を条件とした利益の提供は行っておらず、原告との間で株主の賛成票の獲得を巡って対立関係が生じた本件株主総会において初めて行ったものであることが認められる。

さらに、株主による議決権行使の状況をみると、本件株主総会における議決権行使比率は81.62％で例年に比較して約30パーセントの増加となっていること（甲2、弁論の全趣旨）、白紙で返送された議決権行使書は本件会社提案に賛成したものとして取り扱われるところ、白紙で被告に議決権行使書を返送した株主数は1349名（議決権数1万4545個）に及ぶこと（甲24）、被告に返送された議決権行使書の中にはQuoカードを要求する旨の記載のあるものが存在すること（甲7の1から3）の各事実が認められ、Quoカードの提供が株主による議決権行使に少なからぬ影響を及ぼしたことが窺われる。

そうであれば、Quoカードの提供を伴う議決権行使の勧誘が、一面において、株主による議決権行使を促すことを目的とするものであったことは否定されないとしても、本件は、原告ら及び被告の双方から取締役及び監査役の選任に関する議案が提出され、双方が株主の賛成票の獲得を巡って対立関係にある事実であること及び上記の各事実を考慮すると、本件贈呈は、本件会社提案へ賛成する議決権行使の獲得をも目的としたものであると推認することができ、この推認を覆すに足りる証拠はない。

(3) 小括

以上によれば、本件贈呈は、その額においては、社会通念上相当な範囲に止まり、また、会社の財産的基礎に影響を及ぼすとまではいえないと一応いうことができるものの、本件会社提案に賛成する議決権行使の獲得をも目的としたものであって、株主の権利行使に影響を及ぼすおそれのない正当な目的によるものということはできないから、例外的に違法性を有しないものとして許容される場合に該当するとは解し得ず、結論として、本件贈呈は、会社法120条1項の禁止する利益供与に該当するというべきである。

そうであれば、本件株主総会における本件各決議は、会社法120条1項の禁止する利益供与を受けた議決権行使により可決されたものであって、その方法が法令に違反したものといわざるを得ず、取消しを免れない。また、株主の権利行使に関する利益供与禁止違反の事実は重大であって、本件贈呈が株主による議決権行使に少なからぬ影響を及ぼしたことが窺われることは上記判示のとおりであるから、会社法831条2項により請求を棄却することもできない。

なお、被告は、本件贈呈は、株主総会の決議の前段階の事実行為であって、株主総会の決議の方法ということはできないと主張するが、株主による議決権行使

書の返送又は株主総会における議決権行使は決議そのものであって、議決権行使を条件としてQuoカードを贈呈するということは決議の方法というほかないから、被告の主張は採用することができない。

第4　結論

以上のとおりであって、本件各決議は、その余の取消事由の存否（予備的主張）について判断するまでもなく、取消しを免れないというべきであり、原告の本訴請求は理由があるから、これを認容することとし、主文のとおり判決する。

　裁判長裁判官　鹿子木康
　　　裁判官　西村英樹　川原田貴弘

（別紙）**決議目録**
1　取締役8名選任の件（第2号議案）
　A、B、C、E、O、P、Q及びSを取締役に選任する旨の決議
2　監査役3名選任の件（第3号議案）
　Z、V及びWを監査役に選任する旨の決議

8 ピコイ事件

I 国内判例編　東京高決平成20・5・12金融・商事判例1298号46頁

中央大学法科大学院教授　大杉謙一

I 事案の概要

　Y社（債務者・抗告人）は、昭和47年にBにより設立された株式会社であり、同人が代表取締役社長に就任して経営していたが、平成17年2月1日にBが代表取締役を辞任し、専務取締役であったAが代表取締役社長に就任し、平成18年8月31日にBが取締役を辞任した。

　Y社は取締役会、監査役、監査役会、会計監査人を設置しており、その発行する株式につき譲渡制限を設けていないため、同社は公開会社（会社法2条5号）に該当するが、同社の株式は証券取引所に上場していない（かつて店頭市場に登録していたが、平成11年10月に和議手続開始の申立てをして倒産し、平成12年4月に登録廃止となった。和議手続は、和議債務の完済により平成17年3月に終了している）。

　平成20年3月25日現在、Y社の資本金の額は6億7365万円、発行可能株式総数1500株、発行済株式総数は512株である。そのうち議決権を有するものは421株であり、同社の株主であるX（債権者・相手方）の議決権数は147個である。

　弁護士法人であるXがY社の株式を保有するに至った経緯は次のとおりである。

　申立外FTは、子会社FH（FTが99％弱の株式を保有する）を通じて、東証2部上場会社であるFMの株式を保有する株式会社である（FHがFMの68％強の株式を保有している）。また、FMはKKの100％親会社である。

　FTの株式は、G（FM・KKの社長）とその実弟であるH（FT・FHの社長）、およびI（FHの社長）がそれぞれ60％、20％、20％を保有しており、FT・FH・FMおよびKKはFグループを名乗って企業活動を行っている。

　FTは、平成18年1月23日、Y社の株式40株をBから譲り受け、その後Y社の株式を買い増し、さらに、後記のとおりY社から株式の第三者割当てを受けて、147.5株のY社株式を保有するに至った。

　Y社の少数株主であったCCらは平成18年2月17日、Y社に対し、臨時株主総会の招集請求をするとともに、Aを代表取締役社長から解任し、Bが取締役会の主導権を握って次期代表取締役社長を選任することを目的として、Y社の取締役としてEほか4名を選任し、Y社取締役のうちAほか3名を解任する議案を提案した。Y社は、平成18年4月17日の定時株主総会の決議事項に上記株主提案を追加した。FTは、CCの提案に同調したが、同日の定時株主総会において、上記株主提案はいずれも否決された。

　Y社は、その主たる事業が縮小傾向にあることから、Fグループとの業務提携を検討し、協議を重ねた。FH、FTおよびY社は平成19年1月26日、以下のとおりの業務提携および資本提携に関する基本契約（以下、「本件基本契約」という）を締結した。

　(ア)(イ)省略。(ウ)Y社はFTに対して第三者割当増資を行い、FTはこれを引き受ける。(エ)FTはY社の発行する株式の35％を上限としてY社株式を保有することができ、上記第三者割当てはFTの持株比率が35％となるよう発行する。(オ)FTがY社の株式の35％を超えてY社株式を保有した場合、Y社はその超過部分につき、FTは時価において、Y社の指定する者に譲渡しなければならない。(カ)Y社は、FTの持株比率がY社の株式総数の35％未満とならないようにしなければならない。新株発行や新株予約権等のY社の資本政策に

関わることは、Ｙ社は事前にＦＴと協議して、その承諾をとる。(キ)ＦＴが取得するＹ社株式については、ＦＴはＹ社と合意する第三者に信託する。(ク)増資・減資、組織再編行為、代表者の変更などの重要な事項については、Ｙ社は、ＦＴと事前協議に基づく合意を得なければこれを行わない。(ケ)ＦＨおよびＦＴならびにその関連会社はＹ社に役員を派遣しない。

本件基本契約および同日付けＹ社取締役会の株式募集決議に基づき、ＦＴは同年２月28日、ＦＭの普通株式509万7000株（価額２億9051万6118円）を出資し、Ｙ社の普通株式94株（１株309万0597円）の割当を受けて取得し、Ｙ社の株式147.5株（持株比率35％）を保有することとなった。

Ｇは平成18年11月ころ、20年来の付き合いのあるＸ代表社員のＯ弁護士に対し、ＦＴがそれまでに取得したＹ社の株式と、Ｙ社から第三者割当てを受ける株式をＸに信託譲渡したい旨の相談をした。その後、ＦグループとＹ社役員の間で、Ｙ社の株主総会においてＸがＦＴの指図を得て議決権を行使する事項の範囲について協議が行われた。ＦＴ、Ｙ社およびＸは平成19年２月28日、本件基本契約に基づいて、ＦＴが取得した抗告人株式147株に関し、要旨以下のとおりの株式管理信託契約（以下、「本件管理信託契約」という）を締結した。そして同年３月13日および同年４月18日、同株式についてＸに名義書換えが行われ、引渡しがされた。

(ア)ＦＴは、保有するＹ社の株式をＸに対して信託譲渡し、Ｙ社の株主名簿の名義をＸにした上、株券をすべてＸに引き渡す。(イ)本件管理信託契約の契約期間は、締結日から２年とする（更新可）。(ウ)Ｙ社の株主総会において、一定の事項（具体的には定款変更、組織再編行為、資本の変更〔増資、減資、新株予約権発行など〕、役員の変更に関する事項など）に関する議案の場合は、ＸはＦＴの指図を得て議決権を行使し、それ以外の事項については、ＸはＹ社の意向に添い議決権を行使する。

ＶはＣＣらからＹ社株式を譲り受けて、Ｙ社株式を65.3株保有するに至った。平成20年１月５日にＶはＹ社に対し、Ａら計５名の取締役の解任と、Ｅら計６名の取締役選任を目的事項とする臨時株主総会招集を請求した。同請求の書面の中でＶは、取締役候補であるＥらは新たな取締役を選ぶための一時的な任務に就く取締役である旨述べている。

Ｙ社は平成20年１月31日、同年３月３日に上記提案を決議事項とする臨時株主総会を招集することとし、基準日を同年２月15日とし、同日最終の株主名簿上の株主をもって議決権を行使できる株主と定めた。

ＦＴは、Ｙ社にその経営に関する提案をしたが拒否され、Ｘに相談したところ、Ｘは、Ｙ社の株主総会の延期等をした上、関係者間で協議を行うことを勧告し、Ｙ社に対し、上記臨時株主総会を延会とすることを打診し、Ｙ社もこれに応じた。そして同年３月３日、Ｙ社臨時株主総会が開催され、Ｖから委任を受けて出席したＥ（Ｖの前代表取締役）が提案理由の説明をした後、上記目的事項が議案に上程される前にＸが延会の動議を提出し、Ｅはこれに反対したが、同株主総会を同年３月17日に延期する旨の決議がされた。

ＦＴは平成20年３月17日付けで、Ｘに対して、上記臨時株主総会の議決権行使に関して、本件管理信託契約に基づき、議案（株主提案）にいずれも賛成するとの議決権行使をするように指図した。しかし、Ｙ社従業員らが同月14日に労働組合を結成して無期限ストライキに突入するとして、会場であったＹ社本社を封鎖したため、平成20年３月17日に株主総会を開催することができなかった。なお同ストライキは、株式総会が開催できないことが確定した後、同日中に解除された。

Ｙ社取締役会は平成20年３月15日、新株予約権の株主無償割当てを行う旨の決議をした。その要旨は以下のとおりである。なお、Ｙ社取締役会は、Ｖ、Ｅらをカ(ア)該当の「非適格者」であるとは扱っていない。

「ア　割当ての方法及び割当先

新株予約権無償割当ての方法により、割当期日の最終の株主名簿に記載又は記録された株主（株式数425株）に対して、その有するＹ社株式１株につき３個の割合で本件新株予約権を割り当てる（計1275個）。

イ　本件新株予約権無償割当てが効力を生ずる日

平成20年３月15日

ウ　本件新株予約権の目的である株式の種類及び数

Ｙ社普通株式。本件新株予約権１個の行使によ

りY社が交付する数（割当株式数）は1株とする。
　エ　本件新株予約権の行使に際して出資される財産の価額
　本件新株予約権の行使により抗告人がその普通株式を新たに交付する場合における株式1株当たりの払込金額は、1円とする。
　オ　本件新株予約権を行使することができる期間（行使可能期間）
　平成20年3月31日から同年4月4日まで
　カ　本件新株予約権の取得事由及び取得の条件（取得条項）等
　(ア)　Y社は、取締役会決議に基づき、平成20年3月15日、以下に該当する者（以下「非適格者」という。）に対し、新株予約権に付した取得条項を行使し、非適格者に割り当てられた新株予約権を買い取ることとする。
　a　FT（及びFTから信託譲渡を受けているX）
　b　FTの関連者。関連者とは、実質的にFT等を支配し、FT等に支配され若しくはFT等と共同の支配下にある者としてY社取締役会が認めた者、又はFT等と協調して行動する者としてY社取締役会が認めた者をいう。
　(イ)　上記(ア)の場合において、非適格者に対しては、その対価として、Y社株を収益還元法（類似比準法）による評価した金額の現金又はそれに相当するFM（平成20年3月14日の終値により計算）を交付する。
　キ　本件新株予約権の譲渡制限
　譲渡による本件新株予約権の取得については、Y社取締役会の承認を要する。」
　本件新株予約権無償割当てにおいては、X（およびその信託者であるFT）ならびにその関連者とされた者については、非適格者（持株数147株、割り当てられる新株予約権の数441個）としてY社が取得条項を行使し、その対価は金銭ないし有価証券（Y社は、Y社が保有するFMの株式337万2000株を対価とすることを予定していた）である。仮に、相手方以外の株主のすべてが本件新株予約権を行使し、株式が交付されたときは、株式総数（自己株式除く。以下同じ）は1343株に、議決権数は1243個に増加する。一方、Xの保有株式数は変わらないから、この場合の相手方の持株比率は従前の約28.9％から約10.9％に、議決権割合は従前の約34.9％から約11.8％に低下する。
　仮に、臨時株主総会が開催されてVの株主提案の決議が行われたとすると、賛成議決権数228個（うちFT147個、V65個、E4個であり、FTとVだけで過半数となる）、反対議決権数180個で可決されたことが予測されたが、本件新株予約権無償割当て後に同株主提案の決議がされると、賛成議決権数519個、反対議決権数720個で否決されることが予測される。
　Xはこれに対して、本件新株予約権に基づく新株の発行を仮に差し止める旨の仮処分命令の申立てをした。原審裁判所は平成20年3月27日、Xの本件仮処分命令申立てを認容する旨の原仮処分決定をした（新潟地決平成20・3・27金判1298号59頁）ので、Y社がこれに対して保全異議を申し立て、原仮処分決定の取消しと本件仮処分命令申立ての却下を求めたところ、原審裁判所は原仮処分決定を認可する旨の原決定をした（新潟地決平成20・4・3金判1298号56頁）。そこで、Y社はこれを不服として保全抗告をし、原決定および原仮処分決定の取消しと本件仮処分命令申立ての却下を求めた。

II　決定要旨

抗告棄却。
1　「本件新株予約権無償割当てによる新株発行の差止請求をし得ることは、原仮処分決定の『事実及び理由』の『第3　当裁判所の判断』1及び2記載のとおりであるから、これを引用する。」
2　被保全権利（会社法247条各号該当性）について
ア(ア)　「新株予約権無償割当てが新株予約権者の差別的な取扱いを内容とするものであっても、……直ちに株主平等の原則に反するということはできない。しかし、……株主平等の原則の趣旨は、新株予約権無償割当ての場合についても及ぶというべきである。」
(イ)　「特定の株主による経営支配権の取得に伴い、会社の存立、発展が阻害されるおそれが生ずるなど、会社の企業価値がき損され、会社の利益ひいては株主の共同の利益が害されることになるような場合には、その防止のために当該株主を差別的に取り扱ったとしても、当該取扱いが衡平の理念に反し、相当性を欠くものでない限り、これを直ちに同原則の趣旨に反するものということ

はできない。」

(ウ)「株主に割り当てられる新株予約権の内容に差別のある新株予約権無償割当てが、会社の企業価値ひいては株主の共同の利益を維持するためではなく、専ら経営を担当している取締役等又はこれを支持する特定の株主の経営支配権を維持するためのものである場合には、その新株予約権無償割当ては原則として著しく不公正な方法によるものと解される（以上、最高裁平成19年（許）第30号同年8月7日第二小法廷決定・民集61巻5号2215頁参照）。」

イ「そこで、本件についてこれを検討するに、前記認定事実によれば、株主提案により退陣（解任）を求められたY社の現経営陣は、Y社と業務提携及び資本提携をしている最大株主であるFT（相手方）に対して協力を求めることにより臨時株主総会で同株主提案を否決することを目論んだが、これが奏効しない見込みとなったため、……急遽、Y社従業員らをして労働組合を結成させ（結成日、経緯に照らして、このように推認できる。）、臨時株主総会を開催不能とした上、本件新株予約権発行決議をしてXの持株比率、議決権割合を大幅に希釈化する措置に出たものであり、これにより、今後、Y社の現経営陣と対立することが見込まれるFTらがY社の経営支配権を掌握することを阻止しようとしたものと認められるから、本件新株予約権無償割当ては、Y社の現経営陣の経営支配権を維持するためのものであるというべきである。」

ウ「これに対し、Y社は、Fグループは詐欺的に業務提携及び資本提携をしてY社の株式を取得するなどしたもので、かつ、Vと事実上一体の濫用的株主、濫用的買収者である、Fグループによる経営権の取得がY社の企業価値をき損するとして、上記ア(イ)にいう場合に当たり、同(ウ)にいう場合に当たらないと主張する。」

(ア)「しかしながら、まず、VとEが事実上一体であるということはできるが、……FTらFグループとVが事実上一体であることをうかがわせるに足りる証拠はなく……、FグループがVと事実上一体であることを前提とするY社の主張は理由がない。」

(イ)「次に、Fグループが抗告人と業務提携及び資本提携をしてFTにおいてY社の株式を取得したのは、Y社の側から、…Fグループに提案して実現したものであり、その間に双方とも弁護士が関与し、十分に検討した上で、本件基本契約及び本件管理信託契約の締結に至ったものと認められるのであり、Fグループに詐欺的行為があったことはうかがわれない。」

(ウ) 省略

(エ) Y社の主張する点「をおいて、判断するに、Fグループに業務の実体がないという事情やFグループの経営者であるGにY社の合理的な経営を目指す意思がないなどの事情をうかがうことはできず、FグループがY社の経営に関与することにより、Y社の企業価値がき損されるおそれがあるような事態が生じると認めるに足りる証拠はない。」

(オ) 省略

エ「以上によれば、本件新株予約権無償割当ては、株主平等の原則の例外として許容される場合に該当せず、専ら経営を担当している取締役等（現経営陣）の経営支配権を維持するためのものであると認められるから、株主平等の原則の趣旨に反し、また、著しく不公正な方法によるものというべきである。」

(4) 保全の必要性について

「本件新株予約権無償割当ての効力は既に生じており、これに基づく新株が発行されると、相手方が著しい損害を被るおそれがあること……から、保全の必要性が認められる。」

III 分析と展開

1 新株予約権に基づく新株の発行の差止め

新株予約権の発行がすでに効力を生じている状況で、その新株予約権に基づく新株の発行を株主が差し止めることができるかは、これまで必ずしも十分に論じられてこなかった問題である（もっとも、後述のブルドックソース事件において、実はこの問題は存在していた（注1））。先にII1でみたように、本決定はこの問題について原仮処分決定をそのまま引用している。原仮処分決定の「事実及び理由」の「第3 当裁判所の判断」1は次のように述べる（一部のみ）。

「新株予約権発行はその行使による新株発行を当然に予定している手続であり、新株予約権の発行について法令違反や定款違反、あるいは不公正発行といった瑕疵がある場合には、それに続く新

株発行の手続も当然これらの瑕疵を引き継いだものとなるというべきである。

　したがって、先行する新株予約権発行手続に会社法247条の差止事由がある場合には、それに引き続いて行われる新株発行手続にも当然に同法210条の差止事由があるというべきである。」

　この判示については、次の3点が問題となる。第1に、この判示を文字通りに読んでよいのか。第2に、判旨の法律論を支持してよいのか。第3に、判旨の法律論に近い救済は他の法律構成によっても得られるところ、それらの複数の法律構成の優劣についてどのように考えるべきか。

　まず第1点について考えると、「新株予約権発行手続きに会社法247条の差止事由がある場合には、それに引き続いて行われる新株発行手続にも当然に同法210条の差止事由がある」との判示を文字通りに読むべきではない。たとえば、公開会社において、新株予約権の発行が有利発行であるにもかかわらず株主総会の承認を得ずに（少なくとも代表取締役によって）行われたという場合に、新株予約権の発行が効力を生じた後にこれに不服がある株主が常に新株発行の差止めを求めることができるというのでは、取引の安全を甚だしく害するであろう（新株発行の場合につき、有利発行でも無効事由とならないとする最二判昭和46・7・16金判277号6頁を参照）。おそらく、このような帰結は原仮処分決定や本決定の意図するところではないだろう。

　そこで、原仮処分決定の意図を合理的に解釈すれば、「新株予約権の発行に差止事由があり、かつ株主に新株予約権の発行について差止めの機会が与えられていなかったと評価できる場合には、それに引き続いて行われる新株発行に差止事由がある」ということではないだろうか（明記していないが、会社法210条は募集手続により新株の発行・自己株式の処分がなされる場合を想定した規定であることから、判旨は同条を類推適用するという趣旨であろう）。原仮処分決定は、先に引用した部分の直前で次のように述べている。「本件においては、新株予約権自体は取締役会決議当日である3月15日に効力を生じており、行使可能期間が3月31日からとなっていることから、予約権に基づく新株発行の差し止めが求められている」。つまり、株主に新株予約権の発行について差止めの機会が与えられていなかったことが210条の類推適用を正当化する事情であると理解すべきであろう（新株発行につき、公示を欠くため株主に差止めの機会が与えられていなかった場合について、このことと差止事由が競合することを理由にこれを無効と判示した最三判平成9・1・28民集51巻1号71頁、金判1015号27頁を参照）。

　そして、第2点についていえば、原仮処分決定の判示を先述のように合理的に理解する限りにおいて、このような法律論を支持すべきである。

　この見解に対しては、新株予約権者の権利行使による新株の発行は会社の義務として行われるものであり、これを差し止めることはできないとの反論が考えられる。しかし、この批判は正当ではない。募集手続により新株を発行する場合においては、募集株式の申込者に対して会社が株式を割り当てる旨の決定を行えば、会社は申込者が所定の期日までに出資を履行することを条件として申込者に株式を発行する義務を負う（会社法204条・209条参照）が、この場合に、新株発行に法令違反や不公正発行に当たる事実があるならば、会社のする新株発行が差止めの対象となる（会社法210条）ことに疑問はない。会社が募集株式の申込者に対して義務を負うことは、新株発行の差止めの妨げとはならないのである（注2）。

　このように考えると、「新株発行の差止めという法律構成は論理的にありえない」ということはできない。もっとも、他の法律構成との優劣（第3点）を検討する必要は残されている。

　新株予約権の発行が効力を生じた後に株主に対して必要な救済を与えるための法律構成としては、①原仮処分決定および本決定の採る会社法210条の（類推）適用のほかに、②新株予約権発行の無効の訴え（同法828条1項4号）を本案とする保全処分として、新株予約権にかかる新株の発行を差し止める仮処分として構成することや（注3）、③敵対的買収者に対する会社の措置に企業価値の維持や買収についての情報の取得などの正当な目的が認められない場合には、新株予約権者が新株予約権を行使しても、当該行使は実体法上は無効であり、そのことを理由として、会社による新株予約権行使者に対する株券交付等を禁止する仮処分を請求し得ると構成することも考えられる（注4）。

　このうち、①および③は、信託型ライツプランを念頭に置いて展開された議論であった。信託型

ライツプランとは、将来の敵対的企業買収を恐れる会社（対象会社）が、具体的な買収の動きがない時点（平時）において、新株予約権（差別的条項が付されたもの）を信託会社に割り当てて発行し、具体的に買収の動きが生じたときに（有事）、対象会社の取締役会が基準日の設定および新株予約権の行使条件が成就したことの宣言を行うと、信託会社は基準日の名簿株主に対して新株予約権を交付する仕組みである。この場合には、本件で問題になっているのとは異なり、新株予約権の発行の時点では差止事由に当たる瑕疵は存在しないが、有事の時点で対象会社の取締役会がこの仕組みを濫用することが不公正である（会社支配権に関して不当に干渉する）という状況において、有事の時点で信託型ライツプランを無効化する法律構成が必要となる（米国では、裁判所がライツの消却命令を対象会社に発することによってこの問題に対処している）。

それでは、これらの法律構成についてどのように考えるべきであろうか。筆者は、これらの法律構成の間の優劣の差を論じて救済をいずれか1つに限定することは、日本法の現況を見る限り適切ではないと考えている。というのは、日本法では新株予約権の内容をかなり自由に設計することができるのに、そこから生じ得る濫用に対処する仕組みが十分ではない（米国デラウェア州においては裁判所が衡平法上の広範な権限を有しているのとは異なり、日本法はむしろ会社法上の訴えや差止めを制限する方向で制度を設計している）からである。先に掲げた3つの法律構成は、事案に応じて使い分ければよい。裁判実務においては1つの事案に複数の法律構成を重ねて主張することも認められるべきである（株主に法律構成を誤った場合の敗訴のリスクを負わせるべきではない。裁判所は、複数の法律構成から最もその事案に適したものを選んで事案を解決すればよい）（なお、このような問題状況に照らすと、新株〔予約権〕の発行につき取引の安全を過度に重視すべきではないだろう（注5））。

なお、本件の事実関係に照らせば、①が最適の法律構成であったか疑問がないわけではない。本件での新株予約権は一般の株主によって行使されるだけでなく、非適格者との関係では会社は所定の対価を交付してこれを取得するということも内容となっていることに照らすと、②や③のほうがより問題の所在に対応した法律構成であったかも

しれない。もっとも、株主が①の法律構成を選んで主張してきたときには、裁判所は他の法律構成を示してこれを拒むことは妥当ではなく、本件における裁判所の対応は適切であったと考えられる。

2 新株予約権の不公正発行

先の1を前提に、本事件では元々の新株予約権の発行が不公正発行に当たるか否かが争われたが、不公正発行の判断基準について、本決定の判示には若干の混乱が認められる。

新株予約権の発行が不公正発行に当たるか否かの判断基準として、裁判例には、④新株予約権発行の主要な目的が支配権維持である場合には原則として不公正発行に該当し、例外的に、買収者が会社を食い物にすることを目的として対象会社の株式を取得しており、それへの対抗措置として行われる新株予約権の発行が必要性・相当性を充たす場合には、当該発行は不公正発行とはならないとする基準（ニッポン放送事件東京高裁決定（注6）で示された主要目的ルール）と、⑤特定の株主による対象会社の株式の取得が対象会社の企業価値を害するか否か（買収対抗措置の必要性）の判断は対象会社の株主によって行われるべきであり、株主が買収対抗措置の必要性を認めた場合には、それが相当性を充たす限りにおいて（この判断は裁判所により行われる）、対抗措置として行われる新株予約権の発行は不公正発行とはならないとする基準（ブルドックソース事件最高裁決定（注7）で示された基準）とがある。

両者の関係については議論があるが、大まかにいうと、④は取締役（会）のレベルでのみ対抗措置の決定が行われる場合、⑤は対抗措置につき株主の承認が得られている場合に、それぞれ適用される基準と考えるべきであろう。そして、現経営陣と敵対的買収者の間の経営能力の比較（いずれが企業価値をより高めることができるか）を理由として対抗措置を講じることが許されるのは⑤の場合（株主の承認がある場合）に限られ、⑤はまさにそのような場合に対抗措置を許すために考案された判断基準であり、④の場合（株主の承認がない場合）においては、会社（経営陣）が企業買収により企業価値の毀損されることを疎明できる場合にしか許されないというのが、両基準の関係と捉えることができる（注8）。

以上の理解が正しいのであれば、対抗措置につ

き株主の承認が得られていない本件については、④の適用のみが問題となったはずである。⑤に則りつつ支配権維持が主要目的であるとして新株予約権の発行を不公正発行であると論じた本決定には——当事者の主張を受けてこのような判示になったと推測されるが——両基準の適用場面を誤ったのではないかという疑問がある。

3 他の対抗措置はありえなかったのか

最後に、本事件を離れて一般論として、大株主による支配権の奪取の動きに対して現経営陣がなし得ることについて考えてみたい。

現在の判例法を前提とすれば、支配権奪取を確定的に妨げるには、それが株主の多数により支持されるか（ブルドックソース事件最高裁決定）、大株主が対象会社を食い物にしようとしている（支配権奪取により対象会社の企業価値が毀損される）ことについて疎明できること（ニッポン放送事件東京高裁決定）のいずれかが必要である。

他方、確定的な対抗措置ではなく、よりソフトな対抗措置であれば、たとえば買収者から企業買収についての一定の情報を引き出し、株主に一定の考慮時間を与えるための措置は、取締役会限りでも行うことができる（夢真ホールディングス対日本技術開発事件（注9））。もちろん、対抗措置が許容されるのは必要性と相当性が充たされる限りにおいてであり、闇雲な時間稼ぎが許されるわけではなく、買収者が上場会社である場合には情報要求が認められる範囲も限られよう（注10）。他方、買収者が非上場会社であり、その財務力や経営方針が必ずしも明らかでない場合や、対象会社の株式すべてが取得の対象となっていない企業買収・支配権の奪取が企図されている場合には、現経営陣には一定の対抗策を講じ、情報提供や買収条件の改善を求めて交渉する権限が認められるべきである。

本事件では、経営陣は大株主の保有する株式の大半を強制的に買い取るという最強・最悪の防衛策（注11）を講じてしまった。対抗措置を否定した本決定の結論は妥当である。もっとも、「株式の過半数を得た者に会社支配権を与えるべき」との一般論をそのまま貫くことが適切ではない現実がまだ日本から消滅したわけではない。新株予約権を用いる対抗措置が真に企業価値・株主共同の利益を保護し、増進するために用いられる場合もあることには留意が必要である。

〔追記〕 脱稿後、校正時に次の文献に接した。①温笑侗「本件判批」ジュリ1382号136頁（2009年）、②鳥山恭一「本件判批」金判1326号9頁（2009年）、③江頭憲治郎『株式会社法〔第3版〕』732頁、650頁(2)（有斐閣・2009年）。

(注1) 清水俊彦「不都合な真実(11)」金判1312号10頁、13頁（2009年）、江頭憲治郎編『会社法コンメンタール 6』124頁以下〔洲崎博史〕（商事法務・2009年）。

(注2) 石綿学「敵対的買収防衛策の法的枠組みの検討(下)」商事1721号24頁、35頁（注89）（2005年）。この問題についてより詳しくは、大杉謙一「今後のわが国における敵対的買収の可能性——解釈論」家田崇＝五十嵐惠美子ほか『M＆A攻防の最前線』95頁、120頁以下（金融財政事情研究会・2005年）、奈良輝久「本件判批」金判1312号2頁、5頁以下（2009年）を参照。

(注3) 鳥山恭一「本件判批」法セ647号126頁（2008年）。

(注4) 江頭憲治郎「事前の買収防衛策」江頭＝久保利英明ほか『株主に勝つ・株主が勝つ』18頁、25頁以下（商事法務・2008年）。江頭教授は、新株予約権の行使が無効な場合、無効の訴えを待つまでもなく当然に無効であるが、その無効を対世的に確定するためには、取締役会の決定（行使条件の成就の宣言、取得など）が無効であることの確認訴権を被保全権利として、本文で述べた仮処分を求めるとの法律構成を示すとともに、仮に新株予約権の行使の無効を主張するためには形成の訴えとしての新株発行の無効の訴え等が必要であると解する場合であっても、当該訴えの訴権を被保全権利として、やはり本文で述べた仮処分を求めるとの法律構成を示している。江頭憲治郎『株式会社法〔第2版〕』722頁（有斐閣・2008年）をあわせて参照。

なお、江頭教授は本文①の会社法210条類推適用という法律構成を否定されるわけではないようである。江頭・前掲642頁注(2)。

(注5) 新株発行に関する従来の裁判例は取引の安全に重点を置いた判示を行い、学説等もその点を強調して判例を解釈する傾向があった。しかし、本文で述べたように、日本法では新株予約権の内容をかなり自由に設計することができるのに、そこから生じ得る濫用に対処する仕組みが十分ではないことに照らすと、取引の安全を強調して新株

（予約権）発行の差止めや無効の訴えを制限することには慎重であるべきだろう。

　本事件とは離れるが、東京地判平成21・3・19金判1317号30頁では、新株予約権の発行後に取締役会決議によってその行使条件（上場後一定期間の行使を禁止する、いわゆるロックアップ条項）が緩和され、その緩和された行使条件によって新株予約権が行使されて株式が発行された（発行会社は上場を果していなかった）という事案において、結論として新株発行の無効が認められている。この事例では、そもそも発行後に取締役会と新株予約権者の間の同意のみで新株予約権の内容の変更が可能かも問題となるところであるが、新株予約権にはこのように未解決の問題が多数存在することに照らせば、新株（予約権）発行の差止めや無効の訴えの門戸を狭めない解釈が重要である（同様の趣旨を示す見解として、洲崎・前掲（注１）126頁）。

（注６）　東京高決平成17・3・23金判1214号6頁〔前書❽事件〕。

（注７）　最二決平成19・8・7民集61巻5号2215頁、金判1279号19頁〔本書❶事件〕。

（注８）　ニッポン放送事件決定で示された「特段の事情」の意義については、田中亘「買収防衛策の限界を巡って――ニッポン放送事件の法的検討」金融研究（日本銀行金融研究所）第26巻法律特集号1頁、13～22頁（2007年12月）（http://www.imes.boj.or.jp/japanese/kinyu/fkinyu07.html で閲覧可）を参照。また、両基準の関係について、奈良・前掲（注２）8頁以下、奈良輝久「買収防衛規範の最前線」奈良＝清水建成ほか編著『最新M＆A判例と実務』169頁、194頁以下（判例タイムズ社・2009年）をあわせて参照。

（注９）　東京地決平成17・7・29金判1222号4頁〔前書❿事件〕。

（注10）　田中亘「同事件の判批」野村修也＝中東正文編『M＆A判例の分析と展開』114頁、117頁以下（経済法令研究会・2007年）、企業価値研究会「近時の諸環境の変化を踏まえた買収防衛策の在り方」（平成20年6月30日）をあわせて参照。

（注11）　大杉謙一「買収防衛策の現在・過去・未来――ブルドックソース事件を契機に」法時80巻3号41頁、43頁以下（2008年）、清水・前掲（注１）15頁以下。

Kenichi OSUGI

平成20・5・12東京高裁第7民事部決定、平成20年（ラ）第646号新株発行差止等仮処分決定認可決定に対する保全抗告事件、抗告棄却【確定】

　原審＝平成20・4・3新潟地裁決定、平成20年（モ）第1016号、**金判1298号56頁**

　（原仮処分決定＝平成20・3・27新潟地裁決定、平成20年（ヨ）第18号、**金判1298号59頁**）

決　定

＜当事者＞（編集注・一部仮名）

抗告人（債務者）	株式会社ピコイ
同代表者代表取締役	Ａ
同代理人弁護士	風間士郎
同	山田剛志
同	華学昭博
同	山崎　優
相手方（債権者）	弁護士法人なにわ共同法律事務所
同代表者代表社員	鬼追明夫
同代理人弁護士	野中信敬
同	安田　修
同	久保田理子
同	橋本幸子

【主　文】
1　本件抗告を棄却する。
2　抗告費用は抗告人の負担とする。

【理　由】
1　本件抗告の趣旨及び理由は、本件当審記録中の「保全抗告状」記載のとおりであり（ただし、抗告の趣旨に、原仮処分決定の取消しを付加する。）、これに対する相手方の答弁は、本件当審記録中の「答弁書」記載のとおりであるから、これらを引用する。

2　事案の概要
　本件は、フリージアトレーディング株式会社（以下「ＦＴ」という。）から同社保有の抗告人の株式の信託譲渡を受けて、抗告人の株主となっている相手方が、平成20年3月15日に抗告人の取締役会決議に基づいてＦＴ（相手方）及びその関係者に対する取得条項が付された新株予約権（以下「本件新株予約権」という。）の株主無償割当てによる発行が行われたことにつき、本件新株予約権の発行が株主平等原則に反し著しく不公正な発行に当たることを理由として、本件新株予約権に基づく新株の発行を仮に差し止める旨の仮処分命令申立てをした事案である。

　原審裁判所は、平成20年3月27日、本件新株予約権無償割当ては抗告人の現経営陣の経営支配権を維持するためのものであり、株主平等原則に違反する著しく不公正な方法によるものであり、保全の必要性がある

として、相手方の本件仮処分命令申立てを認容する旨の原仮処分決定をしたので、抗告人は、これに対して保全異議を申し立て、原仮処分決定の取消しと本件仮処分命令申立ての却下を求めたところ、原審裁判所は、ＦＴらのフリージアグループが抗告人の経営に関与することにより抗告人の企業価値の明白なき損があるとはいえず、本件新株予約権の発行に際しては相手方及びＦＴの意思をも考慮すべきであったことに照らすと、本件新株予約権無償割当ては専ら抗告人の現経営陣の経営支配権の維持のためのものであり、著しく不公正な方法によるものとして許されないとして、原仮処分決定を認可する旨の原決定をした。

そこで、抗告人がこれを不服として保全抗告をし、原決定及び原仮処分決定の取消しと本件仮処分命令申立ての却下を求めたものであり、その理由として、フリージアグループは濫用的株主、濫用的買収者であり、フリージアグループによる抗告人の経営権の取得が抗告人の企業価値のき損をもたらすから、本件新株予約権無償割当ては抗告人の現経営陣の保身でなく、不公正発行に当たらないと主張している。

3　疎明資料（認定事実中に括弧書きしたもの）及び審尋の全趣旨によれば、以下の事実が認められる。

(1)　当事者等

ア　抗告人

(ア)　設立後の経緯

抗告人は、昭和47年１月28日、木材及び建物の保存工事（白蟻防除木材防腐工事）等を目的として、Ｂ（以下「Ｂ」という。）により設立された株式会社であり、同人が代表取締役社長に就任して経営していたところ、平成11年10月、和議手続開始の申立てをして倒産し、平成12年７月、和議開始決定を受け、同年10月、和議認可決定を受け、同年11月、同決定が確定し、平成17年３月、新潟県中小企業再生支援協議会の支援を得て、銀行融資を受け、和議債務を完済して、和議手続を終結したが、これに先立ち、同年２月１日付けで、Ｂが代表取締役（和議に至った責任者であるが、再建のためリーダーシップが必要との判断で留任していた。）を辞任して、代表権のない取締役会長に就任し、専務取締役であったＡ（以下「Ａ」という。）が代表取締役社長に就任し、次いで、同年５月１日付けで、常務取締役であったＣ（以下「Ｃ」という。）が代表取締役専務に就任し、平成18年８月31日付けで、Ｂが取締役を辞任し、現在に至っている（甲１、22、乙２）。

(イ)　資本構成

平成20年３月25日現在、資本金の額は６億7365万円、発行可能株式総数1500株、発行済株式総数は512株である。株式市場に上場していない。

同年２月15日現在で、株式中議決権を有するものは421株であり（他に、自己株式３株、失権株17株があり、それ以外は議決権を有しない端株である。）、相手方の議決権数は147個である。相手方以外の大株主（括弧内は議決権数）は、株式会社ヴァーチュアス・エステイツ（65個。以下「ヴァーチュアス」という。）、ピコイ従業員持株会（42個）、Ｄ（23個）、トステム株式会社（20個）等である。また、ヴァーチュアスの前代表取締役であるＥ（以下「Ｅ」という。）が議決権４個、抗告人の創業者であるＢの妻であるＦが同２個を有している。その後も議決権の個数に変更はない（甲66の２）。

(ウ)　機関構成等

取締役会、監査役、監査役会、会計監査人をそれぞれ設置しているが、委員会設置会社ではない（甲21、22）。

株式の譲渡制限を設けておらず、会社法２条５号にいう公開会社に該当する。

平成19年１月31日現在の従業員数は252人であり、労働組合は結成されていない（甲１）。

(エ)　業績

平成19年１月期の売上高は約60億9236万円、経常利益は約２億1769万円、当期純損失は約１億2802万円である（甲１）。

イ　相手方

相手方は、後記のとおり、ＦＴからその保有する抗告人株式の信託譲渡を受けて、抗告人の株式147株を保有する株主である。

ウ　ＦＴら

(ア)　ＦＴの関連会社として、フリージア・マクロス株式会社（以下「ＦＭ」という。）、フリージアホーム株式会社（以下「ＦＨ」という。）及び光栄工業株式会社（以下「光栄工業」という。）が存在する。

平成19年３月31日時点において、ＦＴがＦＨの発行済み株式総数の98.83％を保有し、ＦＨがＦＭの発行済み株式総数の68.18％を保有し、ＦＭが光栄工業の全株式を保有している。そして、ＦＴの株式は、ＦＭ及び光栄工業の代表取締役会長であるＧ（以下「Ｇ」という。）が発行済み株式総数の60％を、ＦＴ及びＦＭの代表取締役社長でＧの実弟であるＨ（以下「Ｈ」という。）が20％を、ＦＨの代表取締役社長（ＦＭの前代表取締役社長）であるＩが20％をそれぞれ保有している。

ＦＭは、東証２部上場会社で、上記役員構成及び株式保有により、ＦＨ、ＦＴ及び光栄工業を連結子会社（光栄工業は100％子会社）とし、４社は、フリージアグループ（会長Ｇ）と名乗って次のとおり企業活動を行っている。すなわち、フリージアグループの中で、ＦＨ、ＦＭ及び光栄工業が製造・供給事業を、ＦＴが流通事業をそれぞれ担うものと位置づけられ、ＦＨはログハウスの施工、配給、家具の配給、高級スウェーデン住宅の設計、施工、配給等を、ＦＭはプラスチッ

ク押出機の製造、配給、土木試験機の製造、仕入れ、配給等を、光栄工業はＡＴＭ等筐体の製造、配給等を、ＦＴはパソコン、周辺機器、製品、パーツその他の仕入れ、輸入、販売、パソコン店、漫画喫茶店の直営等をそれぞれ行っている（甲26、27、55、乙8の2、19）。

（イ）　ＦＴは、平成18年1月23日、抗告人の株式40株をＢから譲り受けて保有し、その後、同年4月ころに買増しして53.5株を保有し（甲1）、さらに、後記のとおり、抗告人から94株の第三者割当てを受けて、147.5株の抗告人株式を保有している。

（ウ）　ＦＭは、平成5年6月ころ、技研興業株式会社（以下「技研興業」という。）の株主総会に当たって、議決権委任状獲得のために勧誘書と共に郵便為替（保有株式1株につき約1.8円相当で、総額350万円程度）の送付をしたことがあり、これにはＧが関与していた（甲59、乙21）。

エ　ヴァーチュアス
（ア）　ヴァーチュアスは、平成15年1月8日、Ｅが設立し、同人が代表取締役に就任していたが、平成18年8月1日、同人は代表取締役を退任、取締役を辞任し、Ｊが代表取締役に就任した（乙10）。

（イ）　ヴァーチュアスは、平成19年3月から平成20年1月までの間に、抗告人の株式をＦ、株式会社ケミコートらから順次取得し、65.3株を保有するに至った（甲62、乙34）。なお、ヴァーチュアスは、ＦＭの株式200万株（持株比率0.44％）を保有している（平成19年3月時点。甲26）。

オ　株式会社光徳技建
建設業を営む株式会社光徳技建の代表取締役に、平成18年3月31日から同年10月3日までＥが、同日から同年12月29日までＢが、平成19年3月22日から現在までＧがそれぞれ就任している（乙34）。

(2)　株式会社ケミコートらによる臨時株主総会招集請求と株主総会における否決
抗告人の少数株主であった株式会社ケミコートほか2名は、平成18年2月17日付け内容証明郵便をもって、抗告人に対し、臨時株主総会の招集請求をし、同郵便及び同年3月1日付け通知書をもって、Ａを代表取締役社長から解任し、創業者であるＢが取締役会の主導権を握って次期代表取締役社長を選任することを目的として、抗告人の取締役としてＥほか4名を選任し、抗告人取締役のうちＡほか3名を解任する議案を提案した（乙3、4）。これに対し、抗告人は、平成18年4月17日の定時株主総会の決議事項に上記株主提案を追加して対応することとした（乙5）。ＦＴ（Ｈ）は、株式会社ケミコートの提案に同調したが、同日の定時株主総会において、上記株主提案はいずれも否決（賛成議決権数146個、反対議決権数175個（棄権1個）又は176個）された。なお、当時、抗告人は、フリージアグループを乗取り屋と喧伝していた（乙6、7の1・2）。

(3)　抗告人とフリージアグループとの業務提携及び資本提携

ア　経緯
（ア）　抗告人は、その白蟻防除木材防腐工事が構造的に減少する中で、フリージアグループとの業務提携をすることを検討し、平成18年6月ころ、Ａ、Ｃ及び取締役Ｋ（平成17年4月就任。以下「Ｋ」という。）がＨと面談して、上記業務提携を提案し、Ｇとも面会し、両者間で業務提携及び資本提携に向けて協議を重ねた（甲64の1・2、乙10、30）。

（イ）　資本提携は、フリージアグループが抗告人の株式の35％を保有して、株主総会の特別決議事項等の重要な決議に拒否権を持つためのものであり、Ｈは、同年8月ころ、Ｋに対し、ＦＴが所有する抗告人の株式全部をＡ、Ｃ及びＫの3名に委託し、特定の決議事項の場合を除き、その議決権の行使を一任する内容を骨子とする株式議決権信託を検討したことがあった（乙36）。

（ウ）　Ｈは、同年10月16日、Ｋに対し、「当社子会社のフリージアホーム株式会社と事業提携の内容案」と題する書面をＦＡＸで送信して、フリージアグループと抗告人との業務提携の具体的内容を提案した（甲64の1、乙11）。

同書面には、「1．フリージアログハウス等の提携事業（形態）」として、①斡旋業務、②営業代行（ＦＨが指導）、③開拓営業代行、④直接工事、⑤メンテナンス事業の業務が記載され、それぞれのマージンの比率と具体的に行う業務内容が記載されていた。また、同書面の①ないし⑤の業務の記載の後には、注書きとして、当初はＦＨが抗告人の支店を拠点として、見学会を主催し顧客の獲得を支援して②の業務を行うこと、当初の6ないし8か月位は見学会の進め方や契約の仕方等を指導し、自力で抗告人が行う③へ移行すること、③の体制が整ったら④の事業も行い、より高い利益率を達成すること等が記載されており、「北海道は大きな市場です、御社との提携効果が最も大きいでしょう。北海道だけで年間30～40棟は5～7人の専属スタッフが居れば可能でしょう。」などと記載されていた。

（エ）　抗告人は、フリージアグループとの提携に、ログハウス事業の収益性、ベトナム人労働者の受入ルート等大きなメリットを期待し、フリージアグループとの業務提携及び資本提携をすることを決定した（乙10）。

イ　業務提携及び資本提携に関する基本契約の締結
ＦＨ、ＦＴ及び抗告人は、平成19年1月26日、要旨以下のとおりの業務提携及び資本提携に関する基本契

約（以下「本件基本契約」という。）を締結した（甲6）。

　(ｱ)　ＦＨ、ＦＴ及び抗告人は、互助、互尊、互恵の精神に立つ対等のパートナーとして、当事者間相互の信頼関係を基盤とし、ログハウス事業及びその付帯事業において、双方の事業発展を促進するための包括的な契約を結ぶことを目的とする。ＦＨ、ＦＴ及び抗告人は、業務提携及び資本提携を締結するに当たり、信義に従い、誠実に交渉する。

　(ｲ)　ログハウス事業及びその付帯事業において、ＦＨと抗告人はお互いに協力して顧客の開拓及び販売促進を行うものとする。

　(ｳ)　抗告人はＦＴに対して第三者割当増資を行うこととし、ＦＴはこれを引き受けるものとする。その第三者割当ての払込みはＦＭの株式による現物出資とし、抗告人株式1株に対しＦＭの株式300万円相当を対価として行う。

　(ｴ)　ＦＴは抗告人の発行する議決権付き株式総数の35％を上限として抗告人の株式を保有することができるものとし、上記第三者割当てはＦＴの持株比率が抗告人の議決権付き株式総数の35％となるよう発行することとする。

　(ｵ)　ＦＴ（その関係会社、役職員を含む。）が抗告人の議決権付き株式総数の35％を超えて抗告人の株式を保有した場合、抗告人においてその譲受けを無効とすることができ、その超過部分につき、ＦＴは時価において、抗告人の指定する者に譲渡しなければならない。

　(ｶ)　抗告人は、ＦＴの持株比率が抗告人の議決権付き株式総数の35％未満とならないようにしなければならないものとする。したがって、新株発行や新株予約権等の抗告人の資本政策に関わることは、抗告人は事前にＦＴと協議して、その承諾をとるものとする。

　(ｷ)　本業務提携を図るに際し、ＦＴが取得する抗告人の議決権付き株式については、ＦＴは抗告人と合意する第三者に別途協議して締結する「株式管理信託契約書」に基づき株式の信託を行う。

　(ｸ)　次の各号に該当する事項については、抗告人は、ＦＴと事前協議に基づく合意を得なければこれを行わない。

　　①　資本の変更に関すること（増資・減資、新株予約権発行、株式交換・株式移転、会社合併、会社分割、自己株式の処分）

　　②　代表者の変更、第三者からの役員選任、多額の資金支出を伴う新規事業や定款所定事業以外への投資、業務提携、事業譲渡、業態変更

　　③　第三者に対する出資や子会社設立、他の会社の買収等多額の資金支出に関わること

　　④　定款変更

　(ｹ)　本業務及び資本提携を図るに際し、ＦＨ及びＦＴ並びにその関連会社は抗告人に役員を派遣しない。

　ウ　本件基本契約及び同日付け抗告人取締役会の株式募集決議に基づき、ＦＴは、同年2月28日、ＦＭの普通株式509万7000株（価額2億9051万6118円）を出資し（抗告人の持株比率1.13％）、抗告人の普通株式94株（1株309万0597円）の割当を受けて取得し（甲19）、抗告人の株式147.5株（持株比率35％）を保有することとなった。

　エ　事業展開の状況

　(ｱ)　抗告人は、平成19年8月1日、ログ事業部として札幌営業所を開設した（乙30）。

　(ｲ)　ＦＨは、平成19年11月9日から同年12月20日にかけて、北海道新聞、朝日新聞、日刊スポーツ、読売新聞、道新スポーツ、日経新聞の各誌にＦＨのログハウス、スウェーデン住宅の広告を掲載したが、同広告には供給元としてＦＨ、「現地提携先」又は「現地業務資本提携先」として抗告人北海道フリージア事業部を併記していた（甲38、39）。

　(ｳ)　抗告人は、平成19年11月19日以降、Ｇ及びＦＭのスタッフの支援を受けて、複数回にわたりログ事業部配給祭、体験会等を開催した（甲40、41、乙30）。

　(ｴ)　平成19年11月から平成20年2月にかけて、Ｇに対し、抗告人のログ事業部従業員から頻繁に「業務日報」、「顧客管理表」及び進行中のプランの図面が送られており、Ｇは、これらの書面に対して指示を出すこともあった（甲41）。

(4)　相手方に対する株式管理信託

　ア　経緯

　(ｱ)　Ｇは、平成18年11月ころ、20年来の付き合いのある相手方代表社員の鬼迫明夫弁護士（以下「鬼迫」という。）に対し、ＦＴがそれまでに取得した抗告人の株式と、ＦＴと抗告人との業務提携及び資本提携に伴って抗告人から第三者割当てを受ける株式を相手方に信託譲渡したい旨の相談をし、相手方東京分室社員の海川直毅弁護士（以下「海川」という。）とＦＴ社長のＨが担当となり、予定している上記提携の内容を踏まえて、ＦＴ、抗告人及び相手方間の株式管理信託契約の検討を進めることとなった（甲42）。

　(ｲ)　抗告人代理人弁護士山田剛志（抗告人の補欠監査役。甲1。以下「山田」という。）は、平成19年1月22日、抗告人のＫ取締役に対し、「株式管理信託契約書（案1）」と題するファイルを電子メールに添付し、送付したところ、同案においては、抗告人の株主総会において相手方がＦＴの指図を得て議決権を行使する事項（以下「指図事項」という。）について、後記イ(ｳ)①ないし⑤と同様の条項のほか、「代表取締役の変更、第三者からの役員選任」とされてい

た。(乙15の1)
　(ｳ)　Ｋは、本件基本契約締結及び抗告人取締役会の株式募集決議後の同年2月2日、山田に対し、「株式管理信託契約書（案2）」と題するファイルを電子メールに添付し、送付したところ、同案においても、指図事項について、後記イ(ｳ)⑧が加わったほかは、上記(ｲ)の案どおりとされていた（乙15の2）。
　(ｴ)　山田は、同日、折り返し、Ｋに対し、「株式管理信託契約書（案3・ピコイ修正）」と題するファイルをＫ宛の電子メールに添付し、送付したところ、同案においても、指図事項について、上記(ｳ)の案どおりとされていた（乙15の3）。
　(ｵ)　Ｋは、同年2月15日、Ｈに対し、Ｈからの指図事項中⑥を「役員の変更に関する事項」とする要請について、抗告人社内の役員登用人事にもＦＴの同意が必要となってしまうので、元の具体的な記述に戻すことを提案する電子メールを送付した（乙16）。
　(ｶ)　Ｈは、同年2月16日、Ｋに対し、上記(ｵ)の電子メールの返信の形式で次の内容の電子メール（以下「本件メール」という。）を送付した（乙16）。
「⑥については、役員の選任、解任も必要です。
ピコイの経営について、Ｋさん、Ａさんが御健在のうちは安心ですが、その後の不安もあります。
経営者を選ぶ権利の全てを経営者が持つのは、健全なものではないでしょう？
上場会社であれば、株主の監視が効きますが、未上場の場合はお手盛りになってしまう傾向が強いのです。
Ｋさんの様に強い管理ができる人が居れば安心ですが。
私共は適切な人選に反対するはずがありません。
外から見てもおかしくない人事であれば、誰が反対するでしょうか？
何を心配されているのでしょうか？
代表や元会長の親族や利害関係者を役員にするとか、例えば大きな不正を行っているものを役員にする場合とかは反対せざるえないでしょう。
私共から役員の派遣は一切しない約束をしているのですから、心配することはありません。
安心してください、私共は現在のＡ・Ｃ・Ｋさんの経営体制を完全に支持し、協調していけると100％確信しています。」
　イ　株式管理信託契約の締結
　ＦＴ、抗告人及び相手方は、平成19年2月28日、ＦＴ側からＨが、抗告人側からＡ、Ｋ、抗告人代理人弁護士風間士郎（抗告人社外監査役。甲22）が、相手方側から鬼追、海川がそれぞれ立ち会い、本件基本契約に基づいて、ＦＴが取得した抗告人株式147株に関し、要旨以下のとおりの株式管理信託契約（以下「本件管理信託契約」という。）を締結した（甲7）。
　そして、同年3月13日及び同年4月18日、同株式について相手方に名義書換えが行われ、引渡しがされた（乙35）。
　(ｱ)　ＦＴは、保有する抗告人の株式を相手方に対して信託譲渡し、抗告人の株主名簿の名義を相手方にした上、株券をすべて相手方に引き渡す。
　(ｲ)　本件管理信託契約の契約期間は、締結日から2年とする（更新可）。
　(ｳ)　抗告人の株主総会において、以下の事項に関する議案の場合は、相手方はＦＴの指図を得て議決権を行使するものとし、それ以外の事項については、相手方は抗告人の意向に沿い議決権を行使する。
　①　定款変更
　②　組織再編行為（合併、会社分割、株式交換・株式移転、事業譲渡）
　③　資本の変更（増資、減資、新株予約権発行、自己株式の取得・処分）
　④　多額の出資を伴う新規事業や定款所定事業以外への投資、業務提携、業態変更
　⑤　第三者への出資や子会社設立、他の会社の買収等多額の資金流出
　⑥　役員の変更に関する事項
　⑦　剰余金処分のうちの役員賞与総額及び役員報酬総枠の変更
　⑧　その他特別決議・特殊決議事項、及び取締役会権限の範囲にもかかわらず株主総会の決議を求める事項
　(5)　ヴァーチュアスによる臨時株主総会招集請求とその後の経緯
　ア　ヴァーチュアスによる臨時株主総会の請求
　ヴァーチュアスは、平成20年1月5日、抗告人に対し、内容証明郵便によって、Ａ、Ｃ、Ｌ、Ｍ、Ｎの5名の取締役の解任と、Ｅ、Ｆ、Ｏ、Ｐ（両名は平成18年3月31日に株式会社光徳技建の監査役に就任。乙34）、Ｑ、Ｒ（両名はＥの妻子）の6名の取締役選任を目的事項とする臨時株主総会招集を請求した。同書面の中で、ヴァーチュアスは、抗告人の業績が大きく低迷しており、人心を刷新して抗告人の活性化を図る必要があり、これらの取締役候補は新たな取締役を選ぶための一時的な任務につく取締役である旨述べている（甲3の1・2）。また、ヴァーチュアスは、同請求に伴い、ＦＴに協議を申し入れた。
　イ　抗告人の臨時株主総会招集通知
　抗告人は、これを受けて、平成20年1月31日、同年3月3日に上記提案を決議事項とする臨時株主総会を招集することとし、基準日を同年2月15日とし、同日最終の株主名簿上の株主をもって議決権を行使できる株主と定めた（甲5）。抗告人取締役会は、同月16日付けで行われた同株主総会招集の通知において、引き続き現体制により業績回復、向上に邁進していくことが抗告人の利益になるので、株主提案に反対である旨

の意見を付した（甲4）。

これに先立ち、抗告人は、G及びHに対し、提案株主との調整を協力要請した。

　ウ　臨時株主総会の延期

FT（G、H）は、抗告人にその経営に関する提案をしたが、抗告人に拒否され、相手方（鬼追、海川）に相談したところ、相手方は、株主総会の延期又は続行をした上、関係者間で協議を行うことを勧告し、抗告人（代理人）に対し、双方が冷静に判断、対応するために、双方（代理人）間で協議を続行することとして、上記臨時株主総会を延会とすることを打診し、抗告人も、これに応じることとなった。

そして、同年3月3日、抗告人臨時株主総会が開催され、ヴァーチュアスから委任を受けて出席したEが提案理由の説明をした後、上記目的事項の議案上程前に、相手方（海川）が延会の動議を提出し、Eはこれに反対したが、同株主総会を同年3月17日に延期する旨の決議がされた（甲25の1・2、42）。

　エ　抗告人による仮処分命令申立て及びその取下げ

抗告人代理人は、上記協議を経ないで、同年3月5日付けで、相手方代表者に対し、相手方がウの株主総会においてイの議案に賛成の議決権を行使してはならないとの決定を求める仮処分命令申立書案を送付し、同月11日、大阪地方裁判所に対して、相手方を債務者として、同仮処分命令申立て（以下「別件仮処分申立て」という。）をし、これにFTが相手方に補助参加して、被保全権利が存在しないなどとして、却下を求めたところ、抗告人は、審尋が行われた同月14日、同申立てを取り下げた（甲9、10の1ないし3、11）。

　オ　FTの指図

FTは、平成20年3月17日付けで、相手方に対して、上記臨時株主総会の議決権行使に関して、本件管理信託契約に基づき、議案（株主提案）にいずれも賛成するとの議決権行使をするように指図した（甲13）。

　カ　臨時株主総会の開催不能

平成20年3月17日、抗告人株主総会が行われる予定であったが、抗告人従業員らが同月14日に労働組合を結成して、無期限ストライキに突入するとして、会場であった抗告人本社を封鎖したため、株主総会を開催することができなかった。なお、同ストライキは、株式総会が開催できないことが確定した後、同日中に解除された（甲15、16、25の1）。

(6)　本件新株予約権発行決議

抗告人取締役会は、平成20年3月15日、一部取得条項付新株予約権の株主無償割当てを行う旨の決議をし、同日付けで新株予約権割当ての効力が生じた。その要旨は以下のとおりである（乙24）。なお、抗告人取締役会は、ヴァーチュアス、Eらをカ(ア)該当の非適格者と認めず、本件新株予約権を発行する対象者としている（乙27）。

　ア　割当ての方法及び割当先

新株予約権無償割当ての方法により、割当期日の最終の株主名簿に記載又は記録された株主（株式数425株）に対して、その有する抗告人株式1株につき3個の割合で本件新株予約権を割り当てる（株主に割り当てる新株予約権の数1275個）。

　イ　本件新株予約権無償割当てが効力を生ずる日

平成20年3月15日

　ウ　本件新株予約権の目的である株式の種類及び数

抗告人普通株式。本件新株予約権1個の行使により抗告人が交付する数（割当株式数）は1株とする。

　エ　本件新株予約権の行使に際して出資される財産の価額

本件新株予約権の行使により抗告人がその普通株式を新たに交付する場合における株式1株当たりの払込金額は、1円とする。

　オ　本件新株予約権を行使することができる期間（行使可能期間）

平成20年3月31日から同年4月4日まで

　カ　本件新株予約権の取得事由及び取得の条件（取得条項）等

　(ア)　抗告人は、取締役会決議に基づき、平成20年3月15日、以下に該当する者（以下「非適格者」という。）に対し、新株予約権に付した取得条項を行使し、非適格者に割り当てられた新株予約権を買い取ることとする。ただし、抗告人が取得した新株予約権は直ちに消却する。

　　a　FT（及びFTから信託譲渡を受けている相手方）

　　b　FTの関連者。関連者とは、実質的にFT等を支配し、FT等に支配され若しくはFT等と共同の支配下にある者として抗告人取締役会が認めた者、又はFT等と協調して行動する者として抗告人取締役会が認めた者をいう。

　(イ)　上記(ア)の場合において、非適格者に対しては、その対価として、次のとおり計算した現金又はそれに相当する上場株式等の有価証券を交付する。

　　a　抗告人株式1株103万4245円（収益還元法（類似比較法）による評価額）

　　b　同509株5億2643万0705円

　　c　新株予約権行使による株式の増加509株→1343株

　　d　FTへの対価9441万2784円

　　　＝526,430,705×（147／509－147／1,343）

　　e　FM株式1株の価格28円（平成20年3月14日の終値）

　　f　FTへのFM株式（単元株数千株）によ

る支払337万2000株
　　　94,412,784÷28＝3,371,885
　　(ウ)　抗告人は、抗告人が上記(ア)bの関連者と認める者に対して、行使可能期間の初日の前日までに、新株予約権に付した取得条項を行使し、その対価として、上記(イ)と同一の金銭又は有価証券を交付することにより、当該新株予約権を取得することができる。
　　(エ)　以上により、抗告人が非適格者（持株数147株）から取得する新株予約権の数441個、その対価ＦＭ株式337万2000株となる。
　　キ　本件新株予約権の譲渡制限
　譲渡による本件新株予約権の取得については、抗告人取締役会の承認を要する。
(7)　本件新株予約権無償割当ての影響
　ア　持株比率及び議決権割合
　　(ア)　本件新株予約権無償割当てにおいては、基準日である平成20年3月15日における最終の株主名簿及び実質株主名簿に記載又は記録された株主に対して、その有する抗告人株式1株につき3個の割合で本件新株予約権が割り当てられる。しかし、相手方（及びその信託者であるＦＴ）並びにその関連者とされた者（以下「相手方関係者」という。）については、非適格者として抗告人に取得条項を行使され、その対価は金銭ないし有価証券（抗告人は、抗告人が保有するＦＭの株式をもって対価とすることを予定していた。）であって抗告人株式ではない。
　したがって、相手方関係者以外の株主が新株予約権を行使し、これに対応する株式が相手方関係者以外の株主に交付された場合には、相手方関係者の持株比率、議決権比率が大幅に希釈化される。
　　(イ)　仮に、相手方以外の株主のすべてが本件新株予約権を行使し、株式が交付されたときは（相手方以外の者が相手方関係者と認定されないことが前提となる。）、株式総数（自己株式除く。以下同じ）は1343株（（発行済株式総数509株－（失権株数17株＋端株数合計67株＋相手方保有株式数147株））×4＋失権株数17株＋端株数合計67株＋相手方保有株式数147株）に、議決権数は1243個（（現状の議決権数421個－相手方保有議決権数147個）×4＋相手方保有議決権数）に増加する。
　一方、相手方の保有株式数は変わらないから、この場合の相手方の持株比率は従前の約28.9%（147／509）から約10.9%（147／1343）に、議決権割合は従前の約34.9%（147／421）から約11.8%（147／1243）に低下する。
　イ　1株当たりの経済的価値
　本件新株予約権無償割当ては、基準日（平成20年3月15日）時点の株主に対して、その有する抗告人株式1株につき3個の割合で本件新株予約権を割り当て、本件新株予約権1個の行使により1株が交付され、上記のとおり相手方の有する新株予約権が抗告人に取得され消却されることも考慮すると、結果的に株式総数は1343株に増加し、基準日時点の株主が保有する抗告人株式1株当たりの経済的価値は、単純に計算して、従前の約37.9パーセント（509／1343）に低下することになる。
　ウ　株主提案の決議の可否予測
　仮に、(5)の臨時株主総会が開催されてヴァーチュアスの株主提案の決議が行われたとすると、賛成議決権数228個（うちＦＴ147個、ヴァーチュアス65個、Ｅ4個であり、ＦＴとヴァーチュアスだけで過半数となる。）、反対議決権数180個で可決されたことが予測されたが、本件新株予約権無償割当て後に同株主提案の決議がされると、賛成議決権数519個、反対議決権数720個（736個からＳの議決権数16個を除く。）で否決されることが予測される（乙27）。
(8)　抗告人取締役会の意見
　抗告人取締役会は、「株式会社ピコイ第2回新株予約権に関する取締役会意見」と題する株主あて平成20年3月15日付け書面の中で、本件新株予約権に関して、要旨以下のとおり説明している（甲12）。
　ア　抗告人は、ＦＴによる株主権行使は抗告人の企業価値を損ね、株主価値をき損するものであると判断したため、株主に対して新株予約権を割り当てることとし、ＦＴに対しては経済的損失を補てんするため、ＦＴから現物出資を受けたＦＭの株式を対価として提供することとする。その結果、本件新株予約権無償割当てによって抗告人の財務関係やＦＴ以外の株主に対する影響はほとんど生じないと考えている。本件新株予約権無償割当ての効果は、ＦＴに対する第三者割当て増資以前の状態に戻す効果を有しており、それ以上の損失をＦＴに与えるものではない。
　イ　3月3日開催の株主総会において、提案株主は自ら社長に就任すると言及しているが、株主提案に係る役員候補者には企業経営の経験もなく、建築業の経営能力もない。ＦＴは上記株主提案に関し実質的な影響力を持ち、背後から提案株主を操ってきたものである。抗告人の役員及び幹部社員は、上記株主提案が可決された場合、退職することを決定した。その結果、既存の業務は壊滅的な打撃を受け、抗告人の信用はさらに失墜する。
　ウ　ＦＴは当初から抗告人の支配権取得又は乗取りを企図していたことは、臨時株主総会において延期に合意し、役員の解任議案に反対しなかったことからも明らかである。
(9)　Ｇの意見
　Ｇは、平成20年4月1日付け陳述書（甲59）において、フリージアグループの抗告人への経営参加について、①銀行が2億円の当座貸越しを断ってきて困っているのであれば2億円の即刻無条件融資の設定を行う

こと、②現況の抗告人の売上の範囲内であれば仕入れに関する無制限信用枠の設定をすること、③社員との事実に基づく本音の話し合いによる和解をすること、④役員の給料、経費の削減を行い、社員の昇給に当てる改善を行うこと、⑤将来さらなる改善をするための役員、社員相互間の話し合いの実施と信頼関係を醸成すること、⑥現場部門の待遇を見直すことやベトナム人研修生を現場の第一線に派遣すること等により、労務問題を解決すること、⑦ログハウス事業の育成を全面的にバックアップすること、⑧フリージアグループの木材、建材、大工道具、家電等の商材を抗告人に提供すること等を提案すると記載している。

4 当裁判所の判断

(1) 当裁判所も、本件新株予約権無償割当ては、株主平等の原則の趣旨に反し、著しく不公正な方法により行われる場合に該当するから、相手方の本件仮処分命令申立ては理由があるものと判断する。

その理由は、以下のとおりである。

(2) まず、本件新株予約権無償割当てによる新株発行の差止請求をし得ることは、原仮処分決定の「事実及び理由」の「第3 当裁判所の判断」1及び2記載のとおりであるから、これを引用する。

(3) 被保全権利（会社法247条各号該当性）について

ア(ア) 会社法109条1項は、株式会社は株主をその有する株式の内容及び数に応じて平等に取り扱わなければならないとして、株主平等の原則を定めている。

新株予約権無償割当てが新株予約権者の差別的な取扱いを内容とするものであっても、これは株式の内容等に直接関係するものではないから、直ちに株主平等の原則に反するということはできない。しかし、株主は、株主としての資格に基づいて新株予約権の割当てを受けるところ、同法278条2項は、株主に割り当てる新株予約権の内容及び数又はその算定方法についての定めは、株主の有する株式の数に応じて新株予約権を割り当てることを内容とするものでなければならないと規定するなど、株主に割り当てる新株予約権の内容が同一であることを前提としているものと解されるのであって、同法109条1項に定める株主平等の原則の趣旨は、新株予約権無償割当ての場合についても及ぶというべきである。

(イ) 株主平等の原則は、個々の株主の利益を保護するため、会社に対し、株主をその有する株式の内容及び数に応じて平等に取り扱うことを義務付けるものであるが、個々の株主の利益は、一般的には、会社の存立、発展なしには考えられないものであるから、特定の株主による経営支配権の取得に伴い、会社の存立、発展が阻害されるおそれが生ずるなど、会社の企業価値がき損され、会社の利益ひいては株主の共同の利益が害されることになるような場合には、その防止のために当該株主を差別的に取り扱ったとしても、当該取扱いが衡平の理念に反し、相当性を欠くものでない限り、これを直ちに同原則の趣旨に反するものということはできない。

(ウ) また、株主に割り当てられる新株予約権の内容に差別のある新株予約権無償割当てが、会社の企業価値ひいては株主の共同の利益を維持するためではなく、専ら経営を担当している取締役等又はこれを支持する特定の株主の経営支配権を維持するためのものである場合には、その新株予約権無償割当ては原則として著しく不公正な方法によるものと解される（以上、最高裁平成19年（許）第30号同年8月7日第二小法廷決定・民集61巻5号2215頁参照）。

イ そこで、本件についてこれを検討するに、前記認定事実によれば、株主提案により退陣（解任）を求められた抗告人の現経営陣は、抗告人と業務提携及び資本提携をしている最大株主であるＦＴ（相手方）に対して協力を求めることにより臨時株主総会で同株主提案を否決することを目論んだが、これが奏効しない見込みとなったため、相手方の議決権行使を制約する別件仮処分申立てをしたものの、これも認容の見込みがないため取り下げ、急遽、抗告人従業員らをして労働組合を結成させ（結成日、経緯に照らして、このように推認できる。）、臨時株主総会を開催不能とした上、本件新株予約権発行決議をして相手方の持株比率、議決権割合を大幅に希釈化する措置に出たものであり、これにより、今後、抗告人の現経営陣と対立することが見込まれるＦＴらが抗告人の経営支配権を掌握することを阻止しようとしたものと認められるから、本件新株予約権無償割当ては、抗告人の現経営陣の経営支配権を維持するためのものであるというべきである。

ウ これに対し、抗告人は、フリージアグループは詐欺的に業務提携及び資本提携をして抗告人の株式を取得するなどしたもので、かつ、ヴァーチュアスと事実上一体の濫用的株主、濫用的買取者である、フリージアグループによる経営権の取得が抗告人の企業価値をき損するとして、上記ア(イ)にいう場合に当たり、同(ウ)にいう場合に当たらないと主張する。

(ア) しかしながら、まず、ヴァーチュアスとＥが事実上一体であるということはできるが、ヴァーチュアスが抗告人の株式を取得、買増ししていたことや、同社が株主提案をしたことにＦＴらフリージアグループが関与したことはうかがわれず、他にも、ＦＴらフリージアグループとヴァーチュアスが事実上一体であることをうかがわせるに足る証拠はなく（なお、株式会社光徳技建の代表取締役にＥやＧが前後して就任していることや、ＦＴが相手方に対し株主提案に賛成することを指図したことなどから、直ちに上記

のようにいうことはできない。）、抗告人においても、ヴァーチュアス及びEをFTの関連者と認めていないのであるから、フリージアグループがヴァーチュアスと事実上一体であることを前提とする抗告人の主張は理由がない。

　(イ)　次に、フリージアグループが抗告人と業務提携及び資本提携をしてFTにおいて抗告人の株式を取得したのは、抗告人の側から、従前は抗告人において乗取り屋と認識していたというフリージアグループに提案して実現したものであり、その間に双方とも弁護士が関与し、十分に検討した上で、本件基本契約及び本件管理信託契約の締結に至ったものと認められるのであり、フリージアグループに詐欺的行為があったことはうかがわれない。抗告人は、本件メールを主な根拠として上記主張をするが、同主張が理由がないことは、原決定の「理由」の「第3　当裁判所の判断」3(2)（原決定8頁下から4行目から9頁12行目まで）記載のとおりであるから、これを引用する。

　(ウ)　また、抗告人は、Gがかって委任状獲得のため株主に郵便為替を送り付けたことなどを指摘してフリージアグループを濫用的株主、濫用的買収者と主張するが、抗告人指摘の点があったとしても、本件について判断するに当たって、フリージアグループを濫用的株主、濫用的買収者ということができないことは明らかであり、FTが抗告人の株式を取得するに当たって、不法な意図があったり、不法な行為をしたことが認められないことは上記認定説示のとおりであって、FTらフリージアグループをもって抗告人が主張するような濫用的株主、濫用的買収者ということはできない。

　(エ)　さらに、抗告人は、企業価値のき損について、フリージアグループが詐欺的手法で経営権を取得すると、抗告人の従業員が離散し、工務店のネットワークが機能しなくなり、抗告人の現状の事業は継続不可能となると主張する。

　しかしながら、フリージアグループが詐欺的手法で経営権を取得するという前提事実が認められないことは、以上に認定説示したとおりであるから、抗告人の上記主張は、そもそも理由がない。

　この点をおいて、判断するに、フリージアグループに業務の実体がないという事情やフリージアグループの経営者であるGに抗告人の合理的な経営を目指す意思がないなどの事情をうかがうことはできず、フリージアグループが抗告人の経営に関与することにより、抗告人の企業価値がき損されるおそれがあるような事態が生じると認めるに足りる証拠はない。甲14号証の従業員の陳述書は、現経営陣が別件仮処分申立てをした際に提出したものであり、現経営陣の一方的な見解を前提に作成されたものであると認められ、客観的な状況を把握した従業員の主体的な意見と認めることはできず、これをもって従業員が離散すると認めることはできない。

　したがって、抗告人の上記主張は、いずれにしても理由がない。

　(オ)　以上のとおりで、現経営陣が抗告人の経営支配権から排除され、これに代わってFTがその株主として経営支配権を取得し、フリージアグループが抗告人の経営に関与することになったとしても、抗告人の企業価値がき損されることになるということはできない。

　エ　以上によれば、本件新株予約権無償割当ては、株主平等の原則の例外として許容される場合に該当せず、専ら経営を担当している取締役等（現経営陣）の経営支配権を維持するためのものであると認められるから、株主平等の原則の趣旨に反し、また、著しく不公正な方法によるものというべきである。

　(4)　保全の必要性について

　本件新株予約権無償割当ての効力は既に生じており、これに基づく新株が発行されると、相手方が著しい損害を被るおそれがあることは、前記3(7)認定のとおりであるから、保全の必要性が認められる。

5　よって、相手方の本件仮処分命令申立てを認容した原仮処分決定及びこれを認可した原決定はいずれも相当であり、本件抗告は理由がないからこれを棄却することとし、主文のとおり決定する。

　　裁判長裁判官　大谷禎男
　　　　裁判官　杉山正己　西　謙二

9 Ⅰ 国内判例編 東京高決平成20・6・12金融・商事判例1295号12頁

原弘産 vs 日本ハウズイング事件
——委任状勧誘に関連して競業会社である株主の株主名簿閲覧謄写請求が認められた事例——

The Financial and Business Law Precedents

成城大学法学部教授　山田剛志

Ⅰ　事案の概要

　本件は、相手方Y会社（日本ハウズイング株式会社：債務者）の株主である抗告人X会社（株式会社原弘産：債権者）が、Y会社に対し、Y会社の株主総会においてX会社の子会社が行う株主提案についての委任状勧誘を行うため、Y会社の株主名簿等に記載されている株主の氏名または名称および住所等を把握することを目的として、Y会社株主名簿の閲覧および謄写を求めたが、拒絶されたため、裁判所に株主名簿の閲覧と謄写をさせることを命じる仮処分命令の申立てをした事案である。

　すなわち、分譲マンションの管理、賃貸マンションの管理・不動産取引の仲介等を業とするY会社は、その完全子会社であるA株式会社と併せて、平成20年3月時点で同じく不動産売買・仲介・賃貸および分譲マンション賃貸などを業とするX会社の発行済株式の16.16％を有していた。X会社は、平成19年11月頃までにY会社との事業・経営統合を目指すようになり、Y会社代表取締役に対しその旨申し入れたが、Y会社はそのような考えはないと回答していた。

　しかし、X会社は平成20年2月18日、Y会社との提携を一層進めるために、資本関係の強化が必要であると判断し、Y会社の賛同を条件として1株当たりの買付価格等を1000円としてY会社への公開買付けを行うことを決定したなどとする文書をY会社に送付し、X会社のホームページにもその旨掲載した。他方、A会社は平成20年4月10日、Y会社に対し、同年6月27日開催予定の定時株主総会において、買収防衛策に伴う定款の一部変更や取締役選任等を内容とする株主提案を行った。X会社は、Y会社に対し、本件株主提案に関し、委任状勧誘を行うことを目的として、平成20年4月16日到着の文書において、平成20年3月31日現在の株主名簿の閲覧と謄写を求めた。これに対しY会社は、X会社はY会社と実質的な競争関係にあり、会社法125条3項3号所定の「競業者」に該当するとして、これを拒否した。

　そこでX会社は、株主名簿閲覧謄写の仮処分命令を申し立てたが、原決定（東京地決平成20・5・15金判1295号36頁）は、X会社が競業者に該当するとして、X会社の申立てを却下した。そのためX会社が抗告の申立てをしたのが、本件である。

Ⅱ　決定要旨

原決定取消、申し立て認容【確定】。

1　競業関係にある株主による株主名簿閲覧請求の可否

「1　会社法は、株式会社が、株主名簿を作成し、これに所定の事項を記載し、又は記録しなければならないこととし（同法121条）、株式会社は、株主名簿をその本店（株主名簿管理人がある場合にあっては、その営業所）に備え置かなければならないこととし（同法125条1項）、株主及び債権者は、株式会社の営業時間内は、いつでも、株主名簿が書面をもって作成されている場合における当該書面の閲覧又は謄写の請求又は株主名簿が電磁的記録をもって作成されている場合における当該電磁的記録に記録された事項を法務省令で定める方法により表示したものの閲覧又は謄写の請求をすることができることとしている（同条2項）。このように、同法は、一般的かつ広範に株主名簿閲覧謄写請求権を付与しているところ、これを株主についていえば、同法が上記のとおり株主に対

して株主名簿閲覧謄写請求権を付与している趣旨は、これにより株主の権利の確保又は行使を保障すると共に、株主による株主名簿閲覧謄写請求権の行使を通じて株式会社の機関を監視し株式会社の利益を保護することを目的とするにあると解するのが相当である。そして、……株主が取締役に対し一定の事項を株主総会の目的とすることを請求し（同法303条）、株主が株主総会において株主総会の目的である事項につき議案を提出する（同法304条）ことは、いずれも株主としての権利の行使にほかならないから、株主がこれらの株主の権利行使に関し、自己に賛同する同志を募る目的で株主名簿の閲覧謄写の請求をすることは、株主がその権利の確保又は行使に関する調査の目的で請求を行うものと評価すべきものである（同法125条3項1号参照）。

会社法125条3項は、……株主からされた株主名簿の閲覧又は謄写の請求が、不当な意図・目的によるものであるなど、その権利を濫用するものと認められる場合に限定して、株式会社がその請求を拒絶することができることとし、その拒絶事由を類型ごとに明確にすることを目的とする規定であり、もとより、株主の権利の確保又は行使を保障すると共に、株主による株主名簿閲覧謄写請求権の行使を通じて株式会社の機関を監視し株式会社の利益を保護することを目的とする株主名簿閲覧謄写請求制度の前記の目的を否定しあるいは制限する趣旨のものではないと解するのが相当である。そこで、このような観点から、本件においてその適用が問題となる会社法125条3項3号の規定の趣旨について検討すると、株主であっても、その株主が当該株式会社の業務と実質的に競争関係にある事業を営み、又はこれに従事するものである場合には、株式会社の犠牲において専ら自己の利益を図る目的で同条2項の請求を行うおそれがあるから、そのような不当な目的の請求に対する拒絶事由を類型化して、これを拒むことができることとすることに一定の合理性が認められるところ、<u>株式会社の業務と実質的に競争関係にある事業を営み、又はこれに従事するものであると否とを問わず、当該請求を行う株主（請求者）がその権利の確保又は行使に関する調査以外の目的で請求を行ったとき（同項1号）、あるいは株主（請求者）が当該株式会社の業務の遂行を妨げ、又は株主の共同の利益を害する目的で請求を行っ</u>たとき（同項2号）<u>には、権利を濫用するものとして株式会社が当該請求を拒むことができる</u>ことは、旧商法が定める株主名簿の閲覧又は謄写の請求について権利を濫用するものと認められる場合に会社が株主の請求を拒絶することができると解されていたことからしても、明文の規定を俟たなくとも当然のことであり、上記各号は確認的に規定されたにとどまるものと解されるが、株主（請求者）が上記のいずれかに該当することを株式会社が証明することは必ずしも容易なことではないことにかんがみ、株式会社の業務と実質的に競争関係にある事業を営み、又はこれに従事する株主が同条2項の請求を行う場合には、当該株式会社の犠牲において専ら自己の利益を図る目的でこれを行っていると推定することに一定の合理性を肯定することができることを併せ考慮して、同項1号及び2号の特則として同項3号が設けられたと考えられるのであり、これによれば、同項3号は、<u>請求者が当該株式会社の業務と実質的に競争関係にある事業を営み、又はこれに従事するものであるときには、株主（請求者）がその権利の確保又は行使に関する調査の目的で請求を行ったことを証明しない限り</u>（このことが証明されれば、同項1号及び2号のいずれにも該当しないと評価することができる。）、<u>株式会社は同条2項の請求を拒むことができる</u>こととしたものであり、株式会社が当該請求を拒むことができる場合に該当することを証明すべき責任を上記のとおり転換することを定める旨の規定であると解するのが相当である〔注：下線筆者〕。このように解さないと、当該請求を行う株主が株式会社の業務と実質的に競争関係にある事業を営み、又はこれに従事するものである場合には、ただそのことのみによって、株主（請求者）が専らその権利の確保又は行使に関する調査の目的で請求を行ったときであっても、株式会社は当該請求を拒むことができることになり、同条2項が株主に対し株主名簿閲覧謄写請求権を付与し、これにより株主の権利の確保又は行使を保障すると共に、株主による株主名簿閲覧謄写請求権の行使を通じて株式会社の機関を監視し株式会社の利益を保護することを目的とする株主名簿閲覧謄写請求制度の前記の趣旨、目的を損なうこととなってしまうのであり、当該請求を行う株主（請求者）が専らその権利の確保又は行使に関する調査の目的で請求を行ったときであって

も、株式会社の業務と実質的に競争関係にある事業を営み、又はこれに従事するものであるとして、そのことだけを理由に同条2項が株主に対して付与する株主名簿閲覧謄写請求権を否定しなければならない合理的な根拠は見いだし難いのである。それにもかかわらず、同項3号の規定を、あえて『株式会社の業務と実質的に競争関係にある事業を営み、又はこれに従事するもの』に該当する株主の株主名簿閲覧謄写請求権を否定する趣旨の規定であるとすれば、同条2項が株主に株主名簿閲覧謄写請求権を付与した趣旨、目的を没却し、同条3項が例外規定を設けた趣旨を逸脱し、目的と手段との権衡を失する不合理なものであるとのそしりを免れないものとならざるを得ない。したがって、同項3号は、上記のとおり証明責任を転換する旨の規定であると解するのが相当である。」

2 保全の必要性

「X会社は、相手方と実質的に競争関係にある事業を営む者であると一応認められるが、他方、前記前提となる事実に疎明資料及び審尋の全趣旨を併せて考えれば、X会社は……Y会社の株主の賛成を求めて委任状勧誘を行うことを目的とするものであることを明示し、かつ、上記請求に基づき取得した株主情報を上記の目的又は理由以外のために使用しないことを誓約している事実を一応認めることができる。……X会社が、Y会社の株主として、専らその権利の確保又は行使に関する調査の目的で本件株主名簿の閲覧及び謄写の請求を行ったものであるとの事実を一応認めることができる。したがって、Y会社は、X会社がした本件株主名簿の閲覧及び謄写の請求を拒むことはできないというべきであり、X会社の本件申立ては被保全権利が疎明されたものと一応認めることができる。X会社が……Y会社の株主の賛成を求めて委任状勧誘を行うことを目的として本件株主名簿の閲覧及び謄写を請求したこと、しかるに、Y会社がこれを拒絶したため、X会社はこれを受けて本件申立てに及んでいるものであり、本件定時総会まで時間的に切迫していること、X会社には、X会社及びA会社の保有株式を含め、持株比率合計約77.29パーセントの株主の情報は判明しているが、X会社はその余の株主の情報を把握しておらず、本件株主名簿を閲覧することによってこれを把握することができること……X会社が株主に対して委任状勧誘を働きかける方法としては制約されたものにとどまること、以上の各事実を一応認めることができる。

これによれば、X会社に生ずる著しい損害を避けるため本件申立てに係る仮処分命令を必要とするとき（民事保全法23条2項）に当たると一応認めることができる。……以上の認定及び判断の結果によると、X会社の本件申立ては被保全権利及び保全の必要性が疎明されたものというべきところ、当裁判所の上記判断と異なり、X会社の本件申立てを却下した原決定は不当であるから、これを取消した上、X会社に担保を立てさせないで、主文のとおり決定する。」

III 分析と展開

1 本決定の意義

(1) はじめに

近年、敵対的買収の際に委任状勧誘合戦が行われたり、公開買付を開始する前に予め買収者が買収対象会社の株主名簿の閲覧ならびに謄写を求めることが多いが、対象会社が閲覧謄写請求を拒否した場合、買収者が裁判所に対し、株主名簿の閲覧謄写を求める仮処分を申し立てる例が散見される。

本決定は、委任状勧誘をする目的で株主名簿の閲覧謄写を請求したが、それを認めなかった本件原決定と全く逆の結論を採っている。さらに、結論だけでなく会社法125条3項3号の趣旨に関しても別の解釈が採用されている。また本件は、株主名簿閲覧謄写請求と類似の構造を持つ会社法433条2項3号に規定する会計帳簿閲覧請求について競業者からの閲覧謄写請求を認めなかった東京高裁決定（注1）とも異なる判断を示している。

本件では、会社と実質的な競争関係にある株主が、委任状勧誘の目的で会社に対し株主名簿の閲覧謄写を請求できるか否か、また会社法125条3項3号の立証責任が争われたが、競業者である株主の閲覧謄写請求を認めた最初の事例であり、実務上大きな意義を有すると思われる。

なお、本決定後、日本ハウズイングは平成20年6月12日、原弘産に対して株主名簿および実質株主名の開示を認めた。その後、同月26日に開催された日本ハウズイングの株主総会までの間、同社

と原弘産側で激しい委任状勧誘合戦が繰り広げられた（注2）。原弘産は同年2月18日、過去3ヵ月の平均株価に40％のプレミアムを付して、同年7月からの公開買付実施について日本ハウズイングの賛同を求めた。それに対し、日本ハウズイング取締役会は同年5月13日、「当該提案は著しく企業価値を毀損する」として反対を表明した。原弘産はその後、同年の定時株主総会において、買収防衛策の発動は株主総会の決議事項とするように定款変更をする、原弘産に対しては防衛策を不発動とする、原弘産社長らを社外取締役として選任する、等の株主提案を行った。

そして、平成20年6月26日開催の日本ハウズイング株主総会において、原弘産が100％子会社を通じて行っていた上記株主提案は、僅差ではあるがすべて否決された。これを受けて原弘産は、自らの買収提案に基づくＴＯＢ実施を見送ると発表した。本件はこのような非常に激しい議決権を巡る争いの中で申し立てられた仮処分事件であったが、結果として約2週間前に株主名簿が開示された。それまで原弘産側は、おおよそ78％程度の株主の所在しか掴んでいなかった。上記の通り、一般に会社の経営支配権を巡る委任状勧誘合戦において、提案株主側は基準日における株主の情報を完全には掴んでいないため、速やかな株主名簿の開示がなければ、委任状勧誘合戦で初めから会社側の優位は動かないだろう。

(2) 会社法125条3項3号の趣旨

会社法125条3項3号は、株主名簿閲覧謄写請求者が当該会社と競争関係にある場合には、会社はその請求を拒否できる旨規定している。本決定は、当該規定を同項1号および2号の特則、すなわち拒否自由の証明責任を会社側から株主側に転換する旨の規定であり、会社と実質的な競合関係にある株主も、権利の確保または行使に関する調査目的であることを証明した場合には、会社は閲覧謄写を拒否することはできないものと判断した。これまでは、会社法施行後であっても、会社と競合関係にあるという客観的な事実のみから、株主の会計帳簿や株主名簿の閲覧謄写請求が否定されている（注3）。しかし本件では、株主名簿閲覧謄写請求に対し、その趣旨および目的に考察を加え、会社法125条3項3号の意義について独自の検討を加え、競合関係にある株主からの閲覧謄写請求を初めて認めただけでなく、立証責任の

転換にまで言及した。したがって、本稿においては、株主名簿閲覧謄写請求の趣旨および拒絶事由と会社法125条3項3号の解釈、そして保全の必要性に関し、順に検討を加える。

2 会社法125条3項3号の解釈

会社法は原則として、すべての会社債権者および株主に対し、株主名簿閲覧謄写請求権を認めている（会社法125条2項）。しかし、会社法125条3項では、法定の拒否事由が規定されている。会社法制定前の旧商法は、拒絶事由に関しては規定していなかった（旧商法263条3項）。しかしながら、判例（注4）および学説は、名簿業者への売却や嫌がらせ目的など株主名簿閲覧謄写請求権の濫用もあり得るとして、正当な理由無くその権利を濫用すると認められる場合、会社は当該株主等の請求を拒否できるとした。会社法はこれらの議論を踏まえて拒否事由を新設したが、その内容は会計帳簿閲覧謄写請求の拒否事由と同様であり、是非について種々の意見があり得る（注5）。特に拒絶事由に関しては、会社法125条3項1号および2号では請求者の目的の立証まで必要となるが、同3号では会社と競業関係にあるという事実の存在だけを主張すればよいこととなって、立証責任の負担が平等ではない。他方、会計帳簿は、計算書類と付属明細書を作成する元となる資料であり、会社の業務執行に関する重要な情報が含まれており、経営上のリスクも大きい上、濫用の可能性もまた大きい。これに対し株主名簿は、記載事項も最低限の内容であり、濫用の危険性も少ないため単独株主権としたが、会社法は会計帳簿閲覧謄写請求権を少数株主権とし、競業関係の存在自体が拒否事由となり得るとした上、競業関係の存在事由を拒否事由の1つとした（会社法433条2項3号）。

株主名簿閲覧謄写請求に関する会社法125条3項3号の解釈については、以下の3つがあるとされる。

すなわち、競業株主の株主名簿閲覧謄写請求権に関し、従前の判例（注6）は、債務者による閲覧謄写請求の拒絶事由の有無につき、債権者が実質上保有する有限会社が不動投資事業を営んでいる事実を認定して、債権者と債務者との間には実質的競争関係があり、債務者は、会社法125条3項3号所定の拒絶事由により、本件株主名簿の閲覧謄写請求を拒絶することができるとして、債権

者の申立てを却下した。また本件原決定も、基本的にこの考え方を採用している。上記の通り、これらの考え方は、請求者と発行会社との間に「客観的な競争あるいは競業関係」があれば足り、請求者の主観的意図はその立証の如何に関わらず、関連がないとする考え方（①主観的要件不要説）に基づく。

　なお、会計帳簿閲覧謄写請求事件で東京高裁は、株式会社の株主が当該会社の会計帳簿等閲覧謄写を求めたが会社法433条2項3号により拒絶されたとして裁判所に閲覧謄写請求を申し立てた事案の抗告審において、抗告人は、同号にいう、「相手方の業務と実質的に（注7）競争関係にある事業を営み、又は近い将来において相手方と競争関係に立つ蓋然性が高い者に当たることが一応認められ、……本件においては、相手方に抗告人の閲覧等請求を拒絶することができる事由が一応認め」られ、また、「本件書類の閲覧等を求める抗告人の緊急の必要性が相手方の損害のおそれを凌駕するとはいえないことが明らかである」とした。また最高裁は、抗告人の会計帳簿等の閲覧謄写の許可を申請した事案の許可抗告審で、「会社の会計帳簿等の閲覧謄写請求をした株主につき同号〔商法293条の7第2項〕が規定する拒絶事由があるというためには、当該株主が当該会社と競業をなす者であるなどの客観的事実が認められれば足り、当該株主に会計帳簿等の閲覧謄写によって知り得る情報を自己の競業に利用するなどの主観的意図があることを要しない」とした（注8）。このように会計帳簿閲覧謄写請求事件では、主観的要件は不要で、客観的に競合関係があれば足りるとする上記第一の考え方が有力である（注9）。もちろん、株主名簿閲覧謄写請求と会計帳簿閲覧謄写請求とでは、前者は株主構成や株主の情報など委任状勧誘や株主提案権行使などの会社経営に直接関連しない情報であるのに対し、後者は会社の経営にとって必要不可欠な情報を多く含み、また計算書類および付属明細書を作成する基本的な帳簿であり（日記帳、元帳、仕訳帳、伝票など）、得意先や営業のノウハウなど、場合によって、競業者に知れてしまうことにより今後の営業活動に極めて大きな影響を与える情報を含んでいる。このため、株主の閲覧謄写請求権も、少数株主権の対象となるか否かで会社法上扱いが分かれている（会社法433条1項、125条2項）。このため、株主権の行使として閲覧謄写請求権が認められるか否かは、株主名簿閲覧謄写請求権と会計帳簿閲覧請求とでは扱いを変えるべきであろう。

　それに対して、株主名簿閲覧謄写請求権に関し、請求者が競合関係にある場合には、会社が負うべき不当・濫用目的の立証責任は請求者側に転換されるとする説（②主観的要件推定説）がある。本件決定もこの立場であると評価される。この立場では、会社法125条3項1号および2号は当然のことを規定した確認的規定であるが、3号はその特則として株主側に不当目的を有しない旨の立証責任を転換したものと理解する。その理由は、請求者の不当目的を立証することは一般的に困難であること、また、競業者が請求する場合には専ら自己の利益を図る目的で請求すると考えることは自然であることである。この立場に立つと、もし請求者が自らの目的が正当なものであることを立証した場合には、会社側は閲覧謄写請求を拒否することはできないこととなる。

　一方、会社法125条3項3号も、会社と競業関係にある請求者が濫用目的で請求した場合には、会社は当該請求権を拒絶できるという当然のことを規定した確認規定であり、閲覧によって得られる情報が競業者により濫用される恐れがあることを会社が立証した場合に限り、会社は閲覧謄写請求を拒絶できると理解する立場（③主観的要件必要説）がある（注10）。経営権に争いがある事例では委任状勧誘が大きな意味をもつが、そのものが競業者である場合には、他の株主にアピールする機会が失われてしまい、結果として企業価値が高められるような株主提案やM＆Aが阻害されてしまうのは著しく公平を欠くので、発行会社側が請求者の濫用の意図を立証した場合に限るなど、閲覧謄写の拒否ができるのは例外とする考え方である。

　思うに、会社法125条3項が株主名簿閲覧謄写請求権に対する拒絶事由を法定しているのは株主による株主名簿閲覧謄写請求権の濫用を防止するためであるが、会社が濫用防止に名を借りて株主の権利行使を妨げることを防止するまでは、本条の立法趣旨には含まれるか疑問である。もちろん立法論としては、会社法125条3項においてもともと要綱案にも2号および3号の拒絶事由は予定されていなかったものが、法案段階になって急に盛り込まれたものであり、立法ミスであるとか会

計帳簿閲覧謄写請求の拒否事由を貼り付けただけだとか指摘されており、削除されるべきであるという意見も成り立ち得るであろう（注11）。しかし、現行法上現に規定されている文言を空文化するにはそれだけの強い理由があるが、解釈論上裁判所により適用を回避する運用がなされていない法条において、同3号があるからといって株主名簿閲覧謄写請求権が完全に阻害されるわけでもない状況では、立法論と解釈論を同列で扱うことは妥当ではないだろう。また会社法125条3項は、「会社は、前項の請求があったときは、次のいずれかに該当する場合を除き、これを拒むことはできない」と規定し、請求者が競業者であることを会社側が立証すれば条文の要件を満たすと理解することが素直な解釈であると同時に、請求者の濫用防止目的は、閲覧謄写請求権の行使が株主として正当な目的でなされたものであることを請求者側が反証することで達成されるのではなかろうか。実際的にも、本件のように、株主名簿閲覧謄写請求権の目的は株主提案にかかる委任状勧誘である旨を請求者が主張すればそれで濫用ではないことが証明できるのであり、濫用か否か証明することが会社側の責任であるとすると、例えば従前当該請求者が株主名簿を売却して利益を得たような事情がないと極めて困難となり、実質的に同号は意味を持たなくなるであろう。また、主観的要件が不要と解すると、請求者が競業者であることを客観的に指摘すれば（例えば商業登記簿で会社の目的を指摘するなどして）、競業者である株主からの株主名簿閲覧謄写請求権を会社は常に拒否できることとなり、株主名簿閲覧謄写請求権を単独株主権としている法の趣旨からも妥当ではない。請求者は会社が請求者と競業者である場合には、株主は会社に対し善管忠実義務を負っていないため、自らの利益を優先して閲覧謄写請求をすることが予想されるため、競業者である請求者側に不正目的がないことを立証させても衡平の原則に反しないだろう。したがって会社法125条3項3号は、競業者による閲覧謄写請求において、濫用の危険性が高いことは理解されるが、会社側が請求者の濫用の意図を立証することはきわめて困難であるため、競業者の閲覧謄写請求に関し濫用的な意図の存在を推定したものであり、株主は正当な目的を証明すれば閲覧謄写請求を行使し得る（注12）と解するべきであろう（主観的要件推定説：本

件決定）。この場合、本件のように、株主総会における株主提案に関し株主への委任状勧誘を行うこと、および取得した株主情報を委任状勧誘等以外の目的に使用しないことを誓約したことは、株主名簿閲覧謄写請求が株主権の行使について正当な目的であることの証明といえる。したがって、実務において今後、発行会社は、本件のような競業者からの株主名簿閲覧謄写を請求された場合には、名簿閲覧の目的を書面で請求し、委任状勧誘等以外の目的では株主名簿を使用しないことを閲覧者の代表者から誓約させた書面を徴求すべきであり、そのような書面を出した場合には発行会社は競業者に株主名簿を閲覧させることはやむを得ないだろう。

3　保全の必要性

本件における株主名簿閲覧謄写請求の保全の必要性に関しては、債権者に存在する著しい損害等の緊急の保全の必要性と仮処分により債務者が被る損害を比較考量してなお債権者の損害を避けるため緊急の必要がある場合に限り、保全の必要性は認められる（民事保全法23条2項）。原決定では、原弘産側が自社のホームページにおいて株主提案に関する情報提供を行っていること、法定開示書類により既に65％の株主情報が明らかになっていることから、株主名簿の閲覧ができなくとも、株主提案に関し賛同するように働きかけることができるので、有効な委任状勧誘ができなくなるわけではないとして保全の必要性を認めなかったが、本決定では、「X会社が……Y会社の株主の賛成を求めて委任状勧誘を行うことを目的として本件株主名簿の閲覧および謄写を請求したこと、しかるに、Y会社がこれを拒絶したため、X会社はこれを受けて本件申立てに及んでいるものであり、本件定時総会まで時間的に切迫していること、X会社には、X会社及びA会社の保有株式を含め、持株比率合計約77.29パーセントの株主の情報は判明しているが、X会社はその余の株主の情報を把握しておらず、本件株主名簿を閲覧することによってこれを把握することができ……X会社が株主に対して委任状勧誘を働きかける方法としては制約されたものにとどまる」として、保全の必要性を認めた。

仮に原決定のように解すると、請求者が相当程度の株主の情報を把握していれば、株主名簿閲覧謄写請求の保全仮処分は認められないこととな

る。しかし、本件では結果的に55％対45％で株主提案が否決されたがその差は僅差であること、また、会社側は全ての株主に働きかけができるのに対し、提案株主側はある程度株主の状況を把握していればそれ以上の情報を知ることは逆にできなくなってしまうこととなり、明らかに均衡を失する矛盾した結論を導く。さらに、本件においては株主提案に関し株主に働きかけをする期間は前述のように株主総会までわずか2週間しかなく、その間に残りの20％以上の株主に働きかけをするか否かで株主提案が可決されるか否かが決定される状況で、全株主を把握し、直接的に勧誘をする必要性は大きく、株主名簿閲覧謄写請求の必要性は極めて高いといわなければならない。他方、会社側が請求者の請求に応じて株主名簿を開示する負担はほとんどなく、会社の損失はないことから、保全の必要性を認めた本決定は妥当である。

（注1） 東京高決平成19・6・27金判1270号52頁〔本書❷事件〕。なお、決定後の本訴でも、東京地裁は請求者の会計帳簿閲覧謄写を認めなかった（東京地判平成19・9・20金判1276号28頁〔本書❸事件〕。若松亮「本件判批」判タ1279号59頁以下（2008年）参照。

（注2） 藤島裕三「2008年上半期ガバナンス回顧㈹日ハウズ株主総会で株主提案が否決」大和総研経営戦略研究レポート（2008年）。http://www.dir.co.jp/souken/consulting/report/strategy/cg/08072502strategy.pdf#search=原弘産 株主名簿閲覧請求参照。

（注3） 荒谷裕子「本件判批」金判1322号21頁以下（2009年）参照。

（注4） 著名なものとしては、中央相銀事件（最三判平成2・4・17金判867号47頁）、古川電工事件（東京高判昭和62・11・30判時1262号127頁）などがある。

（注5） 荒谷・前掲（注3）22頁参照。

（注6） テー・オー・シー対ダビンチ事件（東京地決平成19・6・15資料版商事280号220頁、ＴＫＣ文献番号28131745）。

（注7） 東京高決平成19・6・27・前掲（注1）。

（注8） 最一決平成21・1・15金判1314号40頁。なお、このような考え方が最高裁により直ちに株主名簿閲覧謄写請求権に関しても示されるか否かは不明である。

（注9） 荒谷教授は、このような考え方を「主観的要件不要説」として整理されている（荒谷・前掲（注3）23頁参照）。なお中東教授は、会計帳簿に関し競業者による閲覧謄写請求の拒絶を一律に認めることにつき、疑問を示されている（中東正文「会計帳簿閲覧等の拒絶事由は、拒絶の自由を認めるものか？」金判1276号1頁（2007年））。

（注10） 鳥山恭一「東京地決平成19・6・15判批」法セ641号121頁（2008年）。荒谷・前掲（注3）24頁ほか。荒谷教授によると、「主観的意図推定説」および「主観的意図必要説」と分類されている。本項では、この分類に従って学説を検討する。

（注11） 大隅健一郎＝今井宏＝小林量『新会社法概説』107頁（有斐閣・2009年）、新谷勝「本件判批」金判1297号9頁（2008年）。弥永真生「本件判批」ジュリ1361号147頁（2008年）等。

（注12） 同旨、潘阿憲「本件判批」ジュリ1378号189頁（2009年）。

※本件の判例評釈として、文中に挙げたもののほか、島田邦雄ほか・商事1841号59頁（2008年）等がある。

Tsuyoshi YAMADA

平成20・6・12東京高裁第21民事部決定、平成20年(ラ)第844号株主名簿閲覧謄写仮処分命令申立却下決定に対する抗告事件、**原決定取消し、申立認容**
　原審＝平成20・5・15東京地裁決定、平成20年(ヨ)第20050号

決　定

<当事者>（編集注・一部仮名）

抗告人（債権者）	株式会社原弘産
同代表者代表取締役	原　　將昭
同代理人弁護士	大塚和成
同	熊谷真喜
同	西岡祐介
相手方（債務者）	日本ハウズイング株式会社
同代表者代表取締役	小佐野台
同代理人弁護士	梅野晴一郎
同	水谷和雄
同	岡野辰也
同	濱口耕輔
同	加藤奈緒
同	森本昌志

【主　文】
1　原決定を取り消す。
2　相手方は、抗告人に対し、相手方の本店において、その営業時間内のいつにても、平成20年3月31日現在の相手方の株主名簿及び実質株主名簿を閲覧及び謄写させよ。
3　手続費用は、原審及び当審を通じて相手方の負担とする。

【理　由】
第1　抗告の趣旨及び理由
1　本件抗告の趣旨及び理由は、別紙抗告状（写し）、平成20年5月21日付け抗告理由書（写し）、同月26日付け準備書面(1)（写し）、同月30日付け準備書面(2)（写し）、同年6月2日付け準備書面(3)（写し）、同年6月4日付け準備書面(4)（写し）、同月11日付け準備書面(5)（写し）及び同日付け準備書面(6)（写し）に記載のとおりである。
2　本件抗告の趣旨及び理由に対する相手方の答弁及び主張は、別紙平成20年5月28日付け答弁書（写し）及び同年6月11日付け準備書面(1)（写し）に記載のとおりである。

第2　事案の概要
1　本件は、相手方の株主である抗告人が、株式会社である相手方に対し、相手方の株主総会において抗告人の行う株主提案についての委任状勧誘を行うため、相手方の平成20年3月末日現在の株主名簿及び実質株主名簿（以下、併せて「本件株主名簿」という。）に記載又は記録されている株主の氏名又は名称及び住所等を把握することを目的として、本件株主名簿を閲覧及び謄写させることを命じる仮処分命令の申立て（以下「本件申立て」という。）をした事案である。
　原審は、本件申立てを却下する旨の決定をした。これを不服とする抗告人が本件抗告の申立てをした。
2　疎明資料により一応認めることができる前提事実並びに争点及び争点についての当事者の主張の要旨は、原決定「理由」欄中の「第2　事案の概要」の1から3まで（原決定2頁10行目から5頁6行目まで）に記載のとおりであるから、これを引用する（ただし、原決定3頁20行目から21行目にかけての「株主意思確認総会おける株主投票」を「株主意思確認総会における株主投票」に、4頁2行目の「事業提携・経営統合」を「事業提携・事業統合」に、5行目の「1株当たりの株価を1000円として」を「1株当たりの買付け等価格を1000円として」に改める。）。

第3　当裁判所の判断
1　会社法は、株式会社が、株主名簿を作成し、これに所定の事項を記載し、又は記録しなければならないこととし（同法121条）、株式会社は、株主名簿をその本店（株主名簿管理人がある場合にあっては、その営業所）に備え置かなければならないこととし（同法125条1項）、株主及び債権者は、株式会社の営業時間内は、いつでも、株主名簿が書面をもって作成されている場合における当該書面の閲覧又は謄写の請求又は株主名簿が電磁的記録をもって作成されている場合における当該電磁的記録に記録された事項を法務省令で定める方法により表示したものの閲覧又は謄写の請求をすることができることとしている（同条2項）。このように、同法は、一般的かつ広範に株主名簿閲覧謄写請求権を付与しているところ、これを株主についていえば、同法が上記のとおり株主に対して株主名簿閲覧謄写請求権を付与している趣旨は、これにより株主の権利の確保又は行使を保障すると共に、株主による株主名簿閲覧謄写請求権の行使を通じて株式会社の機関を監視し株式会社の利益を保護することを目的とするにあると解するのが相当である。そして、株主総会は、会社法に規定する事項及び株式会社の組織、運営、管理その他株式会社に関する一切の事項について決議をすることができるのであり（同法295条）、取締役設置会社においても、同法に規定する事項及び定款で定めた事項については決議をすることができるところ（同条2項）、株主が株主総会の招集の請求をし（同法297条）、株主が取締役に対し一定の事項を株主総会の目的とすることを請求し（同法303条）、株主が株主総会において株主総会の目的である事項につき議案を提出する（同法304条）ことは、いずれも株主としての権利の行使にほかならないから、株主がこれらの株主の権利

行使に関し、自己に賛同する同志を募る目的で株主名簿の閲覧謄写の請求をすることは、株主がその権利の確保又は行使に関する調査の目的で請求を行うものと評価すべきものである（同法125条3項1号参照）。

同法は、上記のとおり株主が株主名簿の閲覧謄写の請求をすることができることを原則としつつ、他方、株式会社は、株主から125条2項の請求があったときは、次のいずれかに該当する場合を除き、これを拒むことができないと規定し、同項各号のいずれかに該当する場合をその例外として定めている（同法125条3項）。すなわち、当該請求を行う株主（請求者）がその権利の確保又は行使に関する調査以外の目的で請求を行ったとき（同項1号）、請求者が当該株式会社の業務の遂行を妨げ、又は株主の共同の利益を害する目的で請求を行ったとき（同項2号）、請求者が当該株式会社の業務と実質的に競争関係にある事業を営み、又はこれに従事するものであるとき（同項3号）、請求者が株主名簿の閲覧又は謄写によって知り得た事実を利益を得て第三者に通報するため請求を行ったとき（同項4号）、請求者が、過去2年以内において、株主名簿の閲覧又は謄写によって知り得た事実を利益を得て第三者に通報したことがあるものであるとき（同項5号）、以上が同項各号の規定する事由である。ところで、商法（平成17年法律第87号による改正前のもの。以下同じ。）263条3項は、株主及び会社の債権者は、営業時間内は、いつでも、株主名簿の書面若しくは株主名簿の複本の閲覧又は謄写の請求又は株主名簿が電磁的記録をもって作られた場合若しくは株主名簿の複本の作成に代えて電磁的記録の作成がされた場合におけるこれらの電磁的記録に記録された情報の内容を法務省令に定める方法により表示したものの閲覧又は謄写の請求をすることができることとし、会社が株主名簿の閲覧又は謄写の請求を拒むことができる場合を特に例外として定めていなかった。商法が上記のとおり株主に対して株主名簿閲覧謄写請求権を付与していた趣旨は、会社法125条2項と同様に、これにより株主の権利の確保又は行使を保障すると共に、株主による株主名簿閲覧謄写請求権の行使を通じて株式会社の機関を監視し株式会社の利益を保護することを目的とするにあり、このような株主名簿閲覧謄写請求権を付与する規定の趣旨、目的にかんがみれば、商法が定める株主名簿の閲覧又は謄写の請求が、不当な意図・目的によるものであるなど、その権利を濫用するものと認められる場合には、会社が株主名簿の閲覧又は謄写の請求を拒むことができる場合として特に定められていなくても、会社は株主の請求を拒絶することができると解するのが相当で、株主のする株主名簿の閲覧及び謄写の請求が、自ら発行する新聞等の購読料名下の金員の支払を再開、継続させる目的をもってされた嫌がらせあるいは金員の支払を打ち切ったことに対する報復としてされたものであると

きは、当該請求は権利の濫用として許されないとされ（最高裁平成元年（オ）第65号同2年4月17日第三小法廷判決・裁判集民事159号449頁、判例タイムズ754号139頁参照）、株主名簿の閲覧及び謄写の請求の日の前2年内に他の会社の株主名簿の閲覧又は謄写により知得した事実を利益を得て他に通報したことがある者がした請求等についても、権利の濫用にわたるものとして許されないとされた（東京高裁昭和62年（ネ）第2203号同年11月30日判決・高等裁判所民事判例集40巻3号210頁等）のも上記の解釈から当然のことというべきである。

会社法125条3項は、上記のとおり、商法が定める株主名簿の閲覧又は謄写の請求が、不当な意図・目的によるものであるなど、その権利を濫用するものと認められる場合には、会社は株主の請求を拒絶することができると解されていたことを受け、株主による会計帳簿の閲覧請求（商法293条ノ6）に対して同法293条ノ7が拒絶事由として規定していたと同様の事由を、株主名簿の閲覧又は謄写の請求の拒絶事由として規定することとし、会社法125条3項各号のいずれかに該当する場合には、株式会社は、株主からされた同条2項の請求を拒むことができる旨を明文の規定をもって規定するに至ったものである。このように、同条3項は、株主からされた株主名簿の閲覧又は謄写の請求が、不当な意図・目的によるものであるなど、その権利を濫用するものと認められる場合に限定して、株式会社がその請求を拒絶することができることとし、その拒絶事由を類型ごとに明確にすることを目的とする規定であり、もとより、株主の権利の確保又は行使を保障すると共に、株主による株主名簿閲覧謄写請求権の行使を通じて株式会社の機関を監視し株式会社の利益を保護することを目的とする株主名簿閲覧謄写請求制度の前記の目的を否定しあるいは制限する趣旨のものではないと解するのが相当である。そこで、このような観点から、本件においてその適用が問題となる会社法125条3項3号の規定の趣旨について検討すると、株主であっても、その株主が当該株式会社の業務と実質的に競争関係にある事業を営み、又はこれに従事するものである場合には、株式会社の犠牲において専ら自己の利益を図る目的で同条2項の請求を行うおそれがあるから、そのような不当な目的の請求に対する拒絶事由を類型化して、これを拒むことができることとすることに一定の合理性が認められるところ、株式会社の業務と実質的に競争関係にある事業を営み、又はこれに従事するものであると否とを問わず、当該請求を行う株主（請求者）がその権利の確保又は行使に関する調査以外の目的で請求を行ったとき（同項1号）、あるいは株主（請求者）が当該株式会社の業務の遂行を妨げ、又は株主の共同の利益を害する目的で請求を行ったとき（同項2号）には、権利を濫用するものとして株式会社が当該請求を拒むことができるこ

とは、旧商法が定める株主名簿の閲覧又は謄写の請求について権利を濫用するものと認められる場合に会社が株主の請求を拒絶することができると解されていたことからしても、明文の規定を俟たなくとも当然のことであり、上記各号は確認的に規定されたにとどまるものと解されるが、株主（請求者）が上記のいずれかに該当することを株式会社が証明することは必ずしも容易なことではないことにかんがみ、株式会社の業務と実質的に競争関係にある事業を営み、又はこれに従事する株主が同条2項の請求を行う場合には、当該株式会社の犠牲において専ら自己の利益を図る目的でこれを行っていると推定することに一定の合理性を肯定することができることを併せ考慮して、同項1号及び2号の特則として同項3号が設けられたと考えられるのであり、これによれば、同項3号は、請求者が当該株式会社の業務と実質的に競争関係にある事業を営み、又はこれに従事するものであるときには、株主（請求者）がその権利の確保又は行使に関する調査の目的で請求を行ったことを証明しない限り（このことが証明されれば、同項1号及び2号のいずれにも該当しないと評価することができる。）、株式会社は同条2項の請求を拒むことができることとしたものであり、株式会社が当該請求を拒むことができる場合に該当することを証明すべき責任を上記のとおり転換することを定める旨の規定であると解するのが相当である。このように解さないと、当該請求を行う株主が株式会社の業務と実質的に競争関係にある事業を営み、又はこれに従事するものである場合には、ただそのことのみによって、株主（請求者）が専らその権利の確保又は行使に関する調査の目的で請求を行ったときであっても、株式会社は当該請求を拒むことができることになり、同条2項が株主に対し株主名簿閲覧謄写請求権を付与し、これにより株主の権利の確保又は行使を保障すると共に、株主による株主名簿閲覧謄写請求権の行使を通じて株式会社の機関を監視し株式会社の利益を保護することを目的とする株主名簿閲覧謄写請求制度の前記の趣旨、目的を損なうこととなってしまうのであり、当該請求を行う株主（請求者）が専らその権利の確保又は行使に関する調査の目的で請求を行ったときであっても、株式会社の業務と実質的に競争関係にある事業を営み、又はこれに従事するものであるとして、そのことだけを理由に同条2項が株主に対して付与する株主名簿閲覧謄写請求権を否定しなければならない合理的な根拠は見いだし難いのである。それにもかかわらず、同項3号の規定を、あえて「株式会社の業務と実質的に競争関係にある事業を営み、又はこれに従事するもの」に該当する株主の株主名簿閲覧謄写請求権を否定する趣旨の規定であるとすれば、同条2項が株主に株主名簿閲覧謄写請求権を付与した趣旨、目的を没却し、同条3項が例外規定を設けた趣旨を逸

脱し、目的と手段との権衡を失する不合理なものであるとのそしりを免れないものとならざるを得ない。したがって、同項3号は、上記のとおり証明責任を転換する旨の規定であると解するのが相当である。

2　これを本件についてみるに、前記引用に係る原決定摘示の前提となる事実並びに疎明資料（甲8、乙3、8）によれば、抗告人は、相手方と実質的に競争関係にある事業を営む者であると一応認められるが、他方、前記前提となる事実に疎明資料（甲24）及び審尋の全趣旨を併せて考えれば、抗告人は、本件株主名簿の閲覧及び謄写の請求をするに当たり、相手方に対し、抗告代理人名義の平成20年4月11日付け株主名簿閲覧謄写請求書をもって、井上投資株式会社が同月10日付けで送付した株主提案議案について、相手方の株主の賛成を求めて委任状勧誘を行うことを目的とするものであることを明示し、かつ、上記請求に基づき取得した株主情報を上記の目的又は理由以外のために使用しないことを誓約している事実を一応認めることができる。上記認定事実に後記3認定の総会検査役との打合会の状況や本件株主提案と本件定時総会における議案との相互関係及び抗告人送付希望の資料を株主に送付する件について抗告人と相手方との間で合意が成立していること等の事情をも併せると、抗告人が、相手方の株主として、専らその権利の確保又は行使に関する調査の目的で本件株主名簿の閲覧及び謄写の請求を行ったものであるとの事実を一応認めることができる。したがって、相手方は、抗告人がした本件株主名簿の閲覧及び謄写の請求を拒むことはできないというべきであり、抗告人の本件申立ては被保全権利が疎明されたものと一応認めることができる。

3　前記前提となる事実及び上記認定事実に疎明資料（甲92、94ないし97、乙63、81の1、81の2、82、86、87、90ないし92、93の1ないし93の5）を併せて考えれば、相手方は、平成20年6月27日に第44期定時株主総会（本件定時総会）を開催する予定であること、井上投資株式会社は相手方の取締役に対し同月10日付けで株主提案議案を送付し、これを本件定時総会の目的とすることを請求したこと、抗告人は、井上投資株式会社が上記のとおり株主提案権に基づき本件定時総会の目的とすることを請求した事項について、相手方の株主の賛成を求めて委任状勧誘を行うことを目的として本件株主名簿の閲覧及び謄写を請求したこと、しかるに、相手方がこれを拒絶したため、抗告人はこれを受けて本件申立てに及んでいるものであり、本件定時総会まで時間的に切迫していること、抗告人には、抗告人及び井上投資株式会社の保有株式を含め、持株比率合計約77.29パーセントの株主の情報は判明しているが、抗告人はその余の株主の情報を把握しておらず、本件株主名簿を閲覧することによってこれを把握することができること、相手方は、平成20年4月24日東京地方裁判所に対し、本件定時総会に関

し、会社法306条1項の規定に基づき総会検査役の選任の申立てをし、東京地方裁判所は総会検査役として弁護士を選任したこと、相手方は、平成20年6月3日午後4時30分から総会検査役との打ち合わせを行ったこと、この打合会には抗告代理人である弁護士も出席し、その席上、相手方から、同月6日に発送予定のものであるとして、本件定時総会の招集通知のドラフトが提示されたこと、このドラフトには、本件株主提案のうち、定款の一部変更（買収防衛策に係る規定の新設）の件（前記引用に係る原決定摘示の「1　前提事実」の(4)ア）及び買収防衛策導入の件（同(4)イ）は相手方もこれを受け入れて相手方提案（第3号議案及び第4号議案）として上程する旨、買収防衛策に基づく抗告人らに対する対抗措置の不発動の件（同(4)ウ）は株主提案（第6号議案）として上程する旨、相手方は、この第6号議案に対抗するものとして、買収防衛策に基づく抗告人グループに対する対抗措置の発動を取締役会に委任する件（第5号議案）を上程する旨それぞれ記載され、取締役2名選任の件（同(4)エ）も株主提案（第7号議案）として上程する旨記載されているが、相手方は提案に係る取締役2名（抗告人代表取締役原將昭及び抗告人経営企画室長乙山竹郎）の選任に反対である旨の意見を付記していること、このドラフトと同じ内容の本件定時総会招集通知が同月6日に全株主宛に発送されたこと、相手方は本件が当審に係属した後の同年5月28日、抗告人に対し、抗告人が相手方の全株主に対して送付を希望する資料（抗告人に対する委任状用紙及び切手の貼られた返信用封筒並びに抗告人側からの参考資料を含む。）を送付用の封筒に封入したものを株主数に見合った分用意した上で相手方に届ければ、相手方がこれに株主宛のラベルを貼り、株主名簿に記載された相手方の全株主に対して、これを株主名簿上の住所宛に送付する（ただし、本件定時総会まで合計2回に限る。）との提案をしたこと、抗告人は相手方の提案した方法を実施すれば、株主名簿に記載された全株主に対し、抗告人が送付を希望する資料を2回に限り株主名簿上の住所に宛てて送付することが可能となること、抗告人は同年6月2日に相手方の上記提案を受け入れたこと、この合意に基づく抗告人送付希望の資料の第1回目の送付が同年6月6日に行われたこと、しかしながら、上記の措置は、資料送付という方法に限られている上、回数も2回だけであり、抗告人が株主に対して委任状勧誘を働きかける方法としては制約されたものにとどまること、以上の各事実を一応認めることができる。

これによれば、抗告人に生ずる著しい損害を避けるため本件申立てに係る仮処分命令を必要とするとき（民事保全法23条2項）に当たると一応認めることができる。

相手方は、抗告人が既に十分に実効性のある委任状勧誘を行ったといえること、相手方の発行済み全株式の約10.85パーセントに相当する株式を保有する株式会社カテリーナ・イノウエが本件株主名簿の写しを入手して抗告人のために委任状勧誘を行っていることなどを縷々主張し、これに沿う疎明資料を提出し、これらを理由に、保全の必要性が存在しない旨主張するが、相手方が主張する各事実を併せ考慮しても、抗告人が本件株主名簿を閲覧謄写したと同視することはできないのであり（なお、乙第100号証によれば、株式会社カテリーナ・イノウエの代理人弁護士が、相手方代理人弁護士に対し、入手した本件株主名簿の写しを抗告人に交付する意思がないことを明らかにしていることが一応認められる。）、抗告人が、法令に基づく株主名簿閲覧謄写請求権を行使し、相手方にこれを拒む理由がないにもかかわらず、本件定時総会の開催日が間近に迫っている現時点においてなお本件株主名簿を閲覧し謄写することができないままでいることにかんがみれば、相手方が主張疎明する事実をもってしても、上記判断を左右するに足りないというべきである。

4　以上の認定及び判断の結果によると、抗告人の本件申立ては被保全権利及び保全の必要性が疎明されたものというべきところ、当裁判所の上記判断と異なり、抗告人の本件申立てを却下した原決定は不当であるから、これを取り消した上、抗告人に担保を立てさせないで、主文のとおり決定する。

　裁判長裁判官　渡邉　等
　　裁判官　髙世三郎　西口　元

（別紙）抗告状＜略＞

（別紙）抗告理由
　＜金判1295号21頁以下所収＞
（別紙）〔抗告人〕準備書面(1)＜略＞
（別紙）〔抗告人〕準備書面(2)
　＜金判1295号25頁以下所収＞
（別紙）〔抗告人〕準備書面(3)＜略＞
（別紙）〔抗告人〕準備書面(4)＜略＞
（別紙）〔抗告人〕準備書面(5)＜略＞
（別紙）〔抗告人〕準備書面(6)＜略＞

（別紙）答弁書
　＜金判1295号29頁以下所収＞
（別紙）〔相手方〕準備書面(1)＜略＞

原決定

【主　文】
1　債権者の申立てを却下する。
2　申立費用は債権者の負担とする。
【理　由】

第1　申立ての趣旨

債務者は、債権者に対し、債務者の本店において、その営業時間内のいつにても、平成20年3月末日現在の債務者の株主名簿及び実質株主名簿を閲覧及び謄写させよ。

第2　事案の概要

本件は、債務者の株主である債権者が、債務者に対し、債務者の株主総会において債権者の行った株主提案についての委任状勧誘を行うため、債務者の平成20年3月末日現在の株主名簿及び実質株主名簿（以下、併せて「本件株主名簿」という。）に記載又は記録されている株主の氏名又は名称及び住所等を把握することを目的として、本件株主名簿の閲覧謄写の仮処分を申し立てた事案である。

債務者は、債権者が会社法125条3項3号に規定する者に該当し、被保全権利がなく、また、保全の必要性もないと主張して申立ての却下を求めて争っている。

1　前提事実（疎明資料及び審尋の全趣旨から容易に疎明される事実）

(1)　当事者

ア　債務者は、不動産の売買、賃貸及び仲介、マンション管理等を目的とする株式会社である。

債務者は、本店の他、福岡県、山口県等を含め全国に40の支店、営業所又は出張所を展開し、分譲マンション管理事業（分譲マンションの管理員業務・清掃業務・設備管理業務・保全業務等及び管理組合の会計、運営業務等）、賃貸マンション管理事業（建物の設備管理業務の他、入居者の斡旋、家賃集金、契約更新等賃貸管理代行業務）、マンション建設、販売事業等を主な業務として行っており、その一環として、福岡県、熊本県等九州における複数県において分譲マンションの管理業務を行い、大分県のマンションからの管理業務の委託についても受託する意思及び能力を有し、山口県において賃貸マンションの管理業務を行っている他、東京都大田区、港区等おいて分譲マンションの建設、あるいは販売業務を継続して行っている（以上につき甲3、6、乙2、6ないし10、17、19、25ないし28）。

イ　債権者は、不動産の売買、仲介、賃貸、斡旋、管理及び保守業務等を目的とする株式会社であり、債務者の株主である。なお、平成20年3月31日時点の、債権者の債務者株式の保有割合は、発行済株式総数の10.03パーセントであり、債権者の100パーセント子会社である井上投資株式会社（井上投資）の保有分を併せれば、16.16パーセントである。なお、井上投資は、債権者の300個以上の議決権を6か月以上前から引き続き保有している。

債権者は、分譲マンション事業、売買仲介事業、賃貸管理事務事業等を主要な業務として行っており、山口県において4店舗を有し、賃貸不動産及び高齢者向け賃貸マンションの管理業務を行っている。また、債権者代表者が代表取締役であり、債権者の連結子会社（平成18年12月末時点での債権者が議決権の90パーセントを保有している）である株式会社ベツダイ（ベツダイ）は、大分県において一般賃貸不動産及び分譲マンションの管理業務を行っている。さらに、債権者ないし債権者の完全子会社である株式会社原弘産レジデンス（原弘産レジデンス）は、東京都大田区及び港区において分譲マンション販売業務を行っている（以上につき甲1、2、8、23、乙3ないし5、11ないし16、20、21、31ないし33並びに審尋の全趣旨）。

(2)　債務者の買収防衛策の導入

債務者は、平成19年6月28日、債務者株式の大量取得行為に対し、新株引受権の無償割当て等の対抗策をとること、その手続として原則として株主意思確認総会における株主投票、又は書面投票によって株主意思を確認すること等を内容とする買収防衛策を導入した（甲4、5）。

(3)　債権者による買収申し入れ

債権者は、遅くとも平成19年11月ころまでに、債務者との事業協力・経営統合を目指すようになり、同月、債権者代表者が債務者代表者に対しその旨を申し出るなどしたが、債務者代表者はそのようなことは考えていないと回答した（甲7）。

債権者は、平成20年2月18日、債権者と債務者の事業提携・経営統合を本格的に推進してこれらの基礎を形成するためには、両者の資本関係を更に強化する必要があると判断したとして、債務者の賛同を得ることを条件とし、1株当たりの株価を1000円として債務者の株式の公開買付を行うことを決定したなどとする文書を債務者に送付し、かつ、債権者ホームページにその旨を掲載した（甲8、9）。

(4)　井上投資による債務者株主総会での株主提案

井上投資は、同年4月10日、債務者代表取締役に対し、同年6月27日開催予定の第44期定時株主総会（本件定時総会）における議題として、上記債権者による公開買付に関する次の内容の株主提案を行った（本件株主提案）（甲23）。

ア　定款の一部変更（買収防衛策に係る規定の新設）の件

イ　買収防衛策の導入の件

ウ　買収防衛策に基づく債権者らに対する対抗措置の不発動の件

エ　取締役2名選任の件

(5)　株主名簿の閲覧謄写請求

債権者は、同年4月11日、債務者に対し、本件株主提案について、株主に賛成してもらうべく委任状勧誘を行うことを目的として、同年3月31日現在の債務者の全株主が記載された株主名簿の閲覧及び謄写を求めるとの文書を送付し、同文書は、遅くとも同年4月16日までに債務者に到達した。これに対して、債務者

は、同日、債権者に対し、債権者は債務者と実質的な競争関係にあり、会社法125条3項3号の「当該株式会社の業務と実質的に競争関係にある事業を営」むものに該当するとして、本件株主名簿の閲覧謄写を拒絶する旨の回答文書を送付し、同回答文書は、そのころ債権者に到達した（甲24、25）。

（6）債権者は、同月23日、本件仮処分事件を申し立てた。

2　争点

（1）閲覧謄写請求の拒絶事由の有無（被保全権利の存否）

（2）保全の必要性の有無

3　争点についての当事者の主張の要旨

別紙のとおり

第3　当裁判所の判断

1　閲覧謄写請求の拒絶事由の有無（争点(1)）

（1）会社法125条3項3号の解釈について

ア　債権者は、別紙債権者の主張第1の2に記載のとおり、買収提案をした株主が株主総会において買収提案の是非を問うための委任状勧誘を理由に株主名簿閲覧等請求を行った場合には、会社法125条3項3号は限定的に解釈されなければならず、株式会社は、株主情報が競業に利用されたり、株主のプライバシーが侵害される現実的なおそれがある等の特段の事情がない限り、同号を理由として請求を拒絶することは許されないと解すべきであり、また、同号にいう「実質的に競争関係にある」とは、株主情報が競業に利用されることを防ぐという同号の目的に照らして、当該株式会社の株主情報が有用性ある秘密と認められる事業に限定解釈されるべきであると主張する。

イ　会社法125条3項は、株式会社が株主又は債権者からの株主名簿の閲覧等の請求を拒むことができる事由を掲げ、同項3号は、「請求者が当該株式会社の業務と実質的に競争関係にある事業を営み、又はこれに従事する者であるとき」と規定している。同号の趣旨は、他の競業者に株主名簿が閲覧され、株主の氏名、住所、有する株式数等の詳細を把握されると、競業に利用されて株式会社の利益を害するおそれがあるから、これを防止することにあると解される。そして、同号は、同項1号及び2号と異なり、文言上、請求者の主観的意図を要件として規定していない。

このような同項3号の趣旨及び文言に照らせば、同号は、請求者が当該株式会社の業務と実質的に競争関係にある事業を営み、又はこれに従事するものであるときには、当該株式会社は閲覧等の請求を拒むことができることを定めたものと解するのが相当であり、それ以上に、株主情報が競業に利用されたり、株主のプライバシーが侵害される現実的なおそれがある等の事情の存在を要件とするとは解されない。また、委任状勧誘を行うためといった請求の目的ないし動機如何に

よってそのような事情の存在が要件となると解することもできない。さらに、同号の「実質的に競争関係にある事業」について、債権者が主張するように当該株式会社の株主情報が有用性ある秘密と認められる事業に限定されると解すべき理由はなく、このように解することはできない。

これに反する債権者の主張は独自の主張であり、採用できない。

（2）債権者が債務者の業務と実質的に競争関係にある事業を営む者であるかについて

ア　会社法125条3項3号所定の「請求者が当該株式会社の業務と実質的に競争関係にある事業」を営む場合とは、上記同号の趣旨に照らせば、単に請求者の事業と株式会社の業務とが競争関係にある場合に限らず、請求者がその子会社と一体的に事業を営んでいると評価できるような場合において、当該事業が株式会社の業務と競争関係にあるときもこれに該当すると解するのが相当である。

イ　前提事実及び疎明資料（甲8、乙3、8）によれば、債権者は、その子会社であるベツダイ及び原弘産レジデンスを債権者グループ企業と位置づけ、これらの事業を含めて債権者の事業と認識していること、債権者と債務者は目的とする業の一部が共通する会社であること、債務者が支店又は営業所を全国的に展開し、本店を含めたそれらの管轄区域は全国に及んでおり、上記子会社を含む債権者らの営業地域においては、債権者らと債務者は少なくとも主要業務について競合する同業者であるといえること、実際に、山口県内における賃貸マンション管理業務、大分県内における分譲マンションの管理業務及び東京都港区、大田区における分譲マンション建設、販売業務に関して競合関係にあることがそれぞれ認められ、これらからすれば、債権者と債務者は実質的に競争関係にある事業を営む者であると認められる。

（3）以上を総合すれば、債務者は、会社法125条3項3号所定の拒絶事由により、本件株主名簿の閲覧謄写請求を拒絶することができると認めるのが相当であり、本件全疎明資料を検討するも、上記判断を覆すに足りる的確な疎明資料は存在しない。

なお、債権者は、保護されるべき法益が現実にないのに株主名簿閲覧等を会社が拒絶することは、権利の濫用（民法1条3項）ともいいうると主張するが、債務者が本件株主名簿閲覧謄写請求を拒絶することが権利の濫用であると認めるに足りる疎明はない。

（4）小括

以上によれば、本件申立ては被保全権利についての疎明を欠き、その余の点について判断するまでもなく理由がないことになるが、本件では、保全の必要性の有無についても争点になっているので、以下、この点についても付言しておくことにする。

2 保全の必要の有無（争点(2)）

(1) 本件仮処分のような仮の地位を定める仮処分命令を求める申立てについては、債権者は、争いがある権利関係について債権者に生じる著しい損害又は急迫の危険を避けるためこれを必要とするという保全の必要性を疎明しなければならない（民事保全法23条2項）。

ところで、株主名簿には株主個人の氏名又は名称及び住所等、株主個人のプライバシーに関する事項も含まれており、本件仮処分が認められた後に、本案訴訟において債権者にその閲覧謄写の請求権がないことが確定した場合、債務者は無権利者に株主個人のプライバシーに関する事項を開示したことになり、その結果、株主の信頼を損なうなど不測の損害を被るおそれがあると考えられる。この点につき、債権者は、株主名簿が閲覧謄写されることによって債務者が損害を被るおそれはないと主張するが、採用できない。

以上によれば、本件においては、株主名簿の閲覧謄写請求権に係る権利関係が確定しないために生ずる債権者の損害と本件仮処分により債務者の被るおそれのある損害とを比較衡量し、債務者の被る損害を考慮しても、なお債権者の損害を避けるため緊急の必要がある場合に限って、保全の必要性があるものと解するのが相当である。

(2) 判断

ア 債権者の主張の要旨は別紙債権者の主張のとおりであるが、要するに、株主総会参考資料やプレスリリースは買収者からの情報提供のツールとしては不十分であり、本件提案につき実効性ある委任状勧誘を行うためには株主名簿の閲覧謄写によって債務者株主の情報を得て、それに対して直接に働きかけを行う機会が確保されねばならず、そうしなければ債務者との関係で極めて不公平な結果となり、このような機会が保障されない場合に債権者が被る損害はおよそ金銭評価をすることができない回復不能な著しい損害であり、そして、本案訴訟を待っていてはかかる損害を避けることはできないとするものである。

イ そこで検討するに、疎明資料（甲9）及び審尋の全趣旨によれば、債権者は自らのホームページに特設サイトを設け、債権者らによる債務者に対する事業提携・事業統合の提案に関する情報提供を行っていること、債務者は、株主総会参考書類に実質的に提案理由等の全文を記載することや、債権者の要請があれば井上投資の提案理由について上記債務者の特設サイトを参照するようにとの記載を上記サイトのアドレスとともに記載することを確約すると表明していることが認められる。

また、債務者の株主について、債務者が平成19年12月21日に提出した半期報告書により、平成19年9月30日時点の債務者の大株主（持株比率合計60.47パーセント）の情報は開示され、さらに、その後に提出された大量保有報告書及び変更報告書（乙68、71、72）を併せれば、債権者は、債務者代表者及び債務者従業員持株会以外の保有株数が判明していない株主を控除しても、債権者及び井上投資を含め、持株比率合計約65パーセントの株主の情報は判明していると認められる。

上記に照らすと、債権者は、株主総会参考書類の記載やホームページ等での情報提供を通じ、あるいは判明している株主らに対してはそれらに加えて直接面談等を申し入れることにより、債務者株主に対し本件提案に賛同するように働きかけることが可能ということができる。

ウ(ア) 債権者は、本件提案については委任状勧誘が重要であり、本件提案につき実効性ある委任状勧誘を行うためには株主名簿の閲覧謄写によって債務者株主の情報を得て、それに対して直接に働きかけを行う機会が確保されねばならないとし、疎明資料（甲74、75、76の1、77）を提出する。

しかし、それらを含めた本件全疎明資料を検討しても、上記2(2)イで述べたことをも併せて考慮すれば、未だ債務者株主に対して直接に働きかけを行わねば本件株主提案について実効性ある委任状勧誘を行うことができないと認めるには足りない。

(イ) また、債権者は、債務者株主に対して直接に働きかけを行う機会が確保されねば債務者との関係で極めて不公平な結果となり、このような機会が保障されない場合に債権者が被る損害はおよそ金銭評価をすることができない回復不能な著しい損害であると主張する。

しかし、現時点で債権者に判明していない債務者株主に対し直接働きかけられないこと自体によって債権者に具体的な損害が生じるものではないし、他に本案訴訟を待たずに本件株主名簿を閲覧謄写できないことによって債権者が具体的に損害を被るおそれがあることについて十分な疎明があるとは認められない。

エ 以上によれば、本案訴訟の結果を待たずに本件株主名簿の閲覧謄写をするにつき債権者の損害を避けるため緊急の必要性があると認めることはできない。

(3) 上記を総合すれば、本件仮処分事件においては、保全の必要性があることについて疎明がされているとは認められない。

3 結論

以上の次第で、本件申立ては、被保全権利及び保全の必要性の両面について疎明を欠く。よって、本件申立ては理由がないのでこれを却下することとし、主文のとおり決定する。

裁判官　俣木泰治

（別紙）**債権者の主張**
＜金判1295号38頁以下所収＞
（別紙）**債務者の主張**
＜金判1295号40頁所収＞

10 クオンツ事件

I 国内判例編　東京地決平成20・6・23金融・商事判例1296号10頁

早稲田大学社会科学総合学術院教授　川島いづみ

I 事案の概要

　Y社（債務者）は、ファンド運営、投資先の管理・育成等の各種事業を目的とする株式会社（取締役会・監査役会・会計監査人設置会社）であり、平成19年7月31日現在、資本金の額113億2587万0513円、発行可能株式総数8億1996万6928株、発行済株式総数2億2803万6156株で、ジャスダック証券取引所に上場している。Y社およびその100％子会社である株式会社Iは、株式会社X（債権者）の株式を合計3万1254株（持株比率34.40％）保有しているが、名義書換手続は行っていない。X社は、ITセキュリティ技術・人材サービスの提供等を目的とする株式会社（大阪証券取引所ヘラクレス上場会社）で、Y社の普通株式を390万6000株（持株比率1.71％）保有している。
　平成19年12月以降、Y社の取締役間には深刻な対立があり、平成20年5月23日開催の取締役会では、同年6月27日開催予定の定時株主総会の決議事項の1つとして、取締役3名（E・F・G。以下、「Eら3名」という）解任の件を議案とすることが取締役7名中4名の賛成により決議された。Y社の定時株主総会の議決権の基準日は毎年3月31日とされているが、Y社は、下記の新株発行（以下、「本件新株発行」という）の割当先である株式会社Jおよび株式会社Kに対し、会社法124条4項に基づく定時総会での議決権の付与を予定しており、J社およびK社は、会社提案の上記議案に賛成の意向を表明している。Y社は、同年6月9日開催の取締役会において、募集新株式4444万4000株を募集金額および払込金額3億9999万6000円（1株当たり9円）、払込期日6月25日で、J社およびK社に対する第三者割当により発行すること（割当株式数は各々2222万2000株）を、取締役Eら3名が反対したものの、Bら取締役4名の賛成で決議した。従前のY社の株主構成では、筆頭株主でも持株比率は3.78％であり、以下順次、3.33％、2.46％、1.76％、1.71％（第5順位：X社）という状況で、個人株主が圧倒的な多数を占めていた。本件新株発行が行われた場合、X社の持株比率は1.43％（第7順位）となるのに対し、取締役BとJ社は、その有する既存株式とを合わせると持株比率20.21％となって、事実上多数派を構成することが可能になる。
　X社は、本件新株発行は著しく不公正な方法による発行であるとして、本件新株発行の差止めを求めて仮処分を申し立てた。これに対してY社は、本件新株発行は、社債権者から総額40億円の社債を繰上償還するよう申出を受け、仮差押えまでされているなかで、償還資金を確保して事業継続を実現するために行ったものである、などと主張した。

II 決定要旨

　会社法210条2号に定める「著しく不公正な方法」とは、「不当な目的を達成する手段として新株の発行が利用される場合をいうと解されるところ、会社の支配権につき争いがあり、既存の株主の持株比率に重大な影響を及ぼすような数の新株が発行され、それが第三者に割り当てられる場合に、その新株の発行が既存の株主の持株比率を低下させ現経営者の支配権を維持することを主要な目的としてされたものであるときは、不当な目的を達成する手段として新株の発行が利用される場合に当たるというべきである。」
　「……Y社の本件新株発行は、会社の支配権に

つき争いがある状況下で、既存の株主の持株比率に重大な影響を及ぼすような数の新株が発行され、それが第三者に割り当てられる場合であって、かつ、それが、成否の見通しが必ずしもつかない反対派取締役の解任が議案となっている株主総会の直前に行われ、しかも、予め反対派取締役を解任する旨の会社提案に賛成することを表明している割当先に会社法124条4項に基づき議決権を付与することを予定しているというのであるから、他にこれを合理化できる特段の事情がない限り、本件新株発行は、既存の株主の持株比率を低下させ現経営者の支配権を維持することを主要な目的としてされたものであると推認できるというべきである。」

「……Y社において資金調達の一般的な必要性があったことは否定できないものの、これを合理化できる特段の事情の存在までは認められず、本件新株発行は、既存の株主の持株比率を低下させ現経営者の支配権を維持することを主要な目的としてされたものであると認めるのが相当であり、これを覆すに足りる疎明資料はない。したがって、本件新株発行は著しく不公正な方法によるものと認定することができる。」

「……従前、第5順位であったX社の持株比率が1.71パーセントから1.43パーセントに低下することは、Y社の従前の株主構成と異なり、事実上の多数派を構成する株主が出現することから、X社の影響力が著しく低下することにつながることは明らかであり、既存の株主であるX社にとって、従前の株主構成と比較して、看過できない持分比率の低下があるといえる。本件新株発行により、株主であるX社が不利益を受けるおそれがあると認められる。」

III 分析と展開

1 本決定の位置付け

取締役会が第三者割当により募集株式を発行しようとするのに対して、株主がこれを著しく不公正な方法による発行（以下、「不公正発行」という）であるとして、会社法210条（平成17年改正前商法280条ノ10）により差止めの仮処分を求める場合、多くの裁判例は、いわゆる「主要目的ルール」によって、不公正発行か否かを判断してきた。主要目的ルールとは、取締役会が第三者割当を決定した目的ないしは動機が、自派で議決権の過半数を確保する等、支配権の維持・確保である場合には、不当な目的によるものとして差止めを認める考え方であり、種々の目的ないしは動機から新株発行が行われるときは、いずれが優越するかで判断するという考え方である。とはいえ、実際には、不当目的達成動機が優越していたとは滅多に認定されず、資金調達の必要性が認定されれば取締役会の判断が尊重される傾向が強い、といわれている（注1）。これに対して本決定は、主要目的ルールに拠りつつ、資金調達の一般的な必要性があったことは否定できないとしながらも新株発行の差止めを認めており、裁判例の傾向が変化しつつあることを示すものとして実務的にも注目されている（注2）。

主要目的ルールは、ライブドア対ニッポン放送事件決定において、支配権の維持・確保を主要な目的とする新株予約権の発行であっても許容される場合があるとされることで、買収防衛策の是非を判断する枠組みを取り込む形に、その判断の枠組みを変更したとみることができる（注3）。さらに、近時の下級審裁判例は、資金調達の必要性との関係でも、単純に資金調達の必要性があるか否かによって不公正発行の該当性を判断するという運用から、事案に即したより緻密な認定プロセスを採用する方向に、その運用を修正しようとしているように見受けられる。本決定は、その端的な例とみることができよう。また、本決定は、株主が不利益を受けるおそれについても、単に持株比率とその減少割合に注目するだけではなく、事案の特質を勘案して、従来の裁判例と比べて比較的穏やかに株主の不利益を認定している点で、注目される。

本稿では、近時の裁判例との比較を交えて、これらの点を中心に本決定について検討することにする。

2 主要目的ルールの運用

本決定は、新株の不公正発行とは、不当な目的達成の手段として新株発行が利用される場合をいうとし、(a)会社の支配権につき争いがあり、(b)既存の株主の持株比率に重大な影響を及ぼすような数の新株が第三者割当の方法で発行される場合に、(c)その新株の発行が既存の株主の持株比率を低下させ現経営者の支配権を維持することを主要な目的としてされたものであるときは、不当な目

的の達成手段として新株発行が利用された場合に当たる、とする。これは、不公正発行の意義について述べる近時の主立った裁判例の立場でもある（注4）。したがって、請求株主は、上記(a)と(b)に加えて、上記(c)を示す事実の主張・立証（疎明）を求められるが、この点について本決定は、(c-1)反対派取締役の解任を議案とする総会直前に解任への賛成を表明する割当先に対してする発行であること、および(c-2)会社法124条4項による議決権の付与を予定していることを挙げて、これを合理化できる特段の事情がない限り不公正発行に当たるとの判断を示している。これにより、「合理化できる特段の事情」を示すことが現経営者（債務者）側に求められることになる。このように本決定は、主要目的ルールの適用において、2つの目的の存在を認定していずれが優越するかを比較するのではなく、上記(c)について(c-1)と(c-2)の事実が示されたことを受けて、「…特段の事情」の立証を会社側に求めるという方法で、主張立証責任を当事者双方に順次振り分けていく方式を採用している（注5）。

(1) 不公正発行であるとして差止めを認容した近時の裁判例

同様の特徴は、①日本精密事件決定（さいたま地決平成19・6・22金判1270号55頁）（注6）にも見られる。①事件は、本件との類似点が多く、本決定は①の判断を踏襲するものであるともいわれている（注7）。①の事案では、上記の(a)および(b)に当たる事実が認められ、しかも、発行済株式総数の約50％に相当する大量の第三者割当が、(c-1)総会の16日前に、払込期日までに法律上必要となる期間に満たない払込期日を設定して決定され、(c-2)割当先に会社法124条4項による議決権の付与がなされており、(c-3)急遽取締役候補者の半数を当該割当先が推薦する者に変更したことなどから、裁判所は、「……特段の資金調達の必要性が認められない限り、現在の経営陣が自らの支配権を確保することを主要な目的として発行するものというべきである」としており、やはり経営者（債務者）側に「特段の資金調達の必要性」を示すことを求めている。

そして、資金調達の必要性に関連して、①決定は、債務者の挙げる調達した資金の使途についてかなり詳細に検討するとともに、債務者の他の資金使途（資金返済の必要性や他社への資金拠出等）についても検討した上で、債務者の挙げる資金使途に整合性がなく、「資金調達の必要性自体が直ちに信用しがたい上、他に必要性が明らかでないことに多額の資金を使用していることからすれば、」資金調達の必要性が本件新株発行の主要な目的と認めることはできない、と判断している。第三者割当による調達資金の使途に加えて、他の資金使途についても検討している点が注目される。本決定と異なる点は、資金調達の必要性自体が信用しがたいとして、これを認めていないことであるが、実態としては、本件との間にそれ程大きな相違があるとはいえないようにも思われる。これに対して本決定は、債務者に資金調達の一般的な必要性があったことは否定できないとしながら、債務者の主張する社債の償還計画の条件や決定経緯を検討して、具体的な償還計画があったというにはほど遠い状況であったとし、加えて、保有資産の売却等による資金調達を一切していないこと、急遽実施しようとした第三者割当の払込期日から社債の繰上償還日までかなり余裕があること等を示して、特段の事情の存在は認められないと判断している。

このように、本件や①事件は、具体的な調達資金の使途や資金調達の緊急性と使途との関連がかなり杜撰な事案であるということができ、資金調達を必要とする特段の事情が認められないとした裁判所の判断は妥当なものということができる（注8）。

(2) 資金調達の必要性を認めた近時の裁判例

本件とは逆に、具体的な資金計画があって資金調達の必要性が認められた近時の裁判例を、本決定との比較の対象として、概観してみる。

②名村造船所事件（大阪地決平成18・12・13金判1259号40頁）は、船舶および海洋構造物の設計、製造、売買等を目的とするY社（債務者）が、払込金額の総額33億9900万円、割当先を取引先のA会社他11社とする第三者割当増資を決定したのに対して、Y株式の約22.21％を実質的に保有するXが、不公正発行であるとして差止め仮処分を求めた事案である。Y社は、船体ブロック内製化比率向上のため、伊万里工場における船体ブロック製造工場への転用のための設備投資（第二次設備投資）を計画していた。②決定では、「約32億1700万円の費用を要する見込みの第二次設備投資計画……が債務者の経営戦略上合理性を有する」

こと、この計画にかかる資金調達方法として新株発行を行うことが「企業経営における判断として一般的な合理性を有するものであり、その内容自体に特段疑義を差し挟む点がない上」、現預金を確保しておく必要性がある旨の取締役会資料が船舶造船代金の支払いスケジュールや貸借対照表の計上数値と整合する点で肯首できるものであること、取引先を引受先とすることについても、確実な資金調達を行うために、取引先であれば、設備投資への理解が得やすく、当該取引先が増資への協力を得られる財務状況にあるか否かの情報も得やすいと考えられることから、「これを不自然不合理であるということはできない」ことを詳細に認定して、「本件新株発行を行う必要性があったと認めることができる」としている。このように②決定は、単に資金調達の必要性があるか否かだけではなく、株式発行という資金調達の方法に合理性があるか、および割当先の決定に不自然不合理なところがないかも勘案して判断している。なお、②決定は、後述のように、(a)経営を争う状況にあったかについて、別途判断を行っている。

③ＴＤＦ事件（仙台地決平成19・6・1金判1270号63頁）は、自動車部品の製造・販売等を業とするＹ会社（債務者）（発行済株式総数1305万7928株）が、筆頭株主である自動車メーカーのＡ会社を割当先とする第三者割当増資を決定したのに対して、Ｙ株式66万9000株を保有するＸが有利発行および不公正発行を主張して差止め仮処分を求めた事案である。本件新株発行は、主要取引先であるＡ会社からの生産能力増強の要請を受けて、そのための設備投資に必要な資金を調達するためのものであり、具体的な資金調達の必要性が存在することは明らかといえる。③決定は、さらに、「債務者が調達を必要としている資金の額、債務者の自己資本比率の状況、債務者株式の出来高の状況、資金調達を必要とするに至った経緯、債務者とＡ会社の関係等を考慮」して、当該資金調達をＡ会社を割当先とする第三者割当の方法で行うことに「相応の理由がある」と判断している。④自動車部品工業事件（横浜地決平成19・6・4金判1270号67頁）も自動車部品メーカーに関する事案で、第三者割当の割当先は取引先等（Ａ会社、およびＡ会社を通じて取引を行っているＢ会社・Ｃ会社）であり、発行差止めの仮処分を求めたのは、Ｙ会社（債務者）株式29万9000株を有する株主Ｘ

である。裁判所は、Ｙ会社が、主要取引先（製品の大半の販売先）のＡ会社から、Ａ会社の増産計画に対応できるよう生産能力増強のために大幅な設備増強を求められており、迅速な設備投資を必要とする状況にあったため、迅速かつ確実な資金調達と財務体質の強化、およびパートナーシップの強化にも配慮して、第三者割当増資を行ったことなどを認定し、「会社支配権の維持や少数株主権の剥奪等に当たるともいえず、第三者割当先の企業についても不合理な選定ともいえないことからすれば」、不公正発行には当たらないと判断している。

以上のように、②～④の裁判例は、資金調達の必要性だけでなく、資金調達を第三者割当によって行うことに合理性があるか、および割当先の決定が不自然不合理でないかについてまで、踏み込んで判断しており、特に、筆頭株主が差止めを求めている②事件では、これらに関する認定が、第三者割当が決定された経緯を追って慎重に行われている。ただ、これらの事案では、本件や①事件のように、会社支配権の帰属が争われる総会の直前に第三者割当を決定し、会社法124条4項により割当先に当該総会での議決権を付与する、といったことは行われていない。このようなことが行われ、しかも、資金調達の必要性に加えて、調達方法の合理性や割当先の相当性が認められる、という事案であれば、それは限界事例ということになろう（注9）。

3 株主が不利益を受けるおそれ

会社法210条の差止めが認められるためには、当該新株発行により株主が不利益を受けるおそれが必要である。不公正発行の場合には、議決権割合の低下が問題となる。従来の裁判例では、過半数、3分の1、または少数株主権が行使できる持株比率を割ることになるかが、判断基準とされてきたようである（注10）。しかしながら、近時の裁判例をみると、少数株主権が行使できなくなるとしても、常に「株主の利益を侵害するおそれ」が認められるわけではない。たとえば、ダイソー事件（大阪地決平成16・9・27金判1204号6頁〔前書❼事件〕）では、請求株主の持株比率が10.6％から約8.8ないし8.9％へ減少し、解散判決請求権を行使できなくなるものの、他の少数株主権は行使できること、筆頭株主の地位を維持すること、ならびに、当該新株発行により経営陣を支持する株主

グループが構成されて経営陣の支配権が確立するということもないことを挙げて、支配権をめぐる争いの存在自体を否定している。このように、むしろ支配権をめぐる争いの認定と絡めて、持株比率低下の意味を判断する傾向がみられる。②名村造船所事件の決定においても、支配権を争う状態にあったといえるかに関連して、Xの持株比率とその低下の意味が検討されており（注11）、22.21％から20.56％への低下について、Xの持株比率は、現経営陣による経営を脅かすものにはなっておらず、株主提案の否決状況などからして、「支配権を争うという状態にあるとはいい難い」とされ、また低下率（1.65％）が少ないことと、低下後も20％を超す持株比率であることから、現経営陣に「あえて低下を意図させるほど有意なものであることを伺わせる事情は」特段ないとしている。その認定に必ずしも説得力があるといえるか疑問も残るが、事案の実情を勘案してなされた判断ということになるかもしれない。

これに対して本決定では、株主が不利益を受けるおそれを独立して判断し、請求株主の持株比率の低下はわずかであるものの、Y会社の株主構成が従来個人株主中心で支配株主が存在しなかったのに、本件第三者割当により、取締役の多数派とこれを支持する株主を併せた比率が20.21％となること等、単に請求株主の持株比率とその低下率をみるだけでなく、個人株主中心の株主構成という事案の特性を考慮に入れて、総合的な判断がなされている。このような判断の方法と結論は妥当なものであるといえよう（注12）。

なお、本決定は、株式相互保有規制によりY会社が本件総会で議決権を行使できない点も合わせて検討しているが、紙幅の関係もありこの点は割愛する。

4　おわりに

下級審裁判例に資金調達の必要性さえ認められれば資金調達目的をたやすく認定する傾向が強かったことの背景事情として、従来の株式買占めの多くが、高値での市場売却や肩代わり要求を狙ったものであったことが指摘されている（注13）。とはいえ、内紛型の事案においても同様の傾向が見られることからすれば、取締役会が新株発行権限を有する以上、資金調達の必要性が認められれば、それをどのような方法で調達するかの決定は取締役会の経営判断の問題であるとの考え

方が強かったことも、影響していたのではないかと思われる。しかしながら、会社の支配権に争いがあるときに、既存株主の持株比率に重大な影響を及ぼすような株数の第三者割当が取締役会の判断で行われる場合、それは、取締役が保身または支配権の維持・強化といった自らの利益を図るために行う決定であるおそれが強く、利益相反を疑われる状況での株式発行となる。したがって、通常の経営判断としての資金調達と同じ次元で扱うことはできず、第三者割当によることの合理性や割当先の相当性まで踏み込んで、その正当性・適正性が検証されるべきであると考えられる。このような意味からも、本件決定を含めて、近時の裁判例が、単なる一般的な資金調達の必要性ではなく、事案の特質に即して、具体的な資金計画の有無・内容等を認定し、また、調達方法の合理性や割当先の相当性まで検証していることは、裁判例の展開として、評価しうるものであると考える。近時の裁判例は「資金調達の必要性さえ認められれば、…」という批判を意識して、認定判断を行うようになってきたということができよう。

(注1) 江頭憲治郎『株式会社法〔第2版〕』691頁（有斐閣・2008年）、酒巻俊雄＝龍田節編代『逐条解説会社法(3)』144頁〔伊藤靖史〕（中央経済社・2009年）。

(注2) 大塚和成「買収防衛策としての第三者割当て増資」金判1296号1頁（2008年）、渡邉弘志「本件判批」ビジネス法務9巻1号20頁（2009年）、清水俊彦「不公正発行を理由とする第三者割当て増資の差止めをめぐる判例理論の展開（上）（下）」金判1309号2頁、同1310号8頁（2009年）。他に、弥永真生「判批」ジュリ1375号59頁（2009年）、荒達也「判批」ジュリ1397号110頁（2010年）。このような見方に懐疑的な見解として、仮屋広郷「本件判批」平成20年度重判解（ジュリ1376号）113頁。なお、ここにいう変化を、買収防衛策の是非を判断する枠組みをも取り込んだ総合的な判断枠組みへと変質する兆しであると捉えることができるかといえば、やはり疑問である。

(注3) 清水俊彦「ポイズンピルと司法判断」金法1746号104頁（2005年）、山下眞弘「東京高決平成17・3・23判批」リマークス32号91頁（2006年）、野村修也＝中東正文編『M＆A判例の分析と展開』80頁〔仮屋広郷〕（経済法令研究会・2007年）。

(注4) 東京地決平成16・7・30金判1201号9頁、東京高決平成16・8・4金判1201号4頁（ベルシステム24事件〔前書❻事件〕）、大阪地決平成18・12・13金判1259号40頁（②名村造船所事件）。なお、ベルシステム24事件東京地裁決定は、特定の株主の持株比率が著しく低下することを認識しつつ新株発行がなされる場合、原則として当該新株発行は不公正発行に当たるとする解釈を明示的に否定している。

(注5) この点を指摘するものに、清水・前掲（注2）1309号9頁、荒・前掲（注2）110頁。

(注6) 評釈として、鳥山恭一・金判1287号20頁（2008年）。

(注7) 渡邉・前掲（注2）20頁。

(注8) 奈良輝久＝清水建成ほか編『最新M＆A判例と実務』130頁〔若松亮〕（判例タイムズ社・2009年）も、この点の判旨に賛成する。新規事業計画に現実性がないとして差止めが認められた過去の裁判例として、東京地判平成10・6・11資料版商事173号193頁。

(注9) ベルシステム24事件・前掲（注4）は、このような限界事例とみることができる。清水・前掲（注2）1309号10頁は、同事件地裁決定あたりから、主要目的ルールの運用実態が変質してきたとみる。

(注10) 野村＝中東編・前掲（注3）69頁〔大塚和成〕。

(注11) 大塚・前掲（注10）71頁は、このような認定方法を批判する。

(注12) 同旨、王子田誠「本件判批」金判1312号28頁（2009年）、若松・前掲（注8）132頁、荒・前掲（注2）110頁。

(注13) 松井秀征「取締役の新株発行権限（二・完）」法協114巻6号714頁（1997年）、江頭・前掲（注1）692頁。

Izumi KAWASHIMA

平成20・6・23東京地裁民事第8部決定、平成20年（ヨ）第20071号新株発行差止仮処分命令申立事件、申立て認容

決　定

＜当事者＞（編集注・一部仮名）

債権者	株式会社オープンループ
同代表者代表取締役	駒井滋
同代理人弁護士	金子稔
同	田中利彦
同	宮本英治
同	渡辺久
債務者	株式会社クオンツ
同代表者代表取締役	A
同代理人弁護士	堀内節郎
同	水野靖史

上記当事者間の頭書事件につき、当裁判所は、平成20年6月24日までに、債務者のために4000万円の担保を立てることを保全執行の実施の条件として、次のとおり決定する。

【主　文】
1　債務者が平成20年6月9日に開催した取締役会の決議に基づき現に手続中の普通株式4444万4000株の募集株式の発行を仮に差し止める。
2　申立費用は債務者の負担とする。

【理　由】
第1　申立ての趣旨
　主文同旨
第2　事案の概要
1　本件は、債務者の株主である債権者が、主文第1項に記載の募集株式の発行（以下「本件新株発行」という。）は、会社法210条に定める著しく不公正な方法による発行であるとして、本件新株発行の差止めを求めた仮処分申立ての事案である。
2　争点
　(1)　被保全権利
　　ア　本件新株発行が不公正発行に当たるか（争点1）。
　　イ　本件新株発行により、株主である債権者が不利益を受けるおそれがあるか（争点2）。
　(2)　保全の必要性（争点3）
3　当事者の主張
　債権者の主張及び債務者の主張は、別紙のとおりである。
第3　当裁判所の判断
1　疎明資料及び審尋の全趣旨によれば、次の事実が一応認められる。
　(1)ア　債務者は、昭和10年12月16日に設立され、

ファンド運営、投資先管理及び育成等の各種業務を目的とする株式会社であり、取締役会設置会社、監査役会設置会社、会計監査人設置会社である（審尋の全趣旨）。
　イ　債務者は、平成19年7月31日現在、資本金の額113億2587万0513円、発行可能株式総数8億1996万6928株、発行済株式の総数2億2803万6156株の会社であり、その発行する普通株式を株式会社ジャスダック証券取引所（以下「ジャスダック」という。）に上場している（疎甲2、疎乙25、審尋の全趣旨）。
　ウ　債務者及びその100パーセント子会社である株式会社クオンツ・キャピタル（以下「クオンツ・キャピタル」という。）は、それぞれ債権者の株式を、2万1127株及び1万0127株の合計3万1254株（持株比率34.40パーセント）保有しているが、株主名簿上又は実質株主名簿上、名義書換手続を行っていない（疎甲43、疎乙16の1～27、30の1～20）。
　(2)ア　債権者は、平成9年10月24日に設立され、ITセキュリティ技術・人材サービスの提供等を目的とする株式会社であり、その発行する普通株式を株式会社大阪証券取引所ニッポン・ニュー・マーケット「ヘラクレス」スタンダードに上場している（審尋の全趣旨）。
　イ　債権者は、現在、債務者の普通株式を390万6000株（持株比率1.71パーセント）保有する株主である（疎甲1）。
　(3)ア　ニッポン・エクイティ・パートナーズ・ビー・ブイ（Nippon Equity Partners B.V.）（以下「ＮＥＰ」という。）は、平成19年4月27日にオランダ法に基づき設立され、オランダ王国アムステルダム市に主たる事務所を有し、投資業を行う私的（非上場）有限責任会社である（疎甲35、36）。
　イ　ＮＥＰは、現在、債務者の普通株式を861万4000株（持株比率3.78パーセント）保有しているが、株主名簿上、モルガン・スタンレー・アンド・カンパニー・インターナショナル・ピー・エル・シー常任代理人モルガン・スタンレー証券株式会社（以下「モルガン・スタンレー」という。）名義になっている（疎甲23、審尋の全趣旨）。
　(4)　債務者は、マカオのリゾート地区におけるカジノ付きホテルの開発事業への投資を決定し、その資金調達のために、平成19年4月23日、ＮＥＰに対し、要旨次の内容の無担保転換社債型新株予約権付社債（以下「本件社債」という。）を発行する旨の取締役会決議をし、ＮＥＰから、平成19年5月10日までに45億円の払込みを受けた（疎甲13、22）。
　　ア　社債の総額　45億円
　　イ　各社債の金額　1億円（45本）
　　ウ　各社債の払込金額　額面100円につき100円
　　エ　社債の払込期日　平成19年5月10日
　　オ　第三者割当の方法により、ＮＥＰに払込金額全額を割り当てる。
　　カ　償還の方法及び期限　社債には利息を付さず、平成21年5月10日、その総額を額面100円につき100円で償還する。
　　キ　繰上償還に関する定め
　　ＮＥＰは、ジャスダックにおける債務者の普通株式の売買高が5取引日連続して1000万円を下回った場合、債務者に対して、償還すべき日の60営業日以上前に事前通知を行い、かつ当該通知書記載の繰上償還日までに当該社債券を償還金支払場所に提出することにより、当該繰上償還日に当該社債を額面100円につき100円で繰上償還することを請求する権利を有する。
　　ク　新株予約権に関する定め
　　各社債につき20個、合計900個（45本分）の新株予約権を払込金額を要しないで発行する。新株予約権は、償還期限まで、いつでも行使することができ、その行使に際して出資される財産は当該社債とし、その行使により債務者の普通株式を取得する。その転換価額は、当初35円とし、その後の株価の変動により所定の修正を行う。
　(5)　債務者は、平成19年6月1日、本件社債の発行により調達した資金45億円のうち、発行諸費用を差し引いた概算額41億6000万円のうち、40億円については、マカオにおける開発事業を目的とする特定目的会社発行の転換社債の引受けに、その余の残額を運転資金にそれぞれ充当した（疎甲14）。
　(6)　ＮＥＰは、平成19年7月中旬ころまでに本件社債のうち5億円分について、新株予約権を行使して債務者の普通株式を取得し、以後、その売買等を経て、現在、前記(3)イのとおりの債務者の普通株式をモルガン・スタンレーの名義で保有している（疎甲23、42の1～5）。
　(7)ア　ジャスダックにおける債務者の普通株式売買高は、平成19年8月28日から同年9月7日までの間の9取引日及び同月13日から同月20日までの間の5取引日において、連続して1000万円を下回り、本件社債の繰上償還事由が生じた（疎甲20、21）。
　イ　ＮＥＰは、平成19年11月ころ、債務者との間で、債務者が本件社債のうち30億円分を買入消却する方向で交渉したが、交渉が進まなかったとして、同年12月4日、債務者に対して書面をもって、本件社債の繰上償還事由が生じたとして、本件社債のうち30億円分について、同書面到達後60営業日が経過した日を繰上償還日として額面100円につき100円で償還するよう請求した（疎甲17、疎乙20の1～5、21）。
　(8)　平成19年12月当時、債務者の取締役は、Ｂ代表取締役のほか、Ａ、Ｃ、Ｄ、Ｅ、Ｆ、Ｇ、Ｈ（以下、それぞれ「Ｂ」、「Ａ」、「Ｃ」、「Ｄ」、「Ｅ」、「Ｆ」、「Ｇ」、「Ｈ」という。）の8名であったが、Ｈ取締役は

同年夏ころから病気療養のため取締役会に出席することはなく、事実上、債務者の取締役会は、同取締役を除く7名で運営されていた。

なお、H取締役は、平成20年3月25日に死亡し、以後、債務者の取締役は7名となった。（審尋の全趣旨）

(9) 平成19年12月25日の債務者の取締役会において、E、F及びG取締役（以下、この3名を「E取締役ら3名」ともいう。）にD取締役を加えた4名は、B代表取締役が適正な会社運営を怠っていたほか、会社の現金を不正に社外に流出させていた疑いがあるとして、その代表取締役の解任を求め、その結果、B取締役が代表取締役を辞任し、後任代表取締役にはE取締役が就任した（審尋の全趣旨）。

(10) 平成20年2月25日の債務者の取締役会において、B、A及びC取締役にD取締役を加えた4名（以下、この4名を「B取締役ら4名」ともいう。）は、E取締役ら3名が株式会社アーティストハウスホールディングス（以下「アーティストハウスホールディングス」という。）への融資について取締役会決議を経ずに不正に送金したとして、E代表取締役の解任を決議し、D取締役を後任代表取締役に就任させるとともに、E取締役ら3名に対して取締役辞任勧告決議をした（疎甲9、審尋の全趣旨）。

(11)ア　NEPは、平成20年3月21日までに、本件社債の償還請求権を保全するため、債務者の責任財産（不動産、株式、債権）に対し、仮差押決定を得、このうち、債務者が保有している債権者の株式2万1127株については、同日、これを執行した（疎乙1の1・2、7、9の1～5）。

イ　NEPは、平成20年3月21日、債務者に対し、本件社債30億円分の償還に関し、以下の点を含む提案をした（疎乙6）。

　　(ｱ)　B、A及びC取締役が直ちに債務者の取締役を辞任すること

　　(ｲ)　E取締役ら3名を債務者の常勤取締役として起用すること

　　(ｳ)　本件社債の償還金のうち、24億円はNEPからの融資により、4億5000万円はクオンツ・キャピタル・アジア（Quants Capital Asia Limited）からの資金調達により、1億5000万円は債務者の預金により、それぞれ調達して返済することを平成20年3月25日に開催予定の債務者の取締役会において決議すること

(12) 債務者は、平成20年3月28日、NEPに対し、本件社債30億円分ではなく、40億円分の買入れ及び償却を考えており、40億円分について包括的な合意に達しなければ実行する考えがないとした上、その計画内容を、以下のとおり通知した（疎乙3の1～3）。

ア　平成20年3月には、クオンツ・キャピタル・アジアによる本件社債4億円の買入れをする。

イ　平成20年4月には、債務者保有の債権者株式の売却代金3億4100万円により本件社債3億円の買入れをし、また、債務者所有不動産の売却代金7億円により本件社債7億円の買入れをする。

ウ　平成20年5月には、債務者保有の他社株式の売却代金及び自己資金合計10億円並びに第三者割当による調達資金20億円により、本件社債30億円の買入れをする。

(13) NEPは、平成20年4月11日、債務者に対し、本件社債のうち30億円分についての繰上償還日は同月14日であるが、これを同月末日まで延期する旨を決定したと通知した（疎甲18）。

(14)ア　平成20年4月30日、債務者とNEPは本件社債の償還に関する話合いを行い、その席で、NEPは、本件社債のうち30億円分の社債券を債務者に提出した（疎甲19）。

イ　債務者は、同日、NEPとの間で、本件社債につき、同年7月28日に30億円分を繰上償還し、残り10億円分を買入消却することを合意したとプレスリリースした（疎甲22）。

ウ　しかし、NEPは、債務者との間で、上記イのプレスリリースのような合意はないと認識しており、同年5月2日、その旨の内容証明郵便を送付した（疎乙8）。

(15) NEPは、平成20年5月8日、債務者に対し、本件社債の繰上償還事由が成就したとして、本件社債30億円の償還を求める訴えを東京地方裁判所に提起した（平成20年（ワ）第12226号社債償還請求事件、以下「別件訴訟」という。）（疎甲5、20）。

(16)ア　NEPは、平成20年5月8日、債務者の取締役のうち、D代表取締役及びE取締役ら3名と協議を行い、その協議の結果を踏まえ、同月9日、債務者に対し、本件社債のうち30億円分の償還について、10億円を5月23日までに返済し、残り20億円はNEPから債務者への新規の貸付け20億円の実行と同時に相殺処理をすること、この貸付けに伴い債務者の所有不動産等に対する担保権を設定することを提案するとともに、債務者の取締役会がこの提案に合意するよう求めた（疎乙8、11の4・5）。

イ　しかし、債務者は、その提案には応じなかった（疎乙13の11～16）。

(17) NEPは、債務者に対し、平成20年5月20日に到達した書面で、本件社債のうち、残り10億円分についても、繰上償還を請求し、繰上償還期日は、同年8月14日となった（疎乙23の1～4、24）。

(18)ア　債務者は、平成20年5月21日、NEPに対し、次のような和解案を提示した（疎乙4）。

　　(ｱ)　債務者は、NEPに対して、現金により6億6700万円、保有する他社株式の売却により9億円、リース料債権により3億9200万円、同年6月中旬

を目処に10億円の増資を行いその払込金額から10億円、以上合計29億5900万円を返済し、残り10億4100万円については、ＮＥＰによる新たな貸付けを行い、債務者はその担保を設定する。

(イ) なお、債務者は、同年6月に開催予定である債務者の定時総会において、ＮＥＰ保有分に係る議決権の行使を債務者に委ねてほしい旨を要望した。

イ　ＮＥＰは、平成20年5月22日、債務者に対し、債務者の提示した上記アの和解案には応じられないと通知した（疎乙4）。

(19)　平成20年5月22日の後、債務者は、ＮＥＰとの間で、本件社債の償還問題について、協議を行っていない（審尋の全趣旨）。

(20)ア　債務者は、平成20年5月23日の取締役会において、同年6月27日に定時株主総会（以下「本件総会」という。）を開催し、その決議事項を次の議案とすることを決議した（疎甲10、疎乙31）。

　　(ア)　第1号議案　会計監査人選任の件
　　(イ)　第2号議案　取締役3名（Ｅ取締役ら3名）解任の件
　　(ウ)　第3号議案　取締役1名（Ｉ）選任の件

イ　債務者の定時株主総会の議決権の基準日は、定款上、毎年3月31日とされているが、債務者は、本件総会において、本件新株発行における割当先である株式会社イチヤ（以下「イチヤ」という。）及び株式会社クロニクル（以下「クロニクル」という。）に対して、会社法124条4項に基づき議決権の付与を予定しており、また、イチヤ及びクロニクルは、会社提案の上記議案に賛成の意向を表明している（疎甲2、12）。

(21)　本件新株発行に関する取締役会決議

債務者は、平成20年6月9日、その取締役会において、Ｄ取締役が代表取締役を辞任したことに伴い、その後任としてＡ取締役を後任代表取締役に選任すること、及び要旨次のとおりの内容で本件新株発行を行うことが議題とされ、取締役7名のうち、Ｅ取締役ら3名が反対したものの、Ｂ取締役ら4名の賛成で決議が成立した（疎甲2、3）。

　　ア　発行新株式数　4444万4000株
　　イ　募集の方法　第三者割当
　　ウ　募集金額　3億9999万6000円
　　エ　払込金額　3億9999万6000円（1株当たり9円）
　　オ　割当先
　　　(ア)　イチヤ
　　　　　　割当株式数　2222万2000株
　　　　　　払込金額　1999万9800円
　　　(イ)　クロニクル
　　　　　　割当株式数　2222万2000株
　　　　　　払込金額　1999万9800円
　　カ　申込期日　平成20年6月25日
　　キ　払込期日　平成20年6月25日

(22)　本件新株発行の影響（疎甲2）

ア　従前（平成20年3月31日現在）、債務者の株主構成をみると、筆頭株主でも持株比率は3.78パーセントであり、以下第5順位まで、順次、3.33パーセント、2.46パーセント、1.76パーセント、1.71パーセント（債権者）という状況である。また、上位10名の持分比率を足しても、17.57パーセントという程度であって、単独で支配権を左右できるような大株主が存在せず、いわゆる個人株主が圧倒的な多数を占めている。

イ　本件新株発行がされた場合、債務者の株主構成は、割当先であるクロニクルが持株比率9.26パーセントの筆頭株主に、イチヤが同8.16パーセントの第2順位の株主となる一方、債権者の持株比率は、1.71パーセントから1.43パーセントとなり、第5順位から第7順位の株主に低下する。

(23)　平成20年6月13日、別件訴訟の第1回口頭弁論が開かれ、債務者は、ＮＥＰによる本件社債のうち30億円分の繰上償還請求の効力を争い、繰上償還日は到来していないなどと主張する答弁書を提出し、ＮＥＰの請求を争う姿勢をとった（疎甲20、21、23）。

2　争点1（本件新株発行が不公正発行に当たるか。）について

(1)　<u>会社法210条は、募集株式の発行が、①法令又は定款に違反する場合（同条1号）、②著しく不公正な方法により行われる場合（同条2号）において、株主が不利益を受けるおそれがあるときは、株主は、株式会社に対し、当該募集株式の発行をやめることを請求することができる旨を定めている。</u>

<u>そして、同条2号に規定される「著しく不公正な方法」による新株の発行とは、不当な目的を達成する手段として新株の発行が利用される場合をいうと解されるところ、会社の支配権につき争いがあり、既存の株主の持株比率に重大な影響を及ぼすような数の新株が発行され、それが第三者に割り当てられる場合に、その新株の発行が既存の株主の持株比率を低下させ現経営者の支配権を維持することを主要な目的としてされたものであるときは、不当な目的を達成する手段として新株の発行が利用される場合に当たるというべきである。</u>

(2)　これを本件についてみると、前記認定によれば、次のように判断することができる。

ア　債務者の取締役会においては、平成19年12月以降、取締役7名のうち、Ｂ取締役らとＥ取締役らとの間で会社の経営権をめぐる争いが顕在化しており、同月25日には、Ｅ取締役ら3名及びＤ取締役が多数派を形成して、Ｂ取締役を代表取締役から辞任させて、Ｅ取締役が後任代表取締役に就任したが、平成20年2月25日には、Ｄ取締役を含めたＢ取締役ら4名が多数

派を形成して、E取締役を代表取締役から解任して、E取締役ら3名に取締役辞任勧告決議をし、さらに、同年5月23日には、B取締役ら4名が、本件総会において、E取締役ら3名の解任議案を上程することを決議し、B取締役ら4名とE取締役ら3名との間の経営権支配を巡る対立は決定的となっている。

イ また、債務者にとって、ＮＥＰから強力に請求されている本件社債の30億円ないし40億円の繰上償還問題にどのように対応するかは、現下の重大な経営課題になっているところ、株主名簿上はモルガン・スタンレー名義になっているものの、債務者の事実上の筆頭株主（持株比率3.78パーセント）でもあるＮＥＰからは、平成20年3月に、B取締役ら4名のうちD取締役を除くB、A及びC取締役の取締役辞任と、E取締役ら3名の常勤取締役としての起用を要求されている。

ウ 債務者の株主構成をみると、従前、筆頭株主でも持株比率は3.78パーセントであるなど、単独で支配権を左右できる株主が存在せず、いわゆる個人株主が圧倒的な多数を占めている。また、債務者の前回の定時株主総会においても、出席株主は、委任状提出株主を含めても議決権ベースで41パーセント程度であったという状況であった。

エ このような状況下で、B取締役ら4名は、平成20年6月9日の取締役会決議で、本件新株発行として、イチヤ及びクロニクルに対し、本件新株発行後の発行済株式総数の16.31パーセントに当たる株式を割り当て、本件新株が発行されると、B取締役及びクロニクルの有する既存株式（持株比率各2.79パーセント、1.11パーセント）と合わせると、その持株比率は20.21パーセントとなるのであり、事実上多数派を構成することが可能になるともいうことができる。これは、債務者の既存の株主の持株比率に重大な影響を及ぼすような数の新株が発行されるものといえる。

オ しかも、B取締役ら4名は、本件総会の開催される平成20年6月27日の18日前に上記エの新株発行の決議をし、その払込期日を本件総会の2日前である同月25日とした上、イチヤ及びクロニクルに対して、会社法124条4項に基づき議決権を付与することを予定しているのであり、他方、イチヤ及びクロニクルは、E取締役ら3名の解任を含む会社提案議案に賛成の意向を表明しているのである。

カ これらの事情によれば、債務者の本件新株発行は、会社の支配権につき争いがある状況下で、既存の株主の持株比率に重大な影響を及ぼすような数の新株が発行され、それが第三者に割り当てられる場合であって、かつ、それが、成否の見通しが必ずしもつかない反対派取締役の解任が議案となっている株主総会の直前に行われ、しかも、予め反対派取締役を解任する旨の会社提案に賛成することを表明している割当先

に会社法124条4項に基づき議決権を付与することを予定しているというのであるから、他にこれを合理化できる特段の事情がない限り、本件新株発行は、既存の株主の持株比率を低下させ現経営者の支配権を維持することを主要な目的としてされたものであると推認できるというべきである。

(3) この点、債務者は、本件新株発行は、資金調達のために行うものであり、取締役の支配権維持を目的とするものではない旨を主張する。

ア なるほど、債務者の主張するとおり、前記認定によれば、債務者は、現在、ＮＥＰから本件社債40億円の償還を求められているところ、その償還のため、平成20年3月以降、規模を修正しつつも相当額の増資を一応計画していたのであり、また、債務者は、平成19年3月期に約30億円、平成20年3月期に約42億円の経常損失を計上しており（疎甲2）、投資事業の縮小を避けるため、債務者又はその子会社の保有する株式等の有価証券等の資産売却以外の方法による資金調達することを検討することも理解できなくはなく、債務者において資金調達の一般的な必要性があったことについては、これを否定できないところである。

しかし、前記認定によれば、債務者は、本件社債の償還計画は、ＮＥＰとの間で40億円分について包括的な合意に達しなければ実行する考えがないとしている上、その計画は短期間のうちに変遷しており、また、計画上期限が到来したものであっても、これまで同計画に沿って保有資産を売却したり、ＮＥＰに一部弁済したりしたこともないのである。本件新株発行の決議を行った平成20年6月9日の取締役会でも、償還計画を議論した形跡はなく、この時点で具体的な償還計画があったというには程遠い状況であったといわざるを得ない（債務者は、上記取締役会当時の償還計画について、別紙（債務者の主張）の1(1)イのとおりであると主張し、これに沿う疎乙第40号証を提出するが、債務者は本件審尋において、償還計画として平成20年5月19日付けのもの（疎乙2）を提出していたのであり、これによれば、同年5月末までには本件社債のうち10億円分が償還済みとなるとされており、債務者の上記主張は、にわかに信用できない。）。また、債務者はＮＥＰに仮差押えを受けている資産を売却するには、ＮＥＰの協力を得なければならないところ、ＮＥＰとの間でそのような協議も進んでいない。

イ これに加えて、仮に、本件新株発行が支配権維持を目的とするものでないとするならば、債務者は、これまで仮差押えの対象でない他の保有資産の売却等による資金調達は一切していないのに、なぜ本件新株発行による資金調達だけを先行させたのか、しかも、債務者の償還計画上、本件社債のうち30億円の繰上償還日は平成20年7月28日であるにもかかわらず、なぜ本件総会の2日前である同月25日を本件新

発行の払込期日とし、かつ、割当先に対して本件総会における議決権を付与するのかについて、その合理的な理由を説明し得ていない。

(4) 以上によれば、債務者において資金調達の一般的な必要性があったことは否定できないものの、これを合理化できる特段の事情の存在までは認められず、本件新株発行は、既存の株主の持株比率を低下させ現経営者の支配権を維持することを主要な目的としてされたものであると認めるのが相当であり、これを覆すに足りる疎明資料はない。

したがって、本件新株発行は著しく不公正な方法によるものと認定することができる。

3 争点2（本件新株発行により、株主である債権者が不利益を受けるおそれがあるか。）について

(1) 会社法上、公開会社（会社法2条5号）においては、授権資本制度の下で（同法37条、113条）、取締役会に認められた経営判断の行使として、第三者割当てによる募集株式の発行をすることができ（同法201条1項）、その結果、既存の株主の持分比率が低下しても、それによって直ちに株主が不利益を受けるものということはできない。しかし、会社の支配権につき争いがあり、既存の株主の持株比率に重大な影響を及ぼすような数の新株が発行され、それが第三者に割り当てられる場合に、その新株の発行が既存の株主の持株比率を低下させ現経営者の支配権を維持することを主要な目的としてされたものと認められ、従前の株主構成と比較して、既存の株主に看過できない持分比率の低下があると認められるときは、当該株主は不利益を受けるものといえる。

(2) これを本件についてみると、前記認定によれば、次のように判断することができる。

ア 本件新株発行による債権者の持株比率の低下は、1.71パーセントから1.43パーセントとなるのであり、一般的な割合的意味としては大きいとはいえない。

イ しかし、債務者の株主構成をみると、従前、筆頭株主でも持株比率は3.78パーセントであり、以下第5順位まで、順次、3.33パーセント、2.46パーセント、1.76パーセント、1.71パーセント（債権者）という状況であり、また、上位10名の持分比率を足しても、17.57パーセントという程度であって、単独で支配権を左右できるような大株主が存在せず、いわゆる個人株主が圧倒的な多数を占めている。

ウ これに対し、債務者は、本件新株発行として、イチヤ及びクロニクルに対し、本件新株発行後の発行済株式総数の16.31パーセントに当たる株式を割り当て、本件新株が発行されると、B取締役及びクロニクルの有する既存株式（持株比率各2.79パーセント、1.11パーセント）と合わせると、その持株比率は20.21パーセントとなるのであり、事実上多数派を構成することが可能になるともいうことができる。

エ このことを前提とすると、従前、第5順位であった債権者の持株比率が1.71パーセントから1.43パーセントに低下することは、債務者の従前の株主構成と異なり、事実上多数派を構成する株主が出現することから、債権者の影響力が著しく低下することにつながることは明らかであり、既存の株主である債権者にとって、従前の株主構成と比較して、看過できない持分比率の低下があるといえる。本件新株発行により、株主である債権者が不利益を受けるおそれがあると認められる。

(3) 債務者は、債務者及びその子会社であるクオンツ・キャピタルが、名義書換えは未了であるものの、債権者の総株主の議決権の4分の1以上に当たる合計34.40パーセントの株式を保有しているから、債権者の保有する債務者の株式は議決権の行使が禁止され（会社法308条1項本文かっこ書、会社法施行規則67条1項）、したがって、債権者の保有する債務者の株式の議決権の割合の低下は、債権者の不利益に当たらない旨を主張する。

ア 前記認定のとおり、債務者とその子会社であるクオンツ・キャピタルが、名義書換えは未了であるものの、債権者の株式の合計34.40パーセントを保有していることは一応認められるところである。また、会社法308条1項本文かっこ書の趣旨が、会社間の実体的な支配・従属関係に着目して、適正な議決権行使が望めない株主による議決権行使を排除することにあることからすれば、名義書換未了であったとしても、親会社と子会社との合計で4分の1以上の株式を保有していれば、原則として、株主総会における議決権の行使は禁止されると解される。

イ しかし、債権者が保有する債務者の株式については議決権が付与されていないわけではなく、将来、債務者及びその子会社が保有する債権者の株式の保有割合が低下するなどの事態が生じた場合には、債権者は債務者の株主として議決権を行使し得るのである（現に、債務者の保有する債権者の株式について、ＮＥＰによる仮差押えがされているし、また、債務者自身も本件社債の償還計画の中で平成20年7月28日の30億円の繰上償還のためにその保有している債権者の株式を売却する意向を表明しているところである。）。

そうすると、債権者が、債務者の本件総会において議決権を行使できないとしても、前記認定判断のとおり、本件新株発行により、既存の株主である債権者にとって、看過できない持分比率の低下があるのであり、さらに、会社の支配権が争われている中で、現時点において本件新株発行を差し止めておかなければ、債権者の反対する経営者による会社の支配権が確立されてしまい、債権者が議決権を将来行使しうる状態になったとしても、前記のような影響力の低下をその時

点において是正することは著しく困難となるのであるから、本件新株発行により、株主である債権者が不利益を受けるおそれがあるとする前記判断は覆るものではない。

4 争点3（保全の必要性）について

前記認定判断のとおり、本件新株発行により債権者が不利益を受けるおそれがあり、この不利益は将来損害賠償によって解消し得るものではないこと、また、本件新株発行の払込期日が差し迫っており、会社法210条に基づく差止訴訟による解決を待つことはできず、現時点において、本件新株発行を仮に差し止めておかなければ、債権者に回復しがたい損害が生じると一応認めることができる。

5 以上から、本件申立てには理由があるから、債権者が本件新株発行の払込期日の前日である平成20年6月24日までに、債務者のために4000万円の担保を立てることを保全執行の条件としてこれを認容することとして、主文のとおり決定する。

　　　裁判長裁判官　渡部勇次
　　　　　裁判官　金澤秀樹　佐野文規

（別紙）
（債権者の主張）

1 争点1（本件新株発行が不公正発行に当たるか。）について

（1）本件新株発行は、取締役の支配権維持を主たる目的とするものであること

　ア　債務者の取締役会は、現在、B取締役ら4名と、E取締役ら3名とが対立している状況にある。

　具体的には、平成19年12月25日の取締役会において、E取締役ら3名及びD取締役は、B代表取締役が適正な会社運営を怠っていたほか、会社の現金を不正に社外に流出させていた疑いが存在したことから、Bを代表取締役から辞任させ、Eが代表取締役に就任した。

　その後、平成20年2月25日の取締役会において、D取締役を含むB取締役ら4名は、E取締役ら3名には、何ら解任事由が存在しないにもかかわらず、不正があったとして、E代表取締役を代表取締役から解任し、E取締役ら3名に対して、取締役辞任勧告決議を行った。そして、B取締役らは、本件総会において、E取締役ら3名の解任とともに、B取締役と気脈を通じているI氏の取締役選任を議案として上程するに至った。

　イ　また、本件総会において、取締役の解任を可決するためには、議決権の過半数を有する株主が出席し、その議決権の過半数でもって決議する必要があるところ、債務者には大株主が存在せず個人投資家が多いため、本件総会においても、E取締役ら3名の解任議案が可決されるかどうかは、定かではない状況で

あった。実際に昨年の定時株主総会では、出席株主及び委任状提出株主を合わせて、総議決権の約41パーセントの株主しか出席しておらず、解任決議を行うための過半数の定足数に全く足りない状況であった。

　ウ　そのような中、債務者の取締役会において、B取締役ら4名は、E取締役ら3名の反対にもかかわらず、本件総会の18日前に、B取締役の意向に沿うイチヤ及びクロニクルに対し、本件新株を割り当てることを決議し、割当日の2日後に開催される本件総会において、議決権を付与する旨決定したものである。そして、実際に、イチヤ及びクロニクルは、E取締役ら3名の解任を含む会社側提案の議案に賛成することを表明している。

　エ　以上のことからすれば、債務者は、本件総会におけるE取締役ら3名の解任決議の可決を可能にし、B取締役の主導による業務運営を牽制する者を排除して、B取締役らの支配権維持を主たる目的として、本件新株発行をしたものというべきである。

（2）本件新株の発行の目的は資金調達を目的とするものではないこと

　債務者は、NEPに対して発行した社債30億円の繰上償還のため、資金調達の必要性がある旨主張するが、以下の点に鑑みれば、本件新株発行は、何ら資金調達を目的とするものではないというべきである。

　ア　本件新株発行による資金調達額は4億円にすぎず、NEPへの償還金30億円にはほど遠い。

　イ　債務者とNEPは、本件社債の償還スケジュールについて、話合いを継続していたが、債務者は一部弁済の姿勢すら見せず、本件新株発行によって調達した資金でもって弁済するとの話もなかった。そして、実際にも、本件新株発行決議を行った取締役会においても、NEPに対する返済計画は、一切話題に上っていない。

　ウ　本件新株の割当先であるイチヤ及びクロニクルは、ともに業績は芳しくなく、資金調達先として不適当である。

　エ　仮にNEPに対する弁済に充てるため、本件新株発行を行うのであれば、本件のように、切迫した時期に、本件総会における会社側の提案に賛同してくれる割当先を探し、本件総会の2日前に払込期日を設定した上で、割当先に議決権を与える必要性はないはずである。

　オ　債務者には依然として、潤沢な流動資産が存在することから、本件新株発行による資金調達をする必要性がない。

　具体的には、債務者は、平成20年3月末現在、連結子会社の現預金も含めると、15億5761万5000円もの現預金を有しており、NEPから仮差押を受けているものは、約2億円にとどまるにすぎない。さらに、債務者には、54億8690万円もの有価証券を保有してお

り、マカオにおける開発事業に投資した資金の回収も検討していることも加味すれば、敢えて債務者が資金不足のために本件新株発行をする必要はない。

(3) まとめ

以上のことからすれば、本件新株発行は、B取締役らによる債務者の支配権維持のためなされたものであり、著しく不公正な方法によるものというべきである。

2 争点2（本件新株発行により、株主である債権者が不利益を受けるおそれがあるか。）について

(1) 債務者にはいわゆる個人株主が多く、実際の昨年の定時総会には、総議決権の41パーセントを有する株主が出席したのみであった。そのような中、本件新株発行により、割当先のイチヤ及びクロニクルの持株比率が、合計17.42パーセントとなることは、会社の支配権に大きな影響を及ぼすものであることは明らかである。

一方、債権者も、現在、債務者の発行済株式総数の1.71パーセントを保有する第4順位の株主であるものの、いわゆる個人株主が多い債務者においては、会社の支配権に十分な影響力を与えることが可能であることも否定出来ない。

そうすると、債権者は、本件新株発行により、債権者の持株比率は1.43パーセントに低下することによって、その影響力行使の余地がほとんどなくなるという重大な不利益を被るものというべきである。

(2) また、債務者は、平成20年3月期に配当を行わないが、本件新株発行が認められると、さらなる復配の遅延が生じ、また復配できたとしても、配当額が減少してしまうという経済的不利益を受ける。

(3)ア なお、債務者は、債務者及びその子会社であるクオンツ・キャピタルが、債権者の株式の34.40パーセントを保有しているため、会社法308条1項本文かっこ書に基づき、債務者は本件総会での議決権を行使できないことを理由に、本件新株発行により不利益を受けるおそれはない旨主張する。

しかしながら、そもそも、債務者及びクオンツ・キャピタルが、現在、債権者の株式を実質的に保有しているかどうかは、疑問である。

仮に、債務者及びクオンツ・キャピタルが、債権者の株式を実質的に保有しているとしても、株券発行会社においては、株主名簿ないし実質株主名簿に記載されない限り、株主であることを会社に対して対抗できないところ、現在、債権者の株主名簿及び実質株主名簿上、債務者及びクオンツ・キャピタルは株主として記載されていない。

したがって、債務者及びクオンツ・キャピタルは、現在、債権者の株主であることを債権者に対抗できないのであるから、債権者の保有する債務者の株式について、議決権は消滅していない。

イ また、万が一、債権者の保有する債務者株式につき、債権者には議決権がないとしても、NEPが現在仮差押え中の債権者の株式については、債務者の本営業年度中にも強制執行等によって第三者保有の状態となり、債権者の議決権が復活する相当程度の蓋然性が存在することからすれば、本件新株発行により、債権者には不利益が存在するというべきである。

3 争点3（保全の必要性）について

債権者は、債務者に対し、本件新株発行について、差止請求訴訟を提起すべく準備中であるが、その払込期日は平成20年6月25日と間近に迫っており、かかる期日までに、本案判決が確定しないことは明らかである。そして、本件新株が発行されれば、債権者に著しい損害が発生することは明らかであるから、本件新株発行を仮に差し止める必要性が存在する。

（債務者の主張）

1 争点1（本件新株発行が不公正発行に当たるか。）について

(1) 本件新株発行は資金調達のために行うものであること

ア 本件新株発行は、債務者がNEPから総額40億円の本件社債を繰上償還するよう申出を受け、さらにNEPから債務者に対して仮差押えまでされている中で、償還資金を確保して、事業継続を実現するために行ったものである。

イ 具体的には、NEPは、平成19年12月4日、債権者に対し、本件社債のうち30億円分の繰上償還を請求したが、繰上償還請求日から60営業日を経過しても、社債券は提示されず、平成20年4月30日にようやく提示されたため、債務者はこれを新たな償還請求と理解し、60営業日経過後の平成20年7月28日が償還期限となった。また、本件社債のうち10億円分についても、NEPからの平成20年5月20日到達の書面により、60営業日経過後の平成20年8月14日が償還期限となった。そのため、債務者には、合計40億円の資金調達の必要性が生じた。

そこで、債務者は、新株発行による資金調達も含めて、かかる40億円の返済計画を検討したところ、平成20年6月6日時点において、①同年7月28日の償還原資としては、現預金により1億9600万円、保有する他社株式及び不動産の売却により12億5000万円、各種債権等の回収により12億4000万円、借入れにより3億1400万円のほか、新株発行により10億円、②同年8月14日の償還原資としては、上記①の新株発行による増資残金のほか、保有する他社株式の売却により1億円、借入れにより5億円（最終的には関連会社からの借入れにより調整）をそれぞれ調達するという返済計画を予定していた。

ウ しかるところ、本件においては、新株発行により、実際に4億円程度の増資しか実現できなかった

が、上記計画のうち、関連会社からの借入金を最後の調整弁として考慮・活用すれば、十分に資金調達は可能なものといえるから、まさに本件新株発行は、NEPに対する返済計画の一環として行われたものである。

エ　この点、債権者は、債務者には、子会社も含め、依然として潤沢な流動資産が存在することから、本件新株発行による資金調達をする必要性がない旨主張する。

しかしながら、債務者は、2年連続で多額の赤字を計上しており、かかる状況下においては、手元の現預金を減らすことなく、新株発行等の直接金融により資金調達した方が、会社の事業継続にとって有益である。また、債権者の所有する現預金は、NEPによる仮差押えを受けている上、債務者と、その子会社や連結会社は独立採算であり、それら関連会社から資金を調達することは融通無碍にできるものではない。

さらに、債権者は、監査法人から、上記40億円の資金調達計画に合理性がなければ、適正意見が出せない旨告げられていたため、本件総会を迎えるにあたっては、実際に上記返済計画どおりに、本件新株発行により本件社債の償還資金を集める必要性があった。

オ　さらに、債権者は、本件新株の割当先に、本件総会での議決権行使を認めることは不自然である旨主張するが、債権者の企業経営が低迷している中で、増資の引受けがなされるのであるから、直近の株主総会において、株主としての権限行使を認めることは、当然のことである。

(2) 本件新株発行は、取締役の支配権維持を目的とするものではないこと

債権者は、債務者が、取締役会において、B取締役ら4名とE取締役ら3名が対立している状況下で、本件総会におけるE取締役ら3名の解任決議の可決を可能にし、B取締役らの支配権維持を主たる目的として、本件新株発行を行った旨を主張する。

しかしながら、そもそも本件新株発行によって、取締役解任のための定足数確保が確実になるわけではない。

さらに、一般的に、取締役の支配権維持のための新株発行は、取締役の会社経営に反対する大口株主が登場したために、取締役が交代を余儀なくされる場面において、これを防止するため、現行の取締役による事業継続に賛成する第三者に対して、新株を発行することで、取締役が会社支配権の維持を図ろうとするものである。しかしながら、本件では、E取締役ら3名は、債務者の取締役会規則では、1億円を超える融資は取締役会によらなければならないとされているにもかかわらず、平成20年2月14日、取締役会決議を経ないまま、2億7500万円をアーティストハウスホールディングスに不正に送金した。そのため、債務者においては、かかる取締役らの解任につき、株主総会の判断を仰ぐため、本件総会に上程したものであり、現行の取締役による事業継続が脅かされているわけではなく、本件新株発行は、何ら支配権維持を主たる目的とするものではない。

2　争点2（本件新株発行により、株主である債権者が不利益を受けるおそれがあるか。）について

(1) 債権者には、本件新株発行により、何ら経済的不利益は生じない。

(2)ア　そもそも、債務者とその子会社であるクオンツ・キャピタルは、実質的に債権者の株式の25パーセント以上の株式、具体的には債務者が2万1127株、クオンツ・キャピタルが1万0127株の合計3万1254株（持株比率34.40パーセント）の株式を保有していることから、会社法308条1項本文かっこ書により、債権者は、債務者の本件総会において、議決権を行使できない。

したがって、債権者には、本件新株発行により、会社支配権に関しても、何ら不利益があるとはいえない。

イ　なお、債権者は、債務者及びクオンツ・キャピタルが、その保有する債権者株式について、名義書換請求をしていないことを理由に、会社法308条1項本文かっこ書の対象にならないと主張する。しかしながら、同条は、会社の実質的支配可能性を問題にしており、名義書換えの有無等の手続的要件を定めてはいない。そのため、同条に該当するかどうかは、形式的な名簿書換えの有無によるのではなく、実質的保有の有無で決定されるというべきである。

仮に、債権者が本件総会での議決権の行使が可能であるとしても、債権者は、債務者の発行済み株式の1.71パーセントの株式を保有しているところ、本件新株発行によっても、これが1.43パーセントに低下するのみである上、割当先の持株比率も、合計17.42パーセントになるにすぎず、会社支配の観点から、債権者には、何らの影響もない。

3　争点3（保全の必要性）について
争う。

I 国内判例編

11 日本IBM事件

東京高判平成20・6・26

The Financial and Business Law Precedents

甲南大学法科大学院教授　山田純子

I　事案の概要

　Y社（被告・被控訴人）は、コンピューター製造・販売、システム開発等を目的とする法人で、米国法人A社の完全子会社である。Xら（原告・控訴人）は、Y社に雇用され、Y社のハード・ディスク（HDD）事業部門に従事しており、Z労働組合Y支部の組合員である。A社は、平成14年4月ころ、B社との間で、HDD事業に特化した合弁会社を設立すること等を合意し、両社は、平成14年11月27日ころ、合弁会社C社を設立した。Y社は、同日、HDD事業部門を新たに設立するD社に承継させるため、分割計画書等を作成し本店に備え置いた。上記分割計画書には、承継する権利義務として、承継営業に主として従事している労働者の従業員リストが添付され、Xらも上記リストに記載されていた。Y社は、同年12月25日、新設分割によりHDD事業部門を会社分割してD社を設立した（本件会社分割）。D社は発行株式の全部をY社に割当・交付し、Y社は、同月31日、当該株式をすべてC社に譲渡した。B社は、平成15年4月1日、B社のHDD事業部門を吸収分割し、D社に承継させた。

　Xらは、①Xらには会社分割による労働契約の承継を拒否する権利があり、これを行使した、②本件会社分割は、手続に瑕疵があり、違法である、③本件会社分割は権利濫用・脱法行為に当たるため、労働契約が設立会社に承継されるとの部分は無効であるなどと主張して、Y社に対し、（定年に達した者を除くXらが）労働契約上の権利を有する地位にあることの確認を求めるとともに、会社分割手続の違法や権利濫用・脱法行為等が不法行為に当たるとして、慰謝料等の支払を請求した。

　1審（横浜地判平成19・5・29金判1273号24頁）は、Xらの請求をすべて棄却したので、Xらのうち一部の者が控訴した。

II　判決要旨

控訴棄却（以下、上記I②に関する判断に限定する）。

　1　「労働契約承継法7条の規定は、……分割会社に対し、承継営業に主として従事する労働者の労働契約の承継を含む会社分割について、分割会社の全労働者を対象として、その理解と協力が得られるよう努力する義務を課したものであり、したがって、仮に7条措置が十分に行われなかったとしても、そのことから、当然に会社分割の効力に影響を及ぼすものということはできず、仮に影響を及ぼすことがあったとしても、せいぜい5条協議が不十分であることを事実上推定させるに止まるものというべきである。」

　2　「分割会社が5条協議義務に違反したときは、分割手続の瑕疵となり、特に分割会社が5条協議を全く行わなかった場合又は実質的にこれと同視し得る場合には、分割の無効原因となり得るものと解されるが、その義務違反が一部の労働者との間で生じたにすぎない場合等に、これを分割無効の原因とするのは相当でなく、将来の労働契約上の債権を有するにすぎない労働者には分割無効の訴えの提起権が認められていないと解されることからしても、5条協議義務違反があった場合には、一定の要件の下に、労働契約の承継に異議のある労働者について、分割会社との間で労働契約の承継の効力を争うことができるようにして個別の解決が図られるべきものである。」

3　「そして、会社分割においては、承継営業に主として従事する労働者等の労働契約を含め分割計画書に記載されたすべての権利義務が包括的に新設会社に承継される仕組みが取られており、会社分割制度においては、その制度目的から、会社分割により労働契約が承継される新設会社が分割会社より規模、資本力等において劣ることになるといった、会社分割により通常生じうると想定される事態がもたらす可能性のある不利益は当該労働者において甘受すべきものとされているものと考えられること、分割手続に瑕疵がありこれが分割無効原因になるときは分割無効の訴えによらなければこれを主張できないとされており、個々の労働者に労働契約の承継の効果を争わせることは、この分割無効の訴えの制度の例外を認めるものであり、会社分割によって形成された法律関係の安定を阻害するものであることを考慮すれば、労働者が5条協議義務違反を主張して労働契約の承継の効果を争うことができるのは、このような会社分割による権利義務の承継関係の早期確定と安定の要請を考慮してもなお労働者の利益保護を優先させる必要があると考えられる場合に限定されるというべきである。この見地に立ってみれば、会社分割による労働契約の承継に異議のある労働者は、分割会社が、5条協議を全く行わなかった場合若しくは実質的にこれと同視し得る場合、または、5条協議の態様、内容がこれを義務づけた上記規定の趣旨を没却するものであり、そのため、当該労働者が会社分割により通常生じると想定される事態がもたらす可能性のある不利益を超える著しい不利益を被ることとなる場合に限って、当該労働者に係る労働契約を承継対象として分割計画書に記載する要件が欠けていることを主張して、分割会社との関係で、労働契約の承継の効果を争うことができるものと解するのが相当であるというべきである。」

4　Y社は、事業所ごとに選出された従業員代表と代表者協議を行い、HDD事業部門の状況、本件会社分割の背景・目的、D社の事業の概要、移籍する従業員のD社における処遇、承継営業に主として従事する労働者か否かの判別基準、労使間で問題が生じた場合の問題解決の方法等について説明し、また、イントラネット上のFAQにおいて、本件会社分割の背景・目的、分割会社・設立会社の分割後の債務の履行の見込み、承継営業に主として従事する労働者に該当するか否かの判断基準、移籍する社員の雇用関係の継続性等について説明したことが認められる。「これらの事実によれば、Y社は、本件会社分割について、……その雇用する労働者の理解と協力を得るよう努めたものと評価できるのであって、7条措置が不十分であったものとは認められない。」「Y社に……5条協議義務違反に結びつくような7条措置義務違反があったとは到底いえ」ない。

5　Y社は、HDD事業部門のライン専門職に対して、従業員代表用の説明資料等に基づいて、各ライン従業員に会社分割による移籍等について説明し、移籍に納得しない従業員については最低3回の協議を行うよう指示し、ライン専門職は、ライン従業員全員を集めて説明会を開き、移籍に同意するか否かを聞くなどし、その結果、多数の従業員が移籍に同意する意向を示したことが認められる。また、Y社は、Xらを含む労働組合員から委任を受けた本件組合支部との間で合計7回にわたって5条協議を行い、この協議の中で、Xらは出向を希望して移籍に反対する旨の意思を表明していたこと、Y社は、本件組合支部に対して、代表者協議で従業員代表に送付した書類を送付しているほか、組合から書面でされた要求・質問に対する各回答書面を送付していること等が認められる。上記の事実からすると、本件組合支部との間の5条協議では、指針が定める分割後当該労働者が勤務することとなる会社の概要、当該労働者が承継営業に主として従事する労働者か否かの考え方等が説明されており、本人の希望については、これを聴取したと評価することができ、当該労働者に係る労働契約承継の有無、当該労働者が従事を予定する業務の内容、就業場所その他の就業形態等についても協議を行ったということができる。「そして、その協議の内容も、労働契約の承継に関して必要かつ十分な内容の協議が行われたものと認めることができる。」「以上のとおり、Y社が5条協議を全く行わなかったとか、Y社が行った5条協議が実質的にこれを行わなかったと同視し得る程度のものであったとは到底いえない。……労働者が承継営業に主として従事しているか、従として従事しているかの判定について、Y社とXらとの間に判断の相違はなかったこと、Y社は、承継営業に主として従事する労働者らが分割後に従事することが予定されている業務の内

容、就業場所その他の就業形態等については、分割前と後で変更があることは予定されていなかったことから、その旨労働者に説明していることが認められ、このことを前提にして上記5条協議の態様、内容をみれば、Y社とXらを含む労働組合員との間の5条協議が、本件改正法附則5条の趣旨を没却するもので、同規定違反の瑕疵を帯び、そのため、Xらが本件会社分割により通常生じると想定される事態がもたらす可能性のある不利益を超えて著しい不利益を被ることになるとは認められない。」

III 分析と展開

1　会社分割の手続によれば、分割会社と労働者との間の労働契約は、吸収分割契約・新設分割計画の定めに従い、労働者の個別の同意なしに承継会社・設立会社に承継される（会社法759条1項・761条1項・764条1項・766条1項、会社分割に伴う労働契約の承継等に関する法律（以下、「労働契約承継法」という）3条。民法625条1項の適用はない）。しかし、使用者となるのがいずれの会社であるかは、労働者の重大な利害に関わる（注1）。そのため、会社分割に伴う労働契約の承継に関しては、分割会社は、所定の日までに、労働者と（分割会社及び承継会社等が講ずべき当該分割会社が締結している労働契約及び労働協約の承継に関する措置の適切な実施を図るための指針（平成12年労働省告示第127号。以下、「労働契約承継法指針」という）第2－4(1)イによれば、承継事業に従事している労働者に対し、分割後当該労働者が勤務することとなる会社の概要、当該労働者が承継事業に主として従事する労働者（承継事業主要従事労働者）に該当するか否かの考え方等を十分説明し、本人の希望を聴取した上で、労働契約の承継の有無、当該労働者が従事を予定する業務の内容、就業場所その他の就業形態等について）協議をしなければならない（平成12年商法等一部改正法附則5条1項。以下、「5条協議」という）。また、分割会社は、当該分割に当たり、（労働契約承継法施行規則4条および労働契約承継法指針第2－4(2)イ・ロによれば、そのすべての事業場において、労働者の過半数で組織する労働組合または過半数を代表する者との協議等によって、会社分割の背景・理由、分割後の承継会社等の債務の履行に関する事項、承継事業主要従事労働者に該当するか否かの判断基準、分割に当たり生じた労働関係上の問題を解決するための手続等について）労働者の理解と協力を得るよう努めなければならない（労働契約承継法7条。以下、「7条措置」という）。そのうえで、①承継事業主要従事労働者であって自己の労働契約が承継の対象とされていない者、および、②承継事業主要従事労働者以外の者であって自己の労働契約が承継の対象とされている者は、分割会社に対し、異議を申し出ることができ、異議を申し出たときは、当該労働契約は、承継会社等に、①の場合は承継され、②の場合は承継されない（労働契約承継法4条・5条）。労働者が主として従事してきた事業から分離されることなく、その職務を継続できるようにするためである（注2）。これらの手続は、本件当時の商法改正附則5条1項および労働契約承継法に基づく手続を基本的に引き継いだものであるが、本件において、Xらは、承継事業主要従事労働者であって自己の労働契約が承継の対象とされている者であり、異議申出権を付与されていないため、7条措置違反および5条協議違反があること等を主張して、労働契約承継の効力を争ったのである。7条措置違反および5条協議違反の法的効果については明文の規定がなく（労働契約承継法指針第2－4(1)へが、5条協議を全く行わなかった場合または実質的にこれと同視しうる場合に、そのことが分割無効原因となり得ることを認めているにとどまる）、学説上争いがあった。本判決は、この点についての高裁段階での初めての裁判例として、現行法上も重要な意義を有する。

2　判旨1は、労働契約承継法7条は、分割会社に対し、会社分割について、分割会社の全労働者を対象として、その理解と協力が得られるよう努力する義務を課したものであり、7条措置が十分に行われなかったとしても、当然に会社分割の効力に影響を及ぼすものではないとした。このような解釈は、学説上もほぼ異論がないところである（注3）。7条措置の不履行（努力を全く行わなかった場合または実質的にこれと同視しうる場合）は、5条協議違反と相まって、労働契約の承継・非承継の効果発生に影響する事由とはなるとする見解もあるが（注4）、本件においては、判旨4の認定判断を前提とする限り、Y社が7条措置の努力を全く行わなかった場合または実質的にこれと同視しうる場合に当たるとはいえないであろう。

3 判旨2は、5条協議違反があった場合には、一定の要件の下に、労働契約の承継に異議のある労働者は、分割無効の訴えによることなく、分割会社との間で労働契約承継の効力を個別に争うことができるとした（1審判決もこの点については同様に解していた）。個々の労働者が会社分割の効果である労働契約承継の効力を争うためには、会社分割の効力を否定しなければならないと解するならば、会社分割の無効は分割無効の訴えをもってのみ主張することができるから（会社法828条1項9号10号）、労働契約承継の効力も分割無効の訴えによらなければ争い得ないこととなる（絶対効説）。しかし、学説の多くは、①5条協議違反が一部の労働者との間で偶発的に生じたに過ぎない場合等は、分割の無効原因とするまでの必要はなく、また、②労働者に分割無効の訴えの提起権があるか否かという問題もあるため、5条協議義務が遵守されなかった個々の労働者に承継・残留の選択権が与えられる等、当該労働者との間における個別の解決が図られるべきであると解している（相対効説）（注5）。本判決は、相対効説を採用したものであり、妥当であると解される。相対効説は、上記①および②の点に加えて、後述のように、5条協議違反の態様が会社分割の無効をもたらすほど重大でない場合にも、個々の労働者が労働契約承継の効力を争う余地を認める点で優れているからである。

4 判旨3は、会社分割による労働契約の承継に異議のある労働者は、①分割会社が5条協議を全く行わなかった場合もしくは実質的にこれと同視し得る場合、または、②5条協議の態様、内容がこれを義務づけた規定の趣旨を没却するもので、そのため当該労働者が会社分割により通常生じると想定される事態がもたらす可能性のある不利益を超える著しい不利益を被ることとなる場合に限って、労働契約承継の効力を争うことができるとした（1審判決は上記①の場合に限定していた）。個々の労働者に労働契約の承継の効力を争わせることは、分割無効の訴えによらなければ分割無効原因を主張できないとされていることの例外を認めるものであり、会社分割によって形成された法律関係の安定を阻害するものであるというのがその理由である。しかし、これに対しては、上記3の相対効説に立って、5条協議違反の効果を個々の労働契約承継の効果の不発生という点で

求めるのであれば、会社分割によって形成される法律関係の安定を理由として、5条協議違反の成立要件を限定的に解する必要はなく、また、5条協議は、労働契約当事者の変更には労働者の同意を要するという基本原則（民法625条1項）を修正し、部分的包括承継ルールを採用するための前提をなす手続的要件であり、民法625条1項の同意要件に代わる手続的要件に相応しい内容・態様をもって実質的に行われなければならないから、上記①の場合はもとより、③その程度に達していない場合（一部労働者との協議違反の場合、5条協議の趣旨を没却する程度に誠実性・実質性を欠く場合）にも、労働契約承継の効力を争うことができると解すべきであり、上記②のように労働者が会社分割により通常生じ得る不利益を超える著しい不利益を被ることを5条協議違反の成立要件と解することは適当でないとの批判が加えられている（注6）。

確かに、労働契約承継法は、柔軟かつ迅速な企業組織再編の要請と労働者保護の必要性との調和を図るため、承継事業主要従事労働者であって自己の労働契約が承継の対象とされている者には異議申出権を付与しておらず、したがって（判旨の引用は割愛したが、本判決も述べているように）これらの者には会社分割による労働契約の承継を拒否する権利も認められないものと解されるから（注7）、個々の労働者が5条協議違反を主張して労働契約承継の効力を争うことができる場合をあまりに広く認めることは適当でない。しかし、他方で、5条協議の趣旨は、会社分割は労働者の地位に重大な影響を及ぼすため、分割会社に労働者本人との協議を義務づけ、その意向を十分に聞いて、労働契約の承継について決定させるということであり（注8）、労働契約承継法指針も、5条協議について、分割会社に対し、「十分な説明」、「希望の聴取」および「協議」という3段階からなる手続と、労働者の委任を受けた労働組合との誠実な協議を要求しており、協議の成立を要件とはしていないが、分割会社が誠実に協議をするということまでは定めているものと解される（注9）。したがって、5条協議の態様・内容がこれを義務づけた規定の趣旨を没却する程度に誠実性・実質性を欠く場合には、当該協議の相手方たる労働者は、労働契約承継の効力を争うことができると解してよいのではないか（*）（注10）。

5 　判旨5は、Y社と本件組合支部との間の5条協議について、労働契約承継法指針に従った「説明」、「希望の聴取」および「協議」が行われ、その協議の内容も必要かつ十分なものであったと判断し、（同指針所定の5条協議対象事項でない）D社等の債務の履行の見込みや設立会社の経営の見通し、将来の労働条件等についての説明が、欠如しているというXらの主張についても、（判旨の引用は割愛したが）詳細な認定に基づき斥けている。上記（＊）の見解に立った場合にも、このような判旨（および、7条措置についてではあるが、D社等の債務の履行の見込みについての説明はあったとする判旨4）の認定判断を前提とする限り、Y社と本件組合支部との間の5協議の態様・内容が5条協議の趣旨を没却する程度に誠実性・実質性を欠いていたとまでは言えないように思われるが、この点については、判断が分かれるところかもしれない（注11）。

（注1）　江頭憲治郎『株式会社法〔第3版〕』823頁注⑷（有斐閣・2009年）。
（注2）　荒木尚志「本件判批」村中孝史＝荒木尚志編『労働判例百選〔第8版〕』（別冊ジュリ197号）149頁（有斐閣・2009年）。
（注3）　荒木・前掲（注2）149頁、原昌登「本件1審判批」平成19年度重判解（ジュリ1354号）254頁（2008年）。
（注4）　土田道夫「本件1審判批」ＮＢＬ875号26頁（2008年）。
（注5）　江頭・前掲（注1）823頁注⑷、岩出誠「労働契約承継法の実務的検討（上）」商事1570号7頁（2000年）、菅野和夫『労働法〔第8版〕』443頁（弘文堂・2008年）等。
（注6）　土田道夫「本件判批」ジュリ1373号142～143頁（2009年）、本久洋一「本件判批」法時1005号128頁（2009年）。
（注7）　荒木・前掲（注2）149頁参照。
（注8）　原田晃治「会社分割と商法改正―その成立の経緯と論点―」菅野和夫＝落合誠一編『会社分割をめぐる商法と労働法』（別冊商事236号）19頁（商事法務研究会・2001年）。
（注9）　原田・前掲（注8）20頁、土田・前掲（注6）142頁、本久・前掲（注6）128頁。
（注10）　土田・前掲（注6）142～143頁、本久・前掲（注6）128頁。
（注11）　土田・前掲（注6）143頁（D社等の債務の履行の見込みについてY社がどの程度誠実・実質的に協議を行ったかはなお検討されるべきであるとする）、尾崎悠一「本件1審判批」ジュリ1394号108頁（2010年）参照。

＜参考文献＞
　本判決の評釈・解説等として、注に掲げたもののほか、本久洋一・法セ649号129頁（2009年）等がある。
　本件1審判決の評釈・解説として、注に掲げたもののほか、本久洋一・労旬1657号6頁（2007年）、本久洋一・法セ635号111頁（2007年）、石毛和夫・銀法686号110頁（2008年）、春田吉備彦・労働111号168頁（2008年）等がある。

Junko YAMADA

平成20・6・26東京高裁第19民事部判決、平成19年（ネ）第3596号地位確認請求控訴事件、控訴棄却【上告】
原審＝平成19・5・29横浜地裁判決、平成15年（ワ）第1833号、金判1273号24頁

判　決

<当事者>（編集注・一部仮名）

控訴人（原告）	X_1
控訴人（原告）	X_2
控訴人（原告）	X_4
控訴人（原告）	X_5
控訴人（原告）	X_6
控訴人（原告）	X_8
控訴人（原告）	X_{10}
控訴人（原告）	X_{12}
控訴人（原告）	X_{13}
控訴人（原告）	X_{14}
控訴人（原告）	X_{15}

上記11名訴訟代理人弁護士
　　　　　　　別紙代理人目録記載のとおり
被控訴人（被告）　日本アイ・ビー・エム株式会社
同代表者代表取締役　　　　　　　大歳卓麻
同訴訟代理人弁護士　　　　　　　太田恒久
同　　　　　　　　　　　　　　　石井妙子
同　　　　　　　　　　　　　　　深野和男
同　　　　　　　　　　　　　　　川端小織
同　　　　　　　　　　　　　　　伊藤隆史

【主　文】
1　本件控訴をいずれも棄却する。
2　控訴費用は、控訴人らの負担とする。

【事実及び理由】
第1　当事者の求めた裁判
1　控訴人ら
（1）原判決を取り消す。
（2）控訴人X_2及び同X_{15}を除く控訴人らが、被控訴人に対し、労働契約上の権利を有する地位にあることを確認する。
（3）被控訴人は、控訴人らに対し、各300万円及びこれに対する平成16年6月24日から支払済みまで年5分の割合による金員をそれぞれ支払え。
2　被控訴人
主文と同旨
第2　事案の概要
1　事案の要旨
本件は、被控訴人が商法（平成17年7月26日法律第87号による改正前のもの。以下「旧商法」という。）上の会社分割（新設分割）を行った際、設立する会社（旧商法373条。以下「設立会社」という。）へ承継される営業（以下「承継営業」という。）に含まれるとして分割計画書に記載された労働契約の相手方労働者である控訴人らを含む原審原告15名が、①原審原告らには会社分割による労働契約の承継を拒否する権利があり、これを行使した、②被控訴人の行った会社分割は、手続に瑕疵があり、違法である、また、③上記会社分割は権利濫用・脱法行為に当たるため労働契約が設立会社に承継されるとの部分については無効であるなどと主張して、定年に達した原審原告X_2及び同X_{15}を除く原審原告らが被控訴人に対し、労働契約上の権利を有する地位にあることの確認を求めるとともに、原審原告らが、被控訴人に対し、会社分割手続の違法や権利濫用・脱法行為等が不法行為に当たるとして、慰謝料各300万円とこれに対する本件不法行為以後の日であり、かつ2004年6月24日付請求の趣旨拡張申立書の送達の日である平成16年6月24日から各支払済みまで民法所定の年5分の割合による遅延損害金の支払を請求した事案である。
原審裁判所は、原審原告らの請求をすべて棄却したので、原審原告X_3、同X_7、同X_9の3名を除く原審原告12名が控訴をした。なお、当審において、原審原告X_{11}は訴えを取り下げた。
2　争いのない事実等
（1）被控訴人は、コンピューター製造・販売、システム開発等を目的とする株式会社であり、米国法人IBMコーポレーション（以下「IBM」という。）の完全子会社である。
（2）控訴人らは、被控訴人との間で労働契約を締結し、被控訴人のハードディスク（以下「HDD」という。）事業部門に従事していた。また、控訴人らは、全日本金属情報機器労働組合（以下「本件組合」という。）の日本アイ・ビー・エム支部（以下「本件組合支部」という。）の組合員である。
（3）IBMは、平成14年4月ころ、株式会社日立製作所（以下「日立」という。）との間で、HDD事業に特化した合弁会社を設立し、その本社機能をアメリカ合衆国カリフォルニア州サンノゼに置く合意をし、その際、3年後には同社を日立の100％子会社とすること、その対価として日立はIBMに3年間で20億5000万ドルを支払うことなどを合意した。
（4）被控訴人は、遅くとも平成14年9月3日までには、被控訴人のHDD事業部門を会社分割して設立会社とし（簡易分割により被控訴人が100％株式を取得）、HDD事業部門の従業員との労働契約も承継営業に含めることで設立会社に移し（以下「移籍」という。）、設立会社の株式を合弁会社に譲渡する方針を決定した。
（5）IBMと日立は、平成14年11月27日ころ、IBMが30％、日立が70％の出資持分を持つアメリカ合衆

国カリフォルニア州法人「ヒタチ・グローバル・ストレージ・テクノロジー」(上記の合弁会社。以下設立の前後を問わず「HGST」という。)を設立した。また、被控訴人は、最終的に、同日、HDD事業部門を新たに設立するストレージ・テクノロジー株式会社(以下「ST」という。)に承継させるため、会社分割の分割計画書等を作成し本店に備え置いた。上記分割計画書には、「新設会社は、分割期日をもって、当社から、別紙2「承継する権利義務」記載のとおり、当社の藤沢事業所におけるハードディスクドライブ開発及び製造に関する営業に係る資産、負債及びこれに付随する一切の権利義務を承継する。なお、新設会社が当社から承継する債務については、本件分割の日をもって、当社が併存的債務引受けを行う。」と記載され、「別紙2　承継する権利義務」には、承継する雇用契約として、承継営業に主として従事している労働者の従業員リストが添付され、控訴人らも上記リストに記載されていた。

　(6)　被控訴人は、平成14年12月25日、旧商法373条の新設分割によりHDD事業部門を会社分割してSTを設立し(以下「本件会社分割」という。)、その旨登記した。なお、本件会社分割では、株主総会の承認を要しない簡易分割が採用され、STは普通株式10万株を発行し、その全部を被控訴人に割当・交付するものとされた。

　(7)　被控訴人は、平成14年12月31日に、所有するSTの株式をすべてHGSTに譲渡した。STは、平成15年1月1日をもって、「日立グローバルストレージテクノロジーズ株式会社」に商号を変更した(同社については、商号変更の前後を通じて便宜「ST」と称する。)。

　(8)　日立は、平成15年4月1日、日立のHDD事業部門を会社分割(吸収分割)し、STに承継させた。

3　本件の争点
　(1)　労働者は、会社分割に伴い自己の労働契約が新設会社等へ承継されることを拒否する権利を有するか否か。
　(2)　本件会社分割の手続が違法で無効であり、労働契約承継の効果が生じないといえるか否か。
　(3)　本件会社分割は民法625条1項の脱法行為であり、同意していない労働者について労働契約承継の効果が生じないといえるか否か。
　(4)　本件会社分割が権利濫用として無効であり、労働契約承継の効果が生じないといえるか否か。
　(5)　本件会社分割が違法であり、控訴人らに対する不法行為を構成するか、不法行為を構成する場合の損害額いかん。

4　争点に関する当事者の主張
　(1)　労働者は、会社分割に伴い自己の労働契約が新設会社等へ承継されることを拒否する権利を有するか否か。
　(控訴人ら)
　会社分割法制及び会社の分割に伴う労働契約の承継等に関する法律(平成17年法律第87号による改正前のもの。以下「労働契約承継法」という。)においては、明文上の規定はないが、労働者は、会社分割に伴い自己の労働契約が新設会社等へ承継されることを拒否する権利、すなわち、承継拒否権を有すると解すべきである。この承継拒否権は、憲法13条、18条、22条1項が保障する「使用者選択の自由」に基づき、また、契約締結の自由という契約法上の一般原則に基づき、さらに、会社分割法制及び労働契約承継法の一般債権者に与えられた保護との均衡を図るために解釈上認められるべきである。EC企業譲渡指令3条1項の解釈として、EC司法裁判所は、使用者選択の自由を根拠に承継拒否権があることを認め、労働者の拒否権行使の効果は加盟国の国内法に委ねられ、移転元との雇用関係の維持を定めても自由であるとしている。そして、控訴人らは、自己の労働契約が承継される旨の通知を受けてから、会社の分割登記までの間に承継拒否権を行使した。
　(被控訴人)
　控訴人らの主張は争う。控訴人らの承継拒否権の主張は、その理論的基礎を欠く。
　(2)　本件会社分割の手続が違法で無効であり、労働契約承継の効果が生じないといえるか否か。
　(控訴人ら)
　ア　平成12年法律第90号商法等の一部を改正する法律附則5条1項(以下「本件改正法附則5条」という。)は、旧商法上の規定に基づく会社分割に伴う労働契約の承継に関しては、会社分割をする会社(以下「分割会社」という。)は、労働契約承継法2条1項の規定による通知をすべき日までに、労働者と協議をするものとすると定めている。そして、労働契約承継法8条の委任に基づく労働省告示第127号「分割会社及び設立会社等が講ずべき当該分割会社が締結している労働契約及び労働協約の承継に関する措置の適切な実施を図るための指針」(以下「指針」という。)によれば、分割会社は分割計画書等の本店備置日までに、承継営業に従事している労働者に対し、当該分割後当該労働者が勤務することとなる会社の概要、当該労働者が承継営業に主として従事する労働者に該当するか否かの考え方等を十分説明し、本人の希望を聴取した上で、当該労働者に係る労働契約の承継の有無、承継するとした場合又は承継しないとした場合の当該労働者が従事することを予定する業務の内容、就業場所その他の就業形態等について協議をするものとされている(本件改正法附則5条1項の労働契約の承継に関する労働者との協議〔以下「5条協議」という。〕)。
　また、労働契約承継法7条は、分割会社は、当該分

割に当たり、厚生労働大臣の定めるところにより、その雇用する労働者の理解と協力を得るよう努めるものとすると定めている。そして、上記指針は、分割会社は、そのすべての事業場において、当該事業場に、労働者の過半数で組織する労働組合がある場合においてはその労働組合、労働者の過半数で組織する労働組合がない場合においては労働者の過半数を代表する者との協議その他これに準ずる方法によって、その雇用する労働者の理解と協力を得るよう努めるものとすることとされ、その対象事項としては、①会社の分割を行う背景及び理由、②会社の分割後の分割会社及び設立会社等が負担すべき債務の履行の見込み、③労働者が承継営業に主として従事する労働者に該当するか否かの判別基準、④労働契約承継法6条の労働協約の承継に関する事項、⑤会社の分割に当たり、分割会社又は設立会社と関係労働組合又は労働者との間に生じた労働関係上の問題を解決するための手続などとされているほか、遅くとも5条協議の開始までに開始されることが望ましいとしている（労働契約承継法7条の労働者の理解と協力を得るための措置〔以下「7条措置」という。〕）。

イ　しかるに、被控訴人が7条措置として行った①従業員代表（過半数代表者）を4グループに分け、各グループごとに行った協議、②従業員データベースの開設・掲載、③社内イントラネット上の「質問受付窓口」創設とFAQとしての公開、④藤沢事業所ブロック代表らとの協議は、いずれも労働契約承継法7条が要求する水準には遠く及ばず、その方法・態様の点で、7条措置を講じたと評価することはできない。また、その内容においても、設立会社等の資本力や負債額、経営状況や将来の見通しに関連する「債務の履行の見込み」について労働者全体の理解と協力を得るよう努めていない。とりわけ、他社で問題となったHDD瑕疵問題（以下「HDD瑕疵問題」という。）に対するリスク、労働条件の不利益変更の可否、日立との賃金水準の差異について明らかにしていない。

そして、7条措置に重大な不履行があった場合には、労働者保護の趣旨から、会社分割手続に瑕疵があったものとして、設立会社等への労働契約の承継は効力を生じないと解すべきである。仮に、7条措置違反によって労働契約承継が無効でないとしても、7条措置は5条協議の前提条件であるから、5条協議違反を推定させる重要な判断要素となるというべきである。

ウ　次に、被控訴人が5条協議として行った労働組合以外の従業員に対しての部門ミーティングや課内会議等における所属長の説明では、その方法・態様として5条協議の履行があったと評価することはできない。また、組合員については、組合員が組合に5条協議を委任していたとしても、直接、個別的に説明し、希望を聴取しなければ5条協議を履行したと評価することはできない。さらに、協議の内容においても、7条措置におけるのと同様に「債務の履行の見込み」や承継される営業の経営実態と新設会社の経営の見通し等についての説明が欠如しており、協議義務を履行したということはできない。

そして、5条協議は民法625条の代替措置として位置付けられるのであるから、5条協議違反があった場合には、原則に戻り、個々の労働者の同意がない限り、労働契約が設立会社等に承継されることはない。さらに、5条協議が全くされなかった場合やそれと同視できる場合には会社分割の無効原因となる。

（被控訴人）

ア　本件会社分割の経緯は次のとおり適法に行われたものであり、その効果として控訴人らと被控訴人との間の労働契約は設立会社に当然承継された。

(ｱ)　被控訴人は、平成14年9月3日、HDD事業部門に関連する被控訴人従業員に対し、役員による口頭説明やイントラネットへの掲載などにより、同人らが同年11月中に本件会社分割に伴い設立会社（ST）に移籍することになる旨等を伝えた。そして、その後、イントラネット上で、従業員から本件会社分割に関する質問を受け付け、電子メールで返答する質問受付窓口（乙52。以下「質問受付窓口」という。）を開設するとともに、主な質問とその回答（FAQ。乙11）を掲載した。

(ｲ)　被控訴人は、本件会社分割について、労働者の理解と協力を得るべく、以下のような手続を行った。

まず、被控訴人は、被控訴人の業務組織であるブロックごとの代表（以下「ブロック代表」という。）の互選によって各事業所ごとに従業員代表を選出し、これを4つに分け、平成14年9月27日、同月30日、同年10月1日、同月2日、これらの者との間で、本件会社分割について協議を行った（甲29。以下「代表者協議」という。）。

次に、被控訴人は、平成14年10月17日、イントラネット上で、代表者協議で使用した資料や議事録等を掲載した従業員代表用のデータベースを設置し、従業員代表がこれを閲覧できるようにした（乙75。以下「従業員代表データベース」という。）。

被控訴人藤沢事業所従業員代表及び同事業所各ブロック代表が、被控訴人に対し、平成14年9月30日に質問事項を記載した「藤沢事業所要望案」を提出し（甲34。以下「藤沢要望①」という。）、同年11月7日には、質問事項を記載した電子メールを送信し（乙26。以下「藤沢要望②」という。）、同月14日には、「HDD新会社設立（会社分割）藤沢事業所意見書」（乙30。以下「藤沢要望③」という。）を提出して、被控訴人の回答を求めた。これに対し、被控訴人は、同

年10月11日（乙17。以下「藤沢回答①」という。）、同年11月13日（乙29。以下「藤沢回答②」という。）、それぞれ書面で回答した。

さらに、被控訴人は、藤沢事業所従業員代表及び同事業所ブロック代表の求めに応じ、同年10月17日、同人らと本件会社分割について協議を行った（乙73、74、甲90。以下「藤沢協議」という。）。

他方、被控訴人は、承継営業であるＨＤＤ事業に従事する従業員について、労働契約承継法2条1項1号の「主として従事するものとして厚生労働省令で定めるもの」（以下「承継営業に主として従事する労働者」という。）に該当するか否かの判別をし、同年10月4日、被控訴人の業務組織であるラインの専門職に対して、同月30日までの間に、これを各従業員に確認し、移籍に納得しない従業員に対しては最低3回の協議を行い、それぞれの従業員の状況（status）を被控訴人に報告するよう指示した（乙54）。

これに従い、各ライン専門職は、自分のラインの従業員全員を集めてミーティングを行うなどの方法により、移籍に同意するか否かを確認し、コメントを聴取するなどして、これを被控訴人に報告した（乙55）。

㋒ 以上のとおり、被控訴人は、従業員代表と協議や書面のやりとりを重ね、ＳＴの負担すべき債務の履行の見込みなどに関しても、十分理解を得るべく努力を重ねており、労働契約承継法7条に違反していない。

なお、控訴人らは、7条措置に関し、被控訴人が「会社の分割後の分割会社及び設立会社の負担すべき債務の履行の見込み」について理解と協力を得る努力をしていないと主張するが、「債務の履行の見込み」とは、分割時に負担すべき債務の履行の見込みを意味し、分割後将来負担するかもしれない債務の履行の見込みを意味するものではない。

また、仮に、被控訴人の説明が労働契約承継法7条を満たすに足りないとしても、それによって、本件会社分割による移籍の効果が生じないものではない。会社分割は部分的包括承継であり、もともと労働者の個別的同意を要しないから、労働契約承継法7条は個別的同意に代わるものではない。よって、同法違反の法的効果として、労働契約承継の効力が左右されることはない。

㋓ 次に、本件組合支部は、平成14年9月19日、ＨＤＤ事業部門所属の組合員から被控訴人との間で5条協議を行うことを受任し、これを被控訴人に通知した（甲20）。本件組合支部は、上記受任以前から、本件会社分割に関して被控訴人と団体交渉を行っていたほか、被控訴人に対して、同月13日には、要求を記載した要求書（甲15。以下「組合要求」という。）及び質問を記載した質問書（甲16。以下「組合質問①」という。）を送付し回答を求めていた。そして、被控訴人も、同月19日、書面で回答した（甲19。以下「組合回答①」という。）。

本件組合支部は、その後も、同年10月7日（甲23。以下「組合質問②」という。）及び同月28日（甲35。以下「組合質問③」という。）、被控訴人に対して、質問事項を記載した各質問書を送付し回答を求めた。これに対して、被控訴人も、同月9日（甲24。以下「組合回答②」という。）及び同年11月6日（乙23。以下「組合回答③」という。）に、それぞれ書面で回答している。

そして、被控訴人と本件組合支部は、同年9月19日、同年10月2日、同月9日、同月17日、同月22日、同年11月6日、同月12日、5条協議を行った。

指針によれば、5条協議の協議事項は、承継営業に従事する労働者に係る労働契約承継の有無、承継するとした場合又は承継しないとした場合に従事する業務内容、就業場所その他の就業形態等であって、会社分割後労働者が勤務することになる会社の概要、当該労働者が承継営業に主として従事する労働者に該当するか否かを十分説明することや本人の希望を聴取することは、それ自体は5条協議の協議事項ではない。したがって、労働契約承継の対象となる労働者が、労働契約承継の有無等の協議事項について同意している場合には、その点について5条協議を行う必要はない。被控訴人は、本件会社分割に際し、ライン専門職を通じてラインに所属する従業員に対して5条協議を行っている。この点、本件会社分割においては、ＨＤＤ事業に従事する従業員のうち、控訴人らを除くほとんどの者が、被控訴人が決定した労働契約承継の有無や会社分割後に従事予定の業務内容、就業場所その他の就業形態等の協議事項について、本人自らの意見として、同意する旨あるいは異議がない旨を表明している。

被控訴人は、本件組合支部に5条協議を委任した者以外のＨＤＤ事業の従業員からも、承継営業に主として従事する労働者に当たるか否かの被控訴人の判別について異議の申立てを受けたため、法務部門や各従業員の所属部門と協議の上、これらの者に対して改めて被控訴人の判別結果を伝え、面談などを通じて理解を得るよう努めたほか、承継営業に主として従事する労働者ではないと判別した従業員5名について、本人の同意を得ることなく分割計画書に記載していたことが判明したため、この5名の氏名を削除するなど、従業員からの異議にも適切に対応した。

なお、被控訴人は、同年9月19日、本件組合支部から控訴人ら組合員の5条協議については本件組合及び本件組合支部が委任された旨の連絡を受けたため、控訴人らについては、本件組合支部等を代理人として、5条協議を行った。このようにして行われた被控訴人と本件組合支部等との団体交渉（5条協議）は、6回（同年10月9日、同月17日、同月22日、同月28日、同

年11月6日、同月15日）、小委員会（同月12日）も1回行われている。

　そして、被控訴人は、本件組合支部に対して、判別基準に従って本件組合支部に5条協議を委任した従業員について承継営業に主として従事する労働者に当たるか否かの判別及びその根拠を伝えたほか、代表者協議で使用した資料とほぼ同様の資料（STの背景、日立の概要、STの概要、事業の概要、承継営業に主として従事する労働者か否かの判別基準、STでの労働条件、今後の日程、異議申立ての方法）、STの就業規則案、代表者協議の議事録、STに承継される福利厚生制度の一覧等を送付したほか、分割計画書等を本店に備置くと同時に、本件組合支部に対しても労働契約承継法に基づく通知を行い、分割計画書、承継される権利義務についての書面、債務の履行の見込みがあることを示す文書等の書類を送付している。

　また、被控訴人は、本件組合支部との5条協議の中で、本件組合支部が求める質問に対し、STの債務については承継される労働者の賞与・定期俸と中途退職一時金の引当金が債務となる可能性があるがそれ以外の債務はないこと、HDD製品の瑕疵が生じた場合の処理については日立と被控訴人との合意に基づいて処理されること、その日立と被控訴人との合意は守秘義務があるため開示することはできないこと等を説明している。また、被控訴人は、STの資本金や代表取締役は米国公正取引委員会の認可が下りるまでは発表できないこと、分割計画書等についても本店備置前に開示することはできないことなどを幾度も伝えており、分割計画書の備置きの直前には、口頭ではあるがSTの社名、資本金、役員構成、さらにはHGSTに株式が譲渡された後は社名や役員等について変更されるかもしれない旨を説明している。

　被控訴人は、本件組合支部等に5条協議を委任した従業員について、承継営業に主として従事する労働者か否かについての被控訴人の判別基準及び判別結果を伝えたほか、同判別結果と従業員の自己判別が異なった9名については、本件組合支部及び本人の意見を聴いた上で、それら従業員について、承継営業に主として従事する労働者であることを再度説明し、控訴人金子から質問された際には、同控訴人の当時の業務内容は機械系機器の校正であるところ、HDD関連が業務の半分以上を占めるため、承継営業に主として従事する労働者と判別した旨を説明するなどしている。

　また、被控訴人は、本件組合支部に対し、日立の労働条件については両者が合意した目的の範囲内でのみ使用することが前提であり開示できないこと、控訴人らが主張するW発言（被控訴人の常務取締役であったWが、藤沢事業所のライン専門職に対して「『給与保障は6か月まで、その後、製造直接員は50％offで概算＋で理解をするように』、この内容を製造員全員に伝えなさい」、との発言〔以下「W発言」という。〕があったとの噂）は事実ではないことに加え、従業員の労働条件については会社分割後も同等の水準で維持され、承継後に労働条件が変更される場合は変更法理の枠内でしか行えず、合理性のない不利益変更を一方的に行うことはできないことを繰り返し説明した。

　被控訴人は、本件組合支部に対して、藤沢事業所の土地建物については、藤沢事業所1100名のうち、労働契約承継の対象となる従業員は800名に及び、使用スペースも藤沢事業所の半分強であり、HDD事業が利用する施設だけを分けることは困難であることから譲渡するとしたこと、野洲事業所のリース契約書は日立との間の守秘義務があり公開できないこと、会社分割や労働条件とは関係ないことを説明した。

　(オ)　以上のとおり、被控訴人は、本件組合支部の要請の中には5条協議の対象事項に含まれないものもあることを認識しながらも、明らかにすることができるものは説明し、明らかにできないものは理由を説明しているから、誠実に控訴人らと5条協議を行っており、本件改正法附則5条に違反する点はない。なお、同条は協議を行うことを義務付けてはいるが、その結果として合意に達することまで求めているわけではない。

　(カ)　さらに、会社分割に伴う労働契約承継は部分的包括承継であり、労働者の意思は何ら問題とされないのであるから、仮に労働者に対し本件改正法附則5条違反があったとしても、労働者について移籍の効果が生じないものではない。

　イ　旧商法は会社分割の無効について分割無効の訴えをもってのみ主張し得るものとしているところ、本件会社分割においては、会社分割無効の訴えは提起されないまま、会社分割の日から既に6か月を経過しており、本件会社分割が有効であることは対世的に確定している（旧商法374条の12第1項）。そして、本件会社分割が全部有効である以上、その一部である労働契約の承継も有効であることは明らかであり、控訴人らの主張は失当である。

　この点、控訴人らは、会社分割の組織法的な効力は争わずに、控訴人らについての労働契約の承継の無効のみを主張することができると解しているようであるが、会社分割の有効性が確定している以上、その組織法的な効果として包括承継された個々の権利義務について承継の無効を主張することはできない。また、そもそも無効とは、当事者が法律行為によって達成しようとした法律効果の発生を阻止する制度であって法律行為の存在を必須の前提とするが、会社分割による権利の移転は分割の登記を行うことによって法律上当然に生ずる包括承継であり、個々の権利義務の承継のための個々の法律行為は存在しないのであるから、本件会社分割の組織法的な効力を問題とせずに控訴人らの

労働契約の承継について無効を主張することは不可能である。
(3) 本件会社分割は民法625条1項の脱法行為であり、同意していない労働者について労働契約承継の効果が生じないといえるか否か。
(控訴人ら)
民法625条1項は、使用者は労働者の承諾を得なければ、その権利を第三者に譲り渡すことができないと規定している。そうであるにもかかわらず、旧商法の会社分割及び労働契約承継法が労働者の移籍についてはその同意を必要としないとしたのは、①会社分割の対象とされるのが営業目的のために組織されている人的・物的設備全体、さらにはこれに得意先関係、仕入先関係、販売の機会、営業上のノウハウなど経済的価値のある事実関係を加えた全体として有機的一体として機能する会社組織の一部であること、②分割会社の従前からの労働条件が設立会社等に承継されるものとされていること、③労働者の権利保護のために7条措置や5条協議の義務を分割会社に課すことで、当該労働者の権利ないし法的地位の保障にできる限り資するようにされているからである。
しかるに、本件会社分割は、その実態は営業譲渡にすぎず、本件会社分割で成立したSTは6日(当初の予定では1日)しか被控訴人の子会社としては存在しなかった上、不採算部門の切り捨てであって、将来的に労働条件の不利益変更が行われる可能性が強く、7条措置及び5条協議が不十分であって、上記の民法625条1項の同意を不要とした理由を欠き、民法625条1項の脱法行為というべきである。そして、このような場合には、その利用された外形に即した効果は否定され、実態に即した法規制に服するから、原則に戻り民法625条1項が適用される結果、同意していない労働者については労働契約承継の効果は生じない。
(被控訴人)
本件会社分割は適法に行われたものであり、民法625条の脱法行為となるものではない。
(4) 本件会社分割が権利濫用として無効であり、労働契約承継の効果が生じないといえるか否か。
(控訴人ら)
本件会社分割は、①その実態は事業譲渡にほかならず、その手続も簡易分割によって、かつ併存的債務引受けにより債権者異議手続を排除していること、②不採算部門であるHDD事業部門を切り捨てるものであること、③労働条件の切り下げないしそのおそれ・企図がうかがえること、④7条措置や5条協議の義務を尽くしていないことなどからすれば、権利の濫用として無効というべきである。
(被控訴人)
本件会社分割は適法に行われたものであり、権利濫用には当たらない。

(5) 本件会社分割が違法であり、控訴人らに対する不法行為を構成するか、不法行為を構成する場合の損害額いかん。
(控訴人ら)
本件会社分割は、その手続に違法な瑕疵があり、また、本件会社分割は権利濫用・脱法行為に当たることから、控訴人らに対する不法行為を構成するというべきである。
控訴人らは、本件会社分割によって、IBM労働者としての誇りを奪われ、精神的苦痛を被った、その苦痛を慰謝するためには、各人300万円の支払をもってするのが相当というべきである。
(被控訴人)
控訴人らの主張は争う。
本件会社分割は適法に行われたものであり、脱法行為・権利濫用に当たるものではなく、控訴人らに対する不法行為を構成しない。

第3 当裁判所の判断
1 認定事実
当裁判所の認定した事実は、次のとおり訂正、付加するほか、原判決「事実及び理由」欄の第3の1(原判決14頁8行目から32頁15行目まで)記載のとおりであるから、これを引用する。
(1) 原判決14頁9行目の「63,」を削除し、同行目の「108,」の次に「119,」を、同頁10行目の「104」の次に「、107、118」をそれぞれ加える。
(2) 原判決19頁1行目の「W発言の真偽」を「W発言、すなわち、Wが製造マネジメントに対し『給与保証は6か月まで、その後、製造直接員は50%offで概算+で理解をするように』、この内容を製造員全員に伝えなさい」と発言したことの真偽」と改める。
(3) 原判決20頁9行目の「作成されること、」の次に、「持株会社への株式譲渡は、株主構成の変更であり、従業員の移籍ではないので、就業規則の変更はないこと、」を加える。
(4) 原判決21頁6行目から7行目にかけての「被告は、」の次に「福利厚生につき承継ができないものに対する補填の趣旨で、」を加える。
(5) 原判決23頁14行目の「①」の次に「会社分割に際しての従業員の移動方法の選択肢として、」を、同頁17行目の「待遇の保障」の次に「をSTに働きかけること」をそれぞれ加え、同行目の「⑤」から20行目の「⑦リストラについては」までを「⑤元日立、元被控訴人の双方の就業規則の一部につきこれを同一にする変更する場合は、元IBM、元日立双方の労働者又はその代表者が議論の上決定するものとし、元日立、元被控訴人で同職位で処遇等の相違等がある場合には、基本的に高い方に合わせること、⑥STの利益が上がらない場合の賃下げの経営判断については」と改め、同頁22行目から23行目にかけての「送付した

が、」の次に「その要望書は形式的にも内容からしても質問書として被控訴人に回答を求めるものではないと判断されたことから、」を加える。

(6) 原判決24頁5行目の「組合回答①（甲19）」を「同月19日付けの組合回答①（甲18、19）」と改める。

(7) 原判決24頁26行目から25頁1行目にかけての「窓口へ提出」の次に「し、5労働日以内に回答」を加える。

(8) 原判決25頁5行目から6行目にかけての「W発言の真偽などについて」を「従業員代表者協議会でW常務が『ＩＢＭの製造直接者の給与は日本の電機業界の中では高い。もし新会社で業績が悪化した場合、日立の直接作業者の方と同じ給与まで下がる可能性がある』という旨発言したかどうかなどについて」と改め、同行10行目冒頭から11行目末尾までを「代表者協議会の場でそのような発言をしておらず、代表者協議会の後、藤沢事業所従業員代表に対し、仮に新会社の業績が不振になった場合には、給与を下げざるを得ない状況になるので、皆で頑張ろうという趣旨の発言をしたにすぎない」と改める。

(9) 原判決28頁22行目の「審理手続」を「審査手続」と改める。

(10) 原判決29頁11行目の「平成14年11月15日、」の次に、「前記のとおり、会社分割に関する団体交渉において、具体的な資料を示すなど、誠意をもって交渉することを内容とする勧告を前提とした」を加える。

(11) 原判決30頁2行目末尾の次に「また、「債務の履行の見込みがあることに関する書面」においては、ＳＴが承継する資産及び負債の同年9月30日現在の簿価は、114億8500万円及び3億9000万円であること、本件分割後被控訴人に残る資産及び負債の同日現在における簿価は、9745億4700万円及び5109億9300万円であること、被控訴人及びＳＴの本件会社分割後の各事業活動において被控訴人及びＳＴの負担する各債務履行に支障を及ぼす事態の発生は現在予想されておらず、被控訴人及びＳＴは、いずれも分割日以降の弁済期が到来する債務につき履行の見込みがあることが記載されていた。」を加える。

(12) 原判決31頁8行目の「赤字幅の圧縮」を「生産効率化」と、同頁10行目の「上記のとおりとなった」を「赤字幅の圧縮が達成されたと述べている。」とそれぞれ改める。

(13) 原判決31頁23行目から24行目にかけての「発言をした。」を「発言をしたが、他方、ＨＧＳＴの中西ＣＥＯは、平成18年1月作成の内部文書に、『ＨＤＤ事業から撤退する予定はありません。』、『もし撤退を予定しているならば、これらの設備投資を行うはずはありません。』と記載し、社内向けにＨＤＤ事業からの撤退の予定がないことを明言している。」と改め、同頁24行目末尾次に改行して、「日立は、平成19年12月頃、同20年3月期のＨＤＤ事業の営業赤字が368億円と見込まれ、ＳＴ取得後の累積損失も1200億円に達しそうなことから、ＨＤＤ事業からの撤退は否定したものの、投資ファンドから資金を受け入れ、ＨＤＤ事業の再建を目指す方針を固めた。」を加える。

2　認定事実に基づく判断

(1) 労働者は、会社分割に伴い自己の労働契約が新設会社等へ承継されることを拒否する権利を有するか否か（争点(1)）。

争点(1)に対する判断は、原判決「事実及び理由」欄の第3の4（原判決40頁1行目から41頁15行目の「原告らの主張を根拠付けるものではない。」まで）に記載のとおりであるから、これを引用する。ただし、原判決40頁3行目の「21条」を「22条」と改め、41頁6行目の「また、」の次に「労働者の地位及び契約内容（労働条件を含む。）は、分割会社で個別の合意や労働協約による場合を除き、分割会社におけるそれがそのまま承継され、分割により直ちに労働条件の切下げ等の変更を行うことはできないものであり、」を加える。

(2) 本件会社分割の手続が違法で無効であり、労働契約承継の効果が生じないといえるか否か（争点(2)）。

ア　会社分割手続においては、労働者保護のために、本件改正法附則5条1項及び労働契約承継法7条が設けられている。そこで、まず、5条協議違反及び7条措置違反があった場合に、いかなる法的効果が生ずるかについて検討を加える。

(ア)　会社分割の効力が生じると、設立会社は、分割計画書の記載に従い、分割会社の権利義務を包括的に当然承継する。分割会社から設立会社に承継される権利義務については、分割計画書に記載されなければならないとされ、この場合、承継される営業を構成する雇用契約も、承継する権利義務に含まれるものとされている。

本件改正法附則5条2項は、前項の労働契約の承継に関連して必要となる労働者の保護に関しては、別に法律で定めるとしており、同項を受けて、労働契約承継法が制定されている。

労働契約承継法は、分割会社は、所定の通知期限日までに、分割によって承継される営業に主として従事する労働者、それ以外の労働者で分割によって設立会社に承継されるもの及び労働組合に対し、これらの労働者に係る労働契約又は労働協約を承継する旨が分割計画書に記載されているかどうかを書面で通知しなければならないと定めている（2条）。承継対象の営業に主として従事している労働者に係る労働契約が分割計画書に記載された場合には、その労働契約は、その労働者の同意なくして当然に分割によって承継されるものであり（3条）、この場合には、合併の場合と同様に、使用者は労務者の承諾がなければその権利を第三者に譲渡できないとする民法625条1項の適用はな

いとされている。そして、営業に主として従事している労働者、営業に従として従事している労働者に対しては、それぞれに応じた異議権が規定されている（4条、5条）。

(イ) 労働契約承継法7条によれば、分割会社は、当該分割に当たり、厚生労働大臣の定めるところにより、その雇用する労働者の理解と協力を得るよう努めるものとすると定められている。この規定は、会社分割を巡る労働法上の諸問題について、労働者の意思を反映させることを目的とするものである。また、この規定を受けて、会社の分割に伴う労働契約の承継等に関する法律施行規則（平成18年厚生労働省令第116号による改正前のもの。）4条は、分割会社は、当該会社分割に当たり、そのすべての事業場において、当該事業場に、労働者の過半数で組織する労働組合がある場合においてはその労働組合、労働者の過半数で組織する労働組合がない場合においては労働者の過半数を代表する者との協議その他これに準ずる方法によって、その雇用する労働者の理解と協力を得るよう努めるものとすると定めている。この規定の趣旨を踏まえて、指針第2の4(2)は、上記の「労働者の理解と協力を得る努力」の内容について、協議の方法は、そのすべての事業場において、当該事業場に、事業場の過半数労働者で組織する労働組合があればその組合、なければ過半数代表者との協議その他これに準ずる方法によるものとし、協議の対象事項については、(イ)会社分割をする背景及び理由、(ロ)効力発生日以後における分割会社及び承継会社等の債務の履行の見込みに関する事項、(ハ)労働者が労働契約承継法2条1項1号に掲げる労働者に該当するか否かの判断基準、(ニ)労働契約承継法6条の労働協約の承継に関する事項、(ホ)会社分割に当たり、分割会社又は承継会社等と関係労働組合又は労働者との間に生じた労働関係上の問題を解決するための手続が含まれると定めている。

労働契約承継法7条の規定は、その文言から明らかなとおり、分割会社に対し、承継営業に主として従事する労働者の労働契約の承継を含む会社分割について、分割会社の全労働者を対象として、その理解と協力が得られるよう努力する義務を課したものであり、したがって、仮に7条措置が十分に行われなかったとしても、そのことから、当然に会社分割の効力に影響を及ぼすものということはできず、仮に影響を及ぼすことがあったとしても、せいぜい5条協議が不十分であることを事実上推定させるに止まるものというべきである。

(ウ) 次に、本件改正法附則5条1項によれば、会社分割に伴う労働契約の承継に関しては、分割会社は、分割計画書を本店に備え置く日まで（簡易分割の際には分割契約書が作成された日から起算して2週間前まで）に、労働者と協議をするものとすると定められている。

会社分割により、一体の営業を単位として権利義務の包括的承継が行われ、労働契約についても例外なく、民法625条の適用はなく、労働者の個別の同意を要せず、営業を構成する労働契約上の地位が当然に承継されることとされているが、上記規定は、労働契約の特殊性から、会社分割により、労働者の地位に重大な変更を生じ得ることから、分割会社に対し労働者本人との協議を義務づけ、その意向を十分に聴取し、できる限りこれを斟酌すべきことを定めたものと解される。

指針第2の4(1)によると、5条協議においては、分割会社は、当該労働者に対し、分割計画書を本店に備え置くべき日までに、承継される営業に従事している労働者と、労働契約の承継に関して協議するものとし、具体的には、当該労働者が勤務することとなる会社の概要、当該労働者が労働契約承継法2条1項1号に掲げる労働者に該当するか否かの考え方等を十分説明し、本人の希望を聴取した上で、当該労働者に係る労働契約の承継の有無、承継するとした場合又は承継しないとした場合の当該労働者が従事することを予定する業務の内容、就業場所その他の就業形態等について協議をするものとされている。もっとも、分割会社は、当該労働者と協議を行うことが義務づけられるのであって、協議の成立までも要求されているものではないと解される。

本件改正法附則5条違反の効果を定めた明文の規定はなく、その効果は解釈に委ねられているというほかない。そこで検討するに、分割会社が5条協議義務に違反したときは、分割手続の瑕疵となり、特に分割会社が5条協議を全く行わなかった場合又は実質的にこれと同視し得る場合には、分割の無効原因となり得るものと解されるが、その義務違反が一部の労働者との間で生じたにすぎない場合等に、これを分割無効の原因とするのは相当でなく、将来の労働契約上の債権を有するにすぎない労働者には分割無効の訴えの提起権が認められていないと解されることからしても、5条協議義務違反があった場合には、一定の要件の下に、労働契約の承継に異議のある労働者について、分割会社との間で労働契約の承継の効力を争うことができるようにして個別の解決が図られるべきものである。そして、会社分割においては、承継営業に主として従事する労働者等の労働契約を含め分割計画書に記載されたすべての権利義務が包括的に新設会社に承継される仕組みが取られており、会社分割制度においては、その制度目的から、会社分割により労働契約が承継される新設会社が分割会社より規模、資本力等において劣ることになるといった、会社分割により通常生じると想定される事態がもたらす可能性のある不利益は当該労働者において甘受すべきものとされているものと考

えられること、分割手続に瑕疵がありこれが分割無効原因になるときは分割無効の訴えによらなければこれを主張できないとされており、個々の労働者に労働契約の承継の効果を争わせることは、この分割無効の訴えの制度の例外を認めるものであり、会社分割によって形成された法律関係の安定を阻害するものであることを考慮すれば、労働者が5条協議義務違反を主張して労働契約の承継の効果を争うことができるのは、このような会社分割による権利義務の承継関係の早期確定と安定の要請を考慮してもなお労働者の利益保護を優先させる必要があると考えられる場合に限定されるというべきである。この見地に立ってみれば、会社分割による労働契約の承継に異議のある労働者は、分割会社が、5条協議を全く行わなかった場合若しくは実質的にこれと同視し得る場合、または、5条協議の態様、内容がこれを義務づけた上記規定の趣旨を没却するものであり、そのため、当該労働者が会社分割により通常生じると想定される事態がもたらす可能性のある不利益を超える著しい不利益を被ることとなる場合に限って、当該労働者に係る労働契約を承継対象として分割計画書に記載する要件が欠けていることを主張して、分割会社との関係で、労働契約の承継の効果を争うことができるものと解するのが相当であるというべきである。

(エ) 5条協議義務違反及び7条措置違反があった場合に生ずる法的効果については上記説示のとおり解するのが相当である。そこで、以下においては、この解釈に基づいて、控訴人らが、本件において、被控訴人の5条協議義務違反を理由に、控訴人らの労働契約について本件会社分割による承継の効果が生じないということができるか否かについて判断する。

イ まず、7条措置が労働契約承継法7条の規定の趣旨に沿って適正に行われたか否かについて検討する。

(ア) 分割会社が、会社分割についてその雇用する労働者の理解と協力を得るための方法、内容について労働契約承継法規則4条及び指針が定めるところは、前記ア(イ)に記載したとおりである。

(イ) 前記認定事実によれば、被控訴人は、7条措置を講ずるに当たり、被控訴人には労働者の過半数で組織する労働組合がないため、被控訴人は、従業員から各ブロックごとにブロック代表を選出するよう要請し、その互選により、各事業所ごとに従業員代表が選出されたこと、そして、被控訴人は上記従業員代表らを4つのグループに分け、4日間にわたって代表者協議を行い、その席上においては、STの中核となる藤沢事業所の概要や日立及び同社のHDD事業部の概要など関係するHDD事業部門の状況、本件会社分割の背景・目的、STの事業の概要、移籍対象となる部署と今後の日程、移籍する従業員のSTにおける処遇、承継営業に主として従事する労働者か否かの判別基準、労使間で問題が生じた場合の問題解決の方法等について説明したこと、なお、被控訴人は、代表者協議の質疑応答の中で、債務の履行の見込みの説明がなかったことを問われて「今回引き継がれる債務というのは少なくとも日本IBMから分社するという局面においては、引き継がれる債務というのは形式的なものにとどまりますので、この会社分割の手続中で説明しなければならないようなクリティカルなボリュームの債務は特にないという認識をしているということから、特にそこの部分についての説明の時間というのは設けませんでした。」と回答したことが認められる。

また、被控訴人は、代表者協議とは別に、HDD事業部門に関連する従業員向けに、イントラネット上で、上記従業員が同年11月中に会社分割によりSTに移籍すること、STには平成15年の早い時期に日立のHDD事業部門が合流すること、STにおける処遇は労働契約承継法に基づき現在と同等の水準が維持されること等を通知し、さらに、イントラネット上にSTへの移籍に対する質問受付窓口を開設して、FAQで主な質問と回答を掲載したこと、このFAQにおいては、本件会社分割の背景、目的、会社分割に当たっては、分割会社及び新設会社ともに、分割後、債務の履行の見込みが存すると考えていること、労働者が労働契約承継法2条1項1号に掲げる労働者に該当するか否かの判断基準、移籍する社員については雇用関係の継続性が保たれること、現在利用中の福利厚生等の新設会社の下での取扱い等が説明されていることが認められる。

これらの事実によれば、被控訴人は、本件会社分割について、指定の定めるところに従い、その雇用する労働者の理解と協力を得るよう努めたものと評価できるのであって、7条措置が不十分であったものとは認められない。

(ウ) 控訴人らは、被控訴人が行った7条措置については、その協議・態様の点で要求される水準には遠く及ばないものである上、内容としても、「債務の履行の見込み」について労働者の理解と協力を得るよう努めていない、HDD瑕疵問題に対するリスク、労働条件の不利益変更の可否、日立との賃金水準の差異について明らかにしておらず、努力義務に不履行がある旨を主張する。

しかしながら、被控訴人の7条措置の方法としては、前記認定のとおり、従業員代表の人数が被控訴人全体において70人に及んだことから、被控訴人が4グループに分けて協議を実施したものであり、被控訴人は、後日、従業員代表データベースにおいて各代表者協議の議事内容を明らかにしているから、従業員代表は、自らが出席しなかった代表者協議の議事内容等を知り得る状況にあったものである。なお、被控訴人

は、従業員代表に対して、議事内容を他の従業員に説明することを求めなかったし、上記従業員データベースについては、従業員代表ではない一般の従業員からはアクセスができなかったものである（証人Ｍ）ことによると、各従業員に対して代表者協議の内容を理解させるという点では代表者にその説明を求め、あるいは従業員代表データベースへのアクセスを可能にすることがより望ましいものであったとは考えられるものの、他方で、イントラネット上でＦＡＱが開示されていることも考慮すれば、これらが行われなかったからといって、労働者の理解と協力を得る努力を欠いたとまで評価することはできない（藤沢事業所の代表は、藤沢要望①～③を作成していることによると、代表者協議の内容を従業員に説明したものと推測される。）。

また、「債務の履行の見込み」については、平成14年10月11日付の藤沢回答①（乙17）において、ＨＤＤ事業部門（ＳＴＤ）のビジネスに関連する被控訴人の債務を被控訴人100％子会社に承継させる予定はないことを明記しているほか、被控訴人が藤沢事業所従業員代表に送付した同年11月13日付の藤沢回答②（乙29）においても、承継される債務は、雇用契約の承継に伴い承継される債務（(1)中途退職一時金積立額、(2)未払賞与及び定期俸計上の合計額）368百万円であることを説明していること、ＨＤＤ瑕疵問題に対するリスクについては、保証義務の分担は日立とＩＢＭ間の合意に基づいて処理され、当然にＳＴが負担するものではないが、製品の保証については一義的な対応窓口はＳＴが行うことになると説明されていることや、労働条件の不利益変更の可否については労働法の保護法理が働く旨を説明していることからすれば、これらの事項について7条措置として不適切であったということはできない。そして、設立会社発足後の従業員の給与自体は、上記「承継される債務」に該当しないから、その履行可能性について十分な説明がなかったとしても、7条措置を尽くさなかったことになるものではない。なお、日立との賃金水準の差異については、他社（日立）の賃金にかかわることであることからすると、被控訴人が説明できる立場にないとしたことが不適切であると評価することはできない。

(エ) そうすると、本件会社分割において、被控訴人に後記の5条協議義務違反に結びつくような7条措置義務違反があったとは到底いえず、この点についての控訴人らの主張は理由がない。

ウ 次に、被控訴人が行った労働者との5条協議が本件改正法附則5条の規定の趣旨を没却するもので、同規定に違反するものであったか否かについて検討する。

(ア) 前記ア(ウ)に記載したとおり、指針によれば、分割会社は、分割計画書等の本店備置日までに、承継営業に従事している労働者に対し、当該分割後当該労働者が勤務することとなる会社の概要、当該労働者が承継営業に主として従事する労働者に該当するか否かの考え方等を十分説明し、本人の希望を聴取した上で、当該労働者に係る労働契約の承継の有無、承継するとした場合又は承継しないとした場合の当該労働者が従事することを予定する業務の内容、就業場所その他の就業形態等について協議をするものとされている。

(イ) 前記認定事実によれば、被控訴人は、ＨＤＤ事業に従事するライン専門職に対して、ＳＴの就業規則等案及び代表者協議で使用した従業員代表用の説明資料を送付し、約1か月の期間を設定して、上記各資料に基づいて、各ライン従業員に会社分割による移籍等について説明させることとしたこと、その際、移籍に納得しない従業員については最低3回の協議を行うよう指示したこと、これを受けて、ＨＤＤ事業部門のライン専門職は、自分のラインの従業員全員を集めた上で説明会を開き、上記従業員代表用の説明資料を示すなどの方法により、移籍に同意するか否か及び本件会社分割についてのコメントを聞くなどして、各従業員の状況を人事に報告したこと、その結果は、多数の従業員が移籍に同意する意向を示したことが認められる。もっとも、ＨＤＤ事業部門の従業員約800名中77名が回答したアンケート結果中には、分割後の業務の内容、就業場所については質問しても分からないことが多かった、全体的な雰囲気としては社員に対して十分説明がされたとは思われない、断ることができないか否かは別にしても本人の同意を明確にすべきであった、個別協議というよりは行くか辞めるかの意思確認であった、ライン担当からはただ移籍してくれの一点張り、選択の余地なく、これを与えていない、無理矢理の一言、辞めた場合、一時金が出るなどの話はあったが他は覚えていない、同意をとるような話はなく、一方的に決定されたことを伝えられた感じ、上司は判っている範囲内では説明をしてくれたと思ってるが、ＨＤＤに関わっている人はすべて新会社へ行くか会社を辞めるかしか選べないといわれた、部で何回か説明があったが、マネージャーの答えられる範囲での説明で詳しいことは人事に聞いてくれと言われ、個人的に日立に行くか行かないかの選択はないと感じられた、最初に新会社の説明がありマネージャーに配られたパッケージを使って課員に説明し最後に新会社に行くか行かないかのサインを促され、個人的に行かないときは会社を辞めるしかないと思いサインしたなどの回答が寄せられており（甲59）、マネージャーの説明や協議方法にはばらつきがあったことが窺える。しかし、5条協議の方法については、逐一、個別面談の方法によらなければならないものではなく（会社の指示では、移籍に納得しない従業員に対しては最低3回の協議を行うこととされていることからすれば、課内の

説明会で納得しない従業員に対しては、その後、個別の協議を行うことが予定されており、個別協議に至らなかった従業員についてはラインでの説明会で移籍に同意していたと考えられる。）、ラインでの説明会によったことが5条協議の方法として本件改正法附則5条の趣旨に沿わないものということにはならないし、ライン専門職を通じた上記協議をもって、本件改正法附則5条の趣旨を没却するもので、同規定に違反するものということは困難である。

　労働組合員については、被控訴人がライン専門職を通じた5条協議が行われる以前の平成14年9月19日に本件組合支部が控訴人らを含む労働組合員から委任を受けて、被控訴人に対し5条協議の申し入れをし、そこで、被控訴人は、労働組合員については、本件組合支部との間で5条協議を行い、合計7回にわたって協議が行われたこと、この協議の中では、控訴人らは出向を希望して移籍に反対する旨の意思を表明していたこと、被控訴人は、本件組合支部に対して、代表者協議で従業員代表の送付した書類を送付しているほか、組合から書面でされた要求・質問に対する各回答書面を送付していること、被控訴人と本件組合支部等との協議内容は前記引用に係る原判決「事実及び理由」欄の第3の1(4)のとおりであったことが認められる。

　上記の事実からすると、被控訴人が本件組合支部との間で行った5条協議の手続は、指針が定める「当該効力発生日以後当該労働者が勤務することとなる会社の概要」、「当該労働者が労働契約承継法2条1項1号に掲げる労働者に該当するか否かの考え方等」が説明されていること、本人の希望については、控訴人らが出向を希望して移籍に反対の意向を表明していることからすれば、これを聴取したと評価することができること、「当該労働者に係る労働契約の承継の有無」、「承継するとした場合又は承継しないとした場合の当該労働者が従事することを予定する業務の内容」、「就業場所その他の就業形態等」についても協議を行ったということができる。そして、その協議の内容も、労働契約の承継に関して必要かつ十分な内容の協議が行われたものと認めることができる。

　(ウ)　これに対し、控訴人らは、労働組合員が本件組合支部等に5条協議を委任していたとしても、労働組合員に直接、個別的に説明し、希望を聴取しなければ5条協議を履行したと評価することはできないと主張し、さらに、本件組合支部と行った5条協議の内容においても、7条措置におけるのと同様に、「債務の履行の見込み」や承継される営業の経営実態と設立会社の経営の見通し、将来の労働条件等についての説明が欠如しており、被控訴人が行った5条協議は違法である旨を主張する。

　しかし、前記認定のとおり、本件組合支部との間で行われた5条協議においては、被控訴人は、会社の概要の説明につきST（控訴人らがいうA社）が行うべき業務やその生産拠点等について説明し、労働契約の承継の手続は労働契約承継法に従って行うことを回答しており、これ以上にSTの営業計画の詳細や、日立の合流後の控訴人らのいうB社、C社という本件会社分割後の将来における概要等についてまで説明する義務があるものではない。また、将来的にSTにおける労働条件の引下げがあるか否か、野洲営業所が将来的に維持されるか否かについては、いずれも本件会社分割後の将来の事柄であり、ST（B社又はC社以降のことと考えられる。）の経営判断に属することである。

　被控訴人は、上記の各点について、①B社及びC社の本店所在地や代表取締役、資本金については米国連邦公正取引委員会の認可が下り次第知らせること、②A社は藤沢事業所の敷地及び建物のすべてを所有する予定であるが、野洲事業所の敷地及び建物を所有する予定はないこと、野洲事業所については、被控訴人が所有主としてA社に貸与することになり、賃貸期間は4年であること、③A社に相当するHDD事業部門の売上、売上原価、経費、利益、出荷台数については経営に関わる機密事項であるから知らせることはできないが、現状において同業他社と同様、HDD部門としての売上が低迷し、また、利益の確保が困難となっていることは事実であること、専業メーカーになれば自動的に利益が出るのではなく、IBMと日立の強みを重ねて活かすことでメリットが得られ、新たな成長のプロセスに入ることができると考えていること、④HDD事業部門のビジネスに関連する被控訴人の債務をA社に承継させる予定はないこと、HDD瑕疵問題について、保証義務の分担に関しては、日立とIBM間の合意に基づいて処理されることとなっており、当然に新会社が負担するものではないこと、⑤日立の財務資料やそのHDD部門の実績等については被控訴人が回答する立場になく、また、日立の賃金、労働条件等の開示要求には応じられないこと、⑥C社設立後における重複部門の人員再配置計画、生産拠点の計画及び親会社における国際的生産拠点の統廃合については、C社及びその親会社の経営方針に基づくが、職種変更や赴任に伴う異動その他労働条件の変更がある場合には、労働法の労働者保護法理の適用を受けること、労働条件の引き下げについての交渉はSTでやってもらうしかないこと、承継された労働契約期間については法律には明記されていないが社会通念や常識に従うこと、日立に対して被控訴人の処遇制度を説明しており、日立も基本的な雇用と労働条件は維持すると回答しているが、その後変わる可能性はあることなどと回答したことが認められるが、上記説示したところからすれば、被控訴人がこのような回答をしたことを不誠実ということはできず、このことをもって被控訴人が協議義務を尽くしていないということになるもので

ない。
　そして、本件会社分割は、被控訴人の藤沢事業所を中心とするＨＤＤ事業部門を設立会社に移転させるものであり、当該事業に係る労働契約を含めた権利義務関係が包括的に設立会社に承継されることを前提としているものであるから、承継営業に主として従事する労働者に該当する控訴人らについて、在籍出向はないことや被控訴人内における配置転換の可能性がないと回答したことはやむを得ないことというべきである。
　さらに、控訴人らは本件組合支部等に５条協議を行うことを委任したのであり、これに基づいて被控訴人と本件組合支部等との間で５条協議が行われたものであるから、控訴人らからの申し出もないのに、それとは別に、さらに控訴人ら個人と被控訴人が５条協議を行わなければならないものではないし、本件組合支部は、被控訴人に対して、委任を行った個々の組合員に対する個別交渉を控えるよう求めていたのであるから（甲20）、被控訴人が、重ねて、個々の組合員との個別協議を行うべきものとする理由はない。控訴人らの上記主張は理由がない。
　(エ)　以上のとおり、被控訴人が５条協議を全く行わなかったとか、被控訴人が行った５条協議が実質的にこれを行わなかったと同視し得る程度のものであったとは到底いえない。また、前記認定事実及び弁論の全趣旨によれば、被控訴人は、承継営業に主として従事する労働者についてはすべて分割に伴う労働契約の承継の対象とし、その余の労働者についてはその承継の対象としておらず、労働者が承継営業に主として従事しているか、従として従事しているかの判定について、被控訴人と控訴人らとの間に判断の相違はなかったこと、被控訴人は、承継営業に主として従事する労働者らが分割後に従事することが予定されている業務の内容、就業場所その他の就業形態等については、分割前と後で変更があることは予定されていなかったことから、その旨労働者に説明していることが認められ、このことを前提にして上記５条協議の態様、内容をみれば、被控訴人と控訴人らを含む労働組合員との間の５条協議が、本件改正法附則５条の趣旨を没却するもので、同規定違反の瑕疵を帯び、そのため、控訴人らが本件会社分割により通常生じると想定される事態がもたらす可能性のある不利益を超えて著しい不利益を被ることになるとは認められない。
　控訴人らは、使用者が複数部門を有する巨大企業から単部門の規模の小さい企業になり、相対的にランク下位の企業へ変わること、相対的に低位の労働条件を引き継いだ他社からの移籍組と同居させられるといった、労働条件悪化等の契機がもたらされたこと、ＩＢＭの労働者としての誇りを奪われたこと、新設会社において、賃上げ幅の縮小、基本給の頭打ち等基本的労働条件が悪化していること等、本件会社分割による労働承継により不利益を受けているとし、被控訴人が５条協議等を誠実に行っていれば、これら危惧されていた不利益に関する情報が組合に知られ、控訴人らを含む組合員を在籍出向とする必要性が判明し、それらの措置が講じられることになり、不利益を回避することができたなどと主張するけれども、控訴人らが主張する不利益は、仮にそのような不利益が生じていたとしても、会社分割により通常生じると想定される事態がもたらす可能性のある不利益の範囲内に止まるものというべきであり、被控訴人において、これらの不利益を解消すべく在籍出向を検討するなどの協議を行うことまで法律上要請されていたと解することはできない。
　したがって、５条協議が本件改正法附則５条の規定に違反する瑕疵のあるものであるとして、控訴人らの関係で本件会社分割による労働契約承継の効果が生じないとする控訴人らの主張は、これを主張するための前提要件を欠き理由がないというべきである。
　(3)　本件会社分割は民法625条１項の脱法行為であり、同意していない労働者について労働契約承継の効果が生じないといえるか否か（争点(3)）及び本件会社分割が権利濫用として無効であり、労働契約承継の効果が生じないといえるか否か（争点(4)）。
　争点(3)及び争点(4)に対する判断は、原判決「事実及び理由」欄の第３の５（原判決41頁23行目から43頁２行目まで）及び６（原判決43頁４行目から44頁９行目まで）に記載のとおりであるから、これを引用する。ただし、原判決42頁26行目の「本件で実施された」（同42頁右段17行目）から43頁１行目の「瑕疵は認められないこと」（同18行目〜19行目）までを「本件で実施された７条措置及び５条協議には、労働契約承継法７条及び本件改正法附則５条の規定に違反する瑕疵があるとは認められないこと」と改める。
　(4)　本件会社分割が違法であり、控訴人らに対する不法行為を構成するか、不法行為を構成する場合の損害額いかん（争点(5)）。
　以上に説示したとおり、本件会社分割において被控訴人が実施した５条協議や７条措置が違法であるとは認められず、また、本件会社分割が脱法行為あるいは権利濫用行為に当たると認めることも困難であり、したがって、本件会社分割によって控訴人らにＳＴへの移籍の効果が生じたことについても違法とはいえないのであるから、本件会社分割が控訴人らに対する不法行為を構成するものではないというべきである。
　争点(5)のうち、損害額については判断の限りではない。
第４　結論
　以上の次第で、控訴人らの本件請求はいずれも理由がないから棄却すべきものである。よって、原判決は相当であって、本件控訴は理由がないから棄却することとし、主文のとおり判決する。

裁判長裁判官　青栁　馨
　　　　　裁判官　長久保守夫
裁判官豊田建夫は、填補のため署名捺印することができない。

　　　　　　　　裁判長裁判官　青栁　馨

（別紙）**代理人目録**

　　　　　　　　鍛治利秀
　　　　　　　　岡田　尚
　　　　　　　　大熊政一
　　　　　　　　水口洋介
　　　　　　　　山内一浩
　　　　　　　　穂積　剛
　　　　　　　　小池拓也
　　　　　　　　北潟谷仁
　　　　　　　　高崎　暢
　　　　　　　　佐々木良博
　　　　　　　　萩尾健太
　　　　　　　　斉藤一好
　　　　　　　　鷲見賢一郎
　　　　　　　　杉本　朗
　　　　　　　　小島周一
　　　　　　　　陶山和嘉子
　　　　　　　　長谷川一裕
　　　　　　　　伊藤勤也
　　　　　　　　白川秀之
　　　　　　　　山内益恵
　　　　　　　　高木輝雄
　　　　　　　　高橋　敬
　　　　　　　　羽柴　修
　　　　　　　　小野寺義象
　　　　　　　　齋藤拓生
　　　　　　　　田村　徹
　　　　　　　　中丸素明
　　　　　　　　田畑元久
　　　　　　　　吉井秀広
　　　　　　　　加藤　修
　　　　　　　　島田　広
　　　　　　　　吉川健司
　　　　　　　　山崎靖子
　　　　　　　　池上　忍
　　　　　　　　浦部信児
　　　　　　　　縄田政幸
　　　　　　　　武田芳彦
　　　　　　　　宮本平一
　　　　　　　　中村和雄
　　　　　　　　財前昌和
　　　　　　　　小宮　学
　　　　　　　　高橋敬一
　　　　　　　　安田純治

樋口和彦
高橋敬幸
阿部　潔

12 カネボウ少数株主事件

I 国内判例編　東京高判平成20・7・9金融・商事判例1297号20頁

同志社大学法学部教授　伊藤靖史

I 事案の概要

A株式会社（当初は東京証券取引所上場会社、平成17年6月10日に上場廃止）は、多角化に失敗して経営状態が悪化し、株式会社産業再生機構（IRCJ）の支援を受けて再建が目指されることになった。A会社は平成16年9月にIRCJに対してC種類株式を発行し、これによってIRCJは議決権の過半数を有することになった。さらに、平成17年6月にB株式会社に対しても同株式が発行された。同株式は、議決権を有する利益配当請求権のない種類株式であり、平成18年10月1日以降であれば普通株式に転換が可能なものであった。平成18年1月31日時点で、A会社の議決権ある株式のうち、一般投資家等が保有する普通株式が30.8%、IRCJおよびB会社が保有するC種類株式が69.2%の議決権割合を有していた。

A会社の再建のスポンサーになったのはY₁株式会社であり、同社は、Y₂株式会社・D有限責任事業組合（Y₃〜Y₆が組合員）・Y₇株式会社という3つのファンドが設立したものである。①Y₁会社は、平成17年法律第87号による改正前の証券取引法（以下、「平成17年法」という）27条の2第1項に基づく公開買付けの手続によることなく、IRCJおよびB会社の同意を得て、平成18年1月31日にIRCJ、同年2月21日にB会社から、C種類株式全部を1株当たり201円で譲り受けた。

Y₁会社は、平成18年2月22日に、A会社の株式を1株当たり162円で公開買付けする旨の公告を行い、公開買付けを開始した（以下、「本件TOB」という）。②A会社は、平成18年4月14日、傘下の2つの事業を譲渡し、子会社の株式を譲渡した（以下、「本件事業譲渡等」という）。A会社は本件事業譲渡等によって譲渡先に対して425億円余りの代金債権を有するに至ったが、Y₁会社はこれらの代金債務を免責的に債務引受し、A会社はこれに同意した。A会社は、平成18年7月に資本金を351億円から1億円に減少することを公告し、平成19年6月28日開催の定時株主総会の決議により、同月30日をもって解散した。

本件訴訟は、A会社の株主であったXが、Y₁らに対して、不法行為等に基づく損害賠償を請求して提起したものである。Xは、主に次のことを主張した。(ア)上記①のC種類株式の譲受けは、平成17年法27条の2第1項に違反したものであって、Xに対する不法行為を構成する。(イ)上記②の本件事業譲渡等から解散に至る一連の行為（あるいは、不当な安値で本件事業譲渡等を行わせたこと）は、不法行為を構成する。

Xは、当初、保有するA会社の株式1500株分について損害賠償を求めたが、その後請求を縮減し、株式買取請求権を行使していない100株についてだけ損害賠償を求めた。

本件の原審判決（東京地判平成19・5・29金判1297号36頁）は、Xの(ア)(イ)いずれの主張も認めなかった。これに対してXが控訴し、本件裁判所はXの(ア)の主張を認め、Y₁に損害賠償を命じた（その他の被告〔被控訴人〕に対する請求は棄却されている）。以下では、(ア)に関する部分だけを判決要旨として引用し、この争点についてだけIIIで検討を行う。

II 判決要旨

「…平成17年施行令及び同他社株府令においては、『株券等の所有者が25名未満である場合』で、特定買付けを行う場合（すなわち著しく少数の

者（60日間で10名以下）から株券等の買付けをする場合）において、『公開買付けによらないで行うことに同意する旨を記載した書面が当該株券等のすべての所有者から提出された場合』に公開買付けによらないことができるとされている。ここで『株券等の所有者』という場合の『株券等』について特に限定は加えられていない…。

このような文理に照らすと、株券等の所有者が25名未満の場合で、そのうちの10名以下の者から株券等を買い付けるというときは、そのすべての所有者（すなわち、買付け対象株券等の所有者のみならず、買付け対象外株券等の所有者も含めたもの）から公開買付けによらないことの書面による同意がある場合に限り、公開買付けによらないことができるということになると解される。したがって、買付者が、種類株式を発行している会社の特定の種類株式を取引所有価証券市場外において買い付けることを企図しているという場合においても、当該買付けの対象とされた種類株式に係る株券等の所有者だけではなく、買付け対象外の株券等も含めたすべての株券等（当然、買付け対象外の種類の異なる株式に係る株券等も含まれる。）の所有者が25名未満であり、かつ、そのすべての所有者から同意を得ていることが、公開買付けによらないための要件となるのである。」

「〔平成18年他社株府令の〕規定ぶりからすると、平成18年他社株府令の『当該株券等のすべての所有者の同意』にいう『当該株券等』には、買付け等対象株券等及び買付け等対象外株券等のすべて（そこには種類の異なる株式も含まれる。）が含まれていることが前提とされていることは明らかである。ただ、買付者の所有割合が3分の2未満の場合は、買付け等対象株券等の所有者すべての同意をもって『当該株券等のすべての所有者の同意』があったものとみなすこととし、また、買付者の所有割合が買付けにより3分の2以上になる場合は、種類株主総会の決議をもって『当該株券等のすべての所有者の同意』があったものとみなすこと等としたものと理解される。そして、他社株府令は、平成18年施行令の委任を受けて、『当該株券等のすべての所有者の同意』の内容を具体化したものにすぎないから、平成18年他社株府令のこのような規定の仕方からすると、立法担当者は、平成18年施行令にいう『当該株券等』を買付け対象株券等及び買付け等対象外株券等のすべて（そこには種類の異なる株式も含まれる。）を含むものと考えていたことが十分うかがわれるといわなければならない…。そして、法及び施行令のレベルでみると、平成18年法令と平成17年法令は、全く同じ文言であり、実質的には改正がされていないのであるから、平成17年施行令にいう『当該株券等』も買付け等対象株券等及び買付け等対象外株券等のすべてを含む意味のものであるということが、以上に照らして、十分うかがわれるのである…。」

「…また、このように…解することは、…公開買付制度の趣旨に適合するということができる。…たとえ買付者が特定の種類株式を買付けの対象として企図したとしても、その買付けが会社支配権に影響を及ぼすようなものであるとすると、それは株価を変動させ、買付け対象外の株券等の所有者（一般の株主）にも大きな影響を及ぼすものであるから、透明性、公正性を確保する必要性があり、公開買付けを強制する必要があることに変わりはないと考えられるからである…。」

「…以上の解釈を前提とすると、…Y₁のした本件各買付けは、平成17年施行令7条5項4号、同他社株府令3条の2の4第1項、2項の要件を充たさず、公開買付けによらないことができる場合に当たらないものであったといわなければならない…。そして、平成17年法27条の2第1項が公開買付けを要求する趣旨は、前記のとおり、一般の株主にも、売却の機会を付与して、平等にプレミアムを取得できるようにしようとする趣旨を含むものであるから…、その違反は、カネボウの株主であるXとの関係でも、違法なものとして、不法行為を構成するというべきである。」

「…Xは、仮にY₁が本件各買付けに当たり公開買付けの方法を採った場合、公開買付けに応募したものと推認されるから、この機会を失ったことによりなにがしかの損害が発生したものと認められる。もっとも、仮に公開買付けの方法によるとした場合に、買付数量（なお、平成17年法令では、買付者は全部買付義務を負わないのである。）、買付価格等がどのように設定されたかは証拠上明確でなく、売却の機会を失ったことによる損害額の立証は極めて困難であるというべきである。そこで、民訴法248条に基づき、ＩＲＣＪからのＹ₁の買付価格が201円である…こと等の事情を考慮して、損害額を2万100円と認定することとす

る。ただし、Xは1株につき107円を差し引いた損害額を請求（一部請求）しているから、うち9400円の限度で請求を認容する。」

III 分析と展開

1 カネボウの再建と少数株主

本件は、旧カネボウの再建を巡って、同社の少数株主が提起した訴訟である。旧カネボウの再建を巡っては、本件のほか、Iの②の中で述べた事業譲渡について、普通株主が株式買取価格決定を申し立てた。東京地裁は、買取価格を1株当たり360円とする決定をしている（東京地決平成20・3・14金判1289号8頁。なお、本判決のXの主張等からして、Xは、同買取価格決定事件の申立人にも含まれるようである）。

2 公開買付ルール違反

本判決に関連して最も重要な問題であり、また、「我が国のM&Aコミュニティを震撼させる」ものともいわれるのは（注1）、本判決が、Y_1によるC種類株式の譲受けが金融商品取引法（以下、「金商法」という）の公開買付ルールに違反するとしたことである。

金商法（Y_1によるC種類株式の譲受け当時は証券取引法）は、有価証券報告書提出会社の株券等を市場外で買い付けるためには、原則として公開買付けによらなければならないと定める（金商法27条の2第1項。以下では、このルールを「公開買付け強制ルール」と呼ぶ）。これにはいくつかの例外があるが、その1つとして、「株券等の所有者」が25名未満である場合であり、かつ、60日間で10名以下の者から株券等の買付けをする場合に、そのような買付けを公開買付けによらないで行うことについて、「当該株券等」のすべての所有者が同意しているという場合がある（金商法施行令6条の2第1項7号・3項、他社株府令2条の5第1項。同じルールが、Y_1によるC種類株式の譲受けの当時にも存在した）。なお、金商法の公開買付ルールにおいて「株券等」と呼ばれるものに、議決権のない株式は含まれない（金商法27条の2第1項、金商法施行令6条1項）。したがって、以下に述べる種類の異なる株式についての議論も、議決権がある複数の種類の株式を前提にしている。

本判決は、上記の例外について、「株券等の所有者」にいう「株券等」と、「当該株券等」は、買付けの対象になる株券等だけではなく、買付けの対象にならない株券等も含むものとする。したがって、本件の場合、C種類株式だけでなく普通株式をも合わせたA会社の株主が25名未満ではなかったので、また、普通株主全員が上記の同意をしたわけではないので、そのような例外には該当しなかったものとされた。そのため、公開買付けによらずにC種類株式を買い付けたY_1は、公開買付け強制ルールに違反したとされたわけである。

本判決は、以上の解釈の根拠として、平成17年施行令（平成17年政令第355号による改正後の証券取引法施行令）は、上記のように「株券等の所有者」とするだけで、それを買付けの対象になる種類の株券等の所有者に限定する文言を付していないということのほか、次の2点を挙げる。㋐平成18年に改正された他社株府令（発行者以外の者による株券等の公開買付けの開示に関する内閣府令）は、平成18年施行令（平成18年政令第377号による改正後の証券取引法施行令）の規定にいう「当該株券等のすべての所有者が同意している場合」を、①買付けの対象になる種類の株式の所有者全員の同意とともに、②買付者の所有割合が3分の2以上になる場合には、買付けの対象にならない種類の株式の種類株主総会の決議（対象外の種類の株式の所有者が25名未満であればその全員の同意）がある場合を指すものとする。本判決は、このような定めが、平成18年施行令の規定にいう「株券等の所有者」「当該株券等」が買付けの対象にならない株券等も含むことを前提にしたものであり、平成17年施行令も同じ文言の規定である以上、同様に解すべきだとする。㋑本判決はまた、上記の施行令のルールは買付者が公開買付けによらなければならないかどうかを決める基準であり、そこで買付けの対象とされない種類の株式をも含めて判断を行うことが、会社支配権に影響を及ぼし得る証券取引について透明性・公正性を確保し、一般の株主にも公平に売却機会を与えるという公開買付制度の趣旨に適合すると述べる。

以上のような本判決の解釈は、一般に、上記の施行令にいう「株券等」「当該株券等」が買付けの対象にならない種類の株券等も含めたすべての株券等を意味するという考え方（非限定説と呼ばれる）を採るものと考えられている。そして、そのような非限定説について、これを支持する論者は見られない（注2）。特に、本判決の上記㋐の

理解に対しては、批判が強い。本判決は、（引用は省略したが）上記の施行令にいう「株券等」「当該株券等」が買付けの対象になる種類の株式だけを含むものだと考えてしまうと、施行令よりも下位の他社株府令が、施行令では要求されていないにもかかわらず、買付けの対象にならない種類の株式についても、その全員の同意または種類株主総会を要求することになり、他社株府令の定めは施行令による委任の範囲を超えていることになるとする。これに対しては、上記の施行令が「原則として公開買付けを要する」というルールに対する例外を定めるものであり、そのような「例外」の妥当範囲を狭めることは委任の範囲を超えないとの批判が行われる（注3）。

この問題について従来一般的だった考え方は、上記の「株券等」「当該株券等」は、買付けの対象になる種類の株券等だけを指し（このような考え方は限定説と呼ばれる）、かつ、株券等の種類の違いは原則として形式的に判断する考え方（形式説と呼ばれる）である。これに対して、限定説を採りつつ、株券等の種類の違いは原則として実質的に判断する考え方（実質説と呼ばれる）が示唆されることがある（注4）。実質説に対しては、全部買付義務（金商法27条の13第4項）が課されず、買付者が買付予定数しか株券について決済をしなくてよい場合に、（実質説を採れば買付けの対象にしなければならない）異なる種類の株式の間で、実質的な平等を確保するような方法が金商法には定められておらず、そうである以上、実質説は解釈論として採り得ないという批判がある（注5）。もっとも、形式説であっても、株券等の種類の違いについて実質的な考慮が一切排除されるわけではないようである（注6）。

3 本判決に従った場合の公開買付け

本判決は、2に述べたように、Y₁によるC種類株式の譲受けについては公開買付け強制ルールが適用され、相対取引による譲受けは許容されなかったとする。それでは、仮にY₁が公開買付けによって譲受けを行おうとしていたとすれば、C種類株式だけを買付けの対象にすることはできたのだろうか。平成18年に複数の種類の株券等について全部勧誘義務（金商法施行令8条5項3号）が導入され、買付け後の買付者等による所有割合が3分の2以上になる場合には、すべての種類の株券等について買付け等の申込みまたは売付け等の申込みの勧誘を行わなければならないことになった。そうでない場合には、特定の種類の株券等だけを買付けの対象にできるはずであるし、同改正以前にはすべての場合について特定の種類の株券等だけを買付けの対象にできたはずである。これに対して、本判決は、Xの損害を認定する際に、仮にY₁が公開買付けの方法を採った場合、Xは公開買付けに応募したものと推認されるから、この機会を失ったことによって損害が発生したと述べる。これは、Y₁はC種類株式だけを買付けの対象にする公開買付けはできず、普通株式をも買付けの対象にしなければならなかったことを前提にしているようである（注7）。

4 本判決のインパクトなど

本判決に対しては、そのような解釈をすると、上場会社の場合に議決権のある種類株式だけを公開買付けによらずに買い付けることが不可能になるといった批判が強い（注8）。他方で、上記の施行令の解釈論としては本判決を批判しつつ、上記2(イ)のような考慮の重要性を指摘し、本件の場合、普通株主にも公開買付けが行われ、支配プレミアムの分配の機会が与えられるべきではなかったかと述べるものもある（注9）。

（注1）太田洋「種類株式の買付けを通じた上場企業の買収とＴＯＢ規制」金法1854号35頁（2008年）。
（注2）太田・前掲（注1）39〜40頁、金融商品取引法研究会編『公開買付け制度』3頁〔中東正文〕（日本証券経済研究所・2009年）等。
（注3）松尾直彦「東京高裁による公開買付規制の解釈の評価」金判1304号1頁（2008年）。
（注4）金融商品取引法研究会編・前掲（注2）4頁〔中東正文〕、金融庁「提出されたコメントの概要とコメントに対する金融庁の考え方」http://www.fsa.go.jp/news/18/syouken/20061213-1/01.pdf。
（注5）金融商品取引法研究会編・前掲（注2）24頁〔黒沼悦郎〕。
（注6）金融商品取引法研究会編・前掲（注2）29頁〔神田秀樹〕。
（注7）太田・前掲（注1）40頁。
（注8）太田・前掲（注1）43頁。
（注9）田中信隆「カネボウ控訴審判決の教訓」商事1852号10頁（2008年）。

Yasushi ITO

平成20・7・9東京高裁第9民事部判決、平成19年(ネ)第3361号損害賠償請求控訴事件、原判決変更、請求一部認容【上告・上告受理申立て】
原審＝平成19・5・29東京地裁判決、平成18年(ワ)第14247号、金判1297号36頁

判　決

＜当事者＞（編集注・一部仮名）
控訴人（原告）	X
訴訟代理人弁護士	古川和典
同	稲葉大和
同	佐瀬達哉
被控訴人（被告）	
	トリニティ・インベストメント株式会社
代表者代表取締役	會田隆太郎
被控訴人（被告）	ユニゾン・キャピタル株式会社
代表者代表取締役	江原伸好
被控訴人（被告）	Y₃
被控訴人（被告）	Y₄
被控訴人（被告）	Y₅
被控訴人（被告）	Y₆
被控訴人（被告）	株式会社ＭＫＳパートナーズ
代表者代表取締役	松木伸男
上記7名訴訟代理人弁護士	荒井紀充
同	藤原総一郎
同	野島梨恵
同	佐々木将平
同	田中昌利
同	墳崎隆之
同	渡邉泰秀

【主　文】
1　原判決を次のとおり変更する。
　(1)　被控訴人トリニティ・インベストメント株式会社は、控訴人に対し、9400円及びこれに対する平成18年7月12日から支払済みまで年5分の割合による金員を支払え。
　(2)　控訴人の被控訴人トリニティ・インベストメント株式会社に対するその余の請求及びその余の被控訴人らに対する請求をいずれも棄却する。
2　訴訟費用は、第1、2審を通じて100分し、その1を被控訴人らの負担とし、その余を控訴人の負担とする。
3　この判決は、第1項の(1)に限り、仮に執行することができる。

【事実及び理由】
第1　控訴の趣旨
1　原判決を取り消す。
2　被控訴人らは、控訴人に対し、連帯して、4万9300円及びこれに対する被控訴人トリニティ・インベストメント株式会社及び被控訴人ユニゾン・キャピタル株式会社については平成18年7月12日から、被控訴人Y₃については平成18年8月30日から、被控訴人Y₆については平成18年8月17日から、被控訴人Y₅及び被控訴人Y₄については平成18年8月18日から、被控訴人株式会社ＭＫＳパートナーズについては平成18年7月12日から、各支払済みまで年5分の割合による金員を支払え。
3　訴訟費用は、第1、2審とも被控訴人らの負担とする。
4　仮執行宣言
第2　事案の概要
1　本件は、株式会社産業再生機構（以下「ＩＲＣＪ」という。）の支援によるカネボウ株式会社（以下「カネボウ」という。）の再建に関し、①スポンサーとなった被控訴人ユニゾン・キャピタル株式会社（以下「被控訴人ユニゾン」という。）、アドバンテッジパートナーズ有限責任事業組合（以下「アドバン」という。被控訴人Y₃（以下「被控訴人Y₃」という。）、同Y₄（以下「被控訴人Y₄」という。）、同Y₅（以下「被控訴人Y₅」という。）及び同Y₆（以下「被控訴人Y₆」という。）は、アドバンの組合員である。）及び被控訴人株式会社ＭＫＳパートナーズ（以下「被控訴人ＭＫＳ」といい、上記3者をあわせて「被控訴人ら3ファンド」という。）が運営するファンドが出資して設立した被控訴人トリニティ・インベストメント株式会社（以下「被控訴人トリニティ」という。）が、ＩＲＣＪ及び株式会社カネボウ化粧品（以下「カネボウ化粧品」という。）からカネボウのＣ種類株式を買い付ける際に、平成17年法律第87号による改正前の証券取引法（以下「平成17年法」という。）27条の2第1項に基づき、普通株式とともに公開買付けによらなければならなかったのに、それをしなかった違法があったため、カネボウの普通株式を有していた控訴人は、同株式の売却の機会を逸し、被控訴人トリニティとＩＲＣＪとの間の売買価格201円と残余財産分配額107円との差額94円の100株分である9400円の損害（少なくともその後行われた公開買付（以下「本件ＴＯＢ」という。）価格である162円との差額である3900円の損害）を被った、これは、被控訴人トリニティ及び被控訴人トリニティを支配する被控訴人ら3ファンドの不法行為を構成する、②被控訴人トリニティは、上記各買付けによりカネボウの支配株主となった後、カネボウをして、その事業のうちホームプロダクツ事業をカネボウホームプロダクツ株式会社（以下「カネボウホームプロダクツ」という。）に、薬品事業をカネボウ製薬株式会社（以下「カネボウ製薬」という。）にそれぞれ営業譲渡させ、また、カネボウフーズ株式会社（以下「カネボウフーズ」という。）の株

式を被控訴人ら3ファンドの100パーセント支配下の会社等に譲渡させたうえ、被控訴人トリニティが上記各譲渡に係る代金債務を免責的に引き受けることに同意させ、さらに、減資を行わせ、最終的に解散させるという一連の行為を行った、これは支配株主の少数株主に対する権利の濫用ないし信認義務違反になるから、被控訴人トリニティ及び被控訴人トリニティを支配する被控訴人ら3ファンドの不法行為を構成する、これにより、控訴人は、本来の株式の価値600円と残余財産分配額107円の差額493円の100株分である4万9300円の損害（少なくとも株式買取価格決定申立事件の決定額360円と残余財産分配額107円との差額である2万5300円、又は上記360円と本件ＴＯＢ価格である162円との差額である1万9800円の損害）を被った、③被控訴人ら3ファンドは、カネボウの事実上の取締役であるところ、善管注意義務に違反して不当な安値で上記各譲渡を行ったから、②の損害につき平成17年法律第87号による改正前の商法（以下「旧商法」という。）266条の3の責任を負う、④カネボウの支配株主である被控訴人ら3ファンドは、カネボウの取締役をして善管注意義務に違反して不当な安値で上記各譲渡を行わせたといえるから、②の損害につき不法行為の責任を負う、と主張して、被控訴人らに対し、連帯して、4万9300円及びこれに対する訴状送達の日の翌日である被控訴人トリニティ及び被控訴人ユニゾンについては平成18年7月12日から、被控訴人Ｙ₃については平成18年8月30日から、被控訴人Ｙ₆については平成18年8月17日から、被控訴人Ｙ₅及び被控訴人Ｙ₄については平成18年8月18日から、被控訴人ＭＫＳについては平成18年7月12日から各支払済まで民法所定の年5分の割合による遅延損害金の支払を求める事案である。なお、控訴人は、原審においてその所有するカネボウの普通株式1500株について損害賠償を求めていたところ、当審において、請求を減縮し、上記1500株のうち、株式買取請求権を行使していない100株についてのみ損害賠償を求めている。

2　前提となる事実（証拠掲記のない事実は当事者間に争いがない。）

(1)　控訴人は、カネボウの普通株式1500株を保有している（甲1）。

(2)ア　被控訴人ユニゾンは、平成10年10月22日、外資系金融機関出身者が中心となって設立したプライベート・エクイティ投資関連事業を主な業務とする株式会社である。被控訴人ユニゾンは、被控訴人トリニティの間接の株主である複数のファンドに対して資産運用に関する助言を行っている。

イ　アドバンは、平成17年9月13日に組合契約の効力が発生したプライベート・エクイティ投資ファンドの設立、運営を主な業務とする有限責任事業組合である。アドバンは、被控訴人トリニティに対して間接的に出資を行っており、被控訴人トリニティの間接の株主である複数のファンドに対して資産運用に関する助言を行っている。被控訴人Ｙ₃、同Ｙ₄、同Ｙ₅及び同Ｙ₆は、アドバンの組合員である。アドバンの履歴事項全部証明書には代表者の定めはない。

ウ　被控訴人ＭＫＳは、平成14年7月1日に設立されたファンドの運営を主な業務とする株式会社である。被控訴人ＭＫＳは、被控訴人トリニティに対して間接的に出資を行っており、被控訴人トリニティの間接の株主である複数のファンドに対して資産運用に関する助言を行っている。

エ　被控訴人トリニティは、カネボウ株式を保有することのみを目的とした会社である。

(3)　カネボウは、多角化に失敗して経営状態が悪化し、平成16年3月10日、ＩＲＣＪに対して支援申込みをし、同日、支援決定の通知を受けた。その後、ＩＲＣＪは、同年5月31日、上記支援決定を撤回したうえ、カネボウがまとめた事業再生計画を前提とした新たな支援決定を行った。ＩＲＣＪは、同年9月30日、カネボウに対し、100億円の現金出資及び100億円の債権の現物出資をしてＣ種類株式（議決権を有する利益配当請求権のない種類株式。平成18年10月1日以降であれば普通株式に転換が可能な内容となっている。）を引き受け、議決権割合で過半数を有することとなった。

(4)　カネボウは、平成17年4月13日、粉飾決算及びそれに伴う決算修正を公表した。カネボウの株価は、1500円台から700円程度まで下がった。東京証券取引所は、同年5月12日、有価証券報告書虚偽記載を理由として、同年6月10日でカネボウの上場を廃止する決定を行い、株価は400円前後まで低下した。カネボウの上場廃止時の最終株価は360円である。

(5)　カネボウは、平成17年5月12日、「平成16年9月中間期には債務超過を解消し、併せて有利子負債を昨年3月末対比で約5000億円圧縮したことで、財務体質の改善に目処をつけることが出来ました。」「ホームプロダクツ・薬品・食品の3事業の連携による新商品の開発を積極的に推進いたします」とするプレスリリースを出した。

カネボウは、同年5月31日、事業再生計画に基づく再生は順調に推移しており、事業譲渡及び不採算部門の清算を進めるとともに、ホームプロダクツ事業、薬品事業及び食品事業については収益性が順調に回復している旨のプレスリリースを出した。

カネボウは、上場が廃止された同年6月10日、「株式会社産業再生機構の支援の下、事業再生計画に基づき、引き続き、経営改革を推進し、企業価値の向上に努めてまいります。」とするプレスリリースを出した。

(6)　ＩＲＣＪは、平成17年8月以降、数次の入札を経て、同年12月16日、カネボウに対して保有する株

及び債権の売却先を被控訴人ら3ファンドが運営に携わるファンドが出資する被控訴人トリニティに決定した（甲8、28）。

(7) 平成17年6月にカネボウ化粧品がカネボウのC種類株式6250万株を200億円で引き受けており、平成18年1月31日時点でのカネボウの議決権株式の保有割合は以下のとおりである。

株式種類	保有者	議決権数	議決権割合
普通株式	一般個人投資家等	51,283,557	30.8%
C種類株式	IRCJ	52,631,500	31.6%
	カネボウ化粧品	62,500,000	37.6%

(8) 被控訴人トリニティは、平成17年法27条の2第1項に基づく公開買付けの手続によることなく、C種類株式の保有者であるIRCJ及びカネボウ化粧品の同意を得て、平成18年1月31日、IRCJから、同年2月21日、カネボウ化粧品から、それぞれカネボウのC種類株式全部を譲り受けた（弁論の全趣旨。以下「本件各買付け」という。）。

(9) 平成18年2月16日、カネボウの臨時株主総会において、Z_1が取締役として留任し、Z_2（以下「Z_2」という。）、Z_3（以下「Z_3」という。）、Z_4（以下「Z_4」という。）及びZ_5（以下「Z_5」という。）がそれぞれ新たに取締役に選任された。Z_2は被控訴人ユニゾンのマネジメントアドバイザー、Z_3はアドバンのパートナー、Z_4は被控訴人MKSのパートナー、Z_5は被控訴人ユニゾンのパートナーである。

(10) 被控訴人トリニティは、平成18年2月22日、カネボウの株式を1株につき162円で公開買付けする旨の公告を行い、同日から本件TOBを開始した。

(11) カネボウは、平成18年4月14日、ホームプロダクツ事業をカネボウホームプロダクツに、薬品事業をカネボウ製薬にそれぞれ営業譲渡し、カネボウフーズの株式をカネボウ・トリニティ・ホールディングス株式会社（以下「カネボウ・トリニティ・ホールディングス」という。）及びその株主であるファンド等に譲渡することを公表したうえ（甲12、16、弁論の全趣旨）、上記各譲渡（以下、上記各営業譲渡を「本件営業譲渡」といい、株式譲渡と併せて「本件営業譲渡等」という。）を実行した。

(12) カネボウは、本件営業譲渡等により、譲渡先に対して合計425億4600万円の譲渡代金債権を有するに至った。被控訴人トリニティは、これら各譲渡先の代金債務を免責的に債務引受し（以下「本件免責的債務引受」という。）、カネボウは本件免責的債務引受を同意した。

(13) カネボウは、平成18年7月26日、資本金を約351億円から1億円に減資することを公告した（以下「本件減資」という。）。

(14) カネボウは、平成19年6月28日開催の定時株主総会の決議により、同月30日をもって解散した（甲45。以下「本件解散」という。）。

3　関係法令の定め
(1) 証券取引法
ア　平成17年法27条の2第1項

その株券、新株予約権付社債券その他の有価証券で政令で定めるもの（以下この章及び第27条の30の11（第4項を除く。）において「株券等」という。）について有価証券報告書を提出しなければならない発行者の株券等につき、当該発行者以外の者による取引所有価証券市場における有価証券の売買等（競売買の方法以外の方法による有価証券の売買等として内閣総理大臣が定めるもの（第4号において「特定売買等」という。）を除く。第1号において同じ。）による買付け等（株券等の買付けその他の有償の譲受けをいい、これに類するものとして政令で定めるものを含む。以下この節において同じ。）以外の買付け等は、公開買付けによらなければならない。ただし、次に掲げる株券等の買付け等については、この限りでない。

1、2　略

3　当該買付け等の後におけるその者の所有（これに準ずるものとして政令で定める場合を含む。以下この節において同じ。）に係る株券等の株券等所有割合がその者の特別関係者（第7項第1号に掲げる者については、内閣府令で定める者を除く。次号及び第5号において同じ。）の株券等所有割合と合計して100分の5を超えない場合における当該株券等の買付け等

4　特定売買等による株券等の買付け等の後におけるその者の所有に係る株券等の株券等所有割合がその者の特別関係者の株券等所有割合と合計して3分の1を超えない場合における特定売買等による当該株券等の買付け等

5　著しく少数の者から株券等の買付け等を行うものとして政令で定める場合における株券等の買付け等（当該株券等の買付け等を行う者及びその特別関係者の株券等所有割合の合計が3分の1を超えない場合に限る。）

6　株券等の買付け等を行う者がその者の特別関係者（第7項第1号に掲げる者のうち内閣府令で定めるものに限る。）から行う株券等の買付け等その他政令で定める株券等の買付け等

イ　平成18年法律第65号による改正後の証券取引法（以下「平成18年法」という。）27条の2第1項

その株券、新株予約権付社債券その他の有価証券で政令で定めるもの（以下この章及び第27条の30の11（第4項を除く。）において「株券等」という。）について有価証券報告書を提出しなければならない発行者の株券等につき、当該発行者以外の者が行う買付け等（株券等の買付けその他の有償の譲受けをいい、これに類するものとして政令で定めるものを含む。以下こ

の節において同じ。）であつて次のいずれかに該当するものは、公開買付けによらなければならない。ただし、新株予約権を有する者が当該新株予約権を行使することにより行う株券等の買付け等及び株券等の買付け等を行う者がその者の特別関係者（第7項第1号に掲げる者のうち内閣府令で定めるものに限る。）から行う株券等の買付け等その他政令で定める株券等の買付け等は、この限りでない。

(2) 証券取引法施行令

ア　平成17年政令第355号による改正後の証券取引法施行令（以下「平成17年施行令」という。）7条5項4号

株券等の所有者が少数である場合として内閣府令で定める場合であつて、当該株券等に係る特定買付け等を公開買付けによらないで行うことにつき、当該株券等のすべての所有者が同意している場合として内閣府令で定める場合における当該特定買付け等

イ　平成18年政令第377号による改正後の証券取引法施行令（以下「平成18年施行令」という。）6条の2第1項7号

株券等の所有者が少数である場合として内閣府令で定める場合であつて、当該株券等に係る特定買付け等を公開買付け（法第27条の2第6項に規定する公開買付けをいう。以下この節において同じ。）によらないで行うことにつき、当該株券等のすべての所有者が同意している場合として内閣府令で定める場合における当該特定買付け等

(3) 発行者以外の者による株券等の公開買付けの開示に関する内閣府令（以下「他社株府令」という。）

ア　平成17年内閣府令第103号による改正後の他社株府令（以下「平成17年他社株府令」という。以下、平成17年法、平成17年施行令と併せて「平成17年法令」ということがある。）3条の2の4

1　令第7条第5項第4号に規定する株券等の所有者が少数である場合として内閣府令で定める場合は、株券等の所有者が25名未満である場合とする。

2　令第7条第5項第4号に規定するすべての所有者が同意している場合として内閣府令で定める場合は、当該株券等に係る特定買付け等を公開買付けによらないで行うことに同意する旨を記載した書面が当該株券等のすべての所有者から提出された場合とする。

3以下　略

イ　平成18年内閣府令第86号による改正後の他社株府令（以下「平成18年他社株府令」という。以下、平成18年法、平成18年施行令と併せて「平成18年法令」ということがある。）2条の5

1　令第6条の2第1項第7号に規定する株券等の所有者が少数である場合として内閣府令で定める場合は、当該株券等の所有者が25名未満である場合とする。

2　令第6条の2第1項第7号に規定するすべての所有者が同意している場合として内閣府令で定める場合は、次に掲げる区分に応じ、当該各号に定める場合とする。

①　特定買付け等の後における当該特定買付け等を行う者の所有に係る株券等の株券等所有割合（法第27条の2第8項に規定する株券等所有割合をいう。以下この号において同じ。）とその者の特別関係者（法第27条の2第1項ただし書に規定する特別関係者をいう。）の株券等所有割合を合計した割合が3分の2以上となる場合であつて、当該特定買付け等の対象とならない株券等（以下この号において「買付け等対象外株券等」という。）があるとき　当該特定買付け等の対象となる株券等に係る特定買付け等を公開買付けによらないで行うことに同意する旨を記載した書面が当該特定買付け等の対象となる株券等のすべての所有者から提出され、かつ、買付け等対象外株券等についてイ又はロの条件が満たされていること。

イ　特定買付け等を公開買付けによらないで行うことに同意することにつき、当該買付け等対象外株券等に係る種類株主総会（会社法（平成17年法律第86号）第2条第14号に規定する種類株主総会をいう。第5条第3項において同じ。）の決議が行われていること。

ロ　買付け等対象外株券等の所有者が25名未満である場合であつて、特定買付け等を公開買付けによらないで行うことにつき、当該買付け等対象外株券等のすべての所有者が同意し、その旨を記載した書面を提出していること。

②　前号に掲げる場合以外の場合　当該特定買付け等の対象となる株券等に係る特定買付け等を公開買付けによらないで行うことに同意する旨を記載した書面が当該特定買付け等の対象となる株券等のすべての所有者から提出された場合とする。

4　争点及び争点に関する当事者の主張

(1) 被控訴人トリニティがIRCJ及びカネボウ化粧品からC種類株式を公開買付けによらないで買い付けた行為は、平成17年法27条の2第1項に違反するか。

ア　控訴人の主張

(ｱ)　公開買付制度の趣旨は、支配権の変更を伴うような株式の大量取得について、株主が十分に投資判断をなし得る情報開示を担保し、会社の支配価値の平等分配に関与する機会を与えることを制度的に保障するものであるから、公開買付けの機会を与えるべきかどうかは、支配権の変動、つまり議決権の変動があるかどうかを基準とすべきである。したがって、種類株式であっても議決権株式であれば、当該種類株式だけでなく普通株式をも含めて「株券等の所有者が25名未満であ」って、「当該株券等に係る特定買付け等を公開買付けによらないで行うことにつき、当該株券等

のすべての所有者が同意している場合」に初めて公開買付けを行う必要がないというべきである。そうでなければ、本件のように、種類株式を発行することで、公開買付けをすることなく支配権の変更が可能となり、公開買付制度を設けた法の趣旨が没却されることになる。

(イ) 金融庁は、平成18年法令に係るパブリックコメントに対する回答において、「ある「種類」の株式のみを25名未満の株主から買い付ける場合であって、当該種類株主のすべての所有者からの同意を得たときは、令第6条の2第1項第7号及び他社株府令第2条の5第2項の要件を満たせば公開買付けは不要となります。ただし株券等の「種類」をどのようにとらえるかは、関係法令に照らして、個別事案ごとに判断されるものと考えられます。」と回答している。この金融庁の考え方は、「種類」を形式的に捉えるのではなく、公開買付制度の趣旨から実質的に判断すべきであるとするもので、控訴人の考え方と整合的である。

(ウ) 平成18年施行令によれば、ある者の株券等所有割合が3分の2以上となる場合には、上場廃止や会社法の特別決議に基づく組織再編行為が視野に入ってくることから、零細な株主・投資家を保護する観点から議決権のあるすべての株券等の所有者に対して公開買付けを実施することが公開買付けの条件とされた。本件各買付けは、正に株券等所有割合が3分の2以上となる場合であって、上記政令の下では、公開買付けが必要となる場合である。この趣旨は改正前においても妥当するというべきである。

(エ) 平成17年法27条の2第8項は、「株券等所有割合」を算出する際に、当該発行者の総議決権の数を基準としており、種類株式ごとの算定をしていないから、「株券等」には議決権株式のすべてが含まれる。そして、同じ法文において、同一の用語を様々な意味で使用することはあり得ないから、平成17年施行令7条5項4号及び平成17年他社株府令3条の2の4第1項の「株券等」には議決権を有する株式のすべてが含まれる。

イ 被控訴人らの主張
(ア) 平成17年法27条の2第1項等にいう「株券等」とは、売買の対象となる当該種類株式のみを指すと解するのが通常の解釈である。ＩＲＣＪが株式会社ダイエーの事業再生を手がけた際にも、かかる解釈に則って議決権付種類株式を売却したように、実務においてもかかる解釈を前提として運用されている。また、立法担当者も、種類株式については、種類ごとにその内容、経済価値が異なるから、公開買付けもまた種類ごとに行われることを根拠として、同様の解釈を採用していた。そして、これは、「株券等の所有者が25名未満であ」って、「当該株券等に係る特定買付け等を公開買付けによらないで行うことにつき、当該株

券等のすべての所有者が同意している場合」には、「株券等の所有者が少数であることから、類型的に株券等の買付けによる影響が少ないうえ、同意をしている株券等の所有者については、売却の機会を担保すべき必要性が低い」という点から考えても、極めて妥当な解釈である。

(イ) 平成18年施行令においては、買付け後の株券等所有割合が3分の2以上となる場合、新たに全部買付義務が導入されたが、その趣旨は、少数派の株主等が少数派として残存することを余儀なくされることを防ぐために、他の種類の株券等についての買付義務が新たに導入されたものである。なお、この新しい制度の下でも、他の種類の株式の種類株主総会において、公開買付けが行われないことに同意する旨の決議がされる等の一定の要件を満たせば、公開買付けによらない買付けが認められている（平成18年他社株府令2条の5第2項1号）。このように、今般の改正後の他社株府令においても、買付者は、他の種類の株式をも公開買付けの対象とする当然の義務はないとされている。

平成18年他社株府令においては、「株券等」（2条の5第1項、1条5号）と、「買付け等対象外株券等」（2条の5第2項1号）とは明確に区別して定義されており、これらは異なる概念であるとされている。すなわち、「株券等」とは、公開買付けの対象となっている種類の株券と解釈することが明確にされているのであり、同じ文言を使用している改正前の「株券等」も同様に解すべきこととなる。

(2) 本件各買付けや本件営業譲渡等の一連の行為は、支配株主の権利の濫用ないし信認義務（誠実義務）違反として違法であるか。

ア 控訴人の主張
(ア) ①被控訴人トリニティは、カネボウに対する公開買付届出書の訂正届出書に、「公開買付者は・・・本公開買付けで対象者の全株式を取得できなかった場合には、以下の方法により対象者の100％子会社化を図ることを計画しています。」「公開買付者は、効率的かつ機動的に上記100％子会社化を達成するため、本計画の一環として上記事業譲渡とあわせて経済産業省及び厚生労働省に対して申請を行い・・・金銭交付による株式交換を・・・行うことを検討しています。」と記載しており、少数株主排除のため（完全子会社化のため）事業譲渡及び金銭交付による株式交換を自ら予告している、②本件営業譲渡等は、カネボウの事業のうち収益性のある3事業部門すべてを被控訴人ら3ファンド傘下の別の企業に移すものであり、しかも本件営業譲渡等から1年で本件解散に至っており、少数株主は事業継続会社から完全に排除された、③本件営業譲渡等の後、事業の統括会社とされたカネボウ・トリニティ・ホールディングの取締役は、

カネボウの取締役であったZ_1、Z_2、Z_4、Z_3、Z_5の5名であり、その組織に変更は全くないし、譲渡先の企業もそれぞれ平成18年5月1日の事業移転日をもってカネボウの最大事業所であった東京都港区海岸に移転しており、何ら変更がない、④カネボウは、少数株主が存在するにもかかわらず、被控訴人トリニティの完全親会社であるカネボウ・トリニティ・ホールディングの三菱東京UFJ銀行に対する借入金(借入限度額465億円、平成18年3月末の借入残額351億6600万円)について連帯保証を行い、さらに、カネボウの資産に極度額250億円の工場財団抵当権、根抵当権を設定しており、これは、被控訴人ら3ファンドが運営するファンドが、カネボウを買収するに当たり、自己資金だけではなく、買収先企業の資産及び将来収益を担保とした借入金をも買収資金とするもの(いわゆるレバレッジド・バイ・アウト)で、買収対象会社の資産の売却あるいは収益から返済する以上、少数株主の排除が予定されていた、⑤本件解散により少数株主は株主たる地位を失う、という点に照らせば、本件各買付け、本件TOB、本件営業譲渡等、本件免責的債務引受、本件解散(以下「本件一連の行為」という。)は、控訴人を含む少数株主を排除することを目的としてなされた一連の行為であることは明らかである。

(イ) 本件一連の行為は、事業の効率化を図るためではなく、カネボウの事実上の親会社である被控訴人ら3ファンドの投資効率の向上(少数株主排除による果実の独占とレバレッジ効果)を目的とするものである。また、本件TOBには、少数株主の株式数の4割(株主数の2割)しか応募しておらず、少数株主のほとんどが本件TOBに反対し、本件TOB価格も162円にすぎない。本件一連の行為においては、IRCJ及びカネボウ化粧品からのC種類株式の取得価格、本件TOB価格の妥当性、100％子会社化する理由、本件営業譲渡等の必要性及び譲渡価格等において、支配株主と少数株主の情報の非対称性がみられるとともに、被控訴人トリニティのための連帯保証及び担保提供、カネボウ化粧品の株式及び商標権の花王株式会社への売却、本件TOB価格の決定、本件免責的債務引受の同意等において、カネボウの取締役の行為は少数株主の利益と相反する。さらに、本件営業譲渡については、産業活力再生特別措置法(以下「産業再生法」という。)の簡易事業譲渡に基づいて行われたため、株主総会が開かれておらず、大半の株主が事業譲渡を知らなかった可能性があり、また、会社法の施行時期と重なったため、商法と会社法のどちらの法律が適用されるかの判断が困難であったなど、株式買取請求権による保護は不十分なものであった。

(ウ) カネボウは、主要3事業等を434億円で譲渡したが、譲渡直前のカネボウ全体の事業価値は1031億8800万円であった。この1031億8800万円のうち、どの程度の価値が譲渡対象となったか不明であるが、少なくとも譲渡対象3事業である811億円分は譲渡対象であるから、本件営業譲渡等が不当な安値で行われたことは明らかであり、本件一連の行為の違法性を基礎付けるものである。

また、東京地方裁判所は、控訴人が申し立てた株式買取価格決定申立事件において、カネボウの普通株式1株当たりの買取価格を360円と決定したが、これは、本件TOBにおける提示価格である162円の2.2倍にも上り、本件一連の行為の違法性を基礎付けるものである。

(エ) 本件一連の行為は、被控訴人ら3ファンドが業務として行っているものであるところ、被控訴人らの利益を図るために正当な目的なく行われたものであり、被控訴人らとカネボウの取締役は一体であって、数々の利益相反行為が行われ、その結果として、少数株主に正当な補償がなされていないことは明らかであるから、被控訴人らの行為は、支配株主の権利の濫用であり、また、支配株主の少数株主に対する信認義務違反に当たる。

イ 被控訴人らの主張
(ア) 控訴人の主張は独自の見解にすぎず、立法の当否に関する立法論にほかならないから、司法審査の対象足り得ない。

(イ) 本件営業譲渡は、産業再生法における事業再構築計画の認定を受け、同法12条の3第2項及び旧商法245条1項1号に基づき行われたものであり、カネボウフーズの株式の譲渡についても旧商法260条2項1号に基づき行われたものである。本件一連の行為は、法律上認められており、かつ、法律に規定された手続に則って行われており、何ら違法な点は存しない。

本件一連の行為の目的は、機動的な事業運営を実現するとともに、3事業からの収益責任を明確化するために事業ごとに別法人とすることにあった。また、カネボウにおいて行われていた粉飾決算及びその結果、同社株式が上場廃止となったことから平成17年法違反ないし不法行為を理由とした損害賠償請求訴訟がカネボウ及びその関係者に対して提起される可能性があったこと、及び、カネボウが事業再生の一環として継続的に行っていた事業及び資産の処分に伴う潜在的な補償義務が相当額存在していたため、被控訴人らとしては、かかる潜在的な損害賠償義務又は補償義務を負担した場合、事業再生計画が破綻して有用な経営資源をも毀損しかねないことから、3事業を偶発債務から遮断することを目的として本件営業譲渡等を行ったものである。なお、偶発債務の遮断という目的は、偶発債務を少数株主に押し付けるものでないことは、被控訴人トリニティが本件営業譲渡等の後もカネボウの株主

であることからしても明白である。

(ウ) 企業価値の算定方法には、様々な方式があり、評価者によって用いる方式、結論が大きく異なり得ることは周知のとおりである。株式買取価格決定申立事件の鑑定では、ＤＣＦ法が採用され、一つの見解が示されたにすぎない。本件一連の行為は、ＩＲＣＪ、カネボウ、カネボウ化粧品、三井住友銀行、花王株式会社、被控訴人トリニティ等の様々な利害を調整しつつ、カネボウにおけるコア事業とその他の事業とを切り離すことによってカネボウの再生を目指すという事業再生スキームの一環として行われたものであり、主要3事業の譲渡のみを取り出してその当否を論じることは全く的外れである。

(エ) 投資先と被控訴人ら3ファンドは、全く別の法人格を持ち、全く違う事業内容を遂行する別企業であるから、投資先企業の行動、あるいはその取締役らの行動が被控訴人らの行動とみなされる余地はない。したがって、本件一連の行為は、被控訴人ら3ファンドの業務の実行として行われたものではない。

(オ) 会社法（本件営業譲渡等を含む一連の取引が行われた当時は旧商法）は、株主総会で決議された営業譲渡に反対する株主の救済手段として株式買取請求権という制度を設けているのであり、これによって、反対株主は、裁判所の決定する正当な価格によってその所有する株式を売却し得るのであって、反対株主には何らの財産的損害も発生しないよう制度設計がなされている。控訴人は、株式買取請求権を行使することにより正当な価格での補償を得ることは十分に可能であったにもかかわらず、敢えてその権利を放棄したのであるから、仮に控訴人に何らかの金銭的な損失が発生しているとしても、控訴人は自らその損失発生を選択したというほかない。

(3) 被控訴人らは、カネボウの事実上の取締役として旧商法266条の3の責任を負うか。
　ア　控訴人の主張
被控訴人ら3ファンドは、業務としてカネボウの経営に関与し、派遣した取締役らが、少なくとも831億円の価値のあるものを434億円で事実上の譲受人である被控訴人ら3ファンドに売却するなどの善管注意義務に違反する行為を行った結果、カネボウに損害を与え、ひいてはカネボウの少数株主である控訴人に損害を与えたのであるから、カネボウの事実上の取締役として、少数株主である控訴人に対して旧商法266条の3の責任を負う。
　イ　被控訴人らの主張
被控訴人ら3ファンドは、カネボウ及びカネボウの取締役とは全く別の法人格を有し、独自の事業活動を展開しているのであり、カネボウの取締役と同一の責任を負う根拠は何もない。

(4) 被控訴人らは、派遣した取締役に善管注意義務違反の行為をさせたことにより不法行為責任を負うか。
　ア　控訴人の主張
支配株主から派遣され、投資先企業の経営を支配株主の業務として行った取締役が、支配株主の指図で、あるいは支配株主の意向を受けて、支配株主に一方的に有利な取引を行い、ひいては少数株主の地位を強制的に奪ったような場合で、かかる行為が投資先企業の取締役の善管注意義務違反となる場合には、支配株主は、少数株主に対して、民法709条、44条、715条に基づき直接不法行為責任を負う。不当な安値でなされた本件営業譲渡等は、カネボウの取締役らの善管注意義務違反の行為であり、本件営業譲渡等の実行により控訴人はカネボウの株主たる地位を奪われたから、被控訴人ら3ファンドは、控訴人に対して、直接不法行為責任を負う。
　イ　被控訴人らの主張
カネボウの取締役に本件に関連して善管注意義務違反の行為などない。また、「善管注意義務違反」なるものとの間に因果関係が要求されることとなる「支配株主の行為」とは、本件においては、だれが、いつ、どこで行ったいかなる行為であるのか、それによって控訴人にいかなる損害が発生しているのか、その間に、いかなる因果関係が認められるのかについて控訴人は全く主張していないのであって、主張自体失当である。

第3　争点に対する判断

1　平成17年法違反について

(1) 平成17年法27条の2は、「その株券、新株予約権付社債券その他の有価証券で政令で定めるもの（中略）について有価証券報告書を提出しなければならない発行者の株券等につき、当該発行者以外の者による取引所有価証券市場における有価証券の売買等（中略）による買付け等（株券等の買付けその他の有償の譲受けをいい、これに類するものとして政令で定めるものを含む。中略）以外の買付け等は、公開買付けによらなければならない。」と定め、取引所有価証券市場外における有価証券報告書提出会社の株券等の買付けは、公開買付けによらなければならないとしている（なお、平成18年法も同じ。）。法が、このように取引所有価証券市場外での取引について原則として公開買付けによらせることにしたのは、取引所有価証券市場における取引については、取引の公正及び流通の円滑を図るため、証券取引法や取引所の自治規則により十分な規制が行われているのに対し、取引所有価証券市場外の取引は不透明になりがちであるところ、会社支配権に影響を及ぼすような証券取引は、株価に大きな影響を及ぼし、一般の株主の利害にも大きな影響を与えることから、買付者に、買付期間、買付数量、買付価格等の情報をあらかじめ開示させ、株主に公平に売

却する機会を付与することを目的とするものである。支配株式の取得に際しては市場価格を上回る価格（プレミアム）が提供されることが通例であるので、公開買付けによることで、一般の株主に平等にこのようなプレミアムを取得する機会が与えられることになる。

　もっとも、公開買付けを義務付けるか否かは、このように会社の支配権に影響を及ぼすような証券取引であるかどうかがポイントであるから、株主総会における議決権に関係しない有価証券は対象外とされている（すなわち、平成17年施行令6条1項、同他社株府令2条は、公開買付けの対象となる有価証券から、「議決権のない株式（中略）であって、議決権のある他の種類の株式に転換することができないものに係る株券」、「新株引受証書のうち議決権のない株式のみを引き受ける権利を付与されているもの」、「新株予約権証券又は新株予約権付社債券のうち議決権のない株式のみを取得する権利を付与されているもの」、「外国法人の発行する証券又は証書で、前三者に掲げる有価証券の性質を有するもの」を除外している。）。

　また、平成17年法27条の2第1項は、1号から6号まで規定を置いて、公開買付けをしなくてもよい例外の場合を定めている。たとえば、買付者が市場外で買い付ける株式数が極めて少ない場合については、会社の支配権への影響が少ないことから、公開買付けの対象から除外している（3号。買付けの結果所有割合が5パーセントを超えない場合。）。また、著しく少数の者から買い付ける場合には、相対取引として、公開買付けの対象から除外している（5号及び平成17年施行令7条4項。60日間に10人以下の者からの買付け。）。ただし、著しく少数の者から買い付ける場合でも、買い付ける株式数が特に多い場合には会社の支配権に変動を生じ得る可能性が高く、一般の株主に影響を与えるので、買付け後の所有割合が3分の1を超える場合には、公開買付けによらなければならないとされる（5号括弧書）。

　(2)　本件で問題となるのは、このうち6号の「その他政令で定める株券等の買付け等」である（なお、平成18年法においても、27条の2第1項ただし書において、全く同文の定めが置かれている。）。この規定を受けて平成17年施行令7条5項4号は、「株券等の所有者が少数である場合として内閣府令で定める場合であつて」（以下これを「施行令前段部分」という。）、「当該株券等に係る特定買付け等を公開買付けによらないで行うことにつき、当該株券等のすべての所有者が同意している場合として内閣府令で定める場合における当該特定買付け等」（以下これを「施行令後段部分」という。）との定めを置いている（なお、平成18年施行令6条の2第1項7号にも、全く同文の定めが置かれている。）。なお、「特定買付け」とは、60日間に10人以下の者から買付け等を行う場合をいうものである

（平成17年施行令7条5項1号、4項参照）。

　そして、施行令前段部分を受けて、平成17年他社株府令3条の2の4第1項は、「株券等の所有者が少数である場合として内閣府令で定める場合は、株券等の所有者が25名未満である場合とする。」と定める（なお、平成18年他社株府令2条の5第1項も同文の定めを置いている。）。また、施行令後段部分を受けて、平成17年他社株府令3条の2の4第2項は、「すべての所有者が同意している場合として内閣府令で定める場合は、当該株券等に係る特定買付け等を公開買付けによらないで行うことに同意する旨を記載した書面が当該株券等のすべての所有者から提出された場合とする。」と定める（なお、施行令後段部分を受けての平成18年他社株府令については、後記(3)ア参照）。

　このように、平成17年施行令及び同他社株府令においては、「株券等の所有者が25名未満である場合」で、特定買付けを行う場合（すなわち著しく少数の者（60日間で10名以下）から株券等の買付けをする場合）において、「公開買付けによらないで行うことに同意する旨を記載した書面が当該株券等のすべての所有者から提出された場合」に公開買付けによらないことができるとされている。ここで「株券等の所有者」という場合の「株券等」について特に限定は加えられていない（なお、「当該株券等」の「当該」は、冒頭の「株券等の所有者が少数である場合として内閣府令で定める場合であつて」を受けるものである。）。

　このような文理に照らすと、株券等の所有者が25名未満の場合で、そのうちの10名以下の者から株券等を買い付けるというときは、そのすべての所有者（すなわち、買付け対象株券等の所有者のみならず、買付け対象外株券等の所有者も含めたもの）から公開買付けによらないことの書面による同意がある場合に限り、公開買付けによらないことができるということになると解される。したがって、買付者が、種類株式を発行している会社の特定の種類株式を取引所有価証券市場外において買い付けることを企図しているという場合においても、当該買付け対象とされた種類株式に係る株券等の所有者だけではなく、買付け対象外の株券等も含めたすべての株券等（当然、買付け対象外の種類の異なる株式に係る株券等も含まれる。）の所有者が25名未満であり、かつ、そのすべての所有者から同意を得ていることが、公開買付けによらないための要件となるのである。

　(3)　このような解釈は、以下の点に照らしても、妥当性が裏付けられる。すなわち、

　ア　平成18年法令と平成17年法令とは、前記のように、法、施行令のレベルでは文言はすべて同じで、そこでは実質的には改正がなされていない。施行令前段部分を受けた他社株府令も同じである。ただ、施行令後段部分を受けた平成18年他社株府令2条の5第2

項の定めは、以下のようなものであり、改正が加えられた。

　すなわち、同条2項は、「令第6条の2第1項第7号に規定するすべての所有者が同意している場合として内閣府令で定める場合は、次に掲げる区分に応じ、当該各号に定める場合とする。」として、1号で「特定買付け等の後における当該特定買付け等を行う者の所有に係る株券等の株券等所有割合（中略）とその者の特別関係者（中略）の株券等所有割合を合計した割合が3分の2以上となる場合であつて、当該特定買付け等の対象とならない株券等（以下この号において「買付け等対象外株券等」という。）があるとき」は、「当該特定買付け等の対象となる株券等に係る特定買付け等を公開買付けによらないで行うことに同意する旨を記載した書面が当該特定買付け等の対象となる株券等のすべての所有者から提出され、かつ、買付け等対象外株券等についてイ又はロの条件が満たされていること。」とし、イとして「特定買付け等を公開買付けによらないで行うことに同意することにつき、当該買付け等対象外株券等に係る種類株主総会（会社法（平成17年法律第86号）第2条第14号に規定する種類株主総会をいう。第5条第3項において同じ。）の決議が行われていること。」、ロとして「買付け等対象外株券等の所有者が25名未満である場合であつて、特定買付け等を公開買付けによらないで行うことにつき、当該買付け等対象外株券等のすべての所有者が同意し、その旨を記載した書面を提出していること。」と定めている。また、2号で「前号に掲げる場合以外の場合」については、「当該特定買付け等の対象となる株券等に係る特定買付け等を公開買付けによらないで行うことに同意する旨を記載した書面が当該特定買付け等の対象となる株券等のすべての所有者から提出された場合とする。」と定める。

　これによると、平成18年他社株府令は、施行令後段部分の「当該株券等のすべての所有者が同意している場合」として、①買付け後の買い付けた者（その者の特別関係者も含む。以下同じ。）の株券等の所有割合が3分の2以上となる場合は、a当該買付け等の対象となる株券等のすべての所有者の書面による同意を要すること、及びb買付け等対象外株券等については、(a)当該買付け等対象外株券等に係る種類株主総会の決議、又は(b)買付け等対象外株券等の所有者が25名未満である場合は、当該株券等の所有者すべての書面による同意を要すること、更に②①以外の場合には、当該買付け等の対象になる株券等のすべての所有者による書面の同意を要することを定めたものである。すなわち、平成18年他社株府令は、施行令後段部分の「当該株券等のすべての所有者の同意」の内容を具体化するにあたり、「当該株券等の所有者」の中から「買付け等の対象となる株券等の所有者」と「買付け等対象外株券等の所有者」とを分け、公開買付けによらないことにつき、①買付け等対象株券等の所有者に関しては、その全員の同意を要求するとともに、②買付者の所有割合が買付けにより3分の2以上になる場合には、これに加え、買付け等対象外株券等の所有者のすべての同意か（ただし、25名未満の場合）、ないしは当該買付け等対象外株券等に係る種類株主総会の決議を要することにしたものである（なお、ここでいう「買付け等の対象となる株券等」及び「買付け等対象外株券等」は、上記のように「買付け対象外株券等に係る種類株主総会の決議」を要する旨の定めがあること等に照らし、種類株式単位で捉えることを前提とするものであると解される。）。

　このような規定ぶりからすると、平成18年他社株府令の「当該株券等のすべての所有者の同意」にいう「当該株券等」には、買付け等対象株券等及び買付け等対象外株券等のすべて（そこには種類の異なる株式も含まれる。）が含まれていることが前提とされていることは明らかである。ただ、買付者の所有割合が3分の2未満の場合は、買付け等対象株券等の所有者すべての同意をもって「当該株券等のすべての所有者の同意」があったものとみなすこととし、また、買付者の所有割合が買付けにより3分の2以上になる場合は、種類株主総会の決議をもって「当該株券等のすべての所有者の同意」があったものとみなすこと等としたものと理解される。そして、他社株府令は、平成18年施行令の委任を受けて、「当該株券等のすべての所有者の同意」の内容を具体化したものにすぎないから、平成18年他社株府令のこのような規定の仕方からすると、立法担当者は、平成18年施行令にいう「当該株券等」を買付け等対象株券等及び買付け等対象外株券等のすべて（そこには種類の異なる株式も含まれる。）を含むものと考えていたことが十分うかがわれるといわなければならない（仮に平成18年施行令の「当該株券等」が買付け等対象株券等だけを指していると解すると、下位法令である他社株府令において、買付け等対象外株券等の所有者の同意ないしは買付け等対象外株券等に係る種類株主総会の決議を要するとした点は、上位法令（平成18年施行令）の委任の範囲を超え、無効ということになってしまうおそれがあるのである。）。そして、法及び施行令のレベルでみると、平成18年法令と平成17年法令は、全く同じ文言であり、実質的には改正がされていないのであるから、平成17年施行令にいう「当該株券等」も買付け等対象株券等及び買付け等対象外株券等のすべてを含む意味のものであるということが、以上に照らして、十分うかがわれるのである（この解釈を前提として、平成18年法令と平成17年法令とを比較すると、平成17年法令では、「すべての所有者が同意している場合として内閣府令で定める場合」につき、他社株府令で同意書面

がすべての所有者から提出されることを求めていたから、字義通りすべての株券等の所有者の同意が必要であったのに対し、平成18年法令では、他社株府令において、買付け等対象外株券等の所有者については、一定の場合には、その同意がなくとも、ないしは種類株主総会の決議があれば、「すべての所有者が同意している場合」に当たるとみなすことにして、要件を緩和したということができるのである。）。

イ　また、このように、買付者が取引所有価証券市場外においてある特定の種類株式に係る株券を買い付けるということを企図している場合にも、公開買付けによらなければならないか否かの判断の基準となる株券等は、当該買付けの対象とされた種類株式に係る株券等だけではなく、買付け対象外株券等をすべて含めたものであると解することは、上記のような公開買付制度の趣旨に適合するということができる。すなわち、上記のように、公開買付制度は、会社支配権に影響を及ぼし得るような証券取引について、透明性、公正性を確保することをその趣旨とするもので、取引所有価証券市場外において株券等を大量に買い付けて会社支配権に影響を及ぼし得るような証券取引については、買付者をして情報を開示させ、一般の株主にも公平に売却の機会を付与しようというものであるところ、たとえ買付者が特定の種類株式を買付けの対象として企図したとしても、その買付けが会社支配権に影響を及ぼすようなものであるとすると、それは株価を変動させ、買付け対象外の株券等の所有者（一般の株主）にも大きな影響を及ぼすものであるから、透明性、公正性を確保する必要性があり、公開買付けを強制する必要があることに変わりはないと考えられるからである（特定の種類株式に係る株券の買付けを企図する場合には、たとえそれが会社支配権の変動をもたらすようなもので一般の株主にも大きな影響を及ぼすようなものであるとしても、当該種類株式の株券の所有者に対してのみ透明性、公平性を確保すれば足り、それ以外の一般株主に対しては、透明性、公平性が欠けてもよいとする実質的根拠は見あたらないのである。）。

なお、平成17年法27条の2第3項、同施行令8条3項は、公開買付価格は均一にしなければならない旨定めているところ、公開買付けに係る株券等の種類が異なる場合には、その価額に差異が生じ得ると考えられる。しかし、上記規定は、同一の種類の株券等の買付けについては買付価格の均一を要求する趣旨のものと解することができるから、上記のような解釈を採ることの妨げにはならない。ちなみに、平成18年法27条の2第3項、同施行令8条3項にも同文の規定があるところ、平成18年他社株府令の第2号様式の記載上の注意(6)eには、価額に差異が生じ得ることを前提とした記載がされている。

(4)　以上の解釈を前提とすると、本件では確かに議決権付きのC種類株式に係る株券の所有者はIRCJとカネボウ化粧品の2名であったが、他に普通株式に係る株券の所有者が多数いたのであるから、被控訴人トリニティのした本件各買付けは、平成17年施行令7条5項4号、同他社株府令3条の2の4第1項、2項の要件を充たさず、公開買付けによらないことができる場合に当たらないものであったといわなければならない（なお、2名という著しく少数の者からの買付けではあるが、平成17年法27条の2第1項5号の要件も充足していない。）。そして、平成17年法27条の2第1項が公開買付けを要求する趣旨は、前記のとおり、一般の株主にも、売却の機会を付与して、平等にプレミアムを取得できるようにしようとする趣旨を含むものであるから（単に取引所有価証券市場の秩序の維持という公益の問題にとどまらない。）、その違反は、カネボウの株主である控訴人との関係でも、違法なものとして、不法行為を構成するというべきである。

したがって、公開買付けによらずに本件各買付けを行い、控訴人にその保有する株式の売却の機会を失わせたことで、控訴人に損害を生じさせたとすると、被控訴人トリニティは、不法行為（故意）による損害賠償責任を負う（なお、被控訴人らは、責任阻却事由について特に主張、立証をしていない。）。

もっとも、本件各買付けをした被控訴人トリニティ以外の他の被控訴人らに対する損害賠償請求については、被控訴人トリニティがC種類株式を公開買付けによらず相対取引により取得したことについて、被控訴人ら3ファンドが具体的に関与したことを認めるに足りる証拠はないから、理由がないというべきである（被控訴人ら3ファンドがIRCJ及びカネボウ化粧品からC種類株式を取得するという方針を決め、被控訴人トリニティに指示していたとしても、公開買付けによるかそれとも相対取引によるかといった具体的な事柄まで関与していたとは直ちに推認できない。）。

(5)　そこで、次に、控訴人の損害の額について検討する。弁論の全趣旨によると、控訴人は、仮に被控訴人トリニティが本件各買付けに当たり公開買付けの方法を採った場合、公開買付けに応募したものと推認されるから、この機会を失ったことによりなにがしかの損害が発生したものと認められる。もっとも、仮に公開買付けの方法によるとした場合に、買付数量（なお、平成17年法令では、買付者は全部買付義務を負わないのである。）、買付価格等がどのように設定されたかは証拠上明確でなく、売却の機会を失ったことによる損害額の立証は極めて困難であるというべきである。そこで、民訴法248条に基づき、IRCJからの被控訴人トリニティの買付価格が201円である（甲96）こと等の事情を考慮して、損害額を2万100円と認定することとする。ただし、控訴人は1株につき

107円を差し引いた損害額を請求（一部請求）しているから、うち9400円の限度で請求を認容する。

なお、控訴人が本件ＴＯＢ（本件ＴＯＢ価格162円）に応募していれば、その損害額は3900円にとどまったことになるといえないこともないが、控訴人に公開買付けに応募すべき義務はないから、上記9400円をもって控訴人の損害と認定する。

2　支配株主の権利の濫用ないし信認義務違反について

（1）　控訴人は、被控訴人トリニティが、支配株主になった後、カネボウをして、収益性のある3事業の営業譲渡ないし株式譲渡をさせたうえ、それに係る代金債務について被控訴人トリニティが免責的債務引受することに同意させ、さらに減資、解散をさせたという本件一連の行為について、少数株主を排除し、被控訴人ら3ファンドの利益を図るために正当な目的なく行われたもので、カネボウの取締役に利益相反行為があり、少数株主に正当な補償もなされていないから、被控訴人らの行為は権利の濫用であり、信認義務に違反し、不法行為に当たる旨主張する。

しかしながら、前提事実、証拠（甲9、10、12、16、45、乙10、16）及び弁論の全趣旨によれば、カネボウが多角化に失敗して経営状態が悪化し、ＩＲＣＪに支援要請をしたため、ＩＲＣＪは、支援決定をし、数次の入札を経て、被控訴人ら3ファンドが運営に携わるファンドが出資する被控訴人トリニティがカネボウの株式等の売却先に選定されたことにより、被控訴人トリニティがＩＲＣＪ及びカネボウ化粧品からＣ種類株式を取得して支配株主となったこと、カネボウは、事業再編の一環として、カネボウが営む事業から中核である三事業を分離したうえで、製販一体の機動的な事業運営を実現すると同時に、各事業を収益単位として効果的な経営管理を行うため、ホームプロダクツ事業及び薬品事業については営業譲渡の方法により、食品事業については株式譲渡の方法により、被控訴人トリニティが支配権を有する事業会社に対してそれぞれ譲渡することとしたこと、カネボウは、本件営業譲渡等に際しては、事業価値評価の専門家であるみずほ証券に事業価値の評価を依頼し、その評価額を参考にして、諸事情を考慮のうえ譲渡価額を決定したこと、カネボウは、より効率的かつ機動的に営業譲渡を達成するため、本件ＴＯＢ開始後に、上記事業会社及びカネボウとの共同申請により産業再生法に基づく事業再構築計画の認定を受けるための申請をしたこと、主務大臣である厚生労働大臣及び経済産業大臣は同法3条6項の規定に基づき審査した結果、同法2条2項1号に規定する事業の構造の変更を行うものとして、同法で定める認定要件を満たすと認めて、平成18年4月14日付けでこれを認定したこと、カネボウは、上記認定を受けて、同法12条の3第2項及び旧商法245条1項1号に基づきホームプロダクツ事業及び食品事業の営業譲渡を行い、また、旧商法260条2項1号に基づきカネボウフーズの株式譲渡を行ったこと、本件営業譲渡については反対株主に株式買取請求権の行使が認められており、最終的には、裁判所の定める適正な価格での買取りが保障されていること、被控訴人トリニティは、上記譲渡先の代金支払債務を免責的に引き受け、カネボウはこれに同意したこと、カネボウは、上記事業再編に伴い、相対的に過大資本の状態になったため、資本の額の適正化を図るとともに、欠損金の解消を図るため、平成18年7月26日、資本金を1億円に減少したこと、カネボウは、平成19年6月28日開催の定時株主総会の決議により、同月30日をもって解散したことが認められる。

以上の事実によれば、カネボウの事業再編のための本件一連の行為は、産業再生法や旧商法の規定に基づいて適法に行われていることが認められる。

なお、本件営業譲渡等の対価は、事業価値算定に相当の実績を有する専門家であるみずほ証券が評価した事業価値を参考にして、諸事情を考慮のうえ決定されたものであるところ、事業価値の評価については様々な方法があり、また、同一の方法による場合でも評価者によって結論が異なり得るものであるから、本件営業譲渡等の譲渡価額が、たまたま株式買取価格決定申立事件における鑑定結果と異なったからといって、直ちに不当に安値であって、取締役の善管注意義務違反を構成するなどということにはならない。

また、被控訴人ら3ファンドによる事業再編は、被控訴人トリニティがカネボウのＣ種類株式を取得し、支配株主となったことに基づくところ、被控訴人トリニティのＣ種類株式の取得が証券取引法27条の2第1項に違反することは上記のとおりである。しかし、上記規定の趣旨・目的や、取引の安全等を考慮すると、同規定に違反した取引も私法上の効果は否定されないものと解するのが相当であるから、上記本件一連の行為が適法に行われたとの判断を左右するものではない。

控訴人は、本件一連の行為が少数株主を排除する目的でなされたことは明らかであるから、違法であるとの主張をするが、企業の事業再編の方法として、対象企業を100％子会社化するようなことも否定されるべきではないのであって、少数株主を排除することを企図することが即違法とはいえないのである。また、そもそも、本件全証拠によっても少数株主の排除を主目的として本件一連の行為がなされたとも認められないから、いずれにしても控訴人の上記主張は採用できない。なお、本件のような経営難に陥った企業の事業再編において、少数株主の利益をどのように保護するかは正に立法政策の問題といえるところ、現行法下においても、営業譲渡に伴う株式買取請求権、取締役の第

三者責任等相応の救済手段が用意されているところであり、少数株主は、本件では、少なくとも株式買取請求権を行使すれば裁判所が適正と認める価格で自己の株式の買取を請求することができるのである（なお、カネボウの現在の資産状況からみて、カネボウ株式の買取請求権が無価値になったということを認めるに足りる証拠はない。）。このような点にかんがみても、本件一連の行為が支配株主の権利の濫用等に当たるということはできない。

したがって、控訴人の上記主張は失当である。

3 旧商法266条の3について

控訴人は、被控訴人ら3ファンドは業務としてカネボウの経営に関与し、派遣した取締役らが少なくとも831億円の価値のあるものを434億円で事実上の譲受人である被控訴人ら3ファンドに売却するなどの善管注意義務違反によりカネボウに損害を与え、ひいては控訴人に損害を与えたとして、旧商法266条の3の責任を負う旨主張する。

旧商法266条の3は、株式会社が経済社会において重要な地位を占めていること、しかも株式会社の活動はその機関である取締役の職務執行に依存するものであることを考慮して、第三者保護の立場から、取締役において悪意又は重大な過失により会社に対する善良な管理者としての注意義務に違反し、これによって第三者に損害を被らせたときは、取締役の任務懈怠の行為と第三者の損害との間に相当の因果関係がある限り、会社が上記任務懈怠の行為によって損害を被った結果、ひいて第三者に損害を生じた場合であると、直接第三者が損害を被った場合であるとを問うことなく、当該取締役が直接第三者に対し損害賠償の責に任ずべきことを規定したものである（以上、最高裁昭和39年（オ）第1175号同44年11月26日大法廷判決・民集23巻11号2150頁参照）。このように旧商法266条の3の責任は商法で認められた特別の責任であることに照らすと、株主総会において取締役として選任され、就任を承諾した取締役ではない者に対して、この旧商法266条の3の規定を類推適用して、会社に対する任務懈怠を理由に、第三者に対する損害賠償責任を負わせることができるかどうかについてはそもそも疑問があるところである。仮にこれを肯定する説に立ったとしても、取締役でない者に第三者に対する損害賠償責任を負わせるためには、その者が会社から事実上取締役としての任務の遂行をゆだねられ、同人も事実上その任務を引き受けて、会社に対し、取締役と同様の、善良な管理者としての注意義務を負うに至っていると評価されるような事実関係があり、かつ、実際にその者が取締役であるかのように対外的又は対内的に行動して、当該会社の活動はその者の職務執行に依存しているといえるような事実関係があることが必要であるというべきである。しかしながら、本件で被控訴人ら3ファンドにつきそのような事実関係があったことを認めるに足る証拠はない。したがって、旧商法266条の3に基づく請求は理由がない。

4 カネボウの取締役に善管注意義務違反の行為をさせたとする点について

また、控訴人は、被控訴人ら3ファンドが、カネボウの取締役をして、不当な安値で本件営業譲渡等をするという善管注意義務違反の行為をさせたことにより控訴人からカネボウの株主たる地位を奪ったとして、民法709条、44条、715条により不法行為責任を負う旨主張するが、本件営業譲渡等の本件一連の行為が違法とは認められないことや本件営業譲渡等の対価が不当に安値で取締役の善管注意義務違反を構成するようなものでないことは上記のとおりであるから、控訴人の上記主張も失当である。

5 結論

以上の次第で、控訴人の本訴請求は、被控訴人トリニティに対し、9400円及びこれに対する訴状送達の日の翌日である平成18年7月12日から支払済みまで民法所定の年5分の割合による遅延損害金の支払を求める限度で理由があり、被控訴人トリニティに対するその余の請求及びその余の被控訴人らに対する請求はいずれも理由がないというべきである。

よって、原判決は一部不当であるから、上記判断に従って原判決を変更し、主文のとおり判決する。

裁判長裁判官　大坪　丘
　　裁判官　宇田川基　足立　哲

13 レックスHD事件

I 国内判例編　東京高決平成20・9・12金融・商事判例1301号28頁

学習院大学法学部准教授　後藤　元

I　事案の概要

　相手方株式会社Yは平成18年11月10日、ジャスダック証券取引所上場企業である申立外株式会社Aの普通株式1株につき23万円を買付価格とする公開買付け（以下、「本件公開買付け」という）を実施する旨を公表した。A社は同日、A社取締役会が本件公開買付けへの賛同を決議したこと、本件公開買付けはマネジメント・バイアウト（MBO）の一環として行われる取引であり、成立時にはA社代表取締役である申立外BがYに33.4%を出資して、少なくとも5年間は取締役としてA社の経営にあたる予定であること、本件公開買付けの買付価格はYがA社の普通株式の市場価格、財務状況および将来収益等の諸要素を総合的に勘案して決定したものであって、過去1ヵ月間の市場株価の終値の単純平均値に13.9%のプレミアムを加えた価格であること、本件公開買付けの成立後、A社の定款を変更して発行済普通株式に全部取得条項を付し、当該株式の全部取得と引換えに別個の普通株式を交付することを株主総会において付議する予定であり、当該議案すべてが承認された場合には普通株式の一株に満たない端数しか受け取れない株主に対して当該端数の合計数に相当する普通株式を売却することによって得られる金銭が交付されること、その売却金額については本件公開買付けの買付価格を基準として算定する予定であること等を公表した。なお、Yは、申立外C有限責任事業組合が運営する投資ファンドが出資をするMBOの受皿会社である。

　A社の株価は、本件公開買付け公表の約3ヵ月前である同年8月21日の終値では30万4,000円であったが、同日に発表された特別損失の発生と同年12月期業績予想の下方修正を受けて下落し、同年9月26日に14万4,000円の終値をつけた後に上昇に転じて、本件公開買付け公表日には21万9,000円の終値をつけていた。同日以降の株価の終値は概ね22万円前後で推移しているが、前記の業績予想はその後も、2回にわたり下方修正されている。

　Yは平成18年11月11日から同年12月12日までの間、本件公開買付けを実施し、その結果、A社の発行済株式総数の9割以上の株式を所有するに至った。

　A社はその後、平成19年3月28日に定時株主総会および普通株主による種類株主総会を開催し、種類株式の発行と普通株式への全部取得条項の付加に関する定款変更議案、および全部取得条項付株式を同年5月9日付で取得し、全部取得条項付株式1株に対し、0.00004547株の割合にて新たな普通株式を交付する旨の議案が可決された。A社の株主であった申立人Xらは、前記定時株主総会に先立ってこれらの議案に反対する意思をA社に通知し、同総会において前記の決議に反対し、その後、会社法172条1項に基づいて裁判所に対し株式取得価格の決定を申し立てた。なお、A社の株式は平成19年4月29日に上場廃止とされ、Xらが保有していたA社の株式は同年5月9日にAに取得された。その後A社は、同年9月1日にYに吸収合併されている。

　原決定（東京地決平成19・12・19金判1283号22頁）は結論として、取得価格は公開買付価格と同額となると判示したが（注1）、本決定は以下のように述べてこれを覆し、約5割増の額を取得価格とした（注2）。なお、本決定に対してはYが抗告していたが、最高裁は平成21年5月29日、これを棄却している（最三決平成21・5・29金判1326号35頁）（注3）。

II 決定要旨

1 「裁判所が、…当該株式の取得日における公正な価格を定めるに当たっては、取得日における当該株式の客観的価値に加えて、強制的取得により失われる今後の株価の上昇に対する期待を評価した価額をも考慮するのが相当である」。

2 「本件取得日と上場廃止日がわずか11日しか離れていない本件株式の評価に当たっては、異常な価格形成がされた場合など、市場株価がその企業の客観的価値を反映していないと認められる特段の事情のない限り、本件取得日に近接した一定期間の市場株価を基本として、その平均値をもって本件株式の客観的価値とみるのが相当である」。

平成18年8月21日に「公表された、同年12月期の業績予想の下方修正は、企業会計上の裁量の範囲内の会計処理に基づくものとはいえ、既に、この段階において、相当程度の確実性をもって具体化していた本件MBOの実施を念頭において、…決算内容を下方に誘導することを意図した会計処理がされたことは否定できない」が、これ「が著しく恣意的で合理性を欠くものであるとか、誤った情報によって株価を操作するものであるとかまで認定する」ことはできないこと、他方で、この「下方修正は、…損失を前倒しで計上するといった色彩が強いもの」であり、下方修正の公表日「を境に、Y社の業績が急激に悪化し、その企業価値が現に大きく毀損されたという事情があるわけではないこと」等から、本件公開買付け公表の「直前日からさかのぼって6か月間の市場株価を単純平均することによって、本件取得日における本件株式の客観的価値を算定するのが相当である」。

3 「MBOに際して実現される価値は、①MBOを行わなければ実現できない価値と、②MBOを行わなくても実現可能な価値に分類して考えることができ、②の価値は、基本的に株主に分配すべきであるが、①の価値は、MBO後の事業計画につき、その実現の不確実性についての危険を負担しながら、これを遂行する取締役（経営者）の危険と努力についても配慮しつつ、これを株主と取締役に分配するのが相当である…」。

「しかしながら、Xらの度重なる要請にもかかわらず、Yは、その事業計画を提出しないし、また、YがAについてデューディリジェンスを実施した上で作成した株価算定評価書…の提出もしないのであって、本件においては、…MBOに際して実現される価値を検討した上で、株価の上昇に対する評価額を決することは困難といわざるを得ず、当裁判所としては、…本件MBOに近接した時期においてMBOを実施した各社の例などを参考にして、その裁量により、本件株式の株価上昇に対する評価額を決定するよりほかはない」。

「市場株価を下回る買付価格を設定した公開買付けは、相対取引の実質を持つことから、これを除いた85例についてプレミアムの平均値を取ると、公開買付公表日直前の株価の終値の27.05パーセントに達することが認められる。そして、本件公開買付けに当たっては、買付価格は、平成18年11月9日までの過去1か月間の市場株価の終値の単純平均値に対して13.9パーセントのプレミアムを加えた価格であるとの説明がされた…が、相手方は、このようなプレミアムを設定した具体的な根拠については特に主張立証をせず、事業計画書や株価算定評価書の提出もしないのであって、このことをも考慮するならば、上記のような事例を参照し、…本件株式の客観的価値（28万0805円）に、20パーセントを加算した額（33万6966円）をもって、株価の上昇に対する評価額を考慮した本件株式の取得価格と認めるのが相当である。」

「Yが、上記買付価格の合理性について、株価算定評価書やその事業計画を開示してこれを説明しない状況の下で…多数の株主が公開買付けに応じたとの事実から、買付価格や買付価格の設定に当たって考慮されたプレミアムの額が合理的であり、正当であったと容易に推認をするのでは、公開買付けが成立した場合には、これに反対する株主にも同額での買付けに応ずることを強制することにもなりかねず、買付価格に不服のある株主に対し、自らが保有する株式の取得価格の決定の申立権を認め、強制的に株式を剥奪されることになる株主の保護を図ることをその趣旨とする取得価格の決定申立制度の趣旨を没却することにもなりかねない」。

「Aは、C以外の企業ないし投資ファンドには、デューディリジェンスの機会を与えることもしなかったことが認められるのであるから、Y以外の企業ないし投資ファンドがA株式の公開買付けを行おうとしなかったとの事実も、Yによる買付価格や買付価格の決定に当たって考慮されたプレミアムの額が合理的であり、正当であったこと

III 分析と展開

1 MBOの対価の公正性の判断枠組み

MBOとは、企業を非公開化して抜本的な経営改革を行う等の目的で、当該企業の経営者が資金を出資して自らが経営している企業を買収することをいう。当該経営者はこの場合、売り手となる株主の利益のために有利な買収条件を得るよう交渉する義務を負う一方で、自らがその買い手となるという利益相反的な地位に立つことになり、株主に対して支払われる対価が不当に低く抑えられる懸念が生じる(注4)。本件では、公開買付けと全部取得条項付種類株式を用いたMBOの対価の公正性が、全部取得条項による取得価格の決定の申立て(会社法172条1項)により争われた。

本決定は、裁判所が決定すべき取得価格は当該株式の取得日における「公正な価格」であるということを前提に、その「公正な価格」は、①取得日における当該株式の客観的価値に、②強制的取得により失われる今後の株価の上昇に対する期待を評価した価額を加えて評価すべきであると判示している(II 1参照)。このような定式化に対しては、株式の客観的価値の算定基礎とされている市場価格には、将来の会社業績に対する投資家の期待が織り込まれているため、投資家の期待の二重評価になってしまうとの理論的批判が向けられている(注5)。この点は、前記最高裁決定における田原睦夫判事の補足意見に示されている通り、「株価の上昇に対する期待の評価」とは「MBOの実施によって増大が期待される価値のうち株主が享受してしかるべき部分」を指すものと解すべきであろう(注6)(注7)。

もっとも、近時の多数説は、公正な組織再編条件を客観的に算定することは困難であるため、裁判所は、組織再編条件の形成過程が不公正と評価される場合にのみ自ら買取価格を算定すべきであり、組織再編が独立当事者間で行われる場合等、形成過程が公正である場合には当事者間の交渉の結果を尊重すべきであると指摘している(注8)。この立場からは、上記の各構成要素の値を独自の「合理的な裁量」により決している本決定の当否は、本件のMBOの対価が公正に形成されたものと言い得るか否かに依存することになる。

2 本件MBOの対価の形成過程

(1) MBOの利益相反性

まず、すでに述べたように、MBOには利益相反的な構造があるため、一般に独立当事者間での取引であるとは言いがたい。では、本件にはこのようなMBOの一般的性格を覆す特別の事情が認められるであろうか(注9)。

本決定を批判する論者は、A社経営者であるBのY社への出資比率が33.4%に過ぎないことや、BはY社の代表権を有していないことから、本件のMBOは経営陣主導というよりは外部投資家主導型のMBOであり、A社の経営陣をはじめとするA社の既存株主と買い手の中心であった投資ファンドとの間における独立当事者間取引であったと主張している(注10)。しかし、本件MBO以前におけるBおよびその関係者のA社の持ち株比率は3割弱であり(注11)、A社の事業活動からBが受ける利益の割合は減少していない(むしろ、わずかに増加している)こと、およびBには代表権を持たなくとも取締役として経営に関与し続けることに利益があることからは、依然としてBとその他の株主の間には利益相反関係があるということができよう(注12)。

(2) 公開買付けへの多数の応募

もっとも、本件MBOの過程で行われた公開買付けに対しては、A社の発行済み株式総数の約76.96%、Bとその関係者以外の株主が有する株式の約90.98%の応募があった。先の論者は、裁判所は公開買付け価格を尊重すべきである理由としてこの事情をも挙げている(注13)。

しかし、本件の公開買付けには、以下の事情から、買付価格が低すぎると考えている株主も応募しないことから生じる不利益を避けるために公開買付けに応じてしまうという構造的強圧性があったと考えられるため、応募株式数の多さゆえに公開買付価格を尊重することは妥当ではない(注14)。まず、田原補足意見も指摘するように、本件公開買付けのプレスリリース等には公開買付けに応じなかった株主はその後の手続において不利益・費用の負担を強いられる可能性があることを示唆する記載があった(注15)。これは現在の制度を客観的に記述したものであり(注16)、公開買付者の悪性を示すものではないが、株主に不利益を回避するために応募する圧力が生じていることは否定できないと思われる(注17)。より重要

なのは、田原補足意見によっても指摘されてはいないが、公開買付後に行われる全部取得条項付種類株式の取得の価格が公開買付価格と異なる可能性のある旨も示されていたことであろう（注18）。

なお、本決定は、以上の構造的強圧性の問題には触れておらず、Y側が買付価格の合理性について株価算定評価書や事業計画を開示・説明していないことを、買付価格を尊重しない理由として挙げている（この点は田原補足意見も指摘している）。これに対しては、本件当時の法令は株価算定評価書の開示を要求していなかった（注19）、事業計画には不確実な予測も含まれており、その開示を強制すると意図的に保守的な計画が作成される可能性もある（注20）といった批判がある。

（3）対抗買収提案の不存在

また、本決定を批判する論者は、本件公開買付けに対抗する公開買付けが現われなかったことから、本件公開買付けの価格が割安ではなかったことが推認されるとし、その例証として、MBOを企図して行った公開買付けが第三者による対抗買収の提案により失敗に終わった事例を一つ挙げている（注21）。しかし、わが国の会社支配権市場の現状においては敵対的買収を成功させることは困難であり、この事例のみから、わが国において一般的に対抗買収提案の不存在が直ちに公開買付価格の妥当性を示すと解することは難しいと思われる（注22）。

3　裁判所の裁量権行使の内容

以上からは、本件MBOの対価は公正に形成されたものとは言えず、本件は、裁判所が裁量により公正な対価を決定する必要があった事案であるといえる。では、その裁量による判断は妥当なものといえるであろうか。

（1）株式の客観的価値

まず、本決定が公開買付公表直前日の6か月前からの市場株価の平均により株式の客観的価値を算出した点（II 2）については、一般論として、算定期間を長く取ると取得日における当該株式の客観的価値から乖離してしまうという批判が可能であるが（注23）、取得日に近接した時期の市場価格が意図的に歪められていたような場合には、本決定のような算定方法も一つの便法として考えられよう（注24）。

この観点から問題となるのは、平成18年8月21日に公表された業績予想の下方修正が、MBO実施のために市場価格を下落させようとして行われたものであるのかということである。本決定は、その可能性を否定できないとしているが、同時に、これが企業会計上の裁量の範囲内の会計処理に基づくものであり、誤った情報による市場価格の操作ではないとも判示している。その後A社の業績がこの下方修正以上に悪化したことからも、この下方修正自体により市場価格が意図的に歪められたとは評価しがたいように思われる（注25）。

問題があるとすれば、この下方修正は事業再構築のために多額の特別損失を一時に計上することによりその後の損失・費用負担を軽減するための会計手法（big bathと呼ばれる）であり（注26）、下方修正の公表時には事業再建計画（の原型）が存在していたと思われるにもかかわらず、その計画が同時に公表されなかった点であろう（注27）。そのため、この計画が公表されていない状態での市場価格は株式の客観的価値を反映していないものと捉えることも不可能ではないと思われるが（注28）、他方で、この点は、株式の客観的価値の問題ではなくMBOによる企業価値増加分の分配の問題として整理することも考えられる（注29）。

（2）MBOによる企業価値増加分の分配

また、本決定が「株価上昇に対する期待権」を近接した時期に行われたMBOにおけるプレミアムの平均値から算定したこと（II 3）に対しては、個々のM&A案件の特殊性を無視しているとの批判（注30）や、特に事業再生局面において行われるMBOによる企業価値の増加のほとんどは、リスクを負担してMBOに参画する経営者や外部投資家等の事業改善努力によるものであるため、この利益をすべて株主に与えなければならないとなると、これらの者のMBOを行うインセンティブを阻害するとの批判（注31）がなされている。

しかし、本決定が上記のような算定方法を採らざるを得なかったのは、Y側から事業計画書や株価算定評価書の提出がなく、MBOによる企業価値の増加額を算定することができなかったからである。批判説の指摘する観点も重要なものではあるが、このような場合に会社側への証拠の偏在という問題への対処として本決定のような算定方法を採ることはやむを得ないものといえよう（ただ

し、Ⅲ4⑵も参照）（注32）。
4　今後の展開
⑴　公正なＭＢＯの手続

　本決定（および最高裁決定）は会社側に厳しい内容のものであるが、これは、本件ＭＢＯにおける一連の手続を不公正なものと捉えて、それに対してサンクションを課したものと評価することができる（注33）。今後は、いかなる手続であれば公正なものと評価されるのかということが検討されることになろう（注34）。

　たとえば、ＭＢＯの条件交渉に際して第三者からなる独立委員会を利用することによって、ＭＢＯにおける取締役と株主の間の利益相反性が十分に緩和されるといえるか、といった点である（注35）。また、公開買付けの構造的強圧性を除去するために、会社側が事後のスクイーズアウトの実施と、そこでの公開買付けと同額の対価とを保証するといったことも有益であろう（注36）。

⑵　裁判所による他のＭＢＯ事案との比較

　また、ＭＢＯ対価の形成過程が不公正であると判断されるため、裁判所が公正な対価を算定しなければならない場合については、鑑定評価のために株価算定評価書や事業計画書の提出がなされることが望ましい（注37）。しかし、意図的に保守的に作成されたものではない事業計画書の提出は期待しがたい面もあり（注38）、現実には、本決定のように他の事案の平均値等との比較により対価を算定せざるを得ない事案も少なくないと思われる（注39）。そのため、他の事案との比較の方法について検討を加えることも重要であろう。

　まず、本決定は、先行するＭＢＯ事案をディスカウント価格で行われたもの以外は広く参照しているが、比較対象は対価の形成過程が公正であると評価できる事案に限定すべきではないかとの疑問がある。また、個々の案件の特性を反映するために、対象会社の業種・資産状況・企業規模等によって比較対象を限定することも考えられるが（注40）、そのためには、ＭＢＯのプレミアムがどのような要素によって決まるのかに関する実証研究が必要である。さらに、比較対象を限定した上で、不公正な手続に対してサンクションを課すべきか否かについて別途検討が必要であろう。

（注1）原決定の評釈として、高山崇彦＝保坂雄一・商事1837号23頁（2008年）、河村尚志・リマークス38号94頁（2009年）がある。

（注2）本決定の評釈として、太田洋・商事1848号4頁（2008年）、弥永真生・ジュリ1366号42頁（2008年）、若松亮・判タ1279号22頁（2008年）、北川徹・ジュリ1374号96頁（2009年）、伊藤靖史・ジュリ1376号109頁（2009年）がある。

（注3）最高裁決定の評釈として、弥永真生・ジュリ1384号98頁（2009年）、品川仁美・法学（東北大学）73巻3号478頁（2009年）、加藤貴仁・商事1875号4頁（上）、1876号4頁（中）、1877号24頁（下）（いずれも2009年）および十市崇・金判1325号8頁（上）、1326号2頁（下）（いずれも2009年）がある。

（注4）企業価値研究会「企業価値の向上及び公正な手続確保のための経営者による企業買収（ＭＢＯ）に関する報告書」6頁（2007年、available at http://www.meti.go.jp/press/20070802008/mbo.pdf, last visited, 2009/10/28）参照。

（注5）太田・前掲（注2）6頁。

（注6）後藤元「平成20年度会社法関係重要判例の分析（上）」商事1872号4頁、6頁（2009年）、加藤・前掲（注3）商事1877号24頁等。品川・前掲（注3）484〜485頁も参照。田原補足意見と同趣旨の構成を採る先例として、大阪地決平成20・9・11金判1326号27頁〔サンスター事件地裁決定〕および東京地決平成21・9・18金判1329号45頁〔サイバード事件決定〕〔本書❶事件〕がある。なお、前者の抗告審である大阪高決平成21・9・1金判1326号20頁〔サンスター事件高裁決定〕は、株式の客観的価値に、ＭＢＯにより経営者側が支配権を強化できることについての支配プレミアムと株主が株式を強制的に取得されることにより投資機会と流動性を奪われる対価としてのスクイーズアウトプレミアムを加算すべきであるとした上で、これらのプレミアムについては田原補足意見のような説明もなされているとしている。しかし、支配プレミアムやスクイーズアウトプレミアムといった概念を用いると、かえって分析が曖昧になってしまう危険性があり、妥当ではないように思われる。サンスター事件高裁決定については、中東正文・金判1326号1頁（2009年）、弥永真生・ジュリ1387号104頁（2009年）、水和明月流・資料版商事307号3頁（2009年）および十市崇・商事1880号4頁（上）、1881号12頁（下）（いずれも2009年）を参照。

（注7）ＭＢＯにより企業価値がどのように増加させられるかという点については、鈴木健太郎「米国におけるマネジメント・バイアウトの研究(1)」民商137巻1号27頁、30頁以下（2007年）を参照。

（注8）加藤・前掲（注3）商事1876号5頁、13頁注13、神田秀樹「株式買取請求権制度の構造」商事1874号4頁、6頁（2009年）を参照。

（注9）企業価値研究会・前掲（注4）21頁は、一例として、経営者と利害関係のない大株主が存在し、その者と経営者との間で対価についての交渉が行われるような場合を挙げているが、本件では、そのような事情は見当たらない。

（注10）太田・前掲（注2）7〜8頁。

（注11）この事実は、決定文からは明らかではない。太田・前掲（注2）8頁を参照。

（注12）加藤・前掲（注3）商事1876号7頁、十市・前掲（注3）金判1326号4頁。ＭＢＯを行った取締役とその他の株主との間の利益相反性が低いと評価された事案として、サイバード事件決定・前掲（注6）がある。

（注13）太田・前掲（注2）8頁。

（注14）伊藤・前掲（注2）111頁、品川・前掲（注3）488頁、加藤・前掲（注3）商事1876号9〜10頁。構造的強圧性については、飯田秀総「公開買付規制における対象会社株主の保護」法協123巻5号912頁、944頁以下（2006年）を参照。

（注15）田原補足意見が指摘するのは、「公開買付けに応じない株主は、普通株式の1株に満たない端数しか受け取れないところ、当該株主が株式買取請求権を行使し価格決定の申立てをおこなっても裁判所がこれを認めるか否かは必ずしも明らかではない旨」および「公開買付けに応じない株主は、その後の手続等に関しては自らの責任にて確認し、判断されたい旨」の記載である。

（注16）加藤・前掲（注3）商事1876号9頁、十市・前掲（注3）金判1325号15頁。

（注17）加藤・前掲（注3）商事1876号9頁。公開買付者としては、全部取得条項付種類株式発行のための定款変更についての株式買取請求権（会社法116条）を行使できなくとも株主総会決議による全部取得に対する取得価格決定の申立て（同172条）は可能である旨を記載するなど、この点の強圧性を緩和させるために表現振りに注意を払うことはできたように思われる。公開買付けから株主総会決議による全部取得までの期間の長さに関する加藤・前掲（注3）商事1876号10頁の叙述も参照。

（注18）加藤・前掲（注3）商事1876号10頁、17頁注47を参照。サンスター事件高裁決定・前掲（注6）においても、公開買付けの強圧性が問題とされている（金判1326号26頁）。

（注19）十市・前掲（注3）金判1325号14頁。

（注20）加藤・前掲（注3）商事1876号10頁、18頁注53、十市・前掲（注3）金判1325号14頁。

（注21）太田・前掲（注2）8〜9頁。

（注22）加藤・前掲（注3）商事1876号12頁。後藤・前掲（注6）14頁注20も参照。

（注23）太田・前掲（注2）9〜10頁、北川・前掲（注2）98〜99頁。他方で、本決定の結論を肯定するものとして、若松・前掲（注2）28〜31頁、品川・前掲（注3）487頁を参照。

（注24）ただし、仮に本件の下方修正が市場価格を不当に操作しようとしたものであったとしても、それによる歪みを除去する手段として、本決定のように長期間にわたる市場価格の平均値を取るという方法が最善のものであるとは言い難いように思われる。下方修正の公表直前の市場価格をベースとして、そこからの市場全体の変動と、市場全体の変動に応じて対象会社株式の市場価格が変動する割合（いわゆるβ値）を用いて、あり得べき対象会社株式の市場価格を計算するという方法も検討されるべきであろう。藤田友敬「新会社法における株式買取請求権制度」江頭憲治郎先生還暦記念『企業法の理論（上）』261頁、292〜293頁（商事法務・2007年）、弥永真生「反対株主の株式買取請求権をめぐる若干の問題」商事1867号4頁、11頁（2009年）、田中亘「株式の買取・取得価格決定の意義と課題」MARR178号30頁、31頁（2009年）、加藤・前掲（注3）商事1877号26頁等も参照。

（注25）加藤・前掲（注3）商事1876号11頁。後藤・前掲（注6）6頁の評価を本文のように変更する。

（注26）加藤・前掲（注3）商事1876号11頁。

（注27）サンスター事件高裁決定・前掲（注6）は、ＭＢＯにおける取締役と株主との利益相反性から、「ＭＢＯの準備を開始したと考えられる時期から、公開買付けを公表した時点までの期間における株価については、特段の事情のない限り、原則として、企業価値を指標として排除すべき」と判示している。この事案でも業績予想の下方修正が行われているが、それ自体の株価に対するインパクトは軽微であったようであり（金判1326号

32頁参照）、ＭＢＯの計画が開示されていなかったことを問題とするものということができよう。同決定は、結論としては、ＭＢＯの準備がどの時点で開始されたかについての明確な認定のないまま、公開買付公表の1年前の株価に近似する価格を基準としているが、この点については疑問もある（十市・前掲（注6）を参照）。

(注28) ただしこの場合には、何らかの計画がいずれ公表されることを予測した投資判断が行われると考えられる（加藤・前掲（注3）商事1876号18頁注59）。

(注29) 前者の整理を取る場合、ＭＢＯによる企業価値の増加分（の一部）を前倒しで客観的価値に取り込むことになるため、このことを企業価値増加分の株主への配分割合の決定に際して考慮する必要があろう。他方、後者のように考える場合、ＭＢＯによる企業価値の増加分の中に、ＭＢＯによらなくとも達成可能であった再建計画に起因する部分はないかということを検討する必要があると思われる。いずれの整理が望ましいかは、完全に具体化していない情報の開示によって混乱が生じ得ることや、ＭＢＯによる企業価値の増加分の確定と分配には不安定さが伴うことを考慮して決せられるべきであろう。後者の整理に近い考え方をとるものとして、サイバード事件決定・前掲（注6）がある。なお、加藤・前掲（注3）商事1876号19頁注62も参照。

(注30) 太田・前掲（注2）11頁、十市・前掲（注3）金判1326号5～6頁。

(注31) 太田・前掲（注2）11頁、北川・前掲（注2）99頁。

(注32) 弥永・前掲（注2）43頁、若松・前掲（注2）30頁、後藤・前掲（注6）6頁、品川・前掲（注3）488頁、加藤・前掲（注3）商事1877号26～27頁。なお、Ａ社が取得していた株価算定評価書は提出されていたが、それでは不十分であると判断されたと思われる点につき、十市・前掲（注3）金判1325号16頁注15を参照。また、企業価値の増加分を確定できた場合の分配方法については、加藤・前掲（注3）商事1877号27頁を参照。

(注33) 後藤・前掲（注6）6頁。裁判所による「公正な価格」の決定にサンクションとしての機能を持たせるべきとする見解として、田中亘「ＭＢＯにおける『公正な価格』」金判1282号20頁、21頁（2008年）、河村・前掲（注1）96頁等がある。この他、中東正文「株式買取請求権と非訟事件手続」名古屋大学法政論集223号233頁、246～247頁（2008年）も参照。

(注34) なお、田原補足意見は、企業価値研究会・前掲（注4）の推奨する手続を重視しているが、同報告書は本件の後に作成されたものであるため、本件について同報告書を根拠とすることには批判もある（「スクランブル レックス最高裁決定の意義と射程」商事1869号62頁（2009年））。

(注35) この点については、西岡祐介「敵対的買収・ＭＢＯ・企業不祥事の各場面における独立委員会に関する検討」金判1317号7頁（2009年）、十市崇「ＭＢＯ（マネージメント・バイアウト）における利益相反性の回避又は軽減措置」奈良輝久ほか編『最新Ｍ＆Ａ判例と実務』223頁、234頁以下（判例タイムズ社・2009年）を参照。独立委員会の利用が重視された事案として、サイバード事件決定・前掲（注6）を参照。

(注36) 加藤・前掲（注3）商事1876号10頁。

(注37) なお、事業計画には事後的な改訂・修正の可能性があるため、これを重視しすぎるべきではないとの見解もある（太田・前掲（注2）11頁。若松・前掲（注2）32頁も参照）。

(注38) 加藤・前掲（注3）商事1876号10頁。会社がスポンサー選定のために作成した、意図的に保守的にされていない事業計画を株主側がたまたま入手できた例外的な事案として、東京地決平成20・3・14金判1289号8頁〔カネボウ事件〕がある。同事件については、後藤元・商事1837号4頁（上）、1838号14頁（下）（いずれも2008年）を参照。

(注39) サンスター事件高裁決定・前掲（注6）は、会社側が裁判所に株価算定評価書を提出しているが、「その基礎となるべき資料については必ずしも信用を措くことはでき」ないとして、本決定と同様に、近接時期（平成18年1月以降）に行われた他のＭＢＯの事例におけるプレミアムの中央値・平均値を考慮して、株式の客観的価値に20％のプレミアムを付すべきと判示している（金判1326号25～26頁）。

(注40) 十市・前掲（注3）金判1326号6頁。

※本稿の執筆に際しては、十市崇弁護士から有益なコメントを頂いた。記して御礼申し上げる。

Gen GOTO

平成20・9・12東京高裁第5民事部決定、平成20年(ラ)第80号各株式取得価格決定に対する抗告事件、原決定変更【特別抗告後、抗告棄却】
　原審＝平成19・12・19東京地裁決定、平成19年(ヒ)第109号、第122号、金判1283号22頁

決　定

＜当事者＞（編集注・一部仮名）
抗告人（申立人）　　別紙当事者目録記載のとおり
代理人弁護士　　　　　　　　　　　河津博史
　　　　　　　　　　　　　　　　　谷本誠司
　　　　　　　　　　　　　　　　　石毛和夫
相手方（相手方）
　　　　　　　株式会社レックス・ホールディングス
代表者代表取締役　　　　　　　　小松﨑行彦
代理人弁護士　　　　　　　　　　　関戸　麦
　　　　　　　　　　　　　　　　　勝間田学
　　　　　　　　　　　　　　　　　石井裕介
　　　　　　　　　　　　　　　　　大石篤史
　　　　　　　　　　　　　　　　　松井秀樹

【主　文】
1　原決定中、抗告人らに関する部分を2項のとおり変更する。
2　抗告人らが所有する株式会社レックス・ホールディングス発行に係る全部取得条項付株式合計784株の各取得価格は、1株につき33万6966円とする。
3　申立費用及び抗告費用は相手方の負担とする。

【理　由】
第1　抗告の趣旨
1　原決定中、抗告人らに関する部分を取り消す。
2　抗告人らが所有する株式会社レックス・ホールディングス発行に係る全部取得条項付株式合計784株の各取得価格の決定を求める。

第2　事案の概要
1　本件は、平成19年9月1日、相手方（当時の商号株式会社AP8）に吸収合併された株式会社レックス・ホールディングス（以下、上記合併前の株式会社レックス・ホールディングスを「旧レックス」といい、合併前の相手方を「AP8」という。）の株主であった抗告人らが、平成19年3月28日開催された旧レックスの株主総会に先立って、旧レックスによる全部取得条項付株式の取得に反対する旨を通知し、同株主総会において当該取得に反対した上、会社法172条1項に基づいて、抗告人らが所有する旧レックス発行に係る全部取得条項付株式の取得価格の決定を求める事件である。
　原決定は、抗告人らが所有する旧レックス発行に係る全部取得条項付株式の取得価格を1株当たり23万円と決定したため、これを不服とする抗告人らが、即時抗告をした（なお、東京地方裁判所平成19年(ヒ)第109号事件申立人及び同第122号事件申立人甲野花子は、原決定に対し、即時抗告をせず、また、同事件申立人乙山太郎は、抗告を取り下げた。）。
2　前提事実並びに本件の争点及び当事者の主張は、原決定を次のとおり改め、当審における当事者の主張を3項のとおり加えるほかは、原決定「理由」欄の「第1　事案の概要」2及び3に記載のとおりであるから、これを引用する（ただし、東京地方裁判所平成19年(ヒ)第109号事件申立人並びに同第122号事件申立人甲野花子及び乙山太郎に関する部分を除き、原決定中、「第1事件申立人ら」とあるのを「抗告人ら」と読み替える。）。
(1)　原決定5頁5行目の「平成19年2月16日」を「平成19年2月26日」と改める。
(2)　同5頁16行目冒頭から23行目末尾までを次のとおり改める。
　「オ　平成19年の決算内容
　　(ｱ)　旧レックスの平成19年度上期（平成19年1月1日から同年6月30日まで）の連結決算は、売上高753億4994万8000円、営業損失37億3015万1000円、経常損失42億1687万7000円、当期純損失157億0268万1000円となり、上記業績予想よりも損失額が大幅に増加した。
　　（乙イ50）
　　(ｲ)　旧レックスの平成19年度（平成19年1月1日から同年12月31日）本決算においても、連結ベースで、売上高1493億4387万8000円、営業損失44億7657万8000円、経常損失86億0410万3000円、当期純損失124億1353万4000円となり、上記業績予想よりも損失額が大幅に増加した。
　　（乙イ51の1）」
(3)　同7頁17行目の「その結果、」の次に、「本件公開買付け後に行われた旧レックスの株主である有限会社エタニティーインターナショナル（以下「エタニティー」という。）の全株式取得による」を加え、18行目の「91.78％」を「91.51％」と改める。
3　当審における当事者の主張
(1)　抗告人らの主張
　ア　平成19年5月9日（以下「本件取得日」という。）における本件株式の時価の算定について
　　(ｱ)　MBOの「利益相反構造」
　　本件は、経営者と投資ファンドが共同して実施した本件MBOにより、株式を強制取得される個人株主が、公正な株式取得価格の決定を求める事件である。経営者が投資ファンドと共同してMBOを実施し、株主から対象会社の株式を強制取得する局面においては、経営者が株式の買収者としての性格を有するという取引の構造上、経営者にとっては、株価を高めるこ

とが不利益となり、これを低く保つことが利益となるという「利益相反構造」が必然的に生ずる。そして、経営者は、対象会社に関する正確かつ豊富な情報を有していることから、株式の買収者側である経営者と売却側である株主との間には、大きな情報の非対象性があり、経営や情報開示を支配する経営者が株価を低く保つことは極めて容易である。本件株式の時価の算定に当たっては、以上のことを念頭に置く必要がある。

(イ) 平成18年8月21日プレス・リリース後の市場株価

旧レックスが、平成18年8月21日に公表した同年12月期の業績予想の下方修正(以下「平成18年8月21日プレス・リリース」という。)は、同月9日に、旧レックスと同一の目的を持った本件MBOの受皿会社であるAP8の設立が完了したタイミングにおいて、MBOのオファーを受けて構造改革を行い、リストラによって企業価値を増大するという計画を全く明らかにすることなく、マイナスの側面のみを開示するものであって、価格操作を目的とする意図的なものであるとみざるを得ない。その結果、株主に不安が広がり、これに投機的な売りが加わることによって、平成18年8月21日プレス・リリース以降、旧レックス株式の市場株価は暴落しているのであり、特に、同月22日から同年9月26日に底値を打つまでの間の株価が、旧レックスの客観的価値を正しく反映していないことは、株価暴落開始後10日間の出来高が、18万9245株であって、投機的反復売買が繰り返されていたことを示していることや、買い材料が一切公表されない中でも、同年9月27日からMBO発表直前までの間に、21万2667円まで株価が回復していたことからも明らかである。したがって、平成18年8月22日以後の市場株価は、本件株式の時価の算定に当たって、除外されるべきである。

(ウ) 平成18年8月21日プレス・リリース前の市場株価

他方で、平成18年8月21日プレス・リリース前の旧レックス株式の市場株価は、それ以前に旧レックスが行ってきた情報開示の下に形成されたものであるが、上記情報は、価格操作を目的とした意図的に開示されたものでないことはもとより、「利益相反構造」が生ずる前の段階で開示されたものであるから、かかる情報開示の下で形成された市場株価は、真実の企業価値を表している蓋然性が高い。本件取得日における本件株式の客観的価値を算定するに当たって、平成18年8月21日プレス・リリース以前の市場株価を除外する理由はない。

(エ) 以上によれば、平成18年8月21日プレス・リリース後を除く本件公開買付けの公表前1年間の旧レックス株の終値平均である40万2669円、又は同公表前6か月の終値平均である37万9592円をもって、本件株式の客観的価値とみるべきである。なお、仮に、平成18年8月21日プレス・リリース後の市場株価を本件株式の客観的価値を算定するに当たって除外しないとしても、同公表前1年間の終値平均は35万4929円、同公表前6か月の終値平均は28万0805円となる。

イ 企業価値の増大を反映させる必要

本件取得日である平成19年5月9日の時点において、旧レックスは構造改革・リストラによって膿出しを行い、企業価値を増大させる計画の途上にあり、これによる企業価値が増大する高度の蓋然性があった(このことは、相手方が、事業計画を明らかにすれば、一層明らかになるが、相手方が事業計画を明らかにすることを拒むことから、企業価値の増大が反映された本件取得日における本件株式の客観的価値を数値をもって明らかにすることは困難である。)。相手方が、本件MBOの実施を決定するに当たり、決定時における旧レックスの企業価値を下回ることになることが予想される事業計画の下で、これを決定することは考え難いから、旧レックスの企業価値の増大を反映させた株式の客観的価値は、相手方が本件MBOの実施を決定した時点に近接するAP8の設立日の終値である31万9000円、又は同日までの6か月間の終値平均38万5508円を下回るものではないというべきである。

ウ 強制取得により失われた期待権の価値を考慮した「公正な価格」

抗告人らは、旧レックスの株主として、旧レックスから継続的に株主としての利益を享受することができる地位にあり、自らの判断で株式を売却したいときに売却する権利を有していたにもかかわらず、相手方は、何らやむを得ない事由もないのに、抗告人らの意に反して、これを強制取得したのであるから、会社法172条所定の「公正な価格」の決定に当たっては、上記のような事情を考慮して、①本件取得日における株式の時価に、②強制取得により侵害された期待権の対価を加算すべきものと解される。

本件公開買付けは、上場廃止により取引ができなくなること、公開買付けに応じなかった場合も1株当たり23万円で強制取得する方針であること、配当は0円となること、株主優待制度を廃止することなどを発表し、強迫的に公開買付けに応ずるように迫ったものであり、91.51パーセントの株式を有する株主が公開買付けに応じたからといって、2万8000円というプレミアムを正当化することはできない。また、丙田以外に、旧レックスの株式を10パーセント以上保有する大株主はおらず、その丙田が、水面下で、本件MBOの準備を進め、平成18年11月10日、公開買付けに賛同しているのであって、AP8以外の者が、デューディリジェンスを実施することが事実上不可能な状況にあったものというほかなく、AP8以外の買収者による公開買付けがされなかったことから買付価格が相当な

ものであったと推認することもできない。したがって、本件公開買付けにおけるプレミアムをもって、上記期待権の対価とみるのは相当ではない。

本件においては、相手方が事業計画を開示しないために、本件ＭＢＯ実施後の事業計画に基づいて実現される価値を算定することが不可能なのであって、かかる状況下においては、本件ＭＢＯと同時期にＭＢＯが実施された上場企業において、いずれもＭＢＯの実施を公表する前１年間の終値の最高値を上回り、かつ、過去１年間の終値平均を30パーセント程度上回る対価で公開買付けがされていることに鑑み、上記期待権の価値を考慮した「公正な価格」は、50万円を下回るものではないというべきである。

　　エ　本件公開買付けの買付価格について
なお、本件ＭＢＯは、旧レックスの代表取締役である丙田が、旧レックスと同一の目的を掲げた受け皿会社であるＡＰ８に出資し、自らが買収者となる「利益相反構造」の下で行われたものであるが、複数の投資ファンドの間で買付価格を競争させることも、「利益相反構造」を回避するために独立委員会を設置してＡＰ８との間で買付価格の交渉をすることもなく、ＡＰ８設立時の終値である31万9000円をはるかに下回る23万円という買付価格が決定されたものであり、かかる不公正な手続の下で決定された買付価格をもって、本件株式の「公正な価格」であるとみることはできない。

　(2)　相手方の主張
　　ア　本件取得日における本件株式の客観的価値が20万2000円を超えていた可能性は皆無である。

すなわち、旧レックスは、平成18年11月10日、本件公開買付けの公表と同時に、「平成18年12月期通期（連結）業績予想の修正に関するお知らせ」（以下「平成18年11月10日プレス・リリース」という。）において、同年12月期の経常損益（連結）は44億円のプラス、最終損益は8億円のマイナスとの予想を公表し、平成19年2月26日には、「特別損失の発生並びに平成18年12月期通期（連結・個別）業績予想の修正及び平成19年12月期の業績予想に関するお知らせ」（以下「平成19年2月26日プレス・リリース」という。）において、平成18年12月期の経常損益（連結）は24億円のマイナス、最終損益は91億円のマイナスとなることを公表し、これが同期の最終決算となっていること、加えて、平成19年3月1日には、「当社子会社株式の減損処理並びに平成18年12月期通期個別業績予想の修正に関するお知らせ」（以下「平成19年3月1日プレス・リリース」という。）において、旧レックスの子会社である株式会社エーエム・ピーエム・ジャパン（以下「エーエム・ピーエム」という。）の株式について減損処理を行うことにより、平成18年12月期個別決算において、156億8100万円の特別損失を計上し、当期純損失が162億4000万円となるとの業績予想を公表するに至っていることからすれば、本件ＭＢＯは、旧レックスの業績及び企業価値が急激に下落している局面において、企業の抜本的な建て直しの手段として行われたものであることが明らかであって、平成19年度の決算結果をも踏まえて、現時点から振り返ってみると、本件ＭＢＯが実施されていなかったならば、旧レックスの経営は危機的な状況に陥っていたと考えられる。

しかも、旧レックスに限らず、株式会社ジャスダック証券取引所（以下「ジャスダック」という。）等の新興市場に上場している企業については、平成18年1月以降平成20年4月までの間に、市場株価が50パーセントから80パーセント下落しているのである。

上記のような旧レックスの業績及び企業価値の下落の状況や株式市場の状況に鑑みれば、本件取得日における旧レックスの企業価値が、本件公開買付けが公表された平成18年11月10日の前１か月間（平成18年10月10日から同年11月9日まで）の市場株価の終値平均である20万2000円を上回っていた可能性は皆無といえる。

　　イ　抗告人らの主張に対する反論
　　　(ｱ)　「経営者単独型」のＭＢＯと「ファンド型」のＭＢＯとの違い
ＭＢＯは企業買収の１つであるが、経営者のみが買収者となる「経営者単独型」とファンドと経営者とが買収者となる「ファンド型」では利益状況に違いがある。本件ＭＢＯは、「ファンド型」のＭＢＯであり、かつ、ＭＢＯ実施後の相手方に対するファンドの持分割合（間接所有分を含む。）は、66.6パーセントと過半数を大きく上回ることが予定されていた。

「ファンド型」のＭＢＯにおいては、ＭＢＯの実施が公開買付けの公表直前まで不確実であるという事情の下にあり、経営者が、不確実なＭＢＯの実施のために、株価を低く抑えるために意図的に対象企業の業績を悪化させた場合、代表訴訟において責任を追及されるおそれがあるだけでなく、結果的にＭＢＯが実施されなかった場合には、自らが所有する株式の資産価値が下落し、個人的にも損害を被ることになるのであって、経営者には、このような危険を犯してまで、不確実なＭＢＯの実施のために株価を低く抑える動機はない。加えて、旧レックスの取締役であった丙田が所有する株式は、丙田とその親族2名が株式を所有するエタニティーが所有する株式も合わせると、旧レックスの発行済株式総数の約30パーセントにも達していた。このように、経営者がＭＢＯの対象会社の大株主でもある場合には、経営者が、売主としての性格を強く持ち、株価を低く抑えたにもかかわらずＭＢＯが実施できなかったときの上記の個人的な損害も莫大なものとなることからして、類型的にみて、経営者には、株価を低く抑える動機を想定することができない。

しかも、買付価格が低い場合には、最初の公開買付に一般株主の応募がなく、公開買付けの成立に必要な株式数の応募が得られなかったり、対抗的公開買付けが実施される可能性もあるのであって、対抗的公開買付けを回避し、公開買付けを成立させるために、妥当な買付価格を提示することが不可欠なのである。

(イ) 平成18年8月21日プレス・リリースは、旧レックスの状況を淡々と伝えるものであり、その状況を実態よりも悪く見せるというものではないし、その段階では、いまだ交渉段階であったMBOの実施について記載しなかったことは、むしろ当然である。

(ウ) 旧レックスにおいては、平成19年2月26日以降に業績の著しい悪化が顕在化したことは上記アのとおりであって、それより以前の市場株価は、本件取得日における株式の客観的価値を明らかに上回るものである。このような企業の株式の価格の算定に当たって、業績の著しい悪化が顕在化する以前の、しかも本件取得日より6か月から18か月も前の市場株価を用いることは一層不合理な結果を招くことになる。

(エ) 上記アのような旧レックスの業績悪化及び企業価値の下落の状況に照らすならば、本件取得日において、旧レックスの企業価値が増大する高度の蓋然性があったとはいえない。本件MBOは、旧レックスの業績及び企業価値が急激に下落する局面において実施されたものであり、相手方の経営状況は、依然として厳しく、アドバンテッジパートナーズがサービスを提供しているファンドが当初予定されていなかった7億円の追加出資を行っていることからも明らかなように、本件MBOを実施した経営者とファンドは、自らリスクを負担して、相手方の経営改善に当たっているのである。MBOの実施により、相手方の企業価値が当然増大するとみることはできないし、株式の客観的価値に、株価の値上がりに対する期待権の価値を付加するような状況にもないものというほかはない。

第3　当裁判所の判断
1　取得価格の判断基準

会社法172条1項は、全部取得条項付種類株式の取得の決議において定められた対価に不服のある反対株主が、裁判所に対し、取得価格の決定の申立てをすることができる旨を定めている。この取得価格の決定申立ての制度は、上記決議がされると、全部取得条項付種類株式を発行している種類株式発行会社が、決議において定められた取得日に、これに反対する株主の分も含め、全部取得条項付種類株式を全部取得することになるため（同法171条1項、173条1項）、その対価に不服のある株主に、裁判所に対して自らが保有する株式の取得価格の決定を求める申立権を認め、強制的に株式を剥奪されることになる株主の保護を図ることをその趣旨とするものである。したがって、取得価格の決定の申立てがされた場合において、裁判所は、上記の制度趣旨に照らし、当該株式の取得日における公正な価格をもって、その取得価格を決定すべきものと解するのが相当である。

一般に、譲渡制限の付されていない株式を所有する株主は、当該株式を即時売却するか、それとも継続して保有するかを自ら選択することができるのであって、各時点において、これを売却した場合に実現される株式の客観的価値を把握しているだけでなく、これを継続して保有することにより実現する可能性のある株価の上昇に対する期待を有しており、この期待は、株式の有する本質的な価値として、法的保護に値するものということができる。しかるに、全部取得条項付種類株式を発行した種類株式発行会社による株式の強制的取得が行われると、これによって、株主は、自らが望まない時期であっても株式の売却を強制され、株価の上昇に対する上記の期待を喪失する結果となるのである。そうであれば、裁判所が、上記の制度趣旨に照らし、当該株式の取得日における公正な価格を定めるに当たっては、取得日における当該株式の客観的価値に加えて、強制的取得により失われる今後の株価の上昇に対する期待を評価した価額をも考慮するのが相当である。

そして、取得日における当該株式の客観的価値や上記の期待を評価した価額を算定するに当たり考慮すべき要素は、複雑多岐にわたる反面、これらがすべて記録上明らかとなるとは限らないこと、会社法172条1項が取得価格の決定基準については何ら規定していないことを考慮すると、会社法は、取得価格の決定を、記録に表われた諸般の事情を考慮した裁判所の合理的な裁量に委ねたものと解するのが相当である。

2　本件取得日における本件株式の客観的価値
(1)　本件株式の客観的価値の算定方式

旧レックス株式は、平成19年4月27日まではジャスダックに上場されていたが、本件MBOの一環としての本件公開買付け及び本件決議がされたことによって、同月29日をもって上場廃止とされたことは、前提事実記載のとおりであって、本件株式の評価基準時点である本件取得日（平成19年5月9日）においては、旧レックスは非上場会社となっており、同時点における旧レックス株式の市場株価は存在しない。しかし、一般に、株式市場においては、投資家による一定の投機的思惑の影響を受けつつも、各企業の資産内容、財務状況、収益力及び将来の業績見通しなどを考慮した企業の客観的価値が株価に反映されているということができ、本件取得日と上場廃止日がわずか11日しか離れていない本件株式の評価に当たっては、異常な価格形成がされた場合など、市場株価がその企業の客観的価値を反映していないと認められる特別の事情のない限り、本件取得日に近接した一定期間の市場株価を基本として、その平均値をもって本件株式の客観的価値と

みるのが相当である。
　この点、相手方は、市場株価方式と純資産方式（修正簿価純資産法）及び比準方式（類似会社比準法）とを併用し、それぞれ対等の割合で考慮すべきであると主張し、かかる算定方式に従って本件取得日における本件株式の価格を算定した乙イ32号証を提出する。しかし、①乙イ32号証によれば、純資産方式（修正簿価純資産法）による本件株式の取得日における試算額は、1株当たり2万7000円、比準方式（類似会社比準法）による試算額は、株価観測期間を1か月とした場合には1株当たり4000円、3か月とした場合には1株当たり5000円になるというのである。上記の各試算額は、デューディリジェンスを実施した上でAP8が決定した買付価格である23万円と著しくかけ離れた額（純資産方式については約10分の1、比準方式に至っては約50分の1）であるというほかはなく、このことだけからみても、これらの方式によって算定されたとされる上記の各試算額を市場株価方式によって算定された試算額と対等の割合で考慮すべきものと認めるについては、多大の疑問が生ずるものというほかはない。しかも、②本件においては、継続企業としての旧レックスの企業価値を評価すべきであって、解散・清算を予定して、その企業価値を評価するわけではないこと、前提事実によれば、旧レックスは、企業買収を重ねて急成長を遂げてきた多数の連結子会社を要する株式会社であって、外食産業の分野において、牛角、鳥でん、土間土間等の様々な業態のフランチャイズ事業を展開するとともに、コンビニエンス・ストアのフランチャイズ事業やスーパーマーケット事業などの事業活動も展開しているのであって、その業態、事業形態に照らし、その企業価値は、収益力を評価して決せられる部分が大きく、純資産価額は、旧レックスの企業価値を適正に反映するものとはいえないものというべきであって、本件株式の客観的価値を算定するに当たって、純資産方式を併用することには、その合理性を認めることができない。そして、③比準方式（類似会社比準法）によって株価を算定するに当たっては、比準すべき類似会社の選定が合理的であることが必須であることはいうまでもないところ、乙イ32号証による試算額算定に当たって選定された類似会社と旧レックスとの類似性については、およそ的確な疎明はされていないのであって、かえって、旧レックスが、上記のとおり外食産業、コンビニエンス・ストア事業、スーパーマーケット事業において、多種多様な業態における店舗展開を行っている複合的企業であることに照らすと、乙イ32号証において提示された比準方式（類似会社比準法）による株価の試算に当たり選定された類似会社との類似性については多大の疑問を抱かざるを得ず、同号証によって提示された同方式による試算額は、本件株式の客観的価値を算定するに当たっ

て、考慮するに値しないことは明らかというほかはない。したがって、乙イ32号証は採用することはできず、本件株式の取得日における客観的価値を算定するに当たり、一件記録を精査しても上記各試算方式を併用することの合理性を首肯させるに足りる疎明資料はない。
　(2)　一定期間の市場株価の平均値による本件株式の客観的価値の算定
　　ア　本件公開買付けの公表日以降の市場株価を株価算定の基礎とすることの当否
　旧レックスが平成18年11月10日、買付価格を1株当たり23万円とする本件公開買付けの実施を公表したこと、同月11日以降、旧レックス株式の市場株価の終値は概ね22万円前後で推移していたことは、前記前提事実記載のとおりである。上記事実に疎明資料（甲イ58、乙イ32）及び審問の全趣旨を総合すれば、同日以降の市場株価は、本件公開買付けの実施が公表された結果、買付価格の影響を受けて、いわばこれに拘束されて形成されたものであることが明らかであって、旧レックスの客観的価値を反映していないと認められる特別の事情があるものとみるほかはない。本件取得日における本件株式の客観的価値を算定するに当たり、同日以降の市場株価を考慮することは相当ではない。
　　イ　平成18年8月22日以降同年11月10日までの期間の市場株価を株価算定の基礎とすることの当否
　抗告人らは、平成18年8月22日以降同年11月10日までの期間の市場株価は、株価操作を目的とする平成18年8月21日プレス・リリースの影響を受けており、企業の客観的価値を反映していないと認めるべき特段の事情があるから、本件取得日における本件株式の客観的価値を算定するに当たり、除外すべきであると主張するので検討する。
　　　(ｱ)　平成18年8月21日プレス・リリースの問題点
　　　　a　前提事実に加え、疎明資料（甲イ9、乙イ33、70）及び審問の全趣旨によれば、平成18年8月21日プレス・リリースは、平成18年12月期における特別損失の発生（中間期33億9000万円計上、下期21億円計上予定）を発表するとともに、平成18年12月期通期連結業績予想（同年1月1日から同年12月31日まで）について、売上高を1700億円、経常利益を64億円、当期純利益を0円とする業績予想の下方修正を発表するものであり、ここで計上された特別損失は、次のようなものであったことが認められる。
　　　　　(a)　固定資産の減損に係る会計基準の設定に関する意見書（企業会計審議会平成14年8月9日）において、平成17年4月1日以後開始する事業年度から、「固定資産の減損に係る会計基準」及び「固定資産の減損に係る会計基準の適用指針」（企業会計基準適用指針第6号）を適用することが適当であるとされ

たことに伴い、平成18年12月期から、上記基準及び適用指針に従った固定資産の減損処理を行うことになり、平成16年12月期下期から平成18年12月期中間期まで（平成16年7月1日から平成18年6月30日までの2年間）のキャッシュフローが連続してマイナスとなった不採算店舗について、その固定資産の帳簿価格全額を減損処理したことによる特別損失4億8500万円

(b) 出店を加速させるための一手段として、加盟店契約を締結しながら、実際には出店をしていない出店意欲のない契約者との間の加盟店契約を解除して、加盟金を返金したことによる加盟契約解除損3億5800万円

(c) 外食産業における不採算店舗閉鎖による固定資産除却損5400万円、コンビニエンス・ストア事業における不採算店舗閉鎖による固定資産除却損7200万円及び成城石井本店の改装による固定資産除却損2400万円の合計1億5100万円

(d) 平成17年12月期末において、長期前払費用として資産に計上されていた外食事業に係るマーケティング・データやノウハウ等の資産の評価を見直し、資産計上を止めたことによる特別損失17億0400万円

(e) 国産牛の賞味期限切れに伴う商品評価損1億8700万円

(f) 上記(a)の不採算店舗に係る未経過リース料の現在価値（帳簿価格）全額を減損処理したことによる特別損失1億7700万円

(g) コンビニエンス事業に関する広告宣伝スペース付のタバコの販売棚の製作準備金として支払済みの前渡金2億円につき、上記販売棚の設置計画が進捗せず、かつ、製作準備金の返還交渉が難航していたため、上記前渡金が貸倒れとなることに備えた貸倒引当金繰入れによる特別損失2億円

b 疎明資料（甲イ7、67）によれば、上記aのとおり計上された特別損失のうち、外食事業に係るマーケティング・データやノウハウ等（一件記録によっても、上記データ、ノウハウ等の具体的な内容は明らかではない。）の評価見直しによる特別損失17億0400万円（(d)）については、平成18年8月21日プレス・リリースのわずか3か月前である同年5月24日に旧レックスが公表した「平成18年12月期 第1四半期財務・業績の概況（連結）」（以下「平成18年12月期第1四半期決算」という。）においては、なお資産として計上されていたことが認められるのであって、旧レックスは、平成18年8月21日プレス・リリースにおいて公表した業績予想において、その方針を変更して、評価替えを行っていることが明らかである。しかるに、かかる評価替えが必要であった理由については、相手方は、監査法人が資産計上を認めないとの方針に転換したためであると主張し、これに沿う記載の

ある乙イ70号証（相手方執行役員財務部長丁川松男の陳述書）を提出するにとどまり、一件記録を精査しても、上記データ、ノウハウ等の資産価値の有無の判定に関する具体的な事実、平成18年12月期中間期に、一括してかかる評価替えが必要となった合理的な理由については、それ以上には明らかにされていないものといわざるを得ない。少なくとも、平成18年12月期第1四半期決算の時点では17億0400万円もの価値を有していた資産が、わずか3か月の間に全額毀損される特別の事情が生じたことは窺われず、上記特別損失の計上は、現実に旧レックスの企業価値が毀損されたことを意味するものではないということができる。

c 甲イ67号証によれば、上記aのとおり計上された特別損失のうち、什器取得のための前渡金の貸倒引当金繰入れによる特別損失2億円（(g)）についても、平成18年12月期第1四半期決算においては、かかる貸倒引当金の計上がされていなかったことは明らかである。しかるに、平成18年8月21日プレス・リリースによる業績予想の下方修正に当たり、貸倒引当金が計上されるに至った理由についても、相手方は、監査法人の指導による旨を主張し、乙イ70号証にこれに沿う記載があるにとどまり、一件記録を精査しても、それ以上には、平成18年12月期第1四半期決算以後において、上記2億円の回収が困難であることが明らかになった具体的な経過など、平成18年12月期中間期において貸倒引当金の繰入れが必要となった合理的な理由や上記前渡金の返還交渉のその後の帰趨については、何ら具体的に明らかにされていないのであって、上記特別損失の計上も、平成18年12月期中間期において、現実に旧レックスに2億円の損失が発生し、その企業価値が毀損されたこと意味するものとまでは認め難い。

d 疎明資料（甲イ61、乙イ70）によれば、上記aのとおり計上された特別損失のうち、加盟契約解除損3億5800万円（(b)）や固定資産除却損1億5100万円（(c)）は、いずれも、旧レックスの業績を向上させるための施策を採る過程で生じた特別損失であり、これにより、出店を加速させ、あるいは、一時的に特別損失を計上することになっても、営業を継続した場合よりもトータルの損失が確実に減少するとの見通しの下に、本件MBOの計画時から進められてきた財務改革の一環であったと認めることができる。しかるに、平成18年8月21日プレス・リリースにおいては、上記のような事情は特に記載されておらず、上記のような特別損失が旧レックスの業績を向上させるために財務改革を進める過程で生じたと読み取ることは、必ずしも容易とはいえない。しかも、甲イ67号証によれば、平成18年12月期第1四半期決算においては、加盟店契約解除損については、全く計上がされていないことが認められるのであって、同決算後平成18年8月21

日プレス・リリースまでのわずか3か月の間に、3億5800万円もの加盟店契約解除損を計上するに至っていることは、旧レックスにおいては、その間において、中長期的な事業計画に基づき、業績の改善に向けた何らかの経営政策の転換があったことすらも窺わせるものであるが、平成18年8月21日プレス・リリースにおいては、そのような事情についても全く触れられていない。

以上aないしdの認定の下において、平成18年8月21日プレス・リリースの問題点について検討するに、前提事実並びに後記の疎明資料及び審問の全趣旨によれば、旧レックスの代表取締役であった丙田は、MBOを実施することを平成18年4月ころから考えており、同年6月ころには、アドバンテッジパートナーズの関係者とも接触をしていたこと（甲イ29）、同年8月9日、旧レックスと同一の目的を持った本件MBOの受皿会社であるAP8が設立されたこと（甲イ49）、同年11月10日、本件公開買付けが公表されたこと、以上の事実が認められるのであって、このような事実の経過に鑑みれば、平成18年8月21日プレス・リリースがされた段階では、既に本件MBOの実施は、相当程度の確実性をもって具体化していたものと推認される。このような段階で、以上のaないしdに認定説示したような問題点を孕む平成18年8月21日プレス・リリースがされたことに加え、MBOに関し、経済産業省に設けられた企業価値研究会が、企業社会における公正なルールのあり方に関する提案を行うことを目的として公表した「企業価値の向上及び公正な手続確保のための経営者による企業買収（MBO）に関する報告書」（以下「MBO報告書」という。）においても、MBOが行われる局面では、取締役自らが株式を取得するという取引の構造上、必然的に株主との間に利益相反状態が生ずることになることが指摘されており、業績の下方修正後にMBOを行うような場合には、MBOが成立しやすくなるように意図的に市場株価を引き下げているとの疑義を招く可能性があることから、株主に対し、かかる時期にMBOを選択した背景・目的等につき、より充実した説明が求められるとされていること（乙イ39）、特別損失の計上については、企業会計上の裁量が働きやすいこと（甲イ59）、識者の中には、MBOを実施する1年くらい前からいわば逆粉飾ともいえるような準備をすることで株価を操作が行われる可能性があることを指摘する者もあること（甲イ26、27）などを考慮すると、平成18年8月21日プレス・リリースにおいて公表された同年12月期の業績予想の下方修正は、企業会計上の裁量の範囲内の会計処理に基づくものとはいえ、既に、この段階において、相当程度の確実性をもって具体化していた本件MBOの実施を念頭において、特別損失の計上に当たって、決算内容を下方に誘導することを意図した会計処理がされたことは否定できないものというべきであるし、また、不採算店舗を整理し、加盟店の出店を加速させるなど、旧レックスの業績を向上させるための財務改革を進める過程で生じた特別損失に関し、業績の向上に向けた中長期的な事業計画についての十分な説明をせずに、単純に特別損失の計上のみを公表したため、旧レックスの業績、ひいてはその企業価値について、市場において、実態よりも悲観的な受け取り方をされるおそれの大きいものであったと認めることができる。

以上の認定判断につき、相手方は、本件MBOは、「ファンド型」MBOであって、「ファンド型」MBOについては、MBOの実施が公開買付けの公表直前まで不確実であるという事情の下にあり、経営者が、不確実なMBOの実施のために、株価を低く抑えるために意図的に対象会社の業績を悪化させるような危険を犯すことはなく、平成18年8月21日プレス・リリースにおいて公表された同年12月期の業績予測の下方修正は、旧レックスの業績の悪化を反映した適正なものであったと主張する。しかし、AP8が設立された平成18年8月9日の時点では、本件MBOが実施されることは相当程度の確実性をもって具体化していたものと推認されることは上記認定のとおりであって、平成18年8月21日プレス・リリースがMBOの実施が不確実な段階でされたとみることは困難であるし、また、旧レックスは、平成18年11月10日プレス・リリース、次いで平成19年2月26日プレス・リリースにおいて、同期の業績予測を更に下方修正しており、平成19年2月26日プレス・リリースによって修正されたところが、同期の最終決算となったことは前提事実記載のとおりであり、上記最終決算については、監査法人による監査も経ていることからすれば、平成18年8月21日プレス・リリースによって公表された同期の業績予測の下方修正は、企業会計上の裁量の範囲内にある適法な会計処理に基づくものであったことは明らかであるものの、このことは、上記の認定判断と何ら矛盾するものではなく、平成18年8月21日プレス・リリースが、旧レックスの業績、ひいてはその企業価値について、実態よりも悲観的な受け取り方をされるおそれの大きいものであったとの上記認定判断は左右されるものではない。相手方の主張するところを考慮しても、上記認定判断は、左右されない。

(イ) 平成18年8月21日プレス・リリース後の旧レックス株式の市場価格の動向

次に、平成18年8月21日プレス・リリース後の旧レックスの市場株価の動向をみてみると、同月18日の終値は31万4000円、同月21日の終値は30万4000円であったものが、平成18年8月21日プレス・リリースの翌日である同月22日の終値は、いわゆるストップ安である25万4000円にまで急落し、その後も株価は下落傾

向を続け、同年9月26日には、終値が14万4000円になったこと、その後、株価は上昇を開始し、本件公開買付けが公表された同年11月10日の終値は21万9000円にまで回復したことは前提事実記載のとおりである。そして、上記(ｱ)に認定説示したとおり、平成18年8月21日プレス・リリースにおける同年12月期の業績予想の下方修正の根拠となった特別損失の計上は、必ずしも、同年中間期において、現実に旧レックスの企業価値が毀損されたことを意味するものではなく、損失を前倒しで計上した結果決算内容が悪化したという部分が多分に含まれることや、一件記録を精査しても、平成18年8月21日プレス・リリース後下落傾向を続けていた旧レックス株式の株価が、同年9月26日ころ、上昇に転ずるようなはっきりした要因を見出すことができないことをも考慮すると、上記の下落傾向は、平成18年8月21日プレス・リリースに市場が過剰に反応したものと認めるのに十分である。しかも、甲イ6号証によれば、同年8月22日から10日間の出来高は18万9245株であり、これは、旧レックスの発行済株式数26万4360株から丙田並びに丙田及びその親族が株主であるエタニティーが保有する旧レックス株式を除いた18万7848株を上回る出来高であったことが認められるのであって、平成18年8月21日プレス・リリースに過剰に反応して売り取引が集中する中で、これに乗じた投機的な反復売買が繰り返されたものと推認することができる。

　以上に説示したところによれば、同月22日以降本件公開買付けが公表された同年11月10日までの期間の旧レックス株式の市場株価は、上記(ｱ)に認定したような問題点を孕む平成18年8月21日プレス・リリースの影響を受けて過剰に下落していた上、これに乗じて投機的取引が反復されたことによる影響も受けており、必ずしも適正に旧レックスの企業価値を反映したものとはいえないとみざるを得ない。

　　　(ｳ)　しかし、平成18年8月21日プレス・リリースにおいて公表された同年12月期の業績予想の下方修正は、企業会計上の裁量の範囲内にある適法な会計処理に基づくものであることは、既に説示したとおりであって、上記の業績予想の下方修正が著しく恣意的で合理性を欠くものであるとか、誤った情報によって株価を操作するものであるとかまで認定するに足りる疎明はない。そして、疎明資料（甲イ9、13、乙イ70）によれば、旧レックスの平成18年12月期の売上高は、平成18年8月21日プレス・リリースにおいて、下方修正された1700億円を更に下回る1618億1821万円にとどまり、不採算店舗の閉店等に伴う固定資産除却損や固定資産売却損、減損処理に伴う特別損失等も同期の決算において更に拡大していることが認められるのであって、これらの事実に鑑みれば、平成18年8月21日プレス・リリースがされた時点において、旧レックスは、多数の不採算店を抱え、売上げが伸び悩んでおり、不採算店を閉店するなどして経営の改善を行わざるを得ないという状況にあったものということができ、旧レックスが上記のような状況にあるという事実は、その市場株価に適切に反映されてしかるべきものということができる。ところが、疎明資料（甲イ7、67）及び審問の全趣旨によれば、平成18年2月17日に公表された平成17年12月期決算短信（連結）や同年5月24日に公表された平成18年12月期第1四半期決算においては、旧レックスが、上記のような状況にあることをうかがわせる記載はなく、本件取得日における本件株式の客観的価値の算定に当たって、平成18年8月21日プレス・リリース後の市場株価を一切考慮しないというのでは、旧レックスが上記のような状況にあった事実がその株価に適切に反映された旧レックスの企業価値を把握することはできないものというほかはない。

　そもそも、市場株価は、その時々における企業価値を常に適正に反映するわけではなく、株価形成に係る様々な思惑や投機的取引などの影響を受けることは否定できないのであって、市場株価を基本として、株式の客観的価値を算定するに当たっては、ある程度の継続的な期間の市場株価を平均化することによって、こうした諸事情が株価に与える影響をできる限り排除し、企業の客観的価値を適正に反映する価額を算定するよりほかはないものというべきである。平成18年8月22日以降同年11月10日までの期間の旧レックス株式の市場株価が、上記(ｱ)に認定したような問題点を孕む平成18年8月21日プレス・リリースの影響を受けて過剰に下落し、これに加えて投機的取引が反復されたことによる影響も受けていたとの事情についても、同期間の市場株価を平均値算定の基礎に含めながら、他の期間をも通じて市場株価を平均化することによって、上記の影響を排除し、本件取得日における本件株式の客観的価値を算定すれば足りるものと解するのが相当である。

　ウ　平成18年8月21日以前の市場株価を上記平均値算定の基礎とすることの当否

　相手方は、平成18年8月21日プレス・リリース以前の市場株価は、平成18年12月期の業績予測の下方修正を余儀なくされた事情が反映されていないから、これを上記平均値算定の基礎から除くべきであると主張する。

　確かに、平成18年8月21日プレス・リリース以前の市場株価は、旧レックスが、多数の不採算店を抱え、売上げが伸び悩んでおり、不採算店を閉店するなどして経営の改善を行わざるを得ないという状況にあったことが適切に開示された状況の下で形成されたものとはいえないことは上記イ(ｳ)において認定説示したところである。しかし、同日以前の市場株価は、その当

時、旧レックスが開示していた資産内容、財務状況、収益力及び将来の業績見通しなどの情報（一件記録を精査しても、この情報が、粉飾されたものであって、旧レックスの実態を的確に開示するものではないなどの事情は窺われない。）や報道等によって与えられるその他情報を基に、市場原理に従って形成されてきたものであって、その市場株価は、当時の旧レックスの企業価値を反映したものということができるところ、同年8月21日を境に、旧レックスの業績が急激に悪化し、その企業価値が現に大きく毀損されたという事情があるわけではないこと（すなわち、上記イ(ア)に認定したところからすれば、平成18年8月21日プレス・リリースにおける業績予測の下方修正は、平成18年12月期から固定資産の減損処理を行うことになったことに伴う特別損失の計上や資産の評価替えに伴う特別損失の計上といった理由による部分が大きく、これらは、これが計上された時点において、旧レックスに現にこれに相応する損失が生じ、企業価値が現実に毀損されたことを意味するものではなく、損失を前倒しで計上するといった色彩が強いものというべきである。）を考慮すれば、本件取得日に近接した一定の期間の市場株価の平均値をもって本件株式の客観的価値を算定するに当たり、同日以前の市場株価を基礎とすることが相当ではないということはできない。

そして、仮に、平成18年8月21日以前の市場株価を上記の平均値算定の基礎から除くとすると、同月22日以後本件公開買付けの公表まで期間の全部又は一部の市場株価を基礎として上記の平均値を算定することにならざるを得ないところ、上記期間の市場株価は、上記イ(ア)に認定したような問題点を孕む平成18年8月21日プレス・リリースの影響を受け過剰に下落していた上、これに乗じて投機の取引が反復されたことによる影響も受けていることは、既に説示したところであって、加えて、上記イ(イ)に認定したように、旧レックス株式の市場株価は、同年9月26日の終値が14万4000円にまで下落した後、株価を上昇させるようなはっきりした要因もないのに上昇を開始し、本件公開買付けが公表された同年11月10日の終値は21万9000円にまで回復していたことを考慮すると、本件公開買付けの公表がされ、買付価格による抑制が働かなければ、なお株価が上昇した可能性も否定できないところである。上記期間の全部又は一部の市場株価を平均化するのみでは、上記の影響を排除して、旧レックスの企業価値を的確に把握することは困難というべきであって、少なくとも、上記期間の全部又は一部の市場株価のみを基礎として市場株価の平均値を算定し、これをもって、本件取得日における本件株式の客観的価値とみるよりは、平成18年8月21日以前の一定期間の市場株価をも基礎として平均値を算定する方が、本件株式の客観的価値を評価する上では、より合理的であるというべきである。

エ　平均値算定の基礎となる期間

疎明資料（甲イ15、17、19、32、58、乙イ14）及び審問の全趣旨によれば、本件MBOと近接した時期においてMBOを実施した各社においては、公開買付けの公表前の3か月又は6か月の間の市場株価の単純平均値に約16.7パーセントから27.4パーセントのプレミアムを加算した価格をもって買付価格としていること、日本証券業協会が定めた「第三者割当増資の取扱いに関する指針」によれば、第三者割当増資等に係る払込金額は、当該第三者割当増資等に係る取締役会決議の直前日の価額に0.9を乗じた額以上の価額を原則とし、ただし、直前日又は直前日までの価額又は売買の状況等を勘案し、当該決議の日から払込金額を決定するために適当な期間（最長6か月）をさかのぼった日から当該決議の直前日までの間の平均の価額に0.9を乗じた額以上の額とすることができる旨が定められていることが認められ、このことに、以上アないしウに認定説示した事情、特に、イに認定した平成18年8月21日プレス・リリース後本件公開買付けの公表前の市場株価の動向と売買の状況を勘案すると、本件において、市場株価の平均値を算定する基礎となる期間を短期に設定することは相当とはいえないものということができ、本件公開買付けが公表された平成18年11月10日の直前日からさかのぼって6か月間の市場株価を単純平均することによって、本件取得日における本件株式の客観的価値を算定するのが相当である。そうすると、本件取得日における本件株式の客観的価値は、平成18年5月10日から同年11月9日までの終値の平均値である28万0805円と認めることができる。

オ　抗告人らは、本件取得日当時、旧レックスは構造改革・リストラによって膿出しを行い、企業価値を増大させる計画の途上にあり、これによる企業価値が増大する高度の蓋然性があったから、本件株式の客観的価値を算定するに当たり、このことを反映させる必要があると主張するが、既に説示したように、市場株価は、当該企業の将来の業績の見通しをも含めた諸般の要素を勘案した当該企業の客観的価値を反映しているものと解されるのであって、市場株価方式によって、株式の客観的価値を算定するに当たり、将来に向けて企業価値が増大する蓋然性があることを別に考慮すべきものと解することはできない（なお、本件株式の客観的価値に加算すべき株価の上昇に対する期待の評価額を算定するに当たり、企業価値の増大の可能性の有無、程度を考慮すべきことは、後記3において説示するとおりである。）。抗告人らの上記主張は採用することができない。

他方、相手方は、旧レックスは、平成18年11月10日プレス・リリースにより、平成18年8月21日プレス・リリースによる同年12月期の業績予想を更に下方修正

しており、その後も、本件取得日までに、平成19年2月26日プレス・リリースによって、同期の業績予想の更なる下方修正を公表し、これが同期の最終決算（連結）となっていること、同年3月1日には、平成19年3月1日プレス・リリースによって、エーエム・ピーエムの株式の減損処理を行うことにより、同期の個別決算において、156億8100万円の特別損失を計上し、当期純損失が162億4000万円となるとの業績予想を公表するに至っていることからすれば、本件取得日における本件株式の客観的価値が、平成18年11月9日までの過去1か月間の市場株価の終値の単純平均値である20万2000円を超えることはあり得なかったと主張する。しかし、平成18年8月22日以降同年11月10日までの期間の旧レックス株式の市場株価は、上記イ(ｱ)に認定したような問題点を孕む平成18年8月21日プレス・リリースの影響を受けて過剰に下落した後、同年9月26日の終値が14万4000円にまで下落した後、株価を上昇させるようなはっきりした要因もないのに上昇を開始し、本件公開買付けが公表された同年11月10日の時点では、いまだ上昇傾向を続けている途上であったことは同(ｲ)に認定したところであることに加え、疎明資料（甲イ11、乙イ10）及び審問の全趣旨によれば、同日、本件公開買付けの公表と同時に公表された平成18年11月10日プレス・リリースや平成19年2月26日プレス・リリースにおいては、同期の決算内容の悪化につき、企業成長をいったん鈍化させても抜本的な改革を断行する必要があり、中長期的な視野に基づく事業の再構築を図る過程で生じたものであり、次年度以降の業績に与える影響は限定的であることが明確にされていることを考慮すると、本件取得日における本件株式の客観的価値が20万2000円を超えることはあり得ないとみることは困難である。

一件記録を精査しても、他に上記エの認定を左右する事実を認めるに足りる疎明資料はない。

3　株価の上昇に対する期待の評価

(1)　そこで、本件株式の株価上昇に対する株主の期待をどのように評価すべきであるかについて検討を進める。

疎明資料（甲イ10、57、62、乙イ39）及び審問の全趣旨によれば、一般に、ＭＢＯは、市場における短期的圧力を回避した長期的思考に基づく経営の実現、株主構成が変更されることによる柔軟な経営戦略の実現、「選択と集中」の実現、危機意識の共有による従業員等の士気の向上等によって、企業価値の増大を図ることを目的として行われるものであり、本件ＭＢＯも、企業成長をいったん鈍化させることを恐れず、一貫した理念と方針に基づき、抜本的な改革を進めることを目的として実施されたものであること、このような目的の下で行われるＭＢＯに際して実現される価値は、①ＭＢＯを行わなければ実現できない価値と、②ＭＢＯを行わなくても実現可能な価値に分類して考えることができ、②の価値は、基本的に株主に分配すべきであるが、①の価値は、ＭＢＯ後の事業計画につき、その実現の不確実性についての危険を負担しながら、これを遂行する取締役（経営者）の危険と努力についても配慮しつつ、これを株主と取締役に分配するのが相当であると認められる。そして、強制的取得により失われる今後の株価の上昇に対する期待を評価するに当たっては、当該企業の事業計画に照らし、その収益力や業績についての見通しについて検討し、かかる検討の下に、ＭＢＯに際して実現される上記①及び②の価値とその分配について考察し、かかる考察に基づき、裁判所が、その合理的な裁量によって、上記の期待についての評価額を決することが、取得価格の決定申立制度の趣旨に照らし、望ましいものといえる。このことは、株式の公開買付けを行う企業は、デューディリジェンスを行い、対象企業の資産内容、財務状況に加え、その事業計画に照らした収益力や将来の業績見通しなどを検討した上で、買付価格を決定するのが通例であることは公知であることに加え、疎明資料（甲イ30、乙イ39）によれば、ＭＢＯ報告書においても、ＭＢＯの実施に際して株主に適切な判断の機会を確保するための方策の一つとして、ＭＢＯ後の中長期的な経営計画等、将来の可能性について株主に対して十分に説明することによりＭＢＯに際して実現される価値の可能性を示して、株主の判断材料にすることが示されていることが認められることからも裏付けられる。

しかしながら、抗告人らの度重なる要請にもかかわらず、相手方は、その事業計画を提出しないし、また、ＡＰ8が旧レックスについてデューディリジェンスを実施した上で作成した株価算定評価書を検討すれば、その性質上、事業計画を踏まえた株価算定の過程が明らかになることが容易に推認できるにもかかわらず、株価算定評価書の提出もしないのであって、本件においては、一件記録に基づき、ＭＢＯに際して実現される価値を検討した上で、株価の上昇に対する評価額を決することは困難といわざるを得ず、当裁判所としては、一件記録に表われた疎明資料に基づき、本件ＭＢＯに近接した時期においてＭＢＯを実施した各社の例などを参考にして、その裁量により、本件株式の株価上昇に対する評価額を決定するよりほかはない。

(2)　そこで、本件ＭＢＯと近接した時期においてＭＢＯを実施した各社の例をみてみると、上記各社においては、公開買付けの公表前の3か月又は6か月の間の市場株価の単純平均値に約16.7パーセントから27.4パーセントのプレミアムを加算した価格をもって買付価格としていることは既に認定したところであることに加え、甲イ59号証によれば、平成12年から平成17年までの間に日本企業を対象とした公開買付けの事例

(119例)では、プレミアムの平均値は、公開買付公表日直前の株価の終値の12.6パーセントにとどまるが、市場株価を下回る買付価格を設定した公開買付けは、相対取引の実質を持つことから、これを除いた85例についてプレミアムの平均値を取ると、公開買付公表日直前の株価の終値の27.05パーセントに達することが認められる。そして、本件公開買付けに当たっては、買付価格は、平成18年11月9日までの過去1か月間の市場株価の終値の単純平均値に対して13.9パーセントのプレミアムを加えた価格であるとの説明がされたことは、前提事実記載のとおりであるが、相手方は、このようなプレミアムを設定した具体的な根拠については特に主張立証をせず、事業計画書や株価算定評価書の提出もしないのであって、このことをも考慮するならば、上記のような事例を参照し、上記2において認定した本件株式の客観的価値（28万0805円）に、20パーセントを加算した額（33万6966円）をもって、株価の上昇に対する評価額を考慮した本件株式の取得価格と認めるのが相当である。

（3）本件公開買付けの結果、ＡＰ8は、本件公開買付け後に行われたエタニティーの全株式取得による間接所有分を含め、旧レックスの発行済み株式総数の91.51パーセントの株式を所有するに至ったことは、前提事実記載のとおりである。しかし、相手方が、上記買付価格の合理性について、株価算定評価書やその事業計画を開示してこれを説明しない状況の下で（なお、乙イ70号証によれば、旧レックスは、本件公開買付けに賛同するに先立ち、アビームＭ＆Ａコンサルティング株式会社に株価の算定を依頼して、その妥当性を検証したことが認められるが、当裁判所の審理に際しては、同号証において、同社の算定の要旨を開示するにとどまるものであって、株価算定評価書や相手方の事業計画を開示した上で、買付価格の合理性について、株主である抗告人らに検討をする機会が与えられていないことは明らかである。）、多数の株主が公開買付けに応じたとの事実から、その買付価格や買付価格の決定に当たって考慮されたプレミアムの額が合理的であり、正当であったと推認することはできない。多数の株主が公開買付けに応じたとの事実から、買付価格や買付価格の設定に当たって考慮されたプレミアムの額が合理的であり、正当であったと容易に推認をするのでは、公開買付けが成立した場合には、これに反対する株主にも同額での買付けに応ずることを強制することにもなりかねず、買付価格に不服のある株主に対し、自らが保有する株式の取得価格の決定の申立権を認め、強制的に株式を剥奪されることになる株主の保護を図ることをその趣旨とする取得価格の決定申立制度の趣旨を没却することにもなりかねないものといわざるを得ないものというべきである。

また、本件においては、ＡＰ8以外の企業ないし投資ファンドによる公開買付けは行われなかったものの、既に説示したように、旧レックスの代表取締役であり大株主である丙田は、平成18年4月ころからＭＢＯの実施を検討するようになり、同年6月、アドバンテッジパートナーズの関係者と接触をし、同年8月9日、ＡＰ8が設立され、同年11月10日、本件公開買付けが公表されたという事実の経過に加え、甲イ29号証によれば、旧レックスは、アドバンテッジパートナーズ以外の企業ないし投資ファンドには、デューディリジェンスの機会を与えることもしなかったことが認められるのであるから、ＡＰ8以外の企業ないし投資ファンドが旧レックス株式の公開買付けを行おうとしなかったとの事実も、ＡＰ8による買付価格や買付価格の決定に当たって考慮されたプレミアムの額が合理的であり、正当であったことを推認させるものとはいえない。

一件記録を精査しても、上記(2)の認定判断を左右する事実を認めるに足りる疎明資料はない。

4 以上によれば、本件株式の各取得価格は、1株につき33万6966円と決定すべきであり、これと異なる原決定は失当であるから、原決定中、抗告人らに関する部分を変更し、本件株式の各取得価格を上記のとおり1株につき33万6966円と決定する。

　　裁判長裁判官　小林克巳
　　　　裁判官　綿引万里子　中村　愼

14 アパマンショップHD事件

I 国内判例編　東京高判平成20・10・29金融・商事判例1304号28頁

中京大学法学部准教授　森まどか

I 事案の概要

　A株式会社（Yら補助参加人）は、グループとして不動産賃貸斡旋のフランチャイズ事業等を展開していた。X（原告・控訴人）らは、6ヵ月前から引き続きA社の株式を有する株主であり、Y₁（被告・被控訴人）はA社の代表取締役、Y₂およびY₃はいずれもA社の取締役である。A社は、機動的なグループ経営を実現するため、主要事業をA社の完全子会社化するための事業再編を行った。

　平成18年5月11日、A社の経営会議において、A社がその発行済株式総数の3分の2以上（66.7％）を有する株式会社アパマンショップマンスリー（以下、「ASM」という）の株式会社アパマンショップリーシング（以下、「ASL」という）への合併に関する議題の審議において、A社の重要な子会社であるASLは完全子会社でなければならない関係上、ASMを合併前に完全子会社化する必要があること、その方法としては、株式交換の方法もあるが、A社の円滑な事業遂行のために、ASMの株主に対しては可能な限り任意の合意に基づく買取りを実施すべきであり、買取価格としては出資価格である1株5万円が適当と思われること、その場合、買取総額としては1億数千万円であり、A社の職務権限規程によれば社長Y₁の専決事項であるが、Y₁の意向により、経営会議で議論するとともに、法的問題についてはP弁護士に指導を求めることとしたいとの提案があった。経営会議に同席していたP弁護士は、基本的に経営判断の問題であるため、特に法的に問題となるような性質のものではなく、買取価格についても許容範囲ではないかとの意見を述べた。議論の結果、1株5万円で買取りを実施することが決定されるとともに、株式会社Cが買取りに応じないことが予想され、ASMの完全子会社化のためには株式交換の手続は必須であるとの説明があり異論なく了承された。

　A社は、同年6月9日頃、A社を除くASMの株主に対し、A社がASMの株式を1株5万円で買い取る旨の案内書を送付し、その結果、遅くとも同年6月29日頃までに、A社はC社が保有する150株以外のASMの発行済株式3160株を、1株当たり5万円、代金総額1億5800万円で購入した。この間、Y₁は、ASMの株式買取価格について、再度、同年6月29日の経営会議に諮問するとともに、P弁護士に意見を求めたところ、P弁護士は、メールで返答するとともに、経営会議において、「基本的には経営判断の問題であること、交換比率のベースとなる約1万円という金額がASMの株式価値として正しい金額であるというのがA社の認識であると理解している……が、一方買取価格はその4、5倍もの金額であるが、……許容できる範囲にある」と述べた。Y₁は、上記の株式の買取りを計画するのと同時に、これに応じない株主が保有する株式については、株式交換によりASMをA社の完全子会社とすることを計画し、A社およびASMの双方の代表者として、同年6月29日付けの株式交換契約を締結した。

　Xらは、上記の株式買取価額は不当に高額であり、Y₁らはその取締役としての任務を怠ったことによりA社に損害を生じさせたものであるから、会社法423条1項により、A社に対する損害賠償責任を負うと主張して、同法847条に基づき、Y₁らに対し、損害賠償として、連帯して1億3004万0320円およびこれに対する平成18年7月1日（上記買取りの日）から支払済みまで年5分の割合による遅延損害金をA社に支払うことを求めて訴えを提起した。原審（東京地判平成19・12・4金判1304号33頁）は、Xらの請求を棄却したところ、Xらが請求の認容を求めて控訴したのが本件である。

II　判決要旨

原判決変更、請求認容。

1　「株式会社の取締役の経営上の判断は、将来の企業経営の見通しや経済情勢に対する予測に基づく判断を含み、かつ、その予測は、事柄の性質上、不確実なものであって、企業を取り巻く情勢の変化等により、事前の予測を超える事態が発生することは不可避であることに照らすと、経営者としての裁量的な判断であるというべきであるから、取締役としての善管注意義務に違反するかどうかは、このような経営上の判断の特質に照らすと、その判断の前提となった事実の調査及び検討について特に不注意な点がなく、その意思決定の過程及び内容がその業界における通常の経営者の経営上の判断として特に不合理又は不適切な点がなかったかどうかを基準とし、経営者としての裁量の範囲を逸脱しているかどうかによって決するのが相当である。」

2　「そこで、まず、本件取引時のＡＳＭの株式の価額について検討すると、①監査法人【に】（ママ）よつば綜合事務所作成の平成18年5月31日付の交換比率算定書では、ＡＳＭの同日現在の1株当たりの評価額は9709円であり、大和証券ＳＭＢＣ作成の同年6月28日付け株式交換比率算定書では、市場株価法・類似会社比較法に基づくＡＳＭの1株当たりの株主資本価値は6561円から1万9090円であったこと……、②Ｐ弁護士は、Ｙ₁に対して送ったメールにおいて、約1万円という金額がＡＳＭの株式価値として正しい金額であるというのがＡ社の認識であると理解している旨の記載をしていること……、③Ｙ₁も1株当たり1万円前後であったと供述していることによれば、本件取引当時のＡＳＭの株式の価額は、1株当たり1万円であったと認めるのが相当である。」

3　「Ａ社は、前記認定事実によれば、ＡＳＭを完全子会社にする目的でその株式を買い取ることとしたものであるところ、完全子会社にすることについて経営上の必要性があるかどうか、また、完全子会社にすることが経営上どの程度有益な効果を生むかといったことを左右する要因の中には、企業の業績に関する将来の見通し等に関する不確実なものが少なくないと考えられる。したがって、このような必要性ないし有益性の有無、程度についての判断は、将来についての予測を含む経営上の判断であるから、取締役には、このような判断をするかについて、……一定の裁量が認められるのであり、したがって、上記……で認定した価額（1株当たり1万円）を上回る金額を買取価格として設定したとしても、そのことのみによって当然に取締役がその任務を怠ったものということはできない。」「しかし、その判断が許された裁量の範囲内であるというためには、1株当たり1万円の株式について1株当たり5万円を買取価格として設定したことが、買取りを円滑に進めるために必要であったかどうか、より低い価額では買取りが円滑に進まないといえるかどうか、また、買取価格が上記……で認定した価額から乖離する程度と買取りによって会社経営上の期待することができる効果（必要性ないし有益性）とが均衡を失しないかどうか、買取りの手続と同時に計画されていた株式交換の手続における交換比率及びこれを決定する前提となるＡＳＭの株式の評価額はいくらであるか等の諸点に関する調査及び検討について特に不注意な点がなく、その意思決定の過程及び内容がその業界における通常の経営者の経営上の判断として特に不合理または不適切でなかったことが必要である。」

4　「……前記認定事実によれば、買取価格については、出資価格が1株当たり5万円であったことから、それと同額の買取価格を設定したというものであり、それより低い価額では買取りが円滑に進まないといえるかどうかの調査や検討がされたことはなかった。」「また、Ａ社の規模を見ると、平成17年9月期の営業利益は9億4100万円、経常利益は8億7600万円、当期純利益は4億7900万円であるところ……、買取価格を1株当たり5万円とした結果、本件取引によって支払うこととなった代金総額は、1億5800万円であり、これを上記の各利益額と対比すると相当に高い比率になるのであって、本件取引による支出は、Ａ社の経営上、かなり大きい影響がありうると考えられること、他方、本件取引当時、Ａ社は既にＡＳＭの発行済株式総数の3分の2以上（66.7パーセント）を保有している状態にあったことを考えると、買取価格については、ＡＳＭを完全子会社にすることが当時の状態を維持した場合に比較して経営上どの程度有益な効果を生むかという観点から、慎重な検討が必要であったというべきである。ところが、そのような観点からの検討が十分に行われたことをうかがわせる証拠はない。」「さらに、……、Ｙ₁は、本件株式の買取りと同時に、株式交換により、ＡＳＭをＡ社の完全子会社

とすることを計画していたのであり、本件交換契約においては、ＡＳＭの株式1株につき、Ａ社の株式0.192株の割合をもって補助参加人の株式を平成18年8月1日、割当交付するものとされ、そのとおり交換が実行されたものである。ＡＳＭの株式1株の価値を交換の日の直前のＡ社の株式価格（終値）に基づいて計算すると、8448円となり、その計画当時の価値については、上記……において説示したところに照らすと、1万円程度であったものと認めるのが相当である。」

　5　「以上によれば、本件買取りの手続においては、買取価格を1株当たり5万円と設定するについて、十分な調査及び検討をすることなく、単に出資価格が1株当たり5万円であったことから、それと同額の買取価格を設定したというにすぎないものであり、上記……で認定した価額（1株当たり1万円）及び同時期に計画されていた株式交換におけるＡＳＭの株式1株の価値の5倍もの金額を買取価格として設定した判断については上記の検討状況からすると、何ら合理的な根拠又は理由を見出すことはできない。そうすると、前記の判断基準に照らすと、買取価格を1株当たり5万円と設定することについては、取締役の経営上の判断として許された裁量の範囲を逸脱したものというべきである。なお、前記認定事実によれば、上記買取価格を設定するに当たり、Ｙ₁らは、弁護士の意見を聴取したことが認められるが、買取価格の設定に関する上記事実関係の下では、弁護士の意見を聴取したからといって、Ｙ₁らの注意義務違反を否定することはできない。」

Ⅲ　分析と展開

　1　本判決は、発行済株式総数の3分の2以上を有する会社の完全子会社化にあたり当該会社の株式を買い取るに際して、その買取価格の設定についての取締役の経営上の判断が善管注意義務違反に当たるとした事例である。本件は、従来取締役の責任が認められることの少なかった具体的法令違反のない経営判断について、取締役の責任を認めた数少ない事例の1つである。以下では特に、経営判断原則の運用の際、裁判所がいかなる判断枠組みを採用し、いかなる事情を考慮しているかに着目して原審との判断の分かれ目を考察する。

　2　取締役の経営上の判断について善管注意義務（会社法330条→民法644条）ないし忠実義務（会社法355条）違反の有無を判断する基準として、(1)経営判断の前提となる事実認識の過程（情報収集とその分析・検討）における不合理さの有無と、(2)その事実に基づく意思決定の推論過程および内容の著しい不合理さの有無の2点を対象とする裁判例が多く（注1）、実務上もこの立場はほぼ確定した判断基準となっている（注2）。学説上は、判断過程に合理性を要求すれば判断内容が合理的になる蓋然性も高まること、および、取締役に一定の裁量の幅を与える観点から、意思決定の過程と内容とを分けて、それぞれ合理性の有無と著しい合理性の有無という別の判断基準を設定する見解が有力である（注3）。もっとも上記(2)の意思決定の推論過程（例えば、(1)の事実認識に基づく取締役会における審議過程）が上記(1)に含まれると解するよう見受けられるもの（注4）もある。そもそも事実認識の過程と意思決定の推論過程とを明確に区別し得るかという問題もあるが（注5）、その点は措くとしても、裁判例も学説も、意思決定の過程と内容の双方について判断を加えるべきであるとする点では一致する。他の裁判例と表現は異なるが、判旨1も一般論として(1)(2)の観点から取締役の経営上の判断が善管注意義務に違反するかを判断しようとしている点では同様であり、原審も同旨とみてよい（注6）。

　3　判旨2は、非上場会社であるＡＳＭの株式の価額を1株当たり1万円であったと認定した上で、ＡＳＭの完全子会社化にあたっての株式買取りは経営上の判断であるから一定の裁量が認められ、1株当たり1万円「を上回る金額を買取価格として設定したとしても、そのことのみによって当然に取締役がその任務を怠ったものということはできない」とする。これに対して、非上場会社の株式の買取価格に関する経営判断が問題となった①大阪地判平成11・5・26判時1710号153頁（朝日新聞社株主代表訴訟第1審判決）、②大阪高判平成12・9・28資料版商事199号328頁（朝日新聞社株主代表訴訟控訴審判決）および本件原審は、株式の価額を認定しない。これらの事例において裁判所は、非上場株式の取得価額の評価自体、取締役による「専門的かつ総合的な経営判断」が要求されるというべきであって、取締役らに委ねられる裁量の範囲も広いとする。この点で、本判決による株式価額の認定は特徴的といえるが、これは買取価格の設定が取締役の裁量の範囲内か否かについての下記4(ⅲ)の判断枠組みの運用の際の基準となる。

　裁判所は、下記4(ⅲ)の運用のための基準となる株式価額の認定にあたり、ある程度幅のある鑑定

評価額（6561円から1万9090円）を前提に、A社ないしY₁がASMの株式価値を当時いくらと認識していたかを問題とするようである。(iii)の運用に際しては、取締役が、買取価格の、認定した株式の価額との乖離の程度を認識していた必要があるからである。しかし、判旨4は、株式交換計画当時の株式の価値も1万円程度であったと認定し、かつ判旨5は、「株式交換におけるASMの株式1株の価値の5倍もの金額を買取価格として設定した」とも述べる。判旨2が認定する株式価額は、株式交換比率算定のための証拠から認定されたものであり、実質的に両者は等しい。そうだとすると、判旨2が、(iii)の運用の基準となる株式価額を、株式交換における株式価額とは別に認定した意味はどこにあるのであろうか。また本件では、同時期に株式交換が計画されていたという特殊事情があるため、(iii)の基準となる株式価額を認定しやすかったように見受けられる。これに対して、外部専門家等の鑑定を受けておらず、基準となる株式価額の認定に困難を伴う場合には、(iii)によるまでもなく、判断の前提としての事実認識に不注意な点があったとして処理されるのであろうか。

4　判旨3は、本件取引における株式の買取価格の設定に関する判断が、許された裁量の範囲内であるためには、上記(1)につき特に不注意な点があってはならない調査検討が必要な諸点として、(i)1株当たり5万円を買取価格として設定したことが、買取りを円滑に進めるために必要であったかどうか、(ii)より低い額では買取りが円滑に進まないといえるかどうか、(iii)買取価格が上記株式価額から乖離する程度と買取りによって会社経営上の期待することができる効果（必要性ないし有益性）とが均衡を失しないかどうか、(iv)株式交換比率およびこれを決定する前提となるASMの株式の評価額はいくらであるか等、を挙げる。特徴的なのは(iii)である。つまり、当該買取りによって単に会社経営上の必要性ないし有益性が認められれば良いのではなく、買取価格の、認定した株式の価額から乖離する程度との均衡を失しないことが必要であるとして、経営判断原則の射程を限定する立場を示すものといえる（注7）。事実の調査検討対象として(iii)を挙げる点で、取締役によるフリーハンドの歯止めとして機能し得る一方、取締役の裁量を不当に狭めない点で優れた枠組みのようにも見えるが、以下でその具体的当てはめから生じ得る問題点について検討する。

5　判旨4は、(iii)の当てはめにおいて、①「必要性ないし有益性」を「ASMを完全子会社化することによる効果」と捉える。そして、②「買取価格が認定した株式価額から乖離する程度」については、買取価格の総額が、A社の営業利益、経常利益および当期純利益に対する相当高い比率から経営上大きな影響があり得ると評価する。その上で、③「必要性ないし有益性との均衡」については、特にすでに発行済株式総数の3分の2以上を保有している状態にあったASMの完全子会社化による効果を慎重に検討すべきであったのにそのような観点からの検討が十分に行われなかった、とした。

①につき、判旨4は、株式交換だけでなく任意の株式買取りによって完全子会社化を行う、という経営上の判断によりもたされ得る「必要性ないし有益性」については一切触れていない。原審が、加盟店との関係を良好に保つ必要性と、株式交換の方法のみによると法的紛争に発展する可能性があることに鑑み、その後のグループ全体の取引を円滑に行う必要があったと認定したことと対照的である。しかし、本件で問題となっている経営上の判断は、原審のいうように完全子会社化の実施だけでなく、任意の株式買取りという手段を用いての完全子会社化の実施をも含むと考えるべきであり、そのような経営判断を行う際に考慮された加盟店との関係維持等の経営上の効果も考慮すべきだったのではないだろうか。②について、原審は、買取価格の総額は、A社グループの連結ベースでの企業規模に照らし、「財務状況への影響は大きくない」と判断したのに対し、本判決は、A社単体の企業規模を基準とする。本件のようなグループ再編の局面では、経営者による会社の財務状況の判定は連結ベースが念頭に置かれていたはずであり、単体での規模を基準とすることには合理性を欠くとの指摘がある（注8）。③について、原審が経営判断のうち、完全子会社化の実施という判断内容につき「不合理な点は見られない」としたのに対し、本判決は、すでに発行済株式総数の3分の2以上を保有している会社の完全子会社化によりもたらされる会社経営上の期待することができる効果については、そうでない場合に比較して慎重な検討が必要であったとする。つまり、A社グループ全体の組織再編を行うにあたってASMを完全子会社化する必要があったとするだけでは不十分であるという。しかし、完全子会社化による経営上の効果の把握は、その会社の支配権をすでに取得済みか否かにより一義的に決まる性質のものではなく、まさに取締役が行う経営判断に属する事柄であるというべき

である。判旨4は、支配権を取得済みの会社の完全子会社化の経営上の効果について否定的な価値判断を有することを前提として経営者により慎重な検討を求めるよう読め（注9）、疑問である。

以上の検討から、(iii)の枠組みは、その具体的当てはめの方法に、経営上の判断そのものに対する裁判所の価値判断を伴う危険があり、経営者の裁量を不当に狭める可能性があるといえる。

6　上記(2)については著しい不合理性がない限り、その裁量の範囲内にあると判断されるが、判旨5は、上記(1)に基づく調査検討が不十分であったために、内容について「何ら合理的な根拠又は理由を見出すことはできない」とした。逆にいえば、上記(i)～(iv)の諸点の調査検討に特に不注意な点がなかったとすれば、内容についても著しい不合理性がなかったと判断された可能性がある。判断の過程と内容に対する審査は連関するのであり、判断の過程についての検討による総合評価として、内容についての判断がなされるべきといえるが（注10）、判旨5はそのことを示すものといえよう。

判旨5は最後に、上記買取価格を設定するにあたり、Y1らがP弁護士の意見を聴取したことについて、(1)について、情報収集の場合に専門家の知見を信頼した場合に、特に疑うべき事情がない限り、その信頼したことが善管注意義務違反とは評価されないという、いわゆる「信頼の原則」（注11）の適用を否定する（同原則を適用したとみられる事例として、③東京地判平成18・4・13判タ1226号192頁（東京電力株主代表訴訟第1審判決））。同原則が適用され取締役の善管注意義務違反がないと判断されるためには、少なくとも取締役自身が判断しなければならない事項について、外部専門家から意見を聴取しただけでは不十分であり、判断の前提となる事実について取締役自身が十分に調査検討したことを要する（注12）。本件では、上記(i)(ii)についての取締役による調査検討が不十分であったと判断される以上、信頼の原則適用の余地はないといえよう。

7　原審と本判決の結論を分けたのは、経営判断原則の適用に際しての(iii)の判断枠組みの採用と、「必要性ないし有益性」の捉え方およびその当てはめにある。(iii)の枠組みの下では、基準となる株式価額の認定の問題が生じ、かつ、(iii)の具体的当てはめ方が一律に決まらない。よって、今後、同種の事件において本判決の判断枠組みを採用する場合、その具体的当てはめ方によっては経営上の裁量の範囲が不当に狭められる可能性がある。もっとも本件では、(iii)の枠組みを採用するまでもなく、Y1らの善管注意義務違反による責任を認める結論を導き出し得たであろう。A社がASMの株主またはその関係者との間で、買取価格について協議等をせず、より低い額では買取りが円滑に進まないおそれがあるかどうかを具体的に検討しなかったことが認定されており、他の選択肢を十分に洗い出していない点で、すでに事実認識の過程において不注意な点があったと評価し得るからである（注13）（上記①②判決は、他に選択肢がなかったことを重視して、当該決定が裁量の範囲内であると判断した）。本件上告審による判断が待たれる。

（注1）　東京地判平成14・4・25判時1793号140頁、東京地判平成14・7・18金判1155号27頁、東京地判平成14・10・31判時1810号110頁、東京地判平成16・3・25判時1851号21頁、東京地判平成18・4・13判タ1226号192頁等。
（注2）　東京地方裁判所商事研究会編『類型別会社訴訟Ⅰ〔第二版〕』242頁（判例タイムズ社・2008年）、沢崎敦一「M＆A取引と取締役の善管注意義務」奈良輝久＝清水建成ほか編『最新M＆A判例と実務』252頁（判例タイムズ社・2009年）。
（注3）　吉原和志「取締役の経営判断と株主代表訴訟」小林秀之＝近藤光男編『株主代表訴訟大系〔新版〕』96～97頁（弘文堂・2002年）、江頭憲治郎『株式会社法〔第二版〕』428頁（有斐閣・2008年）。ただし、森田果「わが国に経営判断原則は存在していたのか」商事1858号4頁（2009年）参照。
（注4）　落合誠一「株式会社のガバナンス(5)」法教317号36頁（2007年）。
（注5）　石井亮「本件判批」奈良＝清水編・前掲（注2）318頁。
（注6）　石井・前掲（注5）317頁。
（注7）　弥永真生「本件判批」ジュリ1368号59頁（2009年）。
（注8）　石井・前掲（注5）321頁。
（注9）　石井・前掲（注5）322頁。
（注10）　落合・前掲（注4）36頁。
（注11）　落合・前掲（注4）35頁。
（注12）　沢崎・前掲（注2）261頁。
（注13）　落合・前掲（注4）36頁参照、江頭憲治郎＝門口正人編代『会社法大系(3)』234頁〔松山昇平＝門口正人〕（青林書院・2008年）参照。

＜参考文献＞
本文中に掲げたもののほか、以下のものがある。
・大塚和成「本件判批」銀法697号69頁（2009年）
・後藤元「平成二〇年度会社法関係重要判例の分析〔下〕」商事1873号35～36頁（2009年）
・新谷勝『会社訴訟・仮処分の理論と実務』（民事法研究会・2007年）

Madoka MORI

平成20・10・29東京高裁第12民事部判決、平成20年（ネ）第226号損害賠償請求控訴事件、原判決変更【上告・上告受理申立て】
　原審＝平成19・12・4東京地裁判決、平成18年（ワ）第22156号

判　決

＜当事者＞（編集注・一部仮名）
控訴人（原告）　　　　　　　　　　X₁
控訴人（原告）　　　　　　　　　　X₂
控訴人（原告）　　　　　　　　　　X₃
控訴人ら訴訟代理人弁護士　　佐脇　浩
同　　　　　　　　　　　　　　杉浦幸彦
被控訴人（被告）　　　　　　　　　Y₁
被控訴人（被告）　　　　　　　　　Y₂
被控訴人（被告）　　　　　　　　　Y₃
被控訴人ら訴訟代理人弁護士　　福崎真也
被控訴人ら補助参加人（被告ら補助参加人）
　　　株式会社アパマンショップホールディングス
同代表者代表取締役　　　　　　　　Y₁
同訴訟代理人弁護士　　　　　佐藤明夫
同　　　　　　　　　　　　　佐藤貴夫
同　　　　　　　　　　　　　熊谷貴之
同　　　　　　　　　　　　　森脇啓太
同　　　　　　　　　　　　　糸井千晴
同　　　　　　　　　　　　　髙木彰臣
同　　　　　　　　　　　　　田中達也
同　　　　　　　　　　　　　本田有紀
同　　　　　　　　　　　　　若松俊樹
同　　　　　　　　　　　　　江鳩孝二
同　　　　　　　　　　　　　河合弓子

【主　文】
1　原判決を次のとおり変更する。
　(1)　被控訴人らは、被控訴人ら補助参加人に対し、連帯して1億2640万円及びこれに対する被控訴人Y₁については平成18年10月20日から、被控訴人Y₂及び被控訴人Y₃については同月18日から各支払済みまで年5分の割合による金員を支払え。
　(2)　控訴人らのその余の請求を棄却する。
2　訴訟費用は、第1、2審を通じて、補助参加によって生じた費用は被控訴人ら補助参加人の負担とし、その余の費用は被控訴人らの負担とする。
3　この判決は、主文第1項(1)に限り、仮に執行することができる。

【事実及び理由】
第1　控訴の趣旨
1　原判決を取り消す。
2　被控訴人らは、被控訴人ら補助参加人に対し、連帯して1億3004万0320円及びこれに対する平成18年7月1日から支払済みまで年5分の割合による金員を支払え。

第2　事案の概要
1　事案の要旨
　控訴人らは被控訴人ら補助参加人（以下「補助参加人」という。）の株主であり、被控訴人Y₁（以下「被控訴人Y₁」という。）は補助参加人の代表取締役、被控訴人Y₂（以下「被控訴人Y₂」という。）及び被控訴人Y₃（以下「被控訴人Y₃」という。）はいずれも補助参加人の取締役である。
　補助参加人は、株式会社アパマンショップマンスリー（以下「ASM」という。）の株主らから、ASMの株式を1株当たり5万円、総額1億5800万円で買い取った。
　控訴人らは、上記価額は不当に高額であり、被控訴人らはその取締役としての任務を怠ったことにより補助参加人に損害を生じさせたものであるから、会社法423条1項により、補助参加人に対する損害賠償責任を負うと主張して、同法847条に基づき、被控訴人らに対し、損害賠償として、連帯して1億3004万0320円及びこれに対する平成18年7月1日（上記買取りの後の日）から支払済みまで年5分の割合による遅延損害金を補助参加人に支払うことを求めた。
　原審は、控訴人らの請求を棄却したところ、控訴人らが請求の認容を求めて控訴した。
2　当事者の主張等
　前提事実、争点及び争点に関する各当事者の主張は、次のとおり補正するほかは、原判決の「事実及び理由」中の「第2　事案の概要」の2及び3に記載のとおりであるから、これを引用する。
　(1)　3頁10行目の「補助参加人は、平成18年6月9日ころ」を「補助参加人は、平成18年5月末日時点で、ASMの発行済株式総数9940株の3分の2以上（66.7パーセント）に当たる6630株を保有していたところ、ASMを完全子会社にするため、同年6月9日ころ」に改める。
　(2)　3頁14行目の「3160株を」の次に「、1株当たり5万円」を加える。
　(3)　3頁14行目から15行目にかけての「購入した」を「購入した。なお、後記認定のとおり、補助参加人グループは、その当時、圓井研創の関連会社との間で紛争状態にあり、補助参加人の上記の株式の買取りの申出に応じないことが予想されていた」に改める。
　(4)　3頁17行目の「被告Y₁は」の次に「、上記(2)の株式の買取りを計画するのと同時に、これに応じない株主が保有する株式については」を加える。
　(5)　7頁10行目の「判断課程」を「判断過程」に改める。

第3　当裁判所の判断
1　認定事実
　次のとおり補正するほかは、原判決の「事実及び理由」中の「第3　当裁判所の判断」の1に説示するとおりであるから、これを引用する。

（1） 7頁25行目の「乙1」の次に「、2」を加える。
（2） 8頁1行目の「証人甲野」の次に「、被控訴人Y₁」を加える。
（3） 8頁2行目の「(以下「グループ」という。)」〔岡217頁右段52行目～218頁左段1行目〕を「(以下「グループ」又は「補助参加人グループ」という。)」に改める。
（4） 8頁3行目の「約1038億4100万円」の前に「総資産」を加える。〔岡218頁左段4行目〕
（5） 9頁18行目の「平成18年5月11日」を「補助参加人は、平成18年5月末日時点で、ＡＳＭの発行済株式総数9940株の3分の2以上（66.7パーセント）に当たる6630株を保有していた。同月11日」に改める。〔岡218頁右段2行目〕
（6） 9頁23行目の「株式の」を削る。〔岡218頁右段12行目〕
（7） 11頁1行目の「熊谷弁護士は」の次に「、同月27日」を加える。〔岡219頁左段4行目〕
（8） 11頁3行目から4行目にかけての「買取価格は交換比率のベースとなる約1万円という算定の4～5倍の金額であるが」を「交換比率のベースとなる約1万円という金額がＡＳＭの株式価値として正しい金額であるというのが補助参加人の認識であると理解している、それでも高すぎるくらいなのかもしれないが、これについては第三者の評価も加わったものであり、否定しようがないと思う。一方、買取価格はその4、5倍もの金額であるが」に改める。〔岡219頁左段5行目～7行目〕
（9） 11頁12行目の末尾に改行して次のとおり加える。
「(8) 以上の経緯により、補助参加人は、被控訴人らの賛成の下、出資価格である1株当たり5万円を買取価格とすることとした。この間、補助参加人は、ＡＳＭの株主又はその関係者との間で、買取価格について協議等をすることはなく、1株当たり5万円よりも低い額を買取価格にしたのでは買取りが円滑に進まないおそれがあるかどうかを具体的に検討することもなかった。」を加える。〔岡219頁左段18行目〕

2 判断
（1） 株式会社の取締役の経営上の判断は、将来の企業経営の見通しや経済情勢に対する予測に基づく判断を含み、かつ、その予測は、事柄の性質上、不確実なものであって、企業を取り巻く情勢の変化等により、事前の予測を超える事態が発生することは不可避であることに照らすと、経営者としての裁量的な判断であるというべきであるから、取締役としての善管注意義務に違反するかどうかは、このような経営上の判断の特質に照らすと、その判断の前提となった事実の調査及び検討について特に不注意な点がなく、その意思決定の過程及び内容がその業界における通常の経営者の経営上の判断として特に不合理又は不適切な点がなかったかどうかを基準とし、経営者としての裁量の範囲を逸脱しているかどうかによって決するのが相当である。
（2） そこで、まず、本件取引当時のＡＳＭの株式の価額について検討すると、① 監査法人によつば綜合事務所作成の平成18年5月31日付けの交換比率算定書では、ＡＳＭの同日現在の1株当たりの評価額は9709円であり、大和証券ＳＭＢＣ作成の同年6月28日付け株式交換比率算定書では、市場株価法・類似会社比較法に基づくＡＳＭの1株当たりの株主資本価値は6561円から1万9090円であったこと（前記認定事実(6)）、② 熊谷弁護士は、被控訴人Y₁に対して送ったメールにおいて、約1万円という金額がＡＳＭの株式価値として正しい金額であるというのが補助参加人の認識であると理解している旨の記載をしていること（前記認定事実(7)）、③ 被控訴人Y₁も1株当たり1万円前後であったと供述していることによれば、本件取引当時のＡＳＭの株式の価額は、1株当たり1万円であったと認めるのが相当である。

被控訴人らは、圓井研創は1株当たり5万円での買取りの要望に応じなかったのであるから、5万円よりも高額の評価をしていたことになると主張する。しかし、一般に、株式の保有者が自らが適正と考える額よりも高い価額での買取りの要望を受けたとしても、当然にその要望に応じるとは限らない上、圓井研創の関連会社と補助参加人グループとの間には紛争が存在しており（前記認定事実(4)）、このことから圓井研創が買取りの要望に応じなかったものと考えられるから、圓井研創が1株当たり5万円での買取りの要望に応じなかったことを根拠として、圓井研創が1株当たり5万円よりも高額の評価をしていたということはできず、このことから、本件取引当時のＡＳＭの株式の価額は、1株当たり1万円よりも高額であったものと推認することもできない。

（3） 次に、補助参加人が本件取引における買取価格を1株当たり5万円としたことに関し、被控訴人らが任務を怠ったということができるかどうかについて検討する。
補助参加人は、前記認定事実によれば、ＡＳＭを完全子会社にする目的でその株式を買い取ることとしたものであるところ、完全子会社にすることについて経営上の必要性があるかどうか、また、完全子会社にすることが経営上どの程度有益な効果を生むかといったことを左右する要因の中には、企業の業績に関する将来の見通し等に関する不確実なものが少なくないと考えられる。したがって、このような必要性ないし有益性の有無、程度についての判断は、将来についての予測を含む経営上の判断であるから、取締役には、このような判断をするについて、上記(1)に説示したように、一定の裁量が認められるのであり、したがって、上記(2)で認定した価額（1株当たり1万円）を上回る金額を買取価格として設定したとしても、そのことのみによって当然に取締役がその任務を怠ったものということはできない。
しかし、その判断が許された裁量の範囲内であるというためには、1株当たり1万円の株式について1株当たり5万円を買取価格として設定したことが、買取りを円滑に進めるために必要であったかどうか、より低い額では買取りが円滑に進まないといえるかどう

か、また、買取価格が上記(2)で認定した価額から乖離する程度と買取りによって会社経営上の期待することができる効果（必要性ないし有益性）とが均衡を失しないかどうか、買取りの手続と同時に計画されていた株式交換の手続における交換比率及びこれを決定する前提となるASMの株式の評価額はいくらであるか等の諸点に関する調査及び検討について特に不注意な点がなく、その意思決定の過程及び内容がその業界における通常の経営者の経営上の判断として特に不合理又は不適切な点がなかったことが必要である。

そこで、買取価格が1株当たり5万円とされた経緯を見ると、前記認定事実によれば、買取価格については、出資価格が1株当たり5万円であったことから、それと同額の買取価格を設定したというものであり、それより低い額では買取りが円滑に進まないといえるかどうかの調査や検討がされたことはなかった。

また、補助参加人の規模を見ると、平成17年9月期の営業利益は9億4100万円、経常利益は8億7600万円、当期純利益は4億7900万円であるところ（甲6、丙12の2）、買取価格を1株当たり5万円とした結果、本件取引によって支払うこととなった代金総額は1億5800万円であり、これを上記の各利益額と対比すると相当に高い比率となるのであって、本件取引による支出は、補助参加人の経営上、かなり大きな影響があり得ると考えられること、他方、本件取引当時、補助参加人は既にASMの発行済株式総数の3分の2以上（66.7パーセント）を保有している状態にあったことを考えると、買取価格については、ASMを完全子会社にすることが当時の状態を維持した場合に比較して経営上どの程度有益な効果を生むかという観点から、慎重な検討が必要であったというべきである。ところが、そのような観点からの検討が十分に行われたことをうかがわせる証拠はない。

さらに、前記認定事実及び弁論の全趣旨によれば、被控訴人Y1は、本件株式の買取りと同時期に、株式交換により、ASMを補助参加人の完全子会社とすることを計画していたのであり、本件交換契約においては、ASMの株式1株につき、補助参加人の株式0.192株の割合をもって補助参加人の株式を平成18年8月1日、割当交付するものとされ、そのとおり交換が実行されたものである。ASMの株式1株の価値を交換の日の直前の補助参加人の株式価格（終値）に基づいて計算すると、8448円となり、その計画当時の価値については、上記(2)において説示したところに照らすと、1万円程度であったものと認めるのが相当である。

以上によれば、本件買取りの手続においては、買取価格を1株当たり5万円と設定するについて、十分な調査及び検討をすることなく、単に出資価格が1株当たり5万円であったことから、それと同額の買取価格を設定したというにすぎないものであり、上記(2)で認定した価額（1株当たり1万円）及び同時期に計画されていた株式交換におけるASMの株式1株の価値の5倍もの金額を買取価格として設定した判断については上記の検討状況からすると、何ら合理的な根拠又は理由を見出すことはできない。そうすると、前記の判断基準に照らすと、買取価格を1株当たり5万円と設定することについては、取締役の経営上の判断として許された裁量の範囲を逸脱したものというべきである。なお、前記認定事実によれば、上記買取価格を設定するに当たり、被控訴人らは、弁護士の意見を聴取したことが認められるが、買取価格の設定に関する上記事実関係の下では、弁護士の意見を聴取したからといって、被控訴人らの注意義務違反を否定することはできない。

そして、前記認定事実によれば、被控訴人らは、前記経営会議において、買取価格を1株当たり5万円と設定することを異論なく了承し、これに賛成し、その結果、本件買取りの手続が実施されたものと認めることができるから、取締役としての任務を怠ったということができる。

(4) 本件取引によって、補助参加人は、1株当たり1万円の株式を5万円で買ったのであるから、差額の4万円に株式数（3160株）を乗じた1億2640万円が補助参加人に生じた損害であると認められる。

なお、補助参加人が本件取引をした後、ASMの株価が上昇した事実があるとしても、本件取引の後に株価が上昇したことによって補助参加人が得た利益は、本件取引によって補助参加人に生じた損害とは無関係のものであるから、ASMの株価が上昇した事実があることによって、損害の発生が認められないことになるということはできない。

(5) 以上によれば、被控訴人らは、補助参加人に対し、損害賠償として、連帯して1億2640万円を支払う義務がある。

この義務は、期限の定めのない債務であると考えられるから、履行の請求があった時から履行遅滞となる（民法412条3項）。そして、被控訴人らに対する請求は、本件訴状の送達によって行われたと考えられる。したがって、遅延損害金は、訴状送達の日の翌日（被控訴人Y1については平成18年10月20日、被控訴人Y2及び被控訴人Y3については同月18日）から請求することができる。

第4 結論

以上によれば、控訴人らの請求は、被控訴人らに対し、連帯して1億2640万円及びこれに対する被控訴人Y1については平成18年10月20日から、被控訴人Y2及び被控訴人Y3については同月18日から各支払済みまで年5分の割合による遅延損害金を補助参加人に支払うことを求める限度で理由があるからその限度で認容し、その余の請求は理由がないから棄却すべきであり、これと異なる原判決は一部相当でないから、原判決を主文第1項記載のとおり変更することとする。

　　裁判長裁判官　柳田幸三
　　　　裁判官　大工　強　村上正敏

第1審判決

【主　文】
1　原告らの請求を棄却する。
2　訴訟費用は原告らの負担とする。
【事実及び理由】
第1　請求
　被告Y₁、被告Y₂及び被告Y₃は、被告ら補助参加人に対し、連帯して1億3004万0320円及びこれに対する平成18年7月1日から支払済みまで年5分の割合による金員を支払え。
第2　事案の概要
1　本件事案の概要
　本件は、被告ら補助参加人（以下「補助参加人」という。）が、株式会社アパマンショップマンスリー（以下「ＡＳＭ」という。）を完全子会社化するに際し、特定の株主から、1株当たり5万円でＡＳＭの株式を買い取ったことについて、補助参加人の代表取締役である被告Y₁（以下「被告Y₁」という。）及び同取締役である被告Y₂（以下「被告Y₂」という。）及びY₃（以下「被告Y₃」という。）に善管注意義務及び忠実義務違反があったとして、補助参加人の株主である原告らが被告らに対し、補助参加人へ、損害（1億3004万0320円及びこれに対する平成18年7月1日から支払済みまで年5分の割合による遅延損害金）の賠償を求めた株主代表訴訟である。
2　前提事実（証拠を掲記した事実以外は弁論の全趣旨から認定できる事実である。）
　(1)　当事者等
　被告Y₁は、平成18年6月29日当時、補助参加人の代表取締役であり、株式会社アパマンショップマンスリー（以下「ＡＳＭ」という。）の代表取締役を兼任していた（甲1、2）。
　被告Y₂及び被告Y₃は、平成18年6月29日当時、補助参加人の取締役であり、ＡＳＭの取締役を兼任していた（甲1、2）。
　原告らは、6か月前から引き続き補助参加人の株式を保有する株主である。
　(2)　補助参加人は、平成18年6月9日ころ、ＡＳＭと連名で、補助参加人を除くＡＳＭの株主に対し、補助参加人がＡＳＭの株式を1株5万円で買い取る旨の案内書を送付し（甲5）、その結果、遅くとも平成18年6月29日までに、株式会社圓井研創（以下「圓井研創」という。）が保有する150株以外のＡＳＭの発行済株式3160株を、代金総額1億5800万円で購入した（弁論の全趣旨）。
　(3)　株式交換契約
　被告Y₁は、株式交換により、ＡＳＭを補助参加人の完全子会社とすることを計画し、補助参加人及びＡＳＭの双方の代表者として、平成18年6月29日付けの株式交換契約（以下「本件交換契約」という。甲3）を締結した。本件契約においては、ＡＳＭの株式1株につき、補助参加人の株式0.192株の割合をもって補助参加人の株式を平成18年8月1日、割当交付するものとされた。
　(4)　提訴請求
　原告らは、平成18年8月4日、補助参加人の監査役に対し、会社法847条1項に基づき、補助参加人の代表取締役である被告Y₁、取締役である被告Y₂及び被告Y₃に対し、損害賠償の責任追及の訴えを提起するよう請求したことを通知した（甲7の1・2）。
　補助参加人の監査役は被告らに対して、被告らの取締役としての責任を追及する訴えを提起していない。
3　争点及び争点に関する各当事者の主張
　本件の争点は、補助参加人がＡＳＭを完全子会社化するに当たって、株主からＡＳＭの株式を購入するに当たり、その価格を5万円と設定したことが、不当な価格設定であって、そのような価格設定を取締役が行った行為が、取締役の善管注意義務違反を構成するか否かである。
　(1)　原告らの主張
　補助参加人は、平成18年5月末日時点において、ＡＳＭの株式を6630株（ＡＳＭの発行済株式総数9940株の66.70パーセント。甲4）を保有していたのであるから、ＡＳＭの株式を高額で取得しなければならないような合理的な理由はない。それにもかかわらず、被告Y₁らは、ＡＳＭの他の株主に対し、1株当たり5万円でＡＳＭの株式を取得したいと伝え（甲5）、遅くとも平成18年6月中に圓井研創株式会社が保有する150株以外のＡＳＭの発行済株式3160株を購入して、総額1億5800万円を出捐した（以下「本件取引」という。）。
　ＡＳＭの平成18年3月31日時点の資産状況は極めて悪く、それから2か月後の同年5月31日時点では債務超過になっていたと想像され、ＡＳＭの株式の評価額は極めて低いものとならざるを得ない。本件株式交換における交換比率から考えると、平成18年7月27日の補助参加人株の終値は、4万4000円であるから、本件契約における割当比率（1対0.192）によれば、ＡＳＭ株1株の価値は8448円と評価すべきである。したがって、補助参加人としては、本来、2795万9680円の支出でＡＳＭの株式3160株を取得しうるところ、1億5800万円を支払ったのであるから、その差額1億3004万0320円の損害を被った。
　被告らは、補助参加人の取締役として、会社の財産を適切に管理・保全するべき義務を負っており、会社として、財産を取得させるに当たっては、適正な価格で購入させなければならない義務を負っている。したがって、会社が実際の購入価格よりも相当程度安価で財産を取得することが可能であったにもかかわらず、不適正に高価で財産を取得した場合には、善管注意義務違反があるというべきである。

ASMの株式を取得することについて、株式交換という方法を採ることに何ら法的障害はなく、リスクも考えられないところ、株式交換の方法による場合、一株当たり8448円程度の負担でASMの株式を取得することができたのであるから、前記のような善管注意義務を負う取締役としては、株式交換という選択をすべきであったのに、その選択をせず、いたずらに補助参加人にコストをかけ、何の利益ももたらさなかった。

被告Y₁は、ASMの株式の価値が8448円程度であることを知りながら、5万円という異常な高額で株主からの買取りを申し出、結局3160株を総額1億5800万円で購入したものであって、同人の株式買取行為が善管注意義務に違反することは明らかであり、また、被告Y₁は、適正価格を認識していたのであるから、故意がある。

また、被告Y₂及び被告Y₃は、被告Y₁が上記の価格で買い取ることを取締役会で提案した際、ASMの株式の適正価格を認識し、5万円という価格が適正価格を大幅に上回る不合理な価格であることを認識していたのであるから、前記善管注意義務を負う取締役として反対すべきであったにもかかわらず、この提案を承認したことは、善管注意義務違反を構成し、少なくとも過失があるというべきである。

したがって、被告らは、同法423条1項により、1億3004万0320円の損害賠償責任を負う。

被告らは、フランチャイズ加盟店でもあるASMの株主との関係に悪影響を及ぼし、グループの本業に重大な悪影響を及ぼすと主張するが、加盟店が「強制的な完全子会社化」を理由として、補助参加人の本業に悪影響を与えるような行動をすることもあり得ないというべきである。

(2) 被告らの主張

補助参加人は、ASMを含めグループ全体の組織再編を推進していたところであり、その中で、ASMを完全子会社化する必要性を有していた。その方法としては、複雑なスキームは別として、①株式交換、②任意売買のいずれか又は双方の方法が選択可能であった。

それぞれの方法を選択した場合の考えられるメリット・デメリットとして、まず、①株式交換の場合、会社法に基づく手続に従い、低価格による完全子会社化が可能かも知れないが、一方的な意向による強制的な完全子会社化は、フランチャイズ加盟店でもあるASMの株主とグループとの関係に悪影響を及ぼし、グループの本業に重大な悪影響を及ぼすおそれがある。

その一方、②任意売買の場合、関係を良好に保つことが可能であることに加え、状況によっては株式交換が不要になる可能性がある。当然ながら、売買交渉が難航すれば、売買価格が高くなるおそれもあるが、補助参加人において、完全子会社化の必要性の中において許容できる限度であれば、任意売買による方が、補助参加人にとって遙かにメリットが大きい。

そこで、被告らとしては、フランチャイズ加盟店との関係を良好に保つという極めて重要な経営課題であることから、これらの者の意向を無視した株式交換による完全子会社化の断行という選択肢をできるだけ避けつつ、完全子会社化という至上命題を実現するため、まず任意売買の機会を与えるという筋を通し、なお理解を得られない場合には、最終手段として強制的な完全子会社化を実現するため、株式交換を実行するという二段の方法を選択した。

一株当たりの金額を出資価格である5万円とすることは、ASMの平成18年5月1日現在の客観的な価値として判断した場合、また、グループ経営という要素を加味して判断した場合のいずれにおいても、適正な売買価格であり、補助参加人として当然に許容できる売買価格である。

また、完全子会社化後、株式会社アパマンショップリーシング(以下「ASL」という。)と合併させることにより、ASM単体で継続して営業をした場合と比較して収益を改善させることができるという認識であった。

被告Y₁は、これらの検討を踏まえ、外部専門家としての弁護士に意見を求め、また、補助参加人の経営会議(重要経営事項の事前審議・共通理解・リスク情報に関する検討等を目的にした任意の諮問機関である。)においても直接に意見を聞いた上で判断を行っており、本件売買にかかる事実関係の認識、さらに判断過程として誤りはない。そもそも、ASMの株式の買取りは、1株5万円の場合、総額で1億数千万円であり、補助参加人の職務権限規程によれば、合計で5万円未満の有価証券の取得に過ぎないため、取締役会決議事項でも、経営会議への諮問事項でもなく、社長である被告Y₁の権限事項である。しかし、平成17年6月ころから、ASMの株主でもある圓井研創の関連会社との間で様々な訴訟が提起されていた状況において、圓井研創の株式を取得することになったため、より慎重を期すため、経営会議における審議の実施や弁護士からの意見聴取といった手続を取った。

その判断としても、様々な算定方法によって算出される数値としての株式の価値とは別に、対象会社の戦略的な重要性、将来性等に対する評価を基礎として、会社において独自の評価を行うことは、著しく不合理な判断ではなく、むしろ極めて合理的な経営判断である。むしろ、売買価格の設定において、対象物の客観的な価値のみからではなく、その他の事情も考慮した上での価格設定をすることはビジネスの世界では合理的であり、当然である。

第3 当裁判所の判断

1 前提事実のほか、当事者間に争いのない事実、証拠(甲1、6、22、乙1、丙5、9の2及び3、12の1及び2、13の1ないし4、14ないし16、証人甲野)及び弁論の全趣旨によれば、以下の事実が認められる

(1) 補助参加人は、その関連会社(以下「グルー

プ」という。）の連結ベース（平成18年9月期時点）で、約1038億4100万円、売上高497億7100万円、経常利益43億5400万円の規模であり、グループとして、不動産賃貸斡旋のフランチャイズ事業（ＦＣ事業）、不動産流動化や不動産ファンド等を行うアセットマネジメント事業（ＡＭ事業）、不動産の賃貸管理業務とサブリース事業等を展開するプロパティマネジメント事業（ＰＭ事業）を展開していた。

補助参加人は、機動的なグループ経営、グループとしての競争力の強化を実現するため、主要事業を会社分割方式により完全子会社化することにより、補助参加人を持株会社化する為の事業再編を行い、株式会社アパマンショップネットワークがＦＣ事業を、株式会社ＡＳＮアセットマネジメント（現「株式会社ＡＳ鈴木」）がＡＭ事業を、ＡＳＬがＰＭ事業を担う体制を構築した。

この事業再編に合わせて、50社を越える補助参加人グループの子会社群の再編も進められ、各事業内容に合わせて、吸収、分割、事業譲渡といった統合再編が行われた。

(2) ＡＳＭは、平成13年5月30日、主として定期借家権による備品付きマンスリーマンション事業を行うことを目的として設立された会社であり（甲2、4）、その他、法人社宅の物件斡旋や一般入居者の賃貸仲介事業を行っていたが、法人社宅の物件斡旋等賃貸仲介事業については、平成18年1月1日、ＡＳＬに事業譲渡された。

ＡＳＭの平成15年9月期から平成18年9月期までの業績は次のとおりである（なお、平成18年9月期は前記事業譲渡の結果による数値である。）。

	平成15年 9月期	平成16年 9月期	平成17年 9月期	平成18年 9月期
売　上　高	1417	1223	1308	797824
営業利益	△144	△59	△73	△241874
経常利益	△147	△66	△80	△260576
当期純利益	△122	△73	△92	△260928

（単位千円）

(3) 補助参加人グループにおいては、補助参加人及びグループ各社の全般的方針、重要な業務執行に関する事項を協議し、社長の業務執行を補佐するための諮問機関として経営会議が設置され、毎週定期的に開催される他、必要に応じて開催されている。

経営会議には、役付取締役全員によって構成されるが、必要に応じて、監査役や部長クラスが参加している。

また、(1)取締役会その他重要会議の開始及びその付議事項、(2)全般的経営計画及び部門業務に関する基本方針の設定並びに変更、(3)各部門に関する重要事項の調整、(4)各職位の権限をこえる事項中、特に重要なものについては、経営会議で協議しなければならないとされている。

(4) 補助参加人グループは、平成17年6月ころから、株式会社圓井アパマンショップ等、圓井研創の関連会社との間で紛争が生じ、この紛争は複数の訴訟に発展していた。

(5) 平成18年5月11日、補助参加人の経営会議において、ＡＳＭのＡＳＬへの合併に関する議題が議論された。同会議には、被告ら3名が出席した他、他の取締役が審議に参加し、また、補助参加人から要請を受けて熊谷弁護士がＡＳＭ関連事項について審議に参加した。

その審議において、ＡＳＭは、ＡＳＬに合併させることを予定しているが、ＡＳＬとの合併を行うのであれば、補助参加人の株式の重要な子会社であるＡＳＬは、補助参加人の完全子会社でなければならない関係上、ＡＳＭを合併前に完全子会社にしておく必要があること、ＡＳＭを完全子会社化する方法としては、株式交換の方法もあるが、補助参加人の円滑な事業遂行のために、ＡＳＭの株主に対しては、可能な限り任意の合意に基づく買取りを実施すべきであり、その場合、買取価格としては出資価格である1株5万円が適当と思われること、1株5万円とした場合、買取総額としては1億数千万円であり、補助参加人の職務権限規程によれば、社長の専権事項であるが、社長の意向により、経営会議で議論するとともに、法的問題について熊谷弁護士に指導を求めることとしたいとの提案がされた。

その席で、熊谷弁護士は、基本的に経営判断の問題であるため、特に法的に問題となるような性質のものではない、ＡＳＭの株主に重要な加盟店が多く、関係を良好に保つ必要性があるのであれば特に問題なるものではないであろう、との見解を述べた。また、買取価格として5万円が妥当かどうかについては、任意の売買における価格設定は、結局のところ必要性とのバランスの問題であるため、最終的に補助参加人で判断すべきであるが、5万円ということであれば、トータルの金額としてもそれほどのものでもないことから、上記のような事情があれば許容範囲ではないか、という意見を述べた。

このような議論の結果、1株5万円で買取りを実施することが決定されるとともに、圓井研創が買取りに応じないことが予想され、ＡＳＬとの合併のために完全子会社化するためには補助参加人の株式との株式交換の手続は必須であるとの説明があり、異論なく了承された。

(6) 補助参加人は、ＡＳＭの株式交換比率の算定を監査法人よつば綜合事務所及び大和証券ＳＭＢＣに依頼した。監査法人よつば綜合事務所作成の平成18年5月31日付けの交換比率算定書では、ＡＳＭの平成18年5月31日現在の1株当たり評価額は9709円であり、大和証券ＳＭＢＣ作成の平成18年6月28日付け株式交換比率算定書では、市場株価法・類似会社比較法に基づくＡＳＭの1株当たり株主資本価値は、6561円から1万9090円というものであった。

(7) 被告Y₁は、ＡＳＭの株式買取価格について、再度、同年6月29日の経営会議に諮問するとともに、熊谷弁護士に意見を求めた。熊谷弁護士は、メールで返答するとともに、経営会議において、基本的には経営判断の問題であること、買取価格は交換比率のベースとなる約1万円という算定の4～5倍の金額であるが、①ＡＳＭの株主に加盟店が多いことから、加盟店との関係を良好に保つ必要性があること、②強制的な100パーセント化は、加盟店との間に亀裂が生じ、本業に影響するリスクがあること、③株式交換により株主から排除されてしまう株主に対する救済措置の意味があること、④状況によっては、株式交換の手続が不要になる可能性があることといった諸点を考えれば、ある程度のプレミアを付けた買取価格の設定には十分な必要性と意味があるものと思われること、そもそもの金額が低廉であり絶対額で見ることも可能であると思われることからすれば、許容できる範囲にあるということになろうかと思われるとの意見を述べた。

2 本件において株主からの買取価格として設定された1株5万円という金額が、株式交換に当たって算定された株式の評価額から5倍程度乖離していることは前記認定のとおりであり、また、原告らは、1株当たり純資産方式による評価を行えば、ほとんど無価値と評価すべきであると主張する。

しかし、そもそも、証券取引所に上場されず、店頭登録もされていない、いわゆる取引相場のない株式については、会社の事情、評価の目的、場面等に応じて評価額が異なるものであり、会社がこのような取引相場のない株式を取得するに当たり、その取得価格を算定するに当たっては、当該株主から当該価格により株式を取得する必要性、取得する株式数、取得に要する費用からする会社の財務状況への影響、会社の規模、株主構成、今後の会社運営への影響等諸般の事情を考慮した企業経営者としての専門的、政策的な総合判断が必要になるというべきである。もともと、株式会社の取締役は、法令及び定款の定め並びに株主総会の決議に違反せず、会社に対する忠実義務に背かない限り、広い経営上の裁量を有しているが、このような政策的な経営判断が要請される場面においては、その判断において、前提となった事実の認識に重要かつ不注意な誤りがなく、意思決定の過程・内容が企業経営者として特に不合理・不適切なものといえない限り、当該取締役の行為は、取締役としての善管注意義務ないしは忠実義務に違反するものではないと解するのが相当である。

ＡＳＭが、平成15年9月期から営業利益、経常利益ともに赤字であることは前記認定のとおりであるが、例えば、平成17年9月期の決算書類（甲20）でみると、売上高は13億832万円に達しながら、売上原価10億1958万円に加えて販売費及び一般管理費が3億6240万円に上ることから、営業損失が生じたものである。そして、販売費及び一般管理費のうち、役員賞与や給料諸手当等のいわゆる人件費が1億6755万円と46パーセントを占めることからすると、合併等によって組織再編し、人件費等を合理化することによって、収支が改善される可能性は高いといえる。これに加え、補助参加人を持株会社化するとともに、基幹となる会社に事業や経営資源を集中するという補助参加人グループ全体の組織再編を行うに当たって、ＡＳＭを完全子会社化する必要があったことは前記認定のとおりであり、ＡＳＭの完全子会社化を実施した被告ら取締役の判断に不合理な点は見られない（この点については、原告らも積極的に争うものではない。）。

そして、ＡＳＭの完全子会社化に当たって、前記認定のとおり、ＡＳＭは設立から当時5年程度しか経過していない会社であること、また、補助参加人グループ全体で、フランチャイズ事業を営んでいる以上、加盟店との関係を良好に保つ必要性があることといった事情が存在すること、完全子会社化に当たって株式交換の方法のみを選択した場合、反対株主からは買取請求権が行使されたり、裁判所に対する価格決定の申立て（会社法786条2項）がされるといった、法的紛争に発展する可能性があること、このような紛争の発生により、加盟店が競合他社に移ることや、今後の加盟店の勧誘に支障が生じることも予想されることからすれば、ＡＳＭを補助参加人の完全子会社化をする過程において、紛争の発生を防止し、その後のグループ全体の取引を円滑に行うため、出資価額による株式の買取りという方法を選択したことに不合理・不適切な点は認められない。また、購入する株式数も圓井研創の保有する150株を含めて3310株であり、計算上、その代金総額も1億6550万円と予想されたこと、この1億6550万円という金額は、本来、社長が単独で決裁しうる範囲のものであって（丙9の3）、補助参加人の前記認定の企業規模に照らし、会社の財務状況への影響は大きくないと認められること、現に、圓井研創は5万円による買取りにも応じなかったことからすれば、5万円という買取金額の設定が不適切であるとまで認めることはできないし、経営会議に諮問し、顧問弁護士の意見を聴取した上で判断を行った被告ら取締役の意思決定の過程に、企業経営者として不合理・不適切な点があったと認定することはできない。

そして、被告Y₁の行為に善管注意義務ないしは忠実義務違反の事実が認められないことからすれば、被告Y₂及び被告Y₃についても、善管注意義務ないしは忠実義務違反の事実は認められない。

第4 結論

以上によれば、原告の請求は理由がないので棄却することとし、主文のとおり判決する。

裁判官 金澤秀樹

15 村上ファンド事件

I 国内判例編　東京高判平成21・2・3

中村・角田・松本法律事務所／弁護士　松本真輔

I　事案の概要

　いわゆる村上ファンドの資産運用会社であるA社の取締役であり実質的経営者であったBは、平成16年9月15日の会議において、株式会社ライブドアの代表取締役兼最高経営責任者であったCおよび企業買収に関する部門を統括していたDに対して、村上ファンドで株式会社ニッポン放送株の18％を保有しているので、ライブドアが残り3分の1を取れば、ニッポン放送の経営権も取得できる状況にある等の話をし、Cはこれに対し強い興味を示した。

　Cは同会議の直後、ニッポン放送株の3分の1の買集めに向けて検討することを提案し、Dもそれを了解した。CとDはその日のうちに、本案件の担当者に対し、買収資金500億円のE社からの借入れによる調達、およびニッポン放送の経営権取得のためのスキーム作りの検討を指示した。

　その後、同年11月8日までの間、ライブドアにおいて、資金調達の関係では、E社の担当者から具体的な借入れ条件等の提案は受けていなかったが、Dらは、自分たちの判断として、手許資金に融資の金額を加えて、200～300億円の資金調達は可能であろうという感触を得ていた。そして、そのような判断は不当なものとはいえなかった。

　他方、ライブドアの担当者は、村上ファンドからの情報提供などにより、ニッポン放送の株主構成や株式取得の可能性などを調査し、必要な資金は320億円程度と判断し、スキーム実現のために村上ファンドとの契約締結が必要と考え、その旨をCにメールで送付するなどしていた。ライブドアの担当者の調査はいささか不完全なものであったが、Cから急がされていたこともあり、村上ファンド側との再度の会議を設定することとし、CおよびDもこれを了承した。

　同年11月8日の会議では、ニッポン放送の経営権取得後の著名ブランドの山分け的な話、ライブドア側からの契約締結の申し出、ライブドア側による資金準備状況についての言及、CおよびDによるニッポン放送株の3分の1以上の買集めについての決意表明等があった。

　Bは、A社の業務執行に関して、同月9日から平成17年1月26日までの間に、ニッポン放送株193万3,100株を99億5,216万2,084円で買い付けた。

　A社およびBは、かかる行為が法（注1）167条1項のインサイダー取引に該当するとして起訴され、東京地裁は平成19年7月19日、A社を罰金3億円に、Bを懲役2年、罰金300万円および追徴11億4,900万6,326円に処する旨の判決（以下、「原判決」という）を言い渡した。A社およびBは控訴し、東京高裁は平成21年2月3日、要旨下記IIのとおりの判決（以下、「本判決」という）を言い渡した。A社およびBは上告した。

II　判決要旨

原判決破棄自判。

1　主文

　原判決を破棄し、A社を罰金2億円に、Bを懲役2年・執行猶予3年、罰金300万円および追徴11億4,900万6,326円に処する。

2　「決定」に関する法令適用の誤りの論旨について

　本判決は、弁護人が原判決の法167条2項の「決定」の解釈には法令適用の誤りがあると主張したのに対し、「『決定』該当するか否かは、証券市場の公正性と健全性に対する信頼を確保すると

いうインサイダー取引規制の理念に沿って、当該『決定』が、投資者の投資判断に影響を及ぼし得る程度のものであるか否かを、その者の当該『決定』に至るまでの公開買付等の当否の検討状況、対象企業の特定状況、対象企業の財務内容等の調査状況、公開買付等実施のための内部の計画状況と対外的な交渉状況などを総合的に検討して個別具体的に判断すべきであり、『決定』の実現可能性の有無と程度という点も、こうした総合判断の中で検討していくべきものであ」り、「決定に係る内容……が確実に行われるという予測が成り立つことまでは要しないが、その決定はある程度の具体的内容を持ち、その実現を真摯に意図しているものと判断されるものでなければなら」ず、「その決定にはそれ相応の実現可能性が必要であ」り、「その場合、主観的にも客観的にも、それ相応の根拠を持ってそのような実現可能性があると認められることが必要である」とした。その上で、原判決が「実現可能性が全くない場合は除かれるが、あれば足り、その高低は問題とならないと解される」とした点については賛同できないとしたものの、本判決が示した上記解釈によっても、本件における「決定」は法167条2項にいう「決定」に該当するものと認めることができるから、原判決には判決に影響を及ぼすまでの法令解釈の誤りはないとした。

3 事実誤認の論旨について

本判決は、原判決が、CおよびDが平成16年9月15日においてニッポン放送株の5％以上の大量買集めの実現を意図して、ライブドアの業務としてそれに向けた調査、準備、交渉等の諸作業を行う旨を決定したことをもって法167条2項にいう「決定」に該当すると判示した点について、「同日は、ライブドア側にとって、村上ファンド側からニッポン放送とフジテレビの株式所有のねじれ関係などを聞いた初めての日であり、ライブドア側としては、手元に何も資料はなく、……何も検討が進められていない段階であった」のであり、「このような段階では、たとえ組織として調査を開始することになったとしても、未だ大量買集めの可能性の検討の端緒に留まる、というべきであり、これのみをもって、一般投資家の投資判断に影響を与える程度の決定があったと認めることは相当でない」とした。

その上で、本判決は、同年11月8日の会議の段階までには、ライブドアの担当者において極秘のうちに、買収資金の調達と買収に向けたスキーム作りの両面にわたる検討が2ヵ月弱にわたって進められ、同社の求めにより再度村上ファンドとの会議が開催されたものであり、同会議において交わされた話の内容などもあわせて検討すると、CおよびDが、ライブドアの担当者が村上ファンド側と同年11月8日の会議を設定しようとしたことにつき了承を与えた時点においては、ライブドアとして、事業目的達成のために必要との考えから、ニッポン放送というターゲットを設定し、同社に対する一応の調査と、買収資金の調達に関する一応の目処を踏まえ、M＆Aとニッポン放送株に関する広範な知識と人脈を有し、かつ、すでにニッポン放送株を相当数保有している村上ファンドの協力のもとに同株式の3分の1獲得を目指す旨の決定をしたものというべきであり、この「決定」は、実質的にも、投資者の投資判断に影響を及ぼし得る程度に十分達しているものということができ、法167条2項にいう「決定」に該当すると判示した。

本判決は、原判決には、経過事実の一部や「決定」の時期を平成16年9月15日としたことにつき事実誤認が認められるが、これらは、判決に影響を及ぼすものではなく、判決に影響を及ぼすことが明らかな事実誤認があると認めることはできない旨判示した。

4 量刑不当の論旨について

本判決は、①本件の買付額は巨額であり、いわば株式取引のプロによる犯罪であること、②Bらの行為は市場操作的であって、社会的にもひんしゅくを買うものといえるが、その面を量刑上余りに強調し過ぎると、起訴されてもいない事実を犯罪として認定しこれを実質的に処罰したことになってしまうこと、③Bらが当初からインサイダー情報を利用して利得を得ようとしたものではなかったこと、④当初は、Bの得た情報がいわゆるインサイダー情報に該当するとの認識自体も強いものではなかったこと等Bにとって酌むべき事情を併せ考慮すると、原判決の量刑は、Bを執行猶予に付さなかった点において、また、A社に対する罰金額を3億円とした点において重過ぎるとし、上記のとおり自判した。

III 分析と展開

1 「決定」について

本件においては、法167条2項にいう「決定」の解釈が中心的な争点となった。

その前提として、本判決は、法167条2項にいう「業務執行を決定する機関」について、「実質的に会社の意思決定と同視されるような意思決定を行うことができる機関であれば足りる」とした。これは、法166条2項1号にいう「業務執行を決定する機関」に関する日本織物加工事件最一判平成11・6・10（刑集53巻5号415頁、本誌1072号16頁）の解釈が法167条2項にいう「業務執行を決定する機関」にも妥当することを確認したものである。その上で本判決は、ライブドアの代表取締役兼最高経営責任者であったCと企業買収の統括責任者であったDがこれに該当すると認定した。

法167条2項にいう「決定」について原判決は、「前記のような機関において、公開買付け等それ自体や公開買付け等に向けた作業等を会社の業務として行う旨を決定したことをいい」、「決定」をしたというためには前記機関において公開買付け等の実現を意図して行ったことを要するが、……当該公開買付け等株式の発行が確実に実行されるとの予測が成り立つことは要」さず、「実現可能性が全くない場合は除かれるが、あれば足り、その高低は問題とならない」とした。原判決は、基本的には、法166条2項1号にいう「決定」に関する日本織物加工事件最高裁判決の解釈が法167条2項にいう「決定」にも妥当することを確認したものであったが、実現可能性の高低を問わないとした点については、実現可能性が限りなく低い場合であっても公開買付け等事実に該当し得ることになり、処罰範囲を不当に拡大するものではないかという批判があり得るところであった。

これに対し原判決は、「ある程度具体的内容を持っていなければ『決定』といえないのであるから、実現可能性が限りなく低いものは『決定』の段階にまで到達し難いのである」として、処罰範囲が広がり過ぎることにはならないと反論していたが、厳密にいえば「具体性」があっても「実現可能性」が限りなく低い場合はあるのであり、そのような場合にまで公開買付け等事実に該当するとするのは処罰範囲を不当に拡大するものであると考えられるから、「実現可能性」は「具体性」とは別の要素として考慮すべきものと考えられる。この点、本判決は、前記のとおり、「決定」には「それ相応の実現可能性」が必要であるとして、「実現可能性」を「具体性」とは別の考慮要素として位置付けており、妥当であると考えられる。なお、本判決は、「実現可能性」は総合判断の中で考慮していくべきものであるともしており、そこで要求される「実現可能性」の程度は、他の要素との相関関係で決まってくるものと思われる（注2）。

原判決は、「実現可能性」や「投資者の投資判断への影響」を考慮要素とすることについて処罰範囲を不明確にするものであり、到底採用できないとしていたが、本判決もいうように、「〔法167条2項〕が『決定』について『…公開買付け等を行うことについての決定』という文言を用い、一義的ではなく、様々な段階における幅のある決定を含む概念として規定している以上、これに該当するか否かに関する個別具体的な判断はどうしても必要となってくる」のであり、この程度の不明確性が残ることはやむを得ないものと考えられる（注3）。この点、かかる問題に対処するために、ガイドラインの作成を検討する必要が一層高まるとの指摘がなされている（注4）。

本判決については、日本織物加工事件最高裁判決と立場を異にするという評価もあり得るところであり、上告審の動向が注目される。

なお、本判決の「決定」についての具体的な認定は上記II 3のとおりであるが、本判決が「たとえ組織として調査を開始することになったとしても、未だ大量買集めの可能性の検討の端緒に留まる」ような場合には、いまだ「決定」があったとはいえないと認定した点は、実務における「決定」の有無の判断に際して参考になるものと思われる。原判決を受けて、実務上、形式的に公開買付け等に向けた作業等に着手すればただちに「決定」に該当すると判断した方が安全であるとの考え方もあり得るところであったが、本判決を前提とすれば、「決定」の有無についてそこまで形式的に判断する必要はないものと思われる。

また、本判決においては、決定内容が「3分の1を目標にニッポン放送株を購入していくけれど

も、たとえ３分の１という目標を達成できなくても、ともかく可能なところまで購入を進めようというある程度柔らかなもの」であったと認定されているが、公開買付け等に向けた作業等を会社の業務として行う旨の決定をした時点で公開買付け等事実になると解する以上、その決定内容はある程度柔らかなものとなる場合が多いものと思われる。実務上、公開買付け等に向けた作業等の進展に伴い、決定内容が変更されることはしばしばあるものと思われるが、決定内容が変更されればただちに従前の公開買付け等事実が消滅し、新たな公開買付け等事実が発生することになると取り扱うべきではなく、決定内容をある程度柔らかなものと考え、公開買付け等事実の同一性については慎重に判断すべきではないかと思われる。

2 「共同買集め」について

法167条については、共同買集め者を含む買集め者自身による買集めを規制するものではないと解する見解が有力であったが（注５）、原判決は、事実認定の問題として、本件においては「共同買集め」が認められる余地はないとしたものの、「インサイダー取引規制の適用除外となる「共同買集め」と認められるためには、少なくとも応援買いと同程度の一体性が認められることが必要であると解すべきである」と判示しており、本判決も特段この考え方を否定していないことから、「共同買集め」がインサイダー取引規制の適用除外となること自体は認めているものと解される。原判決が示した「応援買いと同程度の一体性」という要件の具体的内容は必ずしも明確ではないが、おそらく共同買集め者が一方的に共同買集めの意思・目的を有しているだけでは足りず、買集め者との間で共同買集めの合意が成立しているか、少なくとも買集め者から共同買集めの要請を受けていることが必要であるという趣旨ではないかと思われる。また、応援買いについては取締役会が決定した要請に基づくものでなければならないとされている（法167条５項４号）こととの均衡上、共同買集めの要請も取締役会の決議に基づくものであることが必要であるとする考え方もあり得るが、明文の規定なく、解釈上、一律に取締役会決議を要求するのはやや行き過ぎであるようにも思われ、共同買集めの要請は、実質的に会社の意思決定と同視されるような意思決定を行うことができる機関（業務執行を決定する機関）の決定に基づくものであれば足りると解すべきように思われる。

3 追徴について

原判決は、追徴について詳細な補足説明を行っており、実務上参考になる。

法198条の２には、没収の要件につき、当該財産の帰属を問題とする明文の規定はないが、原判決は、追徴は「犯人から」と限定しているうえ、没収の一般規定である刑法19条２項等の趣旨に照らせば、法においても、没収ができるのは、没収対象物が犯人以外の者に属しないときに限られるとした。また、本件における「犯人」とは、Ａ社およびＢのほか、Ｂの個人資産の管理会社も、株主が設立当初からＢ１名であり、取締役も当初はＢであったことに照らしてＢと同視でき、没収・追徴の対象となるとした。この点は「犯人」の意義を実質的に解釈するものといえる。

また、村上ファンドは、民法上の組合やケイマン諸島法に基づくパートナーシップであったが、これらに属する財産は、組合員やパートナーの共有とされており、組合員やパートナーは出資割合に応じて共有持分を有し、かかる共有持分も「財産」であるから、没収・追徴の対象になるとされた。

また、本件においては、村上ファンドがインサイダー取引により取得したニッポン放送株が売却されていたことから、その売付代金に対するＡの共有持分相当額について追徴することになるが、ライブドアによる大量買集め決定の事実を知る以前から有していた株式もあったことから、インサイダー取引により取得した株式と売却した株式の対応関係が問題となった。この点について原判決は、インサイダー取引を間接的に防止するための役員および主要株主に対する短期売買規制においては、いわゆる先入れ先出し法（買付け等のうち最も早い時期に行われたものと売付け等のうち最も早い時期に行われたものとを組合せ、以下順に組み合わせていく方法）によるべきことが定められている（有価証券の取引等の規制に関する内閣府令34条２項）ことから、インサイダー取引においても同様に考えるべきであるとした。この点は控訴審でも争われたが、本判決は原判決の考え方を維持した。

さらに、インサイダー取引による株式の買付期間および当該株式の売付期間におけるＢの共有持

分割合が変動していたことから、原判決においてはその場合の計算方法についても補足説明がなされているが、紙幅の関係上、本稿での説明は省略する。

4　その他

その他、本件については、法157条１号を適用すべき事案であったのではないかとの指摘もなされているが（注６）、紙幅の関係上、本稿での検討は省略する。

（注１）　本判決は、平成18年法律第65号による改正前の証券取引法に関する事案であるが、関連条文の規定は当該改正の前後を通じてほぼ同一であることから、以下では特段両者を区別せずに「法」という。
（注２）　木目田裕＝山田将之「本件判批」商事1864号13頁（2009年）。
（注３）　太田洋＝宇野伸太郎「本件判批」本誌1315号５頁（2009年）。
（注４）　木目田＝山田・前掲（注２）13頁。
（注５）　横畠裕介『逐条解説インサイダー取引規制と罰則』173頁（商事法務・1989年）。
（注６）　この点を検討したものとして、太田＝宇野・前掲（注３）８頁以下等を参照。

Shinsuke MATSUMOTO

平成21・2・3東京高裁第4刑事部判決、平成19年(う)第2251号証券取引法違反被告事件、**破棄自判**【上告】
　原審＝平成19・7・19東京地裁判決、平成18年特(わ)第2832号

判　決

＜当事者＞（編集注・一部仮名）
【主　文】
　原判決を破棄する。
　被告人株式会社ＭＡＣアセットマネジメントを罰金２億円に、被告人村上世彰を懲役２年及び罰金300万円に、それぞれ処する。
　被告人村上世彰においてその罰金を完納することができないときは、金１万円を１日に換算した期間、同被告人を労役場に留置する。被告人村上世彰に対し、この裁判確定の日から３年間その懲役刑の執行を猶予する。
　被告人村上世彰から金11億4900万6326円を追徴する。原審及び当審における訴訟費用は被告人両名の連帯負担とする。
【理　由】
　本件控訴の趣意は、主任弁護人川原史郎、弁護人小林充、同則定衛、同奥田洋一、同中島章智、同溝口哲史、同森田亜希子連名作成の控訴趣意書記載のとおりであり、これに対する答弁は、検察官中原亮一、同髙橋久志連名作成の答弁書記載のとおりであるから、これらを引用する。

第１　原判決と弁護人の論旨

　原判決は、「被告人株式会社ＭＡＣアセットマネジメント（以下「被告会社」という。）は、投資顧問業者として関東財務局長の登録を受けるとともに、内閣総理大臣から投資一任契約に係る業務を行うことの許可を受けて投資事業組合等と投資一任契約を締結して同契約に係る業務を行っていたもの、被告人村上世彰（以下「被告人」という。）は、被告会社の取締役であり実質的経営者であったものであるが、被告人は、被告会社の業務及び財産に関し、平成16年11月８日ころ、株式会社ライブドア代表取締役兼最高経営責任者であったＡらから、同人らがその者の職務に関し知った、同社の業務執行を決定する機関が、同社において東京証券取引所市場第２部に上場されていた株式会社ニッポン放送の総株主の議決権数の100分の５以上の株券等を買い集めることについての決定をした旨の公開買付けに準ずる行為の実施に関する事実の伝達を受け、同事実の公表前に同株券を買い付けて利益を得ようと企て、法定の除外事由がないのに、同事実の公表前である同年11月９日から平成17年１月26日までの間、クレディスイスファーストボストン証券会社等を介するなどして、東京都中央区＜略＞所在の東京証券取引所市場第２部等において、ニッポン放送の株券合

計193万3100株を価格合計99億5216万2084円で買い付けた。」との事実を認定し、被告会社を罰金3億円に、被告人を懲役2年及び罰金300万円にそれぞれ処し、被告人から金11億4900万6326円を追徴するなどの刑を言い渡した。

これに対し、弁護人は、控訴趣意として、①法令の適用の誤り、②事実誤認、③量刑不当を主張している。

第2　法令の適用の誤りの論旨について

1　「決定」に関する法令の適用の誤りの論旨について

論旨は、要するに、原判決は、平成18年法律第65号による改正前の証券取引法167条2項（以下「証券取引法167条2項」という。）にいう「決定」において、「公開買付け等が確実に実行されるとの予測が成り立つことは要しないと解するのが相当である。すなわち、実現可能性が全くない場合は除かれるが、あれば足り、その高低は問題とならないと解される。」と判示し、また、「その実現可能性がなかったとはいえなかった」という事実が認められれば十分であると判示しているが、この「決定」は、その実現の可能性が投資者の投資判断に影響を及ぼし得る程度には存在することを要し、その程度の可能性もない場合は含まれないと解すべきであるから、原判決には、判決に影響を及ぼすことの明らかな法令の適用の誤りがある、というのである。

そこで、検討すると、公開買付け等を行おうとする者が行った当該「決定」が証券取引法167条2項にいう「決定」に該当するか否かは、証券市場の公正性と健全性に対する信頼を確保するというインサイダー取引規制の理念に沿って、当該「決定」が、投資者の投資判断に影響を及ぼし得る程度のものであるか否かを、その者の当該「決定」に至るまでの公開買付け等の当否の検討状況、対象企業の特定状況、対象企業の財務内容等の調査状況、公開買付け等実施のための内部の計画状況と対外的な交渉状況などを総合的に検討して個別具体的に判断すべきであり、「決定」の実現可能性の有無と程度という点も、こうした総合判断の中で検討していくべきものである。なぜなら、同項に規定する「決定」が、会社の機関による最終的な決議を意味する一義的なものではなく、『・・・公開買付け等を行うことについての決定』という文言が用いられている幅のある概念であり、抽象的、一般的な方針の検討から会社の機関による最終的なものに至るまで種々のレベルの決議があり得るのであり、それが、同項に規定する「決定」に該当するか否かは、一義的、形式的に判断できるものではなく、どうしても、上記のようなそれが投資者の投資判断に影響を及ぼし得るものであるか否かという観点から実質判断をしなければならないのであるが、その検討過程においては、その検討対象としての決議が果たして実現可能か否かという問いかけは、それがいかなるレベルのものであれ、常に問題となるのであり、「実現可能性」は、上記実質判断の検討過程における重要な指標として機能すべきものであるからである。

そして、上記の観点から見ると、証券取引法167条2項の「決定」に該当するといえるためには、決定に係る内容（公開買付け等、本件でいえば、大量株券買集め行為）が確実に行われるという予測が成り立つことまでは要しないが、その決定にはそれ相応の実現可能性が必要であると解される。その場合、まず、内部的に（主観的に）、実質的に会社の意思決定と同視されるような意思決定のできる機関において、それ相応の根拠を持って実現可能性があるものと判断している必要がある。しかし、この「決定」に該当するか否かの判断に当たっては、投資者の投資判断に影響を及ぼすものであるか否かという点が重要な判断要素となるのであるから、第三者の目から見ても（客観的にも）、実現可能性があるといえるか否かについても検討しなければならない。すなわち、主観的にも客観的にも、それ相応の根拠を持ってその実現可能性があるといえて初めて、証券取引法167条2項の「決定」に該当するということができるのである。

本件で問題となっているのは、ライブドアの大量株券買集め行為についての資金調達の面からの実現可能性ということであるが、このような資金面での手当ても含めて、「実現可能性」の問題は、以上のような理解のもとに見ていく必要がある。その観点からは、原判決が、「公開買付け等が確実に実行されるとの予測が成り立つことは要しないと解するのが相当である。すなわち、実現可能性が全くない場合は除かれるが、あれば足り、その高低は問題とならないと解される。」と判示し、また、「その実現の可能性がなかったとはいえなかった」という事実が認められれば十分であると判示したことについては、「公開買付け等が確実に実行されるとの予測が成り立つことは要しないと解するのが相当である。」としたところは正当としても、その余の判断については必ずしも賛同できない。

なお、検察官は、我が国の証券取引法は、いわゆるバスケット条項の場合以外は、軽微基準に該当する場合を除き、会社関係者または公開買付け等関係者から、「重要事実」または「公開買付け等事実」の「伝達」を受けて当該事実を知れば、当然、投資者の投資判断に影響を及ぼすべき性質の事実を知った者として、インサイダー取引規制を受けるという法的枠組みを採っているから、投資者の投資判断に実際に影響を及ぼすか否かという検討は不要であって、原判決の解釈は正当であると主張している。確かに、証券取引法が、インサイダー取引規制に関し、前記のような観点から構成要件の客観化を図っていることは検察官の主張のとおりであり、その「決定」が会社の機関による最終的な決議に近づけば近づくほど、法が当然に「投資者の投資判断に影響を及ぼす」と予定しているとして、これに該当するか否かの実質的な判断をするまでの必要性が薄れることはいうまでもないところである。しかしながら、同項が「決定」について、前記のとおり、『・・・公開買付け等を行うことについての

決定』という文言を用い、一義的ではなく、様々な段階における幅のある決定を含む概念として規定をしている以上、これに該当するか否かに関する個別具体的な判断はどうしても必要となってくるのであり、この場合の判断の基準は、前記のとおりインサイダー取引規制の趣旨に則って解すべきである。そして、その限度において、個別的な判断となることはやむを得ないのであって、法は当然にこのことを予定しているというべきである。

以上のとおりであり、原判決の上記のような判断が、法令の適用の誤りとして、判決に影響を及ぼすか否かについては、認定した事実関係を踏まえた上での総合的な検討が必要となるが、「決定」について上記のように解したとしても、後記のとおり、本件における「決定」は、証券取引法167条2項にいう決定に該当するものと認めることができるから、原判決には判決に影響を及ぼすまでの法令の適用の誤りはないというべきである。論旨は理由がない。

2　「共同買集め」について

論旨は、要するに、原判決認定のとおりであるとすると、被告人による本件買集めは、証券取引法で許容されている「共同買集め」に該当するものであり、インサイダー取引規制の対象となるものではないから、原判決には法令の適用の誤りがあり、その誤りは判決に影響を及ぼすことが明らかである、というのである。

そこで、検討すると、弁護人の主張する「共同買集め」が認められる余地のないことは、原判決説示のとおりである。被告人は、原審及び捜査段階において、ニッポン放送株の買付けを行った当時、共同買集めないし応援買いをしているという考えが全くなかった旨供述し（被告人・原審第25回48ないし50頁、乙13）、さらに、平成16年11月8日の会議（後述）において、Ｃらからニッポン放送株を売却せずに保有することを約束するよう求められた際にも、これに応じておらず、ライブドアを共同保有者とする大量保有報告書も提出するつもりがなかった旨供述している（被告人・原審第23回87ないし90頁、乙9、乙13）のであるから、被告人が、共同買集めをする目的をもってニッポン放送株の購入をしたものとは認めることができず、被告人の買付行為が弁護人の主張するような共同買集めに該当しないことは明らかである。論旨は理由がない。

3　追徴について

論旨は、要するに、原判決は、平成17年法律第87号による改正前の証券取引法198条の2第2項、1項2号、1号を適用し、被告人から11億4900万6326円を追徴する旨の判断を行っているが、これはその挙示する法令の解釈適用を誤ったものであり、その誤りは判決に影響することが明らかである、というのである。

そこで、検討すると、原判決は、本件犯行により村上ファンドを構成する各ファンド（メロン・マック・ファンド、マック・スモール・キャップ、マック・ジャパン）名義で買い付けたニッポン放送株193万3100株について、各ファンドに対する被告人（オフィスサポートを含む。）の共有持分がある場合、その共有持分割合に相当する財産部分を没収又は追徴の対象とすべきという考え方に基づき、本件犯行前に買い入れたニッポン放送株がある場合には先入れ先出し法により本件犯行により取得したニッポン放送株とこれに相応する売付株式を特定した上、被告人が得た経済的利益を合計11億4900万6326円と算出してこれを追徴している（なお、メロン・マック・ファンドに関しては、被告人の出資はなく、没収、追徴の対象となるものはないとしている。）のであるが、被告人が得た財産の価額の計算としては合理的で正当である。

所論は、先入れ先出し法の計算をするにあたって、規制期間以前から保有していた株との関係を考慮することは、①最高裁平成14年2月13日大法廷判決（民集56巻2号331頁）の判示する証券取引法164条の立法趣旨を無視し、規制期間の終期に関する定めをもって規制期間前の取引を規制対象にする根拠としようとする不合理な解釈である、②課徴金の計算においても、規制期間前の取引は計算から除外されるのであり、この点からも、規制期間前の取引を対応関係の対象とすべきではない、③規制期間以前の保有を考慮すると実質的にも不合理な結果をもたらす、などとして、先入れ先出し法の適用期間を本件規制期間中（平成16年11月9日以後）に限って適用し、規制期間以前に保有していた株との対応を考慮する必要がない旨主張しているのであるが、この点については、原判決が、「本件で問題となっているのは、複数回に分けて購入された株式が、やはり複数回に分けて売却された場合、売った株式をいつ買った株式とみなすかという問題であり、買った順番に売られたとみるのが自然な見方であるという見解の当否である。本来、買い付けた株式には、規制期間の前後を問わず、それ自体個性はないのであるから、「みなし」の要素があるにしても、当該株式の売付けの時期に着目し、これによって特定するのが最も合理的な方法であると考えられる。」などと説示するとおりである。論旨は理由がない。

第3　事実誤認の論旨について

（以下、本判決末尾の略語表に基づいて個人名等を表示する。）

1　論旨とその検討順序について

論旨は、要するに、原判決には、その前提事実の認定につき、看過することのできない多数の事実誤認があり、その結果、原判決が、①本件において、証券取引法167条2項の「決定」（以下、単に「決定」ということもある。）が存在しないのに、これが存在すると認定し、②被告人が、平成16年11月8日ころ、Ａらから前記決定をした事実の「伝達」を受けた事実はないのにこれを受けたと認定し、③被告人には、前記「決定」及びその「伝達」に関する認識がなく、故意が認められないのに、これを認定したのは、いずれも事実を誤認したものであり、これらの事実誤認が判決に影響を及ぼすことは明らかである、というのである。

そこで、原審記録を調査し、当審における事実取調

べの結果も併せて検討するが、まず、時間の経過に従いながら、ニッポン放送株取得に向けての平成16年11月8日までのライブドアにおける検討状況等、さらに、その後のライブドア、村上ファンド双方の動き等の事実経過を検討し、それを踏まえて、ライブドアによる「決定」の有無を検討し、それに続いて、その「伝達」、被告人の「故意」の有無について検討することとする。
2　事実経過
（1）村上ファンドの概要、ライブドアの概要、フジテレビとニッポン放送の株式所有関係、ニッポン放送株をめぐる平成16年9月15日までの村上ファンドの活動状況

以上の諸点についての概要は、原判決が認定しているとおりである。なお、被告人は、平成16年9月10日のフジテレビによる銀行5行からのニッポン放送株取得の発表を受けて、フジテレビが株主総会までにニッポン放送を子会社化する可能性がかなり高まり、更なる買増しについてのリスクも減ったものと判断した。そして、同月14日開催のＭ＆Ａコンサルティングの取締役会において、平成17年開催のニッポン放送の定時株主総会に向けてプロキシーファイトのための村上ファンド自体による買増し及びその援軍への株式取得の働き掛けを行うという方針が確認された（乙9、原審弁1資料91）。
（2）平成16年9月15日会議の状況

被告人は、ライブドアのAに対し、ニッポン放送の件に関して面談を求め、平成16年9月15日、同社との会議がセットされた（甲48の資料1）。被告人及びBは、同日午前9時ころ、ライブドアを訪問し、その会議室で、A及びCに対し、持参した「N社について」と題する資料（原審弁1の資料92（以下単に「N社について」という。ただし6頁目を除く。）。B・原審第18回16頁）を用いて、ニッポン放送に関する説明を行った。同資料には、フジサンケイグループが複雑な資本構成になっており、ニッポン放送は、「フジテレビの株式1373億円」を所有してフジテレビの株主の議決権の22.5パーセントを保持しており、さらにニッポン放送の株主として「当方（エム・エイ・シー及びファンド）」が「約18％保有」していることなどが記載されていた（ただし、被告会社のニッポン放送株の保有割合は現実には11.93パーセントであった（甲7））。被告人は、前記資料を用いてA及びCに対し、村上ファンドで18％保有しているので、残り3分の1を取れば、ニッポン放送の経営権も取得できる状況にあるという話をしたが、このような被告人の一連の説明に対し、Aは、「フジテレビいいですね。」などと強い興味を示した。そして、この会議が終了する前ころには、本件の担当者に、ライブドア側ではDを、村上ファンド側ではDの大学の同級生であるEをそれぞれ指名することとなり、以後、これら担当者間で打合せを行うことになった。
（3）平成16年9月15日以降同年11月8日までのライブドアの動き
（i）平成16年9月15日会議直後のライブドアの動き

ライブドアのAは、上記会議における被告人の説明を聞いて、平成17年6月のニッポン放送定時株主総会において、村上ファンド保有分と合わせてニッポン放送の議決権株の過半数を支配して同社の経営権を取得するため、同年3月までにニッポン放送株の3分の1を買い集めることに強い興味を示し、同会議の直後に、それに向けて検討することを提案し、Cもそれを了解した。そして、それを受けて、その日のうちに、AとCが、Fに対し、必要となる500億円をクレディスイスから借り入れるようにとの指示をし、Cが、Dに対し、Eと連絡を取りニッポン放送の経営権取得のための具体的方策（スキーム）作りについて検討するようにとの指示をした。そこで、以下、Fが担当していた資金調達とDが担当していたスキーム作りの両面について、平成16年9月15日の会議以降同年11月8日までの進捗状況を検討する。
（ii）資金調達関係

ア　原判決は、資金調達関係につき、「クレディスイス本体での審査の結果、500億円の融資は無理であるが、200億円の融資は可能であり、ライブドアがこの融資にかかる資金と自己資金等により取得したニッポン放送株を担保とするのが適当と判断されたので、10月19日、GからCとFに対し、200億円のコミットメントライン（融資枠）を設定することの提案がなされた。こうして、この時点で、CとFは、ニッポン放送株の大量買集めのための資金として、借入資金の200億円とライブドアの自己資金100億円余りを確保する見通しを持つに至った。」との認定を行っている（原判決49頁）。この点については、所論が、事実誤認であると主張しているので、以下、この所論を検討しながら、この間のライブドアの資金調達関係を見ていくこととする。
イ　資金調達関係の所論について
（ア）所論は、「クレディスイス本体での審査の結果、500億円の融資は無理であるが、200億円の融資は可能であり、ライブドアがこの融資にかかる資金と自己資金等により取得したニッポン放送株を担保とするのが適当と判断された」ことはない旨主張する。

この点について検討すると、原判決の認定にもかかわらず、クレディスイス本体で前記審査が行われたことを示す証拠は全く見当たらない。F、Dの証言中に、クレディスイス本体での審査に触れた部分は存在せず、Gは、クレディスイス本体で審査が行われたのなら当然に知り得る立場にあったが、Gの検察官調書（以下、「G調書」という。）にも、G証言にも、前記審査に触れた部分はない。Cは、9月22日にGが提案を示してきた際、Gが「Hもやる気満々である。しかし、審査は通ってない。」旨話していたと証言したが（C・原審第1回44頁）、それ以外にクレディスイス本体の審査につき触れる証言はしていない。平成16年11

月4日付けHメール（Gの証人尋問調書添付）、GがIに送った同年10月31日付けメール（以下、「G新メール」という。当審弁45）及びGの当審における証言を併せ考慮すれば、クレディスイス本体で、原審判示のような審査がなされたことはなかったものと考えられる。この点についての所論の指摘は正当である。

(イ) 所論は、「平成16年10月19日、GからCとFに対し、200億円のコミットメントライン（融資枠）を設定することの提案がなされた」ことはない旨主張する。

この点について検討すると、Fは、原審において、同年10月20日のDのメール（Dが、Eに宛てた「買収資金の借入れが可能になりました」旨のメール）前後のライブドアの資金調達準備状況に関し、「同年9月下旬ころ、Gから、「Hに話したところ、非常に乗り気だった」旨説明されるとともに、融資金額、担保等が記載された提案書を示された、その後、Gと、週1回程度、電話で話をしたり、会って話をしたりというような感じであった、10月中旬ぐらいだったと思うが、Gから、融資の条件の見直しというようなことで、融資金額200億円をコミットメントラインでどうですかというような提案を受けたという記憶である。」旨証言している（F・原審第4回17ないし19頁）。

また、Cも、原審において、同年11月8日の会議開催のきっかけについて、同年10月8日のDのメールに320億円必要であると記載されていたことを前提として、「自己資金が100億ぐらいあって、借入れを200億ぐらいしなければならないことから、同年10月19日ころ、FとともにGに会い、Gから、「200億程度でしたら、担保も十分ありますし、問題ないと思います」というようなことを言われた、基本的には銀行の方というのは、証券会社の方と違ってコンサバティブにものを言うので、うっかり、大丈夫とかということはあまり言わないから、信用できるかなというふうに思っていた、このようなGの話を受けて、まあ、200億ぐらいだったら平気なのかなと、こちらが判断して、Dに、「まあ、200ぐらいだったら行けるよ」ということを伝え、Dが「お金の準備ができたら先方とアポを入れます」というふうに言って、Dが村上さん側とアポを入れたという経緯がある。」旨証言している（C・原審第1回76ないし78頁）。

さらに、Gは、原審において、「ライブドアに融資をするとすればコミットメントライン、つまり200億円の枠内で自由に融資や返済ができるという形にするというような話はありましたか。」との質問に対し、「株を買った分だけローンを出していくというような、こういう枠の考え方が1つあります。そういう説明はしてると思います。」、「当時、ライブドアさん、ああいう非常に勢いのある会社ではあったと思うんですが、近鉄球団の買収を見ても案件自体が非常に途中で終わってしまう、若しくは例えばローンの申請でオーケーが出たとしても、実際は買わないと、そういう可能性が

私は非常に強く感じてましたので、ローンの申請が出て契約を交わす段階で、コミットメントラインで融資枠の設定料というような形で、銀行が収益を得るべきだと思ってましたので、そういう意図もあってコミットメントラインというお話はしたと思います。」などと供述している（もっとも、Gは、その話をしたのは、9月15日か22日のミーティングの時であったと供述する。G・原審第7回20ないし21頁）。

これに対し、Cは、当審において、Dの10月20日のメールについて思い当たることとして、「Dさんから、「借入れ大丈夫ですか」ということを聞かれた、そのときに、「Fさんに聞いたら200億くらいは何とかなるかもしれないと言っているんですけど、どうですかね」と言われたので、「まあ、Fさんが言っているんだったら大丈夫じゃない。」と、あいまいな言い方で言った、その後、Dから、言葉の端々まで覚えていないが、「ミーティング、セットします。」ということを言われた記憶がある。」などと、おおむね原審と同旨の証言をする一方（C・当審第3回7ないし8頁）、10月19日ころにGと面談した状況について、「その用件は、「イーバンクの株の譲渡の処理」であり、その際、ニッポン放送株の融資の件に関する話は、後半に少しだけ出たものであり、帰り間際のことであった。」など（C・当審第3回6頁）と証言するほか、11月8日の段階では資金調達のめどは立っていないと認識していた旨（C・当審第3回52頁）証言するなど、原審証言とは若干くい違う供述もしている。

さらに、Gは、当審において、平成16年9月22日以降、ライブドア側は、「ニッポン放送の株の件に関して言うと、全くアクティブではなくて棚上げになっていた状態でございます。」などと証言するほか、同年10月19日にC及びFと会った用件は、一審で証言したとおり、イーバンクあるいはJMAMの件だった旨証言する（G・当審第1回12ないし14頁）。また、Gは、同年9月22日における同人の提案内容について、これも一審で証言したのと同様、「ローン（の申請）の前に（300億円程度の）エクイティ・ファイナンスありきですので、それをやっていただかないと、ローンの申請すらできないということになるかと思います。」と証言する（G・当審第1回20頁）。

この点に関して関係者らが供述するところは、おおよそ以上のとおりである。同年10月19日に、Gが200億円のコミットメント枠の提案を行ったか否かは、前記各証言だけではなく、その他の客観的証拠等とも対比しながら検討する必要がある。

まず、①C及びFは、同年9月15日の会議後の午後7時30分ころ、Gと面談し、同人に対し、ニッポン放送株買集めのため、500億円の借入れを依頼したところ、Gは、「是非うちでやらせてください。」などと答えたこと（甲49号証添付資料1（Cのスケジュール）、甲57号証添付資料1（Fのスケジュール）、C・原審第1回39ないし43頁、F・原審第4回13ないし16頁、G・原審第7回3ないし5頁）、②Gは、前記依

頼を受け、同日午後9時46分ころ、クレディスイス・ジュネーブ支店に出張中のIに電話をして前記依頼内容を伝えるとともに、同日午後10時8分ころには同人あてに資料をファクシミリ送信したこと（甲62号証添付資料4（通話記録）、G・原審第7回7ないし9頁）が認められる。これらの事実によれば、Gが、ライブドアからの融資の依頼を受けて、前向きな姿勢を示していたことは明らかである。

ところが、その後の経過をみると、①G新メールによれば、クレディスイス内部での審査が進まないので、Gから上司のIに検討を促していること、②原審のG証言の際に言及された11月4日付けメールは、Hがクレディスイス内のＣＳＡＰという特殊案件を扱うセクションにおいてせいぜい融資可能額は40億円としており、融資金額200億円のコミットメントラインなどという金額には遠く及んでいないこと、③ライブドアの融資に関してクレディスイス本体での審査が行われたような状況がうかがわれないこと、④同年11月8日以降のGの行動について、(a)同月19日及び同年12月2日、新生銀行Jとの間で、本件のためのシンジケートローン（協調融資）の実現を目指して、秘密保持に関する覚書の内容をメールの受送信により検討していること（甲62号証添付資料6、7、8及び9）、(b)同月6日、C及びFに対し、「大きなローンの話ですが、日本の銀行の挿む候補として、あおぞら銀行がいいのではないかと思い、今日ミーティングしました。」「実質外資系でフレキシブルな感じの同銀行はいい候補だと思います。彼らにＣＡを作らせますので、締結後、ミーティングをセットさせてください。」などとメール送信したこと（甲48号証添付資料41）、(c)同月7日、あおぞら銀行のKから、メールにより、本件に関連する秘密保持契約書の案を受信していること（甲62号証添付資料10）、(d)Gが、同日、C及びFに対し、「あおぞら銀行のＣＡドラフトをお送りします。また、新生銀行が社長交代もあって、非常に積極的に言ってきています。ターゲット会社の取引銀行でも「やりようがある」らしく、進めさせて欲しいと。」などとメール送信している（甲48号証添付資料42）ことが認められ、こうしたGの行動は、クレディスイスによる融資がうまくいかないことから、何とか他の方法によって融資が実現できないかG自身が懸命に奔走していることを推測させること、以上の各事実が認められる。

以上の各事実に加え、本件案件はそもそも敵対的買収を目的とするものであり、また、仮にニッポン放送株を担保とするにしても同株は流動性に乏しく、本件融資については貸し付ける側のリスクが大きいこと、Gとライブドア側との間に融資の返済時期に関するやりとりなどが具体的に行われていないことを併せ考慮すると、平成16年10月19日までの段階で、GとC、Fとの間において200億円の貸付けに関係する話題が交換されたこと、Gから銀行が収益を上げる手段などとしてコミットメントライン（融資枠）を設定するとの

アイデアが出されたこと、そして、Gがライブドアの融資申し入れに対して相当に前向きな姿勢を示していたことまでは認められるものの、Gが、200億円のコミットメントラインを現実に契約締結の可能なレベルのものとして具体的に提案することができる状況であったとはおよそ考え難い。GがC、Fに話した内容というのは、ローンの枠組みに関する1つのアイデアとして言及されたに過ぎないもの、と認めるのが相当である。なお、このような融資に関する話の行われた日にちについては、同年10月19日である可能性が高いが、少なくとも、Gがライブドアを訪れたこの同年10月19日に（G来訪の主たる目的が本件資金調達に関するものでなかった可能性は否定できないとしても）本件融資に関しての話がなされたことは明らかと思われる（当審におけるC証言は、その点を裏付けているといってよい。）。

そうすると、C及びFが、資金調達に関してGから具体的な提案を受けていたと認めることはできず、同人らが、クレディスイスを通じて確実に融資を受けられるとの見通しを持っていたとまではいい難いように思われる。しかし、同月20日にDメールが出され、ライブドアの主導によって、同年11月8日の会議が設定されるに至っているのであるから、このような経過に照らせば、Gの前向きな姿勢（そして、それなりに具体性を持ったアイデアの提示）を見て、C及びFらが自らの感触（見込み）によって、その程度の金額であれば融資を受けることが可能ではないかと判断したものと考えられる。これを、元に戻って、原審判示の当否を考えてみると、「CとFは、ニッポン放送株の大量買集めのための資金として、借入資金の200億円とライブドアの自己資金100億円余りを確保する見通しを持つに至った。」といい切るには、断定的過ぎて躊躇が感じられるが、「見通し」という言葉を何とか資金を確保できそうだとの「感触」「見込み」などと置き換えれば、そのような感触（見込み）を持つに至ったとまでは認定することができると思われる（手許資金等による資金調達については後述）。

(ウ)　同年11月8日段階におけるライブドアの手許資金等による資金調達力について

同年9月末時点で、ライブドアの現預金資産は、連結で約454億円、ライブドア単体で約309億円であった（甲47）。そして、ライブドアは、同年9月16日、500億円のユーロ転換社債の発行を日興シティグループ証券から提案されていたほか、同年12月までに複数の証券会社からも数百億円規模の資金調達の提案を受けていた（甲66）。他方、同年9月期の連結キャッシュ・フロー計算書によれば、ライブドアのフリー・キャッシュ・フロー（営業キャッシュ・フロー＋投資キャッシュ・フローで、自由に処理できるキャッシュを示す。）は約26億円であった（原審弁1資料126）。Cは、原審において、「ライブドアが企業買収に最大どれぐらい手元資金から使えるというふうに考えておったんでしょうか。」との質問に対し、「明確に幾らまで

という計算はしてませんが、事業をやっていたことによる勘で、300億から350億までの間ぐらいは行けると思ってます。」と述べ（Ｃ・原審第1回60頁）、当審においても、この証言は事実として当たってはいると述べた上、「結論としては、ほかのものすべてやめて、何もかも進んでいるものすべてやめて、更に預金担保にして組成したファンドとかもやめて、‥やるんだったらやれるという限定付きです。」「最大でどれだけ使えますかと言われましたんで、そのとき使える最大の金額を言いました。」と述べている（Ｃ・当審第3回13頁）。

(iii) ニッポン放送買収に向けたスキーム作りについて

ア Ａは、かねてより、既存のメディアとインターネットが融合していくことで大きな相乗効果を発揮することができるとの考えを持っていたが、これはライブドア社員の共通認識ともなっており、Ｄも同様に考えていた（Ｄ・原審第6回8頁、Ａ・原審第21回8頁）。

イ Ｄは、Ｅと連絡を取ってニッポン放送の経営権取得のための具体的方策について検討することを命じられ、平成16年9月15日から数日後に、Ｅとランチミーティングをした。その際、Ｄは、「ニッポン放送を取って、フジテレビも取りたいね。」という趣旨の願望を述べた（Ｌ・原審第13回2頁）。

ウ Ｄは、Ｃに対し、同月18日、「フジテレビの件ですが、ＭＡＣの担当者（Ｅさん）と話をしたところ、先方はキャッシュインのタイミングと買収した際にどこまでＬＤにやらせるかに関して議論中のようです。先方もそれほど急いではいない様子ですが、ＬＤ社側の資金調達と平行してスキームをつめていきます。よろしくお願いします。」とのメールを送付してＥとの打ち合わせ状況を報告した。Ｃは、このメールを見て、経営権を取ってもらう話をしておいて、どこまで経営をやらせるかなどと言ってくる村上ファンドの態度に立腹した。そして、同月15日の前記「Ｎ社について」には「当方に賛同する可能性の高い株主」として「当方＋Southeastern＋Cundill 約30％」と記載されていた（「当方」とは村上ファンド）ことから、「村上ファンドが30％は堅いと言うのであれば、うちは20％取るだけで経営権をくれないかという都合のいい主張をしてみよう」と考えるに至った（Ｃ・原審第3回109頁）。

エ Ｃは、同月22日、Ｄに対し「資金調達は、Ｆさん中心でやっていますので、スキーム中心で進めてください。本ディールのポイントは、どっちに転んでも損をしないところです。1 ニッポン放送株をブロックトレードで20％取得 2 フジにＴＯＢされればそれに応じる 3 ニッポン放送のアセットを使ってフジをＴＯＢできればその後ＬＤと合併し、フジのアセットとニッポン放送のアセットで借金返済でき、巨大メディア＋金融帝国ができあがる。以上が味噌です。」「社長と我々3名しか知りませんので、極秘に進

めてください。」とのメールを送信した（甲48資料14）。

オ 同日、ＤはＥに対し、「Ｌ社のテレビ放送業界における展望」と題する資料（甲48資料15）の添付されたメールを送信した。同資料は、「Ｌ社の考えるＦ社との事業シナジー」（放送とネットコンテンツが同時に並ぶメディアの創出）といった項目を挙げて、ライブドアがフジテレビの放送事業に進出した場合の事業効果についての項目を列記していたが、ライブドアのフジテレビ経営権獲得までの具体策には何ら触れるものではなかった。これに対し、Ｅは、「つぎに、弊社が聞きたいのは、どこでＬ社がどのようにお金を出して、どこで設（ママ）けるかというスキームだと思います。Ｌ社としては、この事業ドメインがほしくて、そのために、どういうような方法をとっていくかみたいなシナリオを提示してくれるといいです。」といった内容の返信をして、Ｄのプランの具体化を促した（甲48資料16）。

カ 同年10月5日、ＤはＥとミーティングを行い、その際、Ｅは、村上ファンドの内部資料である「ニッポン放送（4660）メモ」、「フジテレビジョン（4676）メモ」（甲53資料7）の一部をＤに見せ、ニッポン放送の株主構成などについて具体的に説明した。

キ Ｄは、同月8日午後6時59分、Ａに対し、「フジテレビの件ですが、ＭＡＣの担当者と話をしました。経営権を取りにいきたいと思います。ニッポン放送株式をブロックで買取可能なので、買収に入りたいです。ＭＡＣと共同戦線を張る契約を締結に入ってよろしいでしょうか？また大株主との交渉に入ってよろしいでしょうか？また資金調達として約320億円必要となります。ニッポン放送の株式 ＭＡＣ 16.63％ 1）浮動株が0.2％と少ないためブロックで買取開始 買取先はＭ家と銀行 合計18.74％（約320億円） 最大で35.37％コントロール可能 2）ニッポン放送の経営権を手に入れるとフジテレビの株式22.4％が手に入る。フジテレビの筆頭株主であり、第二位は東宝5.7％であり、後は5％以下。 3）フジテレビの経営権も奪取。途中でＴＯＢ等されたらプレミアムで売り抜けてエグジット。」との報告メールを送信した（甲48資料19）。（なお、同メールで買取先と記載されている「銀行」はみずほコーポレート、東京三菱、三井住友の3行のことであるが、このメール送信時、同銀行らは既にニッポン放送株をフジテレビに売却していたが、Ｄはこれを知らなかった（Ｄ・原審第6回39頁ないし43頁）。）。

ク これに対して、Ａは、同日午後7時11分、「Ｒｅ：フジの件 気持ちよくいってください。最優先です。日本のＡＯＬタイムワーナー＋銀行を作りましょう。」とＤ、Ｃ、Ｆ宛てに同一内容のメールを送信した（甲48資料19、前記Ｄのメールに加え、Ｃのメールとﾆメールも引用。）。これに対して、Ｄは、同日午後7時35分、Ａに対し（ＣｃとしてＣ、Ｆにも）、了解した旨返信した（甲48資料20）。

ケ　また、Dは、同月12日午後3時52分、「Ｆ ＴＶの件　Dです。フジテレビの件ですが、ＭＡＣの担当者がフジテレビのアナリストと会ってきた議事録です。金はあるし、油断しきっているとのことです。」とのメールとともに「フジテレビについてのミーティング2004．10．6」と題する前記E作成の同月6日付け聴取メモをA、C、Fにメールで送信した（甲48資料21）。これに対して、Aは、同月13日午前10時38分、「Ｒｅ．ＦＴＶの件　いいですね。これが来年最大のディールになりますね。」と返信した（甲48資料22）。

コ　この他、Dは、株式公開買付規制関連の法令の調査、諸外国及び日本の類似事例の文献検索等々を行った（D・原審第6回32頁）。

サ　Dは、同月19日ころ、Fから銀行借入れと手元資金で300億円の調達は大丈夫ではないかとの話を聞き（D・原審第5回29頁）、同月20日、Eに対し、「買収資金の借入れが可能になりました。弊社では最優先事項ですので、早急なミーティングのセットと実行をしたいと思っております。弊社社長より急かされています。」などと記載したメールを送信し（甲48号証添付資料23）、被告人との会議の設定を依頼した。

シ　Eからライブドアからの会議開催依頼の話を聞いた被告人は、直ちにAに電話し、会議の趣旨を確認したが、Aから、「もう一度、ニッポン放送の件、若手に説明してやって欲しい。」との回答があったため、そうであれば再度の営業の機会にしたいと考え、会議を設定することを承諾し、その後、同年11月8日に会議が設定された（E・原審第13回19頁、138ないし139頁、被告人原審第23回61ないし63頁、乙9・16ないし17頁）。

ス　Eは、同月5日午後零時9分、「月曜のｍｔｇ（会合の意）だけど、こちらは、村上、N、わたしのほかにBも入ることになりました。…明日村上から戦略面の話、Nから取れる株％などを詳しく説明するようです。（資料のとおり、うちと仲良くしている外人などからは3割はとれるイメージです。その他、取れるところなどの詳細は明日Nが説明します。）とりあえず、一度いったほうがいいという提案は昨日いったとおりあるとおもうので、そちらの要望や戦略をぶつければいいと思います。」とのメールをDに送信した（甲48資料39）。

(iv)　まとめ

以上の経過によれば、ライブドアにおいて、買収資金の調達の関係では、Gから、営業目的での前向きな話は受けていたものの、具体的な借入れ条件等についての詰めた話は行われてはいなかった。他方、C及びFは、Gから具体的な借入れ条件等は未だ示されていないものの、Gが無下にこれを断ることなく前向きな対応をしていたことから、自分たちの判断として、手許資金に融資の金額を加えて、200億ないし300億の資金調達は可能であろうと考えていた（そういう感触を得ていた。）。ライブドアの財務状況から見ると手許資金による調達も相当に無理をしたものとなるが、全社を挙げて同資金の調達に取り組めば、不可能な金額ではないと考えていたようである。そして、そのような判断は、かなり見通しの甘い判断と見る余地もないではないが、不当な判断であったということはできない。

他方、Dは、Eからの情報提供などにより、ニッポン放送の株主構成や株式取得の可能性、Ｍ＆Ａをめぐる法律関係と過去の事例、ニッポン放送株をめぐるフジテレビの動きなどを調査し、必要な資金は320億円程度と判断し、スキームの実現のために村上ファンドと共同戦線を張るための契約締結が必要と考え、その旨をAにメールで送付するなどしていた。ただし、Dの調査は、ニッポン放送の株主構成に関しては、Eから提供された情報を鵜呑みにしていたうえ、その情報にも誤りを含んでいるなど、ニッポン放送の株式取得のためのスキームとしてはいささか不完全なものであった。しかしながら、Dは、Aから急がされていたこともあり、村上ファンド側との再度の会議を設定して、その場でライブドアの要望や戦略をぶつけることとし、A及びCもこれを了承した。

(4)　平成16年11月8日会議について
　(i)　同会議の概要
（同会議の開催場所及び出席者）

平成16年11月8日午後、Ｍ＆Ａコンサルティングと被告会社の各事務室との間にある第一会議室において、村上ファンド側からは被告人、N、B及びEが、ライブドア側からはA及びC、ライブドアファイナンスに所属するF及びDが出席して会議が行われた。同年9月15日の会議と比較すると、同日以降打ち合わせを重ねていたDとEが新たに参加しているほか、村上ファンド側からは外国人株主の状況に詳しいN、ライブドア側からはファイナンス部門を担当しているFが新たに参加している。

（説明の内容と資料）

この日も、被告人が、前記「N社について」と題する資料を用いて説明を行ったが、外国人株主の状況に関する説明に際して、「N社について」の記載内容が最新のものではなかったためNが一旦離席し、最新の株主状況を示す表を改めて準備し同人がその説明を行った。Nは、こうした株主を直接知っており、ライブドアにおいて必要であればこれらの株主を紹介することができるとの話をした。さらに、被告人が、外国人株主は1円でも市場価格から高かったら売るというような発言をしたが、Nは、これに対して、外国人株主はターゲットプライスを持っているから必ずしもそうではない、と意見を述べた（N・原審第15回62ないし64頁）。

（ＴＯＢの打診）

会議の席上、Aが、「12月にＴＯＢってどうですか。」と発言したり、ＴＯＢについて質問したが、これに対して、被告人は、昭栄に対する敵対的ＴＯＢの

失敗事例を紹介するなどした（C・原審第2回4頁、原審第4回34頁、被告人・原審第23回83頁）。
（経営権取得後の展望）
　さらに、その場で、ニッポン放送の経営権が取得できたときに、その子会社をだれが経営するかというような著名ブランドの山分け的な話が出た。具体的には、Aがフジテレビとポニーキャニオンに興味を持っていると言ったのに対し、被告人は、ポニーキャニオンはフェイスのOが興味を持っている、サンケイビルはおれが取るなどと言った（C・原審第2回・4ないし5頁、被告人・原審第23回89、90頁）。
（村上ファンド所有のニッポン放送株について保有し続けることなどに関する契約締結の申し出）
　ライブドア側からは、ニッポン放送株を購入した場合に、村上ファンドがニッポン放送株の18％を保有し続けることを約束する契約を締結し、それを書面にしてほしいとの要望が出された。これに対し、被告人は、「それはできない。おれを信じろ。」などと言ってこの申し出を断った（C・原審第2回23ないし24頁、被告人・原審第23回87頁）。
　　(ii)　資金準備状況についての言及
　この点に関して、Cは、原審において、11月8日会議で、自分自身が、「資金のめどが立ちましたので、具体的に進めさせていただきたいんですけど。」と発言したほか、被告人から、「金、大丈夫か。」と聞かれたので、自分自身が、「大丈夫です。クレディで借入れ何とかしますんで。」などと答えた旨証言している（C・原審第2回3頁、15頁）。しかし、当審では、この点の明確な記憶、具体的な記憶はない旨証言した。
　すでに検討したとおり、クレディスイスからの融資の件については、Gが前向きな対応を行っていたものの、具体的な融資条件の詰めなどは行われておらず、融資そのものの実施が実際に可能であるか否かの確答も得られていない状況であった。しかしながら、前記のとおり、C及びFは、自分たちの判断として200億円ないし300億円の調達は可能ではないかとの見込み（感触）を持っていたものと認められるのであり、Cは、当審においても、自分の行動パターンからして、営業としてこうした発言をすることは考えられる旨を述べていることからすると、Cにおいて、原審で供述する程度の発言をしたことは十分に考えられるというべきである。
　ただし、その後、被告人は、そのC発言の裏をとる（クレディスイスの融資について調査するようなこと）など、この発言に対応した具体的な動きをみせていない（被告人・原審第23回93頁、D・原審第5回45頁）のであり、被告人が、Cの前記発言をCの営業トークと見て100パーセントは言葉どおりに受け取っていなかった可能性は存する。しかし、Cらが資金の調達に向けて具体的に動いていることは被告人にも十分伝わったはずである。
　　(iii)　C及びAによる決意表明

　この点に関して、Cは、原審において、11月8日会議の最後において、Cが、「3分の1行きますんで、よろしくお願いします。」と発言し、Aも、これに同調して、「もうやりますんで、よろしくお願いします。」と言った旨証言している（C・原審第2回21、26頁、原審第4回53、56頁）。Dも、11月8日の会議において、「Aさんは村上さんに向かって、頑張りますのでよろしくお願いします、といった旨をおっしゃっていらっしゃいました。」と証言している（D・原審第5回49頁）ほか、Fも、Dと同旨の証言をしている（F・原審第4回25頁）。
　この平成16年11月8日の会議が設定されたいきさつや同会議において、ライブドア等がニッポン放送の経営権を取得したことを前提として前記のような山分け的な話が出ていることに照らせば、CやAから前記のような発言がなされるのは誠に自然なことであり、ライブドアから前記のような決意表明があったことは優に認められるというべきである。
(5)　平成16年11月8日から平成17年1月6日までの村上ファンド側の動き
　(i)　平成16年11月8日段階における被告会社のニッポン放送株保有状況
　同年11月8日段階における被告会社のニッポン放送株の保有割合は13.7パーセントであった（甲7）。なお、被告会社は、平成15年7月15日からニッポン放送株の大量保有報告書を提出し、その保有状況を法律に基づきインターネット上で開示しているところ、平成16年11月8日の直前の変更報告書は同年10月8日に提出されており、これによると、被告会社の保有割合は12.02パーセントであった（甲16）。
　(ii)　Nのフジテレビ側に対する働き掛け
　同年11月10日ころ、村上ファンドのNは、フジテレビの上席執行役員であるPと面談し、「我々としては既にフジテレビが動き始めたものと理解しています。ステップ1は今年初めの公募増資であり、9月のニッポン放送株購入がステップ2に進んだものと理解しています。今度はいつステップ3に入るかを注目していますし、待っています。」などと述べ、フジテレビがニッポン放送株のTOBを行うことを期待していること、そうでなければ村上ファンドがプロキシーファイトによりニッポン放送経営陣の退陣を求めること、フジテレビがTOBをかけた場合の適当な金額は1株6000円くらいと考えていることなどを伝えた（甲39、甲75）。
　(iii)　ニッポン放送社外取締役候補者向け説明資料の作成
　村上ファンドでは、平成16年11月上旬ころから、平成17年6月に開催予定のニッポン放送の定時株主総会で提案する社外取締役候補者を選定し（B・原審第18回41頁、原審弁1資料127及び128）、その者との折衝を開始していたが、その一人であるウッドランドの安延申に対する説明資料として作成された平成16年11月19日付けの「ニッポン放送への対処方針について」と題

する文書（原審弁1・129、B・原審第18回81頁）には、ニッポン放送への対処について、村上ファンド側の取りうる方針として、「来年2月末までに歪な資本関係の是正に向けてフジテレビが動かない場合」には、「来年開催の株主総会にて経営権を掌握すべく、取締役選任に関する議案を株主提案」、「来年2月末までにフジテレビがニッポン放送株式の公開買付けを実施した場合」には、買付価格に応じ、公開買付けに応募するか、他の大株主（Southeastern、M氏）とも連携の上臨機応変に対応する、として従前からの方針を記載しているが、「他の大株主」の中にライブドアは入っていない。また、資料の3枚目には取締役候補者名が記載されているが、ライブドアのAについては、「以下の候補者については、本人の意向及び状況を見ながら検討」とされるグループに入れられており、ライブドアと村上ファンドとの同年11月8日の会議において話し合われたライブドア等のニッポン放送経営権獲得後の業務分担の話などは一切出ていない。

(iv) 同年12月6日のM&Aコンサルティングの取締役会

同日、M&Aコンサルティングの取締役会が開催されたが、そこにおいても、プロキシーファイトに向けた票読みが行われるとともに、平成17年6月の定時株主総会に向けた対処方針が検討された。そして、①平成17年2月末までに歪な資本関係の是正に向けてフジテレビが動かない場合は、同年開催の株主総会において経営権を掌握すべく、取締役選任に関する議案を提案すること、②同年2月末までにフジテレビがニッポン放送株式の公開買付けを実施した場合は、納得できる買付価格（6000円以上）が提示された場合には公開買付けに応募してエグジットするが、買付価格が6000円以下の場合にはマーケットにて買い増し（他の大株主（Southeastern、M氏）とも連携の上、Overbidも含めて臨機応変に対応）することが決められた（原審弁1資料132）。そして、この取締役会においても、ライブドアは「他の大株主」として扱われていなかった。

(v) 平成17年1月4日の村上ファンドの内部会議

Nは、上記の内部会議のために「NBSについての論点整理」というレジュメを作成した（N・原審第15回109、110頁、原審弁1資料137）が、これによると、今後のシナリオとして最初に掲げられているのは「6月末支配権獲得をめざす」というものであり、その後「FTVまで行くか」「FTVによる自己株取得公開買付けに応募するか」の2つの選択肢が検討されている。さらに、「今後どこまで買い進むか」に関しては、「現状で18.8％程度となる。」「MAC Small Capでさらにどの程度買うか」「青山ファンド50億円はすでに買える状態か」「L社はどの程度買うか」との項目が掲げられているが、ライブドア側が平成16年11月8日の会議において明言したライブドアによるニッポン放送株の3分の1獲得や経営権獲得に関しては検討項目として挙げられていない。

(6) ライブドアの資金調達方法の変更と平成17年1月6日の会議

平成16年12月上旬ころ、ライブドアのCは、Fによるクレディスイスからの借入れが難航したため、Qに対し、本案件に関するエクイティ調達の検討を指示した（C・原審第2回34頁）。そして、同月17日、リーマンは、ライブドアに対し、最大500億円の資金調達を可能とする転換社債発行の提案を行い、同月21日、JPモルガンも同様の提案を行った（D・原審第6回4頁、甲55資料2、3）。

平成17年1月6日、村上ファンドとライブドアの3回目の会議が開催されたが、この会議に至る経過として、上記会議に先だって、Dが、平成16年12月21日、Qに宛てて、表題を「MAC村上さん」とした上で、「ミーティングは1月6日13：00からです。宜しくお願いします。」とのメールを送信している。この会議は、それまではライブドアとしては借入れによる資金調達を考えていたところ、上記のように、そのほかのオプションとしてエクイティによる資金調達を検討し始めたため、協調して買収案件を行っていくはずの村上ファンド側に、Qの方から、このような資金調達の状況を話しておいたほうがよいのではないかと考えて、ライブドアのイニシアティブにおいて設定されたものである（D・原審第6回9頁、甲55資料4）。

平成17年1月6日午後1時ころから、村上ファンドとライブドアの会議が開催された。同会議には、村上ファンド側から被告人、R、N、E、ライブドア側からA、C、Q、Dが出席した。同会議では、Qから、エクイティによる調達を証券会社と500億円という金額で進めている旨の説明がなされた。また、Aは、ニッポン放送株について、「TOBどうですか。」との話を切り出したが、被告人は「ちょっと待て、TOBなんて言うな。」と言ってAの発言を止め、村上ファンドの変更報告書を見せて、「こんなに市場で買えたんだ、だからまずは市場で買え。まず市場で4.9パーセントまで買ってみて、その後どうするかはそのとき考えればいいでしょう。」と言った。その後、平成16年11月8日の会議の時と同じく、ニッポン放送の経営権取得後の子会社の経営に関する話などが出た（D・原審第6回13頁、Q・原審第9回138頁、C・原審第2回49頁）。被告人がこの段階で、ライブドアの大量のニッポン放送株取得が現実化しつつあることを認識したことは明らかである。

ライブドアでは、被告人の指導に従い、今後の方針として、大量保有報告書を提出すると株価が高騰したり対抗策を取られたりすることから、4.9パーセントまでを市場でおとなしく買い、平成17年3月15日の大量保有報告書の提出の時期を過ぎたタイミングで大量に買うという作戦をとることとした（Q・原審第9回33頁ないし34頁）。そして、同会議後の午後7時23分ころ、取締役会参加対象者に対し、同年1月11日の臨時取締役会開催の案内を発出した（甲48資料71）。議案の内容は、ニッポン放送株式の4.9パーセントまでを同年3月15日までに取得し、同月16日以降に5パー

セント以上10パーセントまで取得し、買付価格は6990円以下、というものであった。

　(7)　平成17年1月6日以降の状況
　　(i)　Mによる株の放出
　平成17年1月7日、大和証券SMBCは、ニッポン放送株8％の取得を発表した。これは、フジテレビの主幹事会社がM所有株を取得したというものであり、実質的にM所有株をフジテレビが所有したことを示すものである。被告人はこのニュースを聞き、これまで村上ファンド側につくと考えていたMが抜けることにより、プロキシーファイトにおけるこれまでの票読みが成立しなくなるため、これをファンド存亡の危機として捉え、フジテレビのS会長への面会を求めたり、ライブドアやUSENのTなどを通じて大和証券SMBCへの接触を図るなどしたが、結局徒労に終わった（被告人・原審第23回123頁ないし141頁）。
　この件に関し、Aは、同月11日、C、D、Qに宛てて次の内容のメールを送信している。「さてさてMAC村上氏から情報アップデートです。大和SMBC持分の多くはUSENTさんが押さえられる可能性大とのこと。もちろんウチら側ですが、Tさんがもし押さえることが確実になったら、ウチにすぐにTOB（10％でも15％でもいいので）をして欲しいそうです。それで確定だそうです。」「ちなみに新生銀行持分は押さえたらしいですが、彼らの取得簿価が7000円らしく、まあ売らなくてもこちら側に賛成してくれるらしいですが（ファイナンス含みで）、で、ウチがTOBしてくれれば、TさんもフェイスのOさんもウチがフジTVの経営権を取ることにはAGREEのようです。でもせめて、日興の分くらいは先に押さえといてねとのこと。ともかく全力買いでいきましょう。」（甲48資料88、A・原審第21回45頁ないし47頁、被告人・原審第24回134頁ないし136頁）。
　　(ii)　ライブドアの取締役会決議
　ライブドアは、同年1月11日の取締役会で、前記議案のとおりニッポン放送株を同年3月15日までに4.9％まで買い進めることを決議した（甲48資料80、甲61）。
　　(iii)　フジテレビによるニッポン放送株TOBの発表
　フジテレビは、大和証券SMBCを公開買付代理人としてTOBの準備を進め、同年1月17日、ニッポン放送株について1株5950円でTOBを行う旨公表した（原審弁1資料152、甲38、39）。その直後、Aらは村上ファンドのオフィスを訪問し、被告人に対し、「これで終わりですかね。」と言った。これに対し、被告人は、「これ僕が主張してきたことじゃないか。これはもうおしまいだ。それは裏切るわけにはいかん。」などと言って、フジテレビのTOBに応じる意向を示した。しかし、Aが、「でも高い値段つけたら、村上さん売っていただけますか。」と発言すると、被告人は、「うちはファンドだから高い方へ売る。」と答えた（乙10）。村上ファンドでは、Aらの訪問後、フジテレビのTOBを歓迎する旨の声明を一旦はホームページに載せたが、すぐに取りやめ、結局村上ファンドがフジテレビのTOBに応じることはなかった（乙10、被告人・原審第23回141頁ないし145頁）。

　　(iv)　ライブドアによるニッポン放送株36万株の買付け
　上記のフジテレビによるTOB発表ののち、村上ファンドに対し、大和住銀投信投資顧問が保有する約95万株を同月20日に売りに出すという話があった。ただし、その全てを1回の取引で購入してほしいとの話であったため、村上ファンドでは自らがその全てを購入することは断念し、Uに依頼してそれを購入させることとした。しかし、一旦、その段取りは整ったものの、Uが資金不足により全部を買うことはできない旨を伝えてきたため、被告人は、証券会社との関係上、この話を白紙に戻すのを避けようとして、ライブドアのQに連絡を取り、残りの約36万株（約21億円相当）を買い取るつもりはないかと打診した。それに対して、Qは、それを買い取る旨を即答した（乙10、被告人・原審第23回147頁ないし149頁）。
　　(v)　ライブドアからの外国人株主紹介の依頼と村上ファンドによるニッポン放送株の買付け停止
　同月28日、Qは被告人に電話をかけ、「外人株主に株を売ってくれと連絡したいので、連絡先を教えてください。」との依頼をしてきた。被告人は、「Nに調べさせて、また連絡します。」と回答した。被告人は、この日、M&Aコンサルティングの取締役会を開催し、ライブドアにニッポン放送株を買い集める動きがあること、ライブドアのQから外国人株主の紹介を要請する電話を受けたことを報告し、中島弁護士の指導によって、それ以降の村上ファンドにおけるニッポン放送株の買付けは停止されることとなった（中島・原審第20回21頁）。
　　(vi)　ライブドアによる大量買集めの実現
　同月31日朝、AとCは被告人を訪ね、今後の方策についてアドバイスを受けるとともに、村上ファンドが所有しているニッポン放送株を売らずに取っておいてもらえるかと聞いた。これに対し、被告人が、「それはできない。少しでも高いところへ売るのがファンドを運用する僕の役目だ。当方のファンドの分も押さえたいなら、買ってもらうしかない。」と述べたところ、Aは、「分かりました。村上さんのところの株も引き取らせていただきたいと思います。」と回答し、結局、村上ファンドにおいて外国人株主を紹介するのとは別に、村上ファンドの保有株19.6パーセントのうち10パーセントがライブドアに売却されることとなった。そして、その売買は、トストネットを通じ、同年2月8日に行われることとなったが、この代金は1株6050円であった（乙11）。
　他方、Uは、同年1月20日に購入した35万株の処分方法について、被告人に相談したところ、被告人は、ライブドアを紹介した。UがQと交渉した結果、同年2月7日、35万株を1株6100円でライブドアが購入す

ることとなり、同月8日を取引日としてトストネットを使用して行われることとなった（甲111）。

同月8日、ライブドアは、ニッポン放送の発行済株式総数の5％を取得したことを公表した。その後、ライブドアはその発行済株式総数の約35％を取得する大量買集めを実現し、さらに同年3月25日には、議決権の過半数を取得するに至った（甲46、52）。

ライブドアの発表を受けてニッポン放送株は暴騰した。被告人は残りのニッポン放送保有株を市場で売却することとし、同年2月10日に157万8220株を1株平均8747円で市場で売却するなどして多額の利益を上げた（甲7）。

事実の経過は、以上のとおりである。

3　「株式会社ニッポン放送の総株主の議決権の100分の5以上の株券等を買い集めることについての決定」の有無

（1）　証券取引法167条2項にいう「業務執行を決定する機関」とは、「実質的に会社の意思決定と同視されるような意思決定を行うことのできる機関」であれば足りると解されるが、ライブドアにおいて、ニッポン放送株の大量買集めの決定につき、代表取締役兼最高経営責任者として会社の業務全般を統括していたA及び財務面の責任者で企業買収に関する部門を統括していたCは、このような機関に該当すると認められ、この点に関する原判決の判断は正当である。

（2）　以下、上記「決定」の有無について検討する。この点につき、原判決は、「A及びCは、平成16年9月15日、被告人から、『村上ファンドは、議決権の18％を取得済みであるから、ライブドアが議決権の3分の1を取得できれば、両者の議決権を合わせて過半数を制し、ニッポン放送の経営権を取れる。ライブドアはお金さえ用意すれば、購入先は村上ファンドがあっせんする。』などと言葉巧みに誘われて、その気になり、ライブドアが平成17年3月までに行うニッポン放送株の5％以上の大量買集めにつき、その実現を意図して、ライブドアの業務として調査、準備、交渉等の諸作業を行う旨を決定し、その実現可能性は相当高かった、と認めることができ、これが『ライブドアの業務執行を決定する機関が、同社においてニッポン放送の総株主の議決権数の100分の5以上の株券等を買い集めることについての決定をした』ことに当たるのは疑いがない。」と判示している。

確かに、平成16年9月15日の会議をきっかけとして、ライブドア内部では、その直後から、A及びCの指示により、資金調達と獲得スキームの両面にわたってニッポン放送の3分の1の株式取得の可能性を探る調査が開始されたことが認められる。原判決が、上記のように、同日に「決定」があったものと判断したのも、その点を根拠にしているものと解される。しかしながら、同日は、ライブドア側にとって、村上ファンド側からニッポン放送とフジテレビの株式所有のねじれ関係などを聞いた初めての日であり、ライブドア側としては、手元に何も資料はなく、果たして村上ファンド側の説明が真実なのか否か、ライブドアとしてもこれにどのような対応が可能なのかについて全く何も検討が進められていない段階であった。このような段階では、たとえ組織として調査を開始することになったとしても、未だ大量買い集めの可能性の検討の端緒に留まる、というべきであり、これのみをもって、一般投資者の投資判断に影響を与える程度の決定があったと認めることは相当でない。

しかしながら、前記「事実経過」において認定したとおり、①同年11月8日の会議の段階までには、ライブドアの担当者において極秘のうちに、買収資金の調達と買収に向けたスキーム作りの両面にわたる検討が2か月弱にわたって進められ、同社の求めによって再度村上ファンドとの会議が開催されるに至ったこと、②同会議においては、同年9月15日と同様「N社について」との資料に基づく説明が重ねて行われたものの、村上ファンド側からは、前回の会議には参加していなかったNが出席し、同人から外国人株主についての最新の情報などが提供されるとともに、必要であれば外国人株主を紹介することができるとの話もなされ、ライブドア側からは、ファイナンス部門を担当しているFが新たに出席したこと、③そして、席上、ライブドア側から、ニッポン放送の株式をライブドアが大量取得することを前提に村上ファンドの保持しているニッポン放送株について村上ファンドが引き続き保持することに関する契約締結の要望が出されたり、公開買付けの可能性などにも話が及び、ニッポン放送の経営権獲得後の同社の業務の分け方（著名ブランドの山分け的な話）などに関しても話し合いが行われたこと、以上のような事実が認められるのである。このような状況に照らせば、A及びCが、Dが村上ファンド側とのこの再度の会議（同年11月8日に開催）を設定しようとしたことにつき了承を与えた段階においては、A及びCは、ライブドアの決定として、既存のメディアとインターネットの融合という事業目的を達成するために必要との考えから、ニッポン放送というターゲットを設定し、同社に対する一応の調査と、買収資金の調達に関する一応の目処を踏まえ、M&Aとニッポン放送株に関する広汎な知識と人脈を有し、かつ、既にニッポン放送株を相当数保有している村上ファンドの協力のもとにニッポン放送株の3分の1の獲得を目指す旨を明らかにしたものというべきであり、この段階でのA及びCによる決定は、投資者の投資判断に影響を及ぼし得る程度に十分達しているということができ、証券取引法167条2項にいう「決定」に該当するものと判断される（なお、この決定が、ニッポン放送株の3分の1の取得を目指すというとき、「3分の1未満の取得では絶対だめで、それ以下であれば計画をやめるというもの」ではなく、「3分の1を目標にニッポン放送株を購入していくけれども、たとえ3分の1という目標を達成できなくても、ともかく可能なところまで購入を進めようというある程度柔らかなもの」であることについては、後述）。

(3) 所論は、前記の「決定」といえるか否かについては、実現可能性が重要な要素であり、ニッポン放送株の3分の1を購入するための600億円もの大量の資金を調達する能力はライブドアにはなかったから、ライブドアにおける前記の決定は証券取引法167条2項にいう「決定」には当たらない旨主張する。

確かに、前記の認定事実によれば、ライブドアが調達可能な金額は、Cの見込みを前提としてもせいぜい300億円であり、600億円には及ばないことが認められる。

しかし、この点については、ライブドアにおける決定がいかなるものであったかを検討する必要がある。すなわち、本件において、A及びCの意思があくまでニッポン放送の経営権獲得にあったとした場合、発行済み株式総数の3分の1未満の取得ではその目的が達成できないことは明らかである。そして、平成16年11月8日段階におけるA及びCの決定が、「3分の1未満の取得では絶対だめで、それ以下であれば計画をやめる」、というものであれば、ライブドアの「決定」の実現可能性は、3分の1を獲得できるか否かを基準として資金手当を含めたその実現可能性を考えるべきであろう。しかし、この段階のA及びCの決定が、「3分の1を目標にニッポン放送株を購入していくけれども、たとえ3分の1という目標を達成できなくても、ともかく可能なところまで購入を進めようというある程度柔らかなもの」であり、その「可能なところまで」という中に5％以上の株式取得の決意が含まれているとみることができるのであれば、資金調達の可能性に関しても、その「可能なところまで」という限度で考慮すれば足りるということができるのである。

そこで前記「決定」にあたってのA及びCの決意の内容について検討すると、被告人は、同年9月15日及び同年11月8日の会議において、ライブドアに対し、ニッポン放送株の3分の1の取得を働きかけていたものの、たとえ失敗してもフジのTOBに応じるなどすればリスクはないと説明していたこと（被告人・原審第23回41頁）、同年9月22日に、CがDに対し、「本ディールのポイントは、どっちに転んでも損をしないところです。1　ニッポン放送株をブロックトレードで20％取得　2　フジにTOBされればそれに応じる」などとのメール（甲48資料14）を送っていること、同年10月8日付けのDのA宛てメールにも、D自身のプランを述べた上で、「途中でTOB等されたらプレミアムで売り抜けてエグジット。」と記載されていること（甲48資料19）からすると、同年11月8日段階におけるA及びCの決意の内容は、「失敗するかもしれないけれども、失敗しても損はないから、ともかく3分の1の獲得を目指してやってみよう。」という柔らかなものであったと認められる。

そして、例えば、ニッポン放送の株式の5％（164万株×6000円＝約98億円）の規模であれば、同日の段階で見ても、ライブドアにとって、比較的容易に調達できたものと考えられる（現実に、ライブドアはMSCBの発行前である平成17年2月4日に5％を超えてニッポン放送株を取得している）。さらに、前記第3の2(4)(ii)において認定したとおり、平成16年11月8日の段階で、C及びDはニッポン放送の株式の20パーセントを取得するプランを立て、C及びFは、クレディスイスのGとの交渉を通じて自らの判断として200億円程度の銀行借入れは可能と考えていたのであり、内部的には、それなりの根拠を持って、実現可能性のあるものとして、本件案件の決定が行われたことは明らかである。そして、ライブドアの実体的な財務状況等に加えて、ライブドアのインターネット業界における著名性、ライブドアが、前記のように、500億円のユーロ転換社債の発行を日興シティグループ証券から提案されるなどしていたこと、クレディスイスのGが融資の実現に積極的に動いていること等の事実にも照らせば、第三者の目から見たときにも、十分に実現可能性があると判断される状況にあったということができる。

そうすると、資金調達の面からの実現可能性という点を考慮に入れて検討しても、ライブドアの上記決定は、一般投資者の投資判断に影響を及ぼし得る程度に達していると判断されるものであり、証券取引法167条2項にいう「決定」に該当するということができる。

(4) 所論は、仮にA及びCがライブドアの意思決定機関に当たるとしても、Cは、Aの了解を得ることなく、「3分の1の取得」をいとも簡単に「20％の取得」に方針変更しているのであり、このように簡単に変更されるものは、もはや決定と呼ぶに値しない旨主張する。

しかしながら、A及びCの決定内容は、前記(3)において認定したとおり、被告人からの説明を受けて、もともと、絶対に3分の1を取得しなければならないという趣旨のものではなく、3分の1を目指すが、たとえ3分の1という目標を達成できなくても、ともかく可能なところまで購入を進めようという趣旨のものであったと認められるのであり、また、前記第3の2(4)(iii)に認定したとおり、Cは、平成16年11月8日会議では、村上ファンド側に対し、「3分の1行きますで、よろしくお願いします。」などと述べているのであって、A、C両名の基本的な考え方や目標設定に特段異なるところはなかったものと認められ、CがDに対し、20パーセントの取得の検討を指示していたとしても、これをもって、証券取引法167条2項にいう「決定」がなかったということはできない。

(5) 所論は、ライブドアによる決定は真摯さを欠いているから証券取引法167条2項にいう「決定」には当たらない旨主張する。

しかしながら、前記2において認定したとおり、ライブドア関係者の間で、実現の可能性を探るべく、担当者が決められて、資金調達、スキーム作りの両面において検討作業が行われ、それに基づき、ライブドア側からの申し出によって平成16年11月8日の会議が設定されたのであり、同会議においても、Aはやる気

満々であり、Cもこれにあえて異を唱えることはなかったと認められるのであるから（C・当審第3回53頁ないし55頁）、ライブドアによる決定は、実施に向けての意欲を十分に感じさせるものであり、「真摯さ」において欠けるところはなかったものと認められる。

(6) 所論は、一般の投資者の情報に対する感度を普通の地震計とすれば、精度の高い地震計であるともいえる被告人が、平成16年11月8日の会議において伝達された情報に全く反応していないことに照らせば、伝達された情報が一般の投資者の投資判断に影響を及ぼすものでないことは明らかである旨主張する。確かに、その直後に、被告人らがこれに反応して目立った動きを見せたというようなことは証拠上うかがわれない。しかしながら、被告人は、同日までの段階で既にニッポン放送株の13パーセント余りを保有しており（甲7）、しかも、被告人らはその基本戦略（被告人がいうメインシナリオ、サブシナリオ）に沿って行動し、既に同年9月14日の段階からニッポン放送株を更に買い進めることを決めていた（ライブドアのニッポン放送株の購入についても、そのようなシナリオとの一部（プロキシーファイトの援軍）として考えていた。）のであるから、被告人が上記の会議でライブドアからの話を聞いた直後に特段の反応をしなかったとしても不思議なこととは思われない（これらの点については、被告人の故意の存否に関して、更に、説明する。）。しかしながら、少しでも有利な投資先を見つけるために懸命に情報収集をしている一般投資家の立場に立ってみれば、インターネット関連の企業として著名なライブドアが、放送メディアとの融合に関心を持ち、資金調達についての一応の検討も進めた上、テレビ業界への進出を目指して、M&Aとニッポン放送株に関する情報に精通し、それなりの人脈を有し、既に相当数のニッポン放送株を保有している村上ファンドの協力を得てニッポン放送株の3分の1の獲得を目指すことを決定したという事実が、その一般投資家の投資判断に影響を及ぼすことは必至と考えられる。

4 「伝達」の有無

所論は、仮にライブドアにおいて「決定」があったとしても、平成16年11月8日の会議においてその決定が伝達されていない旨主張する。しかしながら、前記の事実関係からすると、上記の会議において、ライブドアがニッポン放送株の3分の1取得を目指し、そのために村上ファンド側の協力を得たいというライブドア側の決意は被告人に十分伝わっているものと認められ、被告人が、ライブドアから「決定」の伝達を受けたことは明らかである。

5 「故意」の有無

(1) 所論は、仮にライブドアにおいてそのような「決定」があり、その「伝達」の事実が認められ、かつライブドア関係者においてその事実を認識していたとしても、被告人には、そのような事実（決定と伝達）があったという認識に欠けるから、被告人には故意がない旨主張する。すなわち、被告人は、平成16年9月15日の会議の時点において、ライブドアがニッポン放送株の3分の1もの大量株を買い集める資金を調達できるとは全く認識しておらず、それ以降、少なくとも同年12月までの間、ライブドアから被告人に対して、そのような被告人の認識を改めさせる契機となるような（もしかしたらライブドアは資金調達できるかもしれないと思わせる）情報も一切伝達されることはなかったのであるから、ライブドアがニッポン放送株の3分の1を買い集めることが実現可能であるとの認識は一切持ち得なかったのであり、被告人には一般投資者の投資判断に影響を及ぼすような「決定」があったことの伝達を受けたという認識がなかったというのである。

しかしながら、前記「決定」の有無に関して検討したとおり、ライブドアが行い被告人に伝達された決定というのは、ニッポン放送株の3分の1を絶対に買い集められなければ大量株の購入をやめるというものではなく、3分の1の獲得を目指して購入していくけれども、たとえ3分の1という目標を達成できなくても、ともかく可能なところまで購入を進めようというある程度柔らかな決定であり、その「可能なところまで」という決意の中に5％以上の株式取得の決定が含まれているとみることができるというものであったのであり、すでに検討した本件の経緯に照らせば、その決定の趣旨は、被告人においても、十分認識していたものと考えられる。したがって、被告人において、同年11月8日の会議の段階で必ずしもライブドアにおいて、即時3分の1を買い集めるだけの資金調達能力があるとの認識までは不要であり、ライブドアの企業規模とその意欲からみて相当程度（少なくとも5パーセントを超える程度）の資金調達能力と資金調達に向けての意欲があるとの認識で足りるというべきである。そして、被告人は、ライブドアの企業規模、経営内容について十分把握していたものと認められるのであり（甲87、被告人・原審第22回47頁）、上記会議に至る経緯に照らしても、被告人にこの点の認識に欠けるところはなかったことは明らかと思われる。上記会議において、Cから、「資金のめどが立ちましたので、具体的に進めさせていただきたいんですけど。」との発言があったり、被告人から、「金、大丈夫か。」と聞かれて、Cが、「大丈夫です。クレディで借入れ何とかしますんで。」などと答えたことが認められるところ、このC発言については、同人のいわゆるセールストークとして被告人としても100パーセントその言葉どおりに受け取っていなかった可能性はあり（この点は、前述した。）、それほどたやすく資金の手当が付くとは思っていなかったであろうが、これらCの発言は、ライブドアが資金調達に向けて具体的に動き出していることと、その意欲が十分にあることを認識させるには十分なものであったと思われる。いずれにしても、被告人に、ライブドアの決定を実現させるための資金面の調達が可能であるとの認識に欠けるところはなかったというべきである。そして、同会議の場において、

そのような決定の「伝達」を受けたことを認識したことも明らかというべきである。

所論は、被告人が同年11月8日の会議においてライブドアから大量買い集めについての決定の伝達を受けたと認識していれば、それが投資判断に影響を及ぼす重要な事実である以上、同会議終了後直ちに社内会議を開くとか、資金調達のための支援活動を行うとか、すぐに何らかの行動を起こしたはずである、しかるに、被告人は、このような行動に一切出ていない、このことは、被告人に決定の存在やその伝達についての認識が欠けていたからであると主張する。

この点に関して、原判決は、被告人は、同年10月20日のDメールによりライブドアにおいて資金調達の目処がたったことを認識したから、同日からそれまでとは異質なニッポン放送株の大量買付けを始めた、と認定している（原判決58頁）。原判決がこのように認定しているのは、同日にメリルリンチでのブロック取引による24万7570株のニッポン放送株の大量買付けが存在するためである（甲7資料1、7枚目）。しかしながら、①被告会社の担当者のVがこのブロック取引を実行してしまうとメロン・マック・ファンドのNAV規制（同一銘柄への投資はファンド総資産の20％までという出資契約上の制限）を超えてしまうことになることから、前記のDメールの前日である同年10月19日にアメリカの出資者に対し「ブロック取引による23万7570株のニッポン放送株の買い増しを許可していただけないか」と、NAV規制の一時解除を依頼していることが認められること（原審弁1資料111）、②この買付けを担当したWもこのブロック取引に関して被告人、N又はZから指示があったのは10月19日であったと供述していること（甲98）、③ブロック取引は、多額の取引であるため、話を持ちかけてから実行に至るまでには数日を要するのが一般的であるところ（被告人・原審第25回101頁）、前記のDメールの送信日時は同月20日の午前9時42分（甲54添付資料1）、メリルリンチでブロック取引執行の時間は同日の午前11時28分（甲24添付資料2-3）であり、その間の時間はわずか1時間46分しかなく、このような短時間ではブロック取引は物理的に難しいと考えられること、④前記Dメールには、たしかに、「買収資金の借入れが可能になりました。」との記載があるが、前記メールは単なる担当者レベルで交換されたメールにすぎず、調達を要する買収資金は巨額であるにもかかわらず、何らの裏付けも記載されていないのであるから、この程度の抽象的な内容のメールを信頼して、村上ファンド自身が大量の株式購入を決断するとは到底考えられないこと、が認められる。そうだとすると、村上ファンドにおける同月20日の23万7570株のニッポン放送株の買い増しは、同日のDメール以前から決定されていたことが明らかであり、結局、両者の間に関連性はないものと認められる。同年10月20日におけるブロック取引については、以上のとおりである。したがって、この点をもって、所論を排斥することは相当とは思われない。

しかしながら、所論について検討するには、被告人らのニッポン放送株に向けての基本戦略を検討しておく必要がある。

これまで見てきたような事実経過によれば、村上ファンドは、平成16年9月14日のM&Aコンサルティングの取締役会議の段階から、フジテレビがニッポン放送に対するTOBを行わない場合、平成17年6月のニッポン放送の株主総会におけるプロキシーファイトを実施することとして、ニッポン放送株の取得をさらに強める方針を打ち出していたことが明らかである。そして、ライブドアに対する働き掛けも、その援軍を募集する一環として行っていたものと判断される。被告人は、ライブドアのAをその気にさせる1つの便法として、ライブドアによるニッポン放送・フジテレビの経営支配などという話を持ち出したものと認められ、Aらライブドア側はこれに強い興味を示したのであるが、前記事実経過によれば、村上ファンドは、ライブドアとの平成16年11月8日の会議以降も平成17年1月6日の会議までは、内部の検討においてもライブドアの動きに特段の重きを置くことなく、従前どおりの路線（戦略）でニッポン放送株の買い増しを進めていたと認めることができる。ところが、平成17年1月6日のライブドアとの3回目の会議以降は、被告人は、大和証券SMBCによるMのニッポン放送株取得やフジテレビのTOB発表などの事態の急変に直面する中で、ライブドアに対し積極的に働き掛けを行うに至っている。ここでは、当初の戦略は修正を迫られていたものと思われるが、被告人は、ライブドアの動きを把握していたが故に、そのような敏速な対応を取ることができたものと考えられる。

被告人らの基本戦略は、以上のとおりであり、被告人らが、平成16年11月8日の会議においてライブドアからの「決定」の「伝達」を受けたにもかかわらず、特段の動きを見せなかったことは、所論指摘のとおりであるが、被告人らは、もともと相当数のニッポン放送株を取得していたのであり、ライブドアの情報を得ても従前の路線（戦略）を変更させる必要を感じなかったものと判断される。もっとも、ライブドアが、その言葉どおりに大量のニッポン放送株の取得に動き出すということが確実視されるというのであれば、村上ファンド内部におけるそれなりの検討が必要になったであろうが、その点では、ライブドアの決定というのは、それは未だニッポン放送株の大量取得に向けて決断したという段階にとどまり、そのとおり確実に実施されるのか、どこまで買い進められるのかという見通しの点では、なお、不確実性を残すものであったと思われる。以上のように、被告人らにとっても、ライブドアの決定は貴重な情報ではあったが、それで、直ちに何か行動を起こさなければならないような事態には至ってなかったのである。ライブドアの動きが実際に村上ファンド側の行動に影響を及ぼし始めるのは、上記のように、平成17年1月6日のライブドアとの3

回目の会議以降のことである。以上のとおりであり、要するに、被告人が、ライブドアの情報を聞いても、特段の動きを示さなかったのは、上記のような基本戦略が存在したため、特段の動きを示す状況になかったためであた、それが、被告人の認識についての前記認定を左右するものとは解されない。

その他所論がるる指摘する諸点を検討しても、被告人の故意に欠けるところはないと判断される。

6　結論

原判決に判決に影響を及ぼすことの明らかな事実誤認は認められない（なお、原判決には、前提事実及び「決定」の時期につきすでに説示したとおりの事実誤認が認められるが、これらはいずれも、判決に影響を及ぼすものとはいえない。）。

第4　量刑不当の論旨について

論旨は、原判決は、被告人村上に対して懲役2年の実刑を言い渡し、被告会社に対しては罰金刑の最高刑を言い渡したが、本件が実刑を言い渡すべき事案であるとは考えられず、また、罰金刑の最高刑を言い渡すべき事案とも考えられないから、いずれも重過ぎて不当である、というのである。

そこで、検討すると、本件は、判示のとおりの事案であり、そのインサイダー取引に係る買付額は巨額であり、被告人はファンドマネージャーという立場にあったもので本件は株式取引のいわばプロによる犯罪であって、被告人らの刑事責任は軽視することができない。

ところで、被告人は、フジテレビに対してTOBを働きかけるなどしながら、その一方で、ライブドアにこれと両立しないニッポン放送やフジテレビ等の支配を持ちかけてニッポン放送株の取得を勧誘し、結果的にはフジテレビのTOBにも応じず、ライブドアに対してその保有するニッポン放送株の約半分のみを売却しつつ、残りの保有株を市場で高値で売り抜けて巨額の利益を上げており、こうした行為は、市場操作的な行為であって、到底証券市場における健全・公正な活動とはいえないものである。被告人のとった行動は関係者に対しても背信的であり、社会的にみてもひんしゅくを買うものである。

しかし、この点を本件の量刑上どのように取り扱うべきかについては慎重な検討を要する。原判決は、この点に関して、「以上からすれば、被告人ないし村上ファンドにおいては、本件以前からニッポン放送株を買付け、これを高値で売り抜けるエグジット策を他にも有していたものであり、ライブドアから伝達された株式大量買集めについてのインサイダー情報を唯一の動機として、本件のニッポン放送株の買付けを行ったとは認め難いが、そのニッポン放送に関する複雑かつ重層的な戦略の中で、ライブドアによる株式大量買集めに対する動きも、一つの、しかも重要な判断要素として位置付けられていた以上、その後の買付けは、ファンドの「利益を企て」てなされたものと認められる。」「このような動機・経緯は、ライブドアの大量買集めのみを当てにして、株を買い集めたという単純なインサイダー取引に比べれば、悪質性は低いようにも思われるが、被告人がライブドア以外の選択肢（フジテレビによる資本再編やプロキシーファイト）を持ち得たのは、巨額な資金を集めるファンドを支配しており、大株主としてプロキシーファイトをちらつかせて直接S会長に資本再編を申し入れるなど一般人がなり得ない立場に立っていたからであって、このような立場を利用して高値で売り抜けるエグジットを企て、あるいは、それを強化し、確実にするためにライブドアのインサイダー情報を利用しようとした動機には、強い利欲性が認められるのであり、やはり厳しい非難に値するといわざるを得ない。」とし、その経過を上記のように総括した上、それを相当に悪質な情状としている。上記のような総括の仕方には、直ちに納得しがたいところも存するが、その点を置くとしても、被告人らの企業活動、その市場操作的な面を量刑上余りに強調しすぎると、起訴されてもいない事実を犯罪として認定しこれを実質的に処罰したことになってしまう。さらにいうと、被告人（村上ファンド）の今回の行動が市場操作的であり、当事者に対しても背信的であって、社会的に非難を受けるものであることに異論はないとしても、相手方企業に改革を迫りその在り方を変えようとする村上ファンドの持つもう一方の側面（物言う株主としての側面）を今の経済社会においてどのように評価すべきかについては、未だ成熟した議論がなされているとは思われず、被告人（村上ファンド）の企業活動の一面のみをとらえてこれを量刑事情として取り込むことには困難が伴うというべきである。被告人らに対する刑事処罰としての非難の程度は、あくまで起訴にかかる法律違反（本件においては、ニッポン放送株に関するインサイダー取引）との関係を中心に検討されなければならない。

関係証拠によれば、村上ファンドは、かねてから相当数のニッポン放送株を保有していたところ、従前から、ニッポン放送とフジテレビの株式所有の関係が正常なかたちになっていないなどとして、その動向に注目し、ニッポン放送及びフジテレビの経営陣に対して資本構造の再編を求め、平成16年9月14日のM&Aコンサルティングの取締役会議の段階から、そのような資本構造の再編のためにフジテレビがニッポン放送に対するTOBを行わない場合には、平成17年6月予定のニッポン放送の株主総会においてプロキシーファイトを実施し自ら経営権を取得することを視野に入れて、ニッポン放送株の取得をさらに強める方針を打ち出していたこと、このようなプロキシーファイトの援軍を募集する一環としてライブドアと接触し、ライブドアのAをその気にさせる1つの便法として、ライブドアによるニッポン放送・フジテレビの経営支配を持ち出したことが認められ、村上ファンドは、ライブドアとの平成16年11月8日の会議以降平成17年1月6日のライブドアとの会議に至るまでは、内部の検討資料によっても、ライブドアの動きに特段の重きを置くこ

となく、上記の路線（戦略）の大枠に従って企業活動を展開しニッポン放送株の買い増しを進めていたものと考えられる。その段階では、被告人において、ライブドアからのインサイダー情報をことさら利用する意図はなかったものと考えられる。しかしながら、前記の平成17年1月6日のライブドアとの会議以降について見ると、被告人は、大和証券ＳＭＢＣによるＭのニッポン放送株取得を知るや、その対策としてＡに対し、「Ｔさんがもし押さえることが確実になったら、ウチにすぐにＴＯＢ（10％でも15％でもいいので）をして欲しい」とのやりとりをしたり、フジテレビのＴＯＢ発表（平成17年1月17日）の後もＡから「でも高い値段つけたら、村上さん売っていただけますか。」などと言われて、当初の予定を変更してフジテレビのＴＯＢに応じることをやめたり、Ｕが買い取らなかったニッポン放送株をライブドアに斡旋したりするなど、あからさまにライブドアを利用する行動に出るに至っている。その後ライブドアが大量のニッポン放送株の買い集めを実現し、村上ファンドが、保有株の一部をライブドアに売却すると共に、その残りを市場で高値で売却するなどしたことは、前記経過において判示したとおりである。

　このような経過を見ると、村上ファンドにおける当初のニッポン放送株の購入については直線的にライブドアから得たインサイダー情報を利用して行ったものと見るのは相当でない。それと同時に、平成17年1月6日のライブドアとの会議までは、被告人の得ている情報がいわゆるインサイダー情報に該当するとの被告人自身の認識自体もそれほど強いものではなかったものと考えられる。また、被告人は、決定の伝達を受けた当初は、株式の5パーセントを超えて取得するとのもっと具体的な決定がなければこれが証券取引法が規制の対象としているインサイダー情報に該当しないとの法解釈のもとに行動していたのではないかとも思われる。すなわち、被告会社及びＭ＆Ａコンサルティングでは、インサイダー情報の管理のために、情報管理シートを用い、疑問が生じた場合には適宜顧問である中島弁護士のアドバイスも得て、取引を停止するなど法遵守にはそれなりの配慮を行っていたのであり（原審弁16、中島・原審第20回3頁以下）、本件のみが例外として扱われていたことを示す証拠も存しないから、そのような検討を経たという状況がうかがわれないことにも照らせば、被告人としては、平成16年11月8日時点でライブドアから伝達を受けた「決定」の内容が、証券取引法が規制の対象とするインサイダー情報に該当するとは明確に意識せずに、その点をあいまいにしたまま従前の方針に従ってニッポン放送株の購入を進めたのではないかと推測されるのである（しかし、平成17年1月6日のライブドアとの会議を経て同月28日に至り、ライブドアによるニッポン放送株購入の動きが極めて具体的になってきたためにこの段階ではこれが明確にインサイダー情報に該当すると判断して、中島弁護士指導の下、ニッポン放送株の購入をや

めたと理解するのが自然である。）。この点は、証券取引法167条2項にいう「公開買付け等を行うことについての決定」の解釈に関する判例の蓄積がそれほど多くないという状況に鑑みると、もとより、このことは被告人の故意を阻却するものではあり得ないが、その解釈の誤りをすべて被告人の責任とするのはやや酷というべきである（今回、控訴審において提出された証拠によっても、これらの解釈につき諸説のあることが認められる。）。

　なお、被告人の捜査段階における調書には、「この11月8日の会議の時点で、私は、ライブドアとして、ＴＯＢの方法によることも含め、ニッポン放送株を5パーセント以上取得する準備をすることについての決定を聞いた、すなわち、その伝達を受けたわけですから、それ以降、ライブドアがその事実を公表するまでの間は、ニッポン放送株を買い付けてはいけない状況になったのでした。」（乙9）との記載があるなど、被告人が平成16年11月8日にライブドアから聞いた情報がインサイダー情報に該当することを知っていたことを前提とするかのような供述が存在しているのに対し、被告人は、原審及び当審において同日の会議において聞いた内容がインサイダー情報に該当するとは思わなかった旨を供述している。これまで検討してきたところによれば、同日の会議までのライブドアの「決定」が証券取引法167条2項にいう「決定」に該当すること、被告人がその「伝達」を受けたこと、被告人にそのような決定の伝達を受けたことについての「故意」があることは、関係証拠に照らし、被告人の自白調書によらなくても十分認定できるというべきである。しかしながら、本件の事実関係に照らすと、被告人が、同日に聞いた情報が法律的な意味においても法が規制の対象としているインサイダー情報に該当すると明確に認識しており、法を犯すことを知りつつニッポン放送株の購入を継続したとまで認定することはできず、捜査段階における被告人の自白調書もそのような法を犯すまでの認識があったとのニュアンスのものとして読み取ることはできない。

　しかしながら、被告人は、平成17年1月6日のライブドアとの3回目の会議以降においては、ライブドアがニッポン放送株の大量取得に向けて現実に動き出していることを明確に認識したというべきであるから、その段階で同株を購入することが証券取引法が禁止するインサイダー取引に該当すると判断することは十分に期待できたものと考えられ、その後同月28日までニッポン放送株の買付けをやめなかったのは明らかに法を無視したものといわなければならず、同日に至って初めて取引をやめたとしても、遅きに失したというべきである。同月6日の上記会議以降も相当数の株を買い進めたこと（特に、平成17年1月17日のフジテレビのＴＯＢ発表以降32万株余を購入している。）は、強い非難に値する。そして、もともと村上ファンドによる今回の企業活動が、ライブドアにプロキシーファイトの援軍として大量のニッポン放送株を購入するこ

とを勧めるというものであり、当初から、その進行の過程で、いずれ被告人らがインサイダー情報を入手するであろうとの危険性を内包していたのであるから、被告人が、たまたま、ニッポン放送株の大量取得という決定を聞いてしまったというような事案でないことも明白である。

被告人の刑事責任を考えるについては、以上のような諸点を、重層的に見て行く必要がある。しかしながら、被告人が当初からインサイダー情報を利用して利得を得ようとしたものでなかったこと、当初は、被告人の得ている情報がいわゆるインサイダー情報に該当するとの認識自体も強いものではなかったこと、そこでは、被告人が法に違反しているとの明確な認識の下に行動していたとは思われないこと、そして、そのような認識状況の下に購入したニッポン放送株が起訴にかかる購入株の大きな部分を占めている（この間のニッポン放送株購入数は、159万9190株である。）ことは、やはり、犯情として十分考慮すべきものと思われる。以上のような事情に加えて、被告人が社会的に強い非難を浴びてファンドを解散し株取引の世界から身を引いていること、被告人に前科がないこと等被告人にとって酌むべき事情を併せ考慮すると、被告人を懲役2年及び罰金300万円に処し、被告会社を罰金3億円に処した原判決の量刑は、被告人に対しその懲役刑に執行猶予を付さなかった点において、また、被告会社に対する罰金額を3億円とした点において重過ぎる、というべきである。

量刑不当の論旨は理由がある。

よって、刑訴法397条1項、381条により原判決を破棄し、同法400条ただし書により当裁判所において更に判決する。

第5　自判

（罪となるべき事実）

原判示のとおり（ただし、原判決中、「公開買付けに準ずる行為の実施に関する事実の伝達を受け、同事実の公表前に同株券を買い付けて利益を得ようと企て、」とあるのは、「公開買付けに準ずる行為の実施に関する事実の伝達を受けた後、」とする。）

（証拠の標目）

原判示のとおり

（法令の適用）

1　罰条

　被告会社につき

　　包括して

　　　平成17年法律第87号による改正前の証券取引法207条1項2号

　　　同改正前の証券取引法198条19号

　　　平成18年法律第65号による改正前の証券取引法167条3項、

　　　平成16年法律第97号による改正前の同条1項1号

　　　平成17年政令第19号による改正前の証券取引法施行令31条

　被告人につき

　　包括して

　　　前記改正前の証券取引法198条19号

　　　平成18年法律第65号による改正前の証券取引法167条3項、

　　　平成16年法律第97号による改正前の同条1項1号

　　　平成17年政令第19号による改正前の証券取引法施行令31条

2　刑種の選択

　被告人につき

　　懲役刑及び罰金刑

3　労役場留置

　被告人につき

　　刑法18条

4　執行猶予

　被告人につき

　　刑法25条1項

5　追徴

　被告人につき

　　平成17年法律第87号による改正前の証券取引法198条の2第2項、1項2号、1号

6　訴訟費用（原審及び当審）の負担

　被告人及び被告会社につき

　　刑事訴訟法181条1項本文、182条

よって、主文のとおり判決する。

　裁判長裁判官　門野　博

　　裁判官　鬼澤友直　奥山　豪

略語表＜略＞

16 日興コーディアルグループ事件

I 国内判例編　東京地決平成21・3・31金融・商事判例1315号26頁

名古屋大学大学院法学研究科教授　中東正文

I　事案の概要（注1）

　日興コーディアルグループ（以下、「日興CG」という）は平成19年12月19日、株主総会において、米国法人シティグループ・インク（以下、「シティグループ」という）の日本における完全子会社であるシティグループ・ジャパン・ホールディングス（以下、「CJH」という）に対し、日興CGの発行済株式の全部を取得させ、その取得対価として日興CGの株主に対してシティグループの普通株式を交付する旨の株式交換契約の承認決議を行い、同株式交換（以下、「本件株式交換」という）は平成20年1月29日にその効力を生じた。

　本件は、株式交換契約の承認決議に反対する株主が日興CGに対して株式買取請求をし、日興CGとの間において株式買取価格についての協議が調わなかったことから、日興CGと一部の株主が日興CG株式の買取価格の決定を求めた事案である（注2）。

　反対株主が個人である事件（平成20年（ヒ）第109号、同第104号、同第111号）は併合され（①事件）、ファンド関係の事件（平成20年（ヒ）第112号）とは併合されていないが（②事件）、東京地裁は基本的に共通する判断を示している。

　本件株式交換は、我が国で初めての国際的な三角株式交換として注目を集めた。会社法制定によって組織再編の対価が柔軟化されたが、他方で、組織再編行為の当事会社となることができるのは会社法上の会社であるとされ（会社法2条1号、767条ほか）、国際的な直接的組織再編はできないような規定ぶりになった（注3）。実務では、間接的な国際的組織再編の方法として三角株式交換が採用された（注4）。

　本件株式交換に先立って、日興CGは平成19年3月6日、シティグループとの間で業務・資本提携を含む包括的戦略提携契約を締結した。シティグループは平成19年3月15日から同年4月26日までの間、この包括的戦略提携契約に基づき、日興CGの普通株式1株当たり1700円の買付価格により公開買付（以下、「本件公開買付」という）を実施した（注5）。その結果、シティグループは日興CGの総株主の議決権の約61％を保有することになった。

　シティグループは平成19年3月14日以降、包括的戦略提携契約の一環として日興CGの株式の全ての取得を目指していることを発表してきていた。本件公開買付の後も買い増し、平成19年10月2日時点において日興CGの発行済株式総数の約67％（議決権割合約68％）を保有するに至った。

　日興CGは平成19年8月31日、シティグループから同社の普通株式を対価として日興CGをCJHの完全子会社とする株式交換の提案を受け、平成19年10月2日に本件株式交換についての基本契約（以下、「本件基本契約」という）を締結した。本件基本契約においては、株式交換比率について「交換株式数＝1700円／（シティグループの普通株式の平均株価×為替相場）」とし、ただし平均株価の上限を58米ドル、下限を37米ドルとし、また、平均株価が26米ドルを下回った場合には日興CGから株式交換契約を解除することができることとされた（変動幅限定付変動制交換比率方式）。日興CGは平成19年10月31日、本件基本契約に基づき、CJHとの間で本件株式交換に係る株式交換契約（以下、「本件原契約」という）を締結した。

　その後シティグループの株価が大幅に下落したのを受けて、日興CGは本件株式交換の条件変更についてCJHとの間で協議と交渉を行い、平成

19年11月14日、本件原契約を変更する株式交換契約（以下、「本件株式交換契約」という）を締結した。株式交換比率に関する平均株価について、下限は26米ドルに、日興ＣＧからの解除の要件は22米ドルにそれぞれ引き下げられた。

なお、株式交換比率の算定にあたって、日興ＣＧは社外取締役4名から構成される特別委員会を設置するとともに、第三者算定機関等を選定して株主の利益に配慮した公正な株式交換比率であることを担保しようとした。

II　決定要旨

1　①事件と②事件に共通する判示

(1) 株式買取請求権の趣旨と裁判所による価格決定の性格

「株式買取請求権は、組織再編等により会社の基礎に変更が生ずる場合において、当該組織再編に反対する株主が、会社に対し自己の有する株式を公正な価格で買い取ることを請求することにより、投下資本の回収を図る権利であることに照らすと、株式買取請求の前提となる組織再編の条件は、当該組織再編から生ずる相乗効果（シナジー）が当該組織再編の当事会社間において適正に分配されることも含めて公正に定められる必要があり、株式買取請求に係る『公正な価格』も上記相乗効果（シナジー）を適正に反映したものである必要があるというべきである。／そして、裁判所による価格の決定は、客観的に定まっている過去の株価を確認するのではなく、新たに公正な価格を形成するものであって、価格決定に当たり考慮すべき要素は極めて複雑多岐にわたらざるを得ないが、会社法785条1項が買取価格の判断基準について格別規定していないことからすると、法は、価格決定を裁判所の裁量に委ねているものと解するのが相当である（最高裁判所第一小法廷昭和48年3月1日決定・民集27巻2号161頁参照）。」

(2) 二段階買収の場合の公正な価格の決定

「株式交換の前に、その前提として、株式交換完全子会社となる会社の株式について公開買付けが行われた場合において、当該公開買付けにおける株式の公開買付価格と、当該株式交換における株式交換比率の算定の際の株式交換完全子会社株式の基準価格が同じ価格とされている場合には、当該価格は、その効力発生時において当該株式交換から生ずる相乗効果（シナジー）を織り込んだものとして設定されたものと推認するのが相当である。／そうだとすると、当該公開買付けが実施され、当該株式交換における株式交換比率算定の際の株式交換完全子会社株式の基準価格が決定された後に、株式交換完全子会社の株価が下落したとしても、当該株式交換に反対する同社の株主がした株式買取請求に基づく株式買取価格決定の際の『公正な価格』は、原則として、当該公開買付価格及び当該基準価格を下回ることはないと解するのが相当である。」

「本件公開買付け実施と本件株式交換発表との間は5か月あるものの、シティグループは本件公開買付け実施時から一貫して日興コーディアルグループ株式の全てを取得することを株主等に明らかにし、そのとおりに行動しているのであって、これらの事実経過に照らすと、本件公開買付け及び本件株式交換はいわば一連のものと見ることができ、本件公開買付けは、本件株式交換の前にその前提として行われたものということができる。」

「客観的な事実経過から本件公開買付けは本件株式交換の前提として行われたものと認められ、かつ、本件株式交換における株式交換比率算定の際の日興コーディアルグループ株式の基準価格を本件公開買付けの公開買付価格と同額である1株当たり1700円としたことに合理性が認められる本件にあっては、本件株式の『公正な価格』は、本件効力発生日〔本件株式交換の効力発生日〕において本件株式交換から生ずる相乗効果（シナジー）を織り込んだものとして設定されたものと推認される1株当たり1700円とするのが相当である。」

(3) 株主の機会主義的行動への対応

「本件株式交換は本件公開買付けを前提として行われたものと認められ、また、上記事実のとおり、日興コーディアルグループにおいても本件効力発生日に近接する時期において本件株式1株当たりの価格を1700円とすることを前提としていたものと認められるのであって、そうすると、日興コーディアルグループの株主であった相手方らが本件基本契約が締結され発表された後に本件株式交換が行われることを知ってことさらに本件株式を買い集めたものであるなどの事情が認められない本件においては、本件株式交換に反対する相手方らがした株式買取請求に基づく株式買取価格決定における『公正な価格』の算定に当たって、日

興コーディアルグループの株主であった者である相手方らに、本件基本契約の締結及び発表日（平成19年10月2日）以降の日興コーディアルグループ株式の価格下落リスクを負わせることは相当でないというべきである。」

(4) 二段階買収の強圧性

「株式交換完全子会社となる会社の株式について行われた公開買付けを前提として株式交換が行われたものと認められる場合に、当該株式交換に反対する株式交換完全子会社の株主がした株式買取請求に基づく株式買取価格が、当該公開買付けの公開買付価格及び当該株式交換における株式交換比率の算定の際の株式交換完全子会社株式の基準価格より低い価格とされることになると、公開買付けの対象会社かつ株式交換の株式交換完全子会社の株主においては、たとえ、当該公開買付価格及び当該基準価格が、当該会社の客観的な株式価値よりも低い価格であると考える場合であっても、当該公開買付けや当該株式交換に応じるように強いられるおそれが生じ、いわゆる二段階買収について指摘される強圧性の問題が生じることになって、相当でないというべきである。」

2 ②事件に関する判示（算定基準日）

「相手方〔反対株主〕は、株式交換における『公正な価格』の算定基準日を反対株主が株主総会に先立って株式交換に反対の意思を表明した時点、若しくは遅くとも株主総会における承認決議の時点であると主張する。／しかし、会社法786条5項によれば、株式買取請求における株式の買取りは、株式交換の効力発生日にその効力を生ずると規定されており、本件においては、本件株式交換の効力発生日である平成20年1月29日をもって本件株式の『公正な価格』の算定基準日とすべきであり、この点の相手方の主張は独自の主張であり採用することができない。」

III 分析と展開

1 本決定の意義

本決定は、株式買取請求に関する公正な価格の決定に関する非訟事件の性質につき、最一決昭和48・3・1民集27巻2号161頁、本誌363号7頁を再確認しつつ、相乗効果を価格の決定に反映させることを明らかにした（Ⅱ1(1)）。この点については異論は少ないであろう（注6）。

東京地裁は、最高裁昭和48年決定と同様に「法は、価格決定を裁判所の裁量に委ねている」としつつも当事者主義的な運用を行い、当事者（というに相応しい者）の手続保障に配慮し、決定文においても当事者の主張を丹念に取り上げて裁判所の判断を示している（会社法871条参照）。この姿勢は法制審議会の非訟事件手続法・家事審判法部会での議論を先取りして実践するものであるともいえ、価格決定事件の運用について範を示す意味を有している（注7）。

また本決定は、従来は判断が示されることがなかった諸課題についても相当に明確な判断を示しているものであり注目される。すなわち、(ｱ)二段階買収のように一連の取引がなされていると法的に評価される場合に、その仕上げの取引についてどのように公正な価格を決定するか（Ⅱ1(2)）、(ｲ)株主の機会主義的行動の可能性についてどのように考慮するか（Ⅱ1(3)）、(ｳ)二段階買収の強圧性との関係で第二段階の取引の公正な価格をどのように定めるべきか（Ⅱ1(4)）、(ｴ)公正な価格の算定基準日をいつと理解するか（Ⅱ2）である。

2 一連の取引における公正な価格の決定

本決定は、本件公開買付から本件株式交換までが一連の取引であったと認定した上で、本件株式交換における株式交換比率の決定過程をも検証して、本件株式の公正な価格を1株当たり1700円とするのが相当であるとしている。

立案担当者も、「組織再編行為前に、その前提として、株式の公開買付けが行われ得た場合には、その買付価格は、組織再編行為のシナジーを織り込んだ価格であると推認されるから、公開買付けの成功により、買付者が支配プレミアムを取得したため、株価が下落したとしても、『公正な価格』は、通常、その買付価格より下回ることはないものと解される」としている（注8）。東京地裁はこの立場を基本的に採用しつつ、本件の具体的事情を考慮して最終的な価格決定を行ったのであろう。

MBOのように、当初から最終的な目的が明確であり、第一段階の公開買付と第二段階の全部取得条項付種類株式の取得などが行われ、経営陣らが対象会社の株式の全部を取得することが目指されている事案においては、段階的な複数の取引を一連の取引と理解して、第二段階の取引の株価決定について第一段階の公開買付の買付価格を公正

な価格の決定に際して基準とすることは自然である。第一段階の公開買付の公表時に、市場は第二段階の締め出し取引をも想定して一連の取引の設計や公開買付価格が適切であるか（さらには公開買付に応募するか）を判断するからである。

他方で、ＭＢＯなどの類型でなくても、第一段階の公開買付に際して最終的には対象会社を完全子会社にすることが目指されていることが公表されており、実際の取引の経緯が公表された計画と大きく異ならないことが想定される事例にあっては、市場は同様の反応をするであろう。したがって、全体の計画の公表後に計画を大きく変更すべき特段の事情が生じない限りは、全体の計画は一連の取引であると法的に評価することができる。

本件も第一段階の公開買付と第二段階の株式交換とは一連の取引と理解され、したがって、株式交換に関する株式買取請求権について公正な価格の決定を行う際には第一段階の公開買付価格が基準とされるべきである。この点においても本件決定は妥当であると考えられる。

本件においては、株式交換比率は変動幅限定付変動制交換比率方式によって定まり、株式交換完全子会社（日興ＣＧ）の株主が受け取るべき対価の交換価値（基準価格）が固定されていたという事情がある。このために第二段階の株式交換の対価と第一段階の公開買付価格と比較が容易であったともいえよう。ただ、このような事情がなくても一連の取引と評価される場合には、東京地裁が述べるように「株式買取請求に基づく株式買取価格決定の際の『公正な価格』は、原則として、当該公開買付価格及び当該基準価格を下回ることはない」と考えるべきである。このように解することによってこそ、第一段階の公開買付で支配を獲得した買収者がその後に株価が下落したときを狙って第二段階の締め出し取引を公表するという戦術をとることに対処することができる（注9）。

また、判旨がいうように第一段階の公開買付における強圧性の問題も考慮する必要がある。詳しくは後述するが、第二段階の締め出し取引に関する株式買取請求に基づく株式買取価格が第一段階の公開買付の買付価格よりも低い価格とされることになると、「二段階買収について指摘される強圧性の問題が生じることになって、相当でない」。この観点からも、第一段階の公開買付価格が第二段階の取引の公正な価格の最低限を画するものと解するべきである。

なお、旧カネボウをファンドが買収した事例において、少数株主を締め出すための営業譲渡（会社法の施行前）の後に抜け殻となった清算会社を買収の受皿会社に吸収合併することが決定され、この合併に反対する株主の株式買取請求に関する価格決定の申立てがなされた。東京地決平成21・10・19金判1329号30頁は、「本件営業譲渡当時、旧カネボウ社又は相手方〔買収受皿会社〕において、いつ、どのような手続や条件で、旧カネボウ社を解散するか、あるいは、旧カネボウ社と相手方を合併させるか、などという具体的な検討をしていたことを窺うことはできない」とし、また、実際の経過もこれを裏付けるものであり、「本件営業譲渡と本件合併との間には2年6か月余が経過している」として「本件合併に反対した株主に対して、本件営業譲渡前の旧カネボウ社の継続企業価値に対する完全な割合的持分価値が補償されなければならないほど、本件営業譲渡と本件合併が不可分一体のものとして行われたものと認めることはできない」と判示している。東京地裁が認定した事実を前提とすればこのような法的評価が妥当であろう。

3　株主の機会主義的行動と株価下落リスクの負担

会社法においては、株式買取請求権には、(a)企業再編によるシナジーを再配分する機能と(b)企業再編がなされなかった場合の経済状態を保証する機能を同時に果たすことが期待されており、株主の機会主義的行動を招く恐れが大きくなった（注10）。

本件でも、日興ＣＧは、「株主の買取価格の下限を、本件株式交換の交換条件決定日……における本件株式の『公正な価格』に確定してしまうとすると、株主は、本件株式交換に反対することにより、事実上、本件株式交換の交換条件決定日以降には本件株式の価値下落リスクを負うことなく、本件効力発生日における本件株式の価値上昇の利益のみを享受するプットオプションを有することになり、株主に不当に投機の機会を与え、相当ではない」と主張している。

機会主義的な行動への対処としてはいくつかの方法があり得るが、本件では、本件基本契約締結後における株式市場全体の株価の下落を価格決定で考慮すべきか（または考慮することが裁判所の裁

量として許されるか）が実質的には最大の争点であったとされる（注11）。

東京地裁は、株主の機会主義的な行動への懸念に理解を示しつつも、本件基本契約の公表後に「本件株式交換が行われることを知ってことさらに本件株式を買い集めたものであるなどの事情が認められない本件においては、……価格下落リスクを負わせることは相当でない」と述べている。

この点の判示をどれほど一般化できるかはさらなる検討が必要である（注12）。というのも、東京地裁は、上記の説示に先立って、本件株式交換が本件公開買付を前提として行われたことと、本件株式交換の効力発生日に近接する時期に日興ＣＧが株式交換の対価を1株当たり1700円とすることを前提としていたことを認定しており、事案によっては株価下落リスクを株主に負わせる余地があることを含意しているからである（注13）。

東京地裁は本件の一連の取引によって生じるシナジーを反対株主に分配することを前提として立論しているが、制度論としては、シナジーの再分配が株式買取請求権に期待される場面において、市場全体のリスクとは離れた当該株式固有の事情による株価下落リスクを負わせないことには疑問がある。このような場合には反対株主に救済を与えるために保有株式の放棄を条件にする必然性はなく、株式を保有させたままで（組織再編の実施には賛成させた上で）対価の追加請求権の形で制度化することが本来は望ましい（注14）。保有株式については上述の意味での株価下落リスクが当然に生じることになるから、買取株式の価格決定においてもこのリスクを考慮することが自然である。

他方で、会社法制定前のように、決議がなかったならば有したであろう公正な価格を求める場合においては、反対株主は決議の内容となっている組織再編などの影響から離脱することを選択したのであるから、この組織再編などの公表時以降の市場全体の株価下落リスクを負わせるべきではない。この場合にも、株主に株価下落リスクを負わせて公正な価格を決定する際に参照すべき株価（市場価格）を補正すべきであると説く見解が有力になりつつある（注15）。しかし、この種の補正が正当化されるのは、反対株主が会社から投下資本を回収しても、それを再び株式市場に投資するという前提が存するからであり、一般的に想

定できる前提ではないと考えられる。

本件の決定の裏側の問題として、本件株式交換が行われることを知って株式を買い集めた株主が株式買取請求権を行使したとすれば、公正な価格の決定に際してどのように考慮されるべきであろうか。組織再編などの公表後に株式を取得した者の扱いとして議論されてきている（注16）。機会主義的行動を抑制するために公表後の株価下落のリスクを負わせる方法もあるが、下落のリスクのみを負担させて公表後の株価上昇の利益を享受させないのであれば均衡を失する（注17）。特段の事情がない限り公正な価格はその株主の取得価格を超えることはないことにすれば、必要にして十分であると解される（注18）。

もっとも、公表後に取得された株式の公正な価格について取得価格を上限とするという見解に対しては、次のような批判も存する。すなわち、企業価値を毀損する組織再編が計画されてその公表によって市場が下落したのであれば、下落した価格で株式を取得した上で株式買取請求権を行使するという投資家の行動は不合理ないし非効率な経営行動の監視ないし規律付けのために推奨すべきであって、抑止すべき理由はないと説かれる（注19）。公表後の株価下落リスクを株主に負わせる立場を前提にすると理に適った主張であると考えられる。しかしながら、株価下落リスクを負わせるべきでないとの立場からは、このような鞘取りを促進しなくても、非効率な組織再編の抑制は相当に可能であるとの反論ができるであろう。公表前から株式を保有する株主は下落した市場で売却することを望まないであろうし、公表後の株価下落リスクを負わない制度になっているのであれば、株式買取請求権を行使することが期待しやすくなるからである。もとより、どちらの見解によっても、効率的な行動の規律付けと機会主義的行動の抑制という2つの要請を同時に満足させることは難しく、どこかで割り切ることが必要になりそうでもある。その際には、株式買取請求権の制度趣旨から考えて、株主が組織再編に反対した理由に応じて、公正な価格による離脱の機会を保障するという理念を尊重すべきである（注20）。

4 二段階買収の強圧性と公正な価格

東京地裁は「株式買取価格が、当該公開買付けの公開買付価格及び当該株式交換における株式交換比率の算定の際の株式交換完全子会社株式の基

準価格より低い価格とされることになると、……いわゆる二段階買収について指摘される強圧性の問題が生じることになって、相当でない」と説示する（注21）。

我が国における公開買付の強圧性については実証研究においても示されており、詳細な事前開示のほか、第二段階の合併等の条件を公開買付価格を下回らない価格と定めることが最低限必要であると主張されている（注22）。

本件の決定を参照しつつ、実務家からは「上場会社においては、いわゆる二段階買収等の強圧的な買収とならないようにするため、公開買付価格、株式交換等の対価の額、株式買取請求権の『公正な価格』を同一とする取扱いが確立しつつある」と説かれている（注23）。

学説上も、同様に強圧的な買収を抑制するため、第二段階の取引に関する株式買取請求における公正な価格は、特段の事情がない限り公開買付価格を下回ることはないと解する必要があると説かれている（注24）。さらには、従前は支配株主でなかった者が公開買付によって支配権を取得して、直後にそれと同額で締め出しを行う場合には、取引を全体として見れば、独立当事者間の取引と理解すべきであり、価格決定においても公開買付価格を公正な価格と認めてよいとされている（注25）。

これらの見解は妥当というべきであり、会社支配の新たな獲得を目指す二段階買収においては、第二段階の取引に関する株式買取請求に伴う価格決定について、特段の事情がなければ、第一段階の公開買付価格をもって公正な価格と認めるべきである。

もっとも、どのような事案であればここでいう二段階買収と評価できるのかについては、具体的な基準の検討が深められる必要がある。本件および前述のカネボウ事件の東京地裁の各決定をも参考にすると、(A)第一段階の公開買付等に際して、第二段階の締め出し取引についても、株主の意思決定を可能とする情報（取引の内容、実現可能性などを含む）が公表されていたこと、(B)実際にも、予想できない事情が生じるなどして公表内容と大きく異ならない形で第二段階の取引がなされたこと、(C)一連の取引が独立当事者間取引と評価できる設計のもとで遂行されたこと、が当面の基準とされようか。(B)については、株式市場の下落を狙って第二段階の取引を行うという戦術があり得ることを考えると（注26）、第二段階の取引の時期については、公表された予定の時期と実際の時期との間に違いが生じても厳格に考えないことが肝要であろう。

5　算定基準日

東京地裁は、「算定基準日」について、決議に先立って本件株式交換に反対の意思を表明した時点または遅くとも株主総会における承認決議の時点であるとの株主の主張を排斥し、株式交換の効力発生日でもある株式買取日（会社法786条5項参照）をもって公正な価格の算定基準日とすべきであると述べている。

判旨のいう「算定基準日」が何を意味するかは必ずしも明らかではないが、株式買取の効力発生日と算定基準日とは無関係であることはかねてから指摘されている（注27）。そうでないなら、例えば、合併について存続会社の株主と消滅会社の株主で基準日が違ってしまうからである（会社法786条5項と同798条5項を対照）（注28）。もっとも、前述の旧カネボウ事件に関する東京地決平成21・10・19においては、「『公正な価格』は、特段の事情がない限り、吸収合併の効力が確定的に生じる吸収合併の効力発生日における清算会社の客観的価値……に基づいて算定するのが適当である」とされており、株式買取の効力発生日を株価の算定の基準日にするという発想は持たれていないようでもある。

算定基準時としては2つの時点を観念することができ、(i)組織再編がなかった場合に、当該株式がどの時点で有していたであろう価格を問題とすべきかに関する基準時（本来の意味での基準時。以下では、「算定基準時」という）と、(ii)算定基準時の価格を決定するための資料（出発点）としてどの時点の現実の株価を（適宜補正を加えつつ）情報として利用すべきかに関する基準時（以下では、「株価参照時」という）があるとの認識が共有されつつある（注29）。

東京地裁がこのような整理に依拠して「算定基準日」を論じているとするのなら、旧カネボウ事件に関する決定のように、組織再編の確定的な効力発生という事実に着目してこの日を算定基準時とすることも一案ではあろう。買取請求期間の満了時（吸収型組織再編では効力発生日の前日。会社法785条5項、797条5項）または組織再編の効力発生

日を基準とすべきとする学説（注30）と発想を同じくしており、理解が容易になる。

　もっとも、企業再編がなされなかった場合の経済状態を保証する機能が株式買取請求権に期待される場面では計画の公表後には株価（市場価格）は一連の取引の影響を受けているから、株価参照時と算定基準時とを分けて論じる（補正を行う）意味は乏しいと考えられる。

〔付記〕本稿は、財団法人日本証券奨学財団から助成を受けた研究成果の一部である。

（注1）太田洋「本件判批」商事1869号5頁（2009年）の「〔別表〕本件の経緯」のまとめが分かりよい。
（注2）日興ＣＧは平成20年5月1日、日興シティホールディングス株式会社に吸収合併され、後者がその地位を承継した。
（注3）現行法のもとでも内国会社と外国会社との間で直接的な株式交換などが一定の場合に認められるとの解釈を示すものとして、江頭憲治郎『株式会社法〔第3版〕』851～852頁（有斐閣・2009年）、中東正文『企業結合法制の理論』312頁（信山社・2008年）。
（注4）詳細については、谷川達也＝清水誠「シティグループと日興コーディアルグループによる三角株式交換等の概要〔上〕」商事1832号55頁（2008年）、谷川達也＝水島淳「同〔下〕」商事1833号19頁（2008年）を参照。
（注5）本件公開買付は、普通株式のほか、新株引受権と新株予約権をも対象としていた。
（注6）田中亘「組織再編と対価柔軟化」法教304号79頁（2006年）、相澤哲ほか編著『論点解説新・会社法』682頁（商事法務・2006年）、藤田友敬「新会社法における株式買取請求権制度」江頭憲治郎先生還暦記念『企業法の理論〔上巻〕』282頁（商事法務・2007年）、江頭・前掲（注3）798～799頁ほか参照。
（注7）中東正文「会社非訟事件の当事者主義的な運用」金判1315号1頁（2009年）。中東正文「株式買取請求権と非訟事件手続」名古屋大学法政論集223号233頁（2008年）、中東正文「非訟事件手続における手続保障――サンスター事件高裁決定への疑問――」金判1326号1頁（2009年）参照。
（注8）相澤ほか編著・前掲（注6）682頁。

（注9）田中亘「『公正な価格』とは何か」法教350号70頁注(38)。
（注10）藤田・前掲（注6）282～284頁参照。東京地決平成21・10・19金判1329号30頁〔旧カネボウの合併に関する価格決定事件〕は、株式買取請求権の制度趣旨について「株主価値が毀損されたり、合併から生じるシナジーが適正に分配されないこともあり得ることから、上記の権利を付与することにより、株主の保護を図ることとしたものである」とし、『公正な価格』は、上記の趣旨に沿って、事案に応じて、吸収合併がなければ同社株式が有すべき客観的な価値、又は、吸収合併によるシナジーを適切に反映した同社株式の客観的価値に基づいて算定するのが相当である」とする。なお、神田秀樹「株式買取請求権制度の構造」商事1879号4～7頁（2009年）は、本文で述べた2つの機能に合わせた類型化は妥当としつつも、読み手に誤解を招く可能性があるとして、「部分解散」（多数決の決定はそれとして認めた上で反対株主の退出を保障する）と「損害賠償」（多数株主の忠実義務違反に基づく損害の填補とでも表現すべきもの）という観点から株式買取請求権制度の構造を整理しようと試みており、今後の議論の深化にとって有益であろう。
（注11）太田・前掲（注1）8頁。
（注12）太田・前掲（注1）11～12頁参照。
（注13）「日興コーディアルグループの株式買取価格決定とその射程」商事1867号54頁（2009年）参照。
（注14）藤田・前掲（注6）287頁注(48)。
（注15）弥永真生「反対株主の株式買取請求権をめぐる若干の問題」商事1867号11頁（2009年）、田中亘「株式の買取・取得価格決定の意義と課題」ＭＡＲＲ2009年8月号11頁、藤田・前掲（注6）293頁、江頭・前掲（注3）768頁注(8)、田中・前掲（注6）68～71頁、神田・前掲（注10）12頁。弥永論文9～11頁は、一律に補正すべきではないとの問題意識から、価格決定が求められる状況に応じて具体的な検討を行っている。
（注16）詳しくは、藤田・前掲（注6）295～296頁参照。
（注17）証券取引法研究会編『新会社法のもとでの株式買取請求権制度』32～33頁〔江頭憲治郎、藤田友敬発言〕（日本証券経済研究所・2006年）参照。

（注18）酒巻俊雄＝龍田節編代『逐条解説会社法 第2巻 株式・1』148頁〔岡田昌浩〕（中央経済社・2008年）ほか。中東・前掲（注7）法政論集223号254頁（注8）参照。反対の立場として、江頭・前掲（注3）768頁注(8)。また、藤田・前掲（注6）295～296頁も、本文で述べた立場に対して否定的であるようでもある。葉玉匡美「略式株式交換における株式買取請求権」商事1878号46～47頁（2009年）は、公開買付と株式交換による締め出しが連続する場合には、公表前に株式を取得した株主についてと同様に公正な価格を公開買付価格と同額とすべきであるとする。

（注19）田中・前掲（注6）70頁。やや慎重に「〔株式買取請求権に〕経営者あるいは多数株主の行う経営に対するチェックの機能……に注目するなら……、〔本文で述べたような〕行動に出ることは、非効率な企業再編を抑止することにつながるとも言える」とする見解として、藤田・前掲（注6）302頁注㊲。また、神田・前掲（注10）8頁も参照。

（注20）より根本的には、立法論として、現行法で株式買取請求権による保護を受ける株主の範囲ないし場面が広すぎていないか否かが検討されるべきである。田中・前掲（注9）71頁。また、株式買取請求権の行使期間についても、現在の定め方でよいのか、再検討が必要であろう。藤田・前掲（注6）266頁参照。

（注21）強圧性について言及した論稿は多い。例えば、田中亘「ブルドックソース事件の法的検討〔下〕」商事1810号16～17頁（2007年）を参照。

（注22）井上光太郎「ＴＯＢ（公開買付け）と少数株主利益」商事1874号43頁（2009年）。同論文43頁は、「日本のＴＯＢにおいて、敵対的買収を除き、ほとんどのケースでＴＯＢが成立した理由も、日本のＴＯＢの強圧性にあると解釈可能である」とする。

（注23）葉玉・前掲（注18）39頁。裁判所が会社の主張価格よりも高い価格を決定した場合、公開買付価格や株式交換の対価の額まで著しく低廉であったとの疑義を旧株主に生じさせ、ひいては、公開買付に賛同表明した取締役や株式交換契約を締結した取締役の善管注意義務違反の責任まで問われかねない事態となっているとされる（同39頁）。そうであるのなら、取締役の行動に対する規律付けが働きつつあることが示されているといえよう。

（注24）伊藤靖史ほか『会社法』379頁〔田中亘〕（有斐閣・2009年）など。

（注25）田中亘「なぜ私は心配のし通しで防衛策を好きになれないのか」金判1290号20頁（注14）（2008年）。神田・前掲（注10）13頁参照。神田教授は本件について、「いわゆる二段階買収における第一段階での強圧性の問題に対処するために、第二段階においても、対価の額は（少なくとも）第一段階と同一価格にすべきであるといういわば政策的な判断をしたものと理解することもできる」とされる（同13頁）。

（注26）田中・前掲（注6）70頁注㊳参照。

（注27）藤田・前掲（注6）292頁。

（注28）藤田・前掲（注6）292頁。また、太田・前掲（注1）10頁参照。

（注29）藤田・前掲（注6）292～296頁、弥永・前掲（注15）9頁。

（注30）田中・前掲（注6）68頁。

Masafumi NAKAHIGASHI

■ 平成21・3・31東京地裁民事第8部決定、平成20年(ヒ)第109号（甲事件）、同第104号（乙事件）、同第111号（丙事件）各株式買取価格決定申立事件【確定】〔①事件〕
■ 平成21・3・31東京地裁民事第8部決定、平成20年(ヒ)第112号株式買取価格決定申立事件【確定】〔②事件〕

決　定〔①事件〕

＜当事者＞（編集注・一部仮名）
　甲事件及び丙事件申立人兼乙事件相手方
　　　　株式会社日興コーディアルグループ承継人
　　　　　　日興シティホールディングス株式会社
　　　　　　　　　　　　（以下「申立人」という。）
　同代表者代表取締役
　　　　　　　　　　ダグラス・エル・ピーターソン
　同代理人弁護士　　　　　　　　　　奥山健志
　同　　　　　　　　　　　　　　　　山中　修
　同　　　　　　　　　　　　　　　　渡辺邦広
　同　　　　　　　　　　　　　　　　篠原倫太郎
　同　　　　　　　　　　　　　　　　三浦亮太
　同　　　　　　　　　　　　　　　　石綿　学
　同　　　　　　　　　　　　　　　　松井秀樹
　甲事件相手方兼乙事件申立人　　　　甲野春夫
　　　　　　（以下「相手方甲野」という。）
　丙事件相手方　　　　　　　　　　　乙山夏男
　　　　　　（以下「相手方乙山」という。）

【主　文】
　株式会社日興コーディアルグループ発行に係る普通株式のうち相手方甲野が所有していた2500株及び相手方乙山が所有していた500株の各買取価格は、1株につき1700円とする。

【理　由】
第1　事案の概要
1　本件事案の概要は次のとおりである。
　相手方甲野及び相手方乙山（以下、併せて「相手方ら」という。）は、株式会社日興コーディアルグループ（以下「日興コーディアルグループ」という。）の株主であった者である。
　日興コーディアルグループは、平成19年12月19日、株主総会において、米国法人シティグループ・インク（以下「シティグループ」という。）の我が国における完全子会社であるシティグループ・ジャパン・ホールディングス株式会社（以下「ＣＪＨ」という。）に対し、日興コーディアルグループの発行済株式の全部を取得させ、その取得対価として日興コーディアルグループの株主に対してシティグループの普通株式を交付する旨の株式交換契約の承認決議を行い、同株式交換は、平成20年1月29日にその効力を生じた。

　本件は、上記株式交換契約の承認決議に反対する相手方らが、日興コーディアルグループに対し、会社法785条1項に基づき株式買取請求をし、相手方らと日興コーディアルグループとの間において株式買取価格についての協議が調わなかったことから、日興コーディアルグループ（甲事件及び丙事件）及び相手方甲野（乙事件）が、同法786条2項に基づき、相手方らの所有に係る日興コーディアルグループ株式（相手方甲野につき2500株、相手方乙山につき500株）の買取価格の決定を求めた事案（日興コーディアルグループは、平成20年5月1日、申立人に吸収合併され、申立人がその地位を承継した。）である。

2　前提事実
　一件記録及び審問の全趣旨によれば、以下の事実が認められる。
(1)　当事者等
　ア　日興コーディアルグループは、昭和19年4月1日に設立され、主として金融商品取引法に規定する金融商品取引業及びそれに付随する業務を営む会社等の株式を所有することにより、当該会社の事業活動を支配・管理することを目的とする株式会社である。日興コーディアルグループの平成20年1月29日現在における発行済株式総数は9億5474万5401株であり、資本金は2357億6061万9935円であった。なお、日興コーディアルグループは、平成20年5月1日、申立人に吸収合併され、同グループの権利義務は申立人に承継された。
（以上、甲1、審問の全趣旨）
　イ　相手方甲野は日興コーディアルグループ株式2500株を、相手方乙山は同株式500株をそれぞれ所有していた者である（以下、相手方らが所有していた日興コーディアルグループ株式を併せて「本件株式」という。）（甲7の1及び2、審問の全趣旨）。
　ウ　シティグループは、米国デラウェア州法に基づき設立された、個人及び法人顧客に金融サービスを提供する事業を傘下に収める総合金融持株会社であり、ＣＪＨは、シティグループの完全子会社で、我が国におけるシティグループの持株会社である（甲3、5の2）。

(2)　本件申立てに至る経緯
　ア　本件公開買付け等
　日興コーディアルグループは、平成19年3月6日、グループ企業の中長期の事業戦略に基づき、シティグループとの間で業務・資本提携を含む包括的戦略提携契約を締結した。
　シティグループは、上記包括的戦略提携契約に基づき、日興コーディアルグループの株式、新株引受権及び新株予約権の全ての取得を目指して公開買付けを行うこととし、シティグループの完全子会社であるシ

ティグループ・ジャパン・インベストメンツ・エルエルシーを通じて、平成19年3月15日から同年4月26日までの間、日興コーディアルグループの普通株式1株当たり1700円、新株予約権1個当たり1円等の買付価格により、日興コーディアルグループの普通株式、新株引受権及び新株予約権を対象として公開買付け（以下「本件公開買付け」という。）を実施した。

本件公開買付けの結果、シティグループの日興コーディアルグループに対する所有株券等に係る議決権の数は、総株主の議決権数192万2664個中117万7396個（議決権割合約61.24パーセント）となった。

シティグループは、平成19年3月14日付けの「株式会社日興コーディアルグループ株式に対する公開買付けの開始に関するお知らせ」と題するプレスリリースで、シティグループは、上記包括的戦略提携契約の一環として、日興コーディアルグループの株式及び新株予約権の全ての取得を目指して本件公開買付けを行うことを合意していると発表した。また、シティグループは、同年4月27日付けの「株式会社日興コーディアルグループ株式等に対する公開買付けの結果に関するお知らせ」と題するプレスリリースで、シティグループは、日興コーディアルグループの発行済株式の全部を取得することはできなかったが、本件公開買付け等の成立後に日興コーディアルグループ株式の所有割合を増加させる可能性について、日興コーディアルグループをシティグループ又は同社の関連会社の完全子会社とすることを含めて検討中であると発表した。

なお、シティグループは、本件公開買付けの後も日興コーディアルグループ株式を買い増し、平成19年10月2日時点において、ＣＪＨを通じて、日興コーディアルグループの発行済株式総数の約67.2パーセント（議決権割合約68パーセント）を保有するに至った。

（以上、甲2、5の1、同45の1及び2）

イ　本件基本契約の締結及び発表

日興コーディアルグループは、平成19年8月31日、シティグループから、同社の普通株式を対価として日興コーディアルグループをＣＪＨの完全子会社とする株式交換の提案を受けた。これを受けて、日興コーディアルグループは、平成19年10月2日、取締役会において、ＣＪＨ及びシティグループとの間で、シティグループの普通株式を対価として、日興コーディアルグループをＣＪＨの完全子会社とする株式交換（以下「本件株式交換」という。）についての基本契約（以下「本件基本契約」という。）を締結することを決議し、その旨のプレスリリースを出し、同日、ＣＪＨ及びシティグループとの間で本件基本契約を締結した。

上記プレスリリースにおいて、日興コーディアルグループは、本件基本契約に基づき本件株式交換が実施された場合には、同社株式が株式会社東京証券取引所（以下「東証」という。）、株式会社大阪証券取引所（以下「大証」という。）及び株式会社名古屋証券取引所（以下「名証」という。）において上場廃止となる予定であること、平成19年10月末日までに本件株式交換の内容を確定して、株式交換契約を締結し、同年12月に本件株式交換の承認のための日興コーディアルグループの臨時株主総会を開催し、本件株式交換の効力発生日（以下「本件効力発生日」という。）を平成20年1月中とする予定であることを発表し、本件株式交換の株式交換比率について、以下の内容を明らかにした。

すなわち、本件株式交換に際して、ＣＪＨは、日興コーディアルグループの株主（ただし、ＣＪＨを除く。）に対し、下記の方法により算定される数のシティグループの普通株式を交付する予定である（以下、下記の算式を「本件算式」という。）。

記

交換株式数＝1700円／（シティグループの普通株式の平均株価×為替相場）

「シティグループの普通株式の平均株価」とは、株式交換契約において定められる、シティグループの普通株式の価値を評価するための一定の期間中における各取引日の、ニューヨーク証券取引所におけるシティグループの普通株式1株当たりの取引高加重平均価格の平均値をいう。ただし、当該平均値が58.00米ドルを超えた場合には58.00米ドル、37.00米ドルを下回った場合には37.00米ドルとし、また、当該平均値が26.00米ドルを下回った場合には、日興コーディアルグループから株式交換契約を解除することができる。

なお、本件において、上記のような交換比率の算定方式は、「変動幅限定付変動制交換比率方式」と呼ばれていた。

（以上、甲2、29の1）

ウ　本件原契約の締結及び発表

日興コーディアルグループは、平成19年10月31日、取締役会において、本件基本契約に基づき、ＣＪＨとの間で、本件株式交換に係る株式交換契約（以下「本件原契約」という。）を締結することを決議し、同日、ＣＪＨとの間で本件原契約を締結し、その旨のプレスリリースを出した。

上記プレスリリースにおいて、日興コーディアルグループは、本件株式交換に関して、上記イの発表内容に加え、株式交換の今後の日程について、本件株式交換の承認決議をする株主総会の開催日を平成19年12月19日、本件効力発生日を平成20年1月29日とする予定であることを発表し、本件株式交換の株式交換比率について、以下の内容を明らかにした。

すなわち、本件算式（交換株式数＝1700円／（シティグループの普通株式の平均株価×為替相場））において、「シティグループの普通株式の平均株価」とは、ニューヨーク証券取引所における株式価値評価期

間（米国東部標準時における平成20年１月15日から同月17日までの期間）中の各取引日のシティグループの普通株式１株当たりの取引高加重平均価格の平均値をいう。

「為替相場」とは、株式会社三菱東京ＵＦＪ銀行公表の１米ドル当たりの円の金額として表示される、平成20年１月15日から同月17日までの各営業日における、日本時間午前11時00分現在の、東京外国為替市場における米ドル／円対顧客電信売相場及び米ドル／円対顧客電信買相場の仲値の平均値をいう。
（以上、甲３）

エ　本件株式交換契約の締結及び発表

その後、ニューヨーク証券取引所におけるシティグループの株価が大幅に下落したのを受けて、日興コーディアルグループは、本件原契約に定められた本件株式交換の条件変更についてＣＪＨとの間で協議及び交渉を行い、平成19年11月14日、取締役会において、本件原契約を変更する株式交換契約（以下「本件株式交換契約」という。）を締結することを決議し、同日、ＣＪＨとの間で本件株式交換契約を締結し、その旨のプレスリリースを出した。

上記プレスリリースにおいて、日興コーディアルグループは、①ＣＪＨが本件株式交換において日興コーディアルグループの株主（ただし、ＣＪＨを除く。）に対して交付するシティグループの普通株式の数を算出するに際して、シティグループの平均株価が58.00米ドルを超えた場合には同平均株価を58.00米ドルとし、37.00米ドルを下回った場合には37.00米ドルとする旨、及びシティグループの平均株価が26.00米ドルを下回った場合には日興コーディアルグループから本件原契約を解除することができる旨の本件原契約の規定を廃止したこと、②シティグループの平均株価が22.00米ドルを下回った場合、本件株式交換契約は平成20年１月22日をもって当然にその効力を失うものとすること、③株式交換の日程、交換比率の算出方法については、本件原契約から特段の変更がないことを発表した。
（以上、甲４）

オ　株式交換比率の算定等

日興コーディアルグループは、平成20年１月18日付けの「株式交換比率算定結果のお知らせ」と題するプレスリリースにおいて、本件株式交換契約における株式交換比率が、日興コーディアルグループ１対シティグループ0.602となり、日興コーディアルグループの普通株式１株に対し、ＣＪＨが保有するシティグループの普通株式0.602株を割り当てることになったと発表した（甲26）。

カ　本件臨時株主総会における決議

日興コーディアルグループは、平成19年12月19日、臨時株主総会（以下「本件臨時株主総会」という。）を開催し、本件株式交換契約が賛成多数により承認可決された（以下、本件株式交換契約を承認可決した決議を「本件決議」という。）。

本件臨時株主総会開催時において議決権を行使することができる日興コーディアルグループの株主数は１万7861名、その議決権数は193万1205個、また、本件臨時株主総会における出席株主数は4015名（ただし、書面又は電磁的方法により議決権を行使した株主の数を含む。）、その議決権数は164万4880個であったところ、本件株式交換契約の承認決議に反対したのは、株主数にして410名（議決権を行使することができる株主数の約2.30パーセント、出席株主数の約10.21パーセント）、議決件数13万0380個（議決権を行使することができる議決権数の約6.75パーセント、出席株主の議決権数の約7.93パーセント）であった。
（以上、甲11）

キ　日興コーディアルグループ株式の上場廃止

日興コーディアルグループ株式は、平成20年１月23日、東証、大証及び名証において、上場廃止となった（甲２、３、審問の全趣旨）。

ク　本件株式交換契約の効力発生

本件株式交換契約は、平成20年１月29日、その効力を生じた（甲５の１、審問の全趣旨）。

ケ　相手方らによる本件株式交換に対する反対の意思表示と本件申立て

相手方らは、本件臨時株主総会に先立ち、日興コーディアルグループに対し、本件株式交換に反対する旨を通知し、かつ、本件臨時株主総会において本件決議に反対した。

相手方らは、それぞれ、平成20年１月22日、日興コーディアルグループに対し、会社法785条１項に基づき、本件株式を買い取るよう請求した。

日興コーディアルグループと相手方らは、本件株式の買取請求に係る価格の決定について協議を行ったが協議が調わず、相手方甲野は平成20年３月26日に（乙事件）、日興コーディアルグループは同月27日に（甲事件及び丙事件）、当庁に対し、株式買取価格決定の申立てをした。

なお、日興コーディアルグループは、相手方らに対し、平成20年２月20日付け各書面をもって、本件株式を１株当たり1650円（本件株式交換契約の締結日の翌日である平成19年11月15日から日興コーディアルグループ株式の最終市場取引日である平成20年１月22日までの間の東証における各取引日の日興コーディアルグループ株式１株当たりの取引高加重平均価格の平均値と同額）で買い取る旨の提示をしている。
（以上、甲７及び８の各１、２、同９の１及び２の１ないし３、審問の全趣旨）

(3)　本件株式交換における株式交換比率の算定

ア　特別委員会の設置等

日興コーディアルグループは、前記(2)イのとおり平成19年8月31日にシティグループから本件株式交換の提案を受け、同年9月5日開催の取締役会において、同社の社外取締役4名から構成される特別委員会（以下「特別委員会」という。）を設置することを決議し、特別委員会に対し、①本件株式交換により日興コーディアルグループの企業価値が向上するか（株式交換を行う合理性の存否）、②公正な手続を通じて日興コーディアルグループの株主利益への配慮がされているか、③本件株式交換のストラクチャー（手続・税等）は適切かの3点について諮問した。

特別委員会は、フィナンシャル・アドバイザーとしてGCA株式会社（以下「GCA」という。）及びGreenhill & Co., LLC（以下「グリーンヒル」という。）を指名したほか、法務アドバイザー、税務アドバイザー等から説明及び報告を受けた。その結果、特別委員会は、平成19年10月2日、日興コーディアルグループの取締役会に対し、①本件株式交換により日興コーディアルグループの企業価値が維持・向上すると判断することには合理性が認められること、②本件基本契約に基づく本件株式交換の条件は、全体として公正な手続を通じて日興コーディアルグループの株主利益に配慮されていること、③本件基本契約の締結・公表後に税務上・株式実務上の問題について確認した上で株式交換契約を締結するというストラクチャーは適切であることを内容とする答申書を提出した。

なお、特別委員会は、上記答申書において、「公開買付け後に完全子会社化（スクイーズアウト）を行う場合の価格は、特段の事情がない限り、公開買付価格と同一価格を基準にすべきであるとの見解が有力であるところ、1700円という評価額は、シティグループが日興コーディアルグループの株式等を対象として平成19年3月から4月にかけて実施した本件公開買付けにおける公開買付価格と同額であり、かかる見解に照らしても株主利益に配慮したものであると言える」としている。

（以上、甲5の1、同28、30の1及び2）

　イ　第三者算定機関の算定等

日興コーディアルグループは、特別委員会による上記指名に基づき、本件株式交換における株価の算定、本件株式交換の条件及び内容、その他本件基本契約に基づく取引について助言を求めると共に、同社の普通株式の公正価格を算出した上で、本件株式交換により同社の株主に交付される対価が公正であることの意見を求めるために、同社のフィナンシャル・アドバイザー兼第三者算定機関として、GCA及びグリーンヒルを選定した。

GCAは、平成19年10月2日、日興コーディアルグループの取締役会に対し、本件基本契約に定められた条件の下における日興コーディアルグループの普通株式の対価は、財務上の観点から見て公正である旨の同日付け意見書を提出した。

上記意見書に関連して、GCA及びグリーンヒルは、平成19年10月2日付け報告書を作成しているが、同報告書は、①日興コーディアルグループの普通株式の公正価格について、複数の評価方法により算出した参考株価の範囲は、類似会社比較法では890円ないし1424円、過去取引事例分析では1246円ないし1734円、サム・オブ・ザ・パーツ法では829円ないし1720円であり、②本件株式交換における株式交換比率の算定の際の日興コーディアルグループ株式の基準価格である1株当たり1700円は、本件公開買付の公開買付価格と同額であるとともに、同月1日（本件基本契約の締結及び発表日の前日）の日興コーディアルグループの株価の終値である1445円に約17.6パーセントのプレミアムを上乗せした価格であり、かつ、平成18年12月18日（日興コーディアルグループに関連する不正会計処理問題が報道された日の翌営業日）から平成19年10月1日までの日興コーディアルグループの株価の終値平均1513円に約12.4パーセントのプレミアムを、また、同年3月6日（日興コーディアルグループとシティグループとの包括的戦略提携契約の締結及び発表日）から同年10月1日までの終値平均1600円に約6.2パーセントのプレミアムをそれぞれ上乗せした価格）であると報告している。

なお、GCAは、シティグループとの交渉において、①シティグループが日興コーディアルグループの株式、新株引受権及び新株予約権の全ての取得を目指して本件公開買付けを行い、本件公開買付けの当初から日興コーディアルグループの完全子会社化に言及していたこと、②シティグループによる日興コーディアルグループ株式を対象とする本件公開買付け、その後の市場での買い増し及び本件株式交換がそれぞれ時間的に近接していること、③シティグループは、本件公開買付けによっては特別決議が可能な数の日興コーディアルグループ株式を集めることができなかったものの、その後、同株式を買い進め、特別決議が可能な数の株式保有を達成したところで同株式の買い増しを止めて本件株式交換を提案していることからすると、本件公開買付けから本件株式交換までが客観的に一連の行為であったと見られる可能性があるとして、市場の状況如何にかかわらず、本件株式交換における株式交換比率の算定の際の日興コーディアルグループ株式の基準価格を本件公開買付けの公開買付価格と同額以上とすべきことを主張していた。

（以上、甲5の1、同19の1及び2、同29の16）

　ウ　本件基本契約の締結等

日興コーディアルグループは、平成19年10月2日、取締役会において、特別委員会の答申（上記ア）、フィナンシャル・アドバイザーであるGCA及びグ

リーンヒルの意見（上記イ）、その他法務アドバイザーの助言等を踏まえ、本件株式交換の株式交換比率の算定の際の日興コーディアルグループ株式の基準価格を1株当たり1700円とすることを含め、本件基本契約に定められた条件による対価が妥当であると判断して、本件基本契約を締結することを決議し、同日、シティグループ及びCJHとの間で本件基本契約を締結し、更に、同月31日、本件基本契約に基づき、CJHとの間で本件原契約を締結した。

その後、シティグループの株価の下落という事態が生じたが、日興コーディアルグループは、本件原契約を変更する旨の本件株式交換契約を締結することは合理的である旨の特別委員会の答申、GCA及びグリーンヒル並びに法務アドバイザーの助言等を踏まえ、平成19年11月14日、CJHとの間で本件株式交換契約を締結した。

（以上、甲2ないし4、5の1、同31）

(4) 日興コーディアルグループの株価の推移

日興コーディアルグループの東証、大証及び名証における株価（出来高加重平均）及び出来高は、平成17年4月1日以降、別紙株価一覧表のとおり推移した。すなわち、日興コーディアルグループ株価（出来高加重平均）は、平成19年8月14日から同年10月2日までの間は、1404円から1488円までの間で推移していたが、本件基本契約の締結及び発表日の翌日である同月3日以降（ただし、同年11月2日から同月14日までの間を除く。）は、概ね1633円から1679円までの間で推移していた。

（以上、甲27）

3　争点

相手方らの所有していた本件株式の公正な買取価格は1株当たりいくらか。

4　当事者の主張

【申立人の主張】

本件株式買取請求における買取価格である「公正な価格」は、1株当たり1268円を上回ることはない。その理由は、以下のとおりである。

(1) 反対株主の株式買取請求における「公正な価格」

株式交換の際の反対株主の株式買取請求における「公正な価格」とは、株式買取請求の効力発生時（会社法786条5項）である株式交換の効力発生日（本件株式交換については平成20年1月29日）における対象株式の価格をいう。そうだとすると、本件株式交換の交換条件を決定した時点以降に、本件株式の客観的価値が下落していた場合には、本件株式の「公正な価格」もその下落した額を反映させて算定するのが理論的である。

株価インデックス分析は、株式交換発表直前の市場価格を、その後の市場全体・業種全体の動向及び当該会社の決算状況等、株価に変動を及ぼす要素を踏まえ、回帰分析的手法を用いて修正するものである。そうだとすると、本件株式の「公正な価格」を算出するに当たっては、株価インデックス分析により算出された客観的価値の下落分を反映させるべきである。

株式買取請求権における買取価格の基準時を本件効力発生日としながら、株主の買取価格の下限を、本件株式交換の交換条件決定日（平成19年10月2日）における本件株式の「公正な価格」に確定してしまうとすると、株主は、本件株式交換に反対することにより、事実上、本件株式交換の交換条件決定日以降には本件株式の価値下落リスクを負うことなく、本件効力発生日における本件株式の価値上昇の利益のみを享受するプットオプションを有することになり、株主に不当に投機の機会を与え、相当ではない。

(2) 本件効力発生日における本件株式の客観的価値

一般に、上場株式については、市場株価が株式の客観的価値を適正に表しているとされるが、本件株式は、本件効力発生日である平成20年1月29日には既に上場廃止となっていたため、本件株式の市場株価に直接基づいて客観的価値を算出することはできない。

そこで、問題は、いかなる期間の市場株価をもって本件株式の客観的価値というのが相当かという点である。平成19年10月2日に本件基本契約締結が発表されてから平成20年1月18日に本件株式交換の交換比率が確定するまでの間の市場価格をもって本件株式の客観的価値とすることは相当ではない。なぜなら、当該期間は、本件株式交換において日興コーディアルグループ株式の1株当たりの価格1700円をシティグループ株式の一定期間の平均株価で除した数をもって、日興コーディアルグループ株式と交換に交付されるシティグループ株式の数とするものとされており、日興コーディアルグループ株式の市場株価はそのような株式交換が予定されていることによる影響を強く受けているからである。また、平成20年1月18日に本件株式交換の交換比率が確定してから同月23日に日興コーディアルグループ株式が上場廃止となるまでの間も、3営業日という短い期間であり、当該期間の市場株価をもって本件株式の客観的価値と言うことは困難である。

本件基本契約の締結及び発表日である平成19年10月2日以前の市場株価については、平成18年12月15日に日興コーディアルグループの会計処理問題に関する報道がされた後、日興コーディアルグループ株式の市場株価は乱高下したものの、遅くとも本件基本契約の締結及び発表日である平成19年10月2日においてはそのような市場株価の乱高下も沈静化していることに照らすと、同日における日興コーディアルグループ株式の市場株価（1459円）が同日時点の本件株式の客観的価値を反映していたものと考えられる。

日興コーディアルグループのような総合証券会社の

市場株価には、市場全体の株価の動向と連動する特性があることからすると、本件株式の客観的価値も市場全体の株価の動向と連動して変動していたと考えるのが合理的である。本件基本契約の締結及び発表日である平成19年10月2日以降、本件効力発生日である平成20年1月29日までの間において、市場全体の株価が大幅に下落していたことからすると、本件株式の客観的価値も、本件基本契約の締結及び発表日から本件効力発生日までの間に大幅に下落していたと考えるのが合理的である。本件効力発生日における本件株式の客観的価値について、平成19年10月2日時点の市場株価を起点とした株価インデックス分析により算定した結果は、1027円ないし1088円となり、本件効力発生日における本件株式の客観的価値は、1088円を上回ることはない。

(3) 本件株式の「公正な価格」

本件株式の客観的価値は、本件基本契約の締結及び発表日である平成19年10月2日から本件効力発生日である平成20年1月29日までの間に、1459円から1027円ないし1088円まで下落しており、最も小さい下落幅によっても、本件株式の客観的価値は約25.42パーセント減少していることになる。

本件株式交換においては、日興コーディアルグループ株式の1株当たりの価格1700円をシティグループ株式の一定期間の平均株価で除した数のシティグループ株式をもって、日興コーディアルグループ株式と交換に交付される対価とするものとされている。このことに加え、本件株式交換は少数株主の利益に配慮した公正な手続を通じて行われたものであること、本件株式交換の交換条件について独立した複数の鑑定機関からフェアネスオピニオンが提出されていること、十分な情報開示の下で本件株式交換について大多数の少数株主の賛成が得られていることなどを考慮すると、本件株式交換の条件決定日である平成19年10月2日においては、株式交換比率の算定の際の日興コーディアルグループ株式の基準価格を1株当たり1700円とした本件株式交換の条件は少数株主の利益に最大限配慮した公正なものであったというべきである。

そうだとすると、平成19年10月2日当時において日興コーディアルグループ株式の「公正な価格」であった1700円から同株式の客観的価値の減少分である約25.42パーセントを減じた1268円が、本件株式の「公正な価格」の最大値となる。

(4) 相手方甲野の主張に対する反論

平成19年3月15日から同年4月26日にかけてシティグループにより本件公開買付けが行われたことは事実であるが、本件株式交換により日興コーディアルグループを完全子会社化することはその時点では決定されていない。本件株式交換は、シティグループによる本件公開買付け後の新たな意思決定に基づいて行われたものであり、本件公開買付けと本件株式交換とは別個の意思決定に基づく独立した行為であって、いわゆる二段階買収には該当しない。したがって、いわゆる二段階買収について指摘される強圧性の問題は本件においては認められない。

【相手方甲野の主張】

(1) 本件株式の「公正な価格」は1株当たり2840.29円である。

(2) 本件株式は、上場株式であり、証券取引所の株価が存在するので、本件株式の「公正な価格」は、証券取引所の株価を基準に算定した価格に、コントロールプレミアムとシナジー価値を加算することにより求めるべきである。

ア 証券取引所の株価を基準に算定した価格

平成18年3月16日、参議院財政金融委員会で日興コーディアルグループの粉飾決算の問題が取り上げられた。当時の金融担当大臣は、日興コーディアルグループの決算を改めて調査する考えを表明したため、同社の株価は下落し、同年12月18日、日興コーディアルグループ株式は東証の監理ポストに移された。

東証は、平成19年3月12日、日興コーディアルグループ株式の上場維持を決定したものの、処分は明らかにしなかった。自由民主党の金融調査会等合同委員会が、同月15日、「中間的な措置として東京証券取引所としての課徴金を検討する」との考えを示したことにより、日興コーディアルグループ株式の株価は徐々に元のレベル近くに戻った。その後、買収者による1400円での買収説が流布されたものの、買収価格が1700円に引き上げられて、株価もこれに収束していった。

上記の経緯を考慮すると、流動性リスクにさらされている期間の株価は採用すべきでない。また、上場維持が決定された後の株価も、買収者による株式交換によって再度流動性が失われるリスクにさらされていたこと、買収価格を巡る情報に株価が左右されていたことに照らすと、採用すべきでない。

そうだとすると、直近で、日興コーディアルグループの価値を最も反映しているのは、平成18年3月16日の参議院財政金融委員会の審議日の前1か月間の平均株価1797.65円となる。

イ プレミアム

本件は、少数株主を追い出すスクイーズアウトを伴うものであり、本件の買収者であるシティグループは元々日興コーディアルグループの大株主であり、取締役等を派遣して経営権を握っていたのであって、買収者サイドとの利益相反の面でも、少数株主との情報格差不均衡の面でも、MBO（マネージメント・バイアウト）に類比すべき事例である。

平成20年9月27日付け日本経済新聞によれば、スクイーズアウトを伴うMBOの場合には、同月20日まで

の11件のプレミアムの平均値は58パーセントであり、本件株式交換が効力を発生した同年1月29日当時の妥当なプレミアムを上記ＭＢＯの場合の平均値58パーセントで計算すると、1797.65円×1.58≒2840.29円となる。

よって、本件株式の「公正な価格」は、1株当たり2840.29円とすべきである。

(3) なお、公開買付を先行させたいわゆる二段階買収の手段として株式交換を行う場合には、このような買収経緯を考慮し、買付者が支配プレミアムを取得したため株価が下落しても「公正な価格」はその公開買付価格を下回ることはないというべきである。

したがって、公開買付を先行させたいわゆる二段階買収の手段として株式交換が行われたケースである本件においては、先行する公開買付価格が1700円であることからすると、本件株式の「公正な価格」は1株当たり1700円を下回らない。

【相手方乙山の主張】

(1) 本件株式の「公正な価格」は、1株当たり2600円、少なくとも1株当たり2500円である。

(2) 本件において、「公正な価格」を考える場合、日興コーディアルグループの水増し決算事件の経緯を考慮せずして公正を期することはできない。

市場での株価を見るに当たっては、平成19年10月2日では遅すぎるのであって、平成17年8月25日に始まる日興コーディアルグループの株式併合の前後の時期及びその後の株価の推移、平成18年12月の日興コーディアルグループの水増し決算発覚の前後の時期及びその後の株価の推移などに注目して、日興コーディアルグループの株価の動きを追うべきである。

第2 当裁判所の判断

1 本件株式買取価格決定の申立ての適法性

前記前提事実(1)イ及び(2)ケによれば、相手方甲野及び申立人の本件株式の買取価格決定の申立てはいずれも適法にされたものと認められる。

2 本件における株式買取価格の算定

(1) 買取価格の判断基準

会社法785条1項は、株式交換に反対する株式交換完全子会社の株主は、株式交換完全子会社に対し、自己の有する株式を「公正な価格」で買い取ることを請求することができることを定めている。ところで、株式買取請求権は、組織再編等により会社の基礎に変更が生ずる場合において、当該組織再編に反対する株主が、会社に対し自己の有する株式を公正な価格で買い取ることを請求することにより、投下資本の回収を図る権利であることに照らすと、株式買取請求の前提となる組織再編の条件は、当該組織再編から生ずる相乗効果（シナジー）が当該組織再編の当事会社間において適正に分配されることも含めて公正に定められる必要があり、株式買取請求に係る「公正な価格」も上記相乗効果（シナジー）を適正に反映したものである必要があるというべきである。

そして、裁判所による価格の決定は、客観的に定まっている過去の株価を確認するのではなく、新たに公正な価格を形成するものであって、価格決定に当たり考慮すべき要素は極めて複雑多岐にわたらざるを得ないが、会社法785条1項が買取価格の判断基準について格別規定していないことからすると、法は、価格決定を裁判所の裁量に委ねているものと解するのが相当である（最高裁判所第一小法廷昭和48年3月1日決定・民集27巻2号161頁参照）。

上記の観点に立って、以下、本件株式の「公正な価格」について検討する。

(2) 本件における「公正な価格」

ア 株式交換の前に、その前提として、株式交換完全子会社となる会社の株式について公開買付けが行われた場合において、当該公開買付けにおける株式の公開買付価格と、当該株式交換における株式交換比率の算定の際の株式交換完全子会社株式の基準価格が同じ価格とされている場合には、当該価格は、その効力発生時において当該株式交換から生ずる相乗効果（シナジー）を織り込んだものとして設定されたものと推認するのが相当である。

そうだとすると、当該公開買付けが実施され、当該株式交換における株式交換比率算定の際の株式交換完全子会社株式の基準価格が決定された後に、株式交換完全子会社の株価が下落したとしても、当該株式交換に反対する同社の株主がした株式買取請求に基づく株式買取価格決定の際の「公正な価格」は、原則として、当該公開買付価格及び当該基準価格を下回ることはないと解するのが相当である。

イ これを本件についてみるに、本件公開買付けが実施されたのは平成19年3月15日から同年4月26日までの間であり、本件基本契約が締結され発表されたのは同年10月2日であって、本件公開買付けの終了時から本件基本契約の締結及び発表までに約5か月の期間が経過していることが認められる（前記前提事実(2)ア、イ）。

しかし、他方、本件においては、①シティグループは、本件公開買付けに先立ち、日興コーディアルグループ株式を全て取得することを目指し、その旨を発表して、同株式1株当たり1700円の公開買付価格で本件公開買付けを行っていること、②シティグループは、本件公開買付けにより、日興コーディアルグループ株式を議決権割合で約61.24パーセント取得し、さらに、プレスリリースを通じて、同株式の所有割合を増加させる可能性について、日興コーディアルグループをシティグループ又は同社の関連会社の完全子会社とすることを含めて検討中であると発表していること、③シティグループは、本件公開買付け後も、同社

の完全子会社を通じて、日興コーディアルグループ株式を買い増しており、平成19年10月2日の本件基本契約の締結及び発表時においては、同株式の発行済株式総数の約67.2パーセント（議決権割合約68パーセント）を保有するに至っていたこと、④本件株式交換における株式交換比率の算定の際の日興コーディアルグループ株式の基準価格は、本件公開買付けにおける公開買付価格が1株当たり1700円であったことを考慮して決定されていたことが認められる（前記前提事実(2)アないしオ）。

上記事実に照らすと、本件公開買付け実施と本件株式交換発表との間は5か月あるものの、シティグループは本件公開買付け実施時から一貫して日興コーディアルグループ株式の全てを取得することを株主等に明らかにし、そのとおりに行動しているのであって、これらの事実経過に照らすと、本件公開買付け及び本件株式交換はいわば一連のものと見ることができ、本件公開買付けは、本件株式交換の前にその前提として行われたものということができる。

ウ そして、上記イのとおり、本件株式交換における株式交換比率算定の際の日興コーディアルグループ株式の基準価格は、本件公開買付けの公開買付価格と同額である1株当たり1700円とされているところ、①本件株式交換における株式交換比率算定の際の基準価格である日興コーディアルグループ1株当たり1700円という価格は、第三者算定機関が、本件公開買付けにおける公開買付価格、過去の日興コーディアルグループ株式の平均株価にプレミアムを上乗せした価格、並びに類似会社比較法、過去取引事例分析及びサム・オブ・ザ・パーツ法等の複数の評価方法により算定した価格を踏まえ、日興コーディアルグループとシティグループとの交渉を経て決定された価格であること（前記前提事実(3)イ、ウ）、②日興コーディアルグループ株式の基準価格を1株当たり1700円とする株式交換比率の算定方式を含む本件株式交換の条件については、本件株式交換契約締結に当たって設置された特別委員会の答申書において合理的であるとされ、また、第三者算定機関の意見書において財務上の観点から見て公正であるとされていること（前記前提事実(3)ア、イ）、③本件臨時株主総会において、株式交換比率算定の際の日興コーディアルグループ株式の基準価格を1株当たり1700円とする本件株式交換契約が賛成多数により承認可決され、これに反対した株主数及び議決権数は少数にとどまったこと（前記前提事実(2)カ）に照らすと、本件株式交換における株式交換比率の算定の際の日興コーディアルグループ株式の基準価格を本件公開買付けの公開買付価格と同額である1株当たり1700円としたことには、合理性があると認めるのが相当である。

エ 小括

以上によれば、客観的な事実経過から本件公開買付けは本件株式交換の前提として行われたものと認められ、かつ、本件株式交換における株式交換比率算定の際の日興コーディアルグループ株式の基準価格を本件公開買付けの公開買付価格と同額である1株当たり1700円としたことに合理性が認められる本件にあっては、本件株式の「公正な価格」は、本件効力発生日において本件株式交換から生ずる相乗効果（シナジー）を織り込んだものとして設定されたものと推認される1株当たり1700円とするのが相当である。

(3) 申立人の主張について

ア 申立人は、株式買取請求権の買取価格が本件効力発生日における本件株式の「公正な価格」である以上、本件株式交換の交換条件を決定した時点以降に、本件株式の客観的価値が下落していた場合には、「公正な価格」を算定するに当たっては、下落額を反映させるべきであり、株式買取請求権における買取価格の基準時を本件効力発生日としながら、株主の買取価格の下限を、本件株式交換の交換条件決定日（平成19年10月2日）における本件株式の「公正な価格」に確定してしまうとすると、株主は、本件株式交換に反対することにより、事実上、本件株式交換の交換条件決定日以降には本件株式の価値下落リスクを負うことなく、本件効力発生日における本件株式の価値上昇の利益のみを享受するプットオプションを有することになり、株主に不当に投機の利益を与えることになって相当ではないと主張する。

しかし、前記前提事実(2)ウないしオ、審問の全趣旨によれば、本件においては、概ね本件効力発生日の14日前ないし12日前の期間である平成20年1月15日から同月17日まで（米国東部標準時）の間のシティグループの普通株式の平均株価に対して、日興コーディアルグループ株式1株当たりの基準価格を1700円として本件株式交換の株式交換比率が算定されており、日興コーディアルグループにおいても、本件効力発生日に近接する時期において日興コーディアルグループ株式1株当たりの価格を1700円とすることを前提としていたことが認められる。しかも、疎明資料（甲29の8）によれば、日興コーディアルグループのフィナンシャル・アドバイザー兼第三者算定機関であるグリーンヒルは、平成19年9月21日付け「特別委員会に対するプレゼンテーション」において、「取引の対価が現金でない場合は、公開買付けの場合と類似の価額を提供するために価額の確実性も重要であり、特定の取引過程の一部として株式交換の効力発生日に可能な限り近い時点で算定される変動制交換比率が、株式交換において株主に対して類似の価額を提供するために最良の方式であると考える」旨指摘していることも踏まえて上記の判断をしたものであると認められる。

前記(2)のとおり、本件株式交換は本件公開買付けを

前提として行われたものと認められ、また、上記事実のとおり、日興コーディアルグループにおいても本件効力発生日に近接する時期において本件株式1株当たりの価格を1700円とすることを前提としていたものと認められるのであって、そうすると、日興コーディアルグループの株主であった相手方らが本件基本契約が締結され発表された後に本件株式交換が行われることを知ってことさらに本件株式を買い集めたものであるなどの事情が認められない本件においては、本件株式交換に反対する相手方らがした株式買取請求に基づく株式買取価格決定における「公正な価格」の算定に当たって、日興コーディアルグループの株主であった者である相手方らに、本件基本契約の締結及び発表日（平成19年10月2日）以降の日興コーディアルグループ株式の価格下落リスクを負わせることは相当でないというべきである。

以上によれば、申立人の上記主張は採用することができない。

イ　また、申立人は、平成19年3月15日から同年4月26日にかけてシティグループにより本件公開買付けが行われたことは事実であるが、本件株式交換により日興コーディアルグループを完全子会社化することはその時点では決定されておらず、本件株式交換はシティグループによる本件公開買付け後の新たな意思決定に基づいて行われたものであり、本件公開買付けと本件株式交換とは別個の意思決定に基づく独立した行為であって、いわゆる二段階買収には該当しないのであるから、いわゆる二段階買収について指摘される強圧性の問題は本件においては認められないと主張する。

しかし、申立人の主張は、前記前提事実(2)アに反しており採用することができない。のみならず、株式交換完全子会社となる会社の株式について行われた公開買付けを前提として株式交換が行われたものと認められる場合に、当該株式交換に反対する株式交換完全子会社の株主がした株式買取請求に基づく株式買取価格が、当該公開買付けの公開買付価格及び当該株式交換における株式交換比率の算定の際の株式交換完全子会社株式の基準価格より低い価格とされることになると、公開買付けの対象会社かつ株式交換の株式交換完全子会社の株主においては、たとえ、当該公開買付価格及び当該基準価格が、当該会社の客観的な株式価値よりも低い価格であると考える場合であっても、当該公開買付けや当該株式交換に応じるように強いられるおそれが生じ、いわゆる二段階買収について指摘される強圧性の問題が生じることになって、相当でないというべきである。

以上によれば、申立人の上記主張は採用することができない。

(4)　相手方らの主張について

ア　相手方甲野は、「公正な価格」は、平成18年3月16日の参議院財政金融委員会の審議日の前1か月間の平均株価1797.65円に58パーセントのプレミアムを加えた額である2840.29円であると主張する。

しかし、平成18年3月16日の前1か月間の平均株価を基礎とすべきとする点については、本件効力発生日である平成20年1月29日より2年近く前の市場株価を基礎とするものであって相当性を欠き、また、プレミアムを58パーセントとする点についても、そのプレミアムの数値が相当であると認めるに足りる疎明資料は提出されていない。

以上によれば、相手方甲野の上記主張は採用することができない。

イ　相手方乙山は、平成17年8月25日に始まる日興コーディアルグループ株式の株式併合の前後の時期及びその後の株価の推移、平成18年12月の日興コーディアルグループの水増し決算発覚の前後の時期及びその後の株価の推移などに注目して、日興コーディアルグループ株式の市場株価の動きを追うべきであると主張し、本件株式の「公正な価格」は、1株当たり2600円、少なくとも1株当たり2500円であると主張する。

しかし、相手方乙山が考慮すべきとする市場株価は、本件効力発生日である平成20年1月29日の1年以上前の市場株価であって、本件効力発生日における日興コーディアルグループ株式の価値を反映しているものとは認められず、この判断を覆すに足りる疎明資料は提出されていない。

以上によれば、相手方乙山の上記主張は採用することはできない。

(5)　上記(2)アで説示した、株式交換の前に、その前提として、株式交換完全子会社となる会社の株式について公開買付けが行われた場合において、当該公開買付けにおける株式の公開買付価格と、当該株式交換における株式交換比率の算定の際の株式交換完全子会社株式の基準価格が同じ価格とされている場合には、当該株式交換に反対する同社の株主がした株式買取請求に基づく株式買取価格決定の際の「公正な価格」は、原則として、当該公開買付価格及び当該基準価格を下回ることはないと解することは、当然のことながら、それを超える価格が「公正な価格」であると認められる場合に、その価格をもって「公正な価格」とすることを決して否定するものではない。

しかし、上記(4)に説示したとおり、相手方らの主張は採用することができず、上記(2)に説示したとおり、本件における日興コーディアルグループ株式の「公正な価格」は、1株当たり1700円とするのが相当であり、この判断を覆すに足りる疎明資料は存在しない。

3　結論

以上によれば、相手方らの所有していた本件株式の

買取価格を1株当たり1700円と定めるのが相当であり、会社法786条2項、870条、871条を適用して、主文のとおり決定する。

　裁判長裁判官　難波孝一
　　　裁判官　渡部勇次　鈴木謙也

決　定〔②事件〕

＜当事者＞（編集注・一部仮名）
申立人　株式会社日興コーディアルグループ承継人
　　　　日興シティホールディングス株式会社
同代表者代表取締役
　　　　　　　　ダグラス・エル・ピーターソン
同代理人弁護士　　　　　　　奥山健志
同　　　　　　　　　　　　　山中　修
同　　　　　　　　　　　　　渡辺邦広
同　　　　　　　　　　　　　篠原倫太郎
同　　　　　　　　　　　　　三浦亮太
同　　　　　　　　　　　　　石綿　学
同　　　　　　　　　　　　　松井秀樹
相手方
　オムニ　グローバル　マスターファンド　リミテッド
同代表者取締役　　　　アリソン・シンプソン
同代理人弁護士　　　　　　　小川浩賢
同　　　　　　　　　　　　　豊島　真
同　　　　　　　　　　　　　渡邊望美

【主　文】
　株式会社日興コーディアルグループ発行に係る普通株式のうち相手方が所有していた5000株の買取価格は、1株につき1700円とする。
【理　由】
第1　事案の概要
1　本件事案の概要は次のとおりである。
　＜略＞
2　前提事実
　＜略＞
⑴　当事者等
　ア　＜略＞
　イ　相手方は日興コーディアルグループ株式5000株を所有していた者である（以下、相手方が所有していた日興コーディアルグループ株式を「本件株式」という。）（甲7、審問の全趣旨）。
　ウ　＜略＞
⑵　本件申立てに至る経緯
　ア～ク＜略＞
　ケ　相手方による本件株式交換に対する反対の意思表示と本件申立て
　相手方は、本件臨時株主総会に先立ち、日興コーディアルグループに対し、本件株式交換に反対する旨を通知し、かつ、本件臨時株主総会において本件決議に反対した。
　相手方は、平成20年1月28日、日興コーディアルグループに対し、会社法785条1項に基づき、本件株式を買い取るよう請求した。
　日興コーディアルグループと相手方は、本件株式の買取請求に係る価格の決定について協議を行ったが協議が調わず、日興コーディアルグループは、平成20年3月27日、当庁に対し、株式買取価格決定の申立てをした。
　なお、日興コーディアルグループは、相手方に対し、平成20年2月20日付け書面をもって、本件株式を1株当たり1650円（本件株式交換契約の締結日の翌日である平成19年11月15日から日興コーディアルグループ株式の最終市場取引日である平成20年1月22日までの間の東証における各取引日の日興コーディアルグループ株式1株当たりの取引高加重平均価格の平均値と同額）で買い取る旨の提示をしている。
（以上、甲7、8、同9の1及び2、審問の全趣旨）
⑶　本件株式交換における株式交換比率の算定
　＜略＞
⑷　日興コーディアルグループの株価の推移
　＜略＞
3　争点
　相手方の所有していた本件株式の公正な買取価格は1株当たりいくらか。
4　当事者の主張
【申立人の主張】
　＜略＞
【相手方の主張】
⑴　本件株式の「公正な価格」を算定する基準日は、反対株主の株式買取請求が多数派株主の決議に基づき強制的に反対株主の地位が剥奪される場面において、同株主の利益を保護するための制度であることに照らすと、株主が株主総会に先立って株式交換に反対の意思を表明した時点とするのが相当である。
　仮に、本件株式の「公正な価格」を算定する基準日が、株主の反対意思の表明時点ではないとしても、当該基準日は、株主総会における承認決議の時点とされるべきである。
⑵　本件株式の「公正な価格」は1株当たり1700円を下らない。その理由は、以下のとおりである。
　ア　本件株式交換においては、日興コーディアルグループの株主に対し、日興コーディアルグループ株式1株当たり1700円に相当する数のシティグループの普通株式を交付するものとされており、日興コーディアルグループ株式は1株当たり1700円と評価されていた。
　イ　本件株式交換が発表されてから日興コーディアルグループ株式が上場廃止に至るまでの間、同株式

の株価は概ね1650円程度で推移していた。
　　ウ　株式買取請求権は、多数派株主の不当な決議から少数株主の利益を保護するための制度であるところ、買取価格が、多数派株主の得た交換対価を下回るのは不当である。
　　エ　申立人が、本件株式交換契約において日興コーディアルグループ株式の交換価値を1株当たり1700円と評価し、その旨を株主に対して発表しており、また、相手方との間の買取価格の協議においても1株当たり1650円という買取価格を提案していたことからすると、禁反言の観点から、これらの価格が買取価格の下限となる。
　　オ　会社法の下においても、旧商法の下での基準である「決議がなければ有していたであろう価格」の基準が存続しており、組織再編がされなかった場合の経済状態は最低限の買取価格として保証されるところ、本件株式交換契約の発表日である平成19年10月2日より前の6か月間の日興コーディアルグループ株式の価格の売買高加重平均は約1641円であり、この価格が最低限の買取価格として保証されるべきである。
　　カ　本件株式交換の前に本件公開買付けが行われ、その際の公開買付価格が日興コーディアルグループ株式1株当たり1700円であったことからすると、本件株式の「公正な価格」が上記公開買付価格である1株当たり1700円を下回ることはない。
第2　当裁判所の判断
1　本件株式買取価格決定の申立ての適法性
　前記前提事実(1)イ及び(2)ケによれば、申立人の本件株式の買取価格決定の申立ては適法にされたものと認められる。
2　本件における株式買取価格の算定
　(1)　買取価格の判断基準
　　＜略＞
　(2)　本件における「公正な価格」
　　＜略＞
　(3)　申立人の主張について
　　＜略＞
　(4)　相手方の主張について
　　ア　相手方は、株式交換における「公正な価格」の算定基準日を反対株主が株主総会に先立って株式交換に反対の意思を表明した時点、若しくは遅くとも株主総会における承認決議の時点であると主張する。
　しかし、会社法786条5項によれば、株式買取請求における株式の買取りは、株式交換の効力発生日にその効力を生ずると規定されており、本件においては、本件株式交換の効力発生日である平成20年1月29日をもって本件株式の「公正な価格」の算定基準日とすべきであり、この点の相手方の主張は独自の主張であり採用することができない。
　　イ　相手方は、本件株式の「公正な価格」は1株当たり1700円を下らないとして、その理由を種々主張している。当裁判所も、上記(2)アで説示したとおり、株式交換の前に、その前提として、株式交換完全子会社となる会社の株式について公開買付けが行われた場合において、当該公開買付けにおける株式の公開買付価格と、当該株式交換における株式交換比率の算定の際の株式交換完全子会社株式の基準価格が同じ価格とされている場合には、当該株式交換に反対する同社の株主がした株式買取請求に基づく株式買取価格決定の際の「公正な価格」は、原則として、当該公開買付価格及び当該基準価格を下回ることはないと解するが、当然のことながら、それを超える価格が「公正な価格」であると認められる場合に、その価格をもって「公正な価格」とすることを決して否定するものではない。
　しかし、本件において、相手方は、1株当たり1700円を超える額が「公正な価格」であるとの具体的な主張をしていないし、また、上記(2)に説示したとおり、本件における日興コーディアルグループ株式の「公正な価格」は、1株当たり1700円とするのが相当であり、この判断を覆すに足りる疎明資料は存在しない。したがって、この点についての相手方の主張も理由がなく採用することができない。
3　結論
　以上によれば、相手方の所有していた本件株式の買取価格を1株当たり1700円と定めるのが相当であり、会社法786条2項、870条、871条を適用して、主文のとおり決定する。
　　裁判長裁判官　難波孝一
　　　　裁判官　渡部勇次　鈴木謙也

別冊 金融・商事判例 M&A判例の分析と展開

野村修也・中東正文 編集

好評発売中！

- M&Aに関する重要判例を、第一線で活躍する学者、弁護士が丁寧に解説！
- 判決（決定）書きも併載した、臨場感あふれる新しいスタイルの判例解説集！
- 弁護士、企業法務担当者、金融実務家、法科大学院生等、必読必携の1冊！

●B5判　二六四頁
●定価三九九〇円（税込）

経済法令研究会　162-8421　東京都新宿区市谷本村町3-21
http://www.khk.co.jp/　TEL 03(3267)4811　FAX 03(3267)4803

別冊 金融・商事判例 新しい保険法の理論と実務

落合誠一・山下典孝 編

好評発売中！

- 2008年6月に成立した新しい保険法について、学説・判例および立法過程の議論等を踏まえた詳細な解説！
- 法解釈のみならず実務への影響・対応についても言及！
- 保険法に造詣の深い学者・弁護士・実務家、立法担当官による解説！

●B5判　二五六頁
●定価三九九〇円（税込）

経済法令研究会　162-8421　東京都新宿区市谷本村町3-21
http://www.khk.co.jp/　TEL 03(3267)4811　FAX 03(3267)4803

17 サイバードHD事件

Ⅰ 国内判例編　東京地決平成21・9・18金融・商事判例1329号45頁

森・濱田松本法律事務所／弁護士　石綿　学

Ⅰ 事案の概要(注1)(注2)

申立外投資ファンドA_1は、平成19年10月31日、相手方Yの代表取締役社長（兼グループCEO）甲との間でMBO契約を、Yの取締役（兼上席執行役員）乙との間で参加契約を締結した。MBO契約および参加契約においては、甲がその有するYの株券等の全てを、A_1の100％子会社である申立外A_2が実施するYの株式等に係る公開買付け（以下、「本公開買付け」という）に応募すること、本公開買付け後、甲および乙がA_2の株式およびA_2またはYの新株予約権を取得すること、A_1が甲以外のA_2の取締役や代表取締役およびYの取締役の過半数を指名し、甲がA_2の取締役に就任し、Yのその他の取締役を指名すること、甲が原則としてYの代表取締役にとどまることなどが合意された。

平成19年10月31日、A_2は、Yの経営者とともに、Yの普通株式1株につき6万円を買付価格（以下、「本買付価格」という）とする本公開買付けを実施する旨を公表し、同年11月1日から12月3日までの間本公開買付けを実施し、間接保有分を含めYの発行済株式の89.77％の株式を取得した。

平成19年10月31日、Yは、本公開買付けに賛同の意見表明をすることを決議した旨ならびに相手方の株主および新株予約権者に対し本公開買付けに応募することを推奨する旨公表した。かかる公表において、Yは、(i)全部取得条項付種類株式を用いた方法により、A_2以外の株主をスクィーズアウトすること、(ii)かかるスクィーズアウトに際しては、Yの普通株式は本買付価格を基準として算定される予定であるが、算定時点が異なるため、本買付価格と異なることがあり得ること、(iii)Yの取締役のうち甲、乙ほか1名が本公開買付け後Yの経営にあたること、(iv)甲および乙がそれぞれ有するYの株式および新株予約権（持株比率は、甲が9.69％、乙は0.72％）全部を本公開買付けに応募し、その後A_2により行われる第三者割当増資により、甲はA_2の発行済株式総数の7.8％、乙は0.18％の株式を有する予定であること、(v)Yの大株主が本公開買付けに原則として応募する予定であることなどが開示されていた。

Yは、本公開買付け終了後、平成20年2月15日に臨時株主総会および普通株主による種類株主総会（以下、「本株主総会」という）を開催し、発行済株式に全部取得条項を付する旨の定款一部変更の件、および全部取得条項付株式の取得が決議された。申立人らXは、本株主総会に先立ち、Yに対し、決議に反対の旨通知し、同総会で反対し、平成20年3月4日に株式取得価格の決定を申し立てた。Yは、同年3月16日をもって上場廃止し、Xの株式は、同年3月25日をもってYに取得された。

なお、Yは、平成18年10月1日に株式交換により完全子会社化した子会社aの株式について、子会社aの上場最終日（平成18年9月25日）の市場株価が取得価格に比して著しく下落していたことから、平成19年3月期中間期の単体業績において多額の関係会社株式評価損を特別損失として計上すること（連結業績では多額の投資損失を営業外費用として計上すること）を、平成18年11月17日に公表するとともに、平成19年5月21日にも、子会社aと子会社$β$に関するのれんの減損を実施し、連結業績において多額の特別損失の計上を決定したことを公表していた。平成19年3月通期に係る連結財務諸表および単体財務諸表については、いずれも、独立監査法人である新日本監査法人の無限定

適正意見が付されている。

II 決定要旨

1 株式取得価格について

「この取得価格の決定申立制度は、……反対株主等の有する経済的価値を補償することにより、強制的に株式を剥奪されることになる株主の保護を図ることをその趣旨とするものである。……裁判所は、上記の制度趣旨に照らし、当該株式の取得日における公正な価格をもって、その取得価格を決定すべきものと解するのが相当である。」

「裁判所が、……当該株式の取得日における公正な価格を定めるに当たっては、①取得日における当該株式の客観的価値に加えて、②強制的取得により失われる今後の株価の上昇に対する期待を評価した価格をも考慮するのが相当である。これを本件において言い換えると、①は、MBOが行われなかったならば株主が享受し得る価値と、②は、MBOの実施後に増大が期待される価値のうち既存株主が享受してしかるべき部分ということができる。」

「……会社法は、取得価格の決定を、記録に表れた諸般の事情を考慮した裁判所の合理的な裁量に委ねたものと解するのが相当である。」

2 本件取得日における相手方株式の客観的価値（MBOが行われなかったならば株主が享受し得る価値）

「一般に、株式市場においては、投資家による一定の投機的思惑など偶然的要素の影響を受けつつも、多数の投資家の評価を通して、企業を取り巻く経済環境下における、個別企業の資産内容、財務状況、収益力及び将来の業績見通しなどが考慮された企業の客観的価値が株価に反映されているということができる。」

「もっとも、市場株価は、上記のとおり投資家による一定の投機的思惑など偶然的要素の影響を受ける面もあるから、このような市場における偶然的要素による株価の変動を排除するため、評価基準時に近接した、かつ、公開買付けの公表等による影響のない一定期間の市場株価の平均値をもって当該株式の客観的価値であると判断するのが相当である。そして、この趣旨からすると、通常であれば、本公開買付け公表前1ヵ月間の市場株価の終値による出来高加重平均値をもって算定した価格を本件取得日におけるY株式の客観的価値とみてよいものと解すべきである。」

「……上記ののれんの減損処理等は、会計基準に基づく適正な処理であり、また、既に平成18年11月及び平成19年5月に公表されたものであって、本件MBOとは無関係に行われたものであり、その公表時期も本公開買付けが公表された時期（……）とかなり離れているということができる。したがって、このような減損処理等による市場株価の変動があったとしても、変動後の市場株価こそが減損処理の原因となった事情を織り込んだ、企業の客観的価値を反映した株価というべきである。よって、本件における前期各減損処理は、当該市場株価がその企業の客観的価値を反映していないと認められる特別の事情には当たらない。」

3 強制的取得により失われる今後の株価の上昇に対する期待を評価した価格（MBOの実施後に増大が期待される価値のうち既存株主が享受してしかるべき部分）

「本件の場合は、①MBOの目的や実施後の事業計画から予測される収益力や業績についての見通しのほか、②利益相反関係に配慮した措置、買付価格についての交渉の有無、経過、旧経営陣の立場等に照らし、MBOが、いわゆる独立当事者間（支配従属関係にない当事者間）において、第三者機関の評価を踏まえ合理的な根拠に基づく交渉を経て、合意に至ったなどと評価し得る事情があるか、また③適切な情報開示が行われた上で、対象会社に対する株式公開買付けが成立し、株主総会において全部取得条項付種類株式の発行と取得が承認されるなど、一般に公正と認められる手続によってMBOの一連の手続が行われたと認められるかなど、諸々の事情を総合考慮して、既存株主に対して分配されるべき「MBOの実施後に増大が期待される価値」を算定するのが相当である。

4 本件へのあてはめ

「本件においては、本件MBOに至る経緯やその目的、相手方株式の客観的価値の試算は示されているものの、本件MBOの実施後の相手方の事業計画から予測されるその収益力や業績についての具体的な見通し、将来のキャッシュフロー計画は明らかにされていない。また、MBOの実施後に増大が期待される価値のうち既存株主に対して

分配されるべき部分を客観的かつ一義的に算出する評価方法は未だ確立されているとは言い難い。」

「Yの取締役会は、本件MBOに賛同するに当たっては、公認会計士事務所及び法律顧問をそれぞれ選任し、助言や株式価値の算定を依頼した上、Y及びAから独立した第三者委員会を設置し、同委員会にAグループとの協議・交渉と本件MBOについての意見の提出を依頼し、これらに基づき、本件公開買付けに賛同したものであり、これは、第三者機関の株式評価を踏まえた交渉が存在し、利益相反関係についても一定の配慮がされていたものと評価することができる。また、前記認定事実によると、Yの旧経営陣である甲及び乙は、本件MBO実施後もYの経営に当たるものの、Yの株式はすべてA₂が保有し、A₂の株式のうち甲及び乙が保有する部分は合計10％に満たないものであることが予定されている。さらに、A₂及びYの取締役の構成等からも、A₂及びYの経営権は甲及び乙ではなく、Aグループが保有するものということができる。さらに、甲は、相手方の大株主であったところ、本件公開買付けにおける買付価格を決定するに至る交渉において、一株当たり6万円に満たない価格を提示するAグループに対し、大株主の賛同を得る見込みなどを主張しながら厳しい態度で臨み、その結果、買付価格を1株当たり6万円とすることで合意している。」

「以上を合わせ考えると、本件MBOは、いわゆる独立当事者間（支配従属関係にない当事者間）において、第三者機関の株式評価を踏まえるなど合理的な根拠に基づく交渉を経て、合意に至ったものと認めることができ、利益相反関係の問題についてもこれを抑制する措置が講じられていたということができる。」

「本件においては、前記情報開示の内容がかなり周到なものであり、強圧性も乏しいことも考えると、一般に公正と認められる手続によってMBOの一連の手続が行われて、本件MBOが成立したと評価することができる。」

「以上の事情、特に、本件公開買付けにおける甲及び乙の立場や、甲の厳しい交渉姿勢もあって買付価格が1株当たり6万円にまで上昇していることは、同価格が、MBOの実施後に増大が期待される価値のうち既存株主に分配されるべき部分を最大限織り込んだものであることを示すものと認めるのが相当である。そして、同価格は、計算上、本件取得日における相手方株式の客観的価値である一株当たり5万1133円に、17.34％のプレミアムを加えたものとなることを認めることができる。」

Ⅲ 分析と展開

1 はじめに

本件は、投資ファンドA₁の100％子会社であるA₂が、Yの代表取締役社長（兼グループCEO）甲とともに、マネジメント・バイアウト（会社の取締役が自らまたは第三者とともに当該会社の株主からその株式を取得する取引をいい、以下「MBO」という）の一環として、Yの株式等に係る公開買付けを実施し、その後、全部取得条項付種類株式を用いた方法によりYを完全子会社化した際に、Yの株主であったXが、会社法172条1項に基づき、裁判所に対し、Xが有していたY発行に係る全部取得条項付種類株式の取得価格の決定を求めた事案である。

2 本決定の意義

MBOは、会社の取締役と当該会社の株主との間の取引であり、両者間に構造的な利益相反が存するとともに、買い手である取締役が売り手である一般株主よりも会社や株式に係る情報をより多く有していることが通常であるため、特別の配慮が必要となる。

MBOに係る取得価格決定事件については、既にレックス・ホールディングス事件（以下、同事件の東京高裁決定を「レックス事件」という）（注3）やサンスター事件（注4）などが存し、これらの事案では、最終的に裁判所によって、取引当事者が合意した買取価格を大幅に上回る取得価格の決定がなされている。これに対し、本決定は、取得価格の算定に係る基本的な枠組みについては、レックス事件を踏襲しつつも、合理的な根拠に基づく独立当事者間の交渉の有無や、適切な情報開示の下における公正な手続の存否について検討した上、取引当事者が合意した買取価格をもって公正な価格と決定するものである。

本決定は、MBOを行う者が、取引のプロセスや情報開示等についてどのような配慮をすることにより、後日裁判所により積極的な評価が受けられるかという点を考える上でも実務的に示唆に富

むものである。

3 本決定の判断枠組み

本決定の基本的な判断の枠組みは、以下の①から④のとおりである。すなわち、

①会社法第172条1項の趣旨は、反対株主等の有する経済的価値を補償することにより強制的に株式を剥奪される株主の保護を図ることにある。かかる趣旨を踏まえ、同条における「取得価格」は、(i)取得日における株式の客観的価値（MBOが行われなかったならば株式が享受し得る価値）（以下、単に「客観的価値」という）と、(ii)強制取得により失われる今後の株価の上昇に対する期待を評価した価格（MBOの実施後に増大が期待される価値のうち既存株主が享受してしかるべき部分）（以下、単に「期待価値」という）をも考慮した上、裁判所が、その合理的な裁量により形成するべきである。

②客観的価値としては、市場株価がその企業の客観的価値を反映していないと認められる特別の事情がない限り、評価基準時点にできる限り近接した市場株価を基本とする。

③本件では、上記②の特別の事情は存しないため、本公開買付け公表前1ヵ月間の市場株価の終値による出来高加重平均値をもって算定したものが客観的価値である。

④期待価値については、(i)MBOの目的や実施後の事業計画から予測される収益力や業績についての見通し、(ii)利益相反解消措置、交渉の有無・経過、旧経営陣の立場等に照らして、いわゆる独立当事者間において合理的な根拠に基づく交渉を経たと評価しうる事情、(iii)適切な情報開示の下、公正な手続が行われたか、という点を検討したうえ、本件においては主に(ii)および(iii)を積極的に評価し、取引当事者間の交渉の結果を尊重する（すなわち、期待価値を独立して算定した上、上記客観的価値に付加するという方法は採用しない）。

これに対し、レックス事件は、上記①および②の一般論については概ね本決定と同じであるが、③および④については異なる結論を採る。すなわち、レックス事件では、裁判所は、客観的価値を算出するための基準となる期間として、公表前6ヵ月間の市場株価の終値の単純平均値を用いた。また、期待価値については、取引当事者間の交渉の結果に依拠せずに、かかる期待価値の根拠について買付者から具体的に主張立証がなされず、事業計画書や株価算定評価書が提出されないことなどを理由に、裁判所が自ら、MBOの他社事例を参考に、客観的価値の20％を期待価値として独立して算定し、これを客観的価値に付加することで取得価格を算定した。

そもそも、裁判所の適性、情報量、MBO取引の条件設定の困難性等を勘案すると、株式買取請求の買取価格を常に裁判所が算定し直すとすることは、効率的な経済活動を歪めるおそれがあり、必ずしも適切ではない。むしろ、独立当事者間の組織再編であって、適切な情報開示が行われている場合には、取引当事者間の合意内容を尊重することが好ましい。

もっとも、MBOにおいては、上述のとおり、構造的な利益相反と情報の非対称性の問題があるため、例外的に裁判所自らが取引当事者の合意内容に介入するべき場面も存する。

この点、近時の学説の有力説は、MBO等の構造的な利益相反が存する取引における株式買取請求制度について、まず、組織再編の対価その他の条件の形成過程の公正さを審査し、これが肯定されれば、当事者の交渉結果を尊重し、これが否定された場合に裁判所が自ら公正価格を算定するという判断枠組みを提唱する（注5）。この判断枠組みに従えば、本決定においては、取引の条件の形成過程の公正さが肯定されたため、取引当事者の交渉結果が尊重されたと整理することも可能であろう（注6）。つまり、MBOにおいては、裁判所が後日当事者の交渉結果に介入するか否かを左右するという意味で、取引の条件の形成過程の公正さが特に重要となる。

以下、本決定において、客観的価値の算出の基準と、期待価値の算定に際し裁判所が本件の条件の形成過程を公正と認めた具体的事情について検討する。

4 客観的価値について

本来、取得価格の評価基準時を取得日とする以上（注7）、評価基準時にできる限り近接した市場株価をもって客観的価値とするべきである。もっとも、公開買付けとスクィーズアウトからなる二段階取引の場合、公開買付けの公表日後は、市場株価は公開買付価格に通常張り付くため、公開買付価格の影響を受けない市場価格を参照するためには、公表日からさらに過去に遡らなければならないところ、取得日（本件では、平成20年3月

25日）と公表日（本件では、平成19年10月31日）とは、すでに相当程度乖離しているのが通常である。そして、「取得日」からすでに相当過去に遡った公開買付けの「公表日」からさらに過去に遡れば遡るほど、本来あるべき「取得日」における取得価格と、それを算定する上での資料としての市場株価が乖離していくことになる。そのため、公表日前の市場株価の平均値を用いるとしても、原則として評価基準時に近接した範囲にとどめるべきであるし、また、平均値の利用は株価の一時的な変動要因の排除という趣旨に沿った形で行われる必要がある（注8）。その意味で、本決定が提示した公表日前の1ヵ月間程度という基準は合理的である。

それにもかかわらず、レックス事件において公表日前6ヵ月間の平均株価が用いられたのは、公表日の約3ヵ月前に行われた連結業績予想の下方修正を東京高裁が問題視したという特別の事情が存したわけである（東京高裁の評価の適否には争いがあり得るが、本稿では立ち入らない）。これに対し、本件においても、本件公開買付けに先立ち減損処理が行われていたが、本決定では、裁判所は、かかる減損処理の公表が上記特別の事情に該当するか否か検討を行った上、①会計基準に基づく適正な処理であること、②本件取引と無関係に行われたものであること、および③公表時期に乖離があること（約11ヵ月前および5ヵ月前）から、特別の事情には該当しないとしている。

MBOに際して、意図的に市場株価を引き下げるための業績の下方修正が行われることが許されないのはいうまでもないが、その一方で、MBOは、実際には、対象会社の業績が急速に下落し、信用収縮が生じる局面で、その解決策として用いられることも少なくない（会社が順調に成長しているのであれば、何もわざわざ非公開化をする必要がないと考える経営者は少なくない）。したがって、業績下方修正や減損処理といった会計処理がMBOに先立ち行われていることのみをもって当然に「市場株価がその企業の客観的価値を反映していないと認められる特別の事情」が存したと決定づけるのは適切ではない。むしろ、本決定で行われたように、(i)その会計処理の適正さ（裁量性の有無・程度を含む）、(ii)MBOとの関係性の有無、(iii)公表時期との乖離の程度などを慎重に検討する必要がある。実務的には、会社の経営陣が市場株価を引き下げるために恣意的な会計処理を行ったのではないかという疑義を避けるために、MBOの前の会計処理は特に客観性が確保されるよう細心の注意を払うとともに、MBOに近接した時期に市場株価を引き下げるおそれのある会計処理の公表が避けられない場合には、かかる公表と同時にMBOの公表を行うようにするのが望ましかろう。

なお、サンスター事件においては、さらにMBO検討開始時点から公表日までの株価についても、原則として客観的価値の算定の基礎から排除するべきとされた。しかしながら、昨今の変化の激しい経済社会にあっては、MBOの検討開始という一事をもって、（客観的価値を算定するための）株価の参照期間を評価基準日から乖離させることについては疑問がある。

5 取引条件の形成過程の公正さについて

前述のとおり、本件においては、①利益相反解消措置、交渉の有無・経過、旧経営陣の立場等に照らして、いわゆる独立当事者間の取引と評価し得る事情の有無、および②適切な情報開示の下、公正な手続が行われたか、という点を重視して判断が行われている一方で、③MBO後の事業計画から予測される収益力や業績についての具体的見通しの開示がなされていないことを結果として容認している。

MBOに参加する経営陣と一般株主との間には、構造的利益相反があるのは前述のとおりであるが、その利益相反の程度（旧経営陣の立場）は、事案に応じて様々である。したがって、MBOを十把一絡げにするのではなく、個別具体的に当該MBOの有する利益相反の程度について精査を行い、その利益相反の程度に応じて利益相反解消措置の十分性を判断することが基本的に好ましい（注9）。

本件においては、裁判所は、（甲がYの経営にあたるとしても、）甲および乙が保有するA₂の株式の割合が10％未満であること、A₂およびYの取締役の構成等に照らしてA₂およびYの経営権が甲や乙ではなく、Aグループにより取得されることを認定している。一般に上場会社において約10％の株式を有する代表取締役社長が有する経営支配権（裁量）との比較において、本件実施後の甲らの経営支配権（裁量権）や身分保障は相当程度縮減しており、甲や乙が本件に対して有する経済的利害関係も相応に限定的であるという評価が

なされたように思われる。このような評価を前提とすれば、本件は、利益相反の程度が比較的限定的なMBOであり、これに応じたレベル感の利益相反解消措置が必要とされていたということになろう。

次に、本件においては、具体的な利益相反解消措置として、Yの取締役会において、(i)公認会計士や弁護士からの助言の取得、(ii)第三者専門家の株式価値の算定結果の取得、(iii)対象会社（Y）および買付者（A）から独立した第三者委員会を設置し、同委員会に対する「協議・交渉」権限の付与、同委員会からのMBOについての意見の取得などを指摘している。これらの利益相反解消措置は、構造的な利益相反に対処し、取引の法的安定性を高める工夫として実務上考え出されてきたものであるが、これらの措置の有意性が裁判上確認されることは、今後MBOのストラクチャリングをしていく実務家にとって意義深い。もっとも、形式的にこれらの措置が講じられていれば足りるわけではなく、これらの措置により利益相反性が実際に解消されていたかが重要であるわけであるから、今後この種の判断が積み重ねられていく中で、利益相反解消措置の実効性をより精緻に評価することが求められる可能性がある。具体的には、具体的事実関係の下において、取締役の利益相反の程度を踏まえた上で、第三者委員会や専門家の独立性、第三者委員会の役割やその判断過程や経緯等についてより詳細に分析していくことが考えられる。

さらに、本決定では、Yの代表者甲が厳しい態度でAとの交渉に臨んだことを認め、本取引の条件が独立当事者間の取引条件であるとして認めている。本決定が、利益相反解消措置として、第三者委員会の存在を指摘しつつも、取引条件の決定に際して実際に貢献した要素を実質的に評価し、実際の価格の交渉者としては、当該第三者委員会よりむしろ、Yの代表者の交渉に着目したことは興味深い。

他方、本決定においては、本件MBOの実施後のYの事業計画から予測される収益力や業績見通し、将来のキャッシュフロー計画が開示されていない。そもそも、ファンドからの出資金と金融機関からの借入金を買収資金に充当するMBO（いわゆる「LBO」）においては、まずは、借入金が返済され、その返済後にファンドの投資家に対して一定の利回り以上の分配を行うことを計数上可能とする事業計画が策定されているのが一般である。もっとも、このMBOにおいて作成される事業計画は、そもそも公表が予定されたものではなく、一般に上場会社が公表を前提に策定する事業計画と比較すると、相当程度確度が低いことが少なくない。金融機関等のMBOに対する資金供与者は、そのような事業計画の実現可能性を自ら検証し、リスクを評価した上で、取引に参加するわけである。したがって、仮に期待値の算定に際してMBO後の事業計画を用いるのであれば、その実現可能性を精緻に検証することが本来求められてしかるべきである。その検証ができないのであれば、安易に事業計画に基づく収益力等に依拠して期待値を算定することには慎重になるべきであろう。本決定のように、取引条件の形成過程の公正さを肯定するのであれば、事業計画に基づく収益力等について立ち入らないという判断をすることには十分合理性がある。

6　情報開示の適切性、強圧性

本件においては、上記の利益相反に関する事項は十分に開示がされていたようであり、周到な情報開示がなされていたという評価がなされている。MBOを実施する上では、特に利益相反に関する事項について適切に情報開示をしておくことは重要である。

次に、本決定は、強圧性に関し、意見表明報告書（および公開買付届出書）上における「（スクィーズアウトに際しては、）①Yの普通株式は本買付価格を基準として算定される予定であるが、②算定時点が異なるため、③本買付価格と異なることがあり得ること」という記述については、「強圧性も乏しい」という評価をしている。これに対し、レックス事件やサンスター事件では、①および③が記載されたのみで、②の記載は存しなかった。

公開買付けの強圧性とは、公開買付けが成功した場合に、買付けに応じなかった株主が応じた株主よりも不利に扱われることが予想される場合には、買付けに応じるように圧力を受ける、という問題であり、公開買付け後、公開買付価格と同額で株式売却の機会を付与する旨を明言しないで行われる公開買付けは、多かれ少なかれある程度の株主の意思に対する強圧的要素を含み得る（注10）。

本件においては、スクィーズアウトの際に株主

に交付される対価は、公開買付価格を基準として算定される予定としつつ（①）、公開買付価格と異なり得ることが言及されている（③）が、その変動要因として、②算定時点が異なることが挙げられていた。算定時点の違い（②）という変動要因は、比較的客観性が高く、そのような記載がない事例と比較すれば、相対的に強圧性が少ないほうであったということはできる。もっとも、この程度の強圧性の違いによって、株主の判断に生じ得る圧力が実質的に異質のレベルに達するかについては必ずしも明らかではない。株主に対するリスク情報の開示も必要とされる中で、具体的な記載により問題とされるべきレベルの強圧性が生じているかについては慎重に見定める必要がある（注11）。

最後に、本決定においては、17.34％のプレミアムをもって相当と認めている。レックス事件やサンスター事件において客観的価値の20％というプレミアム水準が一人歩きするのではないかと危惧されていたが、もとより、このような数値に理論的必然性や普遍性があるわけではない。本決定は、ＭＢＯに際しての取得価格の決定請求においても、あくまで個別具体的事案ごとに公正な価格が決定されるべきことを示している。

（注１）本決定の元となった取引においては、筆者の所属する法律事務所の他の弁護士がＡ１を代理していていた。もっとも、筆者は、本件取引には一切関与しておらず、また、本稿に記載された内容は、筆者の個人的見解に過ぎない。
（注２）サイバードホールディングス事件についての評釈としては、北川徹「ＭＢＯにおける価格決定申立事件再考〔上〕〔下〕——サイバードホールディングス事件東京地裁決定を手掛かりに——」商事1889号4頁以降（2010年）、同1890号4頁以降（2010年）、中東正文「サイバード事件東京地裁決定から学ぶべきこと」金判1329号2頁（2009年）、泰方「サイバードHD事件東京地裁決定と実務上の意義」商事1884号50頁（2009年）。
（注３）本書別稿❸後藤論文、加藤貴仁「レックス・ホールディングス事件最高裁決定の検討〔上〕〔中〕〔下〕——「公正な価格」の算定における裁判所の役割——」商事1875号4頁以下（2009年）、1876号4頁以下（2009年）、1877号24頁以下（2009年）、太田洋「レックス・ホールディングス事件東京高裁決定の検討」商事1848号4頁以下（2008年）など。
（注４）十市崇「サンスター事件大阪高裁決定の検討〔上〕〔下〕」商事1880号4頁以下（2009年）、1881号12頁以下（2009年）など。
（注５）田中亘「組織再編と対価柔軟化」法教304号79～80頁（2006年）、藤田友敬「新会社法における株式買取請求権制度」江頭憲治郎先生還暦記念『企業法の理論（上巻）』261頁以下、288頁～290頁（商事法務・2007年）、中東・前掲（注２）2～3頁、加藤・前掲（注３）1876号5～6頁など。
（注６）同様の見解を示すものとして、北川・前掲（注２）1890号4頁、中東・前掲（注２）2～3頁など。
（注７）なお、取得価格の決定請求において「取得日」を算定基準日とすることは、必ずしも理論必然ではない。例えば、株式買取請求権における買取価格の算定基準日について、一定の場合に総会承認日とする立場からは、全部取得条項付種類株式についても同様の議論があり得る。もっとも、近時の東京地裁の決定においては、株式買取請求権の算定基準日を組織再編の効力発生日としており、全部取得条項付種類株式についても取得日とする見解はその立場と整合的である。
（注８）神田秀樹「株式買取請求権制度の構造」商事1879号11頁（2009年）。
（注９）石綿学「ＭＢＯに関する指針の意義と実務対応」商事1813号5頁（2007年）。
（注10）Lucian Arye Bebchuck, Toward Undistorted Choice and Equal Treatment in Corporate Takeovers, 98 Harv. L. Rev. 1695, 1715-35 (1935)。
（注11）株主に対するリスク情報の開示をすればするほど、強圧性が強められるという、二律背反の状況が生じることにつき、石綿学「企業結合の形成過程における株主間の利害調整についての実務からの試論」森本滋編著『企業結合法の総合的研究』145頁（商事法務・2009年）参照。

Gaku ISHIWATA

平成21・9・18東京地裁民事第8部決定、平成20年(ヒ)第71号株式取得価格決定申立事件【即時抗告】

決　定

<当事者>（編集注・一部仮名）
申立人	X₁
申立人	X₂
申立人	X₃
申立人	X₄
申立人	X₅
申立人	X₆
申立人	X₇
上記7名代理人弁護士	太田雅幸
	武川晴子
	大坂周作
	岡崎　文
相手方　株式会社サイバードホールディングス	
同代表者代表取締役	堀主知ロバート
上記代理人弁護士	瓜生健太郎
	大前由子
	宍戸一樹
	古川大志
	千賀福太郎
同復代理人弁護士	上杉達也

【主　文】
　株式会社サイバードホールディングス発行に係る普通株式のうち申立人らが有していた129株の各取得価格は、1株につき6万円とする。

【理　由】
第一　申立ての趣旨
　申立人らが有していた相手方発行に係る全部取得条項付種類株式（合計129株）の各取得価格の決定を求める。
第二　事案の概要
一　事案の骨子
　本件は、株式会社ジャスダック証券取引所（以下「ジャスダック」という。）にその株式を上場していた相手方の株主であった申立人らが、相手方の株主総会に先立ち、相手方による全部取得条項付種類株式の取得に反対する旨を通知し、株主総会においてその取得に反対した上、会社法172条1項に基づいて、裁判所に対し、申立人らが有していた相手方発行に係る全部取得条項付種類株式の取得価格の決定を求める事案である。
　申立人らは、本件では、市場株価ではなくDCF法によって算出した価格に基づいて取得価格の決定をすべきであり、上記取得価格を1株につき16万8064円とすべきである旨主張しており、これに対し、相手方は、市場株価に基づいて取得価格の決定をすべきであ

り、上記取得価格は1株につき6万円を超えることはないと主張している。
二　前提事実
　一件記録及び審問の全趣旨によると、以下の事実を認めることができる。なお、認定根拠を各項末尾に付記する。
　1　相手方
　(一)　相手方は、平成10年9月29日に設立された株式会社であって、平成18年10月2日に既存事業の全部を新設分割子会社に承継させる会社分割を行い、子会社等を通じて、インターネット接続が可能な携帯電話向けのモバイル・コンテンツを国内移動体通信事業者を通じて提供するモバイル・コンテンツ事業、コマース事業、ソリューション事業等の事業を行う純粋持株会社となった。
（乙6、25）
　(二)　相手方は、その株式を平成12年12月21日から平成20年3月16日の上場廃止に至るまで（最終取引日は同月14日）、ジャスダックに上場していた。
（乙19、24）
　(三)　相手方の平成19年6月末日当時の役員は、代表取締役社長兼グループCEO堀主知ロバート（以下「堀」という。）、取締役兼上席執行役員A（以下「A」という。）、同B（以下「B」という。）、取締役C（以下「C」という。）、社外取締役D（以下「D」という。）、同E（以下「E」という。）、常勤社外監査役F、社外監査役G及び同Hであった。
（乙6、25）
　2　MBOに至る経緯
　(一)　JIMOS社株式の取得
　相手方は、平成17年3月1日、主に化粧品通販事業を展開していた株式会社JIMOS（以下「JIMOS社」という。）との間で、業務・資本提携を行うことを決定して、第三者割当てによるJIMOS社株式の引受け等を行い、同社を持分法適用関連会社とした。さらに、相手方は、平成18年5月15日、JIMOS社と株式交換契約を締結し、同年10月1日、JIMOS社を相手方の完全子会社とした。
（乙6、7の1及び2、乙8の1及び2、審問の全趣旨）
　(二)　Airborne社株式の取得
　相手方は、平成17年6月23日、海外事業を推進するため、アメリカ合衆国に現地法人を100%出資で設立し、同月30日、同現地法人を通じて、カナダのモバイル・コンテンツ配信業者であるAirborne Entertainment Inc.（現Airborne Mobile Inc. 以下「Airborne社」という。）の株式85%を取得し、同社を相手方の子会社とした。
（乙6、12、審問の全趣旨）
　(三)　平成19年3月期中間期のJIMOS社株式の評価損計上
　(1)　相手方は、平成18年11月17日、平成19年3

月期中間期（平成18年4月1日から9月30日まで）の期末直前であるＪＩＭＯＳ社の上場最終日（同年9月25日）の市場株価が取得価格に比して著しく下落していたことから、金融商品会計基準に基づき、相手方の同中間期の単体業績において19億3900万円の関係会社株式評価損を特別損失として計上し、また、同中間期の連結業績においても持分法による投資損失19億円を営業外費用として計上し（以下、これらを合わせて「本件ＪＩＭＯＳ社株式減損処理①」という。）、平成18年11月17日、その旨公表した。

（乙35の1）

(2) 相手方は、上記公表をした平成18年11月17日、「中間期業績概況及び通期業績予想の修正に関するお知らせ」を公表し、①平成19年3月期中間期は、平成18年3月期中間期と比較し、売上高、営業利益は増加したが、為替差損とＪＩＭＯＳ社株式に係る評価損の影響で、単体で19億4600万円、連結で21億8300万円の純損失を計上する見込みであること及び②平成19年3月期通期の業績予想について、ＪＩＭＯＳ社との経営統合により連結売上高は大きく伸長するものの、同期下期において、ＪＩＭＯＳ社株式に係る約46億円ののれんの追加償却を特別損失として計上する予定であり、72億円の連結純損失を予定していることを明らかにした。

（乙36の3）

(四) 平成19年3月期のＪＩＭＯＳ社及びAirborne社各株式に係る損失計上

(1) 相手方は、平成19年5月21日、「特別損失の計上に関するお知らせ」を公表し、①ＪＩＭＯＳ社の子会社化により発生したのれんに対する減損金額が確定し、連結業績において49億8500万円（単体業績では51億8700万円）の特別損失の計上（以下「本件ＪＩＭＯＳ社株式減損処理②」という。）を決定したこと及び②Airborne社の株式について、当期連結業績において同社株式に係るのれんの減損を実施し、特別損失4億3500万円の計上（以下「本件Airborne社株式減損処理」という。）を決定したことを明らかにした。

（乙36の1）

(2) 相手方は、平成19年5月22日、平成19年3月決算短信を公表し、①同期の連結業績が、売上高235億7100万円（前期は150億8900万円）、営業利益7億8600万円（前期は2億4700万円の営業損失）、当期純損失78億3000万円（前期は1億4300万円の純損失）であったこと及び②平成20年3月期の連結業績予想が、売上高320億円、営業利益12億円、経常利益10億円、当期純利益5億5000万円であることを明らかにした。

（乙34）

(五) 秘密保持契約

相手方は、平成19年6月1日、ロングリーチグループとの間で後記4(一)の本件ＭＢＯに関して具体的な検討を開始することを前提とした秘密保持契約を締結した。なお、ロングリーチグループとは、投資主体であるLongreach Capital Partners 1, L.P.（以下「L.C.1」という。）とその運営会社であるLONGREACH MANAGEMENT CORPORATION CAYMAN、投資主体であるLongreach GP Commitment L.P.（以下「L.G.C」という。）とその運営会社であるLONGREACH GROUP CAYMAN（上記3社は、英国領ケイマン諸島法を準拠法として設立されている。）、投資主体であるLONGREACH HOLDINGS IRELAND（アイルランド法を準拠法として設立。以下「L.H.I」という。）、香港拠点のロングリーチグループ・リミテッド及び東京拠点の株式会社ロングリーチグループにより構成されるグループである。

（乙20）

3 ＭＢＯに係る契約の締結

平成19年10月31日、L.C.1、L.G.C及びL.H.I（以下、これらを合わせて「ロングリーチファンド」という。）と堀はＭＢＯ契約を、ロングリーチファンドとＡは参加契約を、それぞれ締結した。

上記ＭＢＯ契約及び参加契約は、要旨以下の内容を含むものであった。

① 堀は、その有する相手方株式及び新株予約権のすべてについて、原則として、ロングリーチグループによる相手方の発行済普通株式及び新株予約権のすべてを取得することを目的とする公開買付け（以下「本件公開買付け」という。）に応募し、堀の相手方に対する善管注意義務又は忠実義務に反し又は反するおそれがない限り本件公開買付けが成功するよう最大限の努力を尽くす。

② ロングリーチファンドは、本件公開買付け終了後、相手方の親会社となる株式会社ＣＪホールディングス（以下「ＣＪ社」という。）をして、第三者割当増資により、堀に対してはＣＪ社株式1112万4000株を、Ａに対してはＣＪ社株式250万株を、いずれも1株当たり10円で発行させ、堀及びＡはこれを引き受ける。

③ 堀は、相手方の完全子会社化の一定期間経過後、ＣＪ社の普通株式をロングリーチファンドから譲り受ける権利を行使することができる。ただし、ＣＪ社の普通株式を譲り受けたことにより、堀がＣＪ社を通じて間接的に保有することになる相手方の普通株式の数が相手方の発行済普通株式総数に占める割合は、完全希釈化後ベースで3％を上限とする。

④ 堀に対し、相手方又はＣＪ社の新株予約権を付与する。ただし、上記完全希釈化後ベースで5％を上限とする。

⑤ Ａ、Ｂ及びＩに対して、完全子会社化後、相手方又はＣＪ社の新株予約権を付与する。ただし、前記完全希釈化後ベースで合計3％を上限とする。

⑥ 本件公開買付けの決済日後、堀はＣＪ社の取締役に就任し、ＣＪ社の取締役のうち、堀以外の取締役はロングリーチファンドが指名し、ロングリーチファンドの指名する取締役1名がＣＪ社の代表取締役となる。

⑦　完全子会社化後の相手方の取締役のうち、過半数はロングリーチファンドが指名し、その余については堀が指名する。
⑧　堀は、本件公開買付け後も、原則として、相手方の代表取締役にとどまる。
(乙2)

4　MBOの公表
㈠　ロングリーチグループは、平成19年10月31日、相手方の経営者とともに、MBOにより相手方を非公開化させるための一連の取引(以下「本件MBO」という。)の一環として、本件公開買付けを実施する旨公表した。同公表では、本件公開買付けは、ロングリーチファンドが発行済株式の100%を有するCJ社が、相手方の発行済普通株式を1株6万円(以下「本件公開買付価格」という。)で買い付ける旨が明らかにされた。

㈡　相手方は、平成19年10月31日、同日開催の取締役会において、本件公開買付けに賛同の意を表明することを決議した旨及び相手方の株主及び新株予約権者に対し本件公開買付けに応募することを推奨する旨公表した。
　また、相手方は、上記公表において、本件公開買付けが成立した後に、①相手方の発行済みのすべての普通株式に全部取得条項を付すこと、当該株式の全部取得と引き換えに相手方の別個の株式を交付すること及び交付されるべき株式の数が1株に満たない株主には端数合計数に相当する株式を売却して得られる金銭を交付すること、②上記売却価格は、本件公開買付価格を基準として算定される予定であるが、算定時点が異なるため、本件公開買付価格と異なることがあり得ること、③本件公開買付けに応募しなかったCJ社以外の株主に対して交付しなければならない相手方の株式の数は1株に満たない端数となるように決定する予定であること、④相手方の創業者であり代表取締役である堀、取締役であるA及びBが本件公開買付け終了後も継続して相手方の経営に当たること、⑤堀及びAは、その有する相手方の株式及び新株予約権(持株比率は、堀が9.69%、Aが0.72%)の全部について本件公開買付けに応募し、本件公開買付け成立後に、第三者割当て増資によって、堀は発行済株式総数の7.88%の、Aは0.18%のCJ社の株式を有することになる予定であること、⑥相手方の大株主であるC(持株比率3.34%)、株式会社らうむず(持株比率2.64%)、J(持株比率1.21%)及びK(持株比率0.18%)から、その有する相手方の株式及び新株予約権のすべてについて原則として本件公開買付けに応募する旨の同意を得ていることなどを明らかにした。
(乙2)

5　本件公開買付けの実施
　CJ社は、本件公開買付け前には、相手方株式を1株保有していたのみであったが、平成19年11月1日から同年12月13日までの間、1株当たりの買付価格を6万円として本件公開買付けを実施し、その結果、間接保有分を含めて相手方の発行済株式の89.77%の株式を有するに至った。
(甲12、乙2、20、21、22)

6　平成20年3月期中間期業績概況に関するお知らせ
　相手方は、平成19年11月21日、「平成20年3月期中間期業績概況に関するお知らせ」として、平成20年3月期中間期(平成19年4月1日から同年9月30日まで)の売上高、営業利益、経常利益及び中間純利益について、前中間期の実績値と比較し、差異が生じる見込みとなったとして、中間連結業績の概況及び中間単体業績の概況(以下「本件中間業績概況」という。)を公表した。
(甲9、乙37)

7　全部取得条項付株式の取得決議等
　相手方は、平成20年2月15日に臨時株主総会及び普通株主による種類株主総会(以下、これらの株主総会を「本件株主総会」という。)を開催し、臨時株主総会において以下の①及び②の議案を、種類株主総会において以下の①の議案をそれぞれ上程し、可決された(以下、①及び②の議案に係る決議を併せて「本件決議」という。)。
①　定款の一部変更の件
　発行済株式に全部取得条項を付することにより、株式の内容として全部取得条項を有する種類株式とし、その呼称を「普通株式」から「全部取得条項付株式」に変更する等の内容の議案
②　全部取得条項付株式の取得の件
　相手方が、基準日の株主名簿に記録された株主の有する全部取得条項付株式を、平成20年3月25日に取得し、これと引き換えに同株式1株につき0.00004937株の割合で新たな普通株式を交付する旨の議案
(乙23の1及び2)

8　申立人らによる取得反対の意思表示と本件申立て
㈠　申立人らは、相手方発行に係る普通株式を有していた株主であり、具体的には、申立人X_1が30株、同X_2が27株、同X_3が30株、同X_4が30株、同X_5が1株、同X_6が10株、同X_7が1株をそれぞれ有していた(以下、申立人らが保有していた相手方株式を「本件株式」という。)。
(乙33、審問の全趣旨)

㈡　申立人らは、本件株主総会に先立ち、相手方に対し、本件決議に反対する意思を通知し、かつ、本件株主総会において本件決議に反対し、平成20年3月4日、当庁に対し、株式取得価格の決定を申し立てた。
(甲1の1から甲8の4まで)

9　相手方株式の上場廃止
　ジャスダックは、相手方の株式が株券上場廃止基準2条1項17号(全部取得)に該当するとして、平成20年3月16日をもって上場廃止(最終取引日は同月14

日）とした。

(乙3、19、24)

10　本件株式の取得

本件株式は、本件決議に基づき、平成20年3月25日（以下「本件取得日」という。）、相手方に取得された。

(乙25、審問の全趣旨)

三　争点及び当事者の主張の要旨

本件の争点は、本件株式の取得価格が1株当たり幾らかという点である。

【申立人らの主張】

1　本件株式の客観的時価

(一)　市場株価によることができない特別の事情の存在

本件株式の客観的な時価を評価するに当たっては、以下のとおり、評価時点に近接した市場株価によることができない特別の事情がある。

(二)　平成19年3月期における減損処理等による市場株価の一時的急落

(1)　のれんとは、企業の取得原価としての支払対価総額と被取得企業から取得した資産及び引き受けた負債に配分された純額との間に生じる差異のことであるが、本来、「20年以内のその効果の及ぶ期間にわたって、定額法その他の合理的な方法により、規則的に償却する」必要がある（「企業結合に係る会計基準」三、2．(4)）。したがって、減損会計によりのれんを一括償却すると、今後最大20年間にわたり償却費の負担が軽減され、減損処理を行わなかった場合と比べて、利益が増加することになる。減損会計によるのれんの一括償却で、一時的に時価が急落した場合、特に、決算が赤字となった場合には、その直後の短期間の時価は、今後20年にわたる必然的な増益を反映していないという意味で、企業の客観的価値を正しく反映していない。

(2)　企業の客観的価値は、そもそも将来キャッシュフローを現在価値に割り引くことによって得られる。連続する複数の期間に発生するキャッシュフロー及び残存価格を現在価値に割り引き、これらを合計する方法がDCF法である。

他方、減損処理は、キャッシュアウトを伴わない、単なる帳簿上の操作にすぎないから、減損処理を行うか行わないかは、キャッシュフローに一切影響せず、企業の客観的価値に影響を与えないはずである。

したがって、のれんの減損処理等によって市場株価が一時的に急落した場合、市場株価は企業の客観的価値を正しく反映していないというべきである。

(3)　むしろ、相手方の売上高は、毎年前年超を継続しており、収益率、営業成績は、平成19年3月期中間期末（平成18年9月末）には、大幅な改善傾向にあった。こうした傾向が市場株価に反映されなかったのは、平成18年から平成19年3月期までの間のJIMOS社及びAirborne社の集中的な特別損失の計上やのれん償却による一時的な損失の計上により、業績予想がマイナスとなっていたためであり、相手方の株式は、株式市場で実態価値以上に売り込まれていたというべきである。

(三)　本件中間業績概況の公表による業績の上方修正

相手方は、本件公開買付け期間中の平成19年11月21日、本件中間業績概況により、黒字転換を公表した。上方修正による経常利益は、4億5000万円であり、東洋経済新報社の「会社四季報」予想の3億円を50%も上回るものであった。投資情報会社である株式会社フィスコも、これを上方修正とし、ヤフーファイナンスにおいて、「好材料」であるとした。したがって、本来であれば、株価は、6万円を超えて大幅に上昇したはずである。しかし、本件中間業績概況の公表が本件公開買付け公表後であったため、裁定が働き、株価が6万円を超えることはなかった。

本件公開買付け公表後に市場予測を上回る経常利益が発表され、DCF法による株価も、類似公開企業乗数比較法による株価も、上方修正前の株価を上回るとしている場合、求めるべき企業の客観的価値は、上方修正後の客観的価値である。上方修正前の市場株価が、DCF法や類似公開企業乗数比較法による株価を大きく下回るのであるから、本件では、上方修正前の短期間の市場株価に依拠することはできず、DCF法や類似公開企業乗数比較法による株価が客観的価値を表しているということができる。

(四)　1株当たりの純資産額をも下回った市場株価

(1)　市場は、常に、実態価値以上に大きく変動する。特に、相手方のようなコンテンツ関連企業は、そうである。こうした中で、市場株価を基本にして「取得の価格」を決めるためには、少なくとも、その市場株価が実態以上に売り込まれていないということを最低限満たす必要がある。

(2)　申立人らは、本件MBOによって、相手方の株式を強制的に奪われ、相手方から排除される立場にある。これは、会社が倒産して清算した場合の株主の立場と実質的には一致する。会社が倒産した場合、理念的に株主は、1株当たりの純資産に当たる金額の価値を有している。MBOで「取得の価格」を考える場合には、少なくとも会社は存続するのであるから、市場株価が申立人らが本件株式を奪われる時点での1株当たりの純資産を下回った場合、その市場株価は、客観的な価値を反映しているとはいえず、実態以上に売り込まれているとみるべきである。

(3)　ところが、相手方が「取得の価格」の基本とすべきと主張する相手方の株式の市場株価の単純平均は、1株当たり4万2606円ないし4万9026円であり、これは、1株当たりの純資産額（平成18年3月期末で5万7118円、平成19年3月期末で5万0311円である。）を下回っている。

したがって、上記市場株価の単純平均は、実態以上に売り込まれた結果とみるべきであって、相手方の客

観的な企業価値を反映していない。
　(五)　キャッシュフロー計画が市場に開示されていないこと
　相手方の短期の市場株価は、良好なキャッシュフロー計画が開示されない状況で形成されたものであり、相手方の客観的価値を反映していない。
　(六)　MBOは構造的に利益相反関係があること
　(1)　非公開化目的のMBOについては、株主と経営者との間の利益相反性が特に問題とされている。つまり、できる限り低い対価で株式を取得したいと考える買い手（経営者及び投資ファンド等）と、できる限り高い価格での買取りを求める売り手（株主）との間に、構造的かつ深刻な利益相反関係が認められる。そのため、株主の利益保護の観点からの配慮が不可欠である。
　(2)　相手方は、堀その他取締役らが、自ら公開買付けにおける売り手の立場をも併せ持つことから、本件における利益相反の程度は低いという。しかし、堀については、本件MBOの実施に先立って自らの相手方株式を1株約24万円の高値で売却し、巨額の金額を既に回収している。また、堀は、本件MBO終了後、相手方の取締役にとどまり、かつ、第三者割当増資による再出資をすることを予定している。他の取締役らについても、同様に、取締役に留任すること及び第三者割当による資本出資が予定されている。このように、堀その他取締役らは、本件MBO後の相手方の株主としての地位が約束されており、かつ、会社の出資者としての地位を回復することになるため、会社から否応なく閉め出されることとなる一般株主とは、利害を異にしている。また、本件MBO後の相手方の経営者として本件公開買付け資金を借入先へ返済すべき立場にある堀その他取締役らにとって、買付価格は低いほど都合がよく、したがって、できる限り高値での買取りを求める立場にある一般株主とは、正に利害が対立する関係にある。
　(3)　第三者委員会についても、その中立的役割の実効性について疑問があるのみならず、業績の状況について十分に開示されていない第三者委員会に判断の一端を委ねたとしても、買付価格の適正を示すものではない。
　(七)　本件公開買付けの応募比率が9割に達していないこと
　MBOを進める買収者は、通常、株式交換、全部取得条項付株式を利用した取得等の効力が後に裁判所によって否定される事態を避けるために、9割以上の株式を確実に取得することを考える。これまで、MBOがされたケースで、公開買付けの応募比率が9割を切ったものは本件以外には存在しない。このことは、本件MBOが特殊であり、しかも、買付価格自体が著しく低く公正な価格ではなかったということを間接的に証明するものである。
　また、一般に、非公開化を目的としたMBOの一連の手続においてされる公開買付けにおいて、一般の少数株主の多くは、公開買付けに応募しなければ株式を市場で売却して資金を回収することができなくなるとの不安・恐怖から、やむなく公開買付けに応じる傾向が強い。これら応募者は、買付価格が適正であることを認めた上で公開買付けに応じるわけではない。こうした応募への圧力（強圧性）により、一般株主は、提示される買付価格が公正な価格よりも不当に低い場合であっても、公開買付けに応じざるを得ない。したがって、そもそも、結果的に多数の株式が買い付けられたとしても、それは、当該買付価格が適正な価格であることを示すものではない。
　(八)　全上場期間の平均株価
　相手方の市場株価は、ジャスダックに上場した平成12年12月21日から本件MBO及び本件公開買付けを実施することが公表された平成19年10月31日までの1688営業日のうち87％に当たる1473営業日において、6万円を超えて推移しており、相手方の全上場期間（7年間）の平均株価は12万7237円である。
　2　付加すべきプレミアムについて
　(一)　会社法172条にいう「取得の価格」とは、株式を手放さずに保有し続けていたら得られたであろう企業の価値ないし利益であり、これは会社の現在の正味価値プラス将来的な増加利益に相当する。この将来得られたであろう利益には、MBOにより達成される利益増加分も含まれる。
　旧商法においては反対株主の買取価格を「決議ナカリセバ其ノ有スベカリシ公正ナル価格」としていたが、会社法785条等の株式買取請求に関する各条項は、「公正なる価格」とし、合併等組織再編がされなかった場合の企業価値のみならず、組織再編等が行われたことにより得られるシナジー効果を加えた将来利益（期待権）をも、株主に対して保障することを可能としたものである。この趣旨は、個々の株主の意思に反して会社から閉め出されることとなる全部取得条項付株式の取得価格についても当然に妥当する。
　本件のような非公開化目的のMBOにあっては、その意に反して会社から閉め出される少数株主に対して、取得日（基準時）現在の会社の価値に加え、株式を保持し続けていれば将来増加したであろう会社の利益ないし期待に相当する価値分が支払われるべきである。この付加されるべきプレミアムは、①MBOがされなくても、将来増加したとされる企業価値と、②非公開化目的のMBOの遂行により増加する企業価値とに分けられる。そして、本件では、②のMBOにより達成することのできる企業価値増加分としては、組織再編の際に生じるシナジー効果に相当するものは認め難いとしても、(a)上場及び外部株主維持のためのコスト削減による利益及び(b)利益相反関係にある株主への対応コスト（いわゆるエージェンシー・コスト）の削減による利益を挙げることができる。これらの利益は、いずれも株主が会社から閉め出されることにより

会社（買取者）が受けることのできる利益であり、株主が強制的に株式を奪われることによって失うことになる非公開化達成後の将来的な企業価値増加分である。したがって、かかる利益は、当然に株主に支払われるべきものである。

　(二)　MBOにおいて、期待権、すなわちプレミアムは6割が標準であり、本件公開買付価格における4割はかなり低い数値である。申立人らは、本件の期待権は、平均である6割を大きく上回ると考えているが、本件では、平均の6割を下回ってよいとする疎明資料が相手方からは何ら提出されていないから、原則として、少なくとも期待権の平均である6割を基準に適正な期待権を算定すべきである。

　(三)　公開会社の株主は、株式の時価がDCF法に基づく価格を下回る場合には売却せず、時価がDCF法に基づく価格を反映したときに初めて売却する自由を有する。そうだとすれば、少なくとも、期待権を含めた「公正な価格」がDCF法に基づく価格を下回ることは、許されないというべきである。

　なお、DCF法の基になるキャッシュフローは、上ぶれすることがあるのだから、DCF法に基づく価格を基礎としつつ、これに期待権を上乗せすることは、全く問題がない。とりわけ、MBOにおいて、取締役は、なるべく保守的なキャッシュフロー計画を立てることが自己の利益になるのだから、現実のキャッシュフローがこれを上回る可能性は極めて高いというべきである。

　そして、①過去に全上場期間の平均を下回った事例がないこと、②期待権の平均が6割であること（上記(二)）、③市場予測を上回る経常利益が発表されていること、④申立人側で算定したDCF価格は、下限でも10万円を大きく上回ること等から、相手方がDCF法による価格算定の根拠（β値、リスクプレミアム）等を明らかにしないのであれば、①から④までを根拠に、適正な期待権を算定すべきである。

　3　以上の1及び2までを考慮して、取得価格を決めるべきであるが、市場株価が客観性を保っていないのであるから、少なくとも本件では、DCF法等が適用されるべき事例である。

　DCF法による適正な1株当たりの価値は、10万5040円から16万7817円の間である。そして、公正な価格は、DCF法による価格を下回らないものであり、しかも、DCF法による価格にプレミアムを加算すべきである。プレミアムは6割が相当であるから、公正な価格は、16万8064円から26万8507円の間である。

　したがって、申立人らは、公正な価格としてDCF法による下限を基準とした1株16万8064円を主張する。

【相手方の主張】
　1　市場株価によるべきこと
　(一)　取得日において非上場であっても、直前まで株式市場に上場していた株式の評価については、市場株価が企業の客観的価値を反映していないと認められる特別の事情がない限り、取得日（評価時点）にできる限り近接した市場株価を基本として評価すべきである。

　(二)　本件では、平成19年10月31日、CJ社が、相手方の株式及び新株予約権について、同年11月1日から同年12月13日までを期間として本件公開買付を行う旨及び本件公開買付における相手方の株式1株当たりの買付価格が6万円である旨が公表されたため、裁定が働き、同年11月1日以降の相手方の株式の市場株価は、5万7200円から5万9600円の範囲で推移し、出来高も少なく、相手方の株式の客観的価値を反映していないと認められる特別の事情がある。

　(三)　したがって、本件公開買付が公表された同年10月31日より前の一定期間（1か月、3か月、6か月、以下「本件評価対象期間」と総称する。）の市場株価をもとに本件株式の評価がなされるべきところ、同年10月30日までの過去1か月間の単純平均値は4万9026円、同過去3か月間の単純平均値は4万2606円、同過去6か月間の単純平均値は4万5564円である。

　2　市場株価によることができない特別の事情についての申立人らの主張に対する反論
　(一)　平成19年3月期におけるのれんの減損処理等について

　本件JIMOS社株式減損処理①、本件JIMOS社株式減損処理②及び本件Airborne社株式減損処理は、本件MBOと全く無関係に行われた、会計基準に基づく適正な処理であり、その公表に当たり市場が過剰に反応して市場株価が実態以上に下落することのないように配慮されている。なお、ロングリーチグループと相手方との間で本件MBOに関して具体的な検討を開始することを前提とした秘密保持契約が締結されたのは平成19年6月1日のことであり、ロングリーチグループが相手方代表者堀との間で本件MBOの検討を開始したのも同年5月下旬ころのことである。他方、本件JIMOS社株式減損処理①を行うことが公表されたのは、本件MBOの初期的検討が行われる半年以上前の平成18年11月17日であり、相手方が本件JIMOS社株式減損処理②を行う予定であることも、本件JIMOS社株式減損処理①の実施の公表と同様に、同日公表されている。本件JIMOS社株式減損処理①及び本件JIMOS社株式減損処理②は、いずれも本件MBOのための意図的なものでも、恣意的なものでもなかったのである。本件Airborne社株式減損処理が会計基準に従ったものであって、何ら恣意的なものでなかったことも、本件JIMOS社の場合と同様である。

　また、のれんの減損処理が行われ、公表された場合、投資家は、のれんの減損処理が必要となる程度にまで将来キャッシュフローの見込み等が悪化したというのれんの減損処理の原因となった事実を織り込んで、当該企業の収益力や将来の業績見通しなどに対する期待を合理的に修正する。したがって、かかる投資家の将来への期待が修正された結果、市場株価が変動

した場合は、変動後の市場株価こそが、企業の客観的価値を反映したものというべきである。本件ＪＩＭＯＳ社株式減損処理①、本件ＪＩＭＯＳ社株式減損処理②及び本件Airborne社株式減損処理は、これにより相手方株式の市場株価が実態以上に下がったと評価されるべきものではなく、これらの減損処理後の市場株価こそが、相手方の企業としての客観的価値を反映したものというべきである。

(二) 本件中間業績概況の公表について

(1) 本件中間業績概況の内容と、平成19年5月22日に公表済みの通期業績予想の内容を比較すると、本件中間業績概況の通期業績予想に対する進捗率は、43％から48％にとどまっている。換言すれば、本件中間業績概況の内容は、通期業績予想を実績が上回ることを示唆するものではなく、通期業績予想の公表により、既に市場株価に織り込まれていた範囲内のものであり、業績予想の「上方修正」ではない。

(2) 平成19年11月1日以降の相手方及び株式市況の諸事情にかんがみれば、本件公開買付け公表による裁定が働かなければ、相手方株式の市場株価は本件評価対象期間の市場株価の平均を大幅に下回っていた可能性が高い。そうだとすれば、本件株式の客観的価値は、本件評価対象期間の相手方株式の市場株価の平均を下回ることこそあれ、これを上回ることはあり得ない。

(三) 1株当たりの純資産額を下回った市場株価について

市場株価が1株当たり簿価純資産額を下回ることはまれなことではない。株価純資産倍率（ＰＢＲ）が1倍を下回る上場企業が多数あることは、証券市場に関する公知の事実である。したがって、市場株価が1株当たり純資産を下回ることは「特別の事情」に当たらない。なお、平成20年3月31日現在の相手方の1株当たり連結純資産は、2万9135円にすぎず、本件取得日である同月25日の1株当たり純資産額は本件評価対象期間の市場株価を大幅に下回っている。

(四) キャッシュフロー計画の不開示について

将来のキャッシュフロー計画の開示は証券取引所の適時開示規則において開示が義務づけられる事項ではなく、実現可能性について不確実性が存するため、これを開示することは、株価操作や風説の流布等にもなりかねず、開示している上場企業はほとんどない。したがって、これが開示されていないことをもって市場株価の客観性が否定されることなどない。

(五) 本件ＭＢＯにおける利益相反性

(1) 利益相反の観点から最も重要なのは、株式の買い手としての地位を有するのか、株式の売り手としての地位を有するのかという点である。経済産業省の平成19年9月4日付け「企業価値の向上及び公正な手続確保のための経営者による企業買収（ＭＢＯ）に関する指針」（乙31。以下「ＭＢＯ指針」という。）においても、「ＭＢＯを行う取締役が保有していた株式の処分方法やＭＢＯにおける出資比率によって、利益相反性には差異が生じ得る」とされている。本件では、相手方の代表取締役堀、取締役Ａ、同Ｂ及び同Ｃは、本件公開買付けにおいてその有する相手方株式のすべてを売却しているし、再出資額も売却代金の一部にとどまる。したがって、上記4名は、売り手としての地位を有しているから、利益相反性は薄い。

(2) 申立人らは、堀が本件ＭＢＯの実施以前に相手方株式を売却していることを主張するが、堀が売却したのは、本件ＭＢＯ公表の2年近く前のことであり、本件とは全く無関係である。

(六) 本件公開買付けの応募比率等について

本件ＭＢＯの手続においては、株主の適切な判断機会が十分確保されていたが、それでも少数株主保護の権利を実際に行使したのは申立人らのみであり、本件公開買付けに応じた株主は89.77％に上った。これは、本件公開買付価格が妥当であったことを示すものである。

(七) 全上場期間の平均株価について

本件は、あくまで本件取得日現在の「取得の価格」が問題となるのであり、かかる価格の決定において平成12年12月21日以降の全上場期間の株価及びその平均値は一切関係がない。

(八) ＤＣＦ法による評価について

時価よりもＤＣＦ法による価格が高い場合にはＤＣＦ法を基準とすべきであるというのは、複数の株式価値の算定方法について、それぞれの客観性や合理性の有無にかかわらず、申立人らに最も有利な算定結果を基に取得価格を定めよというものであって、不合理である。また、ＤＣＦ法は、3年後、5年後といった将来のキャッシュフローの予測を基礎とした株式価値算定の手法であるところ、変化の激しい今日の経済環境において、3年後や5年後のことについて、確実な予測をすることは不可能である。さらに、ＤＣＦ法は、種々の見積もりに基づく算定手法であるため、正確性や客観性の確保が困難な算定手法であって、算定者毎に算定結果は大きく異なり得る。本件株式に係るＤＣＦ法による株式価値の算定結果は、市場株価に比して客観性が劣る。

3 付加すべきプレミアムについて

(一) ＭＢＯにおいては、公開買付けと全部取得条項付種類株式の利用による完全子会社化という一連の手続で株主の集約が図られるのみであり、当該法的手続それ自体で事業、資産、従業員等の一体化による相乗効果、すなわちシナジー効果が期待される合併等の組織再編行為と異なり、シナジー効果は生じない。したがって、本件株式の「取得の価格」の決定に当たり、シナジー効果を加えた将来利益を考慮することは妥当でない。

(二) 本件株式の取得価格決定に当たって、仮に何らかのプレミアムを考慮するとしても、強制的取得に

より「継続して保有する権利」が奪われることで失われる「今後の株価の上昇」に対する期待権という不明確ないし誤解を招く概念を前提とするのは妥当ではない。また、申立人らが主張する「上場及び外部株主維持のためのコスト削減による利益」、「利益相反関係にある株主への対応コスト（いわゆるエージェンシー・コスト）の削減による利益」は、そもそもその性質上多額に上るものとはいえない。

(三) 仮に、MBOに際して実現される価値についても考慮するとしても、MBOにより実現される価値の株主への分配について、一義的・客観的な基準に基づく判断をすることは困難である。このような価値は、①MBOを行わなければ実現できない価値と、②MBOを行わなくても実現可能な価値とに区分することが概念整理として可能であるが、それぞれの価値を算定することや、①の価値のうち、株主及び取締役が受けるべき部分につき、一義的・客観的な基準を設けることは困難である。

また、①の「MBOを行わなければ実現できない価値」の創出のほとんどは、その実現の不確実性についての危険を享受して当該MBOに参画する経営者・取締役や外部の投資家等、新規株主の事業改善努力に依存しており、基本的にはそれら投資家が負担することになる事業上・財務上のリスクと表裏一体のものである。したがって、そのようなリスクを負担しない株主に対して分配されるべき金額を過大に評価することは、新規株主のインセンティブを阻害し、社会経済上客観的に望ましい取引を妨げる結果となり、不当である。

(四) 申立人らは、6割程度のプレミアムが標準である旨主張する。しかし、公開買付けにおける買付価格は、対象会社の資産内容、財務状況、収益力及び将来の業績見通しなどを考慮し、かつ、関係当事者との交渉や、公開買付けの成立の見込みなどを考慮した上で決定されるものである。結果的に生じたプレミアムは、個々の企業毎の事情により大きく異なるから、一義的・客観的な基準はないし、他社の例も参考とならない。

(五) 相手方は、本件株主総会を開催するに当たって、株主総会参考書類及び種類株主総会参考書類や、説明用のQ&Aにおいて、全部取得条項付株式の取得の対価として交付する普通株式の割当ての結果生じる1株未満の端数については、その合計数に相当する株式を、裁判所の許可が得られることを条件に、CJ社に売却し、又は相手方が買い取ること、その場合に株主に交付される売却代金については平成20年3月24日（取得基準日）現在において株主が保有する相手方株式1株につき6万円の割合で計算した金額とすることを予定していることなどを説明し、本件株主総会における議案の説明においても同様の説明を行った。さらに、CJ社は、本件公開買付けに係る公開買付届出書において、本件MBOのプロセスや、取締役の利害関係について他の案件と比較しても相当程度詳細な開示を行い、株主の適切な判断機会を確保したほか、本件MBOに関連する少数株主の権利保護を目的とした会社法上の手続として、反対株主の株式買取請求権及び取得価格決定の申立ての権利が会社法上規定されていることを明記した。相手方が本件株主総会を開催するに当たって一般株主に送付した説明書においても、かかる権利の説明を行った。このように、相手方の株主は、応募の当否を判断するための十分な情報が事前に与えられ、かつ、本件公開買付けに応募しなかった場合に保有する株式の価値が大幅に下落するなどの強圧性にさらされることなく、完全に任意の判断をなし得る状況にあった。かかる状況で、89.77%もの多数の株主が、自由意思により本件公開買付けへ応募しており、本件取得日現在の相手方株式を保有する株主3703名のうち、会社法116条及び117条に基づく株式買取請求権を行使した株主はおらず、同法172条に基づく取得価格決定の申立てを行ったのも、申立人らのみ、すなわち、わずか7名のみであった。

これは、仮にプレミアムを考えるとしても、本件公開買付価格が適正なものであったことを裏付けるものである。したがって、本件株式の取得価格も、かかる本件買付価格の額を超えることはない。

(六) 本件公開買付けの主体（買い手）となったCJ社の株式は、本件公開買付け開始前においてはロングリーチグループの投資主体がそのすべてを保有し、本件公開買付け後も、その株式の大半は依然としてロングリーチグループの投資主体が保有することが予定されていた。すなわち、本件は、実質的には相手方及びその取締役から独立した第三者の外部投資家であるロングリーチグループによる相手方の買収とも言い得るものであった。他方、相手方の取締役である堀、A、B及びCは、本件公開買付けにおいてその有する相手方株式のすべてを売却しており、いずれも株式の売り手としての地位を有するものであった。本件株式の取得価格を定めるに当たっては、本件MBOは外部投資家主導型のMBOであり、相手方の取締役は他の一般株主と同様に株式の売り手としての地位を有し、他の一般株主の立場に近い利害関係を有していたという、本件MBOの本質を踏まえた適切な判断を行う必要がある。

さらに、相手方は、本件公開買付けに賛同の意見を表明するに当たり、本件MBOの透明性及び客観性を高めるべく、相手方及びCJ社の双方から独立した者（社外取締役2名を含む。）からなる第三者委員会を設置した。第三者委員会は、本件公開買付価格を含む検討を行い、本件MBOの実行に賛同する旨の答申を行うことを決議した。本件においては、このように、第三者委員会の設置等、意思決定過程における恣意性の排除、価格の適正性を担保する客観的状況の確保につき、必要かつ十分な措置が講じられた。

(七) DCF法は、将来期待できる経済的価値を現在価値に引き直して株式価値を算定する方法であり、

現在の株式価値は将来の株式が生み出すであろう価値を織り込んでいる。したがって、仮にＤＣＦ法を採用した場合には、その算定結果に加えて、将来における株価の上昇を考慮する必要はないので、プレミアムを加えることはできない。

(八) ＥＢＩＴＤＡ倍率による評価とは、株価をベースに企業価値を算定し、それが足下ＥＢＩＴＤＡ（現在進行している決算期の予想ＥＢＩＴＤＡ）の何倍かを見るという指標である。ＥＢＩＴＤＡ倍率による評価は、会社の収益力を反映する指標として最も一般的に用いられているものであり、ＥＢＩＴＤＡ倍率が高いほど、企業価値が割高であるということになる。資本市場では、ＥＢＩＴＤＡ倍率で7～8倍程度であっても割高と考えられているが、申立人らの主張する16万8064円という価格は、ロングリーチグループが平成19年10月2日の提案時点で想定していた足下ＥＢＩＴＤＡ（16億1000万円）を基準とすると、ＥＢＩＴＤＡ倍率で25倍を超える水準となり、非常に割高な価格ということになる。

(九) 本件公開買付けにおける6万円という買付価格は、本件公開買付け公表前の過去1か月間、3か月間、6か月間の相手方株式の市場株価の単純平均値に対してそれぞれ約22.38％、約40.83％、約31.68％のプレミアムを加えたものである。本件のプレミアムが、これを上回ることはあり得ない。

第三 当裁判所の判断
一 本件株式取得価格決定申立ての適法性について
　前提事実8によると、申立人らによる本件株式の株式取得価格決定の申立ては適法にされたものということができる。
二 本件株式取得価格について
　1 会社法172条1項の趣旨と取得価格の決定における裁判所の裁量

（一）会社法172条1項は、全部取得条項付種類株式の取得の決議において定められた対価に不服のある反対株主が、裁判所に対し、取得価格の決定の申立てをすることができることを定めている。この取得価格の決定申立制度は、上記決議がされると、全部取得条項付種類株式を発行している種類株式発行会社が、決議において定められた取得日に、これに反対する株主の分も含め、全部取得条項付種類株式を全部取得することになるため（同法171条1項、173条1項）、その対価に不服のある株主に、裁判所に対して自らが保有する株式の取得価格の決定を求める申立権を認め、反対株主等の有する経済的価値を補償することにより、強制的に株式を剥奪されることになる株主の保護を図ることをその趣旨とするものである。したがって、取得価格の決定の申立てがされた場合において、裁判所は、上記の制度趣旨に照らし、当該株式の取得日における公正な価格をもって、その取得価格を決定すべきものと解するのが相当である。

（二）一般に、譲渡制限の付されていない株式を保有する株主は、当該株式を即時売却するか、それとも継続して保有するかを自ら選択することができるのであって、各時点において、これを売却した場合に実現される株式の客観的価値を把握しているだけでなく、これを継続して保有することにより実現する可能性のある株価の上昇に対する期待を有しており、この期待は、株式の有する本質的な価値として、法的保護に値するものということができる。ところが、発行会社による株式の強制的取得が行われると、これによって、株主は、自らが望まない時期であっても株式の売却を強制され、株価の上昇に対する上記の期待を喪失する結果となるのである。そうであれば、裁判所が、上記の制度趣旨に照らし、当該株式の取得日における公正な価格を定めるに当たっては、①取得日における当該株式の客観的価値に加えて、②強制的取得により失われる今後の株価の上昇に対する期待を評価した価格をも考慮するのが相当である。これを本件において言い換えると、①は、ＭＢＯが行われなかったならば株主が享受し得る価値と、②は、ＭＢＯの実施後に増大が期待される価値のうち既存株主が享受してしかるべき部分ということができる。

（三）そして、裁判所による価格の決定は、客観的に定まっている過去の株価を確認するものではなく、新たに「公正な価格」を形成するものであって、取得日における当該株式の客観的価値や上記の期待を評価した価格を算定するに当たり考慮すべき要素は、複雑多岐にわたる反面、これらがすべて記録上明らかとなるとは限らないこと、会社法172条1項が取得価格の決定基準については何ら規定していないことを考慮すると、会社法は、取得価格の決定を、記録に表れた諸般の事情を考慮した裁判所の合理的な裁量に委ねたものと解するのが相当である（最高裁第一小法廷昭和48年3月1日決定・民集27巻2号161頁、最高裁第三小法廷平成21年5月29日決定・公刊物未登載）。

2 本件取得日における相手方株式の客観的価値（ＭＢＯが行われなかったならば株主が享受し得る価値）

（一）一般に、株式市場においては、投資家による一定の投機的思惑など偶然的要素の影響を受けつつも、多数の投資家の評価を通して、企業を取り巻く経済環境下における、個別企業の資産内容、財務状況、収益力及び将来の業績見通しなどが考慮された企業の客観的価値が株価に反映されているということができる。したがって、異常な価格形成がされた場合など、当該市場株価がその企業の客観的価値を反映していないと認められる特別の事情のない限り、評価基準時点にできる限り近接した市場株価を基本として、当該株式の客観的価値を評価することが相当である。

もっとも、市場株価は、上記のとおり投資家による一定の投機的思惑など偶然的要素の影響を受ける面もあるから、このような市場における偶然的要素による

株価の変動を排除するため、評価基準時に近接した、かつ、公開買付けの公表等による影響のない一定期間の市場株価の平均値をもって当該株式の客観的価値であると判断するのが相当である。そして、この趣旨からすると、通常であれば、本件公開買付け公表前1か月間の市場株価の終値による出来高加重平均値をもって算定した価格を本件取得日における相手方株式の客観的価値とみてよいものと解すべきである。

　(二) 当該市場株価がその企業の客観的価値を反映していないと認められる特別の事情の有無
　　(1) 平成19年3月期における減損処理等により市場株価が一時的に急落し企業の客観的価値を正しく反映していないという申立人らの主張について
　　ア　各項末尾掲記の疎明資料及び審問の全趣旨によると、以下の事実を認めることができる。
　　(ア) 本件JIMOS社株式減損処理①
　相手方がJIMOS社を関連会社化した際のJIMOS社株式の取得価格は、1株当たり平均25万2126円、合計31億2100万円であったのに対して、平成19年3月期中間期末である平成19年9月30日の直前の同月25日（JIMOS社株式の上場廃止日）における同社株式の市場株価の終値は9万5500円であった。
　金融商品に関する会計基準（企業会計基準第10号）によれば、時価（同会計基準6項によれば、時価とは、公正な評価額をいい、市場において形成されている取引価格、気配又は指標その他の相場に基づく価額をいい、それがない場合には合理的に算定された価額を公正な評価額とするとされている。）が著しく下落したときは、回復する見込みがあると認められる場合を除き、時価をもって貸借対照表価額とし、評価差額は当期の損失として処理しなければならない（同基準20項）とされている。相手方は、この会計基準に従い、前記のとおりJIMOS社株式の市場価格が取得価格に比して著しく下落していたため、JIMOS社株式について単体業績で19億3900万円の関連会社株式評価損を計上した上で、連結業績においても19億円の持分法投資損失を計上することとし、本件JIMOS社株式減損処理①を行った。
　相手方は、平成18年11月17日、本件JIMOS社株式減損処理①を行うこと及び平成19年3月期下期においてJIMOS社株式に係る約46億円ののれんの追加償却を特別損失として計上する予定であり、72億円の連結純損失を予定していることを公表した。
　本件JIMOS社株式減損処理①を行った平成19年3月期中間期に係る中間連結財務諸表及び単体中間財務諸表については、いずれも、独立監査法人である新日本監査法人の無限定適正意見が付されている。
　　　　　　　　（乙6、35の1、2、乙36の3）
　　(イ) 本件JIMOS社株式減損処理②
　相手方は、平成18年10月1日付けで、JIMOS社を相手方の完全子会社とした。その際、JIMOS社との株式交換契約締結日である平成18年5月15日の直前の同社株価（15万3000円）を基に、同社株式の評価額を算定し、相手方の連結財務諸表上、51億7992万6000円がのれんとして計上された。これは、企業結合会計基準三2．(2)③、企業結合会計基準注解（注6）及び（注7）、企業結合会計基準及び事業分離等会計基準に関する適用指針第38項に従ったものである。
　固定資産の減損に係る会計基準（同基準一及び二8）は、減損の兆候（例えば、経営環境の著しい悪化やその見込みがあることや、市場価格が著しく下落したこと。同基準二1から3まで）がある場合には、減損損失を認識するかどうかの判定を行い、減損損失を認識すべきであると判定された場合には、帳簿価額を回収可能価額まで減額し、当該減少額を減損損失として当期の損失にすることとしている。相手方は、上記(ア)のとおりJIMOS社株式の市場株価が大幅に下落していたこと、化粧品通販市場における競争の激化、非上場化による流動性の喪失等の事情があったことから、上記会計基準に照らして、明らかに減損の兆候が存在しており、減損処理を行うべきであると判断した。そして、平成19年5月21日、減損金額が連結業績において49億8500万円と確定したので、本件JIMOS社株式減損処理②を行う旨公表し、これを実施した。
　本件JIMOS社株式減損処理②を行った平成19年3月期通期に係る連結財務諸表及び単体財務諸表については、いずれも、独立監査法人である新日本監査法人の無限定適正意見が付されている。
　　　　　　　　（乙6、36の1、2）
　　(ウ) 本件Airborne社株式減損処理
　相手方は、平成17年6月30日、現地法人を通じて、Airborne社株式を取得し、同社を相手方の子会社とし、その際、58億7800万円ののれんを計上した。しかし、Airborne社の業績は伸び悩み、今後も競争の激化が予想されることが見込まれた。
　相手方は、固定資産の減損に係る会計基準に照らし、特別損失4億3500万円を計上して、本件Airborne社株式減損処理を行うこととし、平成19年5月21日、本件JIMOS社株式減損処理②とともに公表した。
　本件Airborne社株式減損処理を行った平成19年3月期中間期に係る中間連結財務諸表及び単体財務諸表についても、いずれも独立監査法人である新日本監査法人の適正意見が付されている。
　Airborne社の業績は、平成20年3月期においても低迷し、相手方は、平成20年3月期下期において、同社株式に係るのれんの追加償却を行っている。
　　　　　　　　（乙6、27の1、2、乙36の1、2）
　　イ　上記アの認定事実によると、上記ののれんの減損処理等は、会計基準に基づく適正な処理であり、また、既に平成18年11月及び平成19年5月に公表されたものであって、本件MBOとは無関係に行われたものであり、その公表時期も本件公開買付けが公表

された時期（その前日が平成19年10月30日）とかなり離れているということができる。したがって、このような減損処理等による市場株価の変動があったとしても、変動後の市場株価こそが減損処理の原因となった事情を織り込んだ、企業の客観的価値を反映した株価というべきである。よって、本件における前記各減損処理は、当該市場株価がその企業の客観的価値を反映していないと認められる特別の事情には当たらない。

ウ　申立人らは、前記第二の三【申立人らの主張】1（二）のとおり主張するが、その主張は申立人らの独自の見解に基づくものであって採用することができず、他にのれんの減損処理によって相手方の市場株価が実態価値以上に売り込まれたと認めるべき的確な根拠はない。

(2)　本件中間業績概況の公表は業績の上方修正であり、本件公開買付けの裁定が働かなければ市場株価は大幅に上昇していたはずであるという申立人らの主張について

ア　各項末尾掲記の疎明資料及び審問の全趣旨によると、以下の事実を認めることができる。

(ｱ)　相手方は、平成20年3月期中間期連結の売上高、経常利益、当期純利益について、平成19年3月期中間期の実績値との差異が生じた（その主な原因は、前中間期に、連結していなかったJIMOS社を連結子会社としたことなどによる。）。

相手方が上場していたジャスダックの「上場有価証券の発行者による会社情報の適時開示等に関する規則」第3条第1項(4)号によれば、当事業年度における数値と公表された前事業年度の実績値の差異が、売上高について10％、経常利益又は当期純利益について30％以上となった場合には、当該上場会社は直ちにその内容を開示しなければならないとされている。

相手方は、上記の規則に定める差異が生じたため、同規則に基づく義務として、平成19年11月21日、本件中間業績概況の公表を行った。
　　　　　　　　　　　　　　（乙36の3、乙37、38）

(ｲ)　しかし、相手方は、前記第二の二2(四)(2)のとおり、平成19年5月22日に平成20年3月期の連結業績予想を公表しており、この公表済みの通期業績予想の内容と本件中間業績概況の内容とを比較すると、売上高について48％、営業利益について47％、経常利益について45％及び純利益について43％の進捗率にとどまっている。
　　　　　　　　　　　　　　　　　（乙34、37）

イ　上記アの認定事実によると、平成19年11月21日における本件中間業績概況の公表は、業績予想の上方修正ではないというべきである。また、本件中間業績概況の内容は同年5月22日の時点で既に市場株価に織り込まれていたといえるから、本件公開買付けの裁定が働かなければ、本件公開買付けが公表された当時（その前日が平成19年10月30日である）の市場株価が大幅に上昇していたはずであるということもできない。

したがって、前記第二の三【申立人らの主張】1（三）の申立人らの主張を検討しても、平成19年10月30日当時の当該市場株価がその企業の客観的価値を反映していないと認められる特別の事情があるということはできない。

(3)　申立人らのその余の主張について

ア　さらに、申立人らは、前記第二の三【申立人らの主張】1のとおり、上記(1)及び(2)の他に、①DCF法や類似公開企業乗数比較法による評価額を下回る市場株価は客観性を保っていないからDCF法等を適用すべきであること、②1株当たりの純資産額をも下回った市場株価は企業の客観的価値を反映していないといえること、③キャッシュフロー計画が市場に開示されていないこと、④MBOは構造的に利益相反関係があるところ、本件においてもそうである上、第三者委員会の実効性にも疑問があること、⑤本件公開買付けの応募比率が9割に達していないこと、⑥相手方の全上場期間の平均株価は12万7237円であることを、当該市場株価がその企業の客観的価値を反映していないと認められる特別の事情として主張する。

イ　しかしながら、DCF法等による株価の算定も、複数ある株価算定手法の一つにすぎず、これによる算定結果が市場株価に比して定型的に客観性の高いものであるということはできない。また、市場株価がDCF法等による評価額を下回ったとしても、そのような事情はよく見られることであり、これをもって当該市場株価がその企業の客観的価値を反映していないと認められる特別の事情に当たらないことは明らかである。

ウ　市場株価が当該会社の1株当たり純資産額を下回ることはまれではなく、そのような企業が多数あることは公知の事実である。しかも、本件では、そのような事態が生じたのは一時期にすぎない上、平成19年3月期末の1株当たりの純資産額は5万0311円であったというのであるから、後述する本件公開買付け公表前1か月の市場株価の終値による出来高加重平均値（5万1133円）の方が上回っている。本件のように、一時期市場株価が当該会社の1株当たり資産額を若干下回る時期があったとしても、その場合に、そのことによって市場株価が企業の客観的価値を反映していないと認められる特別の事情があるといえないことは明らかである。

エ　また、将来のキャッシュフロー計画を市場に開示することは一般的に要求されるものではなく、それが市場に開示されていないからといって市場株価が企業の客観的価値を反映していないとはいえない。

オ　さらに、一般論として、MBOには構造的な利益相反関係が認められるという評価があるとしても、そのことが一定期間の市場株価と直接関係するものではないから、MBOの事案であるということにより、当該市場株価がその企業の客観的価値を反映していないと認められる特別の事情があるということはできない。

カ　そして、本件公開買付けの応募比率が9割に達していないといっても、89％を超えている（前提事実5）上、元々応募比率をもって上記特段の事情と見るのは困難であり、この点も、特段の事情に当たらないことは明らかである。
　キ　また、全上場期間の平均株価は12万7237円であるなどといった点も、検討すべき市場株価の時期について既に述べたところに照らすと、長期間にわたる株価を検討しても意味がないことは明らかであり、この点も前記特別の事情に当たらない。
　ク　よって、前記①から⑥までの点を挙げる申立人らの主張は、いずれも失当である。
　(三)　小括
　(1)　上記(二)のとおり、市場株価がその企業の客観的価値を反映していないと認められる特別の事情として申立人らが主張する点は、いずれも理由がないか、失当であり、本件においては、相手方の市場株価がその企業の客観的価値を反映していないと認められる特別の事情があるということはできない。したがって、本件公開買付け公表前1か月間の市場株価の終値による出来高加重平均値をもって算定した価格を本件取得日における相手方株式の客観的価値とみるのが相当である。
　(2)　疎明資料（甲17、乙4、19）によると、相手方株式の、本件公開買付け公表日前日までの1か月間の市場株価の終値及び出来高は別紙のとおりである。
　そうすると、本件取得日における相手方株式の客観的価値、すなわち、MBOが行われなかったならば株主が享受し得る価値は、1株当たり5万1133円と認めることができる。
　3　強制的取得により失われる今後の株価の上昇に対する期待を評価した価格（MBOの実施後に増大が期待される価値のうち既存株主が享受してしかるべき部分）
　(一)　既存株主に対して分配されるべき「MBOの実施後に増大が期待される価値」
　(1)　上記2のとおり、本件取得日における相手方株式の客観的価値、すなわち、MBOが行われなかったならば株主が享受し得る価値は、1株当たり5万1133円と認められるが、この評価額には、本件MBOが実施されたことや、元々は普通株式を保有していた既存株主がその時点での売却を望まないのに売却を強制されるものであることが考慮されていない。他方、本件MBOを実施して相手方株式を取得する投資家であるロングリーチグループ及び相手方経営陣は、MBOの実施によって自ら集約的にリスクとリターンを引き受けるのであるから、MBOの実施後に増大が期待される価値は、基本的にはこれらの者に分配されるべきであるということもできる。
　しかしながら、この増大が期待される価値も、その土台の相当部分は既存の株主全員の保有していた株式に由来するものである上、既存株主は、本来その保有する株式を売却するか継続保有するかを自ら選択することができるのに、これを強制的に取得されてしまうのである。したがって、衡平の観点から、MBOの実施後に増大が期待される価値についても、既存株主に対して分配すべき部分があることを考慮しなければならない。
　加えて、会社の非公開化目的のMBOについては、当然にその買付価格につき経営陣、投資家、大口株主等において検討、交渉がされ、また、株主全員に関係する諸手続が進行するわけであるから、成立したMBOの買付価格は、これらの交渉等や手続の結果と評価することもできる一方、できる限り低い対価で株式を取得したいと考える買い手（経営者及び投資家）と、できる限り高い価格での買い取りを求める売り手（既存株主）との間に、構造的な利益相反関係があると考えられる。したがって、MBOの実施に当たって、この利益相反関係が抑制され、適正かつ公正な買付価格の提示がされているか否かという観点から、各種措置、交渉経過と交渉当事者の立場、MBO手続の公正さ等を吟味する必要がある。
　(2)　そうすると、本件の場合は、①MBOの目的や実施後の事業計画から予測される収益力や業績についての見通しのほか、②利益相反関係に配慮した措置、買付価格についての交渉の有無、経過、旧経営陣の立場等に照らし、MBOが、いわゆる独立当事者間（支配従属関係にない当事者間）において、第三者機関の評価を踏まえ合理的な根拠に基づく交渉を経て、合意に至ったなどと評価し得る事情があるか、また③適切な情報開示が行われた上で、対象会社に対する株式公開買付けが成立し、株主総会において全部取得条項付種類株式の発行と取得が承認されるなど、一般に公正と認められる手続によってMBOの一連の手続が行われたと認められるかなど、諸々の事情を総合考慮して、既存株主に対して分配されるべき「MBOの実施後に増大が期待される価値」を算定するのが相当である。
　(二)　以上の考え方に従って本件の事実経過を検討するに、各項末尾掲記の疎明資料及び審問の全趣旨によると、以下の事実を認めることができる。
　(1)　MBOの目的や実施後の事業計画から予測される収益力や業績についての見通し
　ア　相手方は、本件MBOの目的について、以下のとおり明らかにしている。
　相手方は、モバイルインターネット市場の多様化と更なる拡大、とりわけモバイル広告市場において、平成23年までの平均年間成長率が26.9％と予測され、特に平成19年は前年比42.5％と最も著しい成長が予測されるところ、その成長機会に迅速に対応して成長を実現するため、モバイルインターネット市場におけるビジネスモデルの拡張や、化粧品通販事業でのマーケティング力の強化を目指し、一定程度の先行投資が必要と判断した。具体的には、これまでの各事業を通じて構築してきたプラットフォームの一層の拡充を促し、従来以上にメディ

ア価値の高いプラットフォームの創造を目指すこと、積極的な広告宣伝戦略を展開すること、新製品の投入や既存製品のリニューアルを実施すること等である。また、相手方は、新たなプラットフォームの強化により、広告事業を既存事業に続く収益獲得の柱として育成し、また、当該プラットフォーム上の会員を、既存のモバイル・コンテンツ事業、コマース事業及びソリューション事業等に環流することにより、既存事業収益力の増大を図り、さらに各事業において獲得した会員のプラットフォーム内での循環を図ることにより、事業間シナジーを追求し、収益機会の最大化を目指すこととした。

相手方は、上記のような中長期的な観点で企業価値の向上を達成するため、市場環境が整いつつあるこのタイミングが経営資源投下の大きな機会と捉え、新たなプラットホーム事業の確立のための体制の整備等を実行することが急務であると判断した。相手方は、かかる体制の整備等のための大規模な投資や広告事業の収益化を実施すれば、短期的には業績の成長鈍化が生じたり、中長期にわたり利益の変動性が高まるリスクがあるため、このようなリスクを一般株主が負うことを回避するとともに、企業価値の向上を速やかに実現するためには、柔軟かつ迅速な経営戦略の実現が可能となるMBOの手法による非公開化を行うことが最善であると判断した。

(乙2)

イ　後述するとおりロングリーチグループから依頼を受けた日興シティグループ証券株式会社(以下「日興シティグループ証券」という。)は、2007(平成19)年10月23日付け株式価値算定書において、相手方の有価証券報告書、半期報告書、決算短信等の公表された資料のほか、相手方から提供された事業内容及び過去の業績に関する資料その他の情報、相手方へのヒアリングにより入手した事業戦略及び財務予測に関する情報、相手方と事業内容等が類似する公開会社の財務数値及び相手方の株式に関連する公開情報等を検討して、同月22日を株式価値算定の基準日として、以下のとおりに相手方株式の価値を評価した。

(ｱ)　市場株価法では、平成19年10月22日を基準日として、対象者の株価終値の1か月平均、3か月平均及び6か月平均並びに基準日の株価終値を基に、1株当たりの株式価値の範囲を4万1591円から5万4800円までと算定した。

(ｲ)　類似公開企業乗数比較法では、対象者と比較的類似する事業を手掛ける上場企業の市場株価や収益性等を示す財務指標との比較を通じて、対象者の株式価値を評価し、1株当たりの理論株式価値の範囲を、2007年度予想EBITDAの場合には4万6752円から6万1470円まで、2008年度予想EBITDAの場合には5万4462円から6万5558円までと算定し、1株当たりの株式価値の範囲を4万6752円から6万5558円までと算定した。

(ｳ)　DCF法では、対象者の収益予測や設備投資計画等の諸要素を前提として、対象者が将来生み出すと見込まれるフリー・キャッシュ・フローを一定の割引率で現在価値に割り引いて企業価値及び株式価値を評価し、1株当たりの理論株式価値の範囲を5万5657円から6万8938円までと算定した。

(甲11)

ウ　以上のほかに、本件MBO実施後の相手方の事業計画から予測されるその収益力や具体的な見通し及び将来のキャッシュフロー計画については、相手方もロングリーチグループも明らかにしていない。

(審問の全趣旨)

(2)　利益相反関係に配慮した措置、買付価格についての交渉の有無、経過、旧経営陣の立場等

ア　ロングリーチグループは、堀との間で、平成19年5月下旬ころから、相手方の長期的な企業価値の維持・向上を目的として、相手方の非公開化の検討を開始し、日興シティグループ証券をフィナンシャル・アドバイザーとして選任し、また、森・濱田松本法律事務所をリーガル・アドバイザーとして選任し、議論・検討を重ねた。

堀は、上記の交渉開始時には、MBOをすると決めていたわけではなく、ロングリーチグループによる非公開化以外にも様々な選択肢を検討し、ロングリーチグループの提案が株主及び相手方にとって魅力的なものでなければ合意することはできない旨を明言し、ロングリーチグループが独占交渉権を付与するよう依頼したのに対しては、複数のオプションを検討しているのでロングリーチグループにのみ独占交渉権を与えるわけにはいかないと述べて、これを拒否した。

ロングリーチグループは、相手方の事業や資産等に対するデュー・ディリジェンス実施前の初期的な提案として、平成19年7月19日に、1株当たり5万9828円という買付価格の提案をした。

ロングリーチグループは、その後、相手方のビジネス、法務、会計、税務についてのデュー・ディリジェンスを行い、これと並行して、金融機関に対して買収資金の融資を行うよう交渉した。ところが、その間に、相手方株式の市場株価が、前記予備的な提案をした日の終値が4万4500円であったのに、同年9月21日の終値が3万1200円となるなど下落傾向が続いた。また、かかるデュー・ディリジェンスの過程においても、相手方の既存モバイル・コンテンツ事業について、現状の収益性を今後も維持することが容易ではなく、今後収益が減少するリスクがあることが明らかになってきた。さらに、新規のモバイル広告事業についても、事業として立ち上がらないリスクや、立ち上がるにしても当初想定したよりもより多くの時間と資金を必要とするリスクがあることが明らかになってきた。加えて、金融機関との交渉においても、当初は、約66億円から85億円程度の借入れができることを想定していたが、

10行近くの金融機関と折衝を重ねた結果、借入可能額は66億円を大幅に下回ることが明らかになった。そして、最終的に融資を受けることができたのは、50億円にとどまった。このような状況を受け、ロングリーチグループは、同年10月2日に、当初提示価格よりも低い1株当たり5万6000円という買付価格を提示した。

しかしながら、堀は、かかる価格では不十分であるとして、交渉により少しでも買付価格を引き上げるべく、厳しい態度を示し、同月5日、ロングリーチグループに対して「10月2日付貴社レターに関する件」（乙47）を手渡し、買付価格の引き上げを強く求め、1株当たり6万円を下回ることは許容できないという姿勢を明確にした。

その後も、堀は、自ら、又は自身のアドバイザーを通じて、「6万円台後半でないと、大株主の賛同は得にくいし、仮にＴＯＢを開始したとしても、敵対的買収者が現れるリスクも排除できない」などと繰り返し主張した。

ロングリーチグループとしては、かかる堀の強い主張を受けて再度検討を行い、最終的な提案として、同月18日付けで、1株当たり6万円という買付価格を提示した。

（乙19、42、44、46、47、60）

イ　堀は、平成19年10月18日開催の相手方取締役会において、本件公開買付けを含む本件ＭＢＯの実行を検討している旨及び本件ＭＢＯを行う理由並びにその内容について説明した上で、本件公開買付けを含む本件ＭＢＯの実行を提案した。

相手方取締役会は、上記提案を検討するに当たって、フィナンシャル・アドバイザーとして、相手方及びロングリーチグループから独立した第三者評価機関である公認会計士キャスト国際共同会計事務所を指名し、本件ＭＢＯに対する包括的な助言及び相手方の株式価値の算定について依頼した。また、法律顧問として、弁護士法人キャスト糸賀を指名し、本件ＭＢＯに関する法的助言について依頼した。

相手方取締役会は、同日、弁護士法人キャスト糸賀の助言を得て、本件ＭＢＯの手続の公正さを確保し、本件ＭＢＯの透明性及び客観性を高めるべく、相手方及びロングリーチグループの双方から独立した者（社外取締役2名を含む。）から構成される第三者委員会を設置し、第三者委員会に対して、本件公開買付けを含む本件ＭＢＯの当否及びその条件について、ロングリーチグループとの間で協議・交渉を行った上で、相手方取締役会に対して意見を提出することを委託する決議を行った。

上記第三者委員会の委員には、社外取締役であるＤ及びＥ、弁護士である斉藤芳朗並びに三菱商事株式会社顧問兼藍澤證券株式会社社外監査役であるＬが選定された。

第三者委員会は、同年10月18日から、検討を開始し、その結果、同月30日、相手方取締役会に対して、相手方取締役会が「当社株式の大量買付行為への対応策（買収防衛策）」を条件付で廃止することを前提として本件公開買付けを含む本件取引の実行に賛同する旨の答申を行うことを決議した。

（乙20、21）

ウ　他方・ロングリーチグループは、日興シティグループ証券に対し、本件公開買付価格の決定の参考資料とする相手方株式の価値の評価を依頼した。日興シティグループ証券が提出した株式価値算定書における各評価方法による相手方株式価値の算定結果は、前記(1)イのとおりである。

（甲11、乙2、20、21）

エ　ロングリーチグループは、市場株価法、ＤＣＦ法及び類似公開企業乗数比較法を比較検討した上、日興シティグループ証券が提出した株式価値算定書を参考に、相手方の第三者委員会及び代表取締役社長であって大株主でもある堀とそれぞれ別個に行った協議・交渉の結果や、相手方による本件公開買付けへの賛同の可否及び本件公開買付けの見通し等も踏まえ、既存株主に対して相手方株式の市場株価にプレミアムを付した買付価格を提示することが相当であると判断し、前記第三者委員会の決議を受けて、前記のとおり、同月30日、本件公開買付価格を1株当たり6万円とした上で、本件公開買付けを実施することを決定した。

（乙2）

オ　相手方の取締役会は、平成19年10月31日、利害関係を有する取締役を除く相手方の取締役、監査役全員が出席し、第三者委員会の前記答申を踏まえた上で、社外取締役を含めた決議に参加した取締役の全員一致により、後記カのとおり買収防衛策の条件付廃止を決議するとともに、本件公開買付けに賛同の意見表明をする旨の決議を行った。また、相手方の監査役全員も、上記決議に賛同の意見を表明した。

（乙2、20、21）

カ　堀及びＡは、ＣＪ社に対して再出資を行うこととされていたが、元々ロングリーチファンドがＣＪ社の100％株主であり、堀及びＡのＣＪ社に対する再出資は、持株比率にして、堀は7.88％、Ａが0.18％と予定されていたにすぎなかった。また、ＣＪ社の取締役は、堀のほかはロングリーチファンドが指名し、ロングリーチファンドの指名する取締役1名がＣＪ社の代表取締役となり、完全子会社化後の相手方の取締役のうち、過半数はロングリーチファンドが指名するとされており、ＣＪ社及び相手方の支配権はロングリーチグループが握ることになった。

（乙2、20）

キ　6万円という本件公開買付価格は、相手方株式のジャスダックにおける本件公開買付けにかかる取締役会決議の日の前営業日である同月30日の終値に約13.4％の、過去1か月間の単純平均値4万9026円（小数点以下四捨五入）に対して約22.4％、過去3か月の終値の単純平均値4万2606円（小数点以下四捨五

入）に対して約40.8％の、過去6か月の単純平均値4万5564円（小数点以下四捨五入）に対して約31.68％のプレミアムを加えた金額に相当する。

(乙2)

 (3) MBOの手続
  ア 公開買付期間の設定と買収防衛策の廃止等
 ロングリーチグループは、相手方株式及び新株予約権について、他の買付者による買付けの機会を確保するために、本件公開買付けの買付期間を比較的長期間である30営業日に設定した。また、ロングリーチグループと相手方との間で、相手方株式及び新株予約権の買付けについて、他の買付者による買付けの出現及び遂行を阻害するような合意をしないこととした。さらに、相手方取締役会は、平成19年6月28日開催の相手方定時株主総会において導入した「当社株式の大量買付行為への対応策（買収防衛策）」について、第三者からの買付け機会を確保して本件MBOの公正性に配慮するために、本件公開買付け及び本件公開買付けの公開買付期間中に公開買付者以外の者により開始された相手方株式に対する公開買付けの公開買付期間が終了するまでの間、停止するとともに、上記の公開買付けのいずれかが成立することを停止条件として、当該買収防衛策を完全に廃止することを決議した。

(乙2、20、21)

  イ 公開買付者による情報開示
   (ア) ロングリーチグループは、平成19年10月31日、プレスリリースにおいて、①相手方経営陣と共にMBOにより相手方を非公開化させるための一連の取引の一環として、相手方の発行済普通株式及び新株予約権のすべてを取得することを目的に本件公開買付けを実施すること、②本件公開買付けでは、ロングリーチファンドが発行済株式の全部を保有しているCJ社が相手方の発行済普通株式を1株につき6万円で買い付けること、③その買付価格は、前記(2)キのとおり、プレミアムを付した価格であること、④ロングリーチグループが日興シティグループ証券から取得した株式価値算定書は、前記(1)イのとおりの内容であること、⑤ロングリーチグループは、前記(2)エのとおり、各評価方法を比較検討して買付価格を決定したこと、⑥相手方の第三者委員会及び堀とそれぞれ別個に行った協議・交渉の結果や、相手方による本件公開買付けへの賛同の可否、本件公開買付けの見通し等も踏まえ、プレミアムを付した上で、本件公開買付価格を1株当たり6万円と決定したことなどを公表した。

(乙2)

   (イ) CJ社は、平成19年11月1日付け公開買付届出書において、上記(ア)のとおりの本件公開買付けを実施する背景及び理由並びに買付価格の算定の経緯等の情報、ロングリーチファンドが堀と締結するMBO契約書及びAと締結する参加契約の内容、相手方の取締役とロングリーチファンドの最終的な出資比率や取締役の役職の継続予定等の相手方の取締役が本件公開買付けを含む本件MBOについて有する利害関係について開示した。

(乙20)

  ウ 相手方による情報開示
   (ア) 相手方は、平成19年10月31日、「当社株式に対する公開買付けに関する賛同意見表明のお知らせ」において、①本件公開買付けが成立した場合、CJ社は、相手方の発行済株式総数の3分の2以上の株式を取得することになるが、本件公開買付けで相手方の全株式（自己株を除く）を取得できなかった場合には、CJ社は、本件公開買付け成立後、本件公開買付けの決済日以降の日を基準日として、相手方の発行するすべての普通株式に全部取得条項を付すこと及び相手方の株式の全部取得と引換えに別個の相手方株式を交付することを付議議案に含む株主総会並びに前者を付議議案に含む普通株主による種類株主総会を開催することを検討していること、②CJ社は、本件公開買付けが成立した場合には相手方の総議決権の3分の2以上を保有することになるが、上記の株主総会及び普通株主による種類株主総会において上記各議案に賛成する予定であること、③上記各手続が実行された場合には、相手方の発行するすべての普通株式は全部取得条項が付された上で、すべて相手方に取得されることとなり、相手方の株主には当該取得の対価として別個の相手方株式が交付されることになること、④交付されるべき当該相手方株式の数が1株に満たない端数となる株主に対しては、法令の手続に従い、当該端数の合計数を売却することによって得られる金銭が交付されること、⑤当該端数の合計数の売却価格については、本件公開買付価格を基準として算定される予定であるが、算定の時点が異なるため、この金額が本件公開買付価格と異なることがあり得ること、⑥全部取得条項が付された相手方の普通株式の取得の対価として交付する相手方株式の数は、相手方を公開買付者の100％子会社とするため、1株に満たない端数となるよう決定する予定であること、⑦全部取得条項の導入と取得の手続に関連する少数株主の権利保護を目的とした会社法上の規定として、全部取得条項を付する定款変更に際しては、会社法116条及び117条その他の関係法令の定めに従って、株主がその有する株式の買取請求を行うことができ、また、全部取得が株主総会において決議された場合には、会社法172条その他の関係法令の定めに従って、当該株式の取得の価格の決定の申立てを行うことができること、⑧これらの方法による1株当たりの買取価格及び取得価格は、最終的には裁判所が判断することになるため、本件公開買付価格と異なることがあり得ること、⑨本件公開買付けの結果、ジャスダックの株券上場廃止基準に該当した場合、相手方の株券は、所定の手続を経て上場廃止となる可能性があることなどを公表した。

(乙2)

(イ)　相手方は、平成19年11月１日付け意見表明報告書において、本件公開買付けに応募することを推奨すること、その根拠及び理由、買付価格の評価の公正性を担保するための措置及び利益相反を回避するための措置としての株主に対する十分な情報開示、意思決定過程における恣意性の排除、価格の適正性を担保する客観的状況の確保について（その内容は、前記(2)イからオまで及びキのとおりである。）明らかにした。

(乙21)

　(ウ)　相手方は、本件株主総会を開催するに当たって、株主総会参考書類及び種類株主総会参考書類や、説明用のＱ＆Ａにおいて、①全部取得条項付株式の取得の対価として交付する普通株式の割当ての結果生じる１株未満の端数については、その合計数に相当する株式を、裁判所の許可が得られることを条件に、ＣＪ社に売却し又は相手方が買い取ること、②その場合に株主に交付される売却代金については平成20年３月25日（取得基準日）現在において株主が保有する相手方株式１株につき６万円の割合で計算した金額とすることを予定していることなどを説明し、株主総会における議案の説明においても同様の説明を行った。

(乙23の１、２、乙29)

　エ　相手方の既存株主と本件公開買付けに対する応募

　(ア)　相手方の平成19年３月31日現在の大株主は、Ｍ（11.15％）、堀（9.27％）、株式会社リクルート（8.73％）、オムロン株式会社（3.72％）、バイエリッシュフェラインスバンクアーゲーカスタマーアカウント（常任代理人株式会社三菱東京ＵＦＪ銀行）（3.45％）、Ｃ（2.97％）、株式会社らうむず（2.77％）、日本テレビ放送網株式会社（2.58％）、株式会社イマジカ・ロボットホールディングス（2.43％）、Ｊ（1.27％）であり（括弧内の割合は持株比率）、上記各株主の合計持株比率は48.34％であった。

(乙２、６)

　(イ)　ＣＪ社は、本件公開買付け前には、相手方株式を１株保有していたのみであったが、本件公開買付け後は、相手方株式の持株比率は89.77％となった。すなわち、相手方の株主のうち89.77％の株主が本件公開買付けに応募した。

　全部取得条項付種類株式の本件取得日（平成20年３月25日）現在の相手方の株主は3703名であったが、会社法116条及び117条に基づく株式買取請求権を行使した株主はいなかった。また、同法172条に基づく取得価格決定の申立てを行った株主は、申立人ら７名のみであった。

(甲12、乙２、20、21、22、30)

　(ウ)　対抗的な公開買付けや買収提案はなされなかった。

(審問の全趣旨)

(三)　前記(一)記載の考え方に従って、上記(二)の事実経過を前提に検討する。

　(1)　上記(二)の認定事実(1)のとおり、本件においては、本件ＭＢＯに至る経過やその目的、相手方株式の客観的価値の試算は示されているものの、本件ＭＢＯの実施後の相手方の事業計画から予測されるその収益力や業績についての具体的な見通し、将来のキャッシュフロー計画は明らかにされていない。また、ＭＢＯの実施後に増大が期待される価値のうち既存株主に対して分配されるべき部分を客観的かつ一義的に算出する評価方法は未だ確立されているとは言い難い。もっとも、日興シティグループ証券が、公開されている情報のほか、相手方から提供された情報や相手方へのヒアリングによって得られた情報、類似他社の情報等を基に類似公開企業乗数比較法及びＤＣＦ法で計算した結果では、相手方の１株当たりの株式価値は、４万6752円から６万8938円であり、これらの数値も一応の参考になるということはできる。しかし、本件においては、前記の本件ＭＢＯに至る経過やその目的、交渉内容等に照らし、ＭＢＯの実施後に実現される価値があるはずであり、それが場合によっては、全体の株式価格として５万円台あるいは６万円台以上に及ぶであろうといった程度の認定は可能であるが、その価値の具体的額や、そのうち既存株主に対して分配されるべき部分を客観的かつ一義的に算出することはできない。

　(2)　そこで、さらに検討すると、本件においては、上記(二)の認定事実(2)に照らすと、相手方の取締役会は、本件ＭＢＯに賛同するに当たっては、公認会計士事務所及び法律顧問をそれぞれ選任し、助言や株式価値の算定を依頼した上、相手方及びロングリーチグループから独立した第三者委員会を設置し、同委員会にロングリーチグループとの協議・交渉と本件ＭＢＯについての意見の提出を依頼し、これらに基づき、本件公開買付けに賛同したものであり、これは、第三者機関の株式評価を踏まえた交渉が存在し、利益相反関係についても一定の配慮がされていたものと評価することができる。

　また、前記認定事実によると、相手方の旧経営陣である堀及びＡは、本件ＭＢＯ実施後も相手方の経営に当たるものの、相手方の株式はすべてＣＪ社が保有し、ＣＪ社の株式のうち堀及びＡが保有する部分は合計10％に満たないものであることが予定されている。さらに、ＣＪ社及び相手方の取締役の構成等からも、ＣＪ社及び相手方の経営権は堀及びＡではなく、ロングリーチグループが保有するものということができる。さらに、堀は、相手方の大株主であったところ、本件公開買付けにおける買付価格を決定するに至る交渉において、１株当たり６万円に満たない価格を提示するロングリーチグループに対し、大株主の賛同を得る見込みなどを主張しながら厳しい態度で臨み、その結果、買付価格を１株当たり６万円とすることで合意している。

以上を合わせ考えると、本件ＭＢＯは、いわゆる独立当事者間（支配従属関係にない当事者間）において、第三者機関の株式評価を踏まえるなど合理的な根拠に基づく交渉を経て、合意に至ったものと認めることができ、利益相反関係の問題についてもこれを抑制する措置が講じられていたということができる。

　　(3)　さらに、上記(二)の認定事実(3)のとおり、情報開示等が行われている。そして、相手方の大株主（上記(二)の認定事実(3)エ(ｱ)）の中に、本件ＭＢＯに反対し、会社法116条及び117条に基づく株式買取請求権を行使した株主及び同法172条に基づく取得価格決定の申立てを行った株主はいなかった。

　そうすると、本件においては、前記情報開示の内容がかなり周到なものであり、強圧性も乏しいことをも考えると、一般に公正と認められる手続によってＭＢＯの一連の手続が行われて、本件ＭＢＯが成立したと評価することができる。

　　(4)　以上の事情、特に、本件公開買付けにおける堀及びＡの立場や、堀の厳しい交渉姿勢もあって買付価格が１株当たり６万円にまで上昇していることは、同価格が、ＭＢＯの実施後に増大が期待される価値のうち既存株主に分配されるべき部分を最大限織り込んだものであることを示すものと認めるのが相当である。そして、同価格は、計算上、本件取得日における相手方株式の客観的価値である１株当たり５万1133円に、17.34％のプレミアムを加えたものとなることを認めることができる。

　　(四)　小括
　以上のとおり検討したところを総合すると、本件株式の取得価格は１株当たり６万円と定めるのが相当である。

　　(五)　申立人らの主張について
　　(1)　他方、申立人らは、ＭＢＯの期待権（プレミアム）の標準は６割であり、本件はかなり低い数値であるところ、相手方は、標準の６割を下回ってよいとする疎明資料を何ら提出しないから、少なくとも期待権の平均である６割を基準に適正な期待権を算定すべきであるとか、期待権を含めた「公正な価格」がＤＣＦ法に基づく価格を下回ることは許されないというべきであるなどと主張する。

　しかしながら、ＭＢＯの期待権（プレミアム）の標準が６割であると認めるに足る疎明資料はないし、前述のとおり、プレミアムを一律の基準をもって判断することはできない。また、既に検討したところからすると、本件は、取得価格の算定に当たって、「期待権（プレミアム）」として幾らが相当なのかを算出して、これを付加するという方法にはよらず、前記(一)(2)の利益相反関係に配慮した措置、買付価格についての交渉の有無、経過、旧経営陣の立場等に照らし、ＭＢＯが、いわゆる独立当事者間（支配従属関係にない当事者間）において、第三者機関の評価を踏まえた合理的な根拠に基づく交渉を経て、合意に至ったと評価し得る事情があるか、また、適切な情報開示が行われた上で対象会社に対する株式公開買付けが成立し、株主総会において全部取得条項付種類株式の発行と取得が承認されるなど一般に公正と認められる手続によってＭＢＯの一連の手続が行われたと認められるかという点から、裁判所の合理的な裁量によって取得価格を決定するのが相当な事案である。したがって、これと異なり、ＤＣＦ法に基づいて株価を算出し、それを基準に取得価格を決定すべきであるという申立人らの主張は、当裁判所の採用するところではない。

　　(2)　さらに、申立人らは、第三者委員会の中立的役割の実効性について疑問があるとか、業績の状況について十分に開示していない第三者委員会に判断の一端を委ねたなどと主張する。しかし、これらの点についての認定判断は既に説示したとおりであり、本件ＭＢＯの成立に至る手続全体から評価すれば、申立人らが主張する点は、前記の当裁判所の結論を左右するものではない。

　　(3)　そのほか、本件株式のプレミアムが１株当たり8867円（合計価格６万円）より高い又は低いと判断すべき的確な資料は見当たらない。

　三　結論
　以上のとおりであるから、会社法172条１項を適用して、主文のとおり決定する。
　　裁判長裁判官　菅野博之
　　　裁判官　馬渡直史　西村英樹

（別紙）

日付	終値	出来高	終値×出来高
平成19年10月１日	41,000	492	20,172,000
平成19年10月２日	41,500	398	16,517,000
平成19年10月３日	44,000	467	20,548,000
平成19年10月４日	45,300	991	44,892,300
平成19年10月５日	46,200	533	24,624,600
平成19年10月９日	48,200	1,284	61,888,800
平成19年10月10日	46,000	1,558	71,668,000
平成19年10月11日	47,900	767	36,739,300
平成19年10月12日	48,600	630	30,618,000
平成19年10月15日	49,200	1,085	53,382,000
平成19年10月16日	46,700	504	23,536,800
平成19年10月17日	46,000	855	39,330,000
平成19年10月18日	49,150	502	24,673,300
平成19年10月19日	53,200	1,952	103,846,400
平成19年10月22日	54,800	1,869	102,421,200
平成19年10月23日	55,900	3,788	211,749,200
平成19年10月24日	54,300	1,992	108,165,600
平成19年10月25日	51,500	1,608	82,812,000
平成19年10月26日	52,600	1,127	59,280,200
平成19年10月29日	54,600	1,679	91,673,400
平成19年10月30日	52,900	1,586	83,899,400
終値単純平均値(①)	出来高合計(②)	（終値×出来高）合計(③)	
49,026.190	25,667	1,312,437,500	
		出来高加重平均値 (③)÷(②) 51,133	

Ⅱ 外国判例編

18 ネッツマート事件

In re NETSMART TECHNOLOGIES, Inc. SHAREHOLDERS LITIGATION, Del.Ch., 924 A.2d 171 (2007)

筑波大学法科大学院教授　德本　穰

Ⅰ 事案の概要

　事案の概要は、以下の通りである。ネッツマート社は、行動の健康や福祉サービスを行う機関向けにソフトウェアを供給する主要な企業であり、とりわけメンタル・ヘルス等におけるサービスの分野において強い存在であった。その後、2006年11月17日に、ネッツマート社は、インサイト・ベンチャー・パートナーズおよびベッセマー・ベンチャー・パートナーズの2つのプライベート・エクイティ企業との間で合併を行うことを内容とする契約を締結した。この状況において、ネッツマート社の株主は、大要、①この契約の締結において、ネッツマート社の取締役会は、戦略的な買収者の中からも売却先の候補を探すような戦略的な買収者の関心を引き起こす試みをしておらず、その売却の過程には瑕疵があり、②委任状説明書についても、財務アドバイザーが将来期待されるキャッシュ・フローの評価を行うのに用いる算定書類を開示しておらず、重要な不備がある等として、合併を差し止める暫定的差止命令を求めた。より具体的には、ネッツマート社の株主は、上記①について、(i)特別委員会は、限られたプライベート・エクイティ買付者の中から最高の価格を引き出すような合理的な職務を行わず、(ii)ネッツマート社の取締役会は、可能性のある戦略的な買収者のすべてについて勧誘をせず、不合理に行動しており、②については、(i)取締役会に提出された特定の算定書類を委任状説明書が含んでおらず、(ii)合併に関する公正な意見書の発行に関連して用いられ、取締役会にも提出され、将来のキャッシュ・フローの評価を準備するにあたって用いられた、まとまった算定書類も、委任状説明書が提供しておらず、(iii)特定の事項についても、委任状説明書が明らかにしていない、と主張していた。

Ⅱ 判決要旨

　「暫定的差止命令による救済を是認するためには、原告は、(1)訴訟上の請求の実体的事項について勝訴の可能性が高いこと、(2)差止が認められない場合に、急迫かつ回復不能の損害を被ること、そして、(3)不利益の比較衡量が差止を発することに与すること、を疎明しなければならない。」

　「会社を売却して現金を取得するとの決定を行う際に、ネッツマート社の取締役会は、会社を取り巻く市場の状況の中で現実的に達成可能な最高の価格で会社を売却することを確保すべく合理的な努力を引き受ける信認義務を負った。この義務はしばしばレブロン義務と呼ばれるが、……この義務は、取締役会に、現実的に達成可能な最高の取引を得るために、論理的に健全な過程を経ることによって、合理的に行動することを要求するものである。そこで、例えば、買収の合意の締結の前に、すべての可能性のある買収者について、取締役会が勧誘していなかったという事実だけでは、取締役会が不合理に行動したことを必ずしも意味するものではない。我々の判例法は、個々の企業を取り巻く状況に応じて、合理的であろうと考えられる多様な売却のアプローチがあることを認めている。」

　「デラウエア州で設立された会社の取締役は、取締役が株主の行為を求める場合には、取締役会の管理するすべての重要な情報を十分かつ公正に開示しなければならない。省かれた事実がある場合に、もし、株主が議決を行う前に、合理的な株主であれば行われる熟慮や意思決定の過程におい

て、その事実が重要であると考えられる実質的な可能性がある場合にのみ、その事実は重要である。このことを換言すると、そこには、省かれた事実の開示について、合理的な投資家により、利用可能な情報のすべての素をかなり変更するものとして捉えられる実質的な可能性がなければならない。この目的のために、開示は、開示に関わるすべての事項について、釣り合いのとれた、正直で、かつ、重要でまとまりのある記述を提供するものでなければならない。」

「株主が、株式と引き換えに現金を取得することになる取引について、議決しなければならない場合に、取引の財務上の魅力に関する情報は、特に重要である。このことは、株主は、株式を保有し続けることと株式を手放して現金の支払を受けることについて、いずれが魅力的であるかを比較し評価しなければならないからであり、その計測は、株主による会社の将来のキャッシュ・フローの評価に重く依存している。」

「ネッツマート社の将来のキャッシュ・フローにおける利益を見捨てる代わりに、今現金を受け取るか否かという問題に直面して、ネッツマート社の株主は、明らかに、経営者や会社の財務アドバイザーによる将来のキャッシュ・フローについての最善の評価を知っておくことを重要であると考えるであろう。我々の州の判例における他の領域では、市場ではなく経営者が会社の将来について重要な洞察力を有しているという考えを信用してきた。それと同様に、公正であることを強いられる投資銀行の意見を用いることにも、重きが置かれてきた。そこで、株主が現金を取得して会社から離脱することを勧められる際に、経営者や特別委員会の構成員である投資銀行により作成された会社の将来のリターンについての最善の評価が開示される必要がないとすることは、正真正銘、愚かで、（おそらく、節操のない、不公正な）矛盾であるように思われる。このことは、特に、会社がゴーイング・プライベートを行い、重要な経営者の多くが、会社に経営陣として残り、オプションを取得したいような場合に、あてはまる。実際、この種の算定書類は、たぶん、投資家により最高に尊重される開示書類の中に含まれる。投資家は、割引率についての彼ら自身の評価や、あるいは、（すでに論じられた）市場における多数の評価を取り出すことができる。投資家がしたいと思うができないことは、会社の業績予想についての経営者による内部の見方を模写することである。」

「一旦、取締役会が開示においてある事柄を公表すると、重要でまとまりがあり、重要な事実が省かれていることによって偏りを生じない情報を提供する義務が伴うことになる。この理由によって、取引の公正さについての銀行による保証が株主に与えられる場合、その銀行の意見にいたるために用いられた評価方法と同様に、それらの分析によって作成された重要な投入量や最終的な価格の範囲についても、公正に開示されなければならない。そこで、その情報のある部分を提供することだけでは、いかに議決するかについて取締役会が勧告する際に依拠する投資銀行によって行われた実質的な職務について、その公正な要約を提供するという義務を満たすには、不十分である。」

「不一致がみられないわけではないが、当裁判所の判例によれば、取締役会がレブロン義務に違反したり合併の議決の前に重要な事実を開示することを怠ったと考えられる場合には、株主が回復不能の損害の虞に直面していないとの考えは、拒否されがちである。そこには、疑いなく、合理的な救済を積極的に定式化する契機があるが、そのためには、多くのコストや時間、そして、不可避的に、かなりの程度の不正確さや推測を伴うことになる。もし、取締役が市場の状況を適切に調べたり、株主がすべての重要な情報を与えられているとすれば、いかなることになるのかを、事実を基に探求することは、必然的に、論理的に考えられた推量を伴うものである。デラウエア州法の基本原則も、我々の裁判所がこの課題に対してとってきたアプローチの特色となっている。デラウエア州の会社法は、適切に動機付けられた取締役や情報を与えられ利害衝突のない株主により承認された事業上の決定を実行すべく努めている。この方法によって、我々の法は、株主を公正に取り扱うことを促進することの利益と、事業上の決定のもつ賢明さに司法が介入することを回避することの有用性との釣り合いをとろうと努めている。このように、承認や同意のような理論は、利害衝突のない株主が拒否の議決を行うことにより自らを守るための公正な機会を有する場合には、司法が取引を後知恵で批評することを避けるように機能する。」

「我々の法のこの特徴は中心的な重要性を有することから、不十分な開示に基いて、株主が重要

な議決を行うかもしれぬという場合には、当裁判所は、回復不能の損害の虞を一般的に認定してきた。追加的な開示を要求する差止を発することによって、裁判所は、株主に、十分な情報に基いて自ら考え、それによって、重要な議決や救済上の決定を自らの経済的な自身の利益に基いて行うという株主としての権利を擁護する機会を与えている。このアプローチによって、裁判所は、将来の訴訟のコストや取引上そして責任上の不明確性を減らしながら、結果として生じる議決に、より大きな積極的な効果が与えられることも確保してきた。」

「レブロン義務の状況において、この十分な開示という課題は、より広い救済上の問題に関わる。差止を認めないことが、より高額で、差し迫った、対抗オファーが永遠に現れないという可能性を呈する事案においては、我々の裁判所は、回復不能の損害の可能性を認めてきた。潜在的にレブロン義務の違反がみられるが対抗買付が現れないような他の事案においては、株主が自らのために決定を行うことができる場合に裁判所に唯一の取引を禁じさせるという無分別があってはならないとして、差止による救済が認められないことがしばしば前提とされている。これらの状況における差異は、実際には、理論上の問題としての株主に対する損害の回復不能の虞についてではなく、差止の可否から生じる異なった費用便益の計算についてである。すなわち、他のより高額の買付がなされた場合に、取締役会が選択した取引に対する差止は、公正なオークションを保証する効果を有しており、そのオークションにおいては、株主への比較的少ないリスクで、最も高額の買付者が打ち勝つことになるであろう。実際にも、多くの状況において、このことは、対抗買付者間の競争を通じて将来の損害賠償訴訟の可能性がかなりの程度に最小化されることを意味している。」

「対照的に、当裁判所が取引を禁じることを求められ、かつ、他のより高額の買付者がすぐには現れない場合には、他の人のお金でゲームをすることについては、控えめであることが適切であるとされてきた。しかし、そのような状況においてさえも、当裁判所は、開示の不足の問題に対して差止を認めることに躊躇してこなかった。重要な誤解や不完全な情報に基いて株主が今にも決定をしようとしている場合に、差止を発しないという決定は、株主が最前線での自己救済に従事する機会を

そこなわせ永遠に失わせることから、最も粗末な司法上の手段（株式買取請求や損害賠償を認めること）が用いられる可能性を最大化するものである。」

III 分析と展開

　本件において、デラウエア州衡平法裁判所は、大要、戦略的な買収者のための市場の探査を行わないという取締役会の決定や会社の将来期待されるキャッシュ・フローについて、よりまとまった、かつ、正確な情報が会社の取締役会により開示されるまでは、合併に関する議決について暫定的に差し止める命令を発するとの決定を下し、原告側に有利な判断を示した。この結果、ネッツマート社の株主は、この合併を受け入れるか拒否するかについて自ら決定することができるようになり、また、合併に反対する株主についても、次の段階として、株式買取請求に進むかどうかについて自ら決定することができるようになった。

　ここでは、紙数の制約があるため、特に、従来の判例理論の状況における本件の特徴等に絞って論ずることにしたい。まず、本件の事案は、ネッツマート社の経営者が、株主総会での承認を得た上で合併を行う形で実施されるMBOを企図した事案といえる。この点について、米国（デラウエア州）においては、従来、MBOについて、取締役の信認義務の観点から、レブロン判決（Revlon, Inc. v. MacAndrews & Forbes Holdings, Inc., Del.Supr., 506 A.2d 173（1986））において示されたいわゆるレブロン基準が適用される一場面として捉えられてきた。ここに、レブロン基準とは、会社が売却に出されていると法的に判断される局面においては、取締役の義務は、会社の防御人から競売人へと変化し、会社の売却にあたって株主のために最高価格を獲得する義務を負うことになるとするものである。そして、MBOは、一般株主をキャッシュ・アウトすることが前提とされていることから、取締役はより高い価格による買収提案を受け入れるべきであると考えられ、デラウエア州においては、従来、かかるレブロン基準が適用される一場面として捉えられてきた。そこで、こうした判例理論の状況を前提にすると、本件は、レブロン基準の適用に関連して、取締役会が戦略的な買収者の中からも売却先の候補を探すような戦略的な買収者の関心を引き起こす試みをす

べきであることを指摘しており、ＭＢＯの公表後においても、他の買収者を積極的に探査することを取締役会に求めている点に特徴がみられる。

それでは、本件は、ＭＢＯの事案において、レブロン基準の適用に関連して、取締役の義務をさらに過重するものとして、従来のデラウエア州の判例理論を変容するものと解されるべきであろうか。この点について、本件の裁判官であるストライン判事は、Ⅱの箇所で紹介したように、その判旨の中で「この義務はしばしばレブロン義務と呼ばれるが、……この義務は、取締役会に、現実的に達成可能な最高の取引を得るために、論理的に健全な過程を経ることによって、合理的に行動することを要求するものである。そこで、例えば、買収の合意の締結の前に、すべての可能性のある買収者について、取締役会が勧誘していなかったという事実だけでは、取締役会が不合理に行動したことを必ずしも意味するものではない。我々の判例法は、個々の企業を取り巻く状況に応じて、合理的であろうと考えられる多様な売却のアプローチがあることを認めている」と指摘しており、推測ではあるが、本件においては、事案の特殊性が考慮されたにとどまり、デラウエア州の従来の判例理論を変容するまでにはいたっていないのではないかと思われる。

本件において、ネッツマート社は、契約の中で、契約の締結後に主体的に他の買収者を探査することを禁じており、他の買収者から話が持ち込まれた場合にこれを検討することが許されるものとしていたが、これをＭ＆Ａにおける契約条項の観点からみると、いわゆるゴーショップ条項ではなく、いわゆるウィンドーショップ条項が置かれていた事案であったといえる。本件において、裁判所は、上述したように、取締役会が戦略的な買収者の中からも売却先の候補を探すような戦略的買収者の関心を引き起こす試みをすべきであることを指摘し、ＭＢＯの公表後においても、他の買収者を積極的に探査することを取締役会に求めているが、このことは、ゴーショップ条項に好意的な判断を示すものといえる（他にゴーショップ条項をめぐるデラウエア州の裁判例として、Upper Deck. Co. v. Topps Co. (In re Topps Co. Shareholders Litigation), Del.Ch., 926 A.2d 58 (2007)、In re Lear Corp. Shareholders Litigation., Del.Ch., 926 A.2d 94 (2007)、Ryan v. Lyondell Chem. Co., Del.Ch.,

C.A.No.3176-VCN, LEXIS 105, (2008) 等の裁判例がある）。こうした判断からすると、米国（特にデラウエア州）において、今後、ゴーショップ条項の利用がますます増加してゆくものと予想されるが、かかる状況は、わが国における実務の在り方にも少なからず示唆を与えるものと思われる。

＜参考文献＞

・北川徹「マネジメント・バイアウト（ＭＢＯ）における経営者・取締役の行為規制（一〜二・未完）」成蹊法学67巻133頁、68・69巻合併号51頁（2008年）、同「マネジメント・バイアウト（ＭＢＯ）における経営者・取締役の行為規制」私法71号260頁（2009年）

・高原達広「経営陣主導での上場会社の非公開化における取締役の行動規範」商事1805号11頁（2007年）

・田中亘「募集株式の有利発行と取締役の責任―会社の損害か株主の損害か―」新堂幸司＝山下友信編『会社法と商事法務』143、153頁（商事法務・2008年）

・德本穰『敵対的企業買収の法理論』（九州大学出版会・2000年）、同「敵対的企業買収と予防策・防御策―わが国の近時の法状況にみられる理論的課題―」筑波大学法科大学院創設記念・企業法学専攻創設15周年記念『融合する法律学（上）』387頁（信山社・2006年）、同「経済産業省『ＭＢＯ指針』の概要」監査役533号12頁（2007年）

・三浦治「レブロン判決」野村修也＝中東正文編『Ｍ＆Ａ判例の分析と展開』250頁（経済法令研究会・2007年）

・海外情報「米国のゴーイング・プライベート取引におけるゴーショップ条項の普及」商事1847号10頁（2008年）

・経済産業省「企業価値の向上及び公正な手続確保のための経営者による企業買収（ＭＢＯ）に関する指針」（平成19年9月4日）(http://www.meti.go.jp/press/20070904004/mbo--shishin.pdf)

・「法務インサイド　公正なＭＢＯ対価問う」（日本経済新聞平成21年10月26日朝刊16面）

・Guhan Subramanian, "Go-shops vs. No-shops in Private Equity Deals: Evidence and Implications," 63 BUS. LAW. 729 (2008)

Minoru TOKUMOTO

19 ハンツマン事件
――M&A取引の不実行にかかる買手の責任と「重大な悪影響」条項の解釈――

Hexion Specialty Chemicals, Inc. v. Huntsman Corp., 2008 Del. Ch. LEXIS 134 (Del. Ch. 2008)

The Financial and Business Law Precedents

森・濱田松本法律事務所／弁護士　内田修平

I　事案の概要

1　合併契約締結に至る経緯および契約内容

化学製品の製造・販売を業とし、デラウェア州法を設立準拠法とする上場会社であるHuntsman Corporation（以下、「Huntsman」という）は、2007年5月、会社売却の入札手続を開始した。プライベート・エクイティ・ファームのApollo Global Management, LLC（その関連会社と併せて以下、「Apollo」という）は、傘下の接着剤等製造会社であるHexion Specialty Chemicals, Inc.（以下、「Hexion」という）を通じて入札に応募した。Huntsmanは当初、Hexionの提示した条件を拒絶し、別の入札者であるBasell社との間で合併契約を締結したが、その後Hexionが入札金額を増額したことから、再交渉に応じた。その結果、Huntsman株式1株当たり28ドル（承継負債の金額も含めた取引総額は約106億ドル）の現金を対価とする合併を行う旨の合意に至り、2007年7月12日、Basell社との契約を解除するとともに、Hexionとの間でデラウェア州法を準拠法とする合併契約を締結した。Hexionは、合併対価の支払いに必要な資金を銀行からの融資により調達することを予定しており、融資銀行からコミットメントレターを取得していたが、同レターは、HexionまたはHuntsmanの最高財務責任者等による支払能力証明書（solvency certificate）の提出を融資実行の前提条件とするものであった。

合併契約においては、ファイナンシング・アウト条項（買収資金の調達が可能であることを買手の取引実行義務の前提条件とする条項）およびソルベンシー・アウト条項（統合後の会社が支払不能とならないことを買手の取引実行義務の前提条件とする条項）は規定されなかったが、Hexionの取引実行義務は、単独でまたは合計して「重大な悪影響」（Material Adverse Effect）を生じさせたまたは生じさせることが合理的に見込まれる事由、変化、効果または事態の進展の不存在を前提条件とするものであった。「重大な悪影響」は、全体として、Huntsmanおよびその子会社の財務状態、事業または業績に重大な悪影響を与える出来事、条件、変化、事由または効果をいうものと定義されていた（注1）。

また、合併契約上、Hexionは、コミットメントレターに規定された条件による買収資金の調達に向けて「合理的な最善の努力」（reasonable best efforts）を尽くすこと等を誓約していたが、Hexionがかかる誓約に違反した場合に負う損害賠償責任は、当該違反が「故意かつ意図的な」（knowing and intentional）ものでない限り、3億2500万ドルの解約金（いわゆるReverse Termination Fee）に限定される旨規定されていた。

2　本件訴訟に至る経緯

合併契約締結後、Huntsmanの業績は期待を裏切るものとなった。ApolloおよびHexionは、2008年第1四半期の低調な業績数値を同年4月22日に受領したことを受け、合併契約を解約するための方策の検討を開始した。ApolloおよびHexionは当初、合併契約に規定される「重大な悪影響」が生じたのではないかと考え、法律顧問らと協議を行ったが、やがて、統合後の会社における支払不能に起因して買収資金の調達が不可能となった（したがって、Hexionに「故意かつ意図的な」契約違反は存しない）との立論に重点を移し、Duff & Phelps, LLC（以下、「Duff & Phelps」という）に、潜在的な訴訟へのサポートおよび意見書の作成を依頼した。これを受けたDuff & Phelpsは、2008

年6月18日、Hexionの取締役会に対して、統合後の会社が支払不能となる旨の意見書（インソルベンシー・オピニオン）を提出した（注2）。

Hexionは、インソルベンシー・オピニオンの取得後、同日付で、Huntsmanに対する事前の通知なくこれを公表するとともに（注3）、(1)統合後の会社が支払不能となるであろう場合、Hexionは合併を実行する義務を負わず、また、取引実行に至らなかったことに関するHexionの責任は解約金（Reverse Termination Fee）の額である3億2500万ドルを超えないこと、および(2) Huntsmanに「重大な悪影響」が生じたことにより、Hexionは（損害賠償の責任を負うことなく）合併を実行する義務を免れたことの確認を求めて、デラウェア州衡平法裁判所に訴訟提起した。これに対してHuntsmanは、合併契約上のHexionの義務に関する特定履行（specific performance）の命令等を求めて反訴を提起した。

II 判決要旨

Lamb判事は、まず上記(2)の点（「重大な悪影響」条項の適否）に関して、特に反対の証拠がない限り、会社の買手は長期的戦略の一環として対象会社を買収するものと考えられることから、「月単位よりも年単位で測られるような商業上合理的な期間にわたり、会社の長期的な収益力に影響を与える事業の悪化が生じたか否か」が重要な考慮要素となる旨述べた。その上で、「『重大な悪影響』条項は、長期間にわたり対象会社の全体的な収益力に重大な脅威を及ぼす、買手の認識していなかった事由の発生から、買手を保護する仕組みを定めたものと見るべきである。短期間の収益の急降下では不十分であり、合理的な買手の長期的視点から見た場合に重大といえる悪影響でなければならない」と述べ、契約締結から取引実行の予定日までの期間における対象会社の収益の減少が「重大な悪影響」となるためには、低調な収益結果が将来にわたって相当程度継続することが見込まれなければならない旨判示した。また、立証責任については、反対の明示的な規定がない限り、「重大な悪影響」条項の適用により取引実行の義務を免れようとする当事者（本件ではHexion）の側が負う旨判示した。

合併契約締結後の業績の変化を検証するための指標に関しては、本件のように負債と資本の両方が承継される現金買収の文脈では、買手により対象会社の資本構成が変更されることになるため、資本構成に左右される1株当たり利益を指標として用いることには問題があり、資本構成とは無関係なEBITDA（Earnings Before Interest, Taxes, Depreciation and Amortization；利払い前・税引き前・減価償却前・その他償却前利益）の方が優れた指標であるとした。その上で、HuntsmanのEBITDAは2006年から2007年にかけて3％、2007年から2008年にかけて7％（Hexion側による低い見積もりを用いたとしても11％）しか減少していないこと等から、「重大な悪影響」が発生していないことは明らかである旨判示した。なお、対象会社が入札手続において用いていた将来の業績予想を満たさなかった点については、合併契約上、かかる予想に関してHuntsmanは何らの表明保証も行わない旨明示的に規定されていたことから、かかる事情は「重大な悪影響」に関する判断の基礎とすべきでないとした。

上記(1)の点（Reverse Termination Fee条項の適否）に関しては、Hexion側に「故意かつ意図的な」契約違反があったか否かが問題となったが、Lamb判事は、合併契約における「故意かつ意図的な」違反とは、それ自体合併契約の違反となるような行為をわざと行う場合をいい、契約違反を意識的に目的とすることまでは要しない旨判示した。そして、支払不能という潜在的問題に対する懸念が生じたにもかかわらずHuntsmanと何らの協議も行おうとせず、かえって訴訟を提起するとともに公に支払不能の主張を行ったこと等から、Hexionには合併契約上の義務についての「故意かつ意図的な」違反があり、合併契約に規定された損害賠償額の限定は適用されない旨判示した。

さらに、Huntsmanによる特定履行命令の申立てに関しては、合併契約の規定の解釈上、Hexionに合併の実行を強制することはできないとする一方、その他の誓約および義務についてはこれを履行するようHexionに命じた。

III 分析と展開

1 M&A契約における「重大な悪影響」条項の利用

「重大な悪影響」条項とは、合併契約等の取引

契約において、当事者の財務状態や事業等に重大な悪影響（Material Adverse Effect/Changeの頭文字を取って、一般にＭＡＥまたはＭＡＣと呼ばれる）が生じた場合に、買手等の相手方当事者が取引実行の義務を免れたり、表明保証違反を主張すること等を可能とする条項である。

Ｍ＆Ａ実務上、「重大な悪影響」条項は広く様々な契約条項に盛り込まれる形で規定される。例えば、契約締結後、取引実行日までの間に対象会社に「重大な悪影響」が生じていないことが買手の取引実行義務の前提条件とされる場合が典型例であるが、その他にも、対象会社の表明保証の正確性が買手の取引実行義務の前提条件とされる場合に、「重大な悪影響」を生じさせない軽微な誤りは前提条件の充足を妨げないといった限定を加える目的で用いられる場合もある。さらに、最新の財務諸表の作成基準日以降に「重大な悪影響」が生じていない旨の表明保証がなされ、その真実性・正確性が買手の取引実行義務の前提条件とされる等、個別の表明保証条項において「重大な悪影響」の概念が利用される場合も少なくない。

「重大な悪影響」条項は、米国のＭ＆Ａ実務において従来から一般に用いられてきたが、近時、金融市場の混乱等を背景とする対象会社の財務状態の悪化・買収資金調達コストの増大等の事情により、Ｍ＆Ａ契約の締結後に買手側が対象会社における「重大な悪影響」の発生を主張して取引実行の回避を試み、「重大な悪影響」の発生の有無が契約解釈上問題となる例が少なからず見られる。本件は、買手（Hexion）が対象会社（Huntsman）における「重大な悪影響」の発生を主張したことにより、この点が裁判上争われた事案である。

2 「重大な悪影響」条項の解釈

「重大な悪影響」条項の具体的な規定文言は、個別の案件により様々であり、その解釈についても、規定文言や取引をめぐる諸般の事情等に応じて個別具体的な判断がなされるところであるが、裁判例は従来から、「重大な悪影響」の認定に高いハードルを設定してきた。「重大な悪影響」の発生の有無に関する解釈を示したリーディングケースとしては、ニューヨーク州法下での契約解釈に関するIBP, Inc. v. Tyson Foods, Inc.（注４）が挙げられる。同判決は、「重大な悪影響」条項の文言は各当事者がいかなる文脈の下で取引を行っていたかを踏まえて解釈しなければならないとした上で、合併契約は十分な交渉を経て特定のリスクを数多く明示的に規定対象とするものであることから、合併契約において「重大な悪影響」が発生したといえるためには、買手の認識していなかった事情により、長期間にわたり対象会社の収益力に重大な脅威が及ぼされることが必要であるとの判断基準を示した。かかる基準は、その後のFrontier Oil Corp. v. Holly Corp.（注５）においても採用され、デラウェア州法を準拠法とする合併契約の解釈が問題となる場合でも同様に妥当する旨判示された。

本判決は、上記各判決を引用し、合併契約における「重大な悪影響」については上記各判決と同様の判断基準が依然として適用されることを確認したものである。本判決も「デラウェア州の裁判所が合併契約の文脈で『重大な悪影響』の発生を認めた例は存しない旨、多くの解説者が述べている」と言及するとおり、従来から、買手が「重大な悪影響」の発生を理由として取引実行の義務を免れることは実務上極めて困難であると考えられており、本判決はこの点を改めて強調するものといえる。加えて、本判決は、対象会社の資本構成に変動が生じる現金買収の場合には、１株当たり利益よりもＥＢＩＴＤＡを業績評価の指標とすべき旨述べる等、上記の判断基準の具体的事案における適用のあり方を示す一例としても、実務上の意義を有する。

3 Reverse Termination Fee条項

加えて本件では、買手が合併契約上の義務違反に関して負う損害賠償責任の額がReverse Termination Feeの金額に限定されるか否かも争点となった。一般にReverse Termination Feeとは、取引実行の前提条件が充足しているにもかかわらず買手が取引実行の義務を履行しないことを選択した場合に、買手により支払われるべき解約金をいう。実務上は、買手による取引実行義務等の違反にかかる損害賠償責任を当該解約金の額に限定する（すなわち、買手は当該違反に関し、解約金を超える金額を支払う責任を負わない）旨の条項と併せて規定されることで、買手が解約金額の支払いと引き換えに取引実行を拒絶することを可能とする機能を有する。

本件の合併契約におけるReverse Termination Feeは、その適用範囲に限定が付された、いわゆるHybrid Reverse Termination Feeの一種であ

り、「故意かつ意図的な」契約違反の場合には適用されない旨規定されていたことから、かかる契約違反の有無が問題となった（Hybrid Reverse Termination Feeは、その適用範囲につき争いが生じる機会を作り出すリスクを内在しており、本件はそのようなリスクが顕在化した事案であるとの評価もなされているところである）。本判決はこの点、上述のとおり、資金調達に向けた「合理的な最善の努力」を尽くす義務等につきHexionに「故意かつ意図的な」違反があったものと認定し、同社の損害賠償責任はReverse Termination Feeの金額に限定されない旨判示したものであり、デラウェア州法下における「合理的な最善の努力」や「故意かつ意図的な」違反といった契約文言の解釈につき、具体的事案に基づく詳細な検討を行った例として、実務への示唆に富むものといえる。

なお、本判決後、これを踏まえた当事者間の交渉を経て合併契約は合意解約され、Apollo側からHuntsmanに対して総額10億ドル（注6）の資金を供与する内容の和解がなされている。

4　今後のM＆A実務に与える影響および日本法への示唆

本判決に対しては、「重大な悪影響」の発生を理由とする取引実行の拒絶が買主にとって極めて困難であることが改めて示された旨のコメントが多くの実務家からなされている。実際、一連の司法判断を踏まえ、「重大な悪影響」条項に固執するのではなく、むしろその削除を交渉材料として他の契約条項につき相手方の譲歩を得るといった交渉戦略が取られる例も存するようである。他方で、従来の「重大な悪影響」条項に代えて、対象会社のＥＢＩＴＤＡが一定額を下回らないことを買手の取引実行義務の前提条件とする等、事業への悪影響の程度につき具体的な数値による基準を定める条項の利用も、実務家の関心を集めつつある。本判決における詳細な検討を踏まえたReverse Termination Fee条項の運用とともに、実務における今後の展開が注目されるところである。

なお、日本のM＆A取引においても、米国の実務を参考に「重大な悪影響」条項が利用される例が少なくないが、日本法の下での「重大な悪影響」条項の解釈に関する議論は、いまだ十分になされていない状況である。この点、「重大な悪影響」条項の解釈は、あくまで個別具体的な事案における契約当事者の意思内容の探求によるべきであり、本判決および上記で紹介した各裁判例において示された判断基準を日本法の下でそのまま適用することの当否を検討するにあたっては、日米間における契約実務の違いにも十分留意を要する。とりわけ日本では、契約締結時に想定される具体的なリスクを個別の契約条項において逐一明示的にカバーするといった契約実務が米国ほど一般化しているとまではいえないため、米国における判断基準の背景にある「合併契約は十分な交渉を経て特定のリスクを数多く明示的に規定対象とするものである」との認識が個別の事案において実際に妥当するか、他の契約条項（表明保証、前提条件、誓約、補償、価格調整等）の規定内容や交渉経緯等も勘案しつつ、特に慎重に検討する必要があろう。

（注1）　ただし、経済的または財務的な市場の状況全般の変化に起因または関連する事由等や、化学産業全般に影響する事由等については、Huntsmanおよびその子会社に同業他社と比べて不均衡な影響を与える場合でなければ「重大な悪影響」から除外する等、幾つかの除外事由が規定されていた。

（注2）　ただし、本判決は、同意見書は訴訟において用いられる可能性があることを認識した上で作成されたものであったことに加え、Apollo提示にかかる歪曲された数値に基づき、Huntsmanの経営陣と何らの協議も行わずに作成されたものであり、信用性が認められない旨認定している。

（注3）　なお、インソルベンシー・オピニオンの公表およびHexionの訴訟提起により、買収資金調達の途は実質的に消滅し、買収資金の融資銀行が資金供与を実行することは実質上不可能となった。

（注4）　In re IBP, Inc. Shareholders Litigation, 789 A.2d 14（Del. Ch. 2001）.

（注5）　2005 Del. Ch. LEXIS 57（Del. Ch. 2005）.

（注6）　Huntsmanのプレスリリースによれば、その内訳は、Apollo側が3億2500万ドルのReverse Termination Feeに加えて4億2500万ドルをHuntsmanに支払うほか、Huntsmanの転換権付ノートを2億5000万ドルで引き受けるというものであった。

Shuhei UCHIDA

一問一答 新保険法の実務

弁護士法人 中央総合法律事務所 編
(編集代表：錦野裕宗＝松本久美子)

● A5判 二九六頁
● 定価三〇四五円（税込）

好評発売中！

◆2010年4月から施行されている新保険法について、一問一答形式で、保険法に精通した弁護士によってその性格な理解と実務の対応を解説！
◆募集から契約終了までの重要論点を網羅！
◆旧商法・判例を踏まえた詳細な解説！

経済法令研究会　162-8421　東京都新宿区市谷本村町3-21
http://www.khk.co.jp/　TEL 03(3267)4811　FAX 03(3267)4803

別冊 金融・商事判例 電子記録債権法の理論と実務

池田真朗・小野　傑・中村廉平 編集

● B5判 一六八頁
● 定価三三六〇円（税込）

好評発売中！

◆電子記録債権法の全容を条文順に解説しつつ、実務対応まで網羅した珠玉の論文集！
◆末尾には、電子記録債権法の全条文を掲載！
◆金融機関役職員、弁護士、企業法務担当者等、必読必携の1冊！

経済法令研究会　162-8421　東京都新宿区市谷本村町3-21
http://www.khk.co.jp/　TEL 03(3267)4811　FAX 03(3267)4803

増刊号1336号

金融・消費者取引判例の分析と展開

潮見佳男・長谷川貞之・清水恵介 編集

● B5判　二四四頁
● 定価三八八五円(税込)

好評発売中！

◆ 消費者取引のうち金融取引に関わる近時の重要判例64件をコンパクトに解説！
◆ 消費者保護の機運の高まりと消費者法制の厳格化に対応するために必須の1冊！

経済法令研究会　162-8421　東京都新宿区市谷本村町3-21
http://www.khk.co.jp/　TEL 03(3267)4811　FAX 03(3267)4803

増刊号1311号

文書提出等をめぐる判例の分析と展開

西口 元・春日偉知郎 編集

● B5判　二二四頁
● 定価三三六〇円(税込)

好評発売中！

◆ 新民事訴訟法施行（平成10年1月1日）後の文書提出等をめぐる約60件の判例・裁判例をコンパクトに解説！
◆ 判例誌に公刊された関連判例をほぼ網羅し、その後掲載されていなかった上級審もフォロー！
◆ これまで類書がなく、弁護士、学者等、待望の1冊！

経済法令研究会　162-8421　東京都新宿区市谷本村町3-21
http://www.khk.co.jp/　TEL 03(3267)4811　FAX 03(3267)4803

M＆A判例の分析と展開 II〔別冊 金融・商事判例〕

2010年6月15日 初版第1刷発行	編　者	中　東　正　文
		大　杉　謙　一
		石　綿　　　学
	発 行 者	下　平　晋一郎
	発 行 所	㈱経済法令研究会
	〒162-8421　東京都新宿区市谷本村町3-21
＜検印省略＞	電話　代表 03（3267）4811　制作 03（3267）4823

営業所／東京03（3267）4812　大阪06（6261）2911　名古屋052（332）3511　福岡092（411）0805

表紙・本文デザイン／府瀬川由幾　制作／西田尚史・樋田百合子　印刷／㈱富士リプロ

ⒸMasafumi Nakahigashi, Kenichi Osugi, Gaku Ishiwata 2010　　ISBN978-4-7668-2199-4
Printed in Japan

　　　　"経済法令グループメールマガジン"配信ご登録のお勧め
　　当社グループが取り扱う書籍、通信講座、セミナー、検定試験情報等、皆様にお役立ていただ
　　ける情報をお届け致します。下記ホームページのトップ画面からご登録いただけます。
　　　　　☆　経済法令研究会　http://www.khk.co.jp/　☆

定価は表紙に表示してあります。この表紙は、表面保護のためPP加工されています。
無断複製・転用等を禁じます。落丁・乱丁本はお取替えします。